KB186553

이승만과 김구

제7권

손세일 지음

손 세 일 (孫世一)

서울대학교 문리과대학 정치학과를 졸업하고,
미국 인디애나대학교 저널리즘스쿨과 일본 도쿄대학 법학부대학원(국제정치 전공)에서 수학했다.
조선일보사 기자, 동아일보사 신동아 부장과 논설위원, 뿌리깊은나무 편집위원,
(사)서울언론문화클럽 이사장 등 언론인으로 활동하다가
정계에 투신하여 3선 국회의원을 지냈다.

저서로 『이승만과 김구』(1970), 『인권과 민족주의』(1980), 『한국논쟁사(I~V)』(편) (1976) 등이 있고,
역서로 『트루먼 회고록(상, 하)』(1968) 등이 있다.

초판발행 2015년 7월 1일

지은이 손세일
발행 (주)조선뉴스프레스
발행인 김창기
기획편집 배진영
디자인 이민형 한재연 송진원

편집문의 724-6782, 6784
구입문의 724-6796, 6797
등록 제301-2001-037호
등록일자 2001년 1월 9일
주소 서울시 마포구 상암산로 34 DMC 디지털큐브 13층

값 43,000원
ISBN 979-11-5578-374-0 04340

이승만과 김구

제7권

제3부 어떤 나라를 세울까 1945~1950 (II)

손세일 지음

차 례

제 7 권 제3부 어떤 나라를 세울까 (II)

제1권 제1부 양반도 깨어라 상놈도 깨어라(I)

제2권 제1부 양반도 깨어라 상놈도 깨어라(II)

제3권 제2부 임시정부를 짊어지고 (I)

제4권 제2부 임시정부를 짊어지고(II)

92장

마침내 유엔총회로

1. 미소의 선전장으로 끝난 미소공동위원회
2. 4대국회의 거부되자 유엔총회로

1. 미소의 선전장으로 끝난 미소공동위원회

1

1947년6월25일에 남조선과도정부 입법의원 회의실에서 열린 미소공동위원회 대표단과 남한의 정당 및 사회단체 대표 400여명의 회합식은 많은 국민들로 하여금 마침내 모스크바 외상회의 결정에 따른 임시정부가 발족하는 듯한 환상에 젖게 했다. 미 군정부는 6월18일에 그동안의 미소공위 진전 상황과 이날의 회합식을 알리는 전단을 남한 전역에 공중살포했다. 회합식은 고려교향악단의 애국가와 미소 양국 국가 연주를 포함하여 한시간도 걸리지 않는 상견례 자리에 지나지 않았지만, 도하 신문들은 "역사를 꾸미는 백악관 대 홀에 4백여대표 표정도 결연", "조·미·소 3국 대표 백악관 내서 인사를 교환", "인민정권 창건의 역사적 회의 개막" 등의 표제로 대서특필했다. '백악관'이란 입법의원이 있는 옛 조선총독부 건물을 지칭하는 말이었다.

미소공위 대표단과 북한의 정당 및 사회단체 대표들의 회합식은 7월1일에 평양인민위원회 회의실에서 열렸다. 소련쪽 수석대표 슈티코프(Terentii F. Shtykov)는 6월26일에 평양 회의를 준비하기 위해 먼저 서울을 떠나면서 "속개된 미소공위는 반드시 성공할 것으로 확신한다"하고 장담했다.[1)]

미국대표단의 평양방문 일정 가운데 가장 눈길을 끄는 것은 미국대표단장 브라운(Albert E. Brown) 소장이 소련군사령부에 강력히 요청하여 7월1일에 조만식(曺晩植)과 회견한 일이었다. 조만식은 미국대표단이 타고 간 특별열차를 방문하여 브라운을 만났다.[2)] 브라운이 먼저 조만식

---

1) 《朝鮮日報》 1947년6월27일자, 「슈中將平壤歸還」.
2) 《東亞日報》 1947년7월5일자, 「曺晩植氏 브少將列車中會議」.

THE SEOUL SHINMUN

서울신문

歷史的南朝鮮合同會議!

臨政樹立에 구든 決意
各代表, 共委々員과 交歡

最短期間에 課業完遂
브라운美代表의 懇切한 式辭

答申對立은 土地分配等

七日부터 頭協議

미소공위 대표단과 남한의 정당 및 사회단체대표 회합식을 크게 보도한 신문지면.

에게 신탁통치에 대한 견해를 묻자 조만식은 뜻밖의 대답을 했다. 조만식은 미국만의 신탁통치가 가장 바람직하나 미소 양국에 의한 신탁통치가 불가피하다면 그것을 받아들여야 할 것이라고 말했다. 브라운은 주로 북한의 상황과 남북한 정치지도자들에 대한 견해를 물었는데, 조만식은 이승만과 김구가 미소공위의 성사를 위해 미국대표단에 협조하지 않는 것은 큰 유감이라고 대답했다. 조만식은 이미 5월 하순에도 밀사를 통하여 하지에게 이승만의 반탁활동이 미소공위 사업을 방해할까 우려한다는 뜻을 전했다고 한다. 조만식은 또 총선거나 임시정부수립 이전에 남한에도 토지개혁이 필요하다고 강조했다. 조만식은 남한에 내려가서

정치활동을 하고 싶다는 강렬한 희망을 피력하기도 했다.[3]

신탁통치를 반대하다가 소련군에 의해 고려호텔에 연금되어 있는 조만식이 어떤 상황인식에서 이러한 말을 했는지, 또는 자유로운 의사표시였는지는 확실히 알 수 없지만 예상했던 것과는 너무나 뜻밖의 주장이었다.

순조롭게 진행되는 듯하던 미소공위는 7월2일에 평양에서 열린 37차 회의에서부터 벽에 부딪혔다. 양쪽은 협의대상단체의 명부작성 문제를 토의하기 시작하면서 1년 전에 미소공위가 결렬될 때와 기본적으로 같은 입장으로 되돌아 간 것이었다. 소련대표는 정당이나 사회단체가 아닌 상공회의소 같은 단체, 중앙에 본부가 없는 지방단체 및 공개적 조직적으로 모스크바결정을 반대하는 단체, 구체적으로 반탁투쟁위원회 산하의 15개 단체는 협의대상에서 제외할 것을 주장했다. 그러나 그것은 미국대표가 받아들일 수 있는 주장이 아니었다. 미국대표는 양쪽이 합의한 대로 「공동성명 제5호」에 서명한 단체는 모두 참여할 수 있어야 한다고 반박했다. 이튿날의 회의에서도 비슷한 논란이 계속되었다. 미소공위가 평양에서 열린 것은 7월3일까지뿐이었다.

미소 양국 대표 사이에 합의가 이루어질 가망이 보이지 않자 미소공위는 한국인들에게 자기쪽의 정당성을 알리는 선전장이 되었다. 처음에는 미소 양쪽이 합의사항을 공동성명으로 발표하기로 했었는데, 7월16일에 브라운 미국대표단장이 7월2일부터 7월14일까지의 회의내용을 알리면서 소련쪽 주장의 불합리한 점을 지적하는 단독성명을 발표했다.[4] 그러자 슈티코프 소련대표단장도 7월21일에 기자회견을 열고 브라운의 성명과 다른 별도의 내용을 발표했다.[5] 브라운이 7월31일에 기자회견을

3) 「브라운이 하지에게: 조만식 회견기」(1947.7.2.), 정용욱, 『해방전후 미국의 대한정책』, 서울대학교출판부, 2004, pp.410~411.

4) 《朝鮮日報》 1947년7월17일자, 「美蘇共委難關에 逢着」.

5) 《朝鮮日報》 1947년7월22일자, 「共委協議對象에 對한 美蘇間의 相異點」.

열고 그 뒤의 회의진행상황을 밝히자,[6] 슈티코프도 8월2일에 기자회견을 열고 소련의 입장을 강조했다.[7]

미소공위가 이처럼 대결상태로 진행되면서도 결렬되지 않고 10월20일까지나 계속된 것은 소련대표단이 미소공위의 결렬이 소련에 불리하다고 판단했기 때문이었다. 슈티코프는 그의 『일기』에 미소공위가 결렬되는 경우 자신들에게 불리한 이유 네가지를 적어 놓았는데, 그 가운데는 미소공위 동안에 크게 성장한 남한의 좌익에 대한 탄압이 강화되어 그들을 약화시킬 것이라는 점도 지적되어 있다.[8]

2

미소 양국 대표 사이에 장군멍군이 계속되고 있는 7월19일에 근로인민당(勤勞人民黨) 당수 여운형(呂運亨)이 서울 혜화동 로터리에서 암살되는 사건이 발생했다. 1945년12월에 있었던 한국민주당 수석총무 송진우(宋鎭禹)의 암살에 이은 해방정국의 두번째 정치테러였다. 여운형은 이날 미 군정부의 민정관 존슨(E. A. J. Johnson)의 초청을 받고 그의 관사로 가는 길이었다. 미 군정부는 남조선과도정부를 설립하고 나서 과도정부 안의 우익세력의 영향력을 견제하는 동시에 진보적인 세력과 중간좌파를 끌어들이기 위하여 여운형에게 중요한 자리를 맡기기로 결정해놓고 있는 참이었다.[9]

1946년12월에 정계은퇴를 선언하고 강원도 원주로 내려가서 요양하다가 1947년1월에 상경한 여운형은 미소공위 재개에 맞추어 인민당 우

---

6) 《朝鮮日報》 1947년8월2일자, 「名簿作成方式에 對한 美提案을 蘇拒否」.

7) 《朝鮮日報》 1947년8월3일자, 「反託鬪爭中止한다면 協議에 參加함을 容認」.

8) 전현수 역주, 『쉬띄꼬프일기 1946~1948』, 국사편찬위원회, 2004, pp.128~129.

9) E. A. J. Johnson, *American Imperialism in the Image of Peer Gynt*, University of Minnesota Press, 1971, pp.167~168; 이정식, 『여운형: 시대와 사상을 초월한 융화주의자』, 서울대학교 출판부, 2008, pp.625~627.

파와 사회로동당 해체 때에 남로당에 합류하지 않은 동지들을 규합하여 근로인민당 준비위원회를 조직했다. 5월24일과 25일에 열린 근로인민당 결당대회는 여운형을 중앙위원회 위원장, 백남운(白南雲)과 장건상(張建相)을 부위원장으로 선출했다.[10)]

이 무렵의 남한 정세에 관한 소련정보문서에는 여운형의 동향이 여러 군데에서 언급되어 있다. 5월4일자로 된 정보문서는 좌익진영 내부에서 발생한 위험의 하나로 "구 인민당과 사회로동당 구성원들과 남조선로동당 내부의 기회주의자들의 동요"와 "그리고 그들의 남조선로동당을 탈당하여 여운형의 정당쪽으로 이동할 가능성"을 언급했다. 이 문서는 최근에 열린 민주주의민족전선 대표자회의에서 여운형이 "미소공위가 조속히 열리지 않기 때문에 미 군정청과 지나치게 강하게 투쟁해서는 안된다"라고 말하고, 또 "남조선로동당은 미 군정청과 투쟁하는 정당이다. 나는 미 군정청과 협력하는 당을 만들었다"라고 말했다면서 다음과 같이 적었다.

> 그러한 식으로 여운형은 반동과 싸우는 것이 아니라 남조선로동당과 투쟁하고 있다. 그는 남조선로동당에 가입해 있는 구 인민당 구성원들과 사회로동당 구성원들을 자기편으로 끌어들이려고 노력하고 있다. 그는 문화 학생조직들 속으로도 침투하려고 시도한다.[11)]

또한 4월17일자 정보문서는 다음과 같이 기술했다.

> 미국의 영향력을 믿고 있는 여운형은 좌우합작노선을 버릴 수 없

---

10) 《朝鮮日報》 1947년5월28일자, 「勤勞人民黨中央委員會」; 심지연, 『人民黨硏究』, 경남대학교 극동문제연구소, 1991, pp.158~174.

11) 「꼬르뜨꼬브와 레베제브가 소련 원수 메레츠꼬브 동지와 쉬띄꼬브 대장동지에게 보낸 남조선 정세에 대한 정보자료, 1947년5월4일」, 전현수 편역, 『소련군정문서, 남조선 정세보고서 1946~1947』, 국사편찬위원회, 2003, pp.312~313.

는 상황이며, 김규식(金奎植)과의 접촉을 중지하지 않고 있다. 그러나 그는 조선의 통일과 민주역량의 성장에 대한 기대로 고통을 당하고 있다. 그는 반동진영의 요원들에게 둘러싸여 있는데, 그들은 그에게서 합작노선의 실행을 끌어내려고 한다.[12)]

여운형은 이러한 입장에서 하지의 협조를 요청했다. 4월24일자 소련 정보문서는 다음과 같이 기술했다.

여운형은 하지에게 그는 김규식과 함께 좌우합작을 위한 운동을 강화할 것이며, 이러한 방향에서 자신은 새로운 정당을 이끌어 나갈 것이라고 말하고, 그에게 협력해 줄 것을 부탁했다. 하지는 여운형의 발언에 만족을 표명했다.

이 문서는 또 "여운형이 창립한 사회로동당 지도부는 민주주의민족전선의 좌우합작 5원칙에 반대하고 좌우합작위원회의 7원칙에 동조하기로 결정했다"라고도 기술했다.[13)]

4월26일에 남로당 부위원장 이기석(李基錫)은 여운형을 방문하여 "당신이 이승만과 협력하려는 것이 사실인가?"하고 물었다. 여운형은 부인했지만 이기석은 "이미 그러한 견해가 광범위하게 유포되어 있는 사실을 고려하면 당신은 좀더 신중히 행동하는 것이 필요할 것"이라고 지적했다. 이에 대해 여운형은 "어제 저녁에 김규식을 만나 이승만을 어떻게 타도할 것인가에 대해 협의했다"하고 응수했다.[14)]

위의 기술들은 모두 미소공위가 속개되기 직전의 상황을 보고한 것인

12) 「샤닌과 레베제브가 소련 원수 메레츠꼬브 동지 및 쉬띄꼬브 대장동지에게 보낸 미 군정청의 활동에 대한 정보자료, 1947년4월12일」, 위의 책, p.249.

13) 「남조선정세에 대하여, 1947년4월24일」, 같은 책, p.270.

14) 「레베제브가 쉬띄꼬브 대장동지에게 보낸 남조선 정세에 대한 정보자료, 1947년5월15일」, 같은 책, p.244.

데, 소련군사령부나 남로당으로서는 이러한 여운형의 행보가 달가울 턱이 없었다.

여운형은 일찍부터 정치테러의 대상이 되어왔다. 3월16일 밤에는 여운형의 집에 사제 폭탄이 투척되었으나 여운형은 집에 없었다. 이 폭탄테러에 대해 여운형의 동생 여운홍(呂運弘)은 폭탄테러가 좌파의 소행이라고 말하고 측근인 이정구와 이상백(李相佰)은 남로당의 지시에 따라 일어났다고 말했으며, 여운형 자신은 어떤 조직을 의심하고 있다고만 말했다고 한다.[15)]

여운형의 암살범은 평양에서 월남한 한지근(韓智根)이라는 열아홉살 난 청년으로 밝혀졌다. 그는 송진우의 암살범으로 투옥된 한현우(韓賢宇)의 집에 기식하고 있었다. 범인은 한현우의 지시를 받았다고도 하고[16)] 또 공범도 있었던 것으로 알려졌지만,[17)] 배후에서 암살을 지시한 세력

혜화동 로터리를 지나가고 있는 여운형 장례 행렬.

---

15) 「샤닌이 소련 원수 메레츠꼬브 동지와 쉬띄꼬브 대장동지에게 보낸 여운형과 그 지지자들의 활동에 대한 정보자료, 1947년3월31일」, 같은 책, p.237.

16) 정병준, 『몽양 여운형 평전』, 한울, 1995, p.479.

17) 《東亞日報》 1974년2월5일자, 「夢陽암살 共犯있다」, 2월7일자, 「呂運亨씨 암살사건, 極右단체서 권총入手」.

이 어떤 그룹이었는지는 정확히 밝혀지지 않았다. 북한에서 활동한 여운형의 차녀 여연구(呂鷰九)는 여운형을 암살한 것은 종파분자들이었다고 말했다고 한다. 박헌영(朴憲永) 그룹이었다는 뜻이다.[18]

하지는 7월23일에 여운형의 피살과 관련하여 "여운형씨의 참화는 조선정계의 비참한 현상을 여지없이 말하는 것"이라면서, 구체적으로 언론기관, 청년단체, 법률시행기관, 정치 지도자들의 맹성을 촉구하는 긴 성명서를 발표했다.[19]

여운형의 장례식은 8월3일에 서울운동장에서 '인민장'으로 성대하게 거행되었다.[20]

3

남한의 정당 및 사회단체 대표들과 미소공위 양국 대표의 회합식이 열렸던 6월25일에 이승만과 김구는 공동명의로 독촉국민회 각도지부장 앞으로 미소공위 대책을 협의할 민족대표를 선거하여 7월9일까지 상경시키라고 지시하면서 「선거에 관한 조례」까지 작성하여 보냈다. 「조례」에 따르면 선거는 인구 10만명에 1명씩 200명을 부락·면·군 단위의 3단계로 시행하는 간접선거였다. 그것은 1946년의 과도입법의원 의원선거 때에 실시했던 선거방법과 비슷했다. 「조례」는 이러한 대표회의를 소집하는 이유를 다음과 같이 설명했다. 미소공위에 참가하는 정당이나 사회단체 대표는 그들이 소속한 단체의 대표는 될지언정 일반 민중의 대표는 될 수 없으며, 또 그들은 모스크바결정을 지지한다는 「공동성명 제5호」에 서명하고 들어갔기 때문에, "우리가 그저 앉았으면 세인 이목에 우리가 다 신탁통치를 접수하려는 줄 알게" 될 것이므로, "민중의 대표자로 대의

18) 이정식, 앞의 책, p.635.
19) 《朝鮮日報》 1947년7월24일자, 「狂信的黨爭中止하라」.
20) 《東亞日報》 1947년8월5일자, 「故呂運亨氏永訣式執行」.

원을 선거하여" 대책을 강구하려는 것이라고 했다.[21]

이 민족대표자대회도 6월23일의 전국적인 신탁통치 반대시위를 주동했던 전주의 목사 배은희(裵恩希)의 제의에 따른 것이었다. 이때에 실시된 선거의 실상에 대해서는 알려진 것이 별로 없다. 배은희는 "미 군정의 감시가 심한 데다가 좌익들의 방해공작이 맹렬하여 이중삼중의 애로를 겪었다"라고 술회했다. 그리하여 선거운동자들이 이곳저곳에서 피투성이가 되는 참상이 빚어졌고, 전라남도 순창(淳昌)군에서는 선거운동을 하던 두 청년이 좌익의 손에 희생되기까지 했다고 한다.[22]

한국민족대표자대회는 7월10일 오후 2시부터 독촉국민회 회의실에 200여명의 대의원들이 참가한 가운데 제1회 회의를 개최했다. 이승만과 김구의 치사에 이어 의장단과 이번 회의의 토의사항을 분담하여 처리할 각 분과위원을 선출했다. 의장에는 배은희, 부의장에는 명제세(明濟世)와 박순천(朴順天)이 선출되었다. 각 분과위원회에서는 (1) 미소공위에 제출된 각 정당 및 사회단체의 답신안, (2) 민주독립정부 수립의 기본이 되는 정강과 정책, (3) 부일협력자처단법, 토지개혁법 등 입법의원을 통과한 주요 법률, (4) 북한실정 등을 검토하여 전체회의에 보고하기로 했다.[23]

그만큼 민족대표자대회는 의욕과 사명감에 차 있었다. 그것은 7월11일에 한국독립당이 "이승만 박사와 김구 주석의 영도하에 성립된 남북통일 전민족대표자대회는 진정한 3천만 반탁국민총의의 집결체인 권리주체요 프랑스혁명 때에 유명한 '테니스코트의 맹세'를 한 제3계급 평민회의의 역할 이상의 대회로서, 자율적 법통임시정부 수립의 민족과업을 완수할 줄 믿는다"라는 요지의 담화를 발표한 것으로도 짐작할 수 있다.[24]

---

21) 「美蘇共委對策代議員選擧에 關한 條例」,『梨花莊所藏 雩南李承晩文書 東文篇(十五) 建國期文書 3』, 延世大學校出版部, 1998, pp.429~432.

22) 裵恩希,『나는 왜 싸웠나』, 一韓圖書, 1955, p.75.

23) 《東亞日報》 1947년7월11일자, 「反託對策을 討議, 民族代表者大會盛況」, 7월12일자, 「韓族代表大會 部署決定코 續開」; 康晉和 編,『大韓民國建國十年誌』, 建國紀念事業會, 1956, p.291.

24) 《東亞日報》 1947년7월13일자, 「新政治機構組織等 重大問題를 討議」.

민족대표자대회는 7월12일의 회의에서 민주독립정부수립 문제를 토의하는 과정에서 임시정부법통론을 주장하는 한독당계와 총선거에 의한 정부수립을 주장하는 독촉국민회계가 논란을 벌이다가 국민의회와 통합하기로 결의하고, 교섭위원 31명을 선출했다. 의장 배은희, 부의장 명제세, 서기국장 이종현(李宗鉉) 등이 국민의회 의장 조소앙(趙素昻)을 방문하여 통합을 교섭한 결과 국민의회도 13일에 긴급상임위원회 회의를 열고 민족대표자대회와 통합하기로 결의했다. 그리하여 7월14일에는 국민의회 상임위원과 민족대표자대회 교섭위원의 연석회의가 열려 구체적인 통합방법을 논의했다. 김구는 15일 회의에 참석하여 정부수립에 관해 이승만과 자신 사이에는 의견 차이가 없고, 자신은 2인자라면서 이승만을 따르자고 말했다.[25)]

한국민족대표자대회가 열리고 있는 7월16일에 하지 장군이 마셜(George C. Marshall) 국무장관에게 보낸 보고전문은 이 무렵의 이승만에 대한 하지의 반감이 얼마나 격심했는가를 보여 준다.

> 이승만은 지난 며칠 동안 옛 중경(重慶)그룹을 기반으로 한 임시정부의 선언을 주도하는 듯한 활동에 열중했다. 그 내용이 그다지 구체적이지 않았기 때문에 미국 기자들은 그의 활동 이야기를 취재도 하지 않았다. 미국 기자들은 이승만의 활동을 미국 신문에 보도함으로써 그의 명성을 증대시키기를 거부했다. 그런데도 이승만과 추종자들은 이곳 한국인 사이에서 큰 평판을 얻고 있고, 구체적인 문제에 대한 이야기는 들으려 하지 않는다.
>
> 제이콥스(Joseph E. Jacobs)는 국무부 훈령 142호의 선에 따라 그와 다시 이야기 해보겠지만 지금껏 하지를 위시하여 미국 신문기자들에 이르기까지 이곳에 있는 모든 미국인들이 온갖 방법으로 되풀이하

25) CIC Weekly Information Bulletin, no.14(1947.7.24.).

여 설득했다. 그는 아집에 빠져 있어서 다른 사람의 말을 듣지 않는다.

웨드마이어(Albert C. Wedemeyer)는 출발하기 전에 한국의 문제점을 잘 파악하고 와야 할 것이다. 웨드마이어가 도착할 때까지 이승만이 형무소 밖에 있다면 그는 웨드마이어의 말을 들을지 모른다.

그러면서 하지는 이승만의 행동을 견제하기 위한 국무장관의 성명발표를 거듭 요청했다.[26)]

백악관은 7월12일에 2차 대전 때에 중국 전구 사령관으로 활동했던 웨드마이어 중장을 트루먼(Harry S. Truman) 대통령의 특사로 한국과 중국에 파견한다고 발표하여 한국에서도 큰 기대를 모았다. 하지가 이승만의 수감 운운한 것은 이승만과 김구가 요인암살을 포함한 정치테러를 계획하고 있다는 정보를 이때까지도 염두에 두고 있었음을 말해 준다.

하지는 7월16일 저녁에 이승만을 관저로 초청하여 제이콥스와 셋이서 장시간 회담했는데, 이튿날 찾아온 기자에게 이승만은 마셜 국무장관이 보낸 전보를 중심으로 의견교환을 했고 자세한 내용은 아직 발표할 수 없다고 말했다. 그리고 7월17일 저녁에는 랭던(William R. Langdon) 부부와 제이콥스를 돈암장으로 초대하여 만찬을 같이하면서 의견을 교환했다.[27)]

4

7월17일 오후에 열린 민족대표자대회는 국민의회 의장 조소앙과 신익희(申翼熙)를 비롯한 20여명의 입법의원들이 참가하여 한결 열띤 분위기 속에서 진행되었다. 입법의원 48명이 개인 자격으로 민족대표자대회

---

26) Hodge to Marshall, Jul. 16, 1947, U. S. Department of State, *Foreign Relations of United States*(이하 *FRUS*) *1947*, vol.Ⅵ., pp.703~704.

27) 《東亞日報》 1947년7월19일자, 「마長官某種電文으로 李博士하中將重要會談」.

에 참가하겠다고 했었는데, 이날 참석한 입법의원들 대부분은 민선의원들이었고 관선의원들도 더러 있었다.

회의는 8월1일에 제2차 민족대표자대회를 소집하여 총선거 실시에 관한 방책을 수립하기로 결의하고, 대회준비위원으로 민족대표자대회에서 의장단과 서기국장을 비롯한 11명, 입법의원에서 김도연(金度演) 등 15명, 국민의회에서 상무위원 전원을 선출했다. 회의는 하지 장군에게 다음 4개항을 요청하기로 결의하고 폐회했다.

(1) 미소공위는 어느 때에 종결될 것인가 하지 장군에게 질문할 것.

(2) 보통선거 실시의 선포를 하지 장군에게 요청할 것.

(3) 민정장관을 민선으로 하도록 하지 장군에게 요청할 것.

(4) 총선거 실시에서 하지 장군의 협조를 요청할 것.[28)]

한국독립당의 서울시당부 위원장으로서 민족대표자대회에 합류한 신익희는 "자유로운 입장에서 정치활동을 하기 위해서"라면서 7월20일에 한독당을 탈당했다.[29)]

미소공위의 정돈상태가 계속되는 속에서 국민의회와 민족대표자대회의 통합문제는 쉽사리 결론이 나지 않았다. 국민의회는 통합교섭을 시작하면서 통합조건으로 민족대표자대회는 국민의회에 포섭될 것, 민족대표자대회 대의원은 국민의회의 자격 심사를 받을 것 등 3개항을 제시했고 민족대표자대회는 이를 수락하고 대의원 명부까지 제출했다. 그리하여 원만하게 진전되는 듯하던 통합작업은 총선거냐 임시정부 법통이냐의 문제로 양쪽의 의견이 맞서 무산되었다.

8월1일 오후에 독촉국민회 회의실에서 개최된 제2차 한국민족대표자대회에는 대의원 200여명 이외에 입법의원 40여명이 자진해서 참석했다. 이승만은 격려사를 통하여 전 민족의 대동단결로 자율적 정부를 수립하

---

28) 《東亞日報》 1947년7월19일자, 「總選擧의 旗幟下에 民族陣大同團結」.
29) 《東亞日報》 1947년7월20일자, 「申翼熙氏韓獨黨脫黨」.

여 민족 독립을 전취할 것을 강조하고, 그러기 위해서는 민족대표자대회가 허명무실한 정부조직보다는 미 군정부 당국의 협조를 얻어 자율정부의 기반으로 총선거의 준비공작을 과감히 추진할 필요가 있다고 강조했다. 이승만은 입법의원을 통과한 보통선거법의 조기 실시를 군정부에 요청하라고 말했다.

김구는 민족대표자대회와 국민의회의 통합 협상 경위에 대해 언급했다. 그는 통합이 안된 것이 결코 분열이 아니며, 국민의회와 민족대표자대회는 서로 형제적 관계로서 반탁의 기치 아래 대동단결할 수 있고, 또 이번 회의는 통합을 위한 가장 좋은 기회라고 역설했다.[30)]

국민의회와의 통합문제는 8월3일의 회의부터 가장 심각한 현안으로 논란되었다. 국민의회와의 연석회의가 계속되었으나 성과가 없었다. 마침내 민족대표자대회는 8월9일에 국민의회에 포섭된 대의원들에게 소환장을 전달했다. 국민의회도 상임위원회를 열어 선후책을 강구하느라 부심했는데, 8월11일에는 김구가 국민의회 의장 조소앙과 함께 돈암장을 방문하고 이승만과 요담했으나 타협이 이루어지지 않았다.[31)]

민족대표자대회와 국민의회의 이러한 길항은 미소공위가 결렬될 것이 확실시되는 국면전환을 반영한 것이었다. 8월8일과 9일에 연달아 발표된 브라운의 성명과 9일에 있었던 슈티코프의 기자회견은 미소공위가 이른바 "의사표시의 자유"를 둘러싼 논쟁 끝에 드디어 파국에 이르렀음을 드러냈다. 브라운의 성명에 대해 한국민주당, 조선민주당, 대한노총 등 15개 우익단체로 구성된 임정수립대책협의회는 브라운의 성명은 "소련이 모스크바결정의 기본정신을 망각하고 결정의 일언일구에 구애하여 조선정부수립의 사명을 이행치 못하는 데 대한 비판인 동시에 우리 3천만 민중이 말하고자 하는 바를 철두철미 대변해 준 것으로서 감사 감격

30) 《東亞日報》 1947년8월3일자, 「美軍政의 協調얻어 總選擧로 政府樹立」.
31) 《東亞日報》 1947년8월12일자, 「民代·國議決裂, 打開策을 講究」.

을 마지 않는다"라는 성명을 발표했고, 독촉국민회 선전부도 "진정한 민주주의를 위하여 건투하는 브라운 소장 이하 미국대표단에 대하여 거족적 사의를 표한다"라는 담화를 발표했다.[32]

슈티코프는 미소공위가 열리고 있는 기간의 일을 그의 『일기』에 자세히 적어 놓았는데, 8월9일자 『일기』에는 다음과 같이 썼다.

> 샤브신(Anatolii I. Shabshin)이 김규식은 여운형의 사망 이후에 우경화되었다는 이야기가 있다고 전하다. 그는 또한 남조선(단독)정부의 수립을 위한 준비 작업이 진행되고 있다고 전하다. 대통령에는 이승만이, 국무총리에는 장덕수(張德秀)가 내정되었다고 한다. 이 정보에는 김구와 김규식 및 일부 우익 인사들이 참여할 것이라 한다.… 남조선 단독정부 수립을 위한 준비 작업에 대해 북조선의 신문들에 게재할 기사를 준비하기로 약속하다.[33]

샤브신의 이러한 정보는 미소공위 결렬 이후의 남한의 정치변화에 대한 좌익정파들의 전망을 반영한 것이었다.

8월10일 오후에 안국동 풍문여자중학교 강당에서 있었던 조선기자협회결성대회에는 신문기자들과 각계 단체대표 등 700여명이 모여 성황을 이루었다. 이승만과 김구도 이 자리에 초청되어 축사를 했는데, 이승만은 충격적인 발언을 했다.

"우리가 우리의 뜻대로 만드는 것이 우리의 정부이지 미소공위나 만국회의에서 만드는 것은 우리의 정부가 아니다.… 38이북은 그만두고 경상도 하나만이라도 독립하고 유엔에 가입하여 국제적으로 말할 수 있게 되면 우리는 우리를 점령하고 있는 외국사람들에게 물을 것이 많다. 미국

---

32) 《東亞日報》 1947년8월10일자, 「自主獨立爲해 反託은 當然」.
33) 『쉬띄꼬프일기』, p.139.

사람이나 소련사람들은 우리를 위하여 싸운 것이 아니고 대세에 의하여 싸운 것이다. 그러므로 우리는 하루바삐 총선거를 시행하여 입법부를 구성하고 통일정부를 세워서 독립해야 한다."[34]

8월11일 밤부터 12일에 걸쳐 수도경찰청 소속 경찰들은 일제히 좌익 인사들의 검거에 나섰다. 장건상, 이여성(李如星), 백남운 등 근로인민당 간부들을 비롯하여 조선노동조합전국평의회(전평), 전국농민조합총연맹(전농), 민주여성동맹(여맹) 등 좌익 단체 간부들을 포함하여 12일 밤 11시 전까지 체포된 사람은 327명에 이르렀다.[35] 허헌(許憲) 등 남로당 간부들은 모두 피신했다.

이보다 앞서 8월4일에는 방송을 통하여 공산주의 선전활동을 하던 남로당원 등 서울 중앙방송국 직원 14명이 검거되었다.[36] 수도경찰청장 장택상(張澤相)은 8월18일의 기자회견에서 이들이 방송을 통한 남조선 적화음모와 8월15일을 기하여 경기도 일대에서 폭동을 일으키며 미 군정부를 파괴하려는 음모가 발각되었다고 발표했다.[37]

슈티코프는 8월20일에 열린 미소공위 54차 회의에서 좌익인사들의 검거를 맹렬히 비난하면서 정상상태를 회복하는 조치를 취하라고 요구했지만, 브라운은 그것은 미소공위의 업무 밖의 사항이라고 일축했다.[38]

하지는 8월25일에 슈티코프가 미 군정부의 좌익검거선풍에 대해 8월 22일의 기자회견에서 "미소공위사업을 방해하는 처사"라고 비난한 것을 반박하는 성명을 발표했다. 하지는 슈티코프의 성명은 "미소공위 부진에 대한 자신의 과오를 은폐하려는 것"이라고 지적하고, "이번 검거는 미군 점령지역 안의 정부 및 법과 질서의 파괴를 기도한 선동적 행동을 처벌하

---

34) 《京鄕新聞》 1947년8월11일자, 「總選擧를 强調」.

35) 《朝鮮日報》 1947년8월13일자, 「左翼要人을 檢擧」; 《大東新聞》 1947년8월13일자, 「左翼陣營에 檢擧旋風」.

36) 《東亞日報》 1947년8월6일자, 「赤化宣傳을 圖謀 南勞黨系放送員被檢」.

37) 《東亞日報》 1947년8월19일자, 「軍政破壞의 陰謀」.

38) 『쉬띄꼬프일기』, pp.146~147; 《京鄕新聞》 1947년8월24일자, 「左翼彈壓에 蘇聯側抗議」.

기 위한 것"이라고 주장했다. 그리고 우리는 "이러한 행동은 북조선의 신문 및 방송국에 의하여 종용되고 있다는 충분한 증거를 가지고 있다"라고 으름장을 놓았다.[39]

미소공위의 결렬이 확실해지자 임시정부 법통문제는 잠시 "잠복한 상태"로 두고 공동행동을 취했던 이승만 그룹과 임시정부 진영의 알력이 다시 표출되었다. 그리하여 8월23일에 소집된 한국민족대표자대회는 국민의회와의 통합교섭은 포기하고 독자적인 정부수립운동을 진행하기로 결의했다.[40]

5

이승만과 하지의 불화설이 알려지면서 돈암장의 소유주 장진섭(張震燮)이 집을 비워 달라고 말했다. 윤치영(尹致暎)은 장진섭의 태도를 보고 염량세태[炎凉世態: 권세가 있을 때에는 아부하고 몰락하면 푸대접하는 세상인심]를 탓하며 곧 새집을 물색했다고 했으나,[41] 장진섭은 이미 1945년 10월에 이승만이 측근들에 둘러싸여 2,000만원을 제공한 경제인들을 멀리한다고 불평하는 편지를 이승만에게 보내기도 했었다.[42] 장진섭은 이승만이 거처하는 방에 물건을 들여 놓기까지 하면서 집을 비워줄 것을 재촉했다고 한다.

이승만 큰누이의 손자 우제하(禹濟夏) 등이 나서서 서울 장안을 다 뒤지다시피 했으나 가회동의 최승희(崔承喜) 집과 북아현동의 조(趙)아무개의 집밖에 없었다. 윤치영은 가회동 윤치호(尹致昊)의 집을 주선했다. 그러나 우제하는 이승만이 윤치호의 집으로 가면 윤척(尹戚)들에게

---

39) 《朝鮮日報》 1947년8월26일자, 「南朝鮮은 美軍權限內」.
40) 康晉和 編, 앞의 책, p.1292.
41) 윤치영, 「나의 이력서(45)」, 《한국일보》 1981년9월12일자.
42) 「張震燮書翰內容報告」, 『雩南李承晩文書 東文篇(十五) 建國期文書 3』, pp.104~113.

업힌 인상을 준다고 극구 반대했다. 그리하여 결국 미 군정부에 부탁하여 마포(지금의 용산구 청암동 164번지)에 있는 휑뎅그렁한 집을 얻었다. 한강변의 언덕바지에 위치한 이 집은 일본점령기에 다나카(田中) 정무총감이 여름별장으로 썼던 집이었다. 미군이 진주한 뒤에는 미군 대령이 잠시 쓰다가 오래 비워두었기 때문에 손볼 데가 많았다. 청부업자를 시켜 고장난 난방시설을 고치고 집수리를 하게 했으나, 막상 이사를 하려니까 수돗물도 나오지 않아서, 영문 타이핑 담당인 황규면(黃圭冕) 비서가 물지게로 물을 길어 날라야 했다.

이승만은 8월18일에 이 집으로 이사했다.[43] 이때부터 이 집은 마포장(麻浦莊)으로 불리게 되었다.

마포장의 식구는 단출했다. 돈암장 초기에 20명가량 되던 비서진은 이승만의 도미를 계기로 대폭 줄였고, 마포장으로 옮긴 뒤에는 비서라고 이기붕(李起鵬), 윤석오(尹錫五), 황규면 세 사람뿐이었다. 이승만 내외는 집이 마음에 들지 않아 이삿짐도 다 풀지 않았다.

이승만은 문짝이 잘 맞지 않고 공사도 날림인 것을 보고 혀를 차며 비서들에게 말했다.

"내가 한 것만도 못하구먼. 저 밖에 있는 나무 궤짝 좀 끌르게."

그 궤짝 안에는 이승만이 하와이에서 쓰던 대패, 톱, 끌, 망치, 칼 등 갖은 연장이 가득했다. 작업복으로 갈아입은 이승만은 망치로 대패를 톡톡 치며 맞추었다. 맞지 않는 문짝을 떼어서는 자를 대어 줄을 긋고 대패질을 한 다음 손잡이까지 고쳤다. 여간 능숙한 솜씨가 아니었다.

이승만은 정원수도 부지런히 다듬었다. 고목은 잘라서 도끼질을 했다. 1년 넘어 비워두어서 무성히 자란 정원의 풀은 아무도 손을 대지 못하게 하고 손수 뽑았다. 억센 풀을 힘주어 뽑고 나서는 "이놈, 나한테 졌지, 졌어"하고 혼잣말을 하면서 흐뭇해했다. 이렇게 하여 무성하던 잡초를

---

43) 《東亞日報》 1947년8월19일자, 「李博士宅移轉」.

한달 만에 다 뽑았다.

집은 휑뎅그렁하고 스산해도 한강이 내려다보이는 마포장은 전망이 좋았다. 이승만의 마포장 생활은 두달밖에 되지 않았지만, 그는 이 무렵에 한시를 많이 지었다. 아침이면 밤새 지은 시를 내놓고 윤석오에게 강평을 하라고 했다.

이승만은 처음에 마포장을 평원정(平遠亭)으로 명명했는데, 「평원정」이라는 시도 지었다.

平遠亭	평원정
移家何事住江頭	어찌 하여 집을 옮겨 강가에 산단 말가
來訪人人問不休.	찾아오는 사람마다 묻기를 멈추지 않네.
須向西南窓外望	서남쪽을 향하여 창밖을 바라보소
五湖烟月滿山秋.	강안개 속에 달이 뜨니 온 산이 가을이로다.

이승만은 이 시를 "오호인월 만산추"하고 소리내어 읊조리곤 했다.[44]

이 무렵에 작성된 것으로 보이는 「정부수립 성명」이라는 이승만의 친필문서가 보존되어 있는데, 이 문서는 그의 정부수립 절차에 대한 구상을 자세히 언급한 것이어서 눈여겨볼 만하다. 성명서는 먼저 "미소공동위원회의 선언과 미 국무성의 지휘로 하지 중장이 발표한 바 독립민주정부를 수립키로 목적한 것을 실시키 위하야 우선 과도정부를 자에 공포함"이라고 선언하고, 그 과도정부는 북한에 소련이 설립한 정부나 남조선에 미국인이 설립한 군정부와 민정부(곧 남조선과도정부) 및 그 밖의 여러 종류의 행정권을 대신 행사하는 것이 아니라, "총선거 방법과 규정을 수정하야 정식 정부를 하루 속히 건설하는 것만을" 목적으로 한다고 천명

44) 尹錫五, 「景武臺四季 麻浦莊①」, 『남기고 싶은 이야기들』, 中央日報 · 東洋放送, 1977, pp.49~51; 이수웅 옮김, 『이승만 한시선』, 배재대학교출판부, 2007, p.158.

이승만이 친필로 작성한 「정부수립 성명」.

했다. 또한 이 과도정부는 미소 양군의 치안상 직무나 군정상 행령(行令)을 간섭하지 않을 것이지만, “우리의 정치상 내정에 관한 문제와 총선거를 진행하는 모든 사무에는 다른 나라의 간섭을 절대 거절하기로” 하고, 대외적으로는 “유엔에 참가권을 도모”한다고 했다. 그리고 과도정부의 진행절차는 (1) 총선거법안을 수정하고 (2) 총선거 실시를 감시하여 정식 입법원을 소집하고 민국헌장을 제정하여 그 헌장에 따라 정식 정부를 수립하고 (3) 정식 정부가 수립된 뒤에는 자동적으로 해체한다는 것이었다.

그렇게 수립된 정식 정부의 최우선 과제로 이승만은 (1) 38선 철폐와 미소 주둔군 철수 등 9개항을 적어 놓았는데, 그 가운데는 (4) “파괴, 분열, 반역 등 분자”를 제재하기 위한 법률의 제정, (5) “친일분자와 외국인을 의지하여 국권을 방해하는 자”를 처벌하기 위한 특별법원의 설치, (9) “토지를 공평하게 분배하여 대지주의 소유를 소작인이 경작하게 하되, 공정가격에 의하여 피차간에 다대한 손실이 없게 하는” 토지개혁의 실시 등이 포함되어 있었다.[45)]

이승만은 총선거 준비를 서둘렀다. 8월25일에 열린 민족대표자대회 제21차 회의에 참석한 그는 지금 한인들은 대개 총선거를 실시할 것을

45) 「政府樹立聲明」, 『雩南李承晩文書 東文篇(十五) 建國期文書 3』, pp.60~66.

바라고 있으나 일부에서는 이를 반대하고 있으며, 또 우익진영 안에서도 미군과 협조하지 않고 자율적으로 한다면서 반대하는 사람들이 있으나, 우리는 미군과 협조하여 하루바삐 총선거를 실시하도록 해야 하고, "만약에 한미합작으로 잘 안되든지 또 지연되든지 할 때에는 우리는 단독으로라도 총선거를 하도록 해서, 조속한 기일 안에 자주정부를 수립해야 한다"라고 역설했다.46) 우익진영 안에서도 미군과 협조하지 않고 자율적으로 한다면서 반대하는 사람들이란 임시정부법통론을 주장하는 한독당 중심의 임시정부 그룹을 지칭한 말이었음은 말할 나위도 없다.

이승만은 8월25일에 민족대표자대회 대의원들과 각 애국단체대표들이 합석한 회의에서 총선거의 조속한 실시를 강조했다. 그리고 27일에는 민족대표자대회에 다음과 같은 요지의 메시지를 보냈다. 그것은 미국은 한국문제 해결을 위하여 첫째로 소련과 협의하여 좌우합작정부를 수립하는 방안, 둘째로 남한에 정부를 수립하여 미국의 원조로 몇 해 동안 관할한 뒤에 완전히 독립시키는 방안, 셋째로 총선거로 국회를 구성하여 민의대로 정부를 수립하는 방안을 놓고 토의 중인데, 전 민족이 대동단결로 총선거를 조속히 실행하기로만 방책을 정하고 촉진해야 된다는 것이었다.47)

9월1일 오후에 창덕궁 인정전에서 열린 국민의회의 제43차 임시대회에는 긴박하게 돌아가는 시국을 반영하여 300여명의 대의원들이 참집했다. 김구의 치사와 경과보고에 이어 통과된 「긴급제의안」은 이승만이 주장하는 입법의원의 보통선거법에 의한 총선거안은 "38선을 존속시키고 조국을 영구 양분할 남조선 단독정부의 노선으로 향하고 있는 것"이므로 중지해야 한다고 주장한 것이었다. 그러면서도 또 국민의회는 이승만을 주석, 김구를 부주석으로 각각 다시 선출했다.

---

46) 《朝鮮日報》 1947년8월26일자, 「美軍協助下選擧, 李博士演說」.
47) 《朝鮮日報》 1947년8월29일자, 「總選擧早速實施, 李博士멧세―지」.

6

그러나 격분한 이승만은 9월3일에 국민의회의 「긴급제의안」을 반박하는 긴 메시지를 국민의회에 보냈다. 이승만은 먼저 한국민족대표자대회는 자신과 김구가 같이 소집한 것임을 강조했다.

> 국민의회에서 국권 회복을 촉성키 위하여 개회하신 이때에 내가 진참치 못하게 되는 것을 유감으로 여긴다. 여러분이 아시는 바와 같이 김 주석과 나는 미소공위에 대처하기 위하여 민의대로 정부수립을 최중 최급의 문제로 알고 민족대표자대회를 부른 것이다. 그런데 다행히 내외정세가 순응되어 미 군정과 협동으로 하루빨리 성공될 수 있는 희망이 보이므로, 우리 민족 전체의 통일 단결로써 총선거를 실행하여 국권 회복하기를 주장하는 것이다.…

이승만은 임시정부의 법통론과 관련해서는 그의 지론인 한성정부(漢城政府) 법통론을 새삼 거론하면서, 지금 임시정부법통론을 주장하는 것은 법리상 맞지 않는다고 다음과 같이 잘라 말했다.

> 상해임시정부로 말할지라도 전 민족이 다 봉대하는 바요 김 주석과 나로는 특히 책임이 중대하니만치 한성계통(漢城系統)으로 유지하여 온 것이니 의문이 없었으나, 오직 국제관계로 인하여 이것만을 고집치 말고 아직 잠복하였다가 정부를 수립하여 계통을 전임(傳任)키로 할 것이며, 따라서 임시정부가 입국하기 전에 결의한 바가 있어 국민에게 맡겨 공결대로 준행하기로 할 것이니, 이것이 시세에 적합할 뿐 아니라 또한 원칙일 것이다. 만일 우리가 해외에서 근 30년을 두고 분투노력하여 지켜왔으니 지금 이 정부 외에 다른 정부를 수립하는 것이 불가라 할진대 이는 법리적 해석이 아니다. 원래 내지에서 피

를 흘리고 그 임시정부를 수립한 민중에게 주권이 있는 것이니, 민중이 무슨 방법으로든지 조처할 권리가 있는즉, 해외에서 계통을 지켜 온 우리로는 민중의 공의를 따라 정부를 세워서 계통을 전하는 것이 적법이요 순리이다.

남한만의 총선거로는 분단국가를 고착시키게 될 것이라는 주장에 대해서는 이승만은 다음과 같은 말로 반박했다.

남북이 통일해서 총선거를 하기 전에 남조선에서만 총선거하는 것은 원치 않는다 하는 언론이 있으나, 이는 사세(事勢)를 떠나서 건국대업의 전도를 막는 공담(空談)일 뿐이다. 우리 현상으로 삼팔선 이남은 고사하고 다만 한 도(道)나 한 군(郡)으로만이라도 정부를 세워서 그 정부명의로 국제상에 참가하여 언론권을 가져야 우리가 우방들의 협조를 얻어 남북통일을 촉성할 기회가 있을 것인데, 이것을 아니하고 지금처럼 속수무책으로 앉아서 남들이 우리를 대신하여 통일시켜 주기를 바라고 앉았다면 어불성설이다.

미국인들과 협조할 필요없이 자율적으로 정부를 세워야 한다는 국민의회의 주장에 대해서는 다음과 같은 말로 비판했다.

우리가 그 정신만은 절대 찬성하는 바이나 사세에 들어서는 참고할 점이 없지 아니하다. 당초에 우리 힘으로 왜적을 타도하고 정권을 회복하였으면 타국의 간섭이 없을 것이지만 우리가 그것을 못하므로 미국이 우리 정권을 장악하게 된 경우에서, 절대 맹목적으로 단독 행동을 고집하면 사세에도 어렵고 우방의 동정도 잃을 것이니, 고립무원으로 야심을 가진 타국인을 대립하기에 더욱 고위[孤危: 고립되어 위태로움]할 것이다. 하물며 미국이 우리 독립을 반대하여 압박 정책을 쓴다면 우리는 죽기로써 항거하기를 주저치 않을 것이나 만국 전체가 우리 독립을 절대 주장하는 터이니, 우리 독립을 주장하는 우방과 합작 않을 이유도 없거니와 우리가 합작하자는 것은 총선거 진행에 협의적으로 하자는 것이니, 총선거로 국회만 성립된 후에는 국권이 우리 손에 있는 것인즉, 이것을 하기에 도움되는 것은 즉 독립을 돕는 것이니 거절할 이유가 어디 있겠는가.…

이승만은 끝으로 자신은 김구의 입장을 충분히 이해하므로 두 사람 사이에 아무런 문제가 없다면서 다음과 같이 강조했다.

김 주석과 나는 이러한 양해와 결심이 공고하므로 공사간에 의점(疑點)이 조금도 없으나, 오직 중국에서 수십년 동안을 임시정부 옹대로 사생을 같이하던 동지들과 노선이 갈리기를 차마 못하는 후의로 김 주석이 마음에 많은 고통을 당하고 있는 중이니, 그 심법[心法: 마음쓰는 법]과 곤란을 절실히 양해하는 나로서는 더욱 경애하는 바이니, 공연한 오해로 사실이 아닌 풍설이 있을지라도 신청(信聽)치 말기를 바라며, 다만 여러분께서 애국성심만을 위하여 전 민족의 통일로 총선거를 하루바삐 진행하여 국가 운명을 누란에서 구원하며 민족정세를 구학[丘壑: 언덕과 골짜기]에서 구제하도록 하기를 간절히 바라는 바이다.[48]

그것은 임시정부법통론만 고집하는 국민의회 그룹으로부터 김구만은 어떻게 해서든지 자신과 공동보조를 취하게 해야겠다는 간곡한 심정을 그대로 드러내 보이는 설득이었다.

이승만은 이어 9월16일에는 국민의회 주석직 유임을 거부하는 단호

---

48) 《東亞日報》 1947년9월4일자, 「民衆公議로 政府를 樹立」.

한 성명을 발표했다.

> 지난 3월에 조직되었다는 정부에 내가 주석 책임을 감당할 수 없는 형편이니, 나의 고충을 여러분이 양해해 주시기 바란다. 나는 남한만으로라도 총선거를 행하야 국회를 세워 이 국권회복의 토대가 생겨서 남북통일을 역도(力圖)할 수 있을 유일한 방식으로 믿는 터이므로, 누구나 이 주의와 위반되시는 이가 있다면 나는 합동만을 위하야 이 주의를 포기할 수 없을 것이다.

이어 그는 김구에 대해서는 자기와 의견이 다른 것이 아니라 "임시정부를 지켜오던 몇몇 동지와 갈리기를 차마 못하는 관계로 심리상 고통을 받으시는 중이니" 일반동포는 오해가 없기를 바란다면서 국민의회 그룹과의 결별을 거듭 촉구했다.

이승만은 이어 총선거로 정부가 수립되더라도 자신은 "정부 밖에서 정부를 옹호하는 책임"을 자담하겠다고 잘라 말했다.

> 내가 총선거를 주장하는 것은 남북을 영영 나누자는 것이 아니오, 남한만이라도 정부를 세워서 국제상에 발언권을 얻어 우리의 힘으로 통일을 촉성할 문로를 열자는 것이며, 만일 이보다 더 나은 방식이 있다면 우리가 다시 생각해 볼 여지가 있을 것이지마는 아무 다른 방식이 없는 경우에는 이것이 유일한 방식이니, 전 민족이 다 합심해서 이것을 촉진하는 것이 가할 것이다. 총선거에 대하야 나는 개인적 무슨 욕망을 두지 않는 터이요 또한 나는 자초로 평민의 권위를 존중히 여기므로, 정부 밖에서 정부를 엄호하는 책임을 자담하는 것이 나의 원하는 바이니, 일반동포는 나의 고충을 양해하기 바란다.[49]

---

49) 《東亞日報》 1947년9월17일자, 「國議主席을 拒否」.

이 무렵 이승만은 측근에게도 김구가 조완구(趙琬九), 조경한(趙擎韓), 엄항섭(嚴恒燮) 등 임시정부 인사들과 결별하지 못하는 태도에 대해 "다 썩은 동아줄, 이걸 못 끊어, 이걸 못 끊는단 말이야"하고 안타까워했다.[50]

50) 尹錫五 증언, 孫世一, 『李承晩과 金九』, 一潮閣, 1970, pp.275~276; 尹錫五, 「景武臺四季 麻浦莊②」, 앞의 책, p.56.

2. 4대국회의 거부되자 유엔총회로

1

미소공위의 결렬이 확실해지자 하지는 7월18일에 합동참모본부에 새로운 대한정책 방향을 건의하는 전보를 쳤다. 그것은 (1) 미소공위가 실패하면 그 사실을 지체없이 선언하고 이후의 행동계획을 수립해야 하고, (2) 미소공위 결렬 이후 신속하게 남한 자치정부를 수립하고 가리오아(GARIOA: Government Relief in Occupied Areas, 점령지역행정구제) 이상의 원조를 제공해야 하며, (3) 주한미군사령부의 전투부대를 유지할 수 있도록 모든 노력을 다해야 한다는 것이었다.[51] 가리오아란 제2차 세계대전 이후에 미국의 예산법 1항에 따라 서독, 일본, 한국 등 미국점령지역의 기아, 질병, 사회불안 등을 방지하여 사회안정과 경제부흥을 도모하기 위하여 제공되는 물자원조였다.

새로운 대한정책을 마련하기 위하여 미국정부가 취한 조치는 7월23일에 3부조정위원회(State-War-Navy Coordinating Committee: SWNCC)의 하부기관으로 한국에 대한 특별위원회(Ad Hoc Committee on Korea)를 설치한 것이었다. 한국특위는 국무부의 동북아시아국 부국장 앨리슨(John M. Allison)과 전쟁부[육군부]의 두푸이(Trevor N. Dupuy) 중령, 해군부의 허머(H. R. Hummer) 대위로 구성되었다. 앨리슨은 7월29일에 한국문제 처리방안의 요지를 정리한 비망록을 제출했는데, 그 내용은 소련이 8월5일 이전에 미소공위를 파탄시키는 경우 즉시 모스크바 외상회의 결정에 규정된 4대국[미국, 소련, 영국, 중국]회의를 소집하여 4대국으로 하여금 미소 양 점령지역에서 인구비례에 따른 자유선거를 실시하여 통일임시한국정부를 수립하고, 그 정부와 경제원조의 내용을

---

51) 정용욱, 앞의 책, pp.417~418.

협의하며, 그 정부와 특별한 합의가 없는 한 외국군대는 철수한다는 것이었다. 그리고 소련이 4대국회의를 거부할 경우에는 문제를 유엔에 상정한다는 것이었다.[52]

이 비망록의 내용은 8월6일에 3부조정위원회가 채택한 「한국에 관한 특별위원회 보고서: 한국에서의 미국의 정책(SWNCC 176/30)」[53]에 그대로 반영되었다. 그 뒤의 미국의 대한정책 방향을 결정하는 기초적 정책문서가 된 이 「SWNCC 176/30」은 모스크바결정에 의한 한국문제처리를 폐기하고 한국문제를 유엔에 이관시킬 것을 공식화했다는 점에서 미국의 대한정책사상 중요한 문서이다.[54]

마셜 미 국무장관은 8월12일에 몰로토프(Viacheslav M. Molotov) 소련 외상에게 편지를 보내어 모스크바결정의 목표를 달성시키기 위하여 앞으로 어떤 조치를 취할 것인지를 4대국이 즉시 논의할 수 있도록 8월21일까지의 미소공위 회의보고서를 제출하게 하자고 제의했다.[55] 몰로토프는 답신에서 미소공위가 교착상태에 빠진 것은 미국의 책임이라고 주장하면서도 마셜의 제의를 수락한다고 말했다. 그리하여 보고서 작성을 위한 미소공위가 다시 열렸다. 그러나 회의는 끝내 합의에 이르지 못했다.

하지는 마침내 8월20일에 제2차 미소공위의 경과보고서 요약을 마셜 국무장관에게 타전했는데, 미국대표단의 마지막 결론은 다음과 같다고 했다.

> 소련정부가 미소공위 소련대표단에게 1946년에 미소공위 대표단장이 목표로 천명한 것과 다른 정책들을 따르라고 지시하지 않는 한, 그리고 지시할 때까지는, 미소공위를 매개로 한국독립의 성공적인 진

52) Memorandum by Allison, Jul. 29, 1947, *FRUS 1947*, vol. Ⅵ., pp.734~736.
53) Report the Ad Hoc Committee on Korea, Aug. 4, 1947, *FRUS 1947*, vol. Ⅵ., pp.738~741.
54) 정용욱, 앞의 책, p.420.
55) Marshall to Embassy in Moscow, Aug. 11, 1947, *FRUS 1947*, vol. Ⅵ., pp.748~749.

전을 초래할 어떠한 협정도 작성하기가 불가능하다.[56]

그것은 하지 자신이 트루먼 대통령에게 건의했던 미소 양국의 직접 교섭에 의한 한국문제 처리가 불가능한 것임을 공식으로 확인하는 것이었다.

애치슨(Dean Acheson)의 후임으로 새로 미 국무차관에 임명된 러베트(Robert A. Lovett)는 8월26일에 몰로토프에게 한국문제를 토의하기 위하여 9월8일부터 워싱턴에서 4대국회의를 열자고 제의하고,[57] 영국과 중국에도 통보했다. 영국과 중국은 미국의 제의를 수락했으나 소련은 거부했다. 몰로토프는 9월4일에 마셜에게 보낸 답신에서 미국이 4대국회의를 일방적으로 소집한 데 대해 유감을 표명하고, 4대국회의가 모스크바결정에 근거한 것이 아니라는 등의 이유를 들어 4대국회의에 참가하지 않겠다고 했다.[58] 미 국무부는 몰로토프의 그러한 반응을 예상하고 몰로토프가 회신을 보내오기 전부터 한국문제를 유엔에 이관시킬 준비를 시작했다.[59]

미국의 정책입안자들이 한국에 대한 다음 단계 조치를 준비하고 있을 때인 8월26일에 웨드마이어 사절단이 서울에 도착했다. 태평양전쟁 끝 무렵에 미 육군 중국전구사령관 겸 장개석(蔣介石)의 참모장으로 임명되어 중경에서 활동했던 웨드마이어는 중국 사정에 밝았다. 미국정부의 정책결정자들이 웨드마이어 사절단을 파견하게 된 것은 국민정부군과 중공군 사이의 내전이 점점 격화하고 있었기 때문이다. 미국 군부는 상황이 더 악화되기 전에 중국에 대한 군사적 및 경제적 원조를 확대하고 중국내전에 본격적으로 개입해야 한다는 입장이었고, 반면에 국무부의 입장은 국

56) Hodge to Marshall, Aug. 20, 1947, *FRUS 1947*, vol.Ⅵ., p.760.

57) Lovett to Embassy in Moscow, Aug. 26, 1947 및 United States Proposals Regarding Korea, *FRUS 1947*, vol.Ⅵ., pp.771~774.

58) Molotov to Marshall, Sept. 4, 1947, *FRUS 1947*, vol.Ⅵ., pp.779~781.

59) Lovett to Jacobs, Sept. 2, 1947, *FRUS 1947*, vol.Ⅵ., p.776.

민당 정부의 개혁이 선행되어야 한다는 것이었다. 주요 신문의 논조도 국민당 정부의 개혁 이전에 장개석에 대한 원조를 확대해서는 안된다는 것이었다.

트루먼 대통령 특사자격으로 중국과 한국을 시찰하고 보고서를 제출한 웨드마이어 장군.

대통령 특사자격의 웨드마이어 사절단은 7월22일부터 8월24일까지 한달 동안 중국에 체류했다가 맥아더 사령관과 회담하기 위하여 하룻밤을 도쿄(東京)에서 묵고 서울에 왔다.

웨드마이어가 미국을 떠나기에 앞서 워싱턴의 임병직(林炳稷), 스태거스(John W. Staggers), 윌리엄스(Jay Jerom Williams), 올리버(Robert T. Oliver) 등 한국위원회 멤버들은 그에게 한국문제에 관한 비망록을 보냈다. 내용의 대부분은 이미 《뉴욕타임스*(The New York Times)*》 등에 게재된 것이었지만, 두가지 새로운 항목이 있었다. 하나는 현재 38도선 이북의 주민 가운데 80%가량이 이승만 박사를 지지하고 있고 따라서 그들은 반공주의자들이며, 또 많은 북한지도자들이 남한정부에 포함될 수 있을 것이므로 이 정부가 전 한국을 통치할 책임을 지는 데 방해를 받아서는 안된다는 것이었고, 다른 하나는 하지와 그의 국무부 고문관들을 교체해야 한다는 것이었다. 왜냐하면 하지는 과거의 잘못으로 말미암아 이미 한국 국민의 신임을 잃었기 때문이라는 것이었다. 올리버 등은 자기들의 건의는 "트루먼 독트린과 마셜 플랜에 나타나 있는 미국정책"에 부합된다고 생각한다고 덧붙였다.[60] 이처럼 이승만은 계속하여 하지의 경질을 주장했다.

---

60) Robert T. Oliver, *Syngman Rhee and American Involvement in Korea, 1942–1960*, Panmun Book Company LTD, 1978, p.84.

웨드마이어 사절단은 8월27일과 28일 이틀 동안 내내 하지를 비롯한 미 군정부 당국자들로부터 현황설명을 들었다. 하지는 만일 트루먼 행정부가 군정부 관리들을 계속 유지시키고자 한다면 그들을 강력히 지원해주어야 하고, 그렇지 않다면 그들을 하루빨리 퇴진시키는 것이 좋다고 말했다. 그는 "워싱턴 당국자들이 현지사령관을 지지하지 않는다면 그를 면직시키고 그들이 지지하는 인물로 교체하는 것이 좋을 것"이라고 했다. 하지는 또 미국이 만일 미소공위의 실패로 말미암아 남한만을 상대해야 할 때에는 남한지역에서 공산당의 활동을 불법화해야 한다고 주장했다. 왜냐하면 모스크바결정은 이미 사문화되었고, 미국이 한국공산주의자들을 상대로 하는 한 좌우합작의 성공가능성은 전혀 없기 때문이라는 것이었다.

이승만과 김구 등의 극우진영에 대한 하지의 평가가 흥미롭다. 하지는 "비록 그들이 누구보다도 우리의 노력에 많은 방해를 해 왔지만", 이들 극우파들은 앞으로 활용가치가 많기 때문에 미국은 우호적으로 대해야 할 것이라고 말했다. 이승만과 김구는 이미 전 한국민중 가운데 상당부분을 지배하고 있으며, 또 그들은 "공산주의에 대한 방파제"라는 것이었다.

경제문제에 대해서는 미 군정부가 「현재 남한의 경제사정」이라는 보고서를 제출했다. 이 보고서는 남한의 경제는 자립할 가능성이 없다고 단정했다.[61]

웨드마이어는 이틀 동안의 미 군정부 당국자들과의 회합과 8월31일의 부산방면 시찰을 제외하고는 체류기간의 대부분을 한국인들과의 면담으로 보냈다. 면담자들도 정치인뿐만 아니라 관료, 종교인, 언론인, 청년단체와 노동단체 지도자 등 다양했다.

웨드마이어와의 회담에서 김구는 행정권이 빨리 한국인에게 이양되어

---

61) 차상철, 『해방전후 미국의 한반도 정책』, 지식산업사, 1991, pp.160~161.

야 한다는 것과 38도선 철폐의 필요성을 강조하고, 또 현재의 과도정부가 법집행을 단호하게 해야 한다고 주장했다. 김성수는 좌우분열의 책임은 좌익에 있고 우익은 정치적 통일을 지향해 왔으며, 중간파는 좌익에 동조하는 경향이 있다고 주장했다.

이승만은 우익인사들 가운데 가장 논리정연하게 우익의 행동노선을 설명했다. 그는 총선거는 국회를 구성하기 위한 것이고, 국회에서 민주적 원칙에 따라 헌법을 제정할 것이라고 말했다. 그는 미국 방문 때에 국무부 점령지역 담당 차관보 힐드링(John R. Hilldring)에게 자신의 6개항의 정책을 주었다고 말하고, 하지는 정책의 세부에 너무 얽매어 정책추진을 지연시키고 있다고 비판했다. 그는 먼저 남한정부를 수립한 뒤에 38도선을 철폐해야 하며, 남한정부는 법률상의 정식 정부가 될 것이지만, 최종적으로 또한번의 총선거에 의하여 남한정부가 수립될 때까지의 과도정부 역할을 하게 될 것이라고 예상했다. 그는 만약 소련이 남한만의 총선거를 비판하면 이미 북한에는 러시아인들의 지휘 아래 한국인들이 정부를 운영하고 있다는 대응논리로 응수하면 될 것이라고 주장했다.[62]

2

웨드마이어 사절단은 9월3일에 서울을 떠났다. 김포비행장에는 하지 장군을 비롯하여 안재홍(安在鴻), 김규식 등 남조선과도정부와 입법의원의 간부들, 그리고 이승만, 김구 등 많은 인사들이 나와서 배웅했다.[63]

웨드마이어 사절단은 9월6일부터 하와이에 머물면서 트루먼 대통령에게 제출할 보고서를 작성했다. 이 보고서는 9월19일에 제출되었다.

보고서의 한국부분 가운데 눈길을 끄는 대목은 한국에서 미국의 목

62) 정용욱, 앞의 책, p.451.
63) 《朝鮮日報》 1947년9월4일자, 「웨特使昨朝歸國」.

하와이에서 보고서를 작성중인 웨드마이어 사절단(왼쪽에서 세번째가 웨드마이어 장군).

적을 달성하는 데 저해요인으로 작용하고 있는 것에 대한 서술내용이다. 주된 요인은 한국이 38선에 의하여 분할되어 있고 한국에 관한 모스크바 외상회의 결정 이행에 소련이 협력하지 않는 데 기인하는 것이라고 했다. 미군점령지역 안의 방해요인은 (1) 이승만과 김구에 의하여 지배되고 있는 극우세력, (2) 극좌세력, (3) 국가경찰의 활동의 세가지라고 했다. 극우세력의 상황에 대하여 보고서는 다음과 같이 기술했다.

> 이승만 박사와 김구의 지배 아래 있는 극우세력은 단순히 비협력적 태도뿐만 아니라 폭력적인 태도로 모스크바결정을 이행하는 미국의 노력을 방해하고 있다. 이러한 극우세력은 폭력적 전술을 행사하는 산하의 청년단의 지지를 받으면서 중도세력 및 비공산주의 좌익세력의 정치활동을 견제하기 위하여 협박수단을 구사하고 있다. 그들은 한국의 발전에 기여할 수 있을지 모를 영향력과 능력을 가진 중도파 한국

인이 행정에 참여하는 것을 저지하기 위하여 행동하고 있다.[64)]

웨드마이어 보고서는 한국 상황에 대한 결론을 다음과 같이 요약했다.

한국의 정치, 경제 및 심리적인 정세는 농업지대인 남한을 공업화된 북한으로부터 분리하고 있는 북위 38도선의 인위적인 경계선 때문에 크게 불리한 영향을 받고 있다. 남한의 경제상태는 위험하다. 농업은 쇠퇴해 있고 그 밖의 자원도 빈약하다.

남한에서의 자립경제 건설은 실현 불가능해 보인다. 따라서 미국의 원조에는 최소한의 자본투자를 포함하는 동시에 구제의 관점에서 주로 지원에 필요한 품목을 선택할 필요가 있다.

한국인 공산주의 앞잡이들은 남한에서 불안한 정세를 조성하여 혼란을 야기시키려 하고 있다. 극우 우익 그룹의 테러와 방해 활동이 이러한 정세를 더욱 악화시키고 있다.

미소공동위원회는 지금까지 두번 암초에 부딪혀 아무런 성공의 희망이 없기 때문에 4개국의 신탁통치하에서 기능할 한국임시정부를 수립할 수 있는 적당한 매개기관은 이제 유엔이라고 생각된다.

소련이 북한으로부터 점령군을 철수하는 경우 미국은 남한을 계속 점령할 것인지를 결정하지 않으면 안될 상황에 직면할 것으로 보인다. 이러한 상황은 소련군이 주둔하지 않더라도 소련이 만들어 놓은 괴뢰정권과 그 군대가 공산주의의 목적을 충분히 시행할 수 있는 체제를 확립한 경우에 일어날 것으로 생각하는 것이 합당할 것이다.

미군의 통제하에서, 그리고 미국인 장교의 지도하에서 북한으로부터의 위협에 대처할 수 있는 병력을 지닌 한국지원병부대(Korean Scout Force)를 건설하는 일은 미군과 소련군이 한국에서 철수한 뒤 남한에 공산정권이 강제적으로 수립되는 것을 방지하기 위하여 필요

64) Report to the President on China-Korea, September 1947, Submitted by A. C. Wedemeyer, *FRUS 1947*, vol.Ⅵ., pp.801~802.

하다.[65)]

웨드마이어 보고서는 마지막으로 "권고"항에서 다음과 같이 기술했다.

미국은 모스크바결정에 따라 한국임시정부의 조속한 수립을 위하여 계속 노력하는 동시에 남한의 정치, 경제, 군사 상황에 관하여 필요한 지원을 제공한다.

한국으로부터의 미국의 철수는 소련도 이에 상응하는 철수를 실시한다는 협정에 근거하여 실시해야 하는 동시에, 한국의 자유와 독립을 보장하기 위하여 가능한 한 많은 안전보장조치가 강구되어야 한다.

이러한 안전보장조치를 유지하는 데 필요한 군사원조를 남한에 제공하고, 또 이 군사원조의 제공에 관해서는 다음의 점이 고려되어야 한다.

(1) 한국 국가경찰과 한국 연안경비대에 대하여 미국이 무기와 장비를 계속하여 제공할 것.

(2) 북한으로부터의 위협에 대처하기 위하여 현재의 경찰 대신에 충분한 병력을 가지고 미국인을 장교로 한 한국지원병부대를 설치할 것.

(3) 한국에 있는 미군은 계속해서 주둔할 것.

(4) 기술전문가와 전술부대의 훈련에 관하여 조언할 것.[66)]

웨드마이어는 뒷날 그의 회고록에서 "내가 이러한 권고를 한 목적은 한국에서의 소련의 파괴활동을 방지하는 데 있었다. 한편 한국인들은 위대한 애국자인 이승만의 지도 아래 한국 전역을 완전히 통치할 필요조건을 확립했다"라고 적었다.[67)] 그러나 이러한 서술은 위에서 본 웨드마이어

---

65) Albert C. Wedemeyer, *Wedemeyer Reports!*, Henry Holt & Company, 1958, p.477.
66) *ibid.*, p.479.
67) *ibid.*, pp.395~396.

보고서의 내용과는 차이가 있는 것이었다.

그런데 마셜 장관은 국무부 관리들의 건의에 따라 이 웨드마이어 보고서의 공포를 금지했다. 극동국장 버터워스(Walton Butterworth)는 웨드마이어에게 특정부분을 삭제할 것을 요구했으나 웨드마이어가 받아들이지 않자 이 보고서를 대통령의 제가를 얻어 '극비 문서'로 처리해 버린 것이다. 국무부 관리들은 공산군의 진출을 저지하기 위하여 국민정부에 군사원조와 정신적 지원을 제공해야 한다는 등의 웨드마이어의 주장이 공표되는 것이 바람직스럽지 않다고 판단했던 것이다.[68]

3

미국정부는 마침내 한국문제 처리의 마지막 계획을 실천에 옮겼다. 국무부 차관 러베트는 9월16일에 모스크바 주재 미국대사관으로 미국정부는 한국문제를 유엔총회에 상정하기로 결정했다는 사실을 몰로토프 소련 외상에게 통보하라고 훈령하고, 그 사본을 영국정부와 중국정부에 전달했다.[69] 이 통보에서 국무부는 미소공위를 통한 교섭이 한국의 독립문제에 대하여 아무런 성과를 거두지 못했음을 인정하고, 또 4개국회의를 소련이 거부했기 때문에 유엔에 의한 문제해결이 남은 유일한 방법임을 강조했다. 이튿날 미국 유엔대표 오스틴(Warren R. Austin)은 리(Trygve Lie) 유엔 사무총장에게 한국의 독립 문제를 유엔총회의 의제로 추가해 줄 것을 요청했고, 마셜 국무장관은 유엔총회 연설을 통하여 한국독립 문제를 유엔이 처리해 줄 것을 요청했다.[70]

소련은 물론 미국의 일방적인 행동이 1945년의 모스크바 외상회의 결정을 위반한 것이라고 비난했다. 소련의 유엔대표 그로미코(Andrei A.

---

68) *ibid.*, pp.396~397; 《朝鮮日報》 1947년10월22일자, 「웨特使報告發表保留」.
69) Lovett to Embassy in Moscow, Sept. 16, 1947, *FRUS 1947*, vol.Ⅵ., p.790.
70) 《東亞日報》 1947년9월19일자, 「朝鮮問題UN上程」.

Gromyco)는 한국문제를 유엔으로 이관시키는 것은 비합법적이라고 주장했으나, 총회 본회의는 한국문제를 총회 의제로 채택할 것인가를 제1정치위원회가 토의하여 보고하게 했다. 제1정치위원회는 9월21일에 한국문제를 총회 의제로 포함시키도록 건의하기로 12 대 2의 투표로 결의했다. 반대한 두 나라는 소련과 폴란드였다. 총회는 9월23일에 제1정치위원회의 보고를 접수하기로 41 대 6의 투표로 결의했다. 반대한 여섯 나라는 회의 불참국이었다.[71] 이렇게 하여 한국독립 문제는 이제 유엔총회의 과제로 넘어갔다.

유엔총회의 결의에 대한 소련의 반응은 서울에서 열리고 있는 미소공위의 9월26일 회의에서 나타났다. 소련대표단장 슈티코프가 "만일 미국대표가 1948년 초까지 전 미국 군대를 철수시키는 데 동의한다면 소련군은 미국과 동시에 조선에서 철수할 수 있다는 것을 소련대표는 성명한다"고 선언한 것이다.[72]

슈티코프의 성명은 한국독립 문제의 유엔 상정 뉴스와 맞물려 정국에 큰 파장을 불러일으켰다. 미 군정부로서도 충격적이었던 것 같다. 하지는 참모회의에서 "이 제의는 우리가 한국에 온 이래로 가장 부담스러운 선전책동이다. 그것은 광범한 파급효과를 가졌고, 한국인들뿐만 아니라 전 세계 약소국 국민들의 지지를 얻기 위한 시도이다"라고 말했다고 한다.[73]

슈티코프의 제의에 대한 정국의 반응이 어런더런한 가운데 이승만은 9월30일에 소련군만 철수해야 한다는 단호한 성명을 발표했다.

> 미소 양군을 동시 철퇴하자는 소련의 제의를 우리는 의외로 알지 않는다. 그 배후의 의도도 우리는 잘 안다. 파괴된 정의와 인도에 대

---

71) Jacobs to Marshall, Sept. 16, 1947, *FRUS 1947*, vol. Ⅵ., p.792.

72) 《朝鮮日報》 1947년9월27일자, 「朝鮮人政府自立爲해 蘇同時撤退用意」.

73) 駐韓美軍情報參謀部軍事課, 「史官記狀」(1947.9.30.), 鄭容郁 編, 『解放直後政治社會史資料集(一)』, 다락방, 1994, p.313.

하여 세계여론이 분기한다면 그 세력을 소련으로서도 전연 무시치 못할 것은 잘 알았던 바이다. 약소한 우방의 반부를 하등의 이유나 권리 없이 점유함은 막심한 국제적 폭행이다. 세계평화를 진정하게 희구한다면 문명한 국가들은 중세기적 비행은 단연 금기하고 세력보다 공론을 중히 해야 할 것이다. 40년 전 서양제국이 일본을 허하여 한국을 강점케 하던 때에 나는 이런 말을 하였거니와 다시 반복하여 말하노니, 총검을 가지고 선인(善人)을 협박하는 강도를 좌시하면 같은 총검이 좌시하던 사람에게도 가는 날이 있으리라고 한 것이다. 미국은 1941년12월7일에 진주만의 쓰라린 경험을 반복치 말라고 능히 경고하는 바이다.

소련의 북한점령이 “하등의 이유나 권리없이” 자행되었다는 말은 소련의 대일참전은 일본이 항복의사를 밝힌 뒤였으므로 한국의 해방에 기여한 것이 없고, 따라서 소련군의 한국점령은 부당한 것이었기 때문에, 철수는 소련군만 해야 한다는 것이었다. 이승만은 이처럼 언제나 상황을 앞질러 가고 있었다.

이승만은 이어 철군문제를 총선거의 시급성과 결부시켜 다음과 같이 주장했다.

적국을 포함한 모든 다른 피점령국가들은 총선거로 각자의 정부를 조직하였음에 반하여, 과거 2년 동안을 두고 한국인은 남한에 있어서도 정부 건립을 위하여 총선거를 시행하도록 용허되지 않았다. 한국민족이 얼마나 참을 수 없는 참경에 빠져 있음은 아무나 상상하기에 어렵지 않으리라. 이런 정세에 처하여 한인들은 미국점령지에서라도 총선거를 행하여 정부를 조직키로 필경 결심하게 된 것이다. 미군정부의 협력이 속히 있다면 협력 있이 해도 좋고, 가망이 없다면 협력없이라도 할 수밖에 없다.

그런데 양 주둔군을 동시 철퇴하자는 소련의 제안이 있다. 그들이 그들의 고상한 표방과 같이 과연 한국이 통일 민주국가가 되기를 바라는 성의가 있다면 우리의 자유선택의 정부를 세울 수 있도록 북한에서 즉시 또는 무조건으로 철퇴하기를 우리는 요구한다.

우리는 어떤 외국이나 외국군이 우리에게 둘러씌우는 것은 무엇이고 안 받을 작정이다. 일보 진하여 소련이 미국과 협동하여 한족의 주권을 엄격히 존중함을 서언하기를 요청하는 바이다.

이승만은 그러면서 미국에 대해서는 당분간 군대를 철수시켜서는 안 된다고 다음과 같이 주장했다.

또 한편으로 미국에 요청하는 바는 우리 총선거를 통한 민의에 의하여 정부를 세우고, 군정에서 북한에 있는 한인적군부대(韓人赤軍部隊)를 해산하고 우리의 국방군이 사용할 충분한 무기와 탄약을 제공하여 달라는 것이다. 정권을 인수할 때까지는 치안에 필요한 근소한 군대만을 독립국가로서의 우리의 권리에 간섭함이 없이 계속 주둔함이 가할 것이다. 한국 분단의 책임을 미국이 적어도 일부 진다고 생각되는 이상, 외국 분점에 의하여 발생된 혼란을 정돈할 시간을 우리가 가질 때까지는 미국이 빠져나감이 불가하며 또 빠져나갈 수도 없을 것이다.…[74]

이 성명에 대해 하지는 참모회의에서 이승만은 소련인들은 물러가고 미국은 남아서 자기의 보디가드를 하라는 재미있는 성명을 냈다고 빈정댔다.[75]

---

74) 《東亞日報》 1947년10월1일자, 「美蘇兩國은 協同하야 朝鮮主權尊重을 誓言하라」.
75) 「史官記狀」(1947.10.5.), 鄭容郁 編, 앞의 책, p.323.

93장

유엔총회의 결의를 보고

1. 이승만을 유엔총회에 파견할 국민대표로
2. 「시국대책요강」 파동과 12정당협의회
3. 국민의회와 민족대표자대회의 재결합

1. 이승만을 유엔총회에 파견할 국민대표로

1

1947년9월22일에 미 전쟁부[육군부]의 신임 차관 드레이퍼(William H. Draper, Jr.) 장군 일행이 서울에 도착했다.[1] 서독 주둔 미군사령관의 경제고문으로서 서독 경제재건 계획 작업을 주도하던 드레이퍼는 8월 30일에 육군부의 점령지역 담당 차관으로 임명되어 일본과 한반도의 상황을 조사하기 위하여 두 나라를 방문한 것이었다. 8월에 웨드마이어(Albert C. Wedemeyer) 사절단이 다녀가고 한달밖에 되지 않은 시점이었지만, 미소공위가 사실상 결렬되고 한국문제가 유엔총회로 이관되는 등 국제적 환경이 격변하는 상황이었으므로 드레이퍼의 방한은 중요한 관심사가 아닐 수 없었다.

드레이퍼 일행과 하지(John R. Hodge)를 비롯한 미 군정부 간부들은 이튿날 바로 회의를 열었다. 회의에서는 미군 진주 이래의 한국의 정치상황, 특히 모스크바 외상회의 결정을 둘러싼 한국정파들의 대립과 모스크바결정을 실현시키기 위한 미 군정부의 고충 등에 대한 설명과 경제 재건, 미군 철수문제 등 광범한 현안들이 논의되었다. 그 가운데 특히 눈길을 끄는 것은 이승만에 대한 논의였다.

하지는 이승만에 대한 감정을 작심하고 드레이퍼에게 털어놓았다. 하지와 그의 정치고문 제이콥스(Joseph E. Jacobs)는 먼저 워싱턴에 있는 한국위원부(Korean Commission)가 얼마나 해롭고 위험한 존재인가를 역설했다. 하지는 이들이 "거짓말하기를 주저하지 않는" 영리집단이고, 이승만은 그러한 이들의 말을 국내정치에 이용한다는 것이었다. 하지는 이승만이 미국을 방문하여 맨 먼저 한 일이 자기를 공산주의자로 몰아

1) 《東亞日報》 1947년9월24일자, 「뜨美陸軍次官昨日來朝, 駐屯首腦部와 要談」.

1947년9월에 방한한 드레이퍼 신임 미 육군부 차관.

경질시키려고 한 것이었다고 말했다. 드레이퍼와 하지의 다음과 같은 대화는 하지의 이승만에 대한 감정이 어떤 상태였는지 짐작하게 한다. 드레이퍼가 물었다.

"물론 미군이 철수한다면 그는 오래가지 못하겠지요. 그렇잖아요?"

"15분도 버티지 못할 것입니다. 그는 그 사실을 알고 있고, 한편으로는 점점 더 필사적이 되어가고 있습니다. 그리고 그의 아내는 계속해서 그를 부추깁니다. 그녀는 작은 암여우 같은 오스트리아 여성입니다. 우리는 이따금 그녀가 러시아의 급여를 받고 있지 않은지 의심스러울 때가 있습니다.…"

드레이퍼가 이승만과 김구는 잘 협력하느냐고 묻자, 하지는 그것은 그들이 하려는 일에 달렸다고 말하고 지금은 두 사람이 결별했다고 말했다.

하지는 이승만의 말에 따르면 자기는 「트루먼 독트린」이나 「마셜 플랜」도 반대하는 사람이라고 비꼬면서, 남한 주둔 미군사령관으로서 직무를 수행하는 데 고충이 많다고 불평하고, 자기를 사령관 자리에 계속 있으면서 한국인들을 상대하게 하려면 행정부의 확고한 지지가 있어야 한다고 주장했다. 드레이퍼는 그럴 것이라고 장담했다.

하지는 지난 7월에 자기의 정책이 미국정부의 정책에 위반되기 때문에 더 이상 지지할 수 없다고 한 이승만의 성명에 대해 반박성명을 발표해 줄 것을 국무부에 요망했는데도 국무부가 이를 거부했던 일을 상기시켰다. 성명서 대신에 하지 장군이 자신에게 주어진 명령을 잘 수행하고 있다고 이승만에게 전하라는 마셜(George C. Marshall) 국무장관의 훈령에 따라 하지와 제이콥스는 함께 이승만을 만났는데, 이승만은 이 회합까지도 정치적으로 이용했다고 하지는 말했다. 이승만은 국무장관으로부터 온 중요한 전보와 관련된 대단히 중요한 비밀사업과 관련하여 하지 장군과 제이콥스를 만났다고 발표했다는 것이었다. 이 말은 물론 과장된 말이었다. 이에 대해 드레이퍼는 "그는 노련한 책략가이군요"하고 말했다.

드레이퍼는 남한 주민들이 어느 정도 이승만을 지지하겠느냐고 물었다. 제이콥스는 우익들은 미국이 지원하는 사람이면 그가 누구이든지 지지할 것이라고 말했다. 그러자 미소공위 미국쪽 수석대표인 브라운(Albert E. Brown) 소장이 이의를 제기했다. 그는 "이승만은 오늘날 전국적으로 인기있는 유일한 지도자입니다"하고 말했다.

하지는 한국문제를 해결하기 위해서는 두가지 방안이 있다고 말했다. 하나는 미국이 한국으로부터 철수하는 것으로서 그것은 빠르면 빠를수록 좋고, 다른 하나는 미국이 앞으로 적어도 5년 동안 남한에 주둔하여 남한의 발전을 위하여 실지로 적극적인 노력을 하기로 결심하는 것이라고 했다. 그러면서 하지는 자신은 미국의 체면을 손상시키지 않고 한반도로부터 미소 양국이 동시에 철수하는 방안이 더 바람직하다고 생각한다고 말했다. 이 문제와 관련하여 브라운은 이승만은 남한의 완전한 주권을 바란다고 말했다.[2)]

하지와 제이콥스의 매도에도 불구하고 드레이퍼의 이승만에 대한 관심은 유엔총회를 통한 한국정부 수립이라는 정책전환에 따라 이 시점에는 이미 미국정부가 이승만을 그 정부의 중심인물로 고려하고 있었음을 시사한다.

드레이퍼 일행은 9월24일에는 강원도 토성면(土城面)의 38도선 일대

2) Orientation for Undersecretary of the Dept. of War Draper and Party by Lt. Gen.Hodge, 1947.9. 23., 鄭容郁 · 李吉相 編,『解放前後美國의 對韓政策史資料集(10)』, 다락방, 1995, pp.577~626.

를 시찰하고, 이튿날 김포공항을 떠났다.[3)]

도하 신문들이 연일 유엔총회 뉴스로 지면을 장식하는 흥분된 분위기 속에서 정가의 관심사는 단연 유엔총회에 한국인 대표로 누구를 파견할 것이냐 하는 문제였다. 한국문제의 유엔 이첩에 대한 소련의 부정적인 태도로 보아 대표파견이 쉽지 않을 것이 예견되는데도 불구하고, 또 미국과 미 군정부의 방침이 어떤 것인지도 아랑곳없이 정파마다 대표선정 문제에 관심을 쏟았다.

논쟁적인 상황에 직면할수록 이승만의 결단력과 리더십은 돋보이게 마련이었다. 이승만은 9월20일에 마포장으로 찾아간 기자에게 다음과 같이 말했다.

“미국정부에서 지금에야 바른 길을 잡아서 나아가게 되었다. 그러나 우리 한인은 이것만을 믿고 앉았을 수 없으니 우리의 일은 우리가 해야 한다. 우리가 능력이 없어 남에게 의뢰만 하고 있으면 독립의 기초를 수립할 수 없을 것이다. 자율로 세운 우리 정부가 있어야 우리 민족을 대표하여 가지고 각국과 협조해서 우리의 목적을 달성할 수 있을 것이요, 만일 정부가 없으면 반역분자들이 사욕을 가지고 국권회복을 방해하고, 이런 기회를 타서 분열상태를 세계에 광포하려고 할 것이다. 유엔에 파견할 대표는 우리 민족의 총의로서 국회 같은 것을 만들어 거기서 선정된 사람이 출석하는 것이 적당하다.

조선독립문제를 미국이 유엔에 제출하여 미 국무성의 정책을 강력히 추진하려는 결심을 보이고 있으니, 현지 미 군정도 이에 호응하여 대조선 정책을 실시하게 될 것이다.”[4)]

이승만은 유엔총회에 대한 출마여부에 대해서는 다음과 같이 말했다.

---

3) 《朝鮮日報》 1947년9월26일자, 「朝鮮再建을 積極協助」; 《東亞日報》 1947년9월26일자, 「朝鮮問題 UN上程은 獨立에 一大進展」.

4) 《京鄉新聞》 1947년9월21일자, 「우리 일은 우리가」.

“벌써 미국 친구들로부터 유엔 출마를 종용받고 있으나, 국내 문제가 더 시급하므로 떠나지 못하고 있다. 내가 가는 것이 필요하다면 떠나야겠지만 지금은 좀 더 고려중이다.”[5)]

이승만은 9월17일부터 민족대표자대회를 중심으로 한 한민당, 한독당, 조선민주당 등 우익 정당 및 사회단체 대표들을 마포장으로 초청하여 몇차례 대책회의를 열었다. 9월23일에 독촉국민회 회의실에서 열린 애국단체연합국민대회 준비에 관한 회의에서는 이승만을 유엔총회에 참석할 한국대표로 추대하기로 결의하고, 그것을 관철하기 위하여 중앙과 지방에서 국민대회를 열기로 하는 한편, 회의에 참가한 52개 정당 및 사회단체 연명으로 미 국무장관과 유엔총회 의장 및 사무총장에게는 전보로, 하지 중장에게는 편지로 이승만의 유엔총회참석 조치를 요청하고, 과도정부 정무위원회와 과도입법의원에는 청원서를 제출했다.[6)]

한편 좌우합작위원회를 비롯한 중간파 대표들은 9월26일에 사회민주당 회의실에 모여 입법의원 의장 김규식(金奎植)을 대표로 파견하기로 결의했다. 이 밖에 국민의회 의장 조소앙(趙素昻)을 파견하자는 그룹도 있었다.[7)] 김규식은 그동안 중간파 그룹을 규합하여 민족자주연맹(民族自主聯盟)을 조직할 준비를 하고 있었다. 그는 10월1일에 열린 민족자주연맹 발기인대회에서 “중간진영은 무엇을 할 것인가? 좌우익의 합작도 중하거니와 이보다 더 긴급히 요청되는 것은 우선 중간진영의 단결이라고 생각한다. 중간진영의 단결조차 얻지 못하면서 어찌 좌우합작을 바랄 수 있으랴. 그러므로 좌우합작은 제2의 과제이고 우중좌(右中左)의 각층은 각기 진영의 결속을 성취한 연후에 이 삼자가 한데 뭉쳐 숙망의 민족통일을 기하고자 한다”라는 요지의 연설을 했다.[8)]

---

5) 《京鄕新聞》 1947년9월21일자, 「必要타면 出馬」.
6) 《東亞日報》 1947년9월25일자, 「UN總會朝鮮代表에 李承晩博士推戴」; 《朝鮮日報》 1947년9월25일자, 「UN代表에 李博士決定」.
7) 《朝鮮日報》 1947년9월27일자, 「누구를 派遣?」 및 「UN代表에 金博士派遣」.
8) 《東亞日報》 1947년10월3일자, 「中間陣營團結을」.

2

이승만은 직계 조직을 총동원하여 선거채비를 서둘렀다. 민족대표자대회가 조직한 총선거대책위원회는 9월30일부터 사흘 동안 독촉국민회 회의실에서 각도군지부위원장회의를 열었다. 회의참석자들은 10월1일에 마포장을 방문하여 이승만에게 지방 실정을 보고한 다음 오후 2시부터 입법의원에서 통과된 선거법과 관련하여 토의했다.[9)]

이와 병행하여 10월3일부터 사흘 동안 독촉국민회의 면지부 이상 전국지부장회의가 천도교 강당에서 개최되었는데, 첫날 회의에는 700여명의 대표들이 참가했다. 회의는 이승만을 한국대표로 유엔총회에 파견할 것과 10월12일을 기하여 전국 각도와 시에서 국민대회를 개최할 것을 결의했다.[10)]

이튿날 마포장을 방문한 대회참석자들에게 이승만은 총선거문제에 대하여 자기의 지론을 다시금 강조했다.

"총선거 날짜를 당국은 끌고 있는데, 그냥 있으면 언제 결정이 날 것인지 모르겠으니 하지 중장에게 요청할 것이요, 우리의 요청을 들어주지 않을 때에는 우리끼리라도 이를 실시해야 하겠다. 이리하여 우리 정부를 수립하고 국권을 회복하여 각국이 모이는 자리에서 우리의 입장을 밝힐 필요가 있다."

유엔총회에 참석할 대표문제에 대해서는 이승만은 다음과 같이 말했다.

"유엔 대표로는 정부에서 가야 하지만 우리는 지금 정부가 없으니만큼 민족을 대표하는 곳에서 파견해야 할 것이다. 그러므로 미국이나 소련이 보내는 것은 우리의 대표라 할 수 없으니 우리의 대표는 우리가 파

---

9) 《東亞日報》 1947년10월3일자, 「特別選擧討議」.
10) 《朝鮮日報》 1947년10월4일자, 「獨促代表者會, 昨日天道敎講堂서」.

견해야 할 것이다.”[11]

미 군정부의 권위를 무시하는 듯한 이승만의 이러한 발언은 미국 유엔 대표 오스틴(Warren R. Austin)이 9월28일에 리(Trygve Lie) 유엔 사무총장에게 남한의 미 군정 아래서 한국민을 정식으로 대표하여 발언할 권한을 가진 한국인 대표자는 첫째는 민정장관이고 둘째는 과도입법의원밖에 없다는 것을 유엔총회 회원국 대표들에게 통고해 달라고 요청한 편지에 대한 반박이었다. 오스틴의 편지는 국내 신문에도 크게 보도되었다.[12]

독촉국민회 전국지부장회의의 셋째 날 회의는 부차장 이상의 중앙간부의 총사직을 결의했다. 회의는 새로 신익희(申翼熙)를 위원장, 백남훈(白南薰)과 명제세(明濟世)를 부위원장으로 선출하고, 나머지 간부는 전형위원을 구성하여 정부위원장들과 협의하여 선정하게 했다.[13] 그러나 총재인 이승만은 긴박한 때에 백남훈이 부위원장직을 고사하는 등으로 조직이 흔들리는 것이 못마땅했다. 그는 10월6월 오후에 마포장을 방문한 전형위원들에게 국내정세가 미묘한 이때에 간부개편 문제로 시일을 허비하는 것은 바람직하지 않다면서 간부개편 문제를 유보시켰다. 그리하여 지부장회의는 10월7일에 다시 속개하여 부차장들의 사표는 기각하고, 오세창(吳世昌)을 위원장으로, 명제세, 백남훈, 신익희, 이윤영(李允榮), 배은희(裵恩希) 5명을 부위원장으로 새로 선출했다. 그것은 결국 부위원장 2명을 보선한 데 지나지 않는 것이었다.[14]

10월5일에는 국민의회와 애국단체연합회가 주최하는 ‘한국독립문제 미국 마셜 장관 제안 달성 국민대회’라는 긴 이름의 대규모 군중집회가 서울운동장에서 열렸다. 우익청년단체들을 비롯하여 각종 사회단체가

11) 《京鄕新聞》 1947년10월5일자, 「우리손으로 總選擧하자」.
12) 《朝鮮日報》 1947년9월29일자, 「UN總會 朝鮮代表候補」.
13) 《朝鮮日報》 1947년10월7일자, 「獨促幹部陣改編, 委員長에 申翼熙氏」.
14) 《朝鮮日報》 1947년10월9일자, 「獨促幹部改編은 副委員長補選할 뿐」.

동원한 사람들로 오랜만에 서울운동장은 발 디딜 틈이 없이 인파로 메워졌다. 국민의회 의장 조소앙의 개회사에 이어 김구의 치사가 있었는데, 이때의 김구의 연설은 이승만의 주장과는 대조적으로 미소공위 소련쪽 수석대표 슈티코프(Terentii F. Shtykov)의 미소 양군 동시철수 제안을 찬성하는 내용이어서 눈여겨볼 만하다.

"미소공위 소련대표가 저간 미소 양군 철퇴를 제의한 데 대하여 나는 찬성하며 기뻐한다. 그것은 즉 남북통일 방법으로는 다른 좋은 방법이 없을 줄로 생각하는 까닭이며, 소련이 이것을 선전만 하지 말고 북조선에서 우선 실천하기를 희망한다. 최근 북조선에 약 50만의 인민군이 조직되어 있으니 남조선에서도 이에 대항할 준비를 하여야 한다는 설도 있으나, 이는 동족간의 유혈은 필연적인 사실이므로 나는 원치 않는 바이며, 그러니까 유엔총회에서 북선의 무장을 총 해제하도록 하고, 자유로운 입장에서 남북을 통한 총선거를 실시하여 통일정부를 수립하고, 우리 국군을 설치하여야 할 것이다.

그리고 과거 소련과 다소 서로 위반되는 점이 있었다 할지라도 조선의 통일정부 수립을 진실히 협조해준다 할 것이면 앞으로는 연합국의 일원인 소련과도 손을 잡고 나아가야 할 것이다."[15)]

그것은 슈티코프의 제안 직후에 그 제안의 이면에는 위험성이 있다고 부정적으로 반응했던 것과는 크게 달라진 주장이었다. 그러나 김구의 이러한 주장은 같은 시기에 유엔총회에서 전개되고 있는 미소 대표 사이의 첨예한 설전이 상징하는 현실과는 동떨어진 것이었다.

대회는 이어 엄항섭(嚴恒燮)이 낭독한 선언문을 채택하고 장덕수(張德秀)가 제의한 5개항의 결의문을 가결했는데, 결의문의 마지막 항목은 "본대회의 결의를 관철키 위하여 유엔총회에 정사 이승만, 부사 조소앙씨

---

15) 《朝鮮日報》 1947년10월7일자, 「武器解除코 自由選擧를」.

를 한국민족대표사절단으로 파견할 것"이라는 것이었다.[16]

10월12일에는 예정대로 전국 각지에서 독촉국민회 주최로 유엔총회 대책 국민대회가 열려 이승만을 국민대표로 추대하기로 결의했다.[17] 이어 10월15일에는 한민당과 한독당을 위시한 50여 정당과 사회단체가 독촉국민회 회의실에서 연합회의를 개최하고 좌익의 폭동음모에 관련있는 정당과 단체의 해체를 하지 중장과 경찰에 요청하기로 하는 한편, 민족대표유엔파견 촉진위원회를 구성하고 그 위원으로 각 정당 및 사회단체 대표 53명을 선정했다.[18] 이러한 움직임은 10월13일에 있었던 수도관구경찰청의 8·15를 전후한 좌익정파들의 폭동음모 사건에 대한 수사 결과 발표에 따른 것이었다.[19]

이와 관련하여 흥미로운 것은 이승만이 김규식이나 조소앙과는 유엔특사로 같이 갈 수 없다고 천명한 사실이다. 이승만은 10월16일에 귀국 2주년을 맞아 기자회견을 가졌는데, 특사파견문제와 관련하여 국민의회에서는 조소앙을 부사로, 입법의원에서는 김규식을 부사로 보낸다는 설이 있다는 기자들의 질문에 다음과 같이 대답했다.

"민족대표는 민중의 의사를 대표하여야 할 것이다. 유엔에 나가서 좌우합작으로 정부를 세워야 한다고 주장한다든지, 총선거를 반대한다든지 하면 민족의 의사를 무시하는 것이므로 나는 이러한 의사를 가진 대표와는 동행할 수 없다.…"[20]

민족대표유엔파견 촉진위원회는 10월17일에 독촉국민회 회의실에서 제1차 회의를 열고 위원장 명제세, 부위원장 김승학(金承學), 김형민(金炯敏) 등의 부서를 결정한 다음 재정대책 사업계획 등을 협의했다.[21]

---

16) 《東亞日報》 1947년10월7일자, 「統一政府樹立絕叫」 및 「마氏提案達成國民大會」.
17) 《東亞日報》 1947년10월16일자, 「李承晩博士 유엔派遣」.
18) 《朝鮮日報》 1947년10월17일자, 「UN派遣委構成, 右翼代表者會서」.
19) 《朝鮮日報》 1947년10월14일자, 「8 · 15暴動陰謀事件 首都廳에서 眞相發表」.
20) 《東亞日報》 1947년10월17일자, 「유엔代表는 民族의 代辯者」.
21) 《朝鮮日報》 1947년10월19일자, 「委員長에 明氏, UN派遣委部署」.

또한 과도입법의원도 10월20일의 제157차 회의에서 민족통일총본부를 비롯한 71개 정당 및 사회단체가 제출한 이승만을 한국민족대표로 유엔총회에 보내자는 청원을 재석의원 50명 가운데 가 34표, 부 7표로 결의하여 과도정부에 건의했다. 김규식을 대표로 파견하는 문제는 입법의원에서 공식으로는 거론되지 않았다.[22]

3

10월5일의 국민대회에서 행한 김구의 연설은 새로운 상황을 맞아 한독당과 국민의회 그룹이 앞으로의 진로를 두고 고심하고 있었음을 보여준다. 한독당은 10월15일과 16일 이틀 동안 임시중앙집행위원회를 개최했는데, 첫날 회의에서 한국민족대표자대회에 참여하고 있는 위원들과 상임위원 사이에 민족대표자대회와의 절연여부 문제를 두고 격론이 벌어졌다.[23] 더욱 눈길을 끄는 것은 이날 저녁때에 미소공위 미국쪽 수석대표 브라운 소장이 경교장을 방문하여 김구와 함께 자기의 관사로 가서 장시간에 걸쳐 회담한 사실이었다. 회담내용은 알려지지 않았으나, 일부에서는 이승만의 남한단독 총선거 추진주장과 깊은 관련이 있지 않은가 추측하기도 하고, 다른 일부에서는 민족자주연맹 결성준비를 하고 있는 김규식과 김구의 제휴 촉진과 관련이 있지 않은가 추측하기도 했다.[24]

이틀에 걸친 한독당의 임시중앙집행위원회는 남북대표회의를 조직하여 (1) 미소 양군의 철수에 의한 38도선의 타개, (2) 남북통일선거의 절차와 집행, (3) 국민의회의 완성, (4) 중앙정부조직 등을 추진하기로 결의했다.[25] 그러나 회의에서 결의했다는 남북대표회의를 조직한다는 말이 구

---

22) 南朝鮮過渡立法議院議會局, 『南朝鮮過渡立法議院速記錄(4)』, 제161호(1947.10.20.), 驪江出版社, 1984; 《東亞日報》 1947년10월22일자, 「立議絕對多數로 李博士推戴可決」.

23) 《서울신문》 1947년10월17일자, 「黨路線究明 韓獨黨中執開會」.

24) 《서울신문》 1947년10월19일자, 「金九氏ㅅㅂ라운少將과 長時間要談」.

25) 《京鄕新聞》 1947년10월19일자, 「韓獨中執決議」.

체적으로 무엇을 뜻하는지는 알려지지 않았다. 김구와 브라운의 비밀회담에서 논의된 것도 이 남북대표회의의 조직 주장에 관한 것이었는지 모른다.

한편 국민의회 정무회는 10월17일에 이승만의 남한단독정부수립 주장에 반대하는 담화를 발표했다.

> 현재 우리가 지지하고 있는 유엔에 제안된 한국독립문제가 속히 실현되기를 바라는 바이어니와 만일 불행히도 유엔에서 통과되지 못하거나 통과되고도 실행될 가능성이 없게 될 때에는 유엔은 당연히 우리 국민을 협조하여 우리가 이미 가지고 있는 대한민국임시정부를 개편 강화하여서 우리의 자주독립정부가 되게 하여야 할 것이다. 그러나 남한단독정부를 운운하는 것은 사실(史實)과 민의를 무시할 뿐 아니라 한국의 분열을 조장하는 것밖에 없는 것이다.[26]

이처럼 이들은 이때까지도 대한민국임시정부의 법통에 집착하고 있었다.

이런 와중에서도 이승만에 대한 테러공작 음모는 끊이지 않았다. 마포장으로 거처를 옮기고 얼마 지나지 않아서 또다시 이승만의 암살음모사건이 발각되었다. 범인들은 놀랍게도 마포장을 경비하는 순경 4명 전원과 한강가에 있는 남한강파출소에 근무하는 순경 1명이었다. 이들은 모두 마포경찰서 소속의 현직 순경들로서 남로당에 포섭되어 입당해 있었다. 범행은 마포경찰서장 윤우경(尹宇景)에 의하여 사전에 적발되었다.

일당을 검거한 이튿날에 열린 수도관구경찰청 산하 과서장회의에서 장택상 청장은 이색적인 훈시를 했다.

---

26) 《서울신문》 1947년10월19일자, 「單政樹立不可」.

"마포장 경비 순경 전원이 공산당[남로당]에 가입하여 이승만 박사를 저격 살해할 음모를 꾸미고 있었던 사건을 검거했는데, 이것은 나의 운수도 아니요 윤 서장의 운수도 아니며, 남한에 단독정부가 수립되고 또 이 박사가 정권을 잡을 운명이라고 생각한다."[27]

이 무렵 미군 방첩대(CIC)에는 이승만이 김구 그룹과의 관계 악화 때문에 김구 그룹쪽 누군가에 의한 자신의 암살 가능성을 우려하고 있다는 정보가 입수되기도 했다.[28]

이 일이 있고 나서 윤우경은 집을 옮겨야 되겠다는 이야기를 여러번 했다. 게다가 여름별장으로 쓰던 집이라서 가을이 되면서 바람이 몹시 불어, 심할 때에는 방안에서도 외투를 입고 있어야 했다. 그러자 이승만 내외도 집을 옮겼으면 하는 이야기를 비서들에게까지 했다. 이때의 상황을 프란체스카는 올리버(Robert T. Oliver)에게 보낸 편지에 다음과 같이 썼다.

> 이 박사는 심한 기관지염으로 누워 계시고 저도 좀 그렇습니다. 집은 난방이 되지 않고 전기난로 하나에 매달려 있는데, 그나마도 전류가 약해서 난로가 좀처럼 잘 가열되지 않습니다. 몸이 따뜻해질 때라고는 햇빛이 방안으로 들 때에 볕을 쬐는 것뿐입니다.[29]

윤치영(尹致暎)은 승려이면서 이승만의 정치활동을 돕고 있던 백성욱(白性郁)의 주선으로 백성욱의 매부인 경성(京城)고무 사장 권영일(權寧一)과 의논하여, 전용순(全用淳), 신용욱(愼鏞頊), 홍찬(洪燦) 등 실업인 33명의 도움으로 이화동 1번지에 있는 김상훈(金相訓)의 집을 샀다.[30]

---

27) 尹宇景, 『晩省錄』, 서울프레스, 1992, pp.193~198.
28) CIC Weekly Information Bulletin, no.20(1947.9.7).
29) Robert T. Oliver, *Syngman Rhee and American Involvement in Korea,* p.105.
30) 尹錫五, 「景武臺四季 麻浦莊②」, 『남기고 싶은 이야기들』, pp.56~57.

후원자들은 이집을 100만원 가까이 주고 구입했다.[31] 이승만 내외는 마포장으로 이사 온 지 두달 만인 10월18일에 이 집으로 이사했다.[32]

이화장으로 불리게 된 이 집 일대는 조선 중종(中宗) 때의 학자 신광한(申光漢)의 옛 집터로서 '신대(申臺)'라고도 불리던 명승지였고, 인조(仁祖)의 셋째아들 인평대군(麟坪大君)이 살던 곳이기도 했다. 동대문(東大門: 興仁之門)으로 이어지는 낙산(駱山) 기슭에 위치한 부지 1,821평의 이화장은 이승만 내외가 처음 입주할 때에는 방 셋밖에 없는 본채와 1935년에 지은 조그마한 정자가 하나 있을 뿐이었다. 이 정자는 이승만이 1948년에 조각 작업을 하던 곳이라고 하여 '조각당(組閣堂)'이라는 이름으로 보존되고 있다. 이승만은 1961년에 하와이로 망명할 때까지 이 집에서 살았는데, 이화장은 2009년4월에 정부로부터 사적 제497호로 지정되었다.

이승만의 만년의 보금자리가 된 이화장의 조각당.

31) Francesca to Robert T. Oliver, Nov. 9, 1947(梨花莊所藏).
32) 《朝鮮日報》 1947년10월19일자, 「李博士宿舍移轉」.

이화장은 실업가 강익하(姜益夏)의 부인이며 사회사업가이자 교육가인 황온순(黃溫順)이 1931년에 이 일대의 땅 3,000평을 매입하여 개발했다고 한다.[33] 이화장의 부지는 여섯 필지로 되어 있는데, 이승만의 대통령 재임기에도 그와 각별한 교분이 있었던 황온순은 남쪽 끝자락땅 23평은 그대로 소유하고 있다가 이승만이 타계한 뒤에야 그의 유족에게 소유권 이전 등기를 동의해 주었다.[34]

이승만은 평생 처음으로 가져보는 자기집이라 집을 매만지고 정원을 가꾸는 일도 돈암장이나 마포장에서 했던 것보다 신이 나 보였다. 정원은 비탈진 바위언덕 아래로 회화나무, 단풍나무, 소나무, 주목, 산목련 등 자연생 수목이 우거지고 바위틈으로 개울물도 흘렀다. 프란체스카도 이러한 자연 경관을 무척이나 마음에 들어 했다. 이승만의 「이화장」이라는 시에는 만년의 보금자리를 얻은 기쁨이 잘 드러나 있다.

梨花莊	이화장
梨花洞裏晝陰陰	이화동은 낮에도 그늘지고 어두워
鎭日鶯啼綠樹深.	온 종일 푸른 숲 깊이 꾀꼬리 운다.
隣寺水流僧不見	물 흐르는 이웃 절에 중은 보이지 않고
時間鐘磬出空林.	이따금 종소리만 숲 사이로 울린다.[35]

33) 徐光云, 『黃溫順: 天聲을 받들어 九十年』, 해돋이, 1992, pp.82~83.
34) 李仁秀 증언.
35) 이수웅 옮김, 『이승만 한시선』, 배재대학교출판부, 2007, p.159.

2.「시국대책요강」파동과 12정당협의회

1

도쿄(東京)에서 발행되는 1947년10월18일자 《패시픽 스타즈 엔드 스트라이프스(*Pacific Stars and Stripes*)》지의 이승만에 관한 기사를 본 사람들은 소스라치게 놀랐다. 그것은 서울발 INS통신 기사였는데, 내용은 소련은 남한의 우익 및 중간파 지도자들과 비밀히 협의하여 한국에 연립정부 수립을 기도하고 있다고 이승만이 말했다는 것이었다. 자유주의자이며 슈티코프와 종종 만나는 정안립(鄭安立: 본명 鄭永澤)과 공산당 통역 손빈(孫彬)을 통하여 슈티코프가 그러한 제의를 했다는 것이었다.[36] 그리하여 이승만과 슈티코프 사이에 모종의 교섭이 있어서 통일정부를 수립할 계획을 결정했다는 풍설이 퍼졌다. 그것은 이승만의 권위를 손상시키는 풍설은 아니었다. 이승만은 그것이 별로 대수로운 이야기가 아니라는 듯이, 그러나 아주 자세하게 풍설을 부인하는 담화를 발표했다.

> 슈티코프 장군이 나에게 교섭했다는 보도는 별로 중요한 사건이 아니다. 정안립이 손빈과 함께 나에게 와서 내가 청하면 남한에서 모모 최고지도자와 북한에서 김일성(金日成), 박헌영(朴憲永), 조만식(曺晩植)까지 데려다가 남북통일 총선거를 하기로 협의가 다 되었다 하며 영문으로 타이프한 글을 가지고 와서 내게 보이며 내가 이 계획을 지지하는 문자만 써주면 자기들이 곧 평양으로 가서 여러 지도자들을 데려올 것이며, 또 이미 하지 중장과도 협의가 되어 허가증을 주기로 내락되었다 하였으나, 당국에서 무슨 신적(信跡)이 있기

36) 《서울신문》 1947년10월22일자, 「李博士에 北行慫慂說」.

전에는 중요시할 수 없다 하였고, 추후에 들으니 하지 중장도 전혀 모르는 일이라 하는 터인즉 이 사건에 대하여 내가 아는 것은 이것 뿐이다.[37]

정안립은 남북한의 인구 300만명당 1명의 비율로 남한에서 이승만, 김구, 김규식, 안재홍(安在鴻), 박헌영 또는 허헌(許憲), 장건상(張建相), 정안립 7명과 북한에서 김일성, 김두봉(金枓奉), 조만식 3명이 참가하는 10명의 남북지도자협의회를 구성하여 총선거를 치르자고 주장했다.[38] 한독당의 임시중앙집행위원회가 남북대표회의를 조직하기로 결의한 것도 이러한 움직임과 관련이 있지 않았는지 알 수 없다.

이 시기에 남로당의 책임자였던 이주하(李舟河)에 따르면, 정안립은 남로당에 대해서도 자기가 북한에 가서 북한지도자들과 협상할 수 있도록 자기에게 신임장을 줄 것을 요구했으나, 남로당은 이를 거부했다. 이주하는 "이 제안은 명백히 외국 군대의 철수 주장을 무력화시키고 남조선에 단독정부를 수립할 필요성이 있다는 점을 보여주기 위해 고안된 것이었다"라고 단언하고 있어서 눈길을 끈다. 이주하는 그러면서 "많은 사람들이 남북조선대표자들의 협의회를 통하여 민족통일을 달성할 수 있을 것이며 조선인민 자신이 자신의 정부를 수립할 수 있을 것이라는 환상을 가지고 있었다"라고 기술했다.[39]

정안립 등의 움직임은 미 군정부 정보기관에도 포착되어 조사를 받았다. 제이콥스는 이러한 사실을 10월8일에 마셜 장관에게 보고하면서, 이 계획의 목적은 이러한 지도자들의 협의를 통하여 한국을 통일시키는 계

---

37) 《京鄕新聞》 1947년10월24일자, 「南北連絡計畫說은 做言」; CIC Weekly Information Bulletin, no.26(1947.10.16.).

38) 도진순, 『한국민족주의와 남북관계』, 서울대학교출판부, 1997, pp.182~183; 정병준, 『우남 이승만 연구: 한국근대국가의 형성과 우파의 길』, 역사비평사, 2005, pp.681~682.

39) 「남조선 정세에 대한 정보자료, 이주하, 1947년11월24일」, 전현수 편역, 『소련군정문서, 남조선정세보고서 1946~1947』, p.337.

획을 수립하여 미소공위에 제출하고 미소공위로 하여금 이 통일계획을 4개국 정부에 제출하여 승인을 받게 하는 것이라고 설명했다. 제이콥스는 정안립이 10월2일에 미소공위 소련대표단의 마슬로프(Maslov)를 만난 사실을 지적하면서 그 계획의 기원은 소련이라고 단정했다.[40]

정안립은 11월1일에 남북통일기성회를 결성하고, 자신이 회장이 되고 조소앙과 장건상을 고문으로 발표했으나,[41] 별다른 활동을 하지 못했다. 그리하여 남북지도자협의회 계획은 해프닝으로 끝나고 말았다.

이승만 그룹은 수도관구경찰청의 8·15를 전후한 좌익폭동음모사건 수사 발표를 빌미로 하여 좌익과 좌우합작파, 임시정부법통파 등 반대파들을 규탄하고 소련을 공격하면서 총선거를 촉구하는 캠페인을 벌였다. 그 하이라이트는 10월26일 오후에 남산공원에서 열린 국제음모규탄 및 총선거촉진국민대회였다. 미군 방첩대(CIC)의 보고에 따르면, 대회에는 5만명가량의 군중이 모였다. 대회에서는 남로당의 매국적 행동을 규탄하는 결의문, 유엔총회에 보내는 보고문, 소련정부에 보내는 항의문 등의 채택에 이어 하지 장군에게 보내는 두가지 요구사항이 채택되었다. 요구사항의 하나는 12월1일 이전에 총선거를 실시하라는 것이었고, 다른 하나는 모든 중도파 정당들을 해산시키라는 것이었다.

대회는 미 국무부에 보내는 편지, 중간파 동향에 대한 보고와 결의문 채택, 반탁투쟁 경과보고, 미국, 영국, 중국에 대한 감사문 낭독 등 다양한 순서로 진행되었다. 군중으로부터 안재홍 민정장관의 사임을 요구하는 긴급동의가 있어서 임석한 경찰관과 실랑이를 벌였으나 그대로 채택되었다. 안재홍의 사임을 요구하는 이유는 안재홍이 입법의원 의장 김규식과 사법부장 김병로(金炳魯)와 연서로 군정연장 청원서를 미 군정부에 제출했기 때문이라는 것이었다. 같은 내용의 전단이 장내에 뿌려지기도

40) Jacobs to Marshall, Oct. 8, 1947, *FRUS 1947*, vol.Ⅵ., pp.823~824.
41) 《서울신문》 1947년11월14일자, 「南北統一期成會, 決議와 委員發表」.

했다. 군중이 동요했을 것은 말할 나위도 없다. 이채로운 것은 남로당 중앙위원이었던 박일원(朴馹遠)이 등단하여 8·15폭동음모의 진상을 자신이 체험한 대로 폭로하고 민족적 양심에서 탈당했다고 보고한 연설이었다. 이윤영, 박순천(朴順天), 명제세 등의 연설이 이어졌고, 대회는 오후 6시가 넘어서야 끝났다.

CIC의 보고서는 "이승만은 평소처럼 대회장에 나타나지 않았으나 정신적으로 그 자리에 있었던 것은 의심의 여지가 없다"라고 기술했다. 이 보고서에 따르면, 이승만은 이날의 행사를 전날 워싱턴의 한국위원부에 알렸는데, 대회에서 채택된 결정서들의 영역문은 그의 타이프라이터로 제작되고 그의 등사기로 인쇄된 것이었다. 이처럼 CIC는 이승만의 편지를 검열하느라고 그의 타이프라이터 글자체까지 파악하고 있었다.[42]

10월 마지막 주에는 독촉국민회 지방지부 주최로 비슷한 집회가 지방에서도 개최되었다. 개성에서 열린 총선거추진국민대회에는 16개 단체에서 1만명가량의 군중이 동원되었고, 진주에서 열린 국민대회에는 5,000명가량이 참가했다.[43]

10월26일의 남산공원 국민대회에서 사퇴요구를 받은 안재홍은 29일의 기자회견에서 다음과 같은 담화를 발표했다.

> 지난번 국민대회 회장에서는 본관과 입법, 사법 양 수뇌자가 연서로써 군정연장 청원서를 제출하였다고 선전하는 자가 있었으나 이는 비민주적인 정권쟁탈의 모략인 것이며 비굴한 책동인 것이라 할 것이다.[44]

42) 《東亞日報》 1947년10월28일자, 「十萬群衆絕叫」; CIC Weekly Information Bulletin, no.28(1947.10.31.).

43) CIC Weekly Information Bulletin, no.29(1947.11.6.).

44) 《朝鮮日報》 1947년10월30일자, 「軍政助長은 虛說, 安長官會見談」.

2

그러나 그것은 안재홍이 그처럼 매몰차게 부인할 만큼 터무니없는 것은 아니었다. 그것은 9월25일부로 과도정부 정무위원회가 서명한 「남조선 현정세에 대처할 조치요강」이라는 문서를 두고 하는 말이었다. 이때까지 이 문서의 존재는 알려지지 않았다.

이승만 직계 정파들과 사회단체들의 공격이 시작되었다. 독촉국민회, 조선민주당, 한국민주당, 서북청년회 등 15개 정당 및 사회단체는 11월3일에 "남조선과도정부 정무위원회에서 일치 가결되고 또 도지사와 부처장의 합동회의에서 이의없이 통과된 것이라는 첨서가 있는" 이 '괴문서'에 "민족적 정기에서 용서할 수 없을 뿐 아니라 한민족의 의사에 위반되는 문구가 있다"는 공동성명을 발표했다. 「시국대책요강」 가운데 다음과 같은 조목이 들어 있다는 것이었다.

(1) [제2조 제2항 제2목] 남한의 애국자들은 군정부를 한국독립을 준비하며 완성하는 수단과 기관으로 신뢰하며 애호할 뿐만 아니라 한국의 진정한 통일이 군정부의 노력에 의하여 또 그 배후세력에 의하여 성취될 것을 믿는다.

(2) [제2조 제2항 제3목] 그러므로 우리 3천만 한인은 군정부를 그들의 사실상의 정부로 여기며 또 여겨야 될 것이다. 군정부에 충성하며 협력하여 이것이 강력하게 되어 형식상 또 사실상 우리 정부로 변형되도록 함이 우리의 사무이다.

(3) [제2조 제3항 제1목] 미군사령관이 남한에서 주권을 장악한다. 그리고 그가 제3자의 입장에서가 아니라 우리의 민족적 입장에서 주권을 행사하기를 우리는 그에게 기대한다.

위의 세가지 조항은 영문으로 번역된 「시국대책요강」 4개장 33개 항목 가운데서 뽑아서 우리말로 다시 번역한 것이었다.

성명서는 이러한 항목은 민족정기에서 용서할 수 없는 언어도단이라면서 다음과 같이 선언했다.

> 우리는 이 사실을 만천하에 공개하는 동시에 위의 조항은 한민족의 의사에 절대로 위반됨을 국제적으로 표명하며, 아울러 그 문자가 작성된 목적을 규명하여 관계자에게 책임을 추궁코자 하는 바이다.

이러한 성명과 함께 우익 단체들은 유진산(柳珍山) 등 네 사람으로 하여금 안재홍에게 「시국대책요강」의 작성 권한의 근거, 작성 의도, 사용된 방면, 위의 3개 조항에 대한 해명을 11월5일까지 회답하라는 편지를 전하게 했다.[45)]

「시국대책요강」은 경무부장 조병옥(趙炳玉)이 작성한 것이었다. 안재홍의 비서관 이교선(李教善)으로부터 영문 번역문을 입수한 이승만은 격노하여 문제의 부분을 번역하여 독촉국민회 인사들에게 주면서 독촉국

「시국대책요강」이 알려지자 "군정연장 절대반대", "이승만 박사 절대지지" 등의 플래카드를 든 군중집회가 잇달았다.

45) 《朝鮮日報》 1947년11월5일자, 「南朝鮮措置要綱에 異議」.

민회로 하여금 조병옥을 매장하는 규탄대회를 열도록 할 계획이었다. 그러나 밤중에 달려온 한민당 위원장 김성수(金性洙)의 요청으로 조병옥 개인에 대한 규탄은 보류되었다. 김성수는 윤석오(尹錫五) 비서를 이화장 밖 개천가로 불러내어 "사람은 살려놓고 봐야 할 것이니, 이 박사에게 재고하시도록 자네가 특별히 여쭈어주게"하고 부탁했고, 윤석오는 이승만에게 조병옥을 불러서 꾸짖는 것이 어떻겠느냐고 건의했다. 이승만은 조병옥의 장인 친구였다. 조병옥은 평소에 이승만이 귀여워하는 자기 부인을 대동하고 이화장을 방문하여 사과했다고 한다.[46)]

「시국대책요강」은 어런더런한 정국에 또하나의 큰 충격이 아닐 수 없었다. 김구는 "원문을 보지 못했기 때문에 뭐라고 말할 수 없다"라고 전제한 다음, "만일에 군정연장을 책모한 사실이 있다면 민족적 정신으로 도저히 용서할 수 없는 일이다"라고 잘라 말했고, 한독당은 "주권문제의 신성성을 침범했다는 것은 수정 정도가 아니라 완전히 취소하고 민족 앞에 사과해야 한다"라는 격렬한 반응을 보였다.

한편 「시국대책요강」에 안재홍과 같이 서명한 것으로 알려진 김규식은 "나는 아무런 관련도 없을뿐더러 그 내용도 모르므로 아무말도 할 수 없다"라면서 말을 아꼈다. 그러자 독촉국민회는 "우리가 이상히 생각하는 것은 입법의원에서 이것을 모르고 있었다는 점이니, 입법의원 제공은 감연히 궐기하여 민족정기에서 규탄의 화살을 들어야 할 것이다"라고 강박했다.[47)]

안재홍은 마침내 11월5일에 이 「시국대책요강」은 "9월 하순에 미소공위에 의한 남북통일정부의 출현이 지연필지인 정세하에서 그 응급대책으로 작성된 것이다"라는 설명과 함께 「시국대책요강」 전문을 발표하고,[48)] 이어 서울중앙방송국의 라디오방송을 통하여 「시국대책요강」의 작성동

---

46) 尹錫五 증언.
47) 《京鄕新聞》 1947년11월5일자, 「軍政의 延長策謀와 反響」.
48) 《東亞日報》 1947년11월6일, 7일자, 「時局對策要綱全文」.

기와 그 내용을 자세히 설명했다. 그리고 다음과 같이 덧붙였다.

"8·15 이후 이미 삼십삭을 바라보는데, 남북분단점령은 말할 것까지도 없고, 지금까지 우리들의 한 일은 결국 좌우대립에 의한 동족상잔이었고, 지금의 형세로는 좌방(左方)의 세력이 꺾인 줄로 여기나 표면에 나타나지 못하는 대신 그것이 잠행적으로 지하운동으로 발전되고 있는 이때이다. 사상은 사상으로써 싸워서 극복한다는 것은 변치 못할 원칙이다. 그런데 이러한 국내의 큰 문제와 또 급박한 국제정세의 밑에 우파진영 안에서의 투쟁은 매우 명확한 사실에 의거하여서 부득이한 경우에서만 이것을 단행하는 태도를 가질 것이다. 본인에 대하여서도 많은 모략선전 있는 것을 듣고 있으나, 본인은 변함없는 민족독립국가 완성을 위하여 생명을 걸고 노력하는 자이다. 이 점 너무 걱정 말아 주시기를 바란다."[49]

이승만은 당장은 언급을 회피했지만 그것은 하지의 의중을 반영한 것이라고 판단했다. 하지의 의중이란 드레이퍼 차관에게 말한 한국문제 해결의 두번째 방안, 곧 앞으로 5년 동안 미군이 남한에 주둔해서 남한의 발전을 위하여 적극적으로 노력하는 경우를 뜻하는 것이었다. 이승만은 「시국대책요강」이 그러한 방안을 전제로 하여 작성된 시안이라고 의심했던 것이다. 그것은 이승만의 조기 총선주장과 정면으로 배치되는 구상이었다. 독촉국민회 등의 격렬한 대응도 이승만의 이러한 판단에 입각한 것이었다.

이승만은 「시국대책요강」과 관련하여 11월7일에 "애국동포에게 고함"이라는 담화를 발표했다.

> 우리 삼천만이 일심분투한 결과로 태산 같은 장애를 다 물리쳐서 소위 모스크바결정이라, 신탁통치라, 공산분자와 합작해야 한다는

---

49) 安在鴻, 「소위 『軍政延長策謀 叛逆行爲』 문제의 眞相」, 安在鴻選集刊行委員會 編, 『民世安在鴻選集 2』, 知識産業社, 1983, pp.262~263.

모든 문제를 타파시키고, 오직 한가지 장애만 취소시키면 우리 독립은 완성될 것이다.

이 한가지 문제는 우방이 얼마 동안 우리를 다스려서 자치자주할 만치 된 후에 정권을 허락하게 하자는 주의이다. 이 주의를 가진 사람이 극소수이므로 공개로 발언은 못하고 속으로 은근히 선전하는 것이, 한인들이 분쟁분열로 합동이 못되는 고로 정권을 맡길 수 없다는 구실하에 정당이 사백에 달한다는 허무한 언론이 전파되고 있는 중이다.

이처럼 이승만은 「시국대책요강」이 미국이 얼마 동안 남한의 점령통치를 계속하겠다는 뜻을 반영한 것이라고 설명했다. 그리고 그러한 기도의 빌미가 된 것이 정치인들의 분파주의라고 신랄하게 매도했다.

이 형편을 일반동포에게 다시 경고하나니, 모든 정당의 당국자들이나 당원들은 당정(黨政)이나 파당적 사상을 포기하고 오직 국권회복만을 위하여 합심분투할 것이며, 또 일반애국남녀동포는 정당이나 파당적 주의로 분쟁을 일삼는 인사들은 독립방해자로 인정하야 모든 당파세력이 민간에 포용을 받지 못하도록 만들어야만 우리의 살 길을 찾아나갈 것이다.

우리가 공산당과 싸운 것은 그들이 우리 독립을 방해하는 연고이니, 그러면 하필 공산당뿐이리오. 누구나 우리 독립을 방해하는 개인이나 단체는 다 이와 같이 대우해야만 우리의 목적을 성취하는 첩경일 것이다. 이와 같이 해서 국권을 회복한 후에는 형편을 따라 두세정당을 필요에 의하여 세울 수 있을 것이다.

이승만은 9월12일에 창단된 이청천(李青天)의 대동청년단(大同青年團)의 총재직을 비롯하여 다른 몇몇 청년 단체의 총재 명의도 사퇴하겠다고 다음과 같이 말했다.

> 또 끝으로 할 말은 근일에 청년단의 통합여부로 인하야 경향에 다소간 분규상태를 양성하기에 이른 것은 또한 큰 유감이다. 내가 대동청년단의 총재 명의를 가졌다는 문제로 이와 같은 혼란이 생긴다면 나는 침묵하고 있을 수 없나니, 나는 몇몇 청년단의 소위 총재 명의를 다 사절하고 오직 국민회로 민족운동을 전력하려 하니, 나의 고충을 양해하여 오해가 없기를 절망한다.[50]

그러나 이승만의 이러한 주장은 하지와 미 군정부에 대한 지나친 의구심에서 기인하는 것이었다. 이 무렵 하지는 합동참모본부에 대하여 미국의 결의안에 유엔이 찬성하지 않거나 소련이 참여할 의사를 표명하지 않을 때에는 미국은 유엔감시단이 있건 없건 즉시 남한의 입법기관을 위한 선거를 실시하고, 가능한 빠른 시일 안에 남한의 과도정부를 수립해야 한다고 건의했다.[51]

3

국민대회를 주동했던 15개 우익 정당 및 사회단체는 「시국대책요강」과 관련하여 11월8일에 공동으로 하지 장군에게 편지를 보내어 안재홍 이하 책임자들을 인사조치하고 총선거 실시일자를 즉시 공포할 것을 요구했다.[52]

「시국대책요강」 문제는 과도입법의원에서도 논란되기 시작하여 11월14일에 열린 제170차 회의에서 "남조선과도정부 정무회의에서 작성한 소

---

50) 《東亞日報》 1947년11월8일자, 「派爭中止코 合心」.

51) Hodge to Joint Chiefs of Staff, Nov.[3?] 1947, *FRUS 1947*, vol. Ⅵ., p.853.

52) 《朝鮮日報》 1947년11월9일자, 「「南朝鮮措置」 十五政黨團體하中將에 書翰」.

위「시국대책요강」은 그 전체를 부인하고 우리 민족의 공통한 의사가 아닌 문서를 작성하야 비밀히 외국에 송치한 책임을 규탄하되, 본건은 특별위원회를 조직하야 그 위원회에 넘겨 심사하야 방침을 결정 보고케 할 것"이라는 동의가 재석의원 69명 가운데 가 38표, 부 30표, 기권 1표로 가결되었다.[53] 한편 과도정부 정무회의는 이날「시국대책요강」의 문제된 부분을 수정하여 군정장관에게 제출했다.[54]

「시국대책요강」을 심사한 과도입법의원특별위원회는 한달 뒤인 12월9일의 제180차 회의에 "현 남조선과도정부 정무의원, 즉 민정장관 및 각부처장에 대하야 신임할 수 없음을 결의함"이라고 보고했고, 이 보고는 재석의원 59명 가운데 가 24표, 부 17표로 접수되었다.[55] 그러나 12월15일에 열린 제182차 회의에서 진행된 민정장관 안재홍 이하 과도정부 부처장들에 대한 불신임 표결은 재석 63명 가운데 가 27표, 부 35표, 기권 1표로 부결되었다.[56]

10월30일에 열린 유엔총회 제1위원회[정치위원회]가 한국의 총선거를 감시할 유엔한국임시위원단을 파견한다는 내용의 미국결의안을 찬성 41표, 반대 0표, 기권 6표로 가결했다는 뉴스가 전해지자 정국은 또다시 소용돌이쳤다. 그 가운데 가장 주목되는 것은 한국독립당과 근로인민당을 비롯한 10여개 중간파 정당들의 정당협의회(政黨協議會) 결성 움직임이었다.

이들 각 정당대표들은 11월2일에 한독당 회의실에 모여 예비회합을 가진 다음, 10월4일에 같은 장소에서 제2차 연석회의를 열었다. 이날 회의에는 한국독립당, 근로인민당, 민주독립당, 인민공화당, 민주한독당,

53)『南朝鮮過渡立法議院速記錄(4)』, 제174호(1947.11.14.);《朝鮮日報》1947년11월15일자,「立議「時局要綱」을 否認」.

54)《朝鮮日報》1947년11월15일자,「「時局要綱」修正」.

55)『南朝鮮過渡立法議院速記錄(4)』, 제184호(1947.12.9.).

56)『南朝鮮過渡立法議院速記錄(4)』, 제186호(1947.12.15.);《朝鮮日報》1947년12월17일자「不信任案否決」.

민중동맹, 신진당, 조선공화당, 천도교보국당, 천도교청우당, 조선민주당, 사회민주당의 12정당 대표들이 참석하여 준비위원회를 구성했다. 이어 11월5일에는 제3차 회의를 열고, 협의회 결성준비에 관한 부서결정 등 구체적인 추진 작업을 논의했다. 준비위원회는 이날 12정당협의회의 「4대원칙」과 「4대방략」을 발표했는데, 「4대방략」의 요지는 다음과 같았다.

(1) 자주독립의 통일정부를 수립하기 위하여 민족자결의 민주주의 선거기구를 중앙과 지방에 조직할 것.

(2) 38도선의 철폐로 자주적 남북교류를 보장하여 전국적 총선거를 실천케 하되, 그 전제 조건으로 미소 양군을 즉시 철병케 하고 일체 정권을 우리 민족에게 넘기게 할 것.

(3) 보선 실시방법과 양군 철수절차와 남북의 당면 긴급사항과 철군 후의 치안확보문제 등을 협의하기 위하여 남북정당대표회의를 구성할 것.

(4) 남북대표회의의 구성준비로서 우선 이남 각정당협의회를 구성할 것.[57]

이보다 앞서 한독당은 이미 9월 말에 조소앙, 엄항섭, 조경한(趙擎韓)의 공동제안으로 남북요인회담 개최를 결정하고 남한의 정당회의를 개최하기 위해 정형택(鄭亨澤), 성낙훈(成樂勳), 김경태(金敬泰), 조각산(趙覺山)을 교섭위원으로 선정했다.[58] 10월15일과 16일에 열린 한독당 임시중앙집행위원회가 남북대표회의를 조직하기로 결의한 것도 이러한 주장과 맥을 같이하는 것이었을 것이다.

그런데 김구는 한독당 부위원장인 조소앙이 정당협의회에 주동적으로 참여하는 것을 인정하고 정기적으로 보고를 받고 있었으나, 자신이 직접 관여하지는 않았다고 한다.[59]

---

57) 《京鄕新聞》 1947년11월7일자, 「民族的獨立이 原則」; 《朝鮮日報》 1947년11월6일자, 「「各政黨協議會」 構成」.

58) 《東亞日報》 1948년1월18일자, 「韓獨의 脫黨發表 自派를 爲한 謀略」.

59) CIC Weekly Information Bulletin, no.29(1947.11.6.), no.30(1947.11.13.).

유엔총회 제1위원회의 결의 뉴스가 전해지자 이승만은 11월4일에 왜 남한에서 총선거를 서둘러야 하는가를 논리적이면서도 설득력 있게 설명하는 성명서를 발표했다.

> 우리는 허명이나 형식상 독립보다 사실적 국권을 회복하려는 것이니, 민의대로 국회를 세워서 신성불가침의 정권을 잡는 것이 우리의 독립이다. 이 실권만 가지게 되는 날은 남이 우리 일을 간섭하거나 자기들끼리 작성하고 강제로 준행시키려는 등 모든 폐단이 막힐 것이요, 남북통일을 우리 힘으로 도모하는 것이 남들에게 맡겨 두고 처분만 기다리느니보다 낫고 또 속할 것이다. 우방들이 우리를 도와서 남북총선거를 행하려 할지라도 우리 정부대표가 있어서 협조해야만 우리 민의대로 해결될 수 있을 것이요, 그렇지 못하면 유엔위원단이 타인들의 의견을 듣고 우리의 원치 않는 것을 준행하리니, 또 혼란을 양성할 것이다.

이승만은 유엔위원단이 남북한의 총선거를 감시한다는 것은 소련이 불응하면 총선거는 결국 남한에 한정될 수밖에 없다는 것을 상기시켰다.

> 유엔대표단이 와서 남북총선거를 감시한다는 것은 소련이 불응하면 그 결과는 남한총선거로 귀결될 것뿐이니, 기왕에 미소공위로 인연하야 오륙개월 세월을 허비한 후 또다시 시일을 허비할 필요도 없고 형편도 허락지 않는 것이다. 설령 유엔의 결정대로 남북총선거가 된다 할지라도 대표단이 미소 사령장관들과 다소간 협의가 될 것이니, 그 결과로는 단순한 민의대로 진행하기가 어려울 것이요, 파괴분자들이 참가되는 날은 정부나 국회에 들어가서 파괴를 일삼을 것이니, 세인 이목에 한인이 자치능력이 있다 없다 하는 수욕[羞辱: 부끄

러움과 욕됨]된 구실을 만들 것이다. 또는 북한의 공산군이 남한침범을 준비한다는 보도가 자주 들리는 이때에 우리는 하루바삐 정부를 세워서 국방군을 조직해 놓아야 남한이 적화되는 화를 막을 수 있을 것이다.…[60]

이처럼 그는 남한의 적화를 방지하기 위해서라도 정부수립이 시급하다고 주장했다.

독촉국민회와 한민당 등 14개 우익 정당 및 사회단체 주최로 11월15일 오전에 서울운동장에서 열린 '유엔결정 감사 및 총선거 촉진 국민대회'는 몇가지 긴 결의문 채택 위주로 진행된 것이 이채로웠다. 대회는 백남훈의 개회사에 이어 김준연의 유엔결정 감사 결의문, 남송학(南松鶴)의 신임 군정장관 딘(William F. Dean) 소장에 대한 환영문, 양우정(梁又正)의 「시국대책요강」에 대한 결의문, 유진산의 중도 및 좌익 12정당 준동대책 결의문, 박순천의 총선거 촉진 결의문이 각각 낭독되고 채택되었다.

결의문 가운데 가장 주목되는 것은 12정당협의회에 대한 결의문이었다. 결의문은 12정당협의회가 "갈 곳이 없게 된 공산분자들이 중간파 명의를 무릅쓰고 도당을 불러 모아 소위 12정당 합동회의라는 것을 주창하여… 정권을 획득코자 하므로" "필경은 또다시 외국의 후원을 얻어서 남한에 공산세력을 다시 세우기를 꾀하는" 것이라고 질타했다. 결의문의 이러한 주장은 남로당 책임자 이주하가 중도적 정당들에 파견되어 있는 남로당 프락치들이 어떻게 활동하고 있는지 설명하고 나서, 이들이 제시한 "이 요구조건은 기본적으로 (12개정당)협의회의 노선으로 채택되었다"라고 기술한 보고와 일치하는 것이어서 눈여겨볼 만하다.[61]

우익의 맹렬한 비판에 당면한 한독당은 정당협의회 추진파와 보류파

60) 《京鄕新聞》 1947년11월5일자, 「南朝鮮總選擧가 自主獨立의 第一捷徑」.

61) 「남조선 정세에 대한 정보자료, 이주하」, 전현수 편역, 『소련군정문서, 남조선 정세보고서 1946~1947』, p.338.

로 분열되었다. 추진파는 조소앙을 중심으로 한 진보그룹이었고 보류파는 김구계의 조완구(趙琬九), 엄항섭, 조경한 등이었다. 이러한 분열의 와중에서 조경한이 인솔하는 청년 20여명이 정당협의회 교섭위원이던 정형택, 성낙훈, 김경태, 조각산 등을 구타했다. 이어 한독당은 교섭위원들을 제명했는데 제명의 이유는 교섭위원들이 조소앙 중심으로 당을 분열시키고, 근로인민당의 정백(鄭栢)으로부터 공작금을 받았다는 것이었다.[62]

62) 도진순, 앞의 책, p.185.

3. 국민의회와 민족대표자대회의 재결합

1

마침내 유엔총회는 11월14일의 전체회의에서 제1위원회가 건의한 한국문제에 관한 결의안을 찬성 43표, 반대 0표, 기권 6표로 채택했다. 기권한 여섯 나라는 소련, 체코슬로바키아, 폴란드, 유고슬라비아, 백러시아, 우크라이나였다.

역사적인 결의문의 주요 조항은 다음과 같았다.

(1) 선거에 의한 한국민의 대표들이 한국문제를 심의하는 데 참여하도록 초청되어야 한다. 또한 그러한 참여를 용이하게 하고 촉진하기 위하여, 그리고 한국 대표들이 한국 국민에 의하여 실제로 공정하게 선출되는 것을 감시하기 위하여 한국 전역에 걸친 여행, 감시, 협의를 할 수 있는 권한을 갖는 유엔한국임시위원단(United Nations Temporary Commission on Korea : UNTCOK)을 설치한다.

(2) 위원단이 한국 국민의 자유와 독립을 조속히 달성시키는 문제를 협의할 수 있고, 국회(National Assembly)를 구성하여 한국중앙정부(National Government of Korea)를 수립할 대표들을 선출하기 위한 선거가 늦어도 1948년3월31일 이전에 실시되어야 한다.

(3) 선거 이후에 가능한 한 빨리 국회를 소집하여, 중앙정부를 수립하고, 그 사실을 위원단에 통보한다.

(4) 중앙정부가 수립되는 대로 그 정부는 위원단과 협의하여 자체의 국방군을 건설하고, 이에 편입되지 않은 모든 군사단체 및 준군사단체를 해산시키며, 남북한의 군사령부와 민간기관으로부터 정부의 기능을 인수하고, 그리고 될 수 있는 대로 빨리, 가능하다면 90일 이내에 점령군을 완전히 철수시키도록 점령국과 조정한다.

(5) 위원단은 상황의 진전에 따라 유엔총회의 임시위원회(소총회)와 협

朝鮮日報 THE CHOSUN ILBO.

國聯朝鮮委員派遣案可決

蘇撤兵再提案은否決

東歐側「보이콧」을再强調

北朝鮮歡迎希望

公正한選擧實施可能

政府樹立·撤兵을規定

朝鮮委案通過는美의對蘇勝利

獨立成就可望

比代表總會行動讚揚

朝鮮駐屯

社說 國聯決議와 吾人의 態度

侵略再演을防止하라

日媾和, 朝鮮問題와不可分

可決된小總

11월14일의 유엔총회 전체회의 결의를 보도한 《조선일보》 지면.

의할 수 있다.

(6) 회원국들은 위원단이 책임을 수행하는 데 필요한 모든 원조와 편의를 제공하여야 한다.

그리고 유엔총회는 이 결의문에 명시된 임무를 수행하기 위하여 오스트레일리아, 캐나다, 중국, 엘살바도르, 프랑스, 인도, 필리핀, 시리아, 우크라이나의 9개국으로 유엔한국임시위원단을 구성하기로 결의했다.[63] 그러나 소련방의 하나인 우크라이나는 수락을 거부했다.

63) Department of State, *Korea 1945 to 1948*, Greenwood Press, 1969, pp.66~67; U. S. Department of State, *United States Policy Regarding Korea, 1834-1950*, 翰林大學校 아시아文化硏究所, 1987, pp.150~151.

이 유엔결의문은 분명히 1945년12월의 모스크바결정과 배치되는 것이었고, 애매한 점이 없지 않았다. 우선 소련은 미소의 결정이 있으므로 유엔총회는 이 문제에 대하여 관할권이 없다는 입장을 분명히 하고 있었다. 유엔한국임시위원단의 임무와 권한도 명확하지 않았다. 누가 어떤 선거법에 의하여 선거를 주관해야 할 것인지도 모호했다. 이때부터 1948년에 이르는 겨울은 이승만에게나 김구에게나 심각하게 고통스러운 기간이었다. 이때의 이승만의 상황을 올리버는 매우 인상적으로 기술했다.

북한에는 이미 '한국정부[북조선인민위원회]'가 수립되어 있었고, 남한에는 이와 비견될만한 기관이 없었으므로 유엔한위는 아마 북쪽 견해에 더 비중을 두게 될 것이었다. 게다가 이 박사는 필연적으로 자기가 가장 우려하는 연립정부를 도출하게 될 선거방식을 제안할지 모를 유엔한위의 구성을 미심쩍어 했다. 결국, 그리고 최악의 경우에는, 선거는 단지 그 본질은 명확하지 않은 채 형식상으로만 독립인 임시정부를 수립하게 될 것처럼 보였다.

워싱턴에 있는 우리는 기본적인 승리는 쟁취했다고 생각하고 이 박사가 유엔의 계획에 '협조'하기를 간곡하게 요망했다. 서울에 있는 그는 그것이 애매성, 지연술, 그리고 군정부에 의한 계속적인 지배라는 종전의 방침과 궤를 같이하는 것이라고 이해했다. 그가 우려한 것은 그것이 동유럽의 연립정부들에서 보듯이 공산주의자들이 권력을 완전히 장악하게 만든 것과 같은 발판을 남한에 구축하는 기회가 주어지는 동안 외부세력의 '감독'을 받는 한국연립정부의 전조가 아닌가 하는 것이었다.[64]

이승만은 빨리 총선거를 실현시키기 위해 안절부절 못했다. 그리하여

---

64) Robert T. Oliver, *op. cit.*, p.121.

미 군정부의 미국인 가운데는 이승만이 정신적으로 불안정하다고 말하는 사람조차 없지 않았다. 이승만은 11월18일에는 유엔한위 위원들이 도착하기 전에 총선거를 실시하여 국회를 구성해야 된다고 다음과 같이 주장했다.

> 남조선총선거를 반대하는 분자들이 두가지 문제를 일으켜서 선전하는데, 한가지는 남방에서만 정부를 세워서 서울사람들이 정권을 잡고 서북을 떼어버리려는 계획이라 하나니, 이는 지방열을 고취하여 민족분열을 시켜 당파적 세력을 추진시키려는 계획이니 그 뜻이 심히 음험하다. 그러나 우리 애국동포의 공심과 상식으로 능히 판단할 것이므로 이런 선동에 빠지지 않을 것을 믿는다. 또 한가지 선전은 유엔위원이 조만간 내도하리니 그때까지 순리로 기다리는 것이 낫다고 한다. 이는 자초로 이 박사가 친미자이니 믿지 말고 우리가 자율적으로 전취하자고 경향에 은근히 선전하던 인사들 측에서 나온 말이다.
>
> 그러나 우리가 주장하는 남조선총선거는 1년 전부터 시작하여 미국무성에서 언명하였고 하지 중장이 선언으로 과도입법의원에서 법안만 통과되면 곧 실행한다고 한 것인데, 그 후 백방으로 연기하여온 바 공개로 막지는 못하고 핑계만 하고 있는 중이니, 유엔에서 하려는 남북총선거가 언제 되든지 우리가 그 정책을 지지하는 동시에 우리는 기왕의 계획을 집행하려는 것이므로, 유엔이 성공되는 날은 우리의 진행하는 순서를 다 폐지하고 접수하기로 누차 성명하였은즉, 이것은 우리가 협동책으로 나가는 것이다.
>
> 가장 긴요한 점은 유엔위원이 언제 도착하든지 우리가 선거를 하루바삐 행하여 민의로 성립한 국회가 있어야 그 위원들이 우리 민족의 정당한 대표와 협의 합작해서 민의대로 해결할 것인데, 그렇지 않고 앉아 기다리면 그 위원들이 누구와 의론하며 누가 합작할 것인지 우리는 추측할 수 있을 것이다.

이승만은 끝으로 12정당협의회와 김규식 등 좌우합작위원회 인사들의 행태를 싸잡아 매도하는 듯한 말을 덧붙였다.

> 하지 중장이 자기의 의사만을 실시하려는 중에서 우리는 중립파라 좌우합작파라 하는 모든 정객들의 분규 혼잡한 상태는 유엔위원들의 정신을 어지럽게 만들어서 그 결국은 과거 양년간 경험에 다시 빠지게 되리니 심히 위태한 사정이다. 그러므로 일반민중은 지금에 다된 독립만을 완성키 위하여 모든 선동에 파동이 되지 말고 하루바삐 선거를 진행하여 국권을 세워 남북통일을 속성하기로 일심 매진하자.[65]

12정당협의회가 우익정파들의 맹렬한 공격을 받고 교착상태에 빠지자 한동안 소원했던 이승만과 김구의 관계가 급속히 복원되는 듯했다.

김구는 11월30일 오전에 이화장을 방문하여 이승만과 1시간 동안 회담했다. 그리고 오후 1시쯤에는 두 사람이 함께 천도교 강당에서 열린 서북청년회 창립 1주년기념식에 참석하여 훈화를 했다.

이승만을 만나고 경교장으로 돌아온 김구는 준비된 담화를 발표했는데, 먼저 정부수립문제에 대하여 다음과 같이 말했다.

> 우리는 자신으로서 즉시에 절대적 자주이며 남북을 통한 통일적인 독립정부를 우리나라에 수립하기를 요구한다. 그러나 우리가 원하지 않는 국제적 제재가 있는 이상 우리가 우리의 요구를 달성하는데 이 국제적 제재를 합법적으로 제거하는 것이 제일 조건이 되지 않을 수 없다. 그러므로 우리는 유엔에 한국문제를 제기하야 정당히 해결할 것을 주장한 것이다. 그런데 유엔이 한국문제를 정식으로 상정

---

65) 《東亞日報》 1947년11월19일자, 「유엔委員과 協議爲해 南朝鮮選擧時急」.

하야 토론한 결과 유엔감시하에서 신탁없이 또 내정간섭 없는 남북을 통한 총선거로써 자주통일의 정부를 우리나라에 수립하도록 협력하자고 결정하였다. 그러므로 우리는 그들이 아직까지 한국의 정식 대표를 참가시키지 아니하는 것을 유감으로 생각하지 아니하는 바는 아니나, 대체로 유엔 결의안을 지지하는 바이다.

이처럼 신중하게 전제한 김구는 소련의 방해로 남한에서만 선거를 실시할 수밖에 없더라도 그것은 남한단독정부가 아니라고 매우 주목할 만한 견해를 피력했다.

혹자는 소련의 보이콧으로 인하야 유엔안이 실시 못된다고 우려하나, 유엔은 그 자신의 권위와 세계평화의 건설과 또 장래에 강력의 횡포를 방지하기 위하야 기정방침을 변하기가 만무다. 그러면 우리의 통일정부가 수립될 것은 문제도 없는 일이나, 만일 일보를 퇴하야 불행히 소련의 방해로 인하야 북한의 선거만은 실시하지 못할지라도 추후 어느 때든지 그 방해가 제거되는 대로 북한이 참가할 수 있게 하는 것을 조건으로 하고 의연히 총선거의 방식으로서 정부를 수립하여야 한다. 그것은 남한이 단독정부와 같이 보일 것이나 좀더 명백히 규정하자면 그것도 법리상으로나 국제관계상으로 보아 통일정부일 것이요 단독정부는 아닐 것이다. 우리 독립을 전취하는 효과에서는 그 정부로 인정받는 것이 훨씬 좋을 것이다. 이승만 박사가 주장하는 정부는 상술한 제일의 경우에 치중할 뿐이지 결국에 내가 주장하는 정부와 같은 것인데, 세인이 그것을 오해하고 단독정부라 하는 것은 유감이다. 하여튼 한국문제에 대하야 소련이 보이콧하였다고 하여 한국 자신이 유엔을 보이콧하지 않은 이상 유엔이 한국에 대하여 보이콧할 이유는 존재치 아니할 것이다.

1주일 전까지만 해도 유엔의 결정이 소련의 거부로 남한에서만 선거가 실시된다면 그것은 국토를 양분하는 비극이라면서 반대했던[66] 김구가 이처럼 입장을 바꾸게 된 것은 이승만의 강력한 설득에 따른 것이었음은 말할 나위도 없다.

김구는 이어 교착상태에 빠진 12정당협의회 문제에 대하여 언급했다.

> 전민족적 단결은 시간과 공간의 여하를 불문하고 필요한 것이다. 그러므로 우리가 좌우합작에 실패하였다고 전민족적 단결공작을 포기할 이유는 없는 것이다. 이러한 의미에서 이번에 한독당의 발론으로 12정당이 공작을 개시한 것은 당연한 일이요 필요한 일이다. 그러나 시간이 부족하였든지 기술이 부족하였든지 혹은 노력이 부족하였든지, 좌우 양측에서 거대한 부분이 적극적으로 참가하지 아니하고 도리어 방관하며, 심하면 중상까지 하는 듯하다. 그리하야 통일공작은 도리어 역효과를 보이고 있는 형편이니, 이러한 경우에는 잠시 그 공작을 보류하고 민중의 여론에 호소하는 한편 피차간에 원만한 양해를 성립하기 위하야 좀더 노력함이 당연할 것이다. 아무리 초급할지라도 욕속부달[欲速不達: 급히 하려다가 도리어 이루지 못함]이 되면 도리어 해가 있을 것이다. 그러나 보류가 포기는 아니다.[67]

12정당협의회에 적극적으로 참가하지 않은 좌우 양측의 "거대한 부분"이란 한민당과 남로당을 지칭하는 말이었다.

김구는 12월1일 정오에도 이화장을 방문했다. 이날 오후에는 국민의회 제44차 임시대회가 열리는 날이었다. 9월1일에 열린 제43차 임시대회에는 참석도 하지 않고 이 대회의 주석 유임 결의도 단호히 거부하며 국

---

66) 《朝鮮日報》 1947년11월25일자, 「南朝鮮選擧는 國土兩分의 悲劇招來」.
67) 《東亞日報》 1947년12월3일자, 「南北統一工作은 當分保留」.

민의회를 비판했던 이승만이 이날은 김구와 같이 대회장인 천도교 강당에 나타났다. 이승만은 조속히 남한총선거로 우리 정부를 수립하여 국권을 회복한 다음 남북통일을 해야 한다는 요지의 치사를 했고, 김구는 이승만의 주장과 자기의 주장이 조금도 다른 점이 없음을 강조했다.[68)]

2

이렇게 하여 몇 달 동안 뜨악했던 두 사람 관계가 회복되자 교착상태에 빠져있던 국민의회와 한국민족대표자대회의 통합교섭이 급전직하로 추진되었다. 국민의회 대표 박윤진(朴允進), 조상항(趙尙恒), 이단(李團), 이운(李雲), 최석봉(崔錫鳳), 조대연(趙大衍), 신일준(辛一俊)과 민족대표자대회 대표 명제세, 이윤영, 신익희, 박순천, 강인택(姜仁澤), 최규설(崔圭卨)은 12월1일과 2일 이틀에 걸쳐 회의를 열고 통합을 결의했다. 합동 방식은 민족대표자대회를 해산하고 그 대의원들을, 대표자대회에 참여하고 있는 입법의원들까지 포함하여, 국민의회의 대의원으로 영입하는 것이었다. 그것은 물론 이승만의 지시에 따른 것이었다. 그는 어떻게 해서든지 김구가 자기와 공동보조를 취하기를 절실히 바랐던 것이다. 그리하여 12월3일에는 (1) 국민의회의원선거법에 따라 조속한 기한 안에 자율적으로 총선거를 단행하고, (2) 완전합동회의가 될 제44차 국민의회 임시의회는 12월12일에 속개한다는 등의 「공동협상서」가 발표되었다.[69)]

국민의회와 민족대표자대회의 합동은 김구로서도 만족스러운 일이었다. 김구는 12월4일에 다음과 같은 담화를 발표했다.

---

68) 《朝鮮日報》 1947년12월2일자, 「李博士와 金九氏合意, 南朝鮮總選擧로 共同步調乎」 및 「南朝鮮選擧推進, 李博士 · 金九氏演說」; CIC Weekly Information Bulletin, no.33(1947.12.4.).

69) 《京鄕新聞》 1947년12월3일자, 「民代 · 國議無條件合同」, 12월4일자, 「民代 · 國議共同協商書發表」.

민족대표자대회 의원 전부가 국민의회로 들어오게 되었다. 이로써 민족의 단결공작도 기초가 설 수 있는 것이며 또 우리의 국제상 지위도 제고될 것이니, 심히 경하할 일이다. 나와 이승만 박사는 통일된 조국의 자주독립을 즉시 실현하자는 목적이 완전히 일치한 것이다. 그러므로 우리 양인간에는 본래 다를 것이 없는 것이며, 설혹 일시에 소이(小異)가 있다 하더라도 즉시로 일치를 구할 수 있는 것이다.[70]

같은 날 독촉국민회도 다음과 같은 담화를 발표했다.

국민의회와 한국민족대표자대회의 합동 문제가 급진전된 것은 이승만 박사와 김구 양씨 정치노선의 완전 일치를 의미하는 것으로서, 조속한 기한내에 자율적 총선거를 단행하야 과도국회를 조직함으로써 자주독립정부를 수립하려는 우리의 설계는 이제 비로소 거족적 단결로써 진취하게 되었다….[71]

그러나 국민의회와 민족대표자대회의 합동작업은 12월2일에 발생한 한민당 정치부장 장덕수(張德秀) 암살사건으로 말미암아 벽에 부딪혔다. 장덕수는 자택에서 현직 경관의 칼빈총을 맞고 즉사한 것이었다.

장덕수 암살사건은 송진우와 여운형의 암살에 이은 해방정국의 세번째 정치테러였으나, 사건의 여파는 앞의 두 사건에 비할 바가 아니었다. 한국의 총선거에 대비하여 미 군정부가 배후수사에 수사력을 집중했기 때문이다. 사건 발생 사흘 만인 12월4일에 경찰은 종로경찰서 경사 박광옥(朴光玉)과 연희대학 3년생 배희범(裵熙範)을 체포했다.[72] 뒤이어 박광옥의 전세방에서 발견된 사진에 있는 최중하(崔重夏), 조엽(趙燁), 박정

70) 《朝鮮日報》 1947년12월5일자, 「金九氏國議民代合同을 慶祝」.
71) 《朝鮮日報》 1947년12월5일자, 「獨促國民會談話」.
72) 《東亞日報》 1947년12월5일자, 「張德秀氏殺害犯逮捕」.

덕(朴定德) 등을 검거했다. 이들은 윤봉길(尹奉吉)의 상해 홍구공원 폭파직전의 모습을 본떠서 태극기를 배경으로 수류탄을 들고 “나는 조국 대한의 완전독립을 위하야 혁명단원으로서 내 생명을 바치기로 서약함. 민국29년 8월26일. 대한혁명단 ○○○”이라는 혈서를 가슴에 붙이고 사진을 찍었다. 이들은 임시정부를 절대 지지하는 대한학생총연맹 간부 또는 맹원들이었다. 그리하여 사건 직후부터 경찰은 사건의 배후로 김구와 국민의회를 지목했다. 경찰은 사건 직후에 국민의회간부 10여명을 연행했는데, 이들 가운데는 국민의회와 민족대표자대회의 합동 작업을 담당하고 있는 재정 훈련부장 신일준, 비서부장 조상항도 포함되어 있었다.[73] 한독당 중앙위원이며 김구와 가까운 김석황(金錫璜)도 배후인물로 지목되었다.

해방정국의 세번째 정치테러로 희생된 한민당 정치부장 장덕수.

경찰은 12월10일에 수도관구경찰청장 장택상을 위원장으로 하고, 경무부와 수도관구경찰청 간부 4명을 위원으로 하는 수사위원회를 구성했다. 경무부장 조병옥은 배후관계를 왜 발표하지 않느냐는 기자들의 질문에 대해 다음과 같이 말했다.

“전위단체 8명 중 1명이 미체포이고, 배후관계는 4단계로 나누어져 있는데, 제1단계가 미체포 중에 있으므로 그 전모를 발표하지 못하고 있다.”[74]

---

73) 도진순, 앞의 책, pp.159~160.

74) 《東亞日報》 1947년12월11일자, 「搜査委員會構成」.

장덕수의 장례식에 참석한 심각한 표정의 김구(왼쪽 앞)와 이승만 내외.

배후관계가 4단계로 나누어져 있다는 조병옥의 말은 의미심장했다. 그것은 최종 배후자가 김구일 수 있다는 것을 시사하는 말이었다. 그리고 장택상은 장덕수 암살사건에 국민의회의 간부 몇 사람이 관련되었다는 이유로 12월12일로 예정된 국민의회와 민족대표자대회의 합동회의의 집회허가를 보류했다.[75]

75) 《東亞日報》 1947년12월11일자, 「國議 · 民代會合停止」.

94장

"제주도 한 모퉁이에 수립해도 한국중앙정부"

1. 미 국무부의 하지 중장 경질 검토
2. 중간파연합체로 민족자주연맹 결성
3. 유엔한국임시위원단을 맞아

1. 미 국무부의 하지 중장 경질 검토

1

이승만과 하지(John R. Hodge) 미군사령관의 알력은 유엔한국임시위원단의 감시 아래 독립정부수립을 위한 총선거를 실시하는 역사적인 행사를 앞두고 미 국무부로 하여금 하지의 경질을 심각하게 검토하게 했다.

1947년11월14일의 유엔총회 결의 이후에 이승만의 하지 장군 공격은 더욱 격렬해졌다. 총선거에 대한 혼란스러운 주장이 분분한 상황에서 하지는 11월20일에 유엔총회의 결의문 전문을 발표하면서 총선거에 대한 구체적인 조치를 발표할 때까지 기다리라는 성명을 발표했는데,[1] 이에 대해 독촉국민회는 이튿날 유엔위원단이 도착하면 상대하여 협의할 민족대표가 선정되어 있어야 한다면서 1주일 안에 선거 절차를 발표하고 선거는 늦어도 연내에 완료하도록 해야 한다는 새로운 주장을 발표했다.[2] 그리고 11월26일에는 이승만이 직접 「애국동포에게 거듭 경고」라는 성명을 통하여 하지 장군을 비판했다.

> 소위 해방 이후로 모스크바 3상결정이 변할 수 없는 법이요 신탁통치가 독립의 유일한 노선이며 공산파와 합작하지 않으면 정부를 수립치 못한다는 등 무조리한 언론을 우리가 다 거부하고 민족자결주의를 발휘하여 분투한 결과로 지금 이것이 다 삭제되고 말았으니, 우리 독립전선에 많은 성공이다. 소위 미소공위가 재차 실패된 후는 즉시 총선거를 실시하여 남한에 독립정부를 세워서 정권을 우리에게

1) 《朝鮮日報》 1947년11월21일자, 「하中將 人民의 自重要望」.
2) 《東亞日報》 1947년11월22일자, 「유엔과 協議爲해 選擧가 時急」.

맡기고 우리와 합작하여 소련군의 철퇴를 도모할 것이어늘, 하지 중장은 종시 자기 주장을 버리지 못하고 백방으로 핑계하야 총선거를 막으며 민의를 불고하고 중간파를 지지하야 민족분열의 색태를 세인 이목에 보이게 되며, 괴뢰정부를 연장하여 자기들의 권위를 공고케 하려는 중이다.

이처럼 그는 안재홍(安在鴻)을 민정장관으로 한 남조선과도정부를 "괴뢰정부"라고 지칭했다.

이승만은 이어 총선거의 성격과 유엔위원단의 역할에 대하여 다음과 같이 주장했다.

이번에 소위 정무위원회결의안(「시국대책요강」)이라는 것이 실은 하지 중장이 모르고 되었을 수 없는 것이며, 그 글이 워싱턴에 도달된 것이 또한 하지 중장이 모르고 된 것이 아니다. 지금에 또 총선거를 연시(延施)하려는 주의로 유엔의 대표 오기를 기다리라 하니, 그 불가한 이유를 말하자면 (1) 유엔에서 주장하는 바는 남북통일로 하는 선거요 우리는 1년 전부터 남한에 과도총선거를 주장하여 온 것이니 혼합시킬 수 없는 것이며, (2) 유엔 대표가 감시한다는 것은 소련의 간섭을 막자는 의미로 한 것인데, 남조선총선거에는 이런 관계가 없는 것이니, 기왕 준비대로 우리가 자율적으로 진행할 것을 구태여 기다려서 감시를 받자는 것은 독립정신에 위반이요, (3) 7개월 전에 공위에서 처결할 터이니 총선거를 정지하고 기다리라고 백방으로 으르며 달래던 하지 중장이 지금은 유엔을 기다리라고 이와 같이 장애하니, 유엔에서 만일에 성공치 못한다면 그제는 또 무슨 이유를 얻어서 기다리게 할런지 모르거니와 우리는 남의 처분만 바라고 앉았을 수 없는 것이요, (4) 유엔 대표가 오는 날은 누가 민족을 대표하여 토의협조 하겠는가? 물론 하지 중장의 주장으로 좌우합작이라 중간노선이라 하는 인사들로 우리를 대표하게 된다면 지난 양년 경험을 다시 되풀이할 것이다.

그러면서 이승만은 하지가 용공정책을 쓰고 있다고 비판하고, 이것은 트루먼 대통령의 정책에 위배되는 것이라고 질타했다.

유엔총회의 결의에 따른 총선거를 앞두고 미 국무부는 하지 미군사령관을 경질하려고 했다.

미국에서는 좌익이라 중간파라 공산동정자라 하는 것을 관청과 사회에서 일일이 검토 숙청하여 트루먼 대통령의 정책을 실시하는 터인데, 우리에게는 그와 반대되는 정책을 행할 계획으로 민족진영을 극열우익이라 지목하고 공산측과 내통하는 중간파를 지지한다면 우리는 더 침묵하고 있을 수 없는 형세이다.

이 중에서라도 각각 사사 권위나 구차 생활을 감심[甘心: 달게 여김]하야 남의 조처만 기다리려는 개인이나 단체는 한편에 치워두고, 우리 애국남녀는 일심으로 일어나서 우리의 당당한 자결주의를 발휘하여, 하루바삐 총선거를 실시하야 정부를 세워가지고, 민생곤란을 구제하며 국방군을 세워서 반만년 유업인 우리 강토를 일척일촌(一尺一寸)이라도 남에게 양보하지 않으며, 서북동포를 하루바삐 구제키로 결심하고 매진해야 될 것이다.[3]

---

3) 《京鄕新聞》 1947년11월27일자, 「爲先自律로 選擧」.

이승만의 이러한 하지에 대한 공격에 대해 군정장관 딘(William F. Dean) 소장은 11월27일에 유엔 감시하에 총선거가 실시되기 전에는 남조선에 총선거는 없을 것이라는 단호한 반박 성명을 발표했다.[4]

김구와의 관계복원과 그에 따른 국민의회와 국민대표자대회의 합동 문제, 게다가 장덕수 암살사건 등으로 열흘 가까이 경황이 없었던 이승만은 12월5일에 다시 하지를 성토하는 긴 성명을 발표했다. 그것은 여러 가지 상황을 심사숙고한 끝에 나온 엄중한 성명이었다.

이승만은 먼저 "하지 중장에 대한 나의 개인상 친분은 여전하다. 오직 작년 12월 이후로 한국독립문제에 대하여 의견차이가 생긴 것이다"라고 전제하고, 그러나 "삼천만동포의 운명에 관한 문제에 나는 친분으로 인연하여 주의를 고칠 수 없다"면서 다음과 같이 말했다.

> 하지 중장의 관찰에는 한인들이 40년 동안 정치상 경험이 없었으므로 지금 자치할 준비가 못되었은즉 자기가 미국에서 금전과 미곡을 내다가 도와서 생활난을 구제하며 교육과 교련으로 도와주어서 4~5년 동안에 자치할 자격이 되기까지 다스려주어야 한다는 것이다. 나의 주장은 이와 달라서 우리가 지금 자치할 수 있고 고유한 자치권과 천연한 자치기능이 있나니, 지금이라도 정권만 가지면 남이 우리를 위해서 대신 해주느니보다 더 낫게 할 수가 있다. 위선 미곡문제를 예로 말할지라도 우리 정부를 수립 후 3개월 이내로 미곡과 다른 물가를 저락시킬 수 있는 것을 담보할 것이다. 미 군정부에서 지나간 양년간에 미국에서 많은 도움을 가져다가 이 문제 해결책을 백방으로 시험해 보았으되 아직 성공은 고사하고 미곡값은 날로 폭등하며 민족의 도탄은 점점 심해가므로 미국이 자연히 모든 원망과 비판을 받게 되는 중이다.

---

4) 《東亞日報》 1947년11월28일자, 「朝鮮의 總選擧는 유엔指示下에 實施」.

이승만은 이어 미 군정부를 한국인들이 자신들의 정부로 인식할 것을 요구한다면서 그 부당성을 지적했다.

> 동시에 우리에게 들려주는 말은 한인들이 미 군정부를 저의 정부로 알지 않으면 미국의 전곡[錢穀: 돈과 곡식]으로 도와줄 것을 받을 수 없다고 하나니, 이런 언론이 민중의 마음에 자연 의심을 주게 되어서 미국이 후의로 원조하는 그 주의가 무엇인가를 묻게 한다. 사실로 말하면 미국정부나 민중이 우리에게 도움을 주는 것은 세계 모든 곤란한 민중에게 도와주는 일례로 단순히 자선적 목적뿐이요 다른 뜻이 없나니, 군정관리들이 이것을 이용해서 옛날에 에서가 팥죽 한 그릇에 조상 유업을 판 것같이 만든다면 이는 불가한 것이다. 혹은 말하기를 하지 중장의 의도를 접수하야 그분의 통치권을 4~5년 위한하고 복종하면 많은 물질상 도움을 얻겠고 독립은 그분의 계획대로 올 것인데 구태여 총선거를 당장 행하기로 고집해서 미국 친구들과 오해를 만드는 것이 불가하다 하나니, 이 변론에 대한 나의 대답은 하지 중장의 계획이 종당은 그 원하는 계획대로 되지 않을 것이요 도리어 독립에는 큰 방해가 될 것이다.

에서의 비유는 『구약성서』의 「창세기」에 나오는 이야기로서 이삭의 큰아들 에서가 허기진 나머지 떡과 팥죽 한그릇에 장자 상속권을 동생 야곱에게 넘겨준 사실을 말한다.[5]

이승만은 이어 지난 2년 동안 "미국민주주의의 완화하고 혼동한 정책" 때문에 확고한 국민 성질 대신에 개인적 이기심이 증장되었다고 비판하고, 당면한 중요 과제로 다음의 세가지를 지적했다.

---

5) 『구약성서』, 「창세기」, 25: 29~34.

(1) 군정법령과 다른 공개 선언으로 기왕에 누차 발표된 것에 거하건대, 한국입법의원에 대하여 사령장관이 거부권을 가질 것이며 사령장관이 군권과 재권(財權)과 외교권은 한국정부수립 된 후에라도 넘겨주지 않는다 하였으며, (2) 근자 발표된 소위 「남한시국대책요강」이라는 것을 비밀히 결정하고 미 국무성에 보낸 중에 사령장관이 거부권을 행사할 것과 미 군정부를 현실적 한국정부이며 사령장관이 최고수령임을 인정한다는 것이 이 위에 발표된 의사와 부합되는 것이다. 이런 공문을 작성한 것과 미 정부에 보낸 것이 하지 중장의 양해없이 되었을 수 없는 것이다. (3) 하지 중장이 총선거에 대한 언약을 위반하여 계속 연기하는 것을 보면 하지 중장 생각에 민의적 입법부 수립이 되는 것이 자기 주의를 성취하기에 방해될지언정 도움이 없을 것이라고 믿는 것이 증명된다.

이승만은 이처럼 미 군정부의 「시국대책요강」에 대하여 크나큰 의구심을 계속 가지고 있었다. 그것은 미국의 보호국이나 점령통치와 같은 것이 될 것이기 때문이라는 것이었다.

내 관찰에는 이 계획은 곧 미국 보호나 혹은 통치와 같은 것이니 이 계획이 공중의 지지를 받게 된 후에는 한인들이 그 목적을 도달키 심히 어려울 것이니, 이 사실을 지금 아는 것이 필요하며, 또 알아야 할 것은 아직까지는 미국 민중이 한국독립에 방해될 정책을 지지하지 않는 중이니, 이때에 모든 충애남녀가 각각 자기 직책으로 알아서 평화와 질서적으로 저의 자결주의를 표명하기를 반탁운동에서 표명한 것같이 해야 될 것이다. 따라서 내가 기왕에 설명한 바를 다시 공포하고자 하나니, 나는 이 선거에 대하여 무슨 지위에나 후보자 되지 않기를 작정이며, 누구든지 진정한 민주제도로 민중의 선거에 공정히 피선

되는 이를 나는 지지할 것이다.[6]

2

이승만의 이러한 하지 비판은 국무부에서 파견된 하지의 정치고문들에 의하여 미 국무장관에게 보고될 뿐만 아니라 이승만 자신도 자신의 중요한 성명내용은 워싱턴의 임병직(林炳稷)이나 올리버(Robert T. Oliver)로 하여금 미 국무부 관리들에게 전하게 했다.

정치고문대리 랭던(William R. Langdon)은 이승만의 12월5일자 성명은 미국정책을 고의로 왜곡하고 하지를 미합중국에 의하여 임명된 한국의 행정책임자가 아니라 절대군주나 군인권력자로 묘사함으로써 한국인들이 미국정부에 대하여 등을 돌리게 했다고 말하고, 국무부가 적절한 논평을 가하여 임병직과 올리버에게 보여줌과 동시에 언론을 통하여 이승만에게 손상을 끼칠 수 있는 반격을 해 줄 것을 건의했다.[7]

하지 중장이 이승만에게 휘둘리고 있는 것으로 판단한 미 국무부는 마침내 하지를 다른 1급 중장이나 대장으로 교체하는 문제를 검토했다. 그러나 육군부는 국무부의 주장에 강력히 반발했다.[8]

육군참모총장 아이젠하워(Dwignt D. Eisenhower) 장군은 12월3일에 런던 외상회의에 참석하고 있는 마셜(George C. Marshall) 국무장관에게 하지의 경질을 유보할 것을 요망하는 전보를 쳤다. 아이젠하워는 마셜에게 유엔의 결의에 따라 한국의 총선거를 1948년3월에 실시하기로 예정되어 있고 남한주둔미군의 철수가 1948년7월에 시작될 것으로 전망되는 시점에서 사령관의 교체가 필요한 특별한 이유가 있는지 묻고, 자기 생각에는 하지의 오랜 경험과 현지 사정에 대한 지식에 비추어

6) 《東亞日報》 1947년12월6일자, 「南北統一爲해 總選擧」.
7) Langdon to Marshall, Dec. 6, 1947, *FRUS 1947*, vol.Ⅵ., p.871.
8) 차상철, 『해방전후 미국의 한반도정책』, 지식산업사, 1991, pp.179~180.

다른 어떤 고위 직급자보다 적임일 것이므로 교체할 필요가 없다고 건의했다.[9]

또한 마셜 장관과 함께 모스크바에 가 있는 국무부의 점령지역담당차관보 솔츠먼(Charles E. Saltzman)도 12월4일에 마셜에게 철수시기가 얼마 남지 않은 시점에서 하지를 교체하는 것은 적당하지 않다는 비망록을 제출했다. 솔츠먼은 지금 당장 하지를 교체하는 것은 계속해서 하지를 공격해 온 한국의 정치적 극단분자들, 특히 이승만과 그의 추종자들의 승리로 인식될 것이라는 우려를 표명했다.[10] 같은 날 마셜은 아이젠하워에게 주한미군 철수가 예상대로 1948년6월에 실시된다면 하지를 사령관으로서 유임시키자는 건의에 동의하되, 철수가 심각하게 연기될 때에는 재고하겠다고 답전했다.[11]

그러나 국무부의 극동문제 담당관들, 특히 극동국장 버터워스(Walton Butterworth)는 이승만에 대한 하지의 정책에 큰 불만을 가지고 있었다. 한편 육군부의 관리들은 버터워스의 불만을 한국에서의 미국의 궁극적인 실패의 책임을 육군부에 떠넘기기 위하여 필요한 근거를 마련하려는 국무부의 책략이라고 생각했다. 하지의 정치고문 제이콥스(Joseph E. Jacobs)는 이 무렵에 국무부와 한국문제를 협의하기 위하여 워싱턴에 가 있었는데, 그는 버터워스와 극동국 부국장 펜필드(James K. Penfild)에게 하지는 한국사정에 익숙하므로 이 시점에서 하지를 교체하는 것은 이승만과 그의 추종세력에게만 도움을 주는 셈이라고 강조했다. 하지는 이처럼 육군부와 제이콥스의 비호에 힘입어 주한미군이 철수할 때까지 유임하게 되었다.[12]

이승만 진영이 유엔위원단이 도착하기 전에 이들과 협의할 국민대표

---

9) Eisenhower to Marshall, Dec. 3, 1947, *FRUS 1947*, vol.Ⅵ., p.868.
10) Memorandum by Saltzman to Marshall, Dec. 4, 1947, *FRUS 1947*, vol.Ⅵ., pp.869~870.
11) Marshall to Eisenhower, Dec. 4, 1947, *FRUS 1947*, vol.Ⅵ., p.870.
12) 차상철, 앞의 책, p.180.

를 선출할 총선거를 실시할 것을 집요하게 주장한 것은 유엔총회의 결의문만으로는 유엔한국임시위원단의 권한과 역할이 분명하지 않은 점 때문이기도 했다. 이에 대하여 하지는 12월8일에 "선거는 한번밖에 없다"라고 분명히 밝힘으로써 이승만의 주장을 일축했다. 하지는 다음과 같이 설명했다.

(1) 유엔위원단은 이전에 선출된 조선국민의 대표자와 협의하려고 오는 것은 아니다. 이 문제는 조선국민을 대표할 사람은 유엔위원단의 감시하에 선출되는 사람이라는 것을 결정한 유엔정치위원회에서 충분히 논의되었다. 그러므로 유엔위원단은 장차 동위원단이 협의할 조선국민의 대표자를 선출하는 것을 감시하기 위하여 내조하는 것이다. 그 후 이 대표자들은 조선중앙정부를 구성하여 위원단에 정부구성에 관한 통고를 한다. 선거는 일회에 한하며 또 유엔의 감시하에 시행할 것이다.

(2) 미군사령부가 유엔위원단이 협의할 대표자를 선정하는 데 대하여 동위원단에 영향을 주거나 지시를 하려고 기도할 것이라는 선전이 많이 유포되고 있다. 이것은 조선국민을 현혹시키고자 하는 의도하에서 나온 순연한 허구이다. 미군사령부는 진정한 조선국민의 대표자를 선출하는 선거의 공정한 시행을 감시하는 신성한 사명을 수행할 유엔위원단을 지배할 권한도 없으며 위원단에 영향을 미치고자 노력하지도 않을 것이다.

(3) 미합중국사령부는 유엔의 결의에 의하여 유엔위원단이 국제적으로 위임된 사명을 완수하는 데 최대한도로 원조 및 지지하는 책임을 지고 있다. 본관은 이것을 최선을 다하여 수행할 것이라는 것을 조선국민에게 보장하는 바이다.

(4) 유엔의 결의에는 특히 조선독립 건설에 준비적인 과도 기간 중 취할 제반 조치는 모두 유엔총회의 지시에 의한다고 규정되어 있다. 우

리가 현재 운용하고 있는 결정은 본관이 이 성명에서 말하는 결의와 동일한 것이며, 동 결정에는 총선거 실시와 조선중앙정부의 구성에 이어 점령군이 가급적 속히, 가능하다면 90일 이내로 철수하는 것이 규정되어 있다.

하지는 끝으로 유엔총회 결의문 제(4)항을 인용했다.13)

3

그러나 이승만은 하지의 해명을 순순히 받아들이지 않았다. 그는 곤혹스러운 속에서도 12월16일에 하지의 모호한 태도를 공격하는 성명을 또다시 발표했다.

이달 8일 하지 중장의 성명을 보면 우리가 한 말은 부분적 언론으로 허언이요 오해이니 자기의 말대로만 신종(信從)하라는 것이다. 의지(意旨)가 반대되는 경우에 처하야 이와 같이 말할 수밖에 없을 것이다. 우리가 기왕에 성명한 글에 두가지 의문되던 것을 명백히 대답한 것은 없으나 은연중 그 주의가 어디 있는 것은 우리가 추측으로 알 수 있게 되었다.

이렇게 전제한 이승만은 먼저 유엔위원단이 오기 전에 그들과 협의할 국민대표를 뽑는 총선거를 빨리 실시해야 할 이유를 다음과 같이 설명했다.

(1) 1년 전부터 언약하고 이때까지 준비하여 한편으로는 최촉하며 한

---

13) Langdon to Marshall, Dec. 7, 1947, *FRUS 1947*, vol. Ⅵ., pp.871~872; 《朝鮮日報》 1947년12월9일자, 「"朝鮮의 國民代表는 國聯委 監視下의 被選者뿐"」.

편으로 연시하여 오던 총선거를 지금에 와서는 다 폐지라 하며, 유엔 처분만 기다리라 하며, 또 소위 입법의원의 보선법이라는 것은 한편으로 독촉하며 한편으로 장애하여 미루어 오다가 마지막 통과가 되매 그제는 공포했다, 서명이 되었다, 반포된 지 며칠 안으로 실행한다는 등 언론으로 지재지삼[至再至三: 두번 세번] 연시하여 오다가 지금은 다 잘못되었다 하기에 이르니, 이는 일국 민중을 대우하는 도리도 아니요 자체의 위신을 보호하는 신의도 아닐뿐더러, 총선거로 국회가 성립된다면 통치권을 행할 수 없을 터이므로 백방으로 천연하야 못하게 하는 것이니, 유엔대표단이 도착한 후에 사실을 묻고자 하거나 민의를 알고자 하면 누가 대답하며 설명할 것인가. 그분들이 와서 선거를 감시만 한다고 하나 사람 하나를 만나지 않고 의논도 없이 가만히 앉아서 구경만 하다가 가리라고는 믿을 수 없나니, 우리를 도우러 오는 손님들을 우리가 주인으로 접대와 협조하는 것이 절대 필요하므로 하루바삐 총선거를 행하여야 될 것이다.

이러한 주장은 유엔위원단과 협의할 한국인 대표로 하지가 그 자신이 말한 "좌우합작이라 중간노선이라 하는 인사들"인 김규식(金奎植)이나 안재홍 등 과도정부에 참여하고 있는 인사들만을 내세울 것에 대한 이승만의 깊은 우려에 기인하는 것이었다.

이승만은 이어 하지가 군정부 통치를 연장하려는 것이 아니냐고 자신이 의혹을 제기했던 사실을 상기시키면서, 그것을 하지가 부인하지 않은 사실에 대해 다시금 의혹을 제기했다.

(2) 국회나 정부를 건설 후에라도 사령장관이 거부권을 가진다는 그 문제를 우리는 오랫동안 거론치 않고 국회만 건설하면 이것이 다 자연 해결될 것을 기다려온 것인데, 총선거를 장애하야 이에까지 이른 형편에서 이 문제를 잠복시켜 둘 수 없는 경우이므로 우리가 공개로

선언한 것이요, 이대로 된다면 미국의 신탁(통치)이 될 것이라는 사실을 언명하였으며, 따라서 미국민중이 이것을 찬성치 아니하므로 비밀리에서 주선하야 완성된 후에 공포하려는 것이라고 설명한 것이다.

우리는 하지 중장이 이 문제를 사실 아니라고 성명하기를 속으로 바랐었나니, 이때에 이런 성명이 있으면 많은 의혹이 타파되기를 위함이었으나, 하지 중장의 성명에 보면 확실한 언명이 없고 오직 유엔의 감시로 총선거를 하야 정부수립만 하면 점령군이 철퇴될 것이니 무슨 점령군의 간섭이 있겠느냐는 의미로 막고 말았으니, 이런 주의가 내막에 잠복되어 있는 것을 우리가 추측할 수 있는 것이다.

이처럼 이승만은 이때까지도 유엔위원단의 역할에 대하여 반신반의하고 있었다. 그리하여 그는 의식있는 민중이 "민족자결주의를 표시해야" 할 때라고 주장했다.

유엔위원단이 오면 태산 같은 장애가 다 빙소설해(氷消雪解)가 될 줄로 믿으나, 소련은 벌써 보이콧한다고 성명하였는데 어떻게 한다는 방식은 없고, 그저 기다리면 다 된다는 것과 같은 것이 아닌가. 유엔위원단이 남북총선거를 못하게 되면 세월만 허비하고 앉은 중에 우리는 또 아무것도 못하고 사령장관 통치하에서 죽으나 사나 기다리고 있을 것뿐이다. 민족자결주의라는 것은 우리는 언제나 사용할 수 있을 것이냐.

우리 사활에 관계한 이런 중대 문제를 몇몇 당국들만 알고 속에서 작정하야 행한다는 것은 심히 위험하고 또는 민주정체에 합리가 아니고, 공개로 토의하야 다수 민의대로 귀정하려는 터이므로, 누구에게나 악감과 온의[慍意: 성난 마음]를 품은 것은 조금도 없는 것이다. 이에 관계된 민중은 각각 자각으로 자결주의를 표시하야 정당히 해결되기를 역도(力圖)할 것이요, 지금에 등한히 보고 앉았다가 일이 잘못

된 뒤에는 숙원숙우[孰怨孰尤: 몹시 원망하고 꾸짖음]하여도 소용이 없을 것이다.[14]

그러나 이승만이 주장한 대로 유엔위원단이 도착하기 전에 그들과 협의할 한국인 대표를 선출하는 총선거는 실시되지 않았다.

집요하게 하지를 궁지로 몰아넣고 있던 이승만은 하지가 12월17일에 공산주의자들의 최근의 선전활동에 대하여 전에 없이 신랄하게 비판하는 장문의 성명서를 발표하자 그 이튿날로 하지를 지지하는 담화를 발표했다. 하지의 성명은 공산주의자들의 유엔위원단 활동방해 공작에 대한 경고였다.

하지 중장이 공산당에 대하여 확고한 태도를 발표하였으니, 이제야 하지 중장 정책에 대하여 일반 민심이 풀린 것이다. 기왕부터 군정부측에서 발표한 공문과 선언에 대하여 민중이 다소 의혹이 있었던 것인데, 이 회의를 하지 중장이 일소시켜 준 것이다. 나는 벌써 전부터 한국정부수립에 미 국무성 원동부에 있는 몇몇 관리가 갖고 있는 태도에 대하여 다소 들은 바도 있었다. 요는 하지 중장이 성명한 그대로 실시해 주기를 요망하는 바이다.[15]

이렇게 하여 하지에 대한 이승만의 신경과민적인 의혹과 공격은 일단 마무리되었다.

---

14) 《東亞日報》 1947년12월17일자, 「過去의 言約不履行으로 유엔選擧도 保障難」.
15) 《京鄉新聞》 1947년12월19일자, 「하지中將聲明으로 疑惑은 一掃」.

2. 중간파연합체로 민족자주연맹 결성

1

유엔한국임시위원단이 1948년1월8일쯤에 도착한다는 뉴스가 전해지자 각 정파들의 움직임도 인성만성해졌다. 먼저 미 군정부에 참여하고 있는 인사들을 중심으로 12월13일에 중앙청 제1회의실에서 유엔위원단 환영준비위원회가 결성되었다. 이들은 이승만, 김구, 이시영(李始榮)을 명예회장, 오세창(吳世昌)을 회장으로 추대하고 과도정부 경무부장 조병옥(趙炳玉)을 위원장으로 선정했다. 위원으로는 이승만, 김구, 이시영을 포함하여 민정장관 안재홍, 입법의원 의장 김규식과 한민당 위원장 김성수(金性洙) 등 우익정파지도자들과 각계 저명인사 113명의 이름이 발표되었다.[16)]

같은 날 독촉국민회 회의실에서 열린 민족대표자대회 제25차 회의는 두가지 중요한 사항을 결의했다. 이 회의는 전날 열릴 예정이던 국민의회와 민족대표자대회의 합동회의에 참석하기 위하여 상경한 전국 대의원들이 합동회의가 무산되자 별도로 모인 회의였다. 대회는 다음의 두 결의안을 채택했다.

결의 제1호

1. 이 회의에 출석한 대의원은 폐회 후 즉시 총선거대책위원회 정비운동을 개시하여 소관구역내의 하급위원회 조직을 완료하는 동시에 미조직 인접 부(府)·군(郡)·구(區)에 대하여 조직을 책임적으로 촉진함으로써 금년 내에 남한 각지의 전 조직을 완료할 것.

2. 본회 대의원은 총선거대책위원회의 전 조직을 동원하여 각 지방에

---

16) 《京鄕新聞》 1947년12월13일자, 「遠來의 外賓接待에 萬全」.

1948년1월15일까지 국민등록에 의거하여 유권자명부를 작성할 것.

3. 총선거를 자율적으로 진행하려는 우리의 독립운동을 완수하기 위하여 민족대표자대회의 선거법을 확정하기로 하고 제정위원 7명을 선정할 것.

결의 제2호

1. 본회가 민주방식에 의하여 선출한 대의원으로서 조직된 본래의 성격에 입각하여 다시 중요 정당 및 사회단체를 포섭함으로써 유엔위원단에 협력할 민족대표단을 구성하되, 대표단은 전원 50명으로 하고 상임위원회에서 전형할 것.

이 결의에 따라 민족대표자대회는 「한국민족대표단조직조례」를 제정하고 그 조례에 의거하여 이승만과 김구를 고문으로 하고 오세창, 이시영, 명제세(明濟世), 이윤영(李允榮), 김성수, 신익희(申翼熙), 배은희(裵恩希) 7명을 의장단으로 하는 50명의 대표와 민족대표자대회 대의원 전원을 포함한 400명의 보조위원을 선정하여 발표했다.[17] 그러나 의장단에 김구 진영 인사가 한 사람도 들어있지 않은 데서 보듯이 한국민족대표단 결성작업은 이승만의 허가나 사전동의 없이 취해진 일방적인 조치였다. 김구 그룹에서는 물론 한민당에서도 반발이 일자 간부급의 사표문제까지 대두되는 등 말썽이 일었다.

김구와 한독당은 장덕수(張德秀) 암살사건 이후로 크게 동요하고 있었다. 12월15일에 한독당 회의실에서 열린 제6회 제3차 중앙집행위원회는 유엔위원단 감시 아래 실시될 남북 통일총선거에 관한 건을 토의한 결과 선거에 참가하기로 하고 그에 대비하여 시국대책위원회를 설치하기로 결의했다. 회의는 이어 중앙 부서를 개편 정리할 것과 당강당책(黨綱黨策)의 수립에 관한 기초위원회를 설치하기로 했다. 회의는 또 장덕수

---

17) 《東亞日報》 1947년12월20일자, 「유엔委員團에 協助할 民族代表團을 結成」.

암살사건과 관련하여 한독당 인사들이 검거되고 조사를 받는 문제에 대하여 조각산(趙覺山), 김의한(金毅漢) 등 5명을 하지 장군에게 파견하여 석명을 요청하기로 했다.[18]

이승만과 김구는 거의 날마다 만나서 시국대처방안을 숙의했다. 김구는 12월14일에 이화장으로 이승만을 방문하여 장시간 요담했다. 그는 17일 오전에도 이화장을 방문했다. 김구는 12월20일과 21일에도 잇달아 이화장을 방문했는데, 22일에 발표된 김구의 성명서는 유엔위원단의 방한을 앞두고 두 진영의 협동작업에 또다시 균열이 나타나고 있음을 보여준다.

> 우리는 미구에 입국할 유엔위원단을 충심으로 환영하는 동시에 그들로 하여금 우리에 대한 정당한 인식을 가지고 우리가 원하는 자주독립의 통일정부를 수립하는 임무를 완수하도록 우리의 최선을 다하여야 할 것이다. 우리가 원하는 바도 자주통일정부요 그들이 우리를 위하여 수립하여 주겠다는 정부도 남북을 통한 총선거에 의한 자주독립의 통일정부다. 그러므로 우리는 여하한 경우에든지 단독정부는 절대 반대할 것이다.
>
> 유엔위원단의 임무는 남북총선거를 감시하는 데 있다. 그 감시는 외력의 간섭을 방지하는 것만이 아니라 내부의 여하한 간섭이라도 방지할 것이다. 그러므로 일반동포는 절대로 자유의사에 의하여 투표를 행할 수 있을 것이다.
>
> 우리가 국제적 귀빈을 맞이함에 있어 우리 민족의 통일적 의사를 표현하여야 할 것이니, 국민의회와 민족대표자대회의 합동이 일시적 외부의 장해로 완료하지 못하였을지라도 합동에 대한 결의는 의연히 유효한 것이다. 그런데 일전에 누구의 소위인지 민족대표단의 부서며

18) 《서울신문》 1947년12월16일자, 「總選擧에 參加 韓獨黨態度決定」; 《朝鮮日報》 1947년12월16일자, 「全國選擧에 參加 韓獨黨中執決議」.

또 무슨 보조위원단 운운과 수백명의 명단까지 발표한 것을 보았다. 이것은 통일에 방해가 될 뿐 아니라 사전 사후에 본인으로서는 주지한 바 없으니, 그 현상 위에서는 여하한 책임도 본인은 질 수 없다.[19)]

그것은 이승만 진영 인사들의 독주에 대한 노여움을 그대로 토로한 성명이었다.

2

이 시점에서 주목되는 것은 하지 장군의 비호를 받고 있는 김규식의 정치행태였다. 김규식을 우익쪽 대표로 하여 1946년10월7일에 결성된 좌우합작위원회는 12월6일에 김규식, 안재홍, 원세훈(元世勳), 김붕준(金朋濬) 등 위원 23명 전원이 삼청동 사무실에 모여 「해체선언」을 결의했다.[20)] 중도정파들이 추진하고 있는 민족자주연맹(民族自主聯盟)의 결성식이 임박했기 때문이었다. 그리하여 좌우합작위원회 비서장 송남헌(宋南憲)은 12월15일에 공식으로 위원회의 해체를 선언했다.[21)]

김규식은 12월13일에 총선거와 관련하여 기자들이 제출한 서면질문서를 받고 다음과 같이 자신의 소신을 피력했는데, 그것이 물의를 일으켰다.

만일 소련쪽이 북조선의 총선거를 거절하고 유엔위원단의 입경까지 거절한다면 어떻게 하겠느냐는 질문에 그는 "이러한 경우에는 그 위원단이 여하히 할지 예언키 어려우나 혹 남북에 구역을 나누어 구역선거 방법을 취할지도 모른다. 남북 구역선거를 별개로, 혹 별종의 방법으로 할지라도 유엔위원단이 입경하여 선거감시만이라도 (하게) 허락하여야 할 것

19) 《朝鮮日報》 1947년12월23일자, 「目標는 統一政府」.
20) 《京鄉新聞》 1947년12월16일자, 「合作委員會解體」.
21) 《東亞日報》 1947년12월16일자, 「合委遂解體」.

이다"라고 말했다.

소련의 거부로 남조선에서만 총선거가 실시되어 소위 남조선단독정부가 수립되는 경우를 예상할 수 있느냐는 질문에는 다음과 같이 매우 특이한 이론을 폈다.

"그러한 경우에는 나의 보는 바로는 유엔대표단이 자행처리하기보다 먼저 유엔소총회에 보고하여 그 결재를 요할 것이고, 설혹 '남조선단독정부'가 수립된다고 할지라도 나의 견해로는 그 명칭만은 '남조선단독정부'라고 아니할 것이고 한국중앙정부라든지 한국정부라든지 부를 것이다. 왜 그러냐 하면 우리 한민족으로서는 근본적으로 남선이니 북선이니 하는 분별이 없었고 미소 양군이 점령하면서 생긴 말인 만치, 더욱이 어느 나라 어느 민족을 물론하고 소위 단독정부라는 말은 듣지 못한 것이다. 혹 혁명정부니 임시정부니 하는 말은 통용된 바도 있고, 국토의 일부분만을 차지하고 살아도 앞으로서 전국 통일을 기도하며 중앙정부라 칭한 것은 역사적으로나 현금에도 타국에서 쓰는 말이다. 그런즉 제주도 일우[一隅: 한 모퉁이]만을 차지하고서라도 중앙정부라고 할지언정 단독정부라 함은 그 명칭부터 불가할 것이다."[22]

이러한 주장은 학자 정치가인 김규식의 지론이었다. 그는 1946년5월12일에 서울운동장에서 열린 독립전취국민대회에서 우리의 손으로 정부를 세워야 한다고 역설하면서 "이 정부는 대구(大邱)에 있든지 제주도에 있든지 문제가 되지 않는다. 독립을 희망하는 자는 이 정부를 통일정부로 승인할 것이다"라고 주장하여 좌익정파들로부터 단독정부 수립을 주장했다고 비판 받은 적도 있었다.[23] 안재홍은 그것을 "김규식 박사는 일시 남조선만에서라도 정통정권 수립가능의 이론을 발표"한 것이었다고

22) 《서울신문》 1947년12월14일자, 「南北統一總選擧에 北朝鮮同胞도 參加要望」.

23) 《朝鮮人民報》 1946년5월14일자, 「南朝鮮單獨으로 政府樹立企圖?」; 《東亞日報》 1946년5월17일자, 「單獨政府는 浪說」.

기술했다.[24]

한편 이승만과 한민당 등 우익정파들의 대표기관으로 명맥을 유지하고 있는 민주의원은 12월23일에 다음과 같은 담화를 발표했다.

> 우리는 남북을 통한 총선거를 희망한다. 그러나 소련의 태도가 저와 같은 이상 북한에서의 선거를 기대하기는 곤란하다고 보지 않을 수 없다. 그러면 부득이 남한에서만이라도 선거를 집행하지 아니하면 안될 터이니, 그와 같이 하여 수립될 정부는 결코 단독정부가 아니고 전한국정부가 될 것은 만인이 공인하는 바이다.…[25]

이승만의 남한단독선거 주장도 특이했다. 그는 12월26일에 이청천(李青天) 단장의 인솔로 이화장을 예방한 대동청년단(大同青年團) 각도 지부 단장 및 부단장들에게 다음과 같이 말했다.

"어느 사람이 반은 살고 반은 죽었는데 그 죽은 부분을 살리기 위하여 산 부분에 약치료를 하면 죽은 부분도 살릴 수 있는 것과 같이, 현재 조선은 일부는 죽고 일부는 살아 있다. 그러므로 산 부분인 남조선에 우선 총선거를 실시하여 장차 전조선 총선거를 실시하면 조선은 살 수 있다. 그런데 이것을 방해하는 자가 있으니 한심한 일이다.…"[26]

기자들의 서면질문에 대한 김규식의 회답 내용은 때가 때인 만큼 매우 민감한 반응을 불러일으켰다. 단독정부 수립을 주장한 것이 아니냐는 것이었다. 특히 민족자주연맹에 참가하고 있는 정당과 사회단체 가운데는 자신들의 노선과 거리가 있다고 하여 의견들이 구구했다.[27] 그리하여 김규식은 서둘러 위의 발언을 해명하는 담화를 발표했다. 그는 자기의

---

24) 安在鴻, 「民政長官을 辭任하고」, 『民世安在鴻全集 2』, p.271.

25) 《東亞日報》 1947년12월24일자, 「南朝鮮만 選擧해도 單獨政府는 아니다」.

26) 《京鄕新聞》 1947년12월27일자, 「大同青年團各道支部長 李博士를 訪問」.

27) 《獨立新報》 1947년12월17일자, 「金博士의 聲明은 單政의 露骨的表現」 및 12월19일자, 「民聯構成의 龜裂」.

말은 객관적으로 전망한 것에 불과하고 자기가 어떻게 하겠다고 성명한 것은 아니라고 말하면서, "그런데 세간에는 내가 마치 통일정부를 반대하고 반쪽 조선의 단독정부를 수립하려고 준비하고 있는 것처럼 논의되고 있는 것은 심히 유감"이라고 말했다.[28)]

민족자주연맹의 결성식은 12월20일, 21일 이틀 동안 경운동의 천교도회관 대강당에서 800여명의 대의원들과 많은 내빈이 참석한 가운데 성대하게 거행되었다. 김규식은 다음과 같은 요지의 개회사를 했다.

"우리는 정권 쟁탈이나 지위 획득이나 당파적 싸움이나 사대 맹종을 떠나서 민족 자주적 입장에서 링컨이 말한바, '인민의, 인민을 위한, 인민으로서의 정부'를 수립하는 데 전심전력을 경주하여야 할 것이다.… 유엔총회 결의에 의한 조선위원단이 내도한다 할지라도 만일 우리 민족이 의연히 통일단결하지 못한다면 위원단 제공이 아무리 노력한다 할지라도 남북을 통일하는 과업은 완수하기 곤란하리라고 생각된다. 그런데 우리가 통일단결의 목적을 달성하려면 다만 상층의 정치운동으로만은 불가능하다. 반드시 민중을 위하여 노력하며 민중 자신의 조직을 통하여 그들을 결합시키며 우리 자신이 그들의 진실한 대변인이 되도록 노력하여야 할 것이다."[29)]

대회에는 미 군정부 고위 간부들이 대거 참석했다. 미소공위 미국쪽 수석대표 브라운(Albert E. Brown) 소장이 하지 중장의 메시지를 대독하고, 이어 딘 군정장관, 헬믹(Charles G. Helmick) 군정장관 대리, 장건상(張建相) 근로인민당 부위원장, 조병옥 경무부장, 장택상 수도관구경찰청장 등의 축사가 있었다. 그것은 김규식에 대한 하지의 특별한 배려를 반영한 것이었다. 대회는 김규식을 주석으로 선출했다.[30)]

---

28) 《서울신문》 1947년12월20일자, 「分裂엔 不贊成」.
29) 《朝鮮日報》 1947년12월21일자, 「『民聯』結成大會擧行」; 《서울신문》 1947년12월23일자, 「民族自主聯盟結成式盛大히 擧行」.
30) 우사연구회 엮음, 서중석 지음, 『우사 김규식 생애와 사상② 남북협상』, 한울, 2000, p.99.

민족자주연맹의 성격은 이날 채택된 「선언」, 「강령」, 「정책」 및 「규약」과 당직자 인선에 잘 드러나 있다. 「선언」은 다음과 같이 천명했다.

금일의 조선에는 독점자본주의사회도 무산계급독재사회도 건립될 수 없고 오직 조선의 현실이 지시하는 조선적인 민주주의사회의 건립만이 가능하다. 이것은 어떠한 국가의 세력이나 어떠한 사상의 역량으로도 변경할 수 없는 역사적인 귀결이다. 그러므로 우리는 조선을 민주주의화할 뿐 아니라 또한 민주주의를 조선화하여야 할 것이다.…

"민주주의를 조선화하여야" 된다는 주장은 이 시기의 이른바 '시대정신'이었다. 5개항의 「강령」은 다음과 같았다.

(1) 우리는 새로운 민주주의 독립국가의 건설 대업을 완수하기 위하여 전 민족의 정신성결(精神成結)을 기함.
(2) 우리는 전 민족이 평화 속에서 정치 경제 문화 사회적으로 평등한 권리와 자유와 행복을 얻기 위하여 현재의 모든 애국적인 각계각층의 그 부동(不同)한 요구를 민주주의적으로 조화통일하며 그 공통한 요구로 강력히 실천하기로 함.
(3) 우리는 일체 사대적 의타성을 청소하고 민족적 자부심과 국가적 자주의식을 고취하여 자력건설에 노력함.
(4) 우리는 동포상호간의 친애정신을 발휘하며 일체 종파적 아집과 독선적 태도를 버리고 무의미한 동족상잔의 행동을 근절하기에 노력함.
(5) 우리는 민족 자주 평등의 원칙하에서 연합국에 대한 친선정책을 취하기로 함.
「정책」 가운데 중요한 것은 다음과 같았다.

(1) 민주주의 제정당 사회단체와 개인을 총망라하여 어느 계급, 어느

종파의 영도성을 떠난 진정한 민족통일기구의 재편 강화에 노력함.

(2) 남북통일 중앙정부의 조속한 수립을 촉진시키기 위하여 남북 정치단체대표자회의의 개최를 주장함.…[31]

민족자주연맹은 정당 15, 사회단체 25, 개인 등으로 이루어진 연합체라고 발표되었지만, 몇몇 단체를 제외하고는 거의 모두가 군소단체였다. 구성원들도 서울에 있는 지식인이 대부분이었고, 따라서 지방조직은 매우 취약했다.

연맹의 중추기관인 정치위원회 위원으로는 『임꺽정[林巨正]』의 작가인 민주독립당의 홍명희(洪命憙), 건민회의 이극로(李克魯), 조선농민당의 원세훈, 민주한독당의 윤기섭(尹琦燮), 유교대표 김성규(金成圭), 근로인민당 우파의 손두환(孫斗煥), 그리고 여성독립운동가이자 김규식의 부인인 김순애(金淳愛) 7명이 선출되었다.[32] 정치위원 가운데 가장 중요한 역할을 하고 발언을 많이 한 사람은 원세훈과 홍명희였다고 한다.[33]

다음으로 중요한 기관은 중앙집행위원회의 상무위원회였다. 93명이 중앙집행위원으로 선정되고, 그 가운데 김붕준, 최동오(崔東旿), 여운홍(呂運弘), 송남헌, 최석창(崔石昌), 강순(姜舜), 이중근(李重根), 유석현(劉錫鉉), 성대경(成大慶), 장권(張權), 배성룡(裵成龍), 박은성(朴恩聲), 권태석(權泰錫), 신기언(申基彦), 김약수(金若水)의 15명으로 상무위원회가 구성되었다. 감찰위원장에는 오하영(吳夏英)이 선임되었다.[34]

민족자주연맹의 결성을 통하여 김규식은, 비록 한민당이나 이승만의 독촉국민회, 김구의 한독당 등에 비견할만한 강력한 세력은 못되었으나,

---

31) 《獨立新報》 1947년12월21일자, 「民族自主聯盟遂發足」; 宋南憲, 『解放三十年史①』, 成文閣, 1976, pp.355~358.

32) 《朝鮮日報》 1947년12월26일자, 「民聯政治委員 洪氏等七氏決定」.

33) 李庭植, 『金奎植의 生涯』, 新丘文化社, 1974, p.175; 우사연구회 엮음, 서중석 지음, 앞의 책, pp. 100~101.

34) 《서울신문》 1948년1월7일자, 「中央委員15名 民聯中執서 決定」.

귀국한 이래 비로소 독자적인 자신의 정치 세력을 구축하게 되었다.

3

한편 민족자주연맹의 결성대회 첫날인 12월20일에 그동안 한독당 부위원장이자 국민의회 의장으로서 12정당협의회를 통한 남북지도자회의 작업을 주동해 온 조소앙(趙素昂)은 "나는 남북회의의 진행에도, 남한정당회담에도, 국민의회와 민족대표자대회의 단결에도 실패한 것에 상심한다"면서 정계은퇴 성명을 발표했다.[35]

민족자주연맹의 결성은 유엔위원단의 입국을 앞두고 각각 다르게 노심초사하고 있는 이승만과 김구로 하여금 단합의 필요성을 더욱 절감하게 했다. 무엇보다 긴급한 과제는 국민의회와 민족대표자대회의 합동문제였다. 두 단체의 합동작업은 세상없어도 유엔위원단이 도착하기 전에 끝내 놓아야 했다.

이승만과 김구는 직접 합동작업에 나섰다. 12월23일에는 이화장에서 두 사람이 참석한 가운데 박원달(朴元達) 등 국민의회쪽 인사 6명과 이윤영, 명제세 등 민족대표자대회쪽 인사 5명이 회동한 데 이어, 26일에는 경교장에서 양쪽 16명씩의 상무위원 연석회의가 열렸다. 두 사람은 이 회의에도 참석했다. 회의에서는 이념통일 및 절차문제를 두고 장시간 토의한 결과 의견 일치를 보았다. 그리하여 국민의회쪽에서 최석봉(崔錫鳳), 김양복(金養福), 김여식(金麗植)과 민족대표자대회쪽에서 명제세, 신익희, 강인택(姜仁澤) 6명을 대표로 하고 옵서버로 국민의회 사무국장 박윤진과 민족대표자대회 서기국장 최규설(崔圭卨)이 참가하여 구체적 조건을 결정하기로 합의했다. 합동회의는 조선민족대표단의 전체회의가 개최되는 1948년1월8일로 정했다. 그리고 12월27일에는 국민의회 사무

---

35) 《朝鮮日報》 1947년12월21일자, 「趙素昂氏政界隱退聲明」.

국과 민족대표자대회 서기국이 공동으로 합의사실을 발표했다.[36]

6명의 대표들은 사흘 뒤인 12월28일에 경교장에서 오전 10시부터 밤 늦게까지 하루 종일 협의를 계속했다. 회의는 "상당한 우여곡절" 끝에, 정계 은퇴를 선언하고 칩거 중인 조소앙을 의장으로 유임시키고 민족대표자대회쪽 인사 1명을 부의장으로 추가하는 한편 상임위원 비율은 반반씩 하기로 결정했다. 협상이 장시간 계속된 것은 선거법문제와 임시정부 법통계승문제 때문이었다. 선거법문제는 국민의회가 작성한 것을 채택했고, 법통계승문제도 원칙적인 합의에 도달했다.

마지막으로 12월29일에 경교장에서 두 영수가 참석한 가운데 양쪽 대표 30명이 회합하여 전날 의결된 내용을 최종적으로 승인했다.[37]

이승만은 민족대표자대회 대의원이 국민의회 대의원으로 가입하는 방식으로 합동하도록 지시하는 등 김구 진영과의 공조를 위하여 양보했음에도 불구하고 국민의회 인사들이 임시정부 법통문제 등으로 아집을 굽히지 않자 합동문제를 단념할 수밖에 없게 되었다. 그는 1948년1월6일에 "지금 우리 형편으로는 각 정당이나 사회단체의 합동여부를 문제 삼아서 쟁변이나 토의를 할 시기가 아니라" 이런 문제는 다 초월하여 "국권회복에 대한 목적으로 동일한 보조를 취하여 분투 매진할 때"라는 성명을 발표했다. 그는 3·1운동 때에 각 종교단체들이 자체를 해산하거나 이름을 바꾸지 않고 독립목적에만 합작함으로써 대사를 성공시켰다면서 다음과 같이 주장했다.

> 현금 남북을 물론하고 모든 정당이나 사회의 유일한 목적은 통일정부를 수립해서 독립을 완성하려는 것뿐이니, 지금 세계 모든 우방의 대표자가 내도하여 남북총선거를 진행할 희망을 가지게 되는 이때에 우리가 주장하는 바는 우선 과도선거를 몇 주일내로 실시해서 우

36) 《東亞日報》 1947년12월28일자, 「國議民代合同」.
37) 《京鄕新聞》 1947년12월30일자, 「民代國議八日合同大會」.

리 민선 몇 대표와 유엔대표의 합작으로 대업을 완성하기를 바라는 바이다.

경향에서 각 청년 단체의 합동과 국민의회와 민족대표자대회의 합동에 대해서만은 문제가 되고 있으나, 나로서는 이 문제에 좌우간 간섭코자 아니하며, 오직 나의 주장하는 바는 각각 자원으로 정신적 통일이 되기 어려운 경우에는 내가 위에 말한 바를 준행하면 다 같이 목적지에 도달할 첩경이 될 것이다.…[38]

국민의회, 민족대표자대회, 그리고 새로 민족대표자대회쪽 대의원으로 참가한 입법의원의 한민당계 의원 등 600여명의 대의원이 참석하여 국민의회 제44차 임시총회의 속회로 개최할 예정이던 합동대회는 집회허가 문제로 또다시 연기되었다. 대회가 열리지 못하자 비상 편법으로 양쪽의 상임위원, 전형위원, 준비위원만 8일 오후에 국민의회 회의실에서 연석회의를 개최했다. 회의는 임시 편법으로 이 회의로 합동대회를 대행하기로 하고, 기구 확장 정비 등 당면 문제도 이 회의에서 결정하기로 합의했다. 그리고 이튿날 의장 조소앙과 부의장 유림(柳林)은 유임하고, 국민대표대회쪽의 명제세를 또 한 사람의 부의장으로 선출했다.[39] 그러나 합동 작업은 유엔위원단의 활동이 시작되면서 교착상태에 봉착했다.

---

38) 《東亞日報》 1948년1월7일자, 「各目的合同中止코 國權回復에 邁進」.
39) 《朝鮮日報》 1948년1월10일자, 「合同에 便法」 및 1월11일자, 「合同後의 國議」.

3. 유엔한국임시위원단을 맞아

1

우크라이나를 제외한 8개국의 유엔한국임시위원단 일행은 1월8일부터 띄엄띄엄 서울에 도착했다. 1월8일에 도착한 제1진은 오스트레일리아, 인도, 시리아 3개국 대표와 위원단의 사무총장으로 임명된 유엔 사무차장 호세택(胡世澤) 등과 30명의 수행원들이었다. 캐나다 대표는 1월11일, 프랑스와 필리핀 대표는 그 이튿날, 그리고 엘살바도르 대표는 한참 뒤인 1월29일에야 입국했다.

1진이 도착하는 날 김포비행장에는 하지 중장을 비롯하여 딘 군정장관, 브라운 소장, 하지의 정치고문 대리 랭던 등 미 군정부 수뇌들과 주한 중국 총영사이면서 유엔위원단의 중국대표로 임명된 유어만(劉馭萬), 과도정부 민정장관 안재홍, 과도입법의원 의장 김규식, 대법원장 김용무(金用茂), 그리고 환영위원회의 이승만, 김성수, 이청천, 조병옥, 정일형(鄭一亨) 등이 나와 이들을 맞이했다. 고황경(高皇京)과 모윤숙(毛允淑), 그리고 이묘묵(李卯默) 부인이 세 나라 대표와 호세택에게 화환을 증정했다. 이승만은 1933년에 제네바의 국제연맹 회의에 가서 외교활동을 벌일 때부터 알고 지내던 호세택이 유엔위원단 사무총장으로 한국에 온 것이 여간 반갑지 않았다. 이승만은 이튿날 발표한 유엔위원단환영 담화에서도 호세택과의 교분을 강조했다.[40]

신문들과 우익정파들의 환영 캠페인으로 한국 민중의 환영 광경은 눈물겨울 정도였다. 위원단 일행이 김포비행장을 출발하여 숙소인 회현동의 국제호텔과 수도호텔로 이동하는 동안 도로 연변에는 매서운 추위에도 불구하고 무려 25만명으로 추산되는 환영인파가 몰려 태극기를 흔

---

40) 《東亞日報》 1948년1월9일자, 「朝鮮의 民主獨立達成에 偉大한 業績 남기라」.

유엔한국임시위원단의 첫 회의가 1948년1월12일에 덕수궁 석조전에서 열렸다.

들었다.[41] 그리고 1월14일 오후에 서울운동장에서 열린 유엔위원단환영전국대회에도 수십만명의 인파가 몰려 환호했다.[42]

유엔위원단은 1월12일 오후 늦게 미소공동위원회 회의장인 덕수궁 석조전에서 예정대로 제1차 전체회의를 열고 인도 대표 메논(K. P. S. Menon)을 임시의장으로 선출하고 업무를 시작했다. 제2차 대전 기간 동안 중경(重慶)주재 인도 대사로 근무했던 메논은 유엔총회 인도대표단장으로 활동하고 있었다. 메논은 2월4일에 열린 제8차 전체회의에서 정식 의장으로 선출되었다.[43]

메논은 1월15일에 비공개로 열린 유엔위원단의 제3차 전체회의의 결의에 따라 1월16일에 하지 미군사령관과 코로트코프(Gennadii P. Korotkov) 소련군사령관에게 방문하겠다는 편지를 보냈다. 코로트코프에게 보낸 편지는 서울 주재 소련연락장교를 통하여 전달하게 하는 한편

---

41) 《京鄉新聞》 1948년1월9일자, 「해점은 어둠속에 衝天한 歡呼聲」.
42) 《東亞日報》 1948년1월15일자, 「宿願達成의 希望에 넘처 五十萬群衆熱狂의 歡迎」.
43) 《朝鮮日報》 1948년2월5일자, 「메논氏議長으로 正式就任」.

그 요지를 유엔사무총장에게 타전하여 그로미코(Andrei A. Gromyko) 소련 유엔대표에게 전달해 주도록 부탁하게 했다. 1월20일에 호세택과 함께 하지를 방문한 메논은 수시로 방문할 수 있게 허가해 줄 것을 요청했고, 하지는 통일된 자주 독립 한국 건설을 촉성하는 어떠한 회합이나 협의에도 언제든지 응할 용의가 되어 있다고 말했다.[44)]

그러나 코로트코프로부터는 반응이 없는 채, 소련은 1월22일에 그로미코가 유엔사무총장에게 보낸 편지를 통하여 거부의사를 밝혔다.[45)]

한국 국민의 큰 기대에도 불구하고 유엔위원단의 활동은 순조롭게 진행되지 않았다. 그것은 유엔위원단에 대한 유엔총회 결의문의 내용이 불명확한 것만큼 위원단의 역할과 권능에 대한 각국 대표들의 인식에 차이가 있었기 때문이었다. 그리고 그것은 당연히 대표마다 다른 자국의 국가이익에 기초한 주장이기도 했다.

유엔위원단은 1월19일의 제6차 회의로 전체회의를 일단 중단하고 3개분과위원회를 설치하여 본격적인 활동을 시작했다. 제1분과위원회는 총선거에서 자유분위기를 확립할 방법을 수립하고, 제2분과위원회는 한국인들이 제출하는 문서를 처리하고 한국인들의 의견을 청취하며, 제3분과위원회는 지금까지 남북한에서 실시했거나 이미 작성되어 있는 모든 선거법을 비교 검토하기로 했다.[46)]

이때의 유엔한국위원단의 모습은 1월20일 무렵에 이승만이 올리버에게 보낸 편지에 잘 묘사되어 있다.

> 위원단 멤버들은 돌아다니고 영어를 할 줄 아는 한국인들은 그들을 붙들려고 합니다. 위원단은 벌써 너무 혼란스러워서 사람들을 실망시키고 있습니다. 그런데 그들은 여성 기숙사였던 오래된 일본호텔

---

44) 《京鄕新聞》 1948년1월21일자, 「메논議長 하將軍을 訪問」.
45) 《朝鮮日報》 1948년1월25일자, 「北朝鮮入境拒否 蘇外相代理正式通告」.
46) 《朝鮮日報》 1948년1월18일자, 「國聯委兩分委를 設置」.

에 들어 있습니다. 미군 영관급 장교들이 조선호텔을 비워주지 않았거든요. 며칠 전에 내가 메논씨를 방문했는데, 이들의 초라한 잠자리를 보고 미안했습니다. 일본식 바닥(다다미)은 헐고 더러웠으며 작고 초라한 방에는 군용 침대가 있을 뿐이었습니다. 그들을 좀 더 편안하게 해주지 못하는 것이 부끄럽군요. 프랑스 사람들이 항의했지만 그들은 아직 같은 호텔에 묵고 있습니다. 프랑스, 캐나다, 오스트레일리아, 필리핀 대표들이 한 호텔에 들어있고 인도, 시리아, 중국 대표들이 다른 호텔에 들어있습니다.

나는 의장인 메논 대사를 방문하여 매우 유익한 대화를 나누었습니다. 시리아 대표인 자비(Zeki Djabi) 박사가 나를 방문했습니다. 나는 캐나다의 패터슨(G. S. Patterson)을 만나보려고 했지만 그는 도착하고 두 주일이 지나도록 하지 장군을 방문하지 못했다면서 아직 아무도 만날 수 없다고 양해를 구했습니다. 우리는 22일에 중국대표단과 만찬을 할 예정이고, 메논 일행과 자비 등과는 27일에 식사를 같이 할 예정입니다.… 번스(Arther C. Bunce) 박사는 모든 중도파들을 번역관과 고문관으로 유엔위원단에 배치했습니다. 그는 김규식을 선전하려고 열심히 움직이고 있습니다.…[47]

이승만의 이러한 편지는 하지와 그의 참모들이 유엔위원단에게 김규식을 부각시키기 위해 세심한 노력을 기울이고 있었고, 이승만은 이승만대로 그것을 매우 민감하게 의식하고 있었음을 보여준다. 미군 방첩대(CIC)의 보고에 따르면, 이 무렵 항간에는 하지 장군이 김규식에게 선거운동목적으로 1억원의 비밀자금을 제공했다는 소문이 돌기도 했다.[48]

이 무렵의 일이었던 것 같다. 어느 날 하지가 조병옥과 장택상을 자기

47) Robert T. Oliver, *op. cit.*, pp.126~127.
48) CIC Weekly Information Bulletion, no.41(1948.2.2.).

집무실로 불렀다. 하지는 두 사람에게 미 국무부는 앞으로 수립될 정부 수반으로 김규식을 지지하고 있으니까 두 사람은 이승만과 손을 떼라고 종용했다.[49] 그러나 미군정보문서는 1947년 5월의 미소공위 재개 이후로 이승만과 미 군정부의 관계가 악화되고 김규식과 중간파의 입지가 부상하자 조병옥과 장택상은 김규식에게 접근했다고 기술했다.[50] 특히 장택상은 11월2일에 민족자주연맹 영등포지구위원회 결성식에도 참석하여 축사를 했다.[51] 김규식은 민족자주연맹의 결성과정에서 조병옥과 장택상 등 경찰 간부와 긴밀히 접촉했다.[52]

하지는 메논에게도 김규식을 비중있게 소개했던 것 같다. 메논은 서울에 도착해서부터 가까이 사귀게 된 시인 모윤숙에게 이렇게 물었다고 한다.

라디오방송 연설을 하는 유엔한국임시위원단 단장 메논 박사.

"당신은 지금 한국은 어느 방향으로 가야 제 길을 간다고 생각하시오? 또 누가 거기 길잡이가 될 수 있을까요? 김규식 같은 이는 참 침착한 학자 정치가입니다. 영어 실력도 있고, 또 남북한 국민의 의사도 적당히 조화시킬 수완이 있는 듯하고."

모윤숙이 다급히

"이 박사는요?"

하고 묻자 메논은

"훌륭하지요. 그런데 하지

---

49) 張炳惠, 『常綠의 自由魂: 滄浪張澤相一代記』, 滄浪張澤相記念事業會, 1992, pp.82~83.

50) G-2 Periodical Report, no.584(1947.6.4.).

51) 《朝鮮日報》 1947년11월5일자, 「民聯永登浦支部結成」; G-2 Periodical Report, no.682 (1947.11.12.).

52) G-2 Weekly Summary, no.121(1948.1.12.).

장군과 잘 맞지 않는 모양이더군요"

하고 말했다고 한다.

한국민족대표자대회에 참여하여 이승만을 돕고 있던 모윤숙은 메논의 숙소인 국제호텔 바로 옆집에 살고 있었다.[53)]

한편 메논은 1월21일 저녁에 서울중앙방송국의 라디오 연설을 통하여 남북통일정부 수립의 당위성을 강조함으로써 지식인들의 눈길을 끌었다. 그는 "우리 위원단은 38선을 인정하지 않는다. 38선은 마땅히 철거되어야 한다. 그것은 정치적 분규를 야기시키는 것이다. 우리가 보기에는 한국은 단일체이며 결코 분단되어서는 안될 나라이다. 나는 모든 한국사람이 가슴에 품고 있는 염원을 반드시 반영시킬 각오이다.… 한국은 군사기지로 존재하지 말고 양대 세력 간의 황금의 다리가 되기 바란다" 라고 강조했다.[54)]

2

유엔위원단 제2분과위원회는 1월22일에 위원회가 협의하고자 하는 대상 인물로 이승만, 김구, 조만식(曺晩植), 김규식, 김성수, 박헌영(朴憲永), 김일성(金日成), 허헌(許憲), 김두봉(金枓奉) 9명의 명단을 발표했다.[55)]

한국지도자들의 의견 청취는 1월26일 오전 10시부터 덕수궁 회의실에서 시작되었다. 맨 먼저 초청된 사람은 이승만이었다. 회의에는 서울에 와 있는 7개국 대표 전원이 출석하여 비공개 회의로 이승만과 면담했다. 이승만은 먼저 미소공위가 실패한 뒤에 한국문제를 직접 유엔에 제출하려고 했으나 미 국무부와 하지 중장이 한국의 정부가 없다는 구실로 한

---

53) 毛允淑, 『回想의 窓가에서』, 河西出版社, 1980, p.219.

54) 《東亞日報》 1948년1월23일자, 「三八線撤去가 時急」 및 1월24일자, 「獨立朝鮮建設確信」.

55) 《朝鮮日報》 1948년1월24일자, 「協議對象九氏를 選定」.

東亞日報

朝鮮人과의 協議開始

最初로 李博士招請

朝委全體會議서 長時間協議

急速한 總選擧實施로 獨立政府樹立하라

協議後의 李博士談

유엔委員團과 協議를 마치고 나오는 李承晩博士와 比律賓代表

유엔위원단의 한국인 지도자 의견청취를 보도한 《동아일보》 지면. 사진은 회담을 마치고 나오는 이승만.

국대표를 비공식이라고 하여 무효로 돌렸다고 미 국무부와 하지를 비판하고 나서, 다음과 같은 요지로 의견을 진술했다.

"우리는 1년 전부터 남한에서만이라도 총선거를 실시하여 과도정부를 수립하여 유엔을 통하여 세계 공의(世界公議)에 호소하기를 역설했다. 미 국무부의 힐드링(John R. Hilldring) 장군이 그것을 지지하고 하지 중장도 지지하여 선거법안이 입법의원을 통과하는 대로 총선거를 실시하기로 한 것인데, 법안이 통과된 뒤에도 하지 중장이 허락하지 않아 지금까지 실시하지 못했다.

마침내 유엔위원단이 오게 되어 급히 과도선거를 실시하여 선출된 민족대표단으로 하여금 유엔위원단과 협의하게 해야 유엔의 사업이 성공할 수 있을 것이라는 생각에서 미 군정부에 협조를 얻으려고 노력했으나 끝내 동의하지 않아서 못하고 있다."

이승만은 그동안의 경위를 이렇게 설명하고 나서 하지의 김규식 지원을 비판하면서 다음과 같이 주장했다.

"미 군정부가 중간파를 후원해서 공산분자가 다시 활약할 기회를 얻게 되므로 전 민족이 우려 공포중에 있다. 그러므로 유엔위원단이 과도선거를 허락하여 3~4주일 내로 민선대표단을 성립하여 공의 공결을 주장하든지, 그렇지 않으면 하루바삐 남한에서 총선거를 실시하여 3분의 2 이상의 인구를 가진 남한에서 통일정부를 수립해가지고 그 정부를 원조하여 국권과 강토를 먼저 회복시켜 극동평화를 보장시켜야 한다.…"[56]

이승만의 이러한 두단계 선거론은 유엔위원단 멤버들이 예상하지 못한 주장이었을 것이다.

오후에는 김구 차례였다. 김구는 신중했다. 그는 되도록 세 사람의 의견이 크게 틀리지 않게 하려고 애썼다. 이날 김구는 아침 일찍 이화장으로 이승만을 방문하여 30분 동안 요담한 데 이어 오전 10시 반에는 삼청동으로 김규식을 방문하여 유엔위원단의 질문에 대답할 의견 통일문제를 협의했다. 그러나 이미 남한만의 총선거문제로 의견이 크게 달라진 이승만과는 협의의 여지가 없었다.

김구는 오후 2시 반부터 5시까지 유엔위원단과 면담했다. 면담을 마치고 나온 김구는 다음과 같은 간단한 담화를 발표했다.

> 미소 양군이 철퇴하지 않고 있는 남북의 현상으로서는 자유로운 분위기를 가질 수 없다. 양군이 철퇴한 후에 요인회담을 하여 선거준비를 한 후에 총선거를 하여 통일정부를 수립하여야 할 것이다.[57]

유엔위원단은 1월27일에는 오전에 김규식, 오후에 평북도민회 회장

---

56) 《朝鮮日報》 1948년1월27일자, 「李博士를 筆頭 金九氏도 會見」; 《東亞日報》 1948년1월27일자, 「最初로 李博士招請」.

57) 《朝鮮日報》 1948년1월28일자, 「南北要人會談」; 《東亞日報》 1948년1월28일자, 「南北要人會談主張」.

한경직(韓景職) 목사와 입법의원 여운홍의 의견을 청취했다.

김규식은 총선거 준비에는 다소 시간이 걸릴 것이라는 것, 유엔위원단의 입북이 불가능하다면 한국문제는 유엔소총회에 회부해야 하고 유엔소총회가 결정할 수 없다면 유엔 임시총회를 소집하여 재검토해야 한다는 것, 남한단독정부수립은 한국의 북반을 다른 나라의 위성국이나 연방으로 만들게 될 것이라는 것, 그러나 북한까지 합칠 고려가 있어서 3분의 2 이상의 인구를 가진 남한에 수립되는 정부를 중앙정부로 유엔이 승인한다면 제론할 문제라는 것, 소련의 유엔위원단 보이콧은 소련의 행동이고 북한의 공산당이나 비공산당이나는 한인일 것이므로 남북회담을 강구해야 된다는 것, 미소 양군의 철수문제는 3개월 내지 6개월가량의 준비기간이 있어야 한다는 것 등을 2시간40분 동안 조리있게 진술했다.[58]

1월29일 오전 10시에 속개된 제2분과위원회에 초청된 사람은 한민당 위원장 김성수였다. 김성수는 북한의 소수인 이외에는 남북총선거를 희망하고 있으면서도 불가항력적인 소련의 거부로 말미암아 선거를 하지 못하는 것이므로, 천재지변으로 간주하고, 선거가 가능한 남조선에서만이라도 선거를 실시해야 한다고 주장했다. 그리고 정치범 석방문제에 대해서 김성수는 "남조선에는 자유로운 선거를 방해하는 하등의 법률이나 규칙이 없다고 생각하며, 남조선에는 방화와 폭력행위를 한 범인은 있어도 정치범은 없으며, 정치범은 북조선에 있다"라고 역설했다.[59]

김성수에 이어 이날 오후에는 여성을 대표하여 독촉애국부인회 부회장 박순천(朴順天)과 애국부인회의 황애덕(黃愛德), 그리고 인권옹호위원회 사무장 조평재(趙平載)의 진술이 있었다.

---

58) 《朝鮮日報》 1948년1월28일자, 「南朝鮮中央政府 統一可能性前提하라」; 《東亞日報》 1948년1월28일자 「蘇入境拒否對策 유엔小總會에서 再審하라」.

59) 《朝鮮日報》 1948년1월30일자, 「南北統一選擧는 原則」; 《東亞日報》 1948년1월30일자 「金性洙氏와 協議 長時間意見交換」.

유엔위원단 제2분과위원회는 2월2일에는 민정장관 안재홍, 경무부장 조병옥, 대법원장 김용무를 초청하여 소관업무에 대한 진술을 청취한 데 이어[60] 2월3일에는 근로인민당 부위원장 장건상과 면담했다.[61]

3

1월26일에 한국위원단과 만나 자신의 의견을 개진했던 김구는 1월28일에 장문의 의견서를 별도로 작성하여 위원단에 보냈는데, 그것은 김규식의 진술보다도 논란의 여지가 있는 내용이었다. 의견서의 요지는 다음과 같았다.

> (1) 우리는 신속한 총선거에 의한 한국의 통일된 완전자주적 정부만의 수립을 요구한다. 그러므로 현 군정의 연장이나 혹은 현 군정을 독립 강화하게 되는 소위 「남조선 현 정세에 관한 시국대책요강」의 전폭적 실현이나 또는 임시적으로 군정을 연장시키는 우려가 있는 소위 남한단독정부도 반대한다.
> (2) 총선거는 인민의 절대 자유의사에 의하여 실시할 수 있게 되기를 요구한다. 북한의 소련당국자들은 북한의 선거는 가장 민주적으로 되었다 성언(聲言)하며 남한의 미 당국자들은 이것을 긍정하지 아니하는 동시에 남한에서는 가장 자유로운 민주적 선거를 실시할 수 있다고 성언하지만, 기실 소련군정의 세력을 등지고 공산당이 비민주적으로 선거를 진행한 것과 같이 남한에서도 미 군정하에 모 일개 정당이 선거를 농단하리라는 것은 거의 남한의 여론이 되어 있다.…
> (3) 북한에서 소련이 입경을 거절하였다는 구실로 유엔이 그 임무를

60) 《朝鮮日報》 1948년2월3일자, 「昨日安民政長官을 招請會談」.
61) 《朝鮮日報》 1948년2월4일자, 「昨日은 張澤相氏를 招請協議」.

태만히 하거나 그 과업에 위반되는 다른 공작을 전개하려 해서는 안 된다.…

(4) 현재 남북한에서 이미 구금되어 있으며 혹은 체포하려는 일체 정치범을 석방하기를 요구한다(북한에서 구금되어 있는 조만식의 석방도 포함).

(5) 미소 양군은 한국에서 즉시 철퇴하되 소위 진공상태로 인한 그간의 치안책임은 유엔에서 부담하기를 요구한다.… 한국문제의 해결이 미소 양군에서 유엔으로 옮겨진 이후 그 책임을 유엔이 지는 것이 합리할 것이다.…

(6) 남북 한인지도자회의를 소집함을 요구한다. 한국문제는 결국 한인이 해결할 것이다. 만일 한인 자체가 한국문제 해결에 관하여 공통되는 안을 작성하지 못한다면 유엔의 협조도 도로무공[徒勞無功: 애만 쓰고 보람이 없음]할 것이다.… 그러므로 우리는 미소 양군이 철퇴하는 대로 즉시 평화로운 국면을 조성하고, 그 평화로운 국면 위에 남북 지도자회의를 소집하여서, 조국의 완전독립과 민족의 영원 해방의 목적을 관철하기 위하여 공동노력 할 수 있는 방안을 작성하자는 것이다.[62]

김구의 이러한 의견서가 보도되자 우익정파들은 벌집을 쑤셔놓은 듯했다. 김구가 부총재로 되어있는 독촉국민회는 긴급회의를 열고 난상토의 끝에 다음과 같은 정중한 담화를 발표했다.

미소 양군을 먼저 철퇴시키고 남북요인회담으로 한국문제를 해결하려는 것은 한국독립을 지연시키려는 공산당의 주장이므로, 우리 국민회 부총재이고 소련이 거부하면 남한총선거로 공동 진취하려는 이

---

62) 《서울신문》 1948년1월29일자, 「國聯任務怠慢치 말라」.

넘하에 국민의회와 민족대표자대회 합동을 선창한 김구 선생이 그러한 주장을 하였으리라고는 믿어지지 않는다. 그래서 대표를 김구 선생에게 보내어 진상을 물어보기로 되었는데, 하여튼 공산당의 모략이란 실로 새삼스럽게 생각된다. 그리고 남북요인회담 운운하는 것은 도대체 문제가 되지 않는 것이니, 유엔위원단은 총선거를 감시하는 순서로부터 유엔의 결의를 실천할 것이다. 유엔결의에 없는 사실을 요구함은 위원단을 철거하라는 것과 마찬가지로 예의도 되지 않는다.[63]

이러한 독촉국민회의 논평과는 대조적으로 김구로부터 "선거를 농단하려는 모 일개 정당"이라고 지목된 한민당 중심의 한국독립수립대책협의회(한협)의 성명은 김구를 "크레물린궁의 신자"라고 직설적으로 매도했다.

한협은 제2차 미소공위가 열리고 있던 1947년6월17일에 한민당을 중심으로 10여 단체 대표들이 결성한 임시정부수립대책위원회(임협)가 유엔위원단의 활동에 대비하여 1948년1월21일에 임시총회를 열고 개칭과 동시에 외교진을 확대 개편한 단체였다.[64]

장덕수 암살사건 이후로 김구 그룹과 관계가 극도로 악화된 한민당은 그동안 경찰에 대하여 장덕수 살해사건의 진상을 발표할 것을 촉구하고 있었는데,[65] 암살사건의 중요한 배후 인물로 수배중이던 한독당 중앙위원 김석황(金錫璜)을 12월16일에 경찰이 체포함으로써 김구 그룹을 더욱 격앙시켰다.[66] 한민당은 김구의 주장은 "자살적 행동"이라고 비난했다.

63) 《東亞日報》 1948년1월30일자, 「金九氏談話에 對한 各界反響」.
64) 《朝鮮日報》 1948년1월23일자, 「臨協『韓協』으로 改稱」.
65) 《東亞日報》 1948년1월16일자, 「張氏事件眞相發表하라」.
66) 《東亞日報》 1948년1월17일자, 「張氏事件의 連累者金錫璜氏遂被逮」.

> 김구씨의 이 주장은 유엔총회에 있어서의 소련대표의 주장과 꼭 일치한 것으로서 소련은 조선의 김구씨에게서 그 충실한 대변인을 발견하였다고 생각할 것이다.… 외국군대의 철퇴, 남북요인의 회담후의 총선거 정부수립, 듣기에 퍽 달콤하고 좋은 듯한 말이다. 그러나 조선의 현실에 비추어 볼 때에 이것은 조선 전체를 소련에 넘겨주는 것이라고 하여서 민족진영에서는 전체적으로 반대하고 또 김구씨 자신도 반대하고 세계의 민주주의적 제국가도 단호히 반대하였던 것이 아니었던가? 그런데 한독당의 위원장인 김구씨가 가장 중요한 이 시기에 그와 같은 발언을 하였다는 것은 결코 조변석개적 일시적 과오라고는 볼 수 없는 것이고 심사숙고의 결과라고 보지 아니할 수 없는 것이니, 그는 그의 자살적 행동으로서 참으로 해괴할 일이라고 하지 아니할 수 없다.
>
> 김구씨가 평소에 주장하여 오던 민족주의적 입장과는 판이한 것으로서 결국 조선을 소련의 위성국가화하려고 하는 의도를 표현한 것으로밖에 볼 수 없다. 우리는 금후에는 김구씨를 조선민족의 지도자로는 보지 못할 것이고 크레물린궁의 한 신자라고 규정하지 아니할 수 없음을 유감으로 생각한다.…[67]

이철승(李哲承) 등의 전국학련도 "우리의 영도자로 경앙하여 마지않던 김구 선생께서 이번에 공산당의 주장과 동일한 주장을 하신 것을 심히 유감으로 생각하며 지도자로서의 위신을 스스로 상실케 하는 자멸적 행위이다"라고 혹평했다.[68]

---

67) 《東亞日報》 1948년1월30일자, 「撤兵과 南北會議說은 蘇聯主張을 代辯」; 《朝鮮日報》 1948년1월30일자, 「非現實的陳述」.

68) 《東亞日報》 1948년1월30일자, 「金九氏談話에 대한 各界의 反響」; 《朝鮮日報》 1948년1월30일자, 「非現實的陳述」.

4

김구와 김규식의 남북지도자회담 제의는 총회결의의 실행 방안을 놓고 논쟁을 벌이던 유엔위원단의 관심사가 되었다. 위원단은 김규식에게 남북지도자회담의 구체적 방법을 제시할 것을 요구했고, 김규식은 2월4일에 민족자주연맹의 상무위원회를 소집하여 이 문제를 토의했다. 그리고 이튿날 김구와 만나 협의한 데 이어 2월6일에는 두 사람이 함께 국제호텔을 방문하여 메논 의장, 호세택 사무총장, 오스트레일리아 대표인 잭슨(S. H. Jackson) 제2분과위원장과 회담했다.[69] 두 사람은 이때에 남북지도자회담에 관한 의견서를 제출했다. 그리고 2월9일에는 김구와 김규식의 공동명의로 남북지도자회담의 추진 계획을 다시 밝히면서 유엔위원단의 협조를 당부하는 편지를 메논 앞으로 보냈다.

> 친애하는 메논 박사
>
> 남북지도자회담에 관하여 귀하와 귀위원단에 우리의 의견과 각서를 이미 제출한 바이어니와 우리는 가급적 우리 양인의 명의로 남에서 이에 찬동하는 제정당의 대표회의를 소집하여 이미 제출한 바의 제1차 회의를 하겠습니다. 이 회의에서 남쪽이 대표를 선출하면 북쪽에 연락할 인원과 방법에 대한 것을 결정하겠습니다. 귀위원단이 이에 대하여 원만하고 적극적인 협조를 직접 간접으로 하여 주시면 대단히 감사하겠으며, 우리 양방의 노력으로 우리가 공동히 목적하는 바가 이루어지기를 믿습니다.[70]

유엔위원단의 의견은 세 그룹으로 나뉘어졌다. 첫번째 그룹의 주장은

---

69) 《朝鮮日報》 1948년2월7일자, 「南北會談召集 兩金氏朝委에 提案」; 《京鄕新聞》 1948년2월7일자, 「金九氏와 金博士 委員團訪問要談」.

70) 《東亞日報》 1948년2월11일자, 「南北協商案提示 兩金氏 「메논」氏에 書翰」.

위임된 업무를 수행할 수 없으므로 유엔소총회[임시위원회]에 보고하고 위원단이 한국으로부터 철수하자는 것이었고, 두번째는 현재의 상황에서는 북한에서 위원단의 임무를 수행할 수 없으므로 위원단은 그 임무수행이 가능한 지역, 곧 남한에서부터 임무를 수행해 나가자는 것이었으며, 세번째는 소총회에 알리고 앞으로의 행동에 대한 지시를 요구하자는 것이었다.

소총회에 조회할 것인가의 문제를 두고 2월6일의 제11차 전체회의에서 투표가 이루어졌다. 인도, 캐나다, 오스트레일리아와 시리아 대표는 찬성했고, 남한에서만이라도 총선거를 실시해야 한다고 주장하는 중국, 프랑스, 필리핀 대표는 반대했다. 엘살바도르 대표는 기권했다.

유엔위원단은 메논과 호세택을 유엔소총회에 업무를 보고하고 앞으로의 활동에 대한 훈령을 받아오도록 레이크석세스의 유엔본부로 파견하기로 결의했다.[71]

이승만은 유엔위원단의 의견 불일치로 총선거가 지연되는 것이 여간 초조하고 불안하지 않았다. 이 무렵 그는 일찍이 감옥에서 고문의 후유증으로 생긴 버릇대로 연방 손가락을 후후 불고 있었다. 그는 2월9일 오전에 호세택의 초청으로 국제호텔로 가서 장시간 요담하고 나서 오후에는 부부 동반으로 김규식의 집을 방문했다.[72] 유엔소총회에 한국문제를 보고하러 가는 메논과 호세택에게 세 사람의 의견이 분열되어 있다는 것을 보이는 것은 좋지 않다는 중국대표 유어만의 충고를 받아들여 메논과 호세택이 떠나기 전에 세 사람이 자리를 같이 하는 것을 보이기 위해서였다. 2월10일은 마침 음력으로 정월 초하루였으므로 이승만은 김규식에게 김구와 함께 이화장에서 오찬을 같이 할 것을 제의했다. 김규식은

---

71) 國史編纂委員會 編, 『大韓民國史資料集(1) UN韓國臨時委員團關係文書 I』, 國史編纂委員會, 1987, pp.30~31; 《朝鮮日報》 1948년2월8일자, 「朝委業務小總會에 報告」.

72) 《東亞日報》 1948년2월10일자, 「메논胡兩氏李博士와 要談」; 《朝鮮日報》 1948년2월11일자, 「李·金兩博士 三淸莊서 長時間要談」.

이 제의에 찬성하면서 장소는 중국영사관이 좋겠다고 말했다.

이튿날 세 사람은 중국영사관에서 유어만의 가족과 함께 오찬을 같이 하며 대화를 나누었다. 이승만과 김규식은 부부동반이었고 김구는 아들 신(信)을 대동했다. 이승만은 "유어만 박사가 설날에 이렇게 맛있는 점심을 대접하면서 우리가 알려진 것보다는 덜 분열되어 있다는 것을 입증해 준 데 감사한다"라고 말했다. 김규식도 비슷한 말을 했다. 김구는 세 사람이 완전히 단합해 있고 앞으로도 그럴 것이라는 공동성명을 발표하는 것이 좋겠다고 말했다.

이승만은 메논과 호세택이 뉴욕으로 떠나기 전에 만찬이나 오찬 또는 티타임이나 조찬이라도 함께 하도록 이화장으로 초대했으면 한다고 말했다. 그러나 메논과 호세택은 이날 오후밖에 시간이 비어있지 않았다. 세 사람은 유어만의 주선으로 오후 늦게 국제호텔에서 함께 메논과 호세택을 만났다. 이승만이 먼저 자기 의견의 대강을 말하고 나서

"가장 논리적인 것은 당장 총선거를 실시하는 일입니다. 그것이 내가 주장하는 것이오. 이러한 입장에 찬성하지 않는 이가 있다면 누군지 알고 싶습니다"

하고 잘라 말했다.

김규식과 김구는 잠시 한국말로 이야기를 나누고 나서, 소련이 선거 제의를 거절했기 때문에 우리는 모두 남한의 총선거를 찬성한다고 말했다. 그러나 선거를 실시하기 전에 북쪽 지도자들과 이 문제를 토의해 보아야 한다는 것이 의견의 차이점이라고 말했다. 이승만은 남북회의 이야기가 몇 번 있었으나 국민들은 그것이 총선거를 지연시킬 것이라고 하여 반대한다고 말하고, 그러나 남북회의가 선거를 지연시키지 않는다면 자기도 반대하지 않겠다고 말했다. 그런 뒤에 세 사람은 김규식과 김구가 남한의 총선거에 찬성하고 이승만은 남북지도자회의에 찬성하는 합의에 도달했다고 말했다.

이승만은 그러나 유엔대표단이 남북회의문제에 관심을 보여서는 안

된다고 말했다. 왜냐하면 만일 그렇게 하면 국민들이 유엔위원단의 동기를 의심하게 될 것이기 때문이라는 것이었다.

한편 김규식은 이승만이 공개적으로 남북회의를 지지해서는 안된다고 말했다. 왜냐하면 만일 이승만이 그렇게 하면 북한공산주의자들이 우리와 합류하려고 하지 않을는지 모르기 때문이라는 것이었다. 이 말에 모두 찬성했다.[73]

이러한 대화에서 보듯이 김구와 김규식의 남한에서만의 총선거에 대한 반대 주장은 이 시점까지도 확고한 신념에 따른 것이 아니었다.

그러나 이날의 회담내용에 대하여 기자들에게 한 세 사람의 말은 일치하지 않았다. 이승만은 "남북통일선거가 불가능할 때에는 남한총선거를 해서 통일정부를 수립하자는 데는 자초로 이견이 없었다. 다만 그 방법과 방식과 기간에 대하여 다소 차이가 있으나 이에 대하여서는 별다른 토의가 없었다"라고 말하고, 두 김씨가 유엔위원단에 제안한 남북지도자회의의 전망에 대한 질문에는 "이 문제에 대해서는 아직 침묵을 지키려 한다"면서 언급을 보류했다.

김구는 "완전한 조국의 자주독립을 달성하기에 노력하자는 것만 합의했다. 그러나 구체적 내용에는 언급한 일이 없다"라고 했다.

한편 김규식은 남북통일선거가 불가능할 때에는 남조선선거를 해서 통일정부를 수립하자는 데 이견이 없었다는 이승만의 말을 시인하느냐는 질문에 "거기에는 언급되지 않았고 남북통일선거가 불가능할 때에는 유엔의 신대책 여하를 보아서 재검토하기로 한 줄로 나는 기억된다"라고 말했다. 그러면서 김규식은 남북회담이 가능하다고 보느냐는 기자 질문에 다음과 같이 대답하고 있어서 눈길을 끈다.

"세상에 미리 성공만 될 것을 알고 하는 사람이 없을 것이요, 모사재인 성사재천[謀事在人 成事在天: 일을 꾸미는 것은 사람에 달렸고 일의 되고

---

73) Rhee to Oliver, Feb. 12, 1948(梨花莊所藏); 『大韓民國史資料集(28) 李承晩關聯書翰資料集 1』, 1996, pp.429~430; 《京鄉新聞》 1948년2월12일자, 「三領袖同道朝委訪問」.

안되고는 하늘에 달렸다]이라는 말과 같이 세상 모든 국제회담에서 작정된 것이 다 성공된 일이 있는가. 그러니까 노력해 보는 것이다."[74]

같은 사실에 대한 설명의 이러한 불일치는 뒤이어 전개되는 민족진영의 돌이킬 수 없는 노선의 분열을 예고하는 것이었다.

독촉국민회가 2월8일에 개최할 예정이던 전국중앙위원회를 무기연기하고 2월11일에 독촉국민회 부차장회의를 열어 총재 이승만과 부총재 김구가 통일된 공동성명을 발표할 것을 촉구하기로 결의하고 명제세, 이윤영 두 부위원장으로 하여금 이를 교섭하게 한 것은 이승만과 김구의 분열을 우익진영이 얼마나 심각하게 우려하고 있었는가를 말해 준다.[75]

---

74) 《朝鮮日報》 1948년2월13일자, 「三領袖와 問答」.
75) 《朝鮮日報》 1948년2월13일자, 「獨促中央委延期」 및 「正副總裁의 統一된 聲明 獨促兩氏에 促求」.

95장

"이승만 박사의 이름은 마술적 위력을 가졌다"

1. 김구와 김규식이 남북지도자회의 제의
2. 유엔소총회의 "가능지역" 선거 결의
3. 김일성과 김두봉의 모멸적인 답신

1. 김구와 김규식이 남북지도자회의 제의

1

이승만, 김구, 김규식(金奎植) 세 사람이 중국 총영사 유어만(劉馭萬)의 주선으로 중국공사관에서 오찬 회동을 가졌던 1948년2월10일에 김구는 「3천만 동포에게 읍고(泣告)함」이라는 장문의 성명서를 발표했다. 그것은 미소양군의 동시철수와 남북지도자회담을 제안한 자신의 유엔한국위원단에 보낸 의견서를 모멸적인 언사로 비판한 한국민주당을 질타한 것이었다.

성명서는 유엔한국임시위원단의 축출을 주장하는 좌익정파들과는 달리 이 시점에서도 김구는 유엔의 역할에 크게 기대하고 있었음을 보여준다.

> 유엔은… 인류의 행복을 증진하며 전쟁의 위기를 방지함으로써 세계의 평화를 건설하기 위하여 조직된 것이다. 그러므로 유엔은 한국에 대하여도 그 사명을 수행하기 위하여 임시위원단을 파견하였다. 그 위원단은 신탁없는, 내정간섭없는 조건하에 그들의 공평한 감시로써 우리들의 자유로운 선거에 의하여 남북통일의 완전 자주독립의 정부를 수립할 것과 미소 양군을 철퇴시킬 것을 약속하였다.
>
> 이제 불행히 소련의 보이콧으로써 그 위원단의 사무진행에 방해가 불무하나, 그 위원단은 유엔의 위신을 가강(加强)함으로써 세계평화 수립을 순리하게 진전시키기 위하여, 또는 그 위원 제공들의 혁혁한 업적을 한국독립운동사상에 남김으로써 한인은 물론 일체 약소민족간에 영원한 은의(恩誼)를 맺기 위하여 최선한 노력을 다할 것이다. 만일 자기네의 노력이 그 목적을 관철하기에 부족할 때에는 유엔 전체의 역량을 발동하여서라도 기어이 성공할 것은 삼척동자라도 상상할 수 있는 것이다.…

그런데도 미군주둔 연장을 자기네의 생명연장으로 인식하는 무지 몰각한 도배들은 "박테리아가 태양을 싫어함이나 다름이 없이" 통일정부 수립을 두려워하여 음으로 양으로 유언비어를 만들어 유엔위원단을 당혹케 하고 있다고 잘라 말했다. 김구는 한민당을 지난날의 일진회(一進會)와 같은 존재라고 다음과 같이 매도했다.

> 미 군정의 난익[卵翼: 새가 알을 품듯이 품에 안아 기름]하에서 육성된 그들은 경찰을 종용함으로써 선거를 독점하도록 배치하고 인민의 자유를 유린하고 있다. 그래도 그들은 태연스럽게도 현실을 투철히 인식하고 장래를 명찰하는 선각자로 자임하고 있다. 그러나 이러한 선각자는 매국 매족의 일진회식 선각자일 것이다.… 설령 유엔위원단이 금일에 군정을 꿈꾸는 그들의 원대로 남한독립정부를 수립한다면 이로써 한국의 원정[寃情: 원망하는 심정]은 다시 호소할 곳이 없을 것이며, 유엔위원단 제공은 한인과 영원히 풀지 못할 원한을 맺을 것이요, 한국 분할을 영원히 공고히 만든 새 일진회는 자손만대의 죄인이 될 것이다.…

김구는 자기가 유엔위원단에 제출한 의견서는, 장개석(蔣介石) 총통의 "불변(不變)으로 응만변(應萬變)"이라는 말대로, 통일정부수립이라는 불변의 원칙으로 순식간에 만변하는 국내외 정세를 순응 또는 극복하자는 것이라고 주장했다.

그런데 이 시점은 남로당과 그 외곽조직인 민주주의민족전선의 주동으로 좌익단체들이 2월7일을 기하여 일제히 이른바 '2·7구국투쟁'을 시작한 때였다. 폭동 사태는 경인 지역 일대를 비롯하여 거의 전국적으로 전개되었다. 남로당은 '투쟁'이 시작된 지 사흘 만에 파업투쟁에 8만471명, 집회, 봉화, 쌀투쟁 등 군중투쟁에 134만3,289명이 참가하고, 사망자 57명, 중경상자 146명, 피검자 1만854명의 피해자가 발생했다고 발표했다.[1] 노동자들의 총파업으로 생산기관은 마비되고 교통과 운송은 혼란에 빠졌다. 일부지역에서는 경찰서와 지서가 습격을 받아 경관이 살해되었다. 2·7폭동은 1946년의 10·1폭동과는 달리 남로당에 의하여 사전에 계획된 폭력투쟁이었고, 그것을 분기점으로 하여 공산당의 전술이 무장투쟁전술로 넘어가는 중요한 계기가 되었다.[2]

대규모의 조직적인 폭력시위가 시작됨에 따라 경무부장 조병옥(趙炳玉), 검찰총장 이인(李仁), 군정장관 딘(William F. Dean)이 사태의 심각성을 우려하는 담화를 잇달아 발표하고 있었음에도 불구하고 김구의 성명서는 폭력투쟁에 대해서는 다음과 같이 언급했다.

> 한국이 있고야 한국사람이 있고 한국사람이 있고야 민주주의도 공산주의도 또 무슨 단체도 있을 수 있는 것이다. 그러면 우리의 자주독립적 통일정부를 수립하려 하는 이때에 있어서 어찌 개인이나 자기의 집단의 사리사욕에 탐하여 국가민족의 백년대계를 그르칠 자가 있으랴. 우리는 과거를 한번 잊어버려 보자. 갑은 을을, 을은 갑을 의심하지 말며 타매[唾罵: 더럽게 여기며 욕함]하지 말고 피차에 진지한 애국심에 호소해보자!
>
> 암살과 파괴와 파공[罷工: 파업]은 외군의 철퇴를 지연시키며 조국의 독립을 방해하는 결과를 조출(造出)할 것뿐이다. 악착한 투쟁을 중지하고 관대한 온정으로 임해보자! 마음속의 삼팔선이 무너지고야 땅위의 삼팔선도 철폐될 수 있다.…

김구는 다음과 같은 감상적인 문장으로 비장한 성명서를 끝맺었다.

---

1) 《노력인민》 1948년3월26일자, 「「國聯朝鮮委員團」 抗議救國鬪爭三日間統計表」.

2) 김남식, 『南勞黨研究』, 돌베개, 1984, pp.303~308.

마음속의 38선이 무너지고야 땅위의 38선도 철폐될 수 있다. 내가 불초하나 일생을 독립운동에 희생하였다. 나의 연령이 이제 칠십유삼(七十有三)인 바 나에게 남은 것은 금일금일(今日今日)하는 여생이 있을 뿐이다. 이제 새삼스럽게 재화를 탐내며 명예를 탐낼 것이랴! 더구나 외국군정하에 있는 정권을 탐낼 것이랴! …

나는 통일된 조국을 건설하려다가 삼팔선을 베고 쓰러질지언정 일신에 구차한 안일을 취하여 단독정부를 세우는 데에는 협력하지 아니하겠다. 나는 내 생전에 삼팔 이북에 가고 싶다. 그쪽 동포들도 제 집을 찾아가는 것을 보고서 죽고 싶다. 궂은 날을 당할 때마다 삼팔선을 싸고도는 원귀(怨鬼)의 곡성이 내 귀에 들리는 것도 같았다. 고요한 밤에 홀로 앉으면 남북에서 헐벗고 굶주리는 동포들의 원망스러운 용모가 내 앞에 나타나는 것도 같았다. 삼천만 동포 자매형제여! 붓이 이에 이르매 가슴이 억색[抑塞: 눌러 막음]하고 눈물이 앞을 가리어 말을 더 이루지 못하겠다. 바라건대 나의 애달픈 고충을 명찰하고 명일의 건전한 조국을 위하여 한번 더 심사(深思)하라.[3)]

유엔한국임시위원단은 유엔소총회(유엔임시위원회)에 제출할 보고서와 위원단 운영 문제를 두고 메논(K. P. S. Menon) 의장과 호세택(胡世澤) 사무총장이 레이크석세스로 떠나기 전날까지 티격태격했다. 2월11일에 열린 제12차 전체회의에서는 김구와 김규식이 2월6일에 공동으로 위원단에 제출한 남북지도자회의에 관한 비망록도 토의되었으나, 그것은 비공식 토의로 처리되었다.[4)]

이날의 회의는 유엔소총회에 회부하여 소총회의 결정을 요구할 사항을 다음과 같이 결의했다.

---

3) 《朝鮮日報》 1948년2월12일자, 「統一의 最後機會 派爭中止코 團結하라」.
4) 『大韓民國史資料集(1) UN韓國臨時委員團關係文書 I』, p.16.

(1) 1947년11월14일의 총회 결의 조건 하에서, 그리고 그 이후의 한국에 관한 제반 사태의 추이에 비추어 볼 때에 미군이 점령하고 있는 부분의 한국 영토에서 결의(2)에 규정되어 있는 바와 같은 계획을 완수한다는 것은 위원단의 자의에 맡겨져 있는 것인지 또는 의무로 되어 있는지의 여부.

(2) 만일 그렇지 않다면,

a. 1947년11월14일의 결의(1)에 규정되어 있는 바와 같이 한국문제를 고려할 때에 자유분위기 아래서 선거가 실시될 수 있다고 판단된다면 위원단으로서는 한국대의원 선거를 감시할 것인가.

b. 위원단이 그 목적을 달성하기 위하여 가능하고 건의할 만한다고 판단되는 그 밖의 방법들을 생각해 볼 것인가.[5]

그 밖의 방법이란 남북지도자회의를 뜻하는 것이었음은 말할 나위도 없다.

2월13일에 열린 유엔위원단 제14차 전체회의는 캐나다 대표 패터슨(G. S. Patterson)의 제의에 따라 유엔소총회가 유엔위원단에 대해 남한에서 총선거를 추진하도록 지시하는 경우 그 선거는 유엔총회가 협의대상으로 초청할 대표들을 선출하는 것으로 규정하는 것 등 세가지 사항의 결의 문제를 두고 토의했으나, 결론이 나지 않았다.[6] 결국 모든 것은 메논 의장에게 맡겨졌다. 메논은 이튿날 오전에 김포공항을 출발할 예정이었다.

2

그런데 이날 밤 메논에게 극적인 일이 벌어졌다. 그것은 이승만의 집념과 계략에 따른 해프닝이었다.

---

5) 國會圖書館立法調査局, 『1948年度國際聯合韓國臨時委員團報告書(第一部 第一卷)』, 國會圖書館, 1965, p.63.

6) 『大韓民國史資料集(1) UN韓國臨時委員團關係文書 I』, p.18.

밤이 꽤 깊어갈 시간에 이승만은 모윤숙(毛允淑)에게 전화를 걸어 메논을 이화장으로 데려오라고 했다. 그동안 메논과 모윤숙은 퍽 가까워져 있었다. 그리고 모윤숙은 이승만이 진정한 애국자이고 그의 주장이 옳은 노선이라고 확신하고 헌신적으로 그를 돕고 있었다. 그러한 모윤숙이기는 했지만 시간이 너무 늦었으므로 정중히 거절했다. 그러나 이승만은 막무가내였다.

"나라가 흥하느냐 망하느냐 하는 고비에 밤이고 아침이고가 있나. 전화 좀 걸어봐, 제발. 마지막 청이야."

이승만의 이처럼 간곡한 목소리를 모윤숙은 처음 들었다. 핑계가 문제였다. 모윤숙은 며칠 전에 메논과 인도의 타지마할(Taj Mahal) 이야기를 나누었던 생각이 났다. 메논은 타지마할은 밤에 보아야 그 낭만에 취할 수 있다고 말했었다. 모윤숙은 메논에게 전화를 걸어 금곡릉[金谷陵: 양주군 금곡리에 있는 홍릉(洪陵)과 유릉(裕陵)의 통칭]에 달구경 하러 가자고 꾀어 내었다. 동대문쪽으로 차를 몰아 인삼차나 한잔 마시고 가자면서 이화장 앞마당으로 안내했다. 메논은 차에서 내리면서 성난 목소리로 "노티 걸[장난꾸러기]!"하고 말했다.

모윤숙은 금곡릉 달구경을 가자고 메논을 유인하여 이승만에게 안내했다.

이승만은 한복 바지저고리에 가운을 걸치고 마당으로 뛰어나와 메논을 마구 얼싸안으면서 눈물을 흘렸다. 그는 인삼차를 권하면서 이 밤중에 찾아주어 고맙다고 말했다. 메논은

"미스 모가 금곡릉 달구경을 가자고 해서 나왔습니다. 여기가 목적이 아닙니다"

하고 계면쩍게 웃었다.

모윤숙을 부엌으로 데리고 간

프란체스카는 한지에 붓으로 쓴 저명인사급의 서명과 도장이 찍힌 두루마리를 쥐어주었다.[7]

그 두루마리는 유엔위원단에 제출하는 이승만의 의견서였다. 유엔한국위원단은 지도급인사들에게 200명 이상의 연기명과 날인을 받아서 의견서를 제출하게 통지했었는데, 통지서를 받은 이기붕(李起鵬) 비서가 그것을 서랍 속에 넣어 두고 잊고 있었기 때문에 소동이 벌어진 것이었다. 이승만의 의견서가 제출되지 않자 메논은 윤치영(尹致暎)에게 전화를 걸어 "다른 사람들은 다 제출했는데 이 박사만 내지 않았으니 포기하는 것이냐? 우리가 내일모레 유엔으로 떠나는데 어떻게 된 거냐?"하고 물어왔다. 윤치영은 부랴부랴 성명과 날인을 받느라 하루 낮 하룻밤을 한숨도 자지 못했다. 다급한 나머지 이름을 대신 쓰고 도장도 급히 새겨 찍기도 했다.[8]

이화장을 나와 돌아오는 길에 모윤숙은 두루마리를 가만히 메논의 코트 주머니에 넣으면서 말했다.

"제가 죽을죄를 지었습니다. 금곡릉이 목적이 아니라 이 두루마리가 목적입니다. 이 박사를 이해해 주시고 좀 비사무적으로 된 일을 용서해 주십시오."

"이런 비공식 사무를 이 박사는 왜 미스 모에게 시킬까요? 그는 포기한 줄 알았소."

메논의 목소리는 잔인하리만큼 냉엄했다.[9]

신문에는 이 의견서는 이날 오후 2시부터 이화장에서 열린 정례 정치애국단체대표 연락간담회에서 토의된 것으로서, 이승만은 이날 저녁에 측근을 국제호텔로 보내어 출발 준비에 바쁜 메논에게 급히 전한 것으로

---

7) 毛允淑, 『回想의 窓가에서』, 河書出版社, 1980, pp.232~234.
8) 윤치영, 「나의 이력서(56)」, 《한국일보》 1981년9월26일자.
9) 毛允淑, 앞의 책, pp.233~234.

유엔소총회에서 한국정세를 보고하는 유엔한국임시위원단의 메논 의장. 오른쪽은 리(Trygve Lie) 유엔 사무총장, 왼쪽은 유엔한국위원단 사무총장 호세택(胡世澤).

보도되었다.[10)]

이승만은 메논이 레이크석세스로 떠난 뒤에 더 초조해졌다. 그는 날마다 모윤숙에게 전화를 걸었다. 우리가 원하는 바를 메논이 잊어버리지 않도록 전보를 쳐야한다는 것이었다. 전보문은 이승만이 손수 타이프로 치고 모윤숙에게는 '매리언 모(Marion Moh)'라는 사인만 하게 했다. 매리언은 모윤숙의 세례명이었다. 메논이 레이크석세스에 머무는 일주일 동안 이승만이 그에게 친 전보가 열통이 넘었다. 메논은 전보를 받을 때마다 회현동 모윤숙의 집으로 답전을 쳤다.[11)]

유엔소총회는 2월19일에 개최되었다. 메논은 개회벽두에 한국정세에 대한 보고연설을 했다. 메논은 먼저 유엔한국위원단의 결정을 설명하고 다음의 네가지 대안을 제시했다.

첫째는 유엔총회 결의(2)항을 남한에서만 추진하는 것. 곧 남한에 국

---

10) 《서울신문》 1948년2월15일자, 「李博士 메논氏에 새 意見書提出」.
11) 毛允淑, 앞의 책, pp.228~229.

한될 선거를 감시하여 한국 국민정부로서 승인을 얻도록 남한에서 정부 수립을 쉽게 하는 것.

둘째는 유엔총회 결의(1)항에 기술된 제한된 목적을 위하여, 곧 협의 대상이 될 국민의 대표를 선출할 선거를 감시하는 것.

셋째는 남북한의 지도자회의와 같은 한국의 민족적 독립을 확립할 다른 가능성을 탐구하며 또 최소한도로 그것을 주의하는 것.

그리고 마지막 대안은 현상태에서 유엔위원단의 사명을 수행할 수 없다는 것을 표명하고 위원단에게 위임된 사항을 총회에 반납하는 것.

그러나 이 네 번째 대안은 유엔위원단이 만장일치로 폐기했다고 보고했다.[12)]

메논의 한국정치상황분석에는 군데군데 눈여겨볼 만한 대목이 있었다. 맥아더 치하의 일본국민과 하지 치하의 한국 국민을 비교한 것도 그 한가지 보기였다. 일본국민들로부터는 군사점령에 대한 기계적이고 단조롭고 징그럽다고도 할 만한 인종(忍從)을 느낄 수 있는 데 비하여 한국 국민들에게는 불안하고 본능적이고 보편적인 반항이 있다면서 "하지를 공격하는 것은 한국에서 하나의 유행이 되고 있다. 그러나 나는 이것이 일본국민들의 맥아더 숭배보다도 더 건전한 민주주의의 표식이라고 느낀다"라고 그는 말했다.

특히 눈길을 끄는 것은 이승만에 대하여 언급한 대목이었다. 그는 남한의 대표적인 정당들로 우익의 3개 정당(독촉국민회, 한국민주당, 한국독립당), 중간파(민족자주연맹), 좌익 4개당(남조선로동당, 민주주의민족전선, 인민공화당, 근로인민당)의 존재를 설명하고 나서 이승만에 대하여 다음과 같이 말했다.

"위에서 말한 정당 가운데 유엔에 의하여 한국의 국민정부로서 승인될 정부를 남한에서 즉시 수립할 것을 주장하는 정당은 두개이다. 그것

---

12) Yoon Sook Mo, ed., *Speeches of Dr. Menon*, Mun Hwa Dang, 1948, pp.33~38; 《東亞日報》 1948년2월22일자, 「小總會메논博士報告內容」.

은 이승만 박사가 영도하는 독촉국민회와 김성수씨가 영도하는 한국민주당이다. 이점에 관하여 그들이 남한인민 대다수의 의견을 반영하는가의 여부를 확실하게 말하기는 곤란하다. 그러나 그들이 남한에서 조직된 여론의 주요부분을 대표한다는 것은 확실히 말할 수 있을 것이다.

이 두 정당은 하나의 도저히 측량할 수 없는 재산을 가지고 있다. 그 재산이라는 것은 곧 이승만 박사의 성가이다. 이승만 박사의 이름은 남한에서 마술적 위력을 가진 이름이다. 그의 연륜과 학식과 사교적 매력과 윌슨 대통령과의 친분과 한국의 자유에 대한 생애를 통한 일관된 옹호로 말미암아 판디트 자와하랄 네루(Pandit Jawaharlal Nehru)가 인도의 국민적 지도자인 것과 같은 의미에서 그는 이미 한국의 국민적 지도자가 될 수 있을 것이다.

그러나 이 박사는 38선이 조악하게 표징하는 좌우대립이 돌연히 한국에 들이닥침으로써 극우로 알려져 왔다. 이 박사는 한국의 영구적 분단을 옹호하거나 또는 고려하기에는 너무도 위대한 애국자이다.…"[13]

유엔소총회는 메논의 연설에 이어 각국대표들의 입장표명이 있은 다음 4일 동안의 휴회에 들어갔다.

메논의 연설문은 도하신문마다 대문짝만하게 보도되었다. 그리하여 하릴없는 한국민중으로 하여금 메논이 제시한 네가지 대안을 놓고 또다시 갑론을박의 열띤 논쟁을 벌이게 했다. 국토의 분단을 우려하는 소박한 국민감정으로는 남한만의 총선거보다 남북회담에 더 큰 기대를 갖게 마련이었다. 그 대표적인 보기가 2월21~22일 이틀 동안 조선여론조사협회가 실시한 메논이 제시한 네가지 대안에 대한 지지도 조사였다. 조사결과는 단정 단선 11.5%, 단선 5.0%, 남북회담 71.8%, 유엔위원단 철수 12.5%로 나타났다.[14]

---

13) Yoon Sook Mo, ed., *op. cit.*, p.38; 위와 같음.

14) 《우리신문》 1948년2월24일자, 「메논氏報告와 거리의 輿論」.

3

메논이 유엔소총회에서 한국문제 보고연설을 한 직후인 2월19일 저녁에 하지 장군은 경무대 관저로 이승만, 김구, 김규식 세 사람을 초청했다. 회담은 저녁 8시부터 10시 반까지 세시간 가까이나 계속되었다.

이승만은 그동안 하지에게 여러 번 전화를 걸었으나 답전이 없어서 심기가 뒤틀려 있던 터라 심부름 온 하지의 신임 정치고문 노블(Harold J. Noble) 박사에게 하지가 이화장을 안다면서 거절하다가 마지못해 참석했다. 하지의 보좌관이자 통역관인 이묘묵(李卯默)이 김구의 통역으로 배석했다.

하지는 자기가 왜 세 사람을 애국자라고 부르는지에 대한 설명으로 이야기를 시작하여 미소공동위원회 때의 일과 유엔위원단에 관한 이야기에 이르기까지 한시간 이상을 혼자서 말을 계속했다. 유엔위원단 멤버들은 그들이 만나 본 사람들 가운데 같은 말을 하는 사람이 두 사람도 없을 정도로 각기 다른 의견을 주장한다는 인상을 가지고 떠나려 한다고 그는 말했다.

이승만이 김규식에게 몇시냐고 물었다. 9시5분이었다. 이승만은 하지에게 결론을 말하라고 했다.

"아, 예, 제가 명백히 하고 싶은 요점은 여러분 애국자들이 어떤 문제에 합의를 보아야 하고 유엔소총회에 공동메시지를 보내야 하겠는데, 내용은 우리 모두가 지금 남한에서 선거를 실시할 것에 합의한다는 것입니다."

하지는 세 사람이 남한의 총선거 문제에 의견을 달리한다고 유엔위원단이 생각한다면 선거 기회를 잃을 공산이 크기 때문에, 세 사람이 함께 서명한 전보를 유엔소총회에 보내기 바란다면서 전문초안을 꺼내보였다.

하지의 이러한 제의에 대한 세 사람의 반응은 제가끔 달랐다. 이승만은 "적어도 메논과 호세택이 그러한 인상을 받았다는 것은 이상하다. 2월10일에 우리 모두는 그들에게 한국지도자들이 절망적으로 분열되어 있지 않으며 중요 국가문제에는 의견을 같이하고 있다고 납득시켜 보냈다"라고 말했다. 하지는 그 이야기는 자기도 들었다고 말하고, 그러나 그들이 남한의 총선거를 건의하기에 충분하다고 생각할는지 걱정스럽다고 말했다.

그러나 김규식은 "우리는 그날 저녁에 아무것도 합의한 것이 없다"라고 이승만의 말을 부인했다. 그는 김구와 자기는 남북지도자회의를 열기로 노력하는 동안은 선거를 미루어 두어야 한다는 데 합의했다고 말했다.

이승만이 김규식에게 퉁명스럽게 물었다.

"당신이 어떻게 그런 말을 할 수 있소? 모인 사람은 당신과 나뿐만 아니라 메논, 호세택, 잭슨(S. H. Jackson), 그리고 유어만 영사도 있었소. 이들이 모두 거기 있었고, 이들이 우리가 다 총선거와 남북연석회의 계획에 합의했다고 우리 모두에게 공개적으로 논평하지 않았소?"

김구는 자기는 선거 실시에 반대하지 않지만, 자기와 김규식은 남북회의를 시도해 보고 싶다고 말했다. 만일 그것이 불가능하거나 성사가 되더라도 실패한다면 자기들이 공개적으로 남한의 선거를 지지하겠다는 것이었다. 김규식은 "우리가 남과 북의 통일을 이룰 수 있을지의 여부를 알아볼 모든 수단을 써보지도 않고 남한의 총선거를 지지한다면 우리는 앞으로 나라의 분단을 영구화시킨 반역자로 역사에 남을 것입니다"하고 덧붙였다.

이승만과 김규식의 논쟁이 시작되었다.

"당신들이 염려할 필요는 없어요. 나 혼자서 책임을 질 것이고, 아무도 당신들에게 책임을 묻지 않을 것이오. 당신들이 남한의 총선거를 반대하는 이유가 무엇이오?"

"첫째로 이 정부가 유엔의 승인을 받을 수 있을지, 둘째로 미국으로부터 우리가 원조를 얼마나 받겠는지, 이러한 일들을 알지 못하고는 우리는 여기에 뛰어들 수 없습니다."

"여보시오, 우사(尤史)! 우리 한국인들이 우리 자신을 위하여 무엇을 할 수 있을지 모르면서 어떻게 외국 국민들에게 우리를 위해 얼마나 많은 일을 할 수 있을지 물을 수 있겠소? 우리가 정부를 세우면 승인해 주겠느냐고 그들에게 미리 물어볼 것이 아니라 우리가 정부수립을 위하여 가능한 모든 일을 다하고 나서 유엔에 승인을 요구해야 해요."

하지가 김규식에게 물었다.

"당신이 남한의 총선거를 반대한다면 당신의 해결책은 무엇이지요?"

김규식은 대답하지 않았다. 이묘묵은 모든 대화내용을 김구에게 통역해주고 있었다.

이승만이 하지를 보고 말했다.

"하지 장군, 장군 말대로 유엔위원단이 소총회에 지금 선거를 실시하도록 권고하기는 어려울는지 모르겠습니다. 한국 국민의 지도자의 한 사람으로서 이 사실들을 국민들에게 밝히는 것은 나의 의무입니다. 오늘 저녁에 장군이 말한 대로, 이 양반들이 지지를 거부하기 때문에 유엔위원단이 남한에서 선거를 실시하지 않기로 결정했다고 말이오. 만일 소총회도 세 사람의 위대한 지도자들이 찬성하지 않기 때문에,——거듭 말하지만 세 사람의 위대한 지도자들이란 말이오.——선거에 관한 결정을 내리기를 거부한다면 어떻게 하지요? 이럴 경우에 한국 국민들 앞에서 이런저런 질문에 대답하기 위하여 누군가는 불려나가게 될 것이오."

그러고는 이승만은 자리에서 일어섰다.

"나는 이 두 양반들, 특히 김구씨에게 같이 선거에 참여하자고 갖은 방법으로 설득해 보았지만 실패했소이다."

그러면서 하지를 보고 덧붙였다.

"장군의 영향력은 성공할지 모릅니다. 장군은 나의 입장을 잘 아십니다. 그런 입장에서, 내가 할 수 있는 일이라면 무엇이라도 하지요. 이 두 양반을 장군에게 맡깁니다. 성공하기 바랍니다."[15]

이튿날 하지의 정치고문 대리 랭던(William R. Langdon)은 이날 밤의 회담에 대하여 국무장관에게 보낸 보고전문에서 "하지 장군은 세시간의 시간만 낭비했다"면서 김구와 김규식을 다음과 같이 비판했다.

> 두 사람은 남한의 선거 말고는 해결책이 없다는 것을 알면서도 그러한 성명은 자신들이 남한을 북한으로부터 단절시키는 것을 조장하는 반역자로 낙인찍힐 것이기 때문에 발표하려고 하지 않는다. 그들은 북한은 이미 단절되어 있고 머지않아 방어능력이 없는 남한으로 침투할지 모른다는 사실을 분명히 간과하고 있다. 그러나 유엔소총회가 유엔한국위원단에 남한에서 선거를 실시하도록 지시한다면 두 사람은 그것을 지지하고 참여하겠다고 분명히 약속했다.[16]

세 사람이 공동명의로 남한에서 총선거를 실시할 것을 촉구하는 메시지를 유엔소총회에 보내라는 하지의 요청을 김구와 김규식이 거절한 것은 두 사람의 공동명의로 북한의 김일성(金日成)과 김두봉(金枓奉)에게 남북지도자회의를 제의하는 편지를 보내고 며칠 되지 않았기 때문이었다. 그러나 두 사람은 이날의 회합에서 그 사실은 밝히지 않았다.

4

김구와 김규식은 2월16일에 공동명의로 김일성과 김두봉 앞으로 남북지도자회의를 제의하는 편지를 보냈다. 김일성에게 보낸 편지는 김규식과 가까운 민족자주연맹의 상무집행위원인 신기언(申基彦)이 기

15) Robert T. Oliver, *Syngman Rhee and American Involvement in Korea*, pp.134~137.
16) Langdon to Marshall, Feb. 20, 1948, *FRUS 1948*, vol.Ⅵ., pp.1121~1122.

초했고, 김두봉에게 보낸 편지는 엄항섭이 김구의 사신 형식으로 기초했다.[17)]

김일성에게 보낸 편지는 보존되어 있지 않는데, 뒤에 두 사람이 신문에 발표한 요지는 다음과 같았다.

(1) 우리 민족의 영원 분열과 완전 독립을 판가름하는 최후의 순간에 민족 국가를 위하여 40~50년간 분주치력(奔走致力)한 애국적 양심은 수수방관을 허하지 않는다.
(2) 아무리 외세의 제약을 받고 있는 우리의 현실일지라도 우리의 일은 우리가 해야 할 것이다.
(3) 남북정치지도자간의 정치협상을 통하여 통일정부수립과 새로운 민주국가의 건설에 관한 방안을 토의하자.
(4) 북쪽 여러 지도자들도 가질 줄 믿는데서 우선 남쪽에서 남북정치협상을 찬성하는 애국정당대표회의를 소집하여 대표를 선출하려 한다.[18)]

김두봉에게 보낸 김구의 편지는 옛 동지를 그리는 감상적인 문투였다. 편지는 먼저 우리에게 해방을 준 미소 양국의 은혜는 감사하나 양국 자체간의 모순으로 말미암아 암담한 면도 없지 않다고 전제한 다음, "인형이여, 이것을 어찌하면 좋겠습니까. 제(弟)는 가슴이 답답하고 인형이 보고싶은 때마다 때묻은 보따리를 헤치고 일찍이 중경(重慶)에서 받았던 혜찰을 제삼 읽고 있습니다"라는 말로 시작했다. 그것은 엿새 전에 발표한 성명서「3천만 동포에게 읍고함」과 비슷한 문투였다.

김구는 2차 대전 말기에 임시정부 주석의 입장에서 연안(延安)에 있

---

17) 宋南憲,『解放三年史(Ⅱ) 1945-1948』, 까치, 1985, pp.534~535.
18)《朝鮮日報》1948년4월1일자,「南北政治協商에 對한 往復書翰의 內容」.

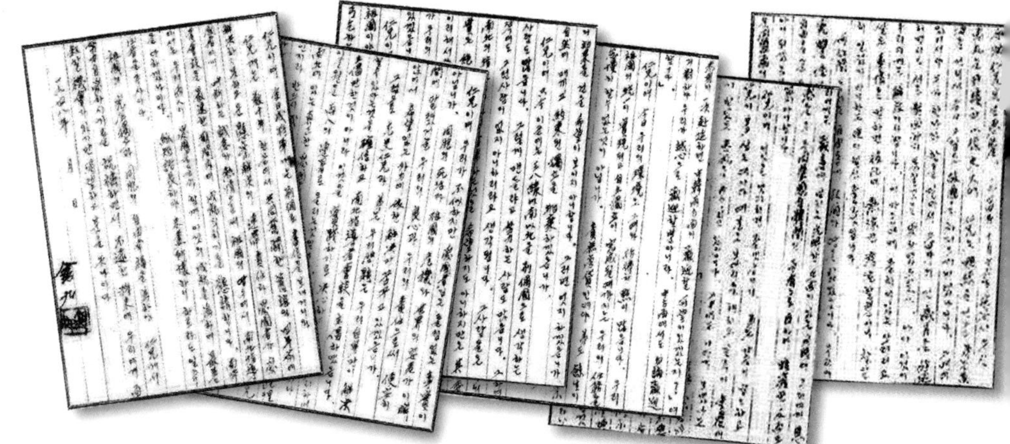

김구가 김두봉에게 보낸 1948년2월16일자 편지(국립중앙박물관 소장).

는 독립동맹 위원장 김두봉과 주고받은 편지 내용을 상기시킨 다음, 우리 자신이 지리멸렬하여 유엔위원단의 공작도 효과를 거둘 희망이 보이지 않는다고 개탄했다.

> 인형이여, 아무리 우방 친우들이 호의로써 우리를 도와주려 한다 하여도 우리 자체가 지리멸렬하여 그 호의를 접수할 준비가 완료되지 못하면 어찌 그것을 접수할 것입니까. 그리하여 미소공위도 성과를 보지 못한 것입니다. 이번 유엔위원단의 공작도 하등의 효과를 거둘 희망이 보이지 아니합니다. 그러면 어찌하겠습니까. 자연에 맡기고 약속된 독립을 포기하겠습니까.

김구는 이어 38선에 의하여 "허리가 끊어진 조국"의 비참한 현실을 더 이상 볼 수 없지 않느냐고 탄식하듯이 적었다.

> 인형이여, 지금 이곳에는 38선 이남 이북을 별개국으로 생각하는 사람이 많습니다. 그쪽에도 그러한 사람이 없지 아니하리라고 생각됩니다. 그 사람들은 남북의 지도자들이 합석하는 것을 희망하지도 아니하지마는 기실은 절망하고 이것을 선전하는 사람도 많이 있습니

다. 남이 일시적으로 분할해 놓은 조국을 우리가 우리의 관념이나 행동으로 영원히 분할해 놓을 필요야 있겠습니까. 인형이여, 우리가 우리의 몸을 반쪽에 낼지언정 허리가 끊어진 조국이야 어찌 차마 더 보겠나이까. 가련한 동포들의 유리개걸[流離丐乞: 돌아다니며 동냥질 함]하는 꼴이야 어찌 차마 더 보겠나이까.

그러므로 우리 문제는 우리 스스로 해결해야 한다면서, 남북지도자회의를 열어 해결하자고 제의했다.

인형이여, 우리가 불사(不似)하지만 애국자임은 틀림없는 사실이 아닙니까. 동포의 사활과 조국의 위기와 세계의 안위가 이 순간에 달렸거늘, 우리의 양심과 우리의 책임으로서 편안히 앉아서 희망 없는 외력에 의한 해결만 꿈꾸고 있겠습니까.

그러므로 우사(尤史) 인형과 제는 우리 문제는 우리 자신만이 해결할 수 있다는 것을 확신하고 남북지도자회담을 주창하였습니다. 주창만 한 것이 아니라 이것을 실천하기로 결심하였습니다. 그리하여 이 글월을 양인의 연서로 올리는 것입니다. 우리의 힘이 부족하나 남북에 있는 진정한 애국자의 힘이 큰 것이니, 인동차심(人同此心)이며 심동차리(心同此理)인지라 반드시 성공되리라고 확신합니다. 더구나 북쪽에서 인형과 김일성 장군이 선두에 서고 남쪽에서 우리 양인이 선두에 서서 이것을 주창하면 절대다수의 민중이 이것을 옹호할 것이니 어찌 불성공할 리가 있겠나이까.…[19]

위의 두 편지에서 보듯이 이때에 김구와 김규식이 김일성과 김두봉에게 제의한 것은 북쪽의 두 김과 남쪽의 두 김을 중심으로 하는 남북정치

---

19) 「金九·金奎植이 金枓奉에게 보낸 서신」(1948.2.16.), 白凡金九先生全集編纂委員會 編, 『白凡金九全集(8)』, 대한매일신보사, 1999, pp.721~ 726.

지도자들 사이의 정치협상이었다. 그리고 그 구체적인 방안으로 남북한에서 각각 애국정당대표회의를 소집하여 협상대표를 선출할 것을 제안한 것이었다.

편지는 남한단독선거에 부정적인 유엔위원단의 캐나다 대표 패터슨(G. S. Patterson)을 통하여 서울 주재 영국영사관에 부탁하여 영국정부와 소련정부를 경유하여 북한에 전달되게 했다. 그러나 그것은 시일이 소요될 것이었으므로 서울에 있는 소련군 대표부를 통하여 같은 내용의 편지를 다시 발송했다. 소련군 대표부에는 김일성과 김두봉에게 보내는 편지와 함께 북한 주둔 소련군사령관 코로트코프(Petrovich G. Korotkov) 장군에게도 편의와 협조를 당부하는 러시아어 편지를 따로 써 보냈다.[20]

20) 宋南憲, 앞의 책, pp.538~539.

2. 유엔소총회의 "가능지역" 선거 결의

1

유엔소총회에서 한국문제가 논의되고 있는 동안 한국의 정국은 남한에서만이라도 총선거를 빨리 실시하자는 주장과 남북지도자회의가 우선이라는 주장이 맞서 격렬한 논란을 벌였다. 논란은 과도입법의원에서부터 빚어졌다. 2월19일에 신익희(申翼熙), 김도연(金度演), 김법린(金法麟), 백관수(白寬洙) 등 의원 43명의 연서로 "유엔위원단은 우선 가능한 지역만의 총선 실시를 감시하고 법적 자주 독립 통일정부 수립을 협조할 귀 위원단의 신속한 임무 완수를 간청함"이라는 긴급동의안이 제출되어 논란이 벌어졌고,[21] 이튿날 회의는 의장 김규식이 비공식 회의로 할 것을 선포하고 비공개로 진행했다. 그러나 이 긴급동의안은 김규식 의장과 최동오(崔東旿) 부의장, 그리고 김규식을 지지하는 관선의원 23명이 일제히 퇴장하는 등의 소동 끝에 2월23일의 회의에서 백관수를 임시의장으로 선출하고 표결을 실시하여 40 대 0으로 가결되었다.[22] 그리하여 김규식과 최동오는 2월27일에 사임서를 제출했고, 이에 맞서 한민당 그룹은 두 사람에 대한 불신임안을 제출했다.[23]

이러한 소란 속에서 이승만은 2월23일에 반대파들은 제외하고라도 남한총선거를 서둘러야 한다는 단호한 성명을 발표했다.

유엔대표단이 오기만 기다리고 우리의 할 일을 하지 아니하고 앉

21) 『南朝鮮過渡立法議院速記錄(5)』, 제209호(1948.2.19.); 《朝鮮日報》 1948년2월21일자, 「單選協助要請動議로 立議議場은 辱說로 修羅場化」; 《東亞日報》 1948년2월21일자, 「南朝鮮選擧實施案 四十三議員緊急動議」.

22) 『南朝鮮過渡立法議院速記錄(5)』, 제210호(1948.2.23.); 《朝鮮日報》 1948년2월25일자, 「立議의 南朝鮮選擧案激論끄테可決」.

23) 『南朝鮮過渡立法議院速記錄(5)』, 제211호(1948.2.27.); 《東亞日報》 1948년2월29일자, 「議長과 副議長不信任案內容」.

았던 결과로 우익진영이 분열 분쟁이라는 욕스러운 소리만 세인 이목에 전파케 되니 지금도 이것을 통념(痛念)히 여기지 않는 한인이 있다면 이들은 한인의 정신을 버리고 딴 정신을 가진 자들이다. 폐일언(廢一言)하고 유엔소총회에서 토의하여 남한총선거를 결정하고 3월초1일 이내로 공포되면 우리가 그대로 진행할 것이요, 그것이 또 못된다면 그제는 더 볼 것도 없고 더 기다릴 것도 없으니, 이왕 준비한 계획대로 준행해 나갈 뿐이다.

이승만은 메논의 연설문을 읽고, 그리고 입법의원의 동향 등을 보고 자신감을 얻은 것이었다. 그는 "이말 저말 듣고 아무것도 못하고 앉았다가는 다 공산화하고 말 것"이라고 잘라 말하고, 미국 독립전쟁도 전 민족이 한마음 한뜻으로 된 것은 아니라고 다음과 같이 역설했다.

지금 더욱이 미국정부에서는 공개로 남한총선거를 실행하여 통일독립정부를 수립할 것을 절대 주장하며, 세계공론이 다 이 방면으로 동성향응(同聲響應)하는 중이요 하지 중장 또한 절대 지지하는 터이다. 우리 삼천만 애국동포여, 한길로 함께 나가자! 무슨 장애가 있든지 밀고 나가야 될 것이다. 이말 저말 듣고 아무것도 못하고 앉았다가 마침내 다 공산화하고 말 것이니, 천인만인이 다 한마음 한뜻으로 나가서 순조로이 독립하려면 우리는 독립할 날이 없을 것이다. 죽었던 나라를 한편에서라도 살려놓아야 전체를 살릴 희망이 있을 것이다. 일백칠십년 전에 미국이 독립할 적에 전 민족이 다 한마음 한뜻으로 된 것이 아니요, 아비와 형은 영국에 충성해야 한다는 것을 그 자제들은 미국이 독립해야 한다 해서 부자간과 형제간에 전쟁하여 가지고 된 것이다. 우리 충애동포만 다 희생적 정신으로 나서면 대내대외의 여간 장애가 있어도 다 빙소[氷消: 얼음 녹듯이 사라짐]될 것이다. 3월1일까지 기다리는 동시에 우리는 각각 마음으로 준비하고 조직으

京鄕新聞

小總會의美案卅一對二로遂可決

總選擧, 實施確定

蘇끝내拒否면以南에만

國民議會權限에美, 覺書

메논博士, '有益한指針'이라讚揚

朝委에活氣漲溢

第二分科委員會續開

金博士議長辭任

總選擧는四月中?

選擧年齡은滿二十歲로內定

快報나도리혀晩時

國權確立後엔統一

1948년2월27일의 유엔소총회 결의를 보도한 《경향신문》 지면.

로 준비해서 퇴축(退縮)없이 성공하기만 기대하고 나가자![24]

2월24일에 속개된 유엔소총회에서 미국대표 제섭(Philip C. Jessup)은 메논이 제시한 첫째 대안, 곧 남한 지역에서의 선거를 감시하여 한국정부로 승인을 얻도록 하는 결의안을 제안했다. 미국의 제안을 적극적으로 지지하고 나선 나라는 중국, 필리핀, 엘살바도르, 인도였다. 인도의 입장이 달라진 것은 미국정부의 외교적 노력과 아울러 이승만의 메논 설득이 주효했기 때문이었다. 그리하여 2월26일에 실시된 투표에서는 다음과 같

24) 《東亞日報》 1948년2월24일자, 「三月一日內選擧決定못되면 獨自的計畫推進」.

은 미국의 결의안이 찬성 31, 반대 2, 기권 11로 가결되었다.

"소총회의 의견으로는 1947년11월14일의 총회결의 제 조항에 따라, 그리고 그 이후의 한국에 관한 정세 추이에 비추어 보아, 유엔한국임시위원단이 접근 가능한 한국지역에서 결의문(2)항에 약술된 계획을 시행하는 것이 동위원단에 부하된 의무임을 결의한다."[25]

이러한 유엔소총회 결의의 뉴스를 접하고 이승만이 얼마나 기뻐했을지는 상상하기에 어렵지 않다.

이때의 일과 관련하여 메논은 뒷날 그의 회고록에 다음과 같이 인상적인 서술을 남겼다.

> 내가 그런 행동을 취한 데에는 하나의 센티멘털한 까닭이 있었다는 것을 고백하지 않을 수 없다. 한국사람들은 아주 우호적이어서 우리는 많은 친구를 얻게 되었다. 그 가운데서도 가장 친밀했던 사람은 한국의 지도적 여류시인인 매리언 모[모윤숙]였다. 그녀와 나는 정치적인 견해 차이는 거론하지 않기로 하고 해와 달과 별, 사랑과 슬픔과 즐거움 같은 본질적인 이야기들을 나누며 많은 신성한 시간을 보냈다.…
>
> 매리언은 시인일 뿐 아니라 애국자였다. 그녀의 태도는 퍽 단순했다. 그녀에게 남한은 한국을 의미했다. 북한은 아데나워에게 동독이 그렇듯이 하나의 궤도일탈이었다. 그녀의 눈에는 남한정부수립을 위한 선거는 조국의 독립을 위한 선거였고 이에 반대하는 투표는 조국에 대한 배신이었다. 매리언은 온 희망을 내게 걸었다. 그녀는 심지어 나를 "한국의 구세주"라고까지 칭송하는 몇 편의 시까지 썼다. 만약 이런 상황 속에서 우리나라가 미국 결의안에 부표를 던졌더라면 그녀는 가슴이 터지는 비통에 빠졌을 것이고 내가 한국에 돌아갔을 때에 그녀를 대할 낯이 없었을 것이다. 그래서 나는 사태가 그대로 진행되

25) 國會圖書館立法調査局, 앞의 책, p.65.

게 내버려 두었다.

이것은 아마도 내가 임무를 수행하는 데 머리보다 가슴을 우선시킨 유일한 예외일 것이다. 나는 내 행동이 나쁜 결과를 초래하지 않았다는 생각으로 나 자신을 위로했다.…[26]

메논은 3월6일에 서울에 돌아왔는데, 돌아오자마자 인도의 외무장관에 임명되어 3월19일에 귀국했다.[27]

2

유엔소총회의 결의는 제2차 세계대전 이후로 새로운 국제권력정치의 전개에 일희일비하던 한국의 정국에 또다시 회오리바람을 몰고 왔다. 좌우익 정파들은 모두 긴장했다. 이승만과 김구와 김규식도 긴장했다. 그 긴장의 성격과 정도는 각자의 담화에 여실히 드러나 있다. 이승만은 다음과 같이 말했다.

소총회에서 한국총선거에 대하여 31 대 2표로 가결한 것은 유엔대표단의 노력과 특별히 미 국무성에서 정당한 주장으로 우리의 기대한 바를 달성케 된 것이다. 우리가 당초에 민족자결주의를 발휘하여 총선거를 진행하였더라면 벌써 이 문제가 해결되었던 것인데, 우리가 아니하고 있다가 이와 같이 연장이 된 것은 유감이나, 지금은 유엔의 협조와 미국의 후원으로 모든 장애가 해소되고 우리 앞길이 순조로이 열리게 되어, 지금부터는 우리 전 민족이 주저말고 일심 합력하여 모범적 선거를 진행해서 국권을 확립하고 앞으로 조국통일책을 여러 우

---

26) K. P. S. Menon, *Many Worlds Revisited*, Bharatiya Vidya Bhavan, 1981, pp.258~259.
27) 《朝鮮日報》 1948년3월20일자, 「메논氏와 胡博士 盛大한 歡送裡에 昨日歸國」.

방의 원조로 속히 해결되기를 바란다.[28]

유엔의 권능에 큰 기대를 하고 있던 김구는 소총회의 결의가 여간 실망스럽지 않았다. 그는 소련의 태도부터 나무라면서 다음과 같이 말했다.

> 이번 유엔에서의 한국문제에 대한 소련의 태도는 민주주의를 무시한 것이라 아니할 수 없거니와, 유엔소총회가 일개 소련의 태도도 시정하지 못하고서 한국문제에 대한 유엔의 결정에 위반되는 남한에서만의 단독선거를 실시한다는 것은 민주주의 파산을 세계적으로 선고함이나 다름이 없다고 본다. 내외정국을 막론하고 정의와 평화를 애호함에서 유엔에 대하여 큰 기대를 가지고 있던 절대다수의 인사는 너무나 실망을 가질 것이다.…

김구는 이어 남한의 단선도, 북한의 '인민공화국'도 반대한다면서 다음과 같이 역설했다.

> 나는 이로부터 세계가 다시 혼란으로 들어갈 것을 우려한다. 그러나 역사의 바퀴는 앞으로 구르고 인류는 진보하는 것이다. 그러므로 최후의 승리는 오직 정의에만 있는 것이다. 나는 조국을 분할하는 남한의 단선도, 북한의 '인민공화국'도 반대한다. 오직 정의의 깃발을 잡고 절대다수의 애국동포들과 함께 조국의 통일과 완전 자주독립을 실현하기 위하여만 계속 분투하겠다. 이것을 위하여서는 분골쇄신(粉骨碎身)도 부탕도화[赴湯蹈火: 끓는 물이나 뜨거운 불도 밟고 감]도 마다하지 아니하겠다.[29]

---

28)《京鄕新聞》1948년2월28일자, 「快報나 도리어 晩時之歎」.
29)《京鄕新聞》1948년2월28일자, 「統一에 繼續鬪爭」.

김구가 말한 북한의 '인민공화국'이란 북한당국이 2월11일에 발표한 북한의 헌법초안과 관련된 보도를 말하는 것이었다. 2월18일자 도하 신문들은 일제히 북한에 '인민공화국'이 수립되었다는 서울발 AP 및 UP 통신 기사를 받아 크게 보도했는데, 그것은 미군사령부의 한 고위관리의 부정확한 설명에 따른 것이었다. 북한은 2월6일에 북조선인민회의 제4차회의를 열고 조선임시헌법 기초위원회가 소련의 1936년 헌법을 본떠서 기초한 전문 10장 102조의 헌법초안을 채택했는데,[30] 그것이 2월8일의 조선인민군 창설 뉴스와 함께 북한의 정권 수립으로 보도된 것이었다.[31]

이 북한의 헌법초안은 서울의 신문에도 보도되었고,[32] 남로당은 '2·7구국투쟁'과 병행하여 북한 헌법초안에 대한 대대적인 선전공세를 벌였다.[33]

또한 가뜩이나 과도입법의원 사태로 상심하던 김규식은 앞으로 아무런 정치행동에도 참가하지 않겠다고 곤혹스러운 입장을 표명했다.

> 남조선총선거를 위한 유엔소총회 결의에 대하여는 남조선에 있는 조선사람도 우리의 자율적 역량이 발휘되지 못했으니까 반대해도 소용이 없을 것이요 반대할려도 반대할 도리도 없다. 나 개인으로서는 과도입법의원의 일만 끝나면 남북의 통일한 총선거라 할지라도 참가할 생각이 없으니까 남조선 선거에는 물론 불참하겠다. 그러나 남조선 선거에 반대하지는 않겠고, 이 앞으로 아무런 정치행동에도 불참하겠다.[34]

---

30) 尹慶燮, 「1948年 北韓憲法의 制定背景과 그 成立」, 成均館大學校 석사학위논문, 1995, pp.39~83 참조.

31) 《朝鮮日報》 1948년2월18일자, 「北朝鮮共和國宣布?」; 《東亞日報》 1948년2월18일자, 「蘇領導下傀儡政府」, 「人民共和國宣布」.

32) 《우리신문》 1948년2월24일자, 「北朝鮮臨時憲法草案」.

33) 《노력인민》 1948년3월8일자, 「全人民의 總意에 附合 原案承認接受를 要請」.

34) 《京鄕新聞》 1948년2월28일자, 「政界서 隱退決意」.

한편 한민당 중심의 한국독립수립대책협의회(한협)의 반응은 다음과 같았다.

> 세계열국이 얼마나 조선독립에 호의를 가지고 있으며, 또 이 방법이 아니고는 남북통일의 묘안이 없다는 것을 증명한 것이다. 본회는 180여 정당 사회단체를 대표하여 유엔제국에 사의를 표하는 동시에 국민제위에게 국제정국의 진실한 인식을 함으로써 우리 독립을 조속히 실현시키도록 권한다.[35]

3

독촉국민회를 비롯하여 조기총선을 주장하는 정당 사회단체 대표들은 2월27일 오후에 이화장에 모여 유엔소총회 결의에 대한 축하국민대회를 개최할 것과 김성수, 신익희, 박순천(朴順天) 세 사람이 이북단체연합회와 제휴하여 재남이북동포 특별선거구를 설정하도록 교섭할 것 등 총선거 대비책을 토의했다.[36] 같은 시간에 임시정부 그룹의 국민의회는 긴급상무위원회를 열어 유엔소총회 결의에 반대하는 담화를 발표하는 동시에 국민의회의 본래의 사명을 수행하기 위한 국민운동을 전개할 방법 등의 시국문제를 토의하기 위하여 2월29일 하오에 긴급 상무, 국무, 정무, 법무 4개위원회 연석회의를 개최하기로 했다.[37]

그런가 하면 이청천(李青天)이 이끄는 대동청년단(大同青年團)은 2월27일 오전에 긴급상무위원회를 개최하고 토론한 결과 이청천 단장 이하 전원이 유엔소총회의 결의를 지지하기로 하고, 이튿날 이청천이 이화

35) 《朝鮮日報》 1948년2월28일자, 「韓協國聯諸國에 謝意」.
36) 《朝鮮日報》 1948년2월29일자, 「李博士와 獨促 以北人連繫工作」.
37) 《서울신문》 1948년2월29일자, 「小總會決議反對 國議서 國民運動展開?」.

장으로 이승만을 방문하여 장시간 요담했다.[38]

한편 민족자주연맹은 2월28일 오후에 긴급상무위원회를 개최하고 유엔소총회 결의에 대한 대책을 논의했는데, 이 자리에서 김규식은 모든 정치활동에는 불참하고 새로운 국면에 대처하는 국민운동을 추진하기 위하여 신중히 고려중이라고 천명했다.[39]

이러한 분열상황은 3·1절 경축행사에서도 나타났다. 서울운동장에서 열린 서울시 주최의 기미독립선언기념대회에는 10만을 헤아리는 군중이 운집했다. 대회에는 하지 사령관과 딘 군정장관도 참석했으나, 김구와 김규식은 참석하지 않았다. 김구는 경교장에서 별도의 3·1절기념식을 가졌다. 이날 김구는 기념사에서 이승만과 행동을 같이 할 수 없다고 공식으로 선언했다.

> 나는 귀국 후에 지방을 시찰할 때에 지방민중에게 말하기를 나는 정권이나 지위에 대한 욕망을 가지지 않았다, 조선이 독립되면 나는 농촌에 들어가서 농군이 되기를 원하며, 초대 대통령은 나의 숭배하는 선배인 이승만 박사를 추대할 것을 늘 주장하여 왔다. 그러나 최근에 조선문제가 급전환된 이때에 모모 인사들이 나한테 이 박사와 제휴하고 나가는 것이 옳지 않은가 하고 권고하는 사람도 있으나, 나의 생각으로는 38선을 그대로 두고는 우리 민족과 국토를 통일할 수 없을 뿐 아니라 민생문제를 도저히 해결할 수 없으므로 행동을 같이 할 수 없으며, 남조선선거에 응할 수 없다.[40]

이튿날 열린 한독당 상임위원회는 남북요인회담 추진위원회를 설치할 것을 결의하고, 추진위원으로 조소앙(趙素昻), 조완구(趙琬九), 엄항

38) 《東亞日報》 1948년2월29일자, 「李青天將軍 李博士訪問」.
39) 《朝鮮日報》 1948년2월29일자, 「金博士隱退前進의 雙曲」.
40) 《서울신문》 1948년3월3일자, 「李博士와 行動統一不能」.

섭, 김의한(金毅漢), 백홍균(白泓均), 조경한(趙擎韓) 6명을 선정했다.[41)]

이날 서울운동장에서는 3·1절기념식에 이어 중앙정부수립결정안 축하국민대회가 열렸는데, 이승만은 이 자리를 이용하여 선거일정을 비롯한 선거 후의 정부수립, 국방군 창설, 유엔 가입 등에 대한 소견을 피력했다. 그는 또 공산주의자들에게 한마디 하는 것도 잊지 않았다. "이제 공산주의자에게 회개하라고 부탁하려고 한다. 파괴의 시대는 지나고 건설의 때가 이제 온 것이다. 건설시대에 파괴하는 것을 그만두고 건설에 협력하기를 바라고 빈다"라고 그는 강조했다.[42)]

유엔소총회의 결의에 대하여 좌익단체들은 격렬하게 반발했다. 남로당 중앙위원회, 민주주의민족전선, 조선노동조합전국평의회(전평) 등 좌익단체들은 일매지게 유엔소총회의 결의를 비판하면서 유엔한국위원단의 축출을 선동했다. 이들은 "조국사상 최대의 위기에 당면한 우리 민족은 오늘에야말로 총궐기하여 미제의 앞잡이 유엔위원단을 구축하고, 단선단정을 쳐부수고, 소미 양군 철병을 실현하여, 조국의 통일자유민주독립을 전취하지 않으면 안된다"라고 강변했다.

그런데 이들의 발표문에서 눈길을 끄는 것은, 이때는 김구와 김규식이 북한의 김일성과 김두봉에게 남북지도자회의를 제의하는 편지를 보내고 두 주일이나 지난 뒤인데도 불구하고 "조선을 외국 제국주의자에게 팔아먹으려는 반동의 두목 이승만, 김구, 김규식과 그의 졸도 김성수 계열을 타도하자!"는 구호를 주장하고 있는 점이다. 남북요인회의에 대해서는 다음과 같이 주장했다.

> 이 회의의 제창자인 김구, 김규식의 주장하는 바가 '유엔위원단'의 알선 및 감시 하에서(의) 회담을 요구하며 소미 양군 철병 후 유엔으

---

41) 《朝鮮日報》 1948년3월4일자, 「韓獨 南北會談機關設置를 決議」.
42) 《朝鮮日報》 1948년3월2일자, 「國防軍組織코 UN加入」.

로 하여금 치안의 책임을 지게 하는 것인데, 이는 유엔위원단 반대와 양군 동시철병 후에 남북통일정부를 조선인 자신에 의하여 수립하려는 인민의 투쟁이 날로 높아가고 있으므로 이와 같은 인민의 구국투쟁을 정면으로 반대할 수 없으므로 "통일"이니 "철병"이니 "정치범 석방"이니의 기만적 언사 밑에 유엔위원단에 대한 환상을 인민에게 퍼뜨리며, 한편에서는 양 김에 대한 연기를 집중하야 소위 중간파를 영도하야 민주진영을 견제 고립시키려는 것이며 타방에서는 분열과 단정의 책임을 소련과 남북 민주진영에다가 전가하여 결국 이승만, 김구, 김규식의 타협으로써 남조선 괴뢰 단정을 조작하려는 미 제국주의 영도하에 그 국제 국내의 주구들을 구사하야 안출된 가장 교묘한 방법이다.…[43]

이러한 주장은 이때까지도 남한의 좌익단체들이 남북지도자회의와 관련하여 북한 당국과 아무런 협의도 하고 있지 않았음을 시사한다.

한편 하지 장군은 3월1일에 남한의 총선거를 5월9일에 실시하겠다고 포고했는데, 이 소식이 전해지자 개성, 의정부, 춘천, 주문진 등지의 수용소를 통하여 38선을 넘어오는 북한주민들의 수가 매일 800명 내지 1,000명으로 갑자기 늘어났다.[44]

---

43) 《노력인민》 1948년3월8일자, 「國聯朝委追放에 突進하자」.
44) 《東亞日報》 1948년3월4일자, 「봄따라 南下하는 同胞 하로에 千名도 넘어」.

3. 김일성과 김두봉의 모멸적인 답신

1

이승만은 총선거 준비를 서둘렀다. 3월5일 오후에 독촉국민회 회의실에서 열린 정당 사회단체대표자대회에 참석한 이승만은 총선거에 대비한 민족대표단을 정식으로 구성할 것을 제의했다. 대표단의 역할은 선거법, 선거일자, 선거집행 사무 등을 유엔위원단과 협의하는 것이었다. 대표단의 숫자는 3·1운동의 상징성이 있는 33명으로 구성하기로 하고 대표단 전형위원으로 명제세(明濟世), 김헌(金獻), 황현숙(黃賢淑), 백남훈(白南薰) 등 9명을 선출했다. 선출된 33명은 이승만을 비롯하여 오세창(吳世昌), 이시영(李始榮), 이윤영(李允榮), 김성수, 김창숙(金昌淑), 서상천(徐相天), 신익희, 이청천, 박순천, 전진한(錢鎭漢), 이범석(李範奭), 변영태(卞榮泰), 김활란(金活蘭), 유진산(柳珍山), 이철승(李哲承) 등 우익 정당 및 사회단체대표들을 망라한 인사들이었다.[45] 이승만은 김구를 민족대표단에 포함시키고자 했으나, 김구는 끝내 응하지 않았다.[46] 이승만은 3월10일에 유엔위원단에 민족대표단의 성립을 알리면서 위원단의 제반업무를 민족대표단과 상의할 것을 요망하는 메시지를 보냈다.[47]

그런데 유림의 대표인 김창숙이 3월11일에 민족대표단에 참가한 일이 없다는 성명서를 발표하고, 부단장으로 발표된 이시영도 기자에게 대표단에 참가한 일도 없고 앞으로도 참가할 의사가 없다고 말한 것을 보면,[48] 민족대표단 구성을 너무 서둔 나머지 사전에 충분한 협의가 없었던 것으로 짐작된다.

---

45) 《朝鮮日報》 1948년3월7일자, 「民族代表團構成 李博士以下卅三名」.
46) 《서울신문》 1948년3월9일자, 「民代團參加 金九氏拒否」.
47) 《朝鮮日報》 1948년3월13일자, 「朝鮮人의 意見 選擧에 充分反映하라」.
48) 《서울신문》 1948년3월12일자, 「李始榮金昌淑氏 民代不參加表明」.

유엔소총회의 결의를 그대로 수용할 것이냐의 여부를 두고 논란을 벌이던 유엔위원단은 3월12일에 제22차 전체회의를 열고 표결을 실시하여 찬성 4(중국, 엘살바도르, 인도, 필리핀), 반대 2(캐나다, 오스트레일리아), 기권 2(프랑스, 시리아)로 5월9일에 실시하기로 한 총선거를 감시하기로 결의했다.[49] 그런데 5월9일은 일요일이었으므로 기독교계에서 반발이 있는데다가 일식(日蝕)이 있을 예정이어서 하루 늦추어 5월10일로 변경했다.

이튿날 아침에 메논 의장과 호세택 사무총장은 김구에게 총선거 참여를 권유하기 위하여 경교장을 방문했는데, 이 자리에서 나눈 대화는 김구의 분격한 심기를 그대로 드러내고 있어서 많은 사람들의 눈길을 끌었다. 메논이 남북회담에 관한 북한쪽의 회신이 4월30일까지 도착하지 않을 때에는 선거에 참여하는 것이 어떠냐고 말하자 김구는 다음과 같이 대답했다.

"편지는 성의에서 보낸 것이지 최후통첩과 같은 성질의 것이 아니므로 회신 기간의 여부를 논할 것이 아니다."

메논이 남한 정세로 보아 선거에 참가하여 협력하는 것이 어떠냐고 거듭 권고하자 김구는 메논을 윽박지르면서 말했다.

"나는 통일정부수립의 약속을 실행하지 않는 귀하에게 실망한다. 귀국의 파키스탄 분할 이후의 혼란 상태로 보아 우리는 남한단선으로서 민족분열의 비극을 연출시킬 수 없다."

대화는 다음과 같이 이어졌다.

"우리는 중앙정부를 수립하려고 이번 선거를 실시하는 것이 아니라 협의대상으로 하려는 것이니, 그 결과로는 남북회담도 잘 진행할 수 있고 통일정부수립도 잘 될 수 있을 것이다.…"

"그런 말은 못믿겠다. 첫째 소련 한 나라가 반대한다고 자기의 결의

49) 『大韓民國史資料集(1) UN韓國臨時委員團關係文書 I』, pp.24~25.

를 실행하지 못하는 유엔이 오늘에 통일이니 무엇이니 한다고 해서 믿을 수는 없다. 만일 이후에 통일을 시킬 수 있다면 지금은 왜 못하는가? 그리고 항간에는 벌써 내각 조직에 관한 준비공작이 여러 곳에서 진행되고 있으니 이번 한국 단선이 협의대상에만 그친다고 믿을 수는 없다. 협의 대상 성립 이후의 남북회담은 남북통일회의가 되지 못하고 남북국제회의로 변할 가능성이 농후하니 우리의 통일은 더욱이 곤란하게 될 것이다."

"그러면 북한에서 공산군이 남하하면 어떻게 하겠는가?"

"그것을 구실로 서로 군비를 확장하면 결국은 미소의 전초전이 되며 동족상잔만 있게 될 것이며, 우리의 통일 독립 목적에는 유해무익할 것이다."

"만약 귀하가 선거에 불참하면 어떤 한 정당이 전제 농단하게 될 것이 아닌가?"

"나는 정의를 논할 뿐이지 정권을 다투는 것이 아니다. 어떤 정당이든지 그 노선이 진정으로 애국적이요 그 치적이 양호만 하다면 허심종수(虛心從隨)라도 하겠다."[50)]

이러한 김구의 완강한 태도는 전날에 있었던 장덕수사건의 군율법정에 증인으로 출두하여 모멸적인 심문을 받은 일에 대한 분격이 채 가라앉지 않았기 때문이기도 했다.

유엔소총회의 결의와 북한쪽의 무응답에 고뇌하고 있는 김구는 3월2일부터 진행되고 있는 장덕수 암살사건 공판에 증인으로 출두하라는 미군법재판소의 소환장을 받고 격분했다. 소환장은 거창하게도 "북미합중국 대통령이 김구씨에게 보내는" 것으로 되어 있었다.[51)]

이승만은 3월8일에 김구의 장덕수 살해사건 관련설에 대하여 다음과

---

50) 《朝鮮日報》 1948년3월14일자, 「協議爲한 選擧說不信」.

51) 《朝鮮日報》 1948년3월9일자, 「證人으로 金九氏召喚」.

같은 담화를 발표했다.

> 고 장덕수씨 사건에 김 주석이 관련되었다는 말은 얼마 전에 들었으나 근일 항간에 허무한 풍설이 많이 유포되고 있는 때이므로 나는 별로 신뢰치 않았던 것인데, 지금 와서는 신문에까지 보도되기에 이르니 이것을 본 나로는 사실을 모르고 좌우간 단언할 수는 없으나, 김 주석이 고의로 이런 일에 관련되었으리라고는 믿을 수 없다. 김 주석 부하 몇 사람의 무지망동한 죄범으로 김 주석에게 누가 미치게 한 것은 참으로 통탄할 일이다. 앞으로 법정의 공정한 판결이 있을 줄 믿는다.[52)]

2

김구는 3월12일에 군정청 제1회의실에서 열린 재판정에 출두했다. 한민당과 한독당 관계자들을 비롯한 많은 사람들이 몰려들어 방청석은 초만원을 이루었다. 미국인 방청석에도 많은 남녀미국인이 참석하여 김구에 대한 관심을 보였다. 검은 두루마기에 자줏빛 토시를 낀 김구는 재판정 한복판에 조금 높이 마련된 증인석에 앉아 신문을 받았다. 김구는 젊어서 치하포사건과 안악사건으로 재판을 받던 일이 상기되었을 것이다.

"증인의 이름이 김구입니까?"

"그렇소."

"증인의 직업은 독립운동가입니까?"

"내가 옳은 독립운동가였다면 오늘 이 법정에 소환되어 신문을 받는

---

52) 《朝鮮日報》 1948년3월9일자, 「金主席關聯說은 미들수업다」.

미 군정 법정에 장덕수 암살사건의 증인으로 출두하여 신문을 받는 김구.

입장에 있겠소?"[53)]

이렇게 시작된 신문은 오전 오후에 걸쳐 네시간 반이나 걸렸다. 검사나 재판관은 예의를 갖추어 묻기는 했지만 신문내용은 피의자 신문과 비슷했다. 검사는 김구가 장덕수를 가리켜 "죽일놈"이라고 말했다는 피고인들의 진술을 확인하기 위해 여러모로 캐물었다. 또한 찾아간 피고인들을 김구가 격려하여 말하기를 "그 정신은 좋지만 조심하라. 그러한 청년은 많으나 성사를 못하더라. 학생은 공부해야 한다. 그러나 나라를 위해서는 궐기해야 한다"라고 말했다는 것이 사실이냐고도 물었다.[54)]

김구는 3월15일에 열린 공판에 다시 소환되었다. 그는 신문 모두에 다음과 같이 말하면서 답변을 거부했다.

"내가 할 말은 이미 다 했소. 도대체 나는 국제 예의를 존중해서 증인으로 나오라기에 여기 나와 앉은 바인데, 마치 나를 죄인처럼 취급하는

53) 김용식, 『새벽의 약속: 김용식외교 33년』, 김영사, 1993, p.24.
54) 《朝鮮日報》 1948년3월13일자, 「金九氏證人으로 出廷」.

셈이니 매우 불만하오. 내가 지도자는 못되더라도 일개 선비요. 나라를 사랑하는 나에 대해서 법정에서 이렇듯 죄인 취급을 하는 데는 나로서 이 이상 말할 것이 없소. 이 사건에 대해서는 시종 아무것도 모른다고 했으니, 바로 나를 죄인이라 보면 기소를 하여 체포장을 띄워 잡아놓고 하시오. 내가 증인이라면 더 말할 것이 없으니 나는 가겠소."

이렇게 흥분된 어조로 말하면서 김구가 일어서서 나오려는 것을 변호인쪽에서 만류했다. 검사가 다시 질문을 했지만 김구는 함구무언이었다. 이때에 피고인석에서 박광옥(朴光玉)이 일어나 "법정에 태극기를 달아라. ××× 먹으려면 깨끗이 먹으라!"하고 고함을 지르는 등 소란을 피웠다. 이렇게 오전 공판이 끝나고 김구는 돌아왔다.[55)]

김구의 이러한 단호한 태도는 바로 3월12일에 발표된 「7거두성명」이 뒷받침이 되었던 것 같다. 그동안 김구는 임시정부 및 한독당 그룹을 중심으로 빈번한 회합을 가지면서 시국대책을 협의해 왔는데, 그 가운데 김구, 조소앙, 조완구, 조성환 네 사람과 이승만 진영에서 민족대표단에 포함시켰던 한독당 고문 김창숙, 그리고 민족자주연맹의 김규식과 홍명희(洪命憙)가 남한만의 총선거에 불참하겠다는 공동성명을 발표한 것이었다. 성명서는 먼저 한반도의 현정세를 다음과 같이 설명했다.

> 남에서는 가능한 지역의 총선거로 중앙정부를 수립하려 하고 북에서는 인민공화국 헌법을 제정 발포한다 하여 남북이 분열 각립할 계획을 공공연하게 떠들게 되고, 목하 정세는 실현 일보 전까지 이르게 되었다.
>
> 미소 양국이 군사상 필요로 일시 설정한 소위 38선을 국경선으로 고정시키고 양 정부 또는 양 국가를 형성케 되면 남북의 우리 형제자매가 미소 전쟁의 전초전을 개시하야 총검으로 서로 대하게 될 것이 명

55) 《朝鮮日報》 1948년3월16일자, 「"罪人取扱에는 不滿"」.

> 약관화한 일이니, 우리 민족의 참화가 이에서 더할 것이 없다.… 그러므로 우리는 우리 민족적 이해를 불고하고 미국이나 소련의 정책으로만 우리의 운명을 좌우하는 데는 추수할 수 없는 것이다.…

「성명서」는 남한에 중앙정부를 먼저 수립하여 국제적 승인을 얻고 이를 바탕으로 통일한다는 이승만의 주장을 다음과 같이 반박했다.

> 반쪽이나마 먼저 독립하고 그 다음에 반쪽마저 통일한다는 말은 일리가 있는 듯하되 실상은 반쪽 독립과 나머지 반쪽 통일이 다 가능성이 없고 오직 동족상잔의 참화를 빚어낼 뿐일 것이다. 우리 문제가 국제적 연관성을 무시하고 해결될 것은 아니로되 우리 민족적 견지는 불고(不顧)하고 미소의 견지를 추수하야 해결하려는 것은 본말과 주객이 전도된 부정당하고 부자연한 일이니, 부정당 부자연한 일은 영구 계속하는 법이 없다. 우리 문제를 미소공위도 해결 못하였고 국제연합도 해결 못할 모양이니, 이제는 우리 민족으로 자결하게 하는 일밖에 없을 것이다.…

그러면서 이들은 "반쪽 강토에 중앙정부를 수립하려는" 선거에는 참가하지 않겠다고 선명했다.

> 우리 몇 사람은 정치의 기변성(機變性), 운동의 굴신성(屈伸性), 기타 여러 가지 구실로 부득이한 채 현정세에 추수하는 것이 우리의 개인의 이익됨을 모르지 아니하나, 개인의 이익을 도모하려고 민족의 참화를 촉진하는 것은 민족적 양심이 허락지 아니하여, 반쪽 강토에 중앙정부를 수립하려는 가능한 지역 선거에는 참가하지 아니한다. 그리고 통일독립을 달성하기 위하여 여생을 바칠 것을 동포앞에 굳게

맹세한다.[56]

「7거두성명」에 이어 한독당과 민족자주연맹은 행동통일을 위한 협의체 구성을 추진했다. 3월13일에 소집된 민족자주연맹의 정치위원회는 그 교섭위원으로 홍명희, 여운홍(呂運弘), 김붕준(金朋濬) 세 사람을 선정했다.[57]

이승만이 3월19일에 올리버(Robert T. Oliver)에게 쓴 장문의 편지는 다가오는 선거와 관련된 중요한 몇가지 사항이 자세히 언급되어 있다. 그 가운데 가장 주목되는 것은 김구가 서너 그룹의 비밀테러단을 시켜 자기와 경무부장 조병옥, 수도관구경찰청장 장택상(張澤相) 세 사람을 암살하려고 한 것으로 알려졌다고 한 사실이다. 그리하여 세 경찰서가 각각 한 사람씩의 경호를 맡고 있고, 유엔위원단의 메논은 귀국하는 날 이승만에게 선거일을 늦추어야 하지 않겠느냐고 말했다는 것이었다. 그러나 그 뒤에 아무런 말도 듣지 못했다고 했다.

이승만은 또 이 편지에서 김구와 김규식의 선거에 대한 태도에 대하여 다음과 같이 썼다.

> 김구와 김규식이 선거에 협력하도록 촉구해야 한다는 당신의 제의는 현재로서는 불가능한 것 같습니다. 그들은 지금 선거를 통하여 자신들이 정권을 장악할 가능성은 없다고 느끼고 있습니다. 그들은 소련과의 협력을 생각하고 있습니다. 그러나 선거는 일부 한국인들만의 일이 아닐 것입니다. 왜냐하면 공공연히 선거를 반대하는 모든 사람들이 오직 표면상으로만 선거가 불가능하게 되는 것을 바라는 것처럼 행동하는 것입니다. 그러나 사실은 그들이 모두 선거운동에 더 바

56) 《朝鮮日報》 1948년3월13일자, 「民族自決推進」.
57) 《朝鮮日報》 1948년3월16일자, 「選擧反對戰線」.

뽑니다. 심지어 좌익들과 좌우합작파들까지도 선거에 참가할 것으로 우리는 알고 있습니다. 왜냐하면 아무도 제외되기를 바라지 않기 때문이지요. 우리는 여러 가지 색깔의 모든 사람들에 의하여 많은 사람들이 투표를 할 것이라고 장담할 수 있을 것입니다.[58]

이승만은 김구와 김규식까지 포함한 많은 정파들의 총선거 거부캠페인에도 불구하고 국민들의 선거 참여율이 높을 것으로 낙관하고 있었다.

3

김구와 김규식이 북한의 두 김에게 보낸 편지에 대한 답신이 오기까지에는 40여일이 걸렸다. 북조선로동당의 정보관계 고위당료였던 박병엽(朴炳燁: 가명 徐容奎)은 두 사람의 편지와 관련된 북한 당국의 동향을 다음과 같이 술회했다.

북로당은 2월18일부터 20일까지 사흘 동안 정치위원회 확대회의를 열고 김구와 김규식의 남북협상 제의와 관련된 문제와 남로당을 중심으로 한 '2·7구국투쟁' 결산문제를 의제로 열띤 토의를 벌였다. 핵심 논점은 2월4일에 열린 민족자주연맹의 정치위원 상무집행위원 연석회의의 남북요인회담 제의와 대북편지발송 결의를 어떻게 평가할 것인가 하는 것이었다. 미군사령관 하지의 정치고문 노블이 김규식의 사무실을 아침저녁으로 들락거리는 것을 감안할 때에 김규식이 오히려 남북협상의 움직임을 깨려는 미 군정부의 공작에 놀아나는 것이 아니냐는 의혹도 제기되었다. 허가이(許哥而), 김열(金烈) 등 소련파는 김규식을 의심하면서 북로당의 정치노선을 파탄시키려는 미 제국주의자들의 음모를 경계해야 된다고 주장했다. 중국에서 같이 활동했던 연안파의 김두봉과 최창익

58) Syngman Rhee to Robert T. Oliver, Mar. 19, 1948(梨花莊所藏); Robert T. Oliver, *op. cit.*, pp.154~155.

(崔昌益)은 미국의 작용을 무시할 수는 없겠지만 김구와 김규식의 애국적 결단이라는 측면도 중요하게 보아야 한다고 주장했다. 김일성과 김책(金策) 등 빨치산파는 연안파의 주장을 지지하면서, 경계를 늦추어서는 안되지만 김구와 김규식의 행동에 대해서는 적극적으로 지지해주어야 한다는 입장이었다. 주영하(朱寧河), 최경덕(崔璟德) 등 국내파는 무조건 지지해야 한다고 주장했다. 이처럼 북로당이 어떤 문제를 가지고 결론을 내리지 못하고 사흘 동안이나 토론을 계속한 것은 처음 있는 일이었다.

회의는 대남연락부장 임해(任海)를 서울로 급파하여 사정을 정확하게 알아오게 했다. 임해는 2월22일 밤에 수행원 두 사람과 함께 평양을 출발하여 23일 밤에 돌아왔다. 2월24일, 25일 이틀 동안 다시 열린 정치위원회 확대회의는 임해의 보고를 통하여 김구와 김규식의 남북협상 제의가 미 군정부의 공작에 의한 것으로 보기는 어렵다는 결론을 내리고 남북정치협상회의를 추진하기로 했다.[59)]

북한의 두 김의 답신이 늦어진 데에는 또 한가지 이유가 있었다. 그것은 북조선 천도교청우당이 서울 천도교청우회의 최린(崔麟)의 지령으로 3·1절을 기하여 북한정권의 수립을 반대하는 이른바 '3·1재현운동'을 일으키려는 계획이 적발되어 2월 말에서 3월 초에 걸쳐 소련군과 북한지도부가 이 문제의 처리에 주력하고 있었기 때문이었다.

소련군사령부의 레베데프(Nikolai G. Lebedev)의 『일기』에 이 무렵의 일이 자세히 적혀있다. 레베데프는 1947년5월에 새로 창설된 북한주재 소련민정청의 장관이 되어있었다. 최린의 지시문을 가진 박현엽(朴炫燁), 유은덕(劉恩德) 두 여성이 평양에 나타난 것은 2월15일이었다. '3·1재현운동' 거사계획은 북조선청우당 위원장 김달현(金達鉉)의 신고로 3·1절 직전에 발각되어 지도자 19명을 포함한 172명이 체포되었다. 이 사건과 관련하여 북한에서 활동하던 남로당의 이론가 이강국(李康國)도 조사를

---

59) 박병엽 구술, 윤영구·정창현 엮음, 『조선민주주의인민공화국의 탄생』, 선인, 2010, pp.263~268.

받았다.[60)]

답신이 늦어진 이유는 그뿐만이 아니었다. 남북정당 및 사회단체 연석회의를 열기로 결정한 소련군과 김일성 그룹은 그 구체적인 방안을 준비하면서 회의의 주도권을 행사하기 위하여 의도적으로 회신을 늦춘 것이었다. 그러한 사정은 『레베데프일기』에 구체적으로 기술되어 있다.

레베데프가 소련에 있는 슈티코프에게 김구와 김규식이 김일성과 김두봉 앞으로 보낸 편지에 대하여 보고한 것은 3월10일에 이르러서였다. 이때까지만 하더라도 레베데프는 김구에 대하여 "그의 이름을 이승만과 함께 조선 인민의 반역자로 상기시키는 구호들이 필요하지 않을까?"라고 생각하고 있었다.[61)]

레베데프의 보고를 받은 슈티코프는 다음과 같이 지시했다고 『레베데프일기』는 적어 놓았다.

> 신문 논평이나 사설에서 다음과 같이 논한다. "조선 문제에 관한 모스크바결정에 대해 김구가 취한 입장은 결국 지금까지 통일정부의 수립과 조선의 통일을 이루지 못하게 하는 결과를 초래했다." 바로 이 점을 상기시킨다.

그리고 김구와 김규식의 편지에 대한 김일성의 의견은 다음과 같다고 했다.

> 김구에게 답장을 보낼 필요가 있다면 외국군대의 철수를 요구해야 한다. 만나는 것은 가능하다. 그러나 만남 그 자체는 아무것도 줄 수 없다. 남조선 단독선거에 반대해서 투쟁해야 하고, 우리는 남조선

---

60) 전현수 편역, 『레베제프일기 1945~1948』, 나모커뮤니케이션, 2007, pp.138~139, (1948.3.6.); 도진순, 『한국민족주의와 남북관계』, 서울대학교출판부, 1997, p.233.

61) 『레베제프일기』, p.142, (1948.3.).

단독선거에 반대한다는 공동성명을 발표해야 한다.… 김원봉(金元鳳)이 당수로 있는 당에서는 김구와 김규식이 말로는 선거에 반대하지만 실제로는 선거에 찬성한다는 성명을 발표했다.[62]

또한 3월12일자 『레베데프일기』에는 다음과 같은 기술이 보인다.

김일성과 대화하다. 김구가 김두봉에게 보낸 편지에 대해 논의하다.……
김두봉이 김일성에게 다시 전화해서 김구에게 답변을 해줘야 한다고 말하다.
김일성은 김두봉에게 국가적 대사는 한시간 만에 결정할 수 없는 것인데, 왜 그렇게 서두르는지 모르겠다고 대답하다.……

김두봉은 무엇 때문에 항상 그 사람(김구)을 욕하느냐고 말하다.… 김두봉은 김구가 단독선거에 찬성한다는 것은 거짓말이며, 다른 사람들이 편지를 쓸 수는 없었을 것이라고 말하다. 김두봉은 빨리 김구와 만날 필요가 있으며, 그는 유용한 사람이 될 수 있고, 그를 설득할 수 있다고 간주하고 있다. 그는 남조선선거를 반대하는 공동서한을 작성해서 미국정부 앞으로 보낼 수 있을 것이라고 보고 있다.…[63]

그럼에도 불구하고 김두봉이 3월27일부터 나흘 동안 평양에서 열린 북로당 제2차 대회의 폐회사에서 다음과 같이 말한 것을 보면 최고인민회의 상임위원장이라는 직책에도 불구하고 북한권력 내부에서 김두봉의 위상이 얼마나 조심스러운 것이었는가를 짐작할 수 있다.

"이제까지 별별짓을 다 하던 김구의 태도가 이제야 조금 달라졌습니

62) 위의 책, p.144, (1948.3.10.).
63) 같은 책, pp.144~145, (1948.3.12.).

다. 그들은 이전에는 꿈에도 생각지 않았던 것이 방금 미 제국주의자들의 입에 먹히우게 되니 당황하여서 이제는 평양에 오겠다고까지 합니다. 김구가 이제라도 다소 깨닫기 시작하였다는 것은 좋은 일입니다. 물론 방심할 것은 아닙니다.…"[64]

3월20일과 24일 두 차례에 걸쳐 열린 북로당 특별 중앙위원회의 결정에 따라 3월25일 오전에 북조선민주주의민족통일전선 중앙위원회 제26차 회의가 열렸다. 회의는 4월14일에 평양에서 남북제정당사회단체 대표자연석회의를 개최할 것을 최종적으로 결정하고 남한의 정당 및 단체들에 초청편지를 보내기로 결의했다. 평양방송은 이날 저녁 7시부터 매 시간대 뉴스시간에 북조선민전이 채택한 「남조선 단독정부수립을 반대하는 남조선 정당사회단체에 고함」이라는 대남제의서를 방송했다. 방송은 북로당, 민주당, 천도교청우당 등 북한의 9개 정당과 사회단체 명의로 남로당과 한독당을 비롯한 남한의 17개 정당과 사회단체를 초청한다고 발표했다. 이로써 북쪽이 공식으로 남북연석회의 개최를 제의하는 형식을 갖추게 되었다. 북쪽은 남북연석회의 개최를 제의하면서도 김구와 김규식의 2월16일자 편지에 대해서는 일언반구도 언급하지 않았다. 이러한 북로당 특별중앙위원회의 결의에 따라 김일성과 김두봉이 김구와 김규식에게 보내는 편지가 전해진 것은 이틀 뒤인 3월27일이었다.[65]

4

3월15일자로 된 이 편지는 흰 인조견에 국한문의 공판(孔版)타이프로 치고 김일성과 김두봉의 도장을 찍은 것이었다. 이 편지는 인편으로 김규식의 집에 전해졌는데, 편지를 가지고 온 사람은 서울에서 활동하던

---

64) 國土統一院 編, 『朝鮮勞動黨大會資料集(第一輯)』, 國土統一院, 1980, p.262.
65) 박병엽 구술, 유영구·정창현 엮음, 앞의 책, pp.274~278; 宋南憲, 앞의 책, p.541.

북한의 거물 공작원 성시백(成始伯)이었다고 한다.[66] 답신은 2~3일 뒤에 같은 내용으로 흰 종이에 타이프로 친 것이 다시 전달되었다.[67]

김일성과 김두봉이 공동명의로 남한의 김구와 김규식에게 보낸 회신은 김두봉에게 보낸 김구의 편지와는 사뭇 대조적으로 지극히 사무적이었다. 그리고 예절에 벗어나는 문투였다.

모두의 인사말도 없이 대뜸 "2월16일에 보내신 혜함은 받았습니다. 귀 서한 중에 제기된 문제에 관하여 회답코저 합니다"하고 시작한 편지는 김구와 김규식을 "당신들"이라고 호칭하면서, 먼저 남북한의 처지를 다음과 같이 대비했다.

> 조선이 일본 통치로부터 해방된 지 이미 2년 반이 되었으나 우금 조선민족은 자주독립의 통일정부를 수립하지 못하고 인민은 남북 조선의 판이한 정치 조건하에서 부동한 생활을 하고 있습니다. 다 아시는 바와 같이 북조선 인민들은 자기 손으로서 자기 운명을 결정하는 모든 창발성을 발양하고 있습니다. 그러나 남조선에는 모든 주권이 미국사람의 손에 있기 때문에 남조선 인민들과 당신들은 아무런 권리와 자유가 없이 정신상과 물질적으로 곤란을 당하고 있습니다.…

편지는 그러한 상황이 빚어진 책임이 다름 아닌 김구와 김규식의 해방이후의 행적에 있다고 대놓고 질책했다.

> 당신들은 조국땅에 돌아온 후에 금일까지 민족입장에 튼튼히 서서 조선이 부강한 나라로 발전하여 나갈 수 있는 정확한 강령과 진실한 투쟁을 문헌으로나 실천으로 뚜렷하게 내놓은 것이 없습니다. 당

---

66) 宋南憲, 「金九 · 金奎植은 왜 38線을 넘었나」, 《新東亞》, 1983년9월호, p.209; 《로동신문》1997년5월26일자, 「민족의 령수를 받들어 용감하게 싸운 통일혁명렬사」.

67) 宋南憲, 앞의 책, p.543.

신들은 조선에 관한 모스크바 3상결정과 미소공동위원회를 적극적으로 반대하여 거듭 파열시켰습니다. 당신들은 조선에서 미소 양군이 철거하고 조선문제 해결을 조선인 자체의 힘에 맡기자는 소련대표의 제의를 노골적으로 반대하기도 하였으며, 혹은 무관심한 태도로 묵과하기도 하였습니다. 더욱 유감스러운 것은 조선에 대한 유엔총회의 결정과 소위 유엔조선위원단의 입국을 당신들은 환영하였습니다.

편지는 두 사람이 제의한 남북지도자회의에 대해서도 "완전한 확신을 가질 수 없다"고 잘라 말했다.

이제야 당신들은 청천백일하에서 조선국토의 양단, 조선민족의 분열을 책모하는 유엔조선위원단과 미국사령관의 정치 음모를 간파한 듯합니다. 그러나 아직도 당신들의 애국적 항의는 미온적이고 당신들의 입장은 명백하지 못합니다. 민족자주독립이 위급에 봉착한 금일에 당신들은 또 무엇을 요망하고 애국적 항쟁을 실천에 옮기지 않습니까?…

이제 우리는 양위 선생이 제의하신 남북조선지도자연석회의의 소집을 본시 반대하지 않습니다. 그러나 당신들은 어떤 조선을 위하여 투쟁하시려는지 그 목적과 기획을 충분히 알 수 없기 때문에, 우리는 연석회의의 성과에 대하여 완전한 확신을 가질 수 없습니다.

편지는 자기들은 남한의 단독선거를 실시하려는 유엔의 결정을 반대하는 대책을 이미 세우고 그 투쟁방침을 토의하기 위한 남북조선 정당사회단체들의 연석회의를 개최하자는 편지를 보냈다고 말하면서, 두 사람이 제의한 남북지도자회의에 관해서는 다음과 같이 말했다.

양위의 지도자연석회의에 관하여서는 1948년4월 초에 북조선 평양에서 개최할 것을 동의합니다. 우리의 의견으로는 이 연석회의에 참가하는 성원 범위를 다음과 같이 제의합니다.

남조선에서는 김구, 김규식, 조소앙, 홍명희, 백남운, 김붕준, 김일청, 이극로, 박헌영, 허헌, 김원봉, 허성택, 유영준, 송을수, 김창준 등 15명과 북조선에서는 김일성, 김두봉, 최용건, 김달현, 박정애 이외에 5명으로 예상합니다.

연석회의 순서는 다음과 같이 제의합니다.

(1) 조선의 정치현세에 대한 의견교환.

(2) 남조선단독정부 수립을 위한 반동선거 실시에 관한 유엔총회의 결정을 반대하며 투쟁할 대책 수립.

(3) 조선통일과 민주주의조선정부 수립에 관한 정책 연구 등등.

만일 양위 선생이 우리의 제의를 동의하신다면 1948년3월 말일 내로 우리에게 통지하여 주실 것을 바랍니다.[68]

그것은 지극히 모멸스러운 일방적인 통고였다. 이러한 회신을 받은 김구와 김규식은 당황했다. 그들은 이 편지를 차마 공개할 수도 없었다. 북한쪽이 초청한다는 회의에 참가할 것인가도 난감한 문제가 아닐 수 없었다.

경교장과 삼청장은 한독당과 민족자주연맹 관계자들과 북한으로부터 지명을 받은 인사들의 왕래로 어런더런했다. 김규식, 조소앙, 홍명희, 유림, 이극로 등은 3월28일과 29일에 잇달아 별도로 저녁 7시에서 밤늦게까지 구수회의를 열었다.[69]

김구와 김규식은 3월31일에 "감상(感想)"이라는 이름으로 다음과 같이 떨떠름한 성명을 발표했다.

---

68) 「金日成 · 金枓奉이 金九 · 金奎植에게 보낸 서신」, 『白凡金九全集(8)』, pp.727~729; 國史編纂委員會 編, 『北韓關係史料集 X VIII(1946~1953)』, 國史編纂委員會, 1994, pp.63~65.

69) 《京鄕新聞》 1948년3월31일자, 「招請書翰內容 今日京橋莊서 發表」.

일전 북한에서 라디오방송으로 남북정치협상회의를 4월14일에 평양에서 개최하겠다 하며 남북쪽에 각각 몇몇 정당을 지명까지 하였으나, 그 지명된 외에도 이 협상을 찬성하는 단체나 개인은 3월 이내로 연락하여 달라고 하였다.

그러나 당시에는 지난 2월16일부로 우리 두 사람 명의로 북한에 송함한 것을 접수 여부의 소식도 없고 평양방송에도 언급치 않았으므로 방송이 말한 바 남북정치협상은 여하한 의도로 소집되는 것인지 분명히 알지 못하였다. 지금에서야 우리 두 사람에게 북한의 답복도 왔고 동시에 예비적 회담인지는 모르겠으나 우리 두 사람 외에 모모 13인(좌우 합하여)에게 따로 통지가 온 모양이다. 김일성, 김두봉 양씨의 회한을 받은 후 우리 두 사람의 감상은 아래와 같다.

(1) 제1차 회합을 평양에서 하자는 것이나 라디오방송 시에 남한에서 여하한 제의가 있었다는 것을 (발표)아니한 것을 보면 제1차 회담도 미리 다 준비한 잔치에 참례만 하라는 것이 아닌가 의구가 없지 않다. 그러나 우리 두 사람은 남북회담 요구를 한 이상 좌우간 가는 것이 옳다고 생각한다.

(2) 가는 데 있어서는 먼저 내왕 수속절차와 그 방면에 예정해 놓은 프로그램 여하와 남쪽대표의 신변보장 및 1차 회담에 성공치 못한다면 2차, 3차 내지 10여차까지라도 기어이 남북통일을 쟁취할 의사유무까지도 알아야 할 것이다.

(3) 북한에서 지명한 15인 이외에도 누락된 정당이나 개인이 많이 있으니 어떤 정당, 어떤 개인을 증가할 것을 접흡(接洽)할 것.

(4) 이러므로 우리의 생각에는 먼저 그쪽에서 지명한 남쪽 인원끼리라든지 혹은 이에 찬동하는 정당, 단체, 개인만이라도 속히 집합하여 일체를 상의한 후 연락원 약간인을 택하여 일부 연락원은 38 이남 왕래에 관하여 남쪽 당국과 연락을 하고, 일부 연락원은 북조선에 가서 이

상 일체를 접흡할 것. 아직은 이상만이 우리 두 사람의 의견이다.[70]

김일성과 김두봉의 모멸적인 답신을 공개도 하지 않은 채 "미리 다 준비한 잔치에 참례만 하라는 것이 아닌가"라고 의구하면서도 회의를 기정사실인 것처럼 전제하고 구체적인 절차문제를 거론한 것은 선의의 국민들로 하여금 남북회담에 대하여 환상적인 기대를 갖게 하는 '감상'이었다.

이날 기자단과 만난 자리에서 김구는 "이 회담의 성공을 확신하는가?"라는 질문을 받고 다음과 같이 대답했다.

"물론 확신한다. 남한의 미군도 적극적으로 우리의 독립을 원조한다고 하고 북한의 소련군도 그렇게 말하고 있기 때문에 이러한 국제 분위기로 보더라도 성공을 확신한다."

이러한 장담은 물론 김구의 솔직한 심정과는 거리가 먼 정치적 발언이었다. 장소를 평양으로 지정한 데 대해서는 어떻게 생각하느냐는 뒤이은 질문에도 그는 다음과 같이 대답했다.

"별다른 생각은 없다. 이것이 1차로 끝마칠 것이 아니라 2차, 3차로 독립되는 날까지 계속할 것이니, 다음은 여기에서 할 수도 있을 것이다."

이러한 대답은 사실은 그가 김일성과 김두봉의 답신에 크게 실망했음을 말해 준다.

---

70) 《서울신문》 1948년4월1일자, 「期於코 統一爭取」.

96장

단독정부수립이냐 남북협상이냐

1. 선거일 6주 앞두고 귀속농지 불하
2. 슈티코프가 김구의 연석회의참가 강조

1. 선거일 6주 앞두고 귀속농지 불하

1

역사적인 5·10선거를 위한 본격적인 준비작업은 1948년3월 초부터 시작되었다. 선거일이 확정되자 미 군정부는 1947년11월18일에 조직한 중앙선거준비위원회를 국회선거위원회로 이름을 바꾸고 공식적인 선거관리 임무를 맡겼다.

미 군정부는 3월17일에 「국회의원선거법」(법령 제175호)과 「선거구역표」(부록 제1호)를 확정 발표했는데,[1] 그것은 1947년9월3일에 공포한 「남조선입법의원선거법」(과도정부법률 제5호)을 유엔한국임시위원단의 개정제의를 받아들여 개정한 것이었다.[2]

이승만도 본격적인 선거계몽캠페인을 시작했다. 그는 3월10일에 새로 결성된 민족대표단 명의로 유엔위원단에 건의서를 보낸 데 이어 「투표자에게 권고」라는 담화문을 발표했다. 그는 이 담화문에서 이번 선거는 독립을 주장하는 대다수 민중과 독립을 방해하는 공산분자와의 결전이라고 다음과 같이 강조했다.

> 우리가 독립을 주장하는 것은 우리의 잃었던 국권과 강토를 회복하여 가지고 삼천만이 다 자유로 살자는 목적일 뿐이다. 우리가 공산주의자들과 싸우는 것은 (그들은) 타국을 저희 조국이라 하여 우리 독립 목적을 방해하는 까닭이니, 누구를 막론하고 우리 독립을 방해하는 분자들과는 싸우지 않을 수 없을 것이다.
>
> 이번 총선거에서 독립을 주장하는 대다수 민중과 독립을 방해하

---

1) 『軍政廳官報』 법령175호(1948.3.17.).

2) 《京鄕新聞》 1948년3월13일자, 「朝委通過한 總選擧法 修正建議全文發表」.

는 소수 분자 사이에 어떤 편이 승리해야 우리 민족이 복스럽고 자유스럽게 살 수 있을까를 저마다 생각해서 가장 공정한 각 개인의 투표로 결정할 것이다.

민족진영에서 어떤 개인이나 어떤 단체가 승리할까가 우리의 문제가 아니요, 오직 독립주의와 독립반대주의와 또 이것도 저것도 아니고 기회만 엿보는 중간주의, 이 세가지 중에서 어떤 주의가 성공해야 될 것인가를 생각해서 투표해야 할 것이며, 민족과 국가를 위하여 분투할 가장 양심적이고 건설적인 애국인사만을 선택하여야 될 것이다.…

그러면서 이승만은 "총선거에 대한 주의건"이라고 하여 정당과 사회단체를 초월하여 인격 본위로 선택할 것 등 15개항의 구체적인 주의 사항을 당부했다. 개중에는 "정치운동에 시비와 쟁론이 없지 못할 터이나, 주의와 사실로는 다툴지언정 개인의 신분이나 단체의 결점을 발표하여 피차의 감정을 양성하는 것은 우리 예의적 민족의 위신을 손실함이니 피차에 양보하며 포용해서 민족단결을 추진할 것"이라는 노파심 어린 항목도 있었다.[3)]

또한 이날 대동청년단, 독촉국민회청년단, 대한노총, 서북청년회, 전국학련 등 14개 청년단체도 자유분위기 보장과 선거 참여를 촉구하는 공동성명을 발표했다.[4)]

제2차 미소공위에 참가하는 문제로 소원해졌던 이승만과 한국민주당의 관계도 총선거라는 국가적인 행사를 앞두고 복원되었다. 3월10일 오후 5시에 이화장을 방문한 한민당 위원장 김성수(金性洙)는 이승만과 총선거 문제를 중심으로 한시간 반 동안 요담한 데 이어, 이튿날 오전에

3) 《東亞日報》 1948년3월11일자, 「立候補亂立防止코 建設的愛國者選出하라」.
4) 《朝鮮日報》 1948년3월11일자, 「總選擧促進 14靑年團體聲明」.

도 다시 이화장을 방문하여 장시간 요담했다.[5)]

총선거와 관련한 자유분위기 보장 문제는 유엔위원단이 특별히 관심을 갖는 사안이었다. 미 군정부는 3월12일에 중앙청 입법의원 회의실에서 전국 도지사 및 관구경찰청장 연석회의를 열고 언론, 출판, 집회의 자유 보장과 투표참여 독려에 대한 훈시를 했다. 이날 회의에는 딘(William F. Dean) 군정장관을 비롯한 과도정부의 각 부처장도 참석했는데, 자유분위기 보장문제와 관련하여 장시간 토의가 진행되었다.[6)]

「국회의원선거법」이 「입법의원선거법」과 가장 크게 달라진 것은 특별선거구 규정이 삭제된 것이었다. 「입법의원선거법」은 본적이 이북인 남한 거주자들을 대표한다는 명분으로 특별선거구를 설치하기로 규정하고 있었다. 이 규정에 따르면, 이북에서 월남한 사람으로서 본적지 선거를 희망하는 사람을 위하여 남한 전 지역을 선거구로 한 한개의 특별선거구를 설치할 수 있었다. 그리하여 총의석 수 266석 가운데 36석을 이들에게 할당하기로 했다. 미 군정부는 선거의 복잡성과 비현실성을 들어 특별선거구 설치에 반대했지만 과도입법의원은 월남인의 대표가 실질적으로 확보되어야 한다는 명분을 내세워 특별선거구 설치를 관철시켰다. 그러나 이러한 특별선거구제에 따르면 월남한 사람은 지역구와 특별선거구에서 두번 투표하는 셈이므로 보통선거법에 어긋날 뿐만 아니라 1947년 11월14일의 유엔총회 결의에 있는 "각 투표지역의 대표수는 인구에 비례해야 한다"라는 규정에 배치되는 것이었다. 그리하여 특별선거구제 규정은 「국회의원선거법」에서 삭제되었다.

그럼에도 불구하고 북한 출신 인사들은 특별선거구 설치를 강력히 요구했다. 재남한이북인대회 준비위원회는 3월16일에 특별선거구 설치를 요구하는 다음과 같은 건의서를 유엔위원단에 제출했다.

---

5) 《東亞日報》 1948년3월12일자, 「李承晩博士와 金性洙氏要談」.
6) 《서울신문》 1948년3월13일자, 「各道知事 廳長會議」.

특별선거구가 없이 소선거구제로 선거를 한다면 월남이주민 460만의 대표는 한 사람도 선출 못될 것인즉, 5분지 1 주민의 투표는 사표가 될 것이다. 그리고 이대로 실시된다면 남한단정이니 일당독재정치 운운하는 선전구실을 부정할 여지가 없을 것이다.…생활 근거없고 분산 거주하는 월남주민의 특수사정을 고려치 않는 법령이 발표된다면 우리는 결사 거부할 것이다.…[7]

그리고 같은 날 국회선거위원회도 하지(John R. Hodge) 장군에게 특별선거구 설치를 요청하는 건의문을 제출했고,[8] 이승만도 국제호텔로 메논(K. P. S. Menon) 유엔위원단 의장을 방문하고 특별선거구 설치의 필요성을 역설했다.[9]

이와 같은 요청에도 불구하고 3월17일에 특별선거구제가 삭제된 「국회의원선거법」이 공표되자 독촉국민회, 한민당, 대동청년단 등 36개 우익정당 사회단체는 유엔위원단, 국회선거위원회, 미 군정부에 특별선거구 폐지의 재고를 요구하고, "만일 이북인의 실정을 고려치 않는 경우에는 선거법을 단호히 거부할 것"이라고 으름장을 놓았다.[10]

2

3월18일에 시공관에서 열린 독립촉성국민회 제6차 전국대표자대회는 대의원 1,200명과 내빈 등 2,000여명이 참석하여 열기가 넘쳤다. 명제세(明濟世)의 개회사에 이어 총재 이승만은 다음과 같은 요지의 훈화를 했다.

---

7) 《朝鮮日報》 1948년3월17일자, 「以北人選擧拒否氣勢」.
8) 《京鄕新聞》 1948년3월18일자, 「特別選擧區設定問題 國會選委에서도 當局에 建議」.
9) 《東亞日報》 1948년3월17일자, 「李博士메논氏訪問 特別區設置要請」.
10) 《京鄕新聞》 1948년3월20일자, 「特別區設置를 要路方面에 建議」.

"총선거를 대규모로 전개하여 50년간 압박당한 민족일지라도 이만한 능력이 있다는 것을 보여야 한다. 그리고 국권을 회복하자. 중간측의 대의명분이라는 것은 부당한 언사이다. 남북총선거는 묘두현령[猫頭縣鈴: 고양이 목에 방울달기] 격이니 할 수 없다. 미국도 독립시에는 상당한 고통이 있었고 부자형제의 상쟁이 있었다.

여러분이 지방에 귀향 후에는 이번 총선거에는 한 사람도 빠짐없이 참가하도록 권고하기 바란다. 공산당원이라도 권고해야 할 것이다. 그리고 입후보시에는 상호협의하기 바란다. 서북동포를 위한 특별선거구를 설치하도록 노력하겠으며 또 하고 있다.…"[11]

다음은 부총재인 김구의 치사 차례였다. 김구의 치사는 유화청(柳和青)이 대독했다. 그러나 김구의 치사 대독은 대의원들의 반대로 중지되고 말았다.[12] 그것은 이승만과 김구의 관계가 완전히 파탄되었음을 확인하는 것이었다. 대회는 4개항의 대회결의문을 채택하고, 이윤영(李允榮)의 국내정세보고와 신익희(申翼熙)의 국제정세보고를 듣고 첫날 회의를 마쳤다. 대회결의문에서 눈길을 끄는 것은 한국민족대표단을 가리켜 "우리 전 민족의 최고기관"이므로 우리는 절대 지지하는 동시에 그 지시를 복종하기로 맹세한다고 하여 이승만에 대한 충성을 다짐한 점이었다. 대회는 이튿날까지 계속되었다.[13]

3월20일 오후 3시부터 남산공원에서 열린 재남한이북인대회는 서북특별선거구 설치를 촉구하기 위한 월남인사들의 궐기대회였다. 대회에는 수만명의 이북인들이 몰려 총선거에 대한 국민적인 관심을 짐작하게 했다. 대회는 김병연(金炳淵)의 사회로 시작되어 위원장 이윤영의 개회사가 있은 다음 이승만의 치사가 있었다. 이승만은 총선거의 의의를 강조하면

---

11) 《朝鮮日報》 1948년3월19일자, 「選擧로 國權回復 獨促代表者大會盛況」; 《京鄕新聞》 1948년3월19일자, 「總選擧에 萬全 李博士以下二千名參席」.

12) 위와 같음.

13) 《朝鮮日報》 1948년3월20일자, 「獨促大會閉幕」.

서 "이번에 이북인특별선거구를 획득하지 못한다고 실망하지 말라. 이후로도 특별선거구 획득을 위해 과감히 투쟁하라"는 요지의 치사를 했다. 그러자 남산이 떠나갈 듯한 박수가 한동안 계속되었다.

이승만의 치사가 끝나갈 무렵에 김구가 대회장에 나타나서 자리에 앉았다. 김구는 이북인이라고 하여 초청된 것이었다. 이승만이 퇴장할 때에 사람들은 김구에게 연설을 청했다. 김구는 이미 상기되어 있었다. 그는 "이북인에게 특별선거구를 달라!" "총선거에 참가하여 이북인을 대변하자!" 등의 플래카드를 들고 모여든 이 실향의 군중을 향하여 단독선거 반대를 주장할 참이었다.

"유엔총회의 결의에는 남북한을 통한 총선거라고 했는데, 특별선거구라는 것은 당치않는 말이오.… 우리가 북쪽 땅을 버리고 남하한 것은 이러한 특별선거구 따위를 획득하려는 졸장부와 같은 일을 하려는 것이 아닙니다. 우리는 단독정부 수립을 적극 반대해야 합니다. 단독정부를 수립함으로써 북쪽에 있는 부모형제를 찔러 죽이게 된다면 우리가 남하한 성과는 어디에 있겠습니까. 우리는 망명객이기 때문에 이러한 특별선거구 따위의 운동을 반대해야 합니다. 이것이 망명객의 양심일 것입니다. 망명객일수록 조국의 통일만을 부르짖어야 합니다.…"

그러자 군중 속에서 일제히 아우성이 일었다. "특별선거구에 관한 말만 하시오!", "김구 선생 반대한다. 내려가라!" 등의 고함소리가 들렸다. 김구는 더 말을 계속할 수 없었다. 그는 비통한 심정으로 대회장을 빠져나와야 했다.[14)]

김구는 이튿날 「조국 흥망의 관두에 임하여 남하한 이북동포에게 기(寄)함」이라는 성명으로 전날 대회장에서 말하고자 했던 심경을 토로했다. 그것은 한달 전에 발표한 「3천만 동포에게 읍고(泣告)함」과 같은 맥락의 호소문이었다.

---

14) 吳蘇白, 『人間金九(上)』, 國際文藝社, 1949, pp.22~23; Rhee to Oliver, Mar. 20, 1948(梨花莊所藏).

김구는 먼저 오늘의 현실은 "경술(庚戌)을 회고하는 감회가 없지 않다"고 전제하고, 다음과 같이 말했다.

우리 이북인은 이중의 망국노가 되어 있다. 우리는 왜적의 패망한 것을 보면서도 조국의 광복을 못본 채 남쪽으로 망명한 것이다. 우리는 망국노의 욕을 면하지 못한 채 망향노까지 된 것이다. 이와 같이 우리에게는 이중의 비애와 고통이 있으니만큼 이중의 임무가 있는 것이다.… 그런데 소위 애국자라면서 1천만 북한동포가 위경에 있는 것을 보고도 태연히 입을 열어서 북한은 구할 수 없으니 우선 남한이나 살리고 보자, 그리고 앞으로 여유있는 대로 북한까지 구해보자고 말할 수 있으랴! 이것은 결국 명 짧은 북한 사람은 죽어도 좋다는 것이나 일반이다.… 조국의 독립은 조국의 통일에서만 완성할 수 있는 까닭에 내가 후욕[詬辱: 꾸짖고 욕함]을 당해가면서 분열주의자들과 맹렬한 투쟁을 계속하거니와, 그들과 투쟁하는 또 한가지 이유는 내가 이북인인 까닭에 우리의 손으로 차마 이북을 버리려 하지 않는 것이다.…

김구는 이처럼 월남 이북인의 비애와 고통을 강조하고 나서, 단독선거 주장자들을 "분열주의자들"이라고 맹렬히 비판했다.

우리가 우리의 고향으로 평안히 돌아갈 수 있는 길은 무엇인가. 그것은 조국의 통일과 자주독립을 전취하는 것뿐이다. 분열주의자들은 이것을 비웃어 말하기를 원칙은 가(可)하지마는 기실은 관념적 도의론에 불과하다고 한다. 만일 원칙이 가라고 한다면 그 원칙 위에 입각한 도의는 반드시 관념적이 아니요 과학적이며, 과학적인 도의는 반드시 승리하는 것이다.… 조국의 분열을 촉진하면서 독립의 길로 간다 하며, 단독정부를 수립하면서 중앙정부를 수립한다고 고함을 친대야 속을 사람은 없는 것이다.… 또 그들은 그들이 세우는 단정이 유엔의 회원국이 될 수가 있다고 한다. 그러나 유엔헌장에는 이 문이 열리지 아니하였다.… 그리고 그들은 무력으로써 북한까지 통일하기를 희망하는 까닭에 전쟁이 폭발하기만 고대하고 있지만 전쟁은 아직 나지 아니할 것이다. 미소가 다 전쟁을 할 수 없거니와 설령 미국이 개전을 할 수 있다 하더라고 현시 형세로 보아서는 전우로 나설 능력있는 맹국이 없는 것이다. 일보를 퇴하여 전쟁이 된다 하더라도 제일선에서 북으로 향해서 진군할 자는 이북청년일 것이요, 우리의 사살 대상은 우리의 부형, 친척, 지구(知舊)일 것이다. 그리고 전쟁의 결과는 소련이 승리하면 한국은 소련의 연방이 될 것이요 미국이 승리하면 미국의 부속국이나 혹 일본의 전리품이 될는지도 모른다.…

이러한 주장은 이승만을 정면으로 공격하는 내용이었다. 김구는 끝으로 이북인들은 총선거를 거부해야 한다고 다음과 같이 강조했다.

우리에게는 목전에 마땅히 할 일이 두가지가 있으니, 첫째는 유엔총회에 향하여 소총회의 비법(非法)을 지적하면서 그 총회에서 작년 11월에 우리에게 약속한 바 통일독립의 정부를 수립하여 줄 것을 일치하게 요구할 것이요, 둘째는 남하한 이북의 빈궁한 동포를 구제하기 위하여 먼저 이북의 부유한 동포들이 분발할 것이다. 진정한 애국애향자거든 거금을 소모하여 대의사감투를 사려고 애쓰지 말고 그 돈으로 먼저 가련한 동포를 구하라.[15)]

이때는 김일성과 김두봉의 모멸적인 편지를 받은 뒤인데도 불구하고 김구는 이처럼 통일정부수립을 기대하고 있었다.

---

15) 嚴恒燮 編, 『金九主席最近言論集』, 三一出版社, 1948, pp.26~33.

3

5·10선거를 앞두고 미 군정부가 실시한 가장 획기적인 조치는 귀속농지[8·15 이전의 일본인 소유 농지]를 그 소작 농민들에게 불하한 일이었다. 미 군정부는 3월22일에 지금까지 귀속농지 관리 업무를 담당해 온 신한공사(新韓公社)를 해산하고 귀속농지의 매각 업무를 담당할 중앙토지행정처 설치를 위한 「중앙토지행정처설치령」(법령 제173호)과 「신한공사해산령」(법령 제174호)을 전격적으로 공포했다.[16] 두 법령을 공포하면서 딘 군정장관은 기자단에게 다음과 같이 말했다.

"본관은 조선 농부들이 오랫동안 가져온 꿈을 실현시키는 법령에 서명하였다. 이 서명은 미군이 조선에 진주한 이래 계획하고 있던 중요한 사명을 달성한 것이다. 오늘 안재홍(安在鴻) 민정장관과 법령 제173호에 서명함으로써 동양척식회사(東洋拓殖會社)의 침략적 토지정책의 모순이 소멸되었다. 그리고 신한공사도 해산되었다. 이 법령의 요지를 몇가지 든다면 (1)조선의 소작농은 대부분이 자작농이 될 것, (2)조선 역사상 처음으로 그들이 토지를 소유하게 된 것, (3)지주들의 지배를 받지 않게 된 것, (4)이들 농가에서도 정부에서 요구하는 이외의 세금에는 책임이 없게 된 것 등을 들 수 있다. 요약하면, 법령 제173호로 말미암아 50만 세대의 소작인은 자유 국가의 자유 지주가 된 것이다."[17]

신한공사가 관리하는 귀속농지는 임야와 과수원 등을 제외하고도 1947년 현재 28만여정보로서 남한 총경지면적의 13%에 이르며, 소작농가는 55만4,000여호로서 남한 총 농가수의 27%에 이르고 있었다. 그리고 신한공사의 소유토지는 생산력이 높아서 1947년의 쌀 생산고는 남한의 쌀 총생산고의 25%에 이르렀다. 그리하여 1947년4월1일부터 1948년

---

16) 《軍政法令》 제173호(1948.3.22.) 및 《軍政法令》 제134호(1948.3.22.).

17) 《京鄉新聞》 1948년3월23일자, 「50萬世帶의 農夫 堂堂地主가 된다」.

3월31일까지의 수지결산을 보면 5억8,700만원이라는 막대한 순이익을 내었다.[18]

법령 제173호는 그러한 신한공사의 소유농지를 총경작지가 2정보를 넘지 않는 범위 안에서 해당 경작지 소작농에게 최우선적으로 매각한다고 규정했다. 농지의 대가는 평년 소출의 3배로 하고 해마다 소출의 20%를 15년 동안 나누어 현물로 갚게 했다. 소유권은 즉시 이전 등기를 하되, 권리행사는 상환을 완료한 뒤에 할 수 있게 했다.[19]

3월22일에 발족한 중앙토지행정처는 설립과 동시에 행정기구 개편과 농지매각에 관한 실무자 교육을 실시하여 4월8일에는 토지분양개시식을 거행하고, 서울에서 가까운 양주군과 고양군의 100여 농가에 매호마다 450여평씩 15정보가량을 분양했다.[20] 그리고 전국적으로는 5,000호의 경작농가에 양도증서를 교부하고 등기절차를 끝냈다.

농민들의 호응은 열광적이었다. 4월1일부터 시작된 귀속농지 매각은 급속도로 진행되어 4월13일 현재 양도수속이 완료된 건수는 토지행정처 서울지청 관할이 8,162건, 대구 관할이 8,343건, 부산은 937건, 그리고 이리는 무려 20만5,775건에 이르렀다. 한편 신한공사토지의 전 면적 가운데 절반가량을 차지하는 전남북의 일부 지주는 귀속농지 불하에 대해 맹렬한 반대운동을 벌였다.[21]

이 조치에 대한 좌익 정파들의 입장은 민주주의민족전선의 논평에 집약적으로 표명되어 있다.

> 이번 군정당국이 동척(東拓)의 후신인 신한공사 소유지를 비롯하여 일본인이 강점했던 전답을 방매 처분하게 된 것은 첫째로 괴뢰적

---

18) 櫻井浩, 『韓國農地改革の再檢討』, アジア經濟研究所, 1976, pp.66~68.
19) 申柄湜, 「韓國의 土地改革에 관한 政治經濟的研究」, 서울大學校 박사학위논문, 1992, p.146.
20) 《東亞日報》 1948년4월10일자, 「第一回土地分讓開始式」.
21) 《서울신문》 1948년4월14일자, 「敵産農地拂下快調」.

> 반동 단정 조작을 위한 남조선 단선을 앞두고 농민의욕을 사서 득표를 노리자는 것이요, 둘째는 전농안(全農案)에 표시된 민주적 토지개혁을 요망하여 투쟁하고 있는 남조선인민의 투쟁의욕을 토지를 농민에게 준다는 허울 좋은 기만으로 거세하자는 것이요, 셋째는 반동적 기만적 토지개혁의 전례를 만들 음모로써 소위「입법의원토지개혁안」과 같은 지주의 특권 옹호적 반동 토지개혁을 실시하여 봉건적 지주토지제도를 영구화하여 지주를 미제의 침략과 식민지화의 앞잡이로 충실화하여 괴뢰 단정의 물질적 토대를 튼튼히 닦자는 기만적 모략적 술책이다.…[22]

그러나 귀속농지 불하는 급속도로 추진되어 총선거 이틀 뒤인 5월12일 현재 전 농가의 44.6%가 귀속농지를 분양받았고, 8월까지는 86%의 농지가 불하되었다. 그리하여 정부수립 이후에 실시해야 된다는 명분으로 반대하던 우파인사들도 이를 기정사실로 받아들이고 농지개혁의 기념행사에 참여하는 등 협조적인 반응을 보였고, 좌익 그룹은 이에 대한 반대캠페인의 시간적 여유도 갖지 못했다.[23]

귀속농지 불하조치에 가장 강력하게 반발한 사람은 다름 아닌 이승만이었다. 이승만은 3월20일에 올리버에게 보낸 긴 편지에서 귀속농지 불하와 관련한 토지개혁 문제에 대해서도 자신의 의견을 피력했다. 그는 일본점령기 때의 동양척식회사의 설립경위와 그 회사 소유 토지의 성격에 대해서 자세히 설명하고 나서, 다음과 같이 잘라 말했다.

> 그러므로 이것은 적산이 아니라 법적으로 한국 국민들에게 속하는 재산이고, 미 군정부는 한국 국회의 동의 없이는 그것을 처분할 권

---

22) 《노력인민》 1948년4월9일자,「農民을 債務農奴化하는 敵産所有地放賣를 反對」.
23) 申柄湜, 앞의 논문, p.153.

리가 없습니다. 선거는 앞으로 6주일밖에 남지 않았어요. 한국사람들이 국회를 구성할 기회도 갖기 전에 왜 저 사람들이 저렇게 서둘러 이 토지를 분할하여 매각하려 하는지 알 수 없습니다.

이승만은 1946년2월에 자신이 발표한 27개항의 「민주주의원칙」에도 군정부가 취한 조치와 같은 토지개혁계획이 들어있음을 상기시키면서 다음과 같이 주장했다.

그러나 우리가 우리 정부를 갖게 되면 우리더러 한국의 파시스트, 반동, 극우파라고 말하는 모든 사람들이 우리가 우리나라를 자유화시키는 일에 얼마나 진취적인가를 보고 깜짝 놀랄 것입니다. 토지개혁법이 제일 먼저 제정될 것이고, 그 밖에 많은 다른 자유화 운동이 차례로 자리 잡게 될 것입니다.…

그러면서 그는 또 다음과 같은 말도 덧붙였다.

젊은 사람들을 등한시한다는 등의 이야기는 완전한 넌센스입니다. 우리는 우리 젊은이들 없이는 아무 일도 할 수 없고, 실제로 우리 청년단체들은 남북이 모두 100퍼센트 나를 지지합니다.…[24]

이러한 이승만의 편지를 받은 올리버는 국무부를 방문하고 번스(Arther C. Bunce)를 비롯하여 맥다이어멧(McDiarmet), 피셔(Fisher) 등을 만나 항의했다. 번스는 1946년2월에 국무부가 파견한 하지 중장의 경제고문으로 한국에 왔던 인물이었다.[25] 그는 일본점령기에 YMCA의 한

---

24) Robert T. Oliver, *Syngman Rhee and American Involvement in Korea,* pp.152~153.
25) 《東亞日報》 1946년2월16일자, 「政治顧問十一氏來朝 軍政府各局課에 配置」.

국농촌부흥사업에 관계하여 함경도 등지에서 6년 동안 일했고, 한국어도 유창하게 구사했다. 미 군정부는 1946년3월7일에도 전 일본인소유농지를 소작농가에 매각하는 법령을 제정하겠다고 발표했었는데,[26] 그것은 번스의 제의에 따른 것이었다. 그리하여 러취(Arecher L. Lerch) 군정장관은 1946년3월15일에 귀속농지에 대한 불하계획을 정식으로 발표했다.[27] 그러나 번스의 제안은 미 군정부의 가장 큰 과제였던 미곡수집문제를 비롯한 이러저러한 현실적인 벽에 부딪혀 그해 6월25일에 갑자기 취소되고 말았다.[28]

올리버의 항의의 요점은 이러한 조치는 새로 수립될 한국정부가 발표하도록 남겨두었어야 한다는 것이었다. 그렇게 했다면 첫째로 '반동분자'들을 뒤흔들어 아마도 그들을 파탄시켰을 것이고, 둘째로 선거운동에 기인하는 불가피한 상처들을 치유하는 데 도움이 되는 종합적인 수단이 되었을 것이라고 했다.

번스는 이 발표는 민족주의자들이 선거에서 승리하도록 도우려는 의도에서 나온 것이라고 설명하면서, 새정부는 그 계획을 상당히 뒤로 늦출 수 있을 것이라고 말했다. 올리버는 이 발표는 미국이 소련에 못지않게 토지개혁을 지지한다는 것을 보여줌으로써 한국인들을 희생시키면서 미국의 체면을 세우려고 한 것이 아니냐고 반박했다.[29]

총선거가 6주 앞으로 다가온 시점에서 미 군정부가 귀속농지 불하 조치를 전격적으로 결행한 이유가 무엇이었는지 명확하지 않다. 민족주의 진영이 선거에서 승리하도록 도우려는 의도에서 결행했다는 번스의 설명은 그다지 설득력이 없다. 물론 그런 면이 전혀 없지는 않았을 것이지만,

---

26) 《朝鮮日報》 1946년3월8일자, 「日人所有의 農地를 朝鮮사람에게 許賣」; 《東亞日報》 1946년3월8일자, 「農地는 實農家에 年賦로 放賣」.

27) 《朝鮮日報》 1946년3월16일자, 「放賣는 農民에게」; 《東亞日報》 1946년3월16일자, 「日本農地는 小作人에게」.

28) 《東亞日報》 1946년6월26일자, 「日本所有의 農地賣買를 臨政樹立까지 保留」; 전상인, 「미 군정기 농업문제와 토지개혁」, 『고개숙인 수정주의』, 전통과 현대, 2001, pp.101~105.

29) Robert. T. Oliver, *op. cit.*, p.156.

좌익과 중간파뿐만 아니라 우익 정파 가운데도 김구 그룹이 선거 불참을 공언하고 있는 상황에서 이승만 그룹과 한민당 등 우익 민족진영의 승리는 예정된 것이었다. 거기에는 미 국무부와 군정부의 한국 독립정부 수립과 관련한 한결 심각한 고려가 작용했던 것이 틀림없다. 그것은 이승만의 정치 리더십에 대한 불안에 따른 것이었다.

3부조정위원회(State-War-Navy Coordinating Committee: SWNCC)는 1947년7월24일에 맥아더 장군과 하지 장군에게 「대한정책에 대한 새로운 지시」(「SWNCC 176/29」)를 훈령했는데, 그 경제분야 지시는 매우 주목할 만한 것이었다. 그것은 한국 경제는 공공기업, 사기업, 협동소유의 기업체와 다수의 소규모 자작농을 기반으로 하는 농업으로 이루어지는 "혼합"형 경제구조가 되게 해야 한다는 것이었다. 그리하여 토지소유권의 재분배와 신용협동조합의 발전과 같은 경제개혁을 추진하라고 훈령했다.[30]

이러한 훈령에 따라 미 군정부는 과도입법의원에 토지개혁법의 제정을 거듭 촉구했는데, 1947년8월25일에 러취 군정장관이 입법의원에 보낸 공문은 미 군정부가 총선거를 앞두고 귀속농지의 불하를 서둘러 결행한 이유를 짐작하게 한다.

> 본관은 전 일인소유농지 처분을 규정할 법령의 필요성에 관해 귀원에 재차 편지로 언급하려 합니다. 1947년2월5일부 편지로도 이에 관해 장문에 걸쳐 말씀하였고, 또 동년 2월17일부 편지로도 재차 이에 언급한 바 있습니다. 남조선과도입법의원은 민주주의 건설을 위해 많은 진전을 해 왔으나 광대한 농지가 중앙정부의 소유로 되어 있는 한 농민을 위한 진정한 민주주의 달성 노상에는 아직도 허다한 일거리가 남아 있는 것입니다. 본관 생각에는 정부소유토지를 관리하는

---

30) SWNCC to MacArthur and Hodge, Jul. 24, 1947, *FRUS 1947*, vol. Ⅵ., p.726.

강력한 기관이 존속되어 조선 농민에 대해 지주격의 역할을 하는 것은 장차 그 어느 독재자의 출현을 공공연히 초래시키는 것밖에 안되는 것입니다. 본관은 이에 입법의원이 긴급조치를 취하시어 전 일인소유 농지를 조선농민에게 처분하고 신한공사를 속히 해체케 할 법령을 재정하시기를 요망하는 바입니다.[31]

"어느 독재자의 출현"이란 이승만의 집권을 상정한 말이었을 것으로 판단된다. 이처럼 미 군정부는 거대한 규모의 귀속농지를 그대로 놓아둔다면 이승만이 국가자본주의를 추구하는 독재권력의 기반이 될 수 있다고 우려했던 것이다.[32] 이승만에 대한 하지의 개인적인 반감은 그러한 조치를 더욱 서두르게 했을 것이다.

4

3월30일부터 선거인 등록과 입후보자 등록이 실시되었다. 선거권은 만21세 이상의 남녀, 피선거권은 만25세 이상의 남녀에게 있었다. 국회선거위원회는 1946년8월30일의 인구통계를 사용하여 유권자 총수를 813만2,517명으로 산정했다. 선거인 등록을 한 사람만 투표를 할 수 있었으므로 선거에 참여하는 정파들은 선거인 등록에서부터 열성을 기울였다. 독촉국민회는 등록이 시작되는 3월30일 오후에 각 단체대표 2명씩을 초청하여 선거에 대한 제반문제를 토의하고, 총선거대책위원회가 활동이 부진하다면서 이와는 별도의 강력한 총선거 추진 기구로 전국애국단체연합 총선거추진위원회를 새로 결성했다. 총선거추진위원회는 백남훈(白南薰), 명제세, 이청천(李青天), 이윤영, 신익희 5명의 최고위원과 선거

31) 『南朝鮮過渡立法議院速記錄(3)』 제137호(1947.9.1.).
32) 전상인, 앞의 책, pp.114~116.

업무를 분담할 재무부, 선전부, 정보부, 연락부, 동원부의 책임자 및 전진한(錢鎭漢) 외 2명의 기획위원을 선정했다.[33]

선거인 등록은 호조를 보여 첫날에 15%를 기록했고, 마감일인 4월9일까지에는 유권자의 96.4%인 784만871명이 등록을 마쳤다.[34] 이러한 높은 등록률은 독립정부 수립이라는 역사적인 행사에 대한 국민들의 기대와 함께 미 군정부의 적극적인 홍보가 주효했기 때문이었다.

또한 경찰을 포함한 정부행정기관이나 우익 청년단체들의 강권에 대한 논란도 없지 않았다. 유엔위원단의『보고서』는 미등록자에 대한 위협과 폭력 행사에 관하여 아무런 구체적 증거는 수집할 수 없었으나, 쌀배급 통장을 발행하는 지방행정 사무실에서 등록을 실시하면서 미등록자는 쌀배급 통장을 몰수하겠다고 위협하여 강제로 등록시키는가 하면, 경찰과 청년단체가 등록을 권유한 것은 일본통치의 잔재로서 일종의 강제로 간주된다는 등의 불평이 있었다고 기술했다. 그리고 등록반대자 가운데는 "친구나 가까운 사람들이 그들의 애국심을 의심할까 두려워서 등록한 사람도 있었을 것으로 사료된다"고 했다.[35]

선거인 등록에 만족한 우익 정파들은 4월18일에 전국애국단체연합총선거추진위원회 주최로 서울운동장에서 등록성공축하 국민대회를 개최했다. 대회에서 모윤숙(毛允淑)은 하지 장군에게 보내는 메시지를 낭독했고, 이승만은 5·10선거에서 좋은 성과가 있을 것을 확신한다는 치사를 했다. 대회가 끝난 뒤에 군중은 긴 행렬을 지어 동대문과 종로를 거쳐 대한문 앞까지 행진했다.[36]

국회의원 선거구는 서울의 10개구를 포함하여 모두 200개구였다. 소선거구제였으므로 국회의원 200명을 선출하게 되어있었다. 이때에 채택

---

33)《東亞日報》1948년3월31일자,「選擧推進中央本部」;《京鄕新聞》1948년4월1일자,「愛聯總選擧推進會結成」.

34) 大韓民國選擧史編纂委員會,『大韓民國選擧史 第一輯』, 中央選擧管理委員會, 1973, p.73.

35) 國際新聞社出版部 譯,『UN朝鮮委員團報告書』, 國際新聞社出版部, 1949, pp.166~167.

36)《京鄕新聞》1948년4월20일자,「獨立의 意氣昻揚」.

한 소선거구제는 한국국회의원 선거제도의 원형이 되었다. 제헌국회의원의 임기는 2년이었다. 정당공천제는 없고, 그 대신 선거구의 유권자 200명 이상의 추천이 있어야 등록할 수 있었다.

입후보자 등록이 시작되자 이승만이 염려했던 현상이 나타났다. 그것은 우익 민족주의 정파 후보의 심한 난립이었다. 또하나 두드러진 현상은 중도파 세력이 대거 입후보한 사실이었다. 한국독립당과 민족자주연맹을 비롯하여 남북협상에 참여한 중도파 인사들이 소속 정당의 공식적인 선거 불참선언에도 불구하고 무소속이나 개인자격으로 입후보한 것이었다. 한독당과 중도파 인사들이 무소속으로 출마하자 독촉국민회, 한민당, 조민당 등 우파 민족주의진영에서는 후보단일화가 시도되었으나 성과는 별로 없었다.[37]

그리하여 독촉국민회는 4월7일에 다음과 같이 중간파의 입후보를 경계하는 담화를 발표했다.

> 조선의 공산주의자는 소련의 위성연방을 원하기 때문에 조선의 자주적 국권회복을 온갖 구실로써 반대하는 것이므로 총선거를 방해하는 것이며, 소위 중간파라는 것은 공산주의자의 주구로서 민족진영을 교란하여 독립을 지연시키는 일을 담당한 분홍색 프락치이므로 선거반대운동에 합류한 것이다.… 그리고 과거 소위 중간파로서 행세하던 자들이 선거에 출마하는 자 있다 하나, 현명한 민중은 그들의 정체와 사욕과 음계를 간파하여야 할 것이다.[38]

이러한 상황에서 서울 종로 갑구에서 입후보할 예정이던 한민당 위원장 김성수가 3월31일에 조선민주당 부위원장 이윤영에게 선거구를 양보

---

37) 박찬표, 『한국의 국가형성과 민주주의』, 후마니타스, 2007, p.392.
38) 《東亞日報》 1948년4월8일자, 「中間派의 選擧出馬警戒」.

자신의 선거구를 이윤영에게 양보한 김성수(왼쪽)와 이승만. 김성수의 양보로 서울 종로구에서 국회의원에 당선된 이윤영(원 내). 이윤영은 초대 국무총리에 임명되었으나 국회의 승인을 받지 못했다.

하여 정가에 큰 자극을 주었다.[39] 우익 정파들의 난립을 막고 특별선거구 설립의 희망이 무산된 이북출신자들을 격려하기 위한 배려에서였다. 그는 다음과 같은 담화를 발표했다.

> 이번 총선거에서 무엇보다도 통탄스러운 일은 북한에 총선거를 못하게 되어서 조만식(曺晩植) 동지 같은 분이 국회에 참여하지 못하는 것이다. 조만식씨는 학생시대부터 나의 가장 신뢰하고 존경하는 분이지마는 8·15 이후에 그가 취한 성자적 태도에는 진실로 경복하지 않을 수 없다. 조만식씨는 못오더라도 특별선거구로 그의 지기들이 국회에 많이 나오게 되려니 하였더니, 이제는 그 기대도 어그러졌으니 정의상으로나 남북통일의 일을 위해서나 크게 유감되는 일이다. 이에 조만식 동지가 위원장인 조선민주당의 부위원장 이윤영 동지를

39) 《東亞日報》 1948년4월1일자, 「金性洙氏率先立候補抛棄 以北同胞代表李氏를 推薦」.

> 국회에 참석하도록 하기 위하여 그분을 종로 갑구 선거구에 의원후보자로 추천하기로 하였다.
>
> 이윤영 동지는 인격과 덕망이 구비하고 식견이 높은 인물로서 현재 독립촉성국민회 부위원장, 한국독립정부수립대책협의회 대표 등 중책을 가지고 계신 분이니, 본당 관계자와 그 선거구 유권자 여러분은 양지하시고 적극 협력해 주시기 바란다.[40]

김성수의 지역구 양보에 대해 이승만은 이튿날 경향 각지의 모든 지도자들도 본받으라면서 다음과 같은 담화를 발표했다.

> 김성수씨가 이윤영씨에게 선거입후보의 권리를 양보한 데 대하여 나는 지극히 기뻐한다. 애국정신으로 정치상에 상호 양보해서 국가대업에 도우기로만 주장한 것은 누구나 다 감탄하지 않을 수 없다. 경향 각지 모든 정치지도자들은 이러한 정신을 지켜 국권수립으로만 목적하면 우리 앞길은 저절로 열리게 될 것이다.[41]

김성수가 이윤영에게 선거구를 양보한 것은 사전에 이승만과 상의하여 결정한 것이었다. 이윤영은 종로 갑구에서 입후보하여 차점인 박순천(朴順天)과 압도적인 표차로 당선되었는데, 뒷날 그는 처음에 이승만과 김성수가 이화장 정원에 앉아 함께 자신을 종로 갑구에 출마하라고 권했다고 술회했다.[42]

이승만은 동대문 갑구에서 무투표로 당선되었다. 입후보자 등록 마감날인 4월16일 현재 등록을 마친 다른 후보가 없었기 때문이다. 도전자가 없지는 않았다. 도전자는 군정청 경무부의 수사국장으로 재직하다가

---

40) 《東亞日報》 1948년4월1일자, 「同志曺晩植氏知己李允榮氏를 聲援하라」.
41) 《東亞日報》 1948년4월2일자, 「愛國精神의 發露」.
42) 李允榮, 『白史 李允榮回顧錄』, 史草, 1984, pp.135~136.

경찰 개혁문제 등으로 경무부장 조병옥(趙炳玉)과의 반목 끝에 1946년 12월에 조병옥으로부터 파면당한 최능진(崔能鎭)이었다.

평남 출신인 최능진은 미국에 유학하여 매사추세츠주의 스프링필드 대학에서 체육학을 전공했다. 흥사단에 관계하면서 재미생활 10여년 동안 이승만에 대해서는 비판적이었다. 1929년에 숭실전문학교의 체육교수로 부임한 최능진은 동우회(同友會) 사건으로 2년 동안 투옥되었고, 8·15 이후에는 조만식 중심으로 평양에서 결성된 건국준비위원회 평남지부의 치안부장을 맡았다가 그해 9월 말에 월남했다. 최능진은 이승만의 국회진출의 길을 봉쇄해야 한다는 생각에서 김구와 김규식에게 강력히 권유했으나 응하지 않자 자신이 직접 동대문 갑구에 입후보했다고 한다.[43)]

최능진은 입후보등록 마감날 선거위원회에 입후보 등록을 하러 갔다가 이중추천자가 있다고 하여 등록을 거부당했다. 등록을 마감일까지 하지 못한 최능진은 하지 장군에게 진정하여 마감을 연기 받았다. 그러나 선거위원들이 총사퇴하는가 하면 애써 추천장을 받아 다시 등록하러 선거위원회에 가다가 서북청년회 단원들에게 서류가방을 탈취당하는 등 우여곡절을 겪은 끝에 최능진은 입후보등록이 불가능해졌다.[44)] 최능진이 동대문 갑구에 입후보한 것은 김규식을 염두에 두고 이승만을 실각시키기 위한 미 군정부의 공작에 의한 것이었다는 설도 있다.[45)]

5

이승만은 처음에 국회의원에 입후보하는 것을 그다지 내키지 않아했다고 한다. 어차피 대통령이 되면 국회의원 자리는 내어놓아야 했다. 그

43) 金在明, 「李承晩의 政敵 崔能鎭의 비극」, 《政經文化》 1983년10월호, 京鄕新聞社, pp.261~263.

44) 崔能鎭의 아들 崔弼立 증언; 文鳳濟, 「남기고 싶은 이야기들(679): 西北青年會(30)」, 《중앙일보》 1973년2월8일자.

45) 宋南憲, 『解放三十年史①』, 成文閣, 1976, p.469; 金在明, 앞의 글, pp.272~273.

러나 추종자들은 그렇지 않았다. 그들은 이승만이 제헌국회 의장이 되어 제헌국회의 운영에서부터 지도력을 발휘해 주기 바랐다.

입후보자 등록 개시를 이틀 앞둔 3월28일에 열린 독촉국민회 서울시 각구동지부 전체대표자대회는 만장일치로 이승만을 동대문 갑구 국회의원 입후보자로 추대하기로 결의했고, 같은 날 동대문 갑구 안의 동회장, 독촉국민회 동지부장, 청년단체 대표 및 일반 유지의 회합에서도 만장일치로 추대하기로 결의했다. 그 전날에 있었던 동대문구 주민대표자대회에서도 동대문 갑구에서 이승만을 추대하기로 결의했다.[46] 그러나 이승만은 등록마감일이 임박할 때까지 등록을 하지 않았다.

등록마감 사흘 전인 4월13일에야 입후보 등록을 마친 이승만은 이튿날 입후보 소감을 기자에게 다음과 같이 말했다.

"나는 원래 출마할 의사를 갖지 않고 있었다. 그러나 시민들이 기어이 출마하라고 서면으로 또는 구두로 권고하기에 나도 신중히 고려해 보았다. 민주주의는 대다수 민중의 의사에 순종하는 것이 당연하다는 것을 생각할 때에 끝까지 거부하기가 너무도 미안스러웠던 것이다. 그러므로 그동안 나는 침묵을 지켜오다가 4월13일에 이르러 비로소 승낙을 한 것이다. 하여간 나는 우리 동포가 원하는 것을 (않겠다고) 고집하기는 싫다. 그리고 내가 출마하느니 또는 어떠니 하는 말이 퍼지면서 별별 모략과 중상이 떠돌고 있는 듯하나, 이것은 다 선거를 방해하는 불순분자들의 비겁한 행동이라고 본다. 하여간 나는 이번 등록의 성적이 남의 나라에서도 보지 못할 만치 우수했다는 것을 기뻐하며, 우리 동포들이 무엇을 진심으로 원하는가를 더욱 명백히 알게 되었다. 내가 이번에 출마하는 의사는 당선됨을 원하는 것이 아니고 다만 다수 동포들의 성의와 권고를 무시할 수 없는 때문에 승낙을 한 것이니, 여러 동포들은 별다른 생각을 갖지 말고 우리 동포들의 의사를 잘 대변해줄 진정한 애국동지가 있다면

---

46) 《東亞日報》 1948년3월30일자, 「李博士立候補推戴 獨促서울支部決議」.

4·3사건 때에 마을이 불타서 산간지대로 옮긴 부녀자와 아이들.

(추천하는 데) 주저하지 말기를 미리 부탁하는 바이다. 나는 이런 결과가 있어 우리 동포들의 앞날이 하루속히 열리기만 기다리는 바이다."[47]

남로당의 총선거반대투쟁은 4월 들어 본격적으로 전개되었다. 이보다앞서 남로당은 당내에 당 조직과는 별도로 당성이 강한 젊은 당원들로 선전선행대(宣傳先行隊)라는 무장조직을 만들었다. 이들은 처음에는 단선단정 반대투쟁의 정당성을 대중에게 선전하는 일에 주력하다가 선거일이 가까워지면서 폭력투쟁으로 바뀌었다. 대표적인 것은 비극적인 제주도 4·3사건이었다.[48] 이 사건으로 제주도는 3개 선거구 가운데 2개구에서는 선거도 1년 뒤인 1949년5월에야 실시할 수 있었다.

4월4일 밤에 목포 유달산에 봉화가 오른 것을 시발로 전국 각지에서 봉화 시위, 선거 사무소를 비롯한 관공서 및 경찰서 습격, 입후보자와 선

47) 梁又正 編, 『李承晩大統領獨立路線의 勝利』, 獨立精神普及會出版部, 1949, pp.228~229.
48) 金奉鉉·金民柱 共編, 『濟州島人民의 〈4·3〉武裝鬪爭史 資料集』, 文友社, 1963 참조.

거관계자 테러, 교량 및 철도 등 교통시설 파괴, 전신주 뽑기, 방화 등의 온갖 형태의 폭력사태가 속출했다. 등록한 입후보자 세 사람이 좌익청년들에게 살해되고, 전남 함평에서는 전신주 52개가 한꺼번에 사라지기도 했다. 비슷한 사태는 서울에서도 벌어지고 있었다. 북한산과 인왕산에 봉화가 오르고 각 동의 선거등록사무소가 잇달아 습격당했다.[49] 그리하여 김형민(金炯敏) 서울시장의 요청으로 등록소와 선거위원회 사무소에 사복 경관이 배치되었다.[50]

박헌영(朴憲永)은 평양에서 열린 남북조선정당사회단체대표자연석회의에 참석하고 있으면서 남로당의 총선거반대투쟁을 지휘했다. 남로당 기관지《노력인민》은「인민들에게 고함」이라는 박헌영의 글을 1면과 2면 전체에 걸쳐 실었다.[51]

남로당의 필사적인 공작에 따른 폭력사태를 경찰의 힘만으로는 방어할 수 없었다. 1948년3월 현재 경찰병력은 간부 1,936명을 포함하여 3만185명밖에 되지 않았다.[52] 그것으로 혼란스러운 분위기 속에서 1,400여개소의 면사무소와 1만3,800여개소의 선거인등록사무소를 보호하기에는 역부족이었다. 그리하여 미 군정부는 향토방위를 위한 행정구역별 자치기관으로 향보단(鄕保團)을 조직했다. 그것은 법령에 근거한 조직은 아니었다. 구성원은 18세 이상 55세 이하의 남자였다. 향보단은 경찰과 협조하여 남로당의 방해공작을 저지하고 총선거가 순조롭게 진행될 수 있도록 경찰의 보조역할을 했다. 그리고 선거가 끝나자 5월25일에 해체되었다.[53]

선거일이 다가오면서 경찰은 경계를 더욱 강화했다. 경찰이 얼마나 긴장했는가는 수도관구경찰청장 장택상(張澤相)이 관할 각 경찰서에 (1)

---

49)《朝鮮日報》1948년4월6일자,「登錄事務所襲擊」.

50)《東亞日報》1948년4월9일자,「登錄所襲擊에 對備私服警官을 配置」.

51) 朴憲永,「人民들에게 告함」,《노력인민》1948년4월12일자.

52) 國際新聞社出版部 譯,『UN朝鮮委員團報告書』, p.61.

53)《東亞日報》1948년5월26일자,「鄕保團二十五日解體」.

누구를 막론하고 경찰관을 제외하고는 노상에 서 있지 못하게 하고, (2) 경찰관이 서 있는 행인을 발견한 때에는 걸어가도록 명령하고 불응할 때에는 본서에 동행하여 보안주임에게 넘기라는 명령서를 하달한 사실로도 짐작할 수 있다. 그것은 선거반대자들의 가두시위를 사전에 봉쇄하기 위한 조치였다.[54] 야간 통행금지 시간도 한시간 연장되어 4월28일부터는 밤 10시부터 일반통행이 금지되었다.[55] 한편 장택상은 4월28일에 기자단과 만나서 폭동을 선동하는 자는 용서없이 처단하겠다고 경고했다.

> 수도경찰은 폭동을 인민항쟁이라는 칭호로 찬미하고 폭동을 조장하는 의미로 문자나 언사로 민중을 현혹케 하는 자는 앞으로 시간을 지체치 않고 체포 고발하여 처단을 받게 하겠다. 단선단정 반대나 기타 정치언론에 관하여는 경찰은 하등 간섭을 않겠으나, 폭동을 권유 선동하는 자에게는 직업 여하를 막론하고 체포 고발할 것을 명확히 선언하는 바이다.[56]

같은 날 수도관구 각 경찰서는 50여명씩의 경찰특별돌격대를 조직하고 29일부터 맹훈련을 시작했다. 돌격대의 사명은 총선거일을 전후하여 폭동이 일어나서 폭도들이 산악에 집중하는 경우에 이를 진압하는 것이었다.[57]

---

54) 《朝鮮日報》 1948년4월21일자, 「市民의 路上佇立禁止」.
55) 《東亞日報》 1948년4월29일자, 「夜間通行을 十時로 短縮」.
56) 《東亞日報》 1948년4월29일자, 「暴行을 讚美하는 者 容赦없이 逮捕告發」.
57) 《朝鮮日報》 1948년4월30일자, 「警察特別突擊隊組織코 訓練」.

2. 슈티코프가 김구의 연석회의참가 강조

1

3월25일 저녁의 평양방송 이후로 경교장과 삼청장은 한독당과 민족자주연맹 관계자들뿐만 아니라 북한으로부터 연석회의 참석자로 초청받은 인사들의 왕래로 인성만성했다. 그러한 상황 속에서 김일성과 김두봉의 모멸스러운 회신을 받은 김구와 김규식은 여간 당혹하지 않았다.

3월28일 오후에 삼청장에서 열린 민족자주연맹 정치 상무위원 연석회의에서는 "당신네들"이라는 호칭 등의 오만불손한 북한 두 김의 회신 내용을 두고 남북회담 참가 거부를 주장하는 사람도 있었다.[58] 김규식은 이날 저녁에 방한 중이던 미 육군부 차관 드레이퍼(William H. Draper. Jr.)와 미 군정부의 하지, 제이콥스(Joseph E. Jacobs), 랭던(William R. Langdon)과 회합을 가졌는데, 그 자리에서 그는 자신과 김구는 남북회담 제안자였기 때문에 북한의 초청을 수락할 수밖에 없지만 가기 전에 신변안전 보장 등을 협의하기 위해 연락원을 보내겠다고 말했다. 김규식은 남북회담은 아무것도 달성할 수 없고, 자신은 강제수용소에 보내질지 모른다는 말도 했다.[59] 드레이퍼는 이승만과는 이날 오전에 만났다.[60]

또한 3월29일에 발표된 한독당 중앙집행위원회의 다음과 같은 선언문은 좌익정파들과는 다른 김구 그룹의 곤혹스러운 입장을 반영한 것이었다.

> 남한만의 선거로 '중앙정부'를 세우는 것은 북한만의 선거로 '북조선인민공화국'을 세우라고 승인하는 것이니, 현재 통일독립이 공약

58) 宋南憲 증언, 曺圭河·李庚文·姜聲才, 『南北의 對話』, 고려원, 1987, p.361.
59) Jacobs to Marshall, Mar. 29, 1948, *FRUS 1948*, vol. Ⅵ., pp.1162~1163.
60) 《朝鮮日報》 1948년3월30일자, 「트레이퍼氏 李博士要談」.

된 정세하에서도 남북이 통일 못한 것이 장차 소련 위성국가로 완성된 '북조선인민공화국'과 남한의 '중앙정부'와는 평화수단으로 통일될 가능성은 절대로 없고 전쟁수단으로밖에는 없을 것이다.…[61]

이처럼 한독당은 분단 상태에서 북한에 수립될 정권은 소련의 위성국가일 수밖에 없다고 인식하고 있었다.

김구, 김규식, 홍명희, 김붕준(金朋濬), 이극로 등 「7인성명」을 발표했던 남북협상파 인사들은 4월1일 밤에 경교장에 모여 협의한 결과 북행에 앞서 김구와 김규식의 연락원 두세 사람을 평양에 파견하기로 의견을 모았다. 북한쪽과 협의할 내용은 예비회담에는 백지로 임할 것, 북한쪽이 지명한 15명 이외에 적당한 인물을 추천하여 참가하도록 할 것 등이었다.[62] 김구와 김규식이 제의한 남북지도자회의를 북한쪽이 정당 사회단체 연석회의보다 먼저 열자고 제의해옴에 따라 지도자회의를 예비회담인 것처럼 막연히 인식되고 있었다. 이들은 4월2일 밤에도 경교장에 모여 심야까지 구수회의를 열었다.[63]

4월3일 오후에는 그동안 국민의회와 민족자주연맹이 중심이 되어 추진해 오던 통일독립운동자협의회 결성대회가 70여 정당 사회단체의 대표들이 참가한 가운데 역경원(譯經院)에서 열렸다. 그것은 남북협상을 지지하는 우익 및 중도 정파들의 결집체로 결성된 것이었다. 김구와 김규식은 이 대회에 참석하여 축사를 했는데, 이 자리에서 김규식은 "해방 후 전례없는 열변"으로 장시간에 걸쳐서 비장한 소회를 토로하여 화제가 되었다.

김규식은 연설을 시작하면서 조금 전에 대회가 채택한 선언문 모두에 통일독립을 달성하는 데에는 전쟁의 길과 평화의 길 두가지가 있다고 한

---

61) 《朝鮮日報》 1948년3월30일자, 「自主統一鬪爭」.
62) 《朝鮮日報》 1948년4월4일자, 「連絡員不日派遣」.
63) 《京鄕新聞》 1948년4월3일자, 「南北會談은 어찌되나」.

것부터 비판했다.

"우리가 통일과 독립을 원하는 것은 누구나 다 잘 아는 것이다. 그러나 실행하기는 어려운 것이다. 우리가 독립을 전취할 때까지 이 협의회를 살려 목적을 달성하여야 할 것이니, 이 마지막 길을 생명을 내놓고 나가는 것으로 여러분은 아시오. 이 선언문 처음에 통일독립의 길에 전쟁의 길과 평화의 길의 두가지가 있다고 하였는데, 이는 망발이라 아니할 수 없다.

우리가 과거 평화시대에나 또는 양차의 세계대전이 있었으나 우리의 독립이 있었던가? 제1차 세계대전이나 중일전쟁이나 또는 미일전쟁을 우리가 얼마나 고대하고 혹시 우리의 독립이 오려니 하고 바랐으나, 제2차 대전이 끝난 오늘날 우리의 독립이 왔던가? 오직 온 것이라고는 우리 삼천만 민족이 굶어죽고 병들어 죽고 분열밖에 더 온 것은 없었다. 그러면 세계열강이니 운운하는 자들이 자기네들의 세력관계로 제3차 전쟁이 되면 우리의 독립이 될 것 같으며, 2년 후가 될지 10년 후가 될지 언제 이 전쟁이 있을 줄 알고 그래도 또 이것을 믿고 있는단 말인가? 또 이것을 믿다가는 또 안고 자빠지는 것뿐인 줄 왜 모른단 말인가!"

김규식은 이어 독립은 했으나 소련의 영향권 안에 있는 외몽고와 미국의 영향권 안에 있는 필리핀의 처지를 비판하면서, 남한의 총선거와는 관계없이 미국은 한국에 판무관(辦務官)을 파견할 계획을 하고 있다고 주장했다.

"외몽고가 독립한 것은 소련권내에 들어간 것뿐이며, 필리핀이 독립이 되었다고 하여 우리 땅에 유엔위원단의 일국이 되어 와서 있지만 그 대표가 자기 성질을, 본색을 나타내고 가장 떠들고 있으나 무엇을 주장하고 있는가? 우리는 이러한 독립은 원치 않는다는 것이다. 그네들 세계의 전쟁이나 평화에는 우리의 독립은 없다. 우리의 독립은, 한국의 독립은 오직 한국사람의 손에 있는 것이고, 그 독립을 쟁취하고 안 하는 것은 우리 한인의 마음과 힘에 있을 뿐이다. 지금 워싱턴에서는 5월 선거 후든지 또는 그 전에라도 남조선에 판무관을 보내려는 계획을 하고 있는 모양인데, 총선거로 대통령을 뽑느니 하지만 워싱턴에서는 판무관을 인선중이라 하니, 남의 일도 알고 우리 일을 하라는 것이다.…

그럼에도 불구하고 아직도 총선거만 하면 국권도 찾고 정부도 수립되고 민생문제도 해결 운운하고 있는 자들이 있으나, 이는 유엔헌장도 들여다보지 못한 자들이라고 아니할 수 없다. 남조선이 유엔회원국이 되려면 유엔헌장을 고치든지 또는 유엔안보이사회의 거부권(拒否權)을 없애도록 고치든지 해야 할 것이다. 현재 소련이 유엔한국위원단을 보이콧하고 있음에도 불구하고 유엔에 가맹이 된단 말인가? 그래서 내가 주장하는 남북회담도 민족자결원칙에서 나온 것이나 그렇게 용이하게 성공되리라고는 볼 수 없으며, 우리끼리 해보자는 것이다. 그래서 우선 연락원을 2~3명이고 보내서 일절 교통 기타 절차 성질 목표 등 여러 가지를 따져가지고 우리의 제의를 연락 후 연락원이 돌아온 뒤에 여러분과 같이 대책을 강구할 것이다."

김규식은 또 한반도가 소비에트연방에 편입될 가능성에 대한 우려도 표명했다.

"남북회담 한다고 바로 독립이 되는 것은 아니다. 남북이 서로 양보해서 성공된다면 환희로 돌아오겠지만 이것이 또 피흘리지 않고 소련연방에 집어넣는 것이 되지나 않을까 하고 의심되는 바가 없지도 않다. 또한 남조선 단선단정 때문에 남북이 영영 분열되고, 분열되기 때문에 북조선에 20만의 인민군이 있으니 남조선에 정부가 서도 그 정부는 며칠 못갈 것인데, 그때 가서는 남조선까지 공산화시키고 피를 흘리고 소련의 연방이 안된다고 누가 전도를 단정할 것인가? 그러기 때문에 우리는 남조선 단선단정도 반대하는 것이다."

이처럼 김규식은 이제 남한정부가 서도 그 정부는 며칠 못갈지 모른다고 단언했다. 마지막으로 그는 남북회담의 당위성과 불가피성을 다음과 같이 역설했다.

"우리의 목적을 달할 때까지는 우리의 일을 우리끼리 할 수밖에 없다. 우리 일은 우리끼리 한다고 하고서 만일 남북회담이 깨진다고 하여 그때 가서 미국에나 소련에다 또 우리 독립을 시켜주시오 할 수는 없으니, 우리가 끝장을 보고야 말 것을 알고 있어야 한다. 우리는 오늘날까지 남에서는 미국에, 북에서는 소련에 의뢰하고 독립을 기대해 왔으나 미소공위나 유엔에서 독립이 되었던가? 남북회담의 첫 결과가 좋거나 나쁘거나 우리 일은 우리의 손으로 한다고 하였으니, 흥해도 우리 힘으로 흥하고 망해도 우리 손으로 망할 것이다. 이제는 막다른 골목이니 한번 해서 안 되면 열번이고 백번이고 계속하여 생명 있을 때까지, 성공할 때까지 하고야 말 것이며, 할 수밖에 없다. 여러분은 우리가 가는 길이 마지막 길인 줄 알아야 하며, 막다른 길인 줄 알아주시기 바란다."[64]

학자정치인의 이러한 비장한 선동연설은 김구보다도 더 남북회담의 성과를 회의하는, 그리하여 강제수용소에 수감될 것까지 염려하는 자기 자신의 세계정세 인식과도 모순되는 주장이었다.

2

3월31일에 김구와 김규식의 "감상"이 발표되자 이승만은 한탄조로 말했다.

"체, 김일성 뒤에 소련이 있는 줄 모르고. 소련을 직접 가서 담판하겠다면 모를까 김일성을 백번 만나야 무슨 소용이 있다고…."[65]

이승만은 독립운동기간 내내, 그리고 해방 뒤에 귀국해서도 줄곧 자기에게 제1인자의 지위를 양보하며 의리를 지켰던 김구가 총선거에 참가하지 않는 것이 여간 섭섭하지 않았다. 그는 4월1일에 다음과 같은

64) 《朝鮮日報》 1948년4월6일자, 「統一獨立自力으로 達成」.
65) 尹錫五 증언, 孫世一, 『李承晩과 金九』, p.300.

담화를 발표했다.

> 남북회담 문제는 세계에서 소련정책을 아는 사람은 다 시간 연장으로 공산화하자는 계획에 불과한 것으로 간파하고 있는데, 한국지도자 중에서 홀로 이것을 모르고 요인회담을 지금도 주장한다면 대세에 몽매하다는 조소를 면키 어려울 것이다. 더욱이 이번 북한에서 온 회한 내용이 발표와 같다면 이것은 소련 목적을 성원하는 이외에 아무 희망도 없는 것을 다 알 수 있는 것인데, 될 수 없는 일을 가지고 국사에 방해되는 것을 생각치 못한다면 우리는 더욱 낙심한다. 지금이라도 국권회복을 하루바삐 성취하자는 합의로써 총선거를 충분히 진행하며 우리 힘으로 남북통일을 우리 정부에서 달성할 것을 바라는 바이다.[66]

이승만은 또 4월5일에 올리버에게 보낸 편지에서 남북회담을 다음과 같이 전망했다.

> 두 김씨의 북행 결정은 그곳에서 큰 선전거리가 될 것으로 일반은 관측하고 있습니다. 이미 공산당 신문은 그들을 칭찬하고 있습니다. 공산당은 김구를 부의장으로 만들어 북한에 체류시키려고 할 것입니다. 공산당은 북한 주민들에게 김구가 나라를 구하기 위해 북한에 온다는 등등의 선전에 열중하고 있습니다. 얼마 동안은 모든 것이 순조롭게 진행되겠지요. 그러나 결국 공산당은 모스크바결정을 들고 나오든가 아니면 북한정권이 유일한 정부이므로 통치권이 남한에까지 미친다고 공포하라고 종용할 것입니다. 북한의 군사적 준비가 그것을 드러내고 있습니다. 김구는 늘 그랬던 것처럼 미군철수를 요구

---

66) 《東亞日報》 1948년4월2일자, 「南北協商贊成은 蘇聯目的에 追從」.

할 것이 틀림없고요. 소련군은 국경을 건너가서 미국의 반응을 주시할 것이고, 만일 미군이 철수한다면 그 뒤는 당신도 알지 않습니까. 김 박사는 꾀가 너무 많은 사람이라서 자기가 꾀로 소련사람들을 이길 수 있다고 생각합니다. 우리가 해야 할 오직 한가지 일은 남쪽에서 지체없이 우리의 계획을 추진시키는 일입니다. 국회의 활동을 촉진할 수 있도록 국회 안에서 발언권을 가지기 위하여 나는 국회의원에 출마할 생각입니다.

이 무렵 이승만은 건국초기의 국가 운영의 구상을 구체적으로 하고 있었다. 같은 편지에서 그는 아이젠하워(Dwignt D. Eisenhower)나 웨드마이어(Albert C. Wedemeyer)나 맥아더(Douglas MacArthur) 등과 같은 국제적으로 알려진 육군 장교 한 사람을 한국군 고문으로 고빙하고, 보수를 많이 주더라도 6개월가량 일해 줄 수 있는 일급의 금융문제, 특히 외환 계획 전문가 한 사람을 은밀히 물색해 보라고 올리버에게 지시했다.[67]

이승만은 또 4월6일에는 미국이 한국에 고등판무관을 파견할 계획을 하고 있다고 허위사실을 퍼뜨리는 김규식이 여간 가증스럽지 않았다. 그는 4월6일에 김규식을 "총선거를 반대하는 분자"로 지칭하면서 다음과 같은 담화를 발표했다.

총선거를 반대하는 분자들이 간혹 말하기를 미국이 한국독립정부를 수립한다 하나 실상은 고등판무관을 두어서 전일 필리핀과 같이 만들 것이라고 한다 하니, 지금도 총선거의 목적이 무엇인지 모르고 하는 말이다.

총선거로 한인들이 국회를 세워가지고 국권을 회복해서 강토를

---

67) Rhee to Oliver, Apr. 5, 1948(梨花莊所藏); Robert T. Oliver, *Syngman Rhee: The Man Behind the Myth*, Dodd Mead and Company, 1960, p.255.

찾으려 하는 것인데, 남이 어떻게 하려고 한다는 것으로 주장을 삼으면 주객의 위치를 전도함일뿐더러 국회에 들어가는 한인들은 다 노예 성질을 가진 사람만 들어가는 것으로 의미하는 것이니, 국회를 세운 후에는 우리와 전쟁하려는 나라 외에는 누구나 우리 국권회복에 방해하는 일은 없을 것이다.

미국정부와 유엔총회에서 연속 공포하였고 세계공의가 전적으로 지지하는 것은 한국을 하루바삐 독립시켜서 한인들이 저희 일을 해가도록 만들어야 된다는 것이니, 미 국무성이나 육해군간부에서나 이 주의에 위반되는 일은 생각할 사람이 없을 것이요, 설령 있다 할지라도 미국 민중이 절대로 허락지 않을 것이니, 공연한 언론으로 인심을 현혹시키려 하나 명철한 민중은 동요되지 않을 것을 나는 믿는다.…

그러면서 이승만은 지금은 정당간에 정치투쟁하는 단계가 아니라 국권회복단계라고 강조하고 기권자가 없이 모든 사람들이 총선거에 참가하도록 촉구했다.[68] 이승만은 이처럼 정당정치에 대하여 비판적인 인식을 하고 있었다.

김규식의 미국판무관 파견설에 대해서는 딘 군정장관도 부인했고,[69] 하지의 고문 제이콥스도 부인했다.[70]

3

남북회담에 대한 미 군정부의 표면적인 태도는 지원하지도 방해하지도 않는다는 것이었다. 그리고 냉소적이었다. 딘 군정장관은 4월1일의 기자회견에서 "양 김씨는 북조선행에 대한 준비 절차 및 신변보호 등 문제

---

68) 《東亞日報》 1948년4월7일자, 「高等辦務官派遣云云은 選擧反對派의 杞憂」.
69) 《東亞日報》 1948년4월9일자, 「辦務官派遣은 浪說」.
70) 《京鄕新聞》 1948년4월10일자, 「蘇 總選擧에 恐怖」.

를 미군당국과 협의할 것이라는데 이에 응할 용의가 있느냐"는 질문을 받고 다음과 같이 대답했다.

"북조선에 가고 싶은 사람들은 남조선에서 북조선으로 통하는 넓은 도로가 있을 뿐만 아니라 철도도 부설되어 있으니 이를 이용하면 좋을 것이며, 내 사무실에 있는 지도에도 이런 것이 상세히 기록되어 있으니, 보고자 하면 보여줄 용의도 있다. 개인이나 단체를 물론하고 북조선에 가는 데 대해서는 하등의 간섭도 아니하겠다. 그리고 통일된 조선이 하루바삐 이루어지기를 원하는 것은 미군당국이 누구보다 더 갈망하고 있다.… 통일을 원하는 사람들이 남북회담에 희망을 갖는 것도 이해할 수 있다. 이것은 마치 물에 빠진 사람들이 지푸라기라도 움켜잡으려는 것은 인지상정이기 때문이다. 그러나 지푸라기를 잡으려다가 귀한 생명을 잃어서는 아니된다."

이러한 말이 너무나 냉소적으로 보인다고 하자 딘은 서슴없이 말했다.

"그렇다. 나의 태도는 냉소적인 것이다. 만주와 북조선에 있는 조선인들이 그들이 천국이라고 하는 북조선을 버리고 매일 수천명씩 남하하고 있다. 만일 남조선으로부터 하루에 천명씩이라도 북조선으로 가 준다면 남조선에 있는 여러분의 식량배급량도 증가될 것이다.…"[71]

4월6일에 발표된 「남북협상의 선행 조건」이라는 하지의 특별성명도 기본적으로 딘의 발언과 비슷한 투였다.

> 최근에 와서 조선통일을 하기 위하여 소위 남북협상 운운의 말이 많은데, 착각을 가진 사람은 그런 협상이 성공하여 조선문제 해결이 되리라고 믿고 조선국가의 주권을 회복하기에 불가결한 민족대표선거는 필요가 없다고 본다. 남북협상을 몇몇 개인이 준비교섭하고 있다는 그 사실 자체가 가급적 속히 민족의 대표자 선거의 중요성을 더

---

71) 《東亞日報》 1948년4월2일자, 「政治術策에 빠저 奴隷가 되지말라」.

느끼게 하는 것이다. 이렇게 피선된 대표들이라야 그런 협상에 남조선인의 명의를 가지고 참석도 하고 협의된 사항을 찬성도 할 수 있는 것이다.…

하지는 이어 흥미있는 것은 남북협상에서 남조선을 대표할 사람을 북조선 공산정권 조선인 수뇌자가 지명한 사실이라고 비꼬고, 이들은 모두 조선을 소련위성국가로 만들려고 해 온 인물들이라고 다음과 같이 매도했다.

남조선에 전 인구의 3분의 2가 있고 이 남북협상조차도 남조선에서 제안된 것인데도 불구하고 남조선인이 자기네의 대표선출을 하는 것을 거부한 것이다. 북조선에서 온 초청은 남조선의 중요한 정당 영수들을 포함치 않고 국민대표를 선정하는 유일한 방법인 선거를 반대하는 극소수의 사람만을 청한 것이다. 비록 남조선인 중에서 잘 알려진 사람도 몇명이 이 협상에 초청을 받았으나, 그 대다수는 공산주의자의 주구로서 해방 이래 남조선에서 반동행위를 해왔고 조선을 소련위성국가로 만들어 보려고 애쓴 자들이다.…[72]

제이콥스도 4월9일에 하지의 성명을 뒷받침하는 5개항의 성명을 다시 발표했는데, 주요 항목은 다음과 같았다.

(2) 유엔조선임시위원단의 노력은 소련점령당국이 유엔감시하의 총선거에 북조선국민의 참가를 거부하였으므로 방해되었다. 소련점령당국은 공평한 감시하의 총선거에 공포를 느끼고 있다. 오랫동안 곤란을 받아오던 조선국민에 대한 기만책으로서 그들은 현재 공선되지

---

72) 《朝鮮日報》 1948년4월7일자, 「南北協商의 先行條件」.

않은 자기들을 자칭 조선인 지도자로 자인하고 평양회담을 통하여 소련 세력하에서만 국민정부가 수립될 수 있다는 것을 보이고자 하고 있다.

(4) 만약 소련당국이 진정하게 조선통일에 관심을 가지고 있다면 미국이 오랫동안 제창하여온 바와 같이 소련은 조선의 경제적 통일을 시인하는 것이 필연적인 최초 단계일 것이며, 이것은 현재까지 남북통일의 장애물이 되어 온 38선을 경계로 한 가혹한 소련의 지배를 완화함으로써 가능할 것이다.…[73]

4월10일에는 남조선과도정부 정무회의도 총선거가 통일의 첩경이라는 요지의 성명서를 발표했다.[74]

딘의 이러한 냉소적인 언급에 대해 이튿날 김구는 좀 궁색하게 들리는 담화를 발표했다.

나는 딘 군정장관이 우리가 기도하는 남북회담을 방해하지 아니하겠다고 언명한 것을 감사한다. 우리의 공작은 이로써 순조롭게 진행될 수 있기 까닭이다.… 미국 당국이 우리 업무를 방해하지 아니하는 이상 지엽문제는 교섭 개시를 따라서 원만히 해결되리라고 생각된다.[75]

지엽문제란 신분보장과 그 알선문제로서 김구와 김규식이 3월31일에 발표한 "감상"에서 제기한 문제들이었다.

---

73) 《京鄕新聞》 1948년4월10일자, 「蘇 總選擧에 恐怖」.
74) 《東亞日報》 1948년4월11일자, 「選擧가 統一의 捷徑」.
75) 《朝鮮日報》 1948년4월3일자, 「不干涉에 感謝」.

4

김구, 김규식, 홍명희, 김붕준, 여운홍 등 통일독립운동자협의회 간부들은 논의를 거듭한 끝에 김구쪽의 안경근(安敬根), 김규식쪽의 권태양(權泰陽) 두 사람을 평양에 파견할 연락원으로 선정했다. 안경근은 중국에 있을 때부터 북한의 김두봉과 최용건(崔庸健)을 잘 아는 사이였다.

안경근과 권태양은 김구와 김규식의 편지를 가지고 4월7일 아침 10시에 서울을 출발하여 이튿날 동틀 무렵에 평양에 도착했다. 그리고 그날 저녁에 연석회의 준비위원장 주영하(朱寧河)의 안내로 김일성의 집으로 가서 김일성과 김두봉을 만났다.[76] 소련민정청장관 레베데프(Nikolai G. Lebedev)는 두 특사가 협의하고자 한 문제는 다음과 같은 것이었다고 그의 『일기』에 적어놓았다.

(1) 연석회의 개막일자를 연기하는 문제.
(2) 이미 초청한 인사들 이외에 선거에 반대하는 인사들을 더 초청하는 문제.
(3) 지난 일은 모두 잊어버리고 백지에서 출발하자.
(4) 남조선 기자 약간명을 대동할 수 있는가?

그 밖에 "지엽적인" 문제들로는 다음과 같은 것이 있었다고 했다.

(1) 연석회의 개최비용 ——그들에게는 돈이 없다. 어떻게 할 것인가?
(2) 언론과 행동의 자유 보장.
(3) 시간에 제한을 두지 말고 문제들을 논의하되 토의결과를 마무리짓는 결정을 채택한다.

---

76) 安敬根 증언, 曺圭河 · 李庚文· 姜聲才, 앞의 책, pp.362~364.

(4) 문제들을 논의할 때에 다른쪽 의견을 독단이라고 간주하지 않는다.

(5) 비서, 참모장 등 수행원을 대동할 수 있는가?

레베데프는 특사들이 가지고 간 김구와 김규식의 편지 전문을 모스크바에 가 있는 슈티코프(Terentii F. Stykov)에게 발송했다.[77] 그것은 슈티코프가 남북회담 과정에도 얼마나 세심하게 관여하고 있었는가를 말해주는 보기이다. 슈티코프는 남북협상과 관련하여 김일성이 북한신문에 발표할 성명문까지 직접 작성하여 레베데프에게 보냈다.[78]

안경근의 회고에 따르면, 특사들의 문제제기에 대해 김일성은 "우리가 통일을 위해 만나 이야기하는데 아무런 조건도 있을 수 없다. 이미 회의 준비도 다 되어 있으며 앞으로 사나흘 내로 회의가 열릴 것이니 서울에서 대표가 올라와야 한다"라고 말했다.[79] 송남헌은 김일성이 "두 분 선생이 무조건 이쪽으로 넘어오셔서 우리와 상의하시면 모든 문제는 해결됩니다"라고 말했다고 증언했다.[80]

두 특사는 4월10일에 돌아왔는데, 그들은 김일성과 김두봉을 만나 다음과 같은 세가지에 합의한 것으로 보도되었다. 두 사람은 북의 두 김을 만나서 첫째로 4월14일 회의를 연기할 것, 둘째로 참가인원을 광범위로 할 것, 셋째로 이번 회담에서는 백지로 환원하여 남북통일문제에 한해서만 협의할 것 등의 조건을 제시하여 동의를 얻었다고 했다.[81] 흥미로운 것은 김구와 김규식이 "백지에서 출발하자"고 한 말은 아마 북한쪽이 기정사실을 고집하지 말 것을 강조한 말이었을 것인데, 레베데프는 『일기』에서 "이 말은 조선어로 그[김구]가 잘못했고 자신의 잘못을 인정한다는

77) 전현수 편역, 『레베제프일기 1945~1948』(1948.4.8.), pp.158~161.
78) 『레베제프일기』(1948.4.12.), p.164.
79) 曺圭河·李庚文·姜聲才, 앞의 책, p.363.
80) 宋南憲 증언, 위의 책, p.364.
81) 《서울신문》 1948년4월13일자, 「連絡員의 報告듯고 南北協商對策鳩首協議」.

의미이다"라고 적어놓은 점이다.[82)]

남북협상회의의 계기가 된 것은 김구와 김규식이 북의 두 김에게 보낸 2월16일자 편지였지만, 실제로 회의진행을 입안하고 주동한 것은, 북한의 모든 중요 정치행사의 경우와 마찬가지로, 아니 그보다 더 구체적이고 직접적으로, 소련의 대북한정책 수행자들인 슈티코프와 레베데프였다. 그리고 최종적으로는 소련공산당 정치국의 결정에 따른 것이었다.[83)]

남북회담 준비에서 슈티코프와 레베데프가 가장 중요하게 생각한 것은 김구의 회의참가였다. 회의를 준비하는 기간 동안 레베데프는 수시로 준비상황을 슈티코프에게 보고하고 지시를 받았는데, 3월30일자 『레베데프일기』에는 4월14일부터 개최될 남북정당사회단체 연석회의의 일정이 다음과 같이 꼼꼼히 적혀 있다.

> 4월14일의 확대회의에 대하여 협의하다. 정치정세에 대하여 김일성, 김구, 허헌(許憲) 세 사람이 보고한다. 김일성이 불가능할 경우에는 박헌영이 한다. 보고가 끝나면 의견교환 뒤 정치정세에 대한 결정서를 채택한다.
>
> 제1일. 연석회의 개회식을 거행한다. 정당 사회단체 지도자들로 주석단을 구성한다. 의사일정을 채택한다. 김두봉, 김구, 허헌, 김규식, 김달현(金達鉉), 이극로, 최용건, 김원봉(金元鳳)——이상 8명의 축사를 듣는다.…
>
> 제2일. 첫번째 문제에 대해 3명의 보고를 듣는다. 토론시간을 갖는다. 토론자에게는 발언시간을 15분으로 제한한다. 첫번째 문제에 대한 결정서를 작성할 위원회를 선거한다.…
>
> 제3일. 첫번째 문제에 대한 토론을 종결하고 결정서를 채택한다.

---

82) 『레베제프일기』 (1948.4.8.), p.160.

83) Andrei Lankov, "Soviet Politburo Decisions and the Emergence of North Korean State, 1946-1948", 『광복60년과 한반도』, 한국정치학회, 2005, pp.62~80.

두번째 문제에 대한 보고를 듣는다. 보고자는 허헌이다. 선전노선에 대하여, 조직노선에 대하여 토론한다.…

이처럼 빈틈없이 진행되는 회의에서 남북한의 지도자들이 "백지로 돌아가서" '협상'을 할 여지는 있을 수 없었다.

레베데프는 4월1일에는 슈티코프에게 몇가지 예민한 현실 문제를 문의하고 있어서 눈길을 끈다. 그것은 조만식을 연석회의에 초청하거나 만나겠다는 문제가 제기되면 어떻게 할 것인지, 남조선 기자들에게 연석회의 취재를 허용할 것인지, 연석회의에서 소련군 사령부의 축사가 필요하지 않은지, 연석회의에 권력획득의 성격, 곧 임시인민회의(臨時人民會議)의 성격을 부여할 필요가 없는지 등이었다.[84]

4월12일자 『레베데프일기』에는 또 "김구의 요청에 따라 연석회의가 [⋯]연기되었다고 발표한다"는 기술도 보인다. 이러한 방법으로 북한당국은 김구의 북행을 재촉했다.

84) 『레베제프일기』(1948.4.1.), pp.153~154.

97장

"38선을 베고 자살이라도 하겠다!"

1. 문화인 108명의 지지성명
2. 남북연석회의의 「조선정치정세에 대한 결정서」
3. 4김회담과 남북지도자협의회
4. 김일성의 허위약속을 믿고

1. 문화인 108명의 지지성명

1

김구와 김규식(金奎植)의 특사 두 사람이 평양에 다녀왔다는 뉴스가 전해지자 남북협상에 대한 일반 국민들의 흥분된 분위기는 한결 고조되었다. 그러나 막상 김구는 이때에 일찍 경험하지 못했을 만큼 심각한 고뇌에 빠졌다.

4월11일과 12일 이틀 동안 열린 국민의회 제45차 정기총회는 이승만과의 결별을 공식으로 확인하는 회의였다. 회의는 먼저 명목만 남아 있는 국민의회의 정부의장을 개선했다. 사퇴서를 제출해 놓고 있는 의장 조소앙(趙素昂)의 후임으로는 유림(柳林)을, 부의장으로는 김구의 두뇌이자 입 역할을 하는 엄항섭(嚴恒燮)을 선임했다. 이 무렵 엄항섭은 서울에서 활동하는 북한의 거물 공작원 성시백(成始伯)과도 남북협상 문제로 만났다고 한다.[1]

눈길을 끄는 것은 국민의회가 국무위원 정리안으로 이승만을 국무위원회 주석에서 해임한 것이었다. 임시정부 인사들은 1947년에 이승만이 도미하여 외교활동을 벌이고 있을 때에 비상국민회의를 국민의회로 개편하면서 이승만을 국무위원회 주석으로 선출했고 이승만은 그러한 조치에 반대하면서 거듭 취임을 거부했던 것은 앞에서 본 바와 같다. 그랬던 것을 이제 와서 새삼스럽게 이승만의 주석직 해임결의라는 조치를 취한 것이었다. 이승만과 함께 한국민주당 위원장 김성수(金性洙)와 대동청년단 단장 이청천(李青天)의 국무위원 해임도 결의하고, 민주의원의 철폐안도 결의했다.[2]

---

1) 김민희, 『쓰여지지 않은 역사』, 대동, 1993, pp.85~86.
2) 《朝鮮日報》 1948년4월15일자, 「李博士等解任」.

김구는 속내를 알 수 없는 김규식의 태도도 마뜩지 않았다. 평양에 갔던 두 특사의 보고를 토대로 4월13일 오후에 경교장에서 대책회의가 열렸는데, 이 자리에서 김규식은 다음과 같은 6개항의 요구조건을 북한에 제안할 것을 제의했다.

(1) 북한이 소련의 위성국가라는 인상을 주는 스탈린 초상화를 제거할 것.
(2) 평양회담은 예비회담으로 하고 첫 공식회담은 서울에서 열 것.
(3) 북한지역에서 대표 100명을 선출하여 남한 대표 200명과 회합할 것.
(4) 북한은 유엔위원단의 최소 1명을 선거 감시를 위하여 초청할 것.
(5) 평양회담에서는 독립실현의 방법만 토의하고, 헌법 채택, 국가 수립, 국기 선정 등을 토의하지 않을 것.
(6) 미소 양군의 공동철수에 관한 선전을 중지하고 군대철수에 관한 미소회합을 갖도록 소련에 요구할 것.

김규식은 이 6개항 제의에 북한이 동의한다면 자신은 남북회담에 참석하고 유엔에 남한단선의 연기를 요청하겠다고 말했다. 그러나 김구는 유엔위원단과의 관계를 일체 포기할 것을 주장하며 이에 반대했다. 그러자 김규식은 평양행을 보류하겠다고 밝혔다.[3] 김규식의 이러한 태도는 하지의 집요한 종용에 따른 것이었다. 하지는 이 시점에서도 여전히 날마다 그의 정치고문 버치(Leonard M. Bertsch) 중위와 노블(Harold J. Noble)을 김규식에게 보내어 그의 북행 번의를 종용했다.[4]

흥미롭게도 소련군 민정장관 레베데프(Nikolai G. Lebedev)의 4월13

3) 도진순, 『한국민족주의와 남북관계』, pp.243~244; 《東亞日報》 1948년4월16일자, 「民聯勸告로 金博士北行?」.

4) 宋南憲, 「金九·金奎植은 왜 38線을 넘었나」, 《新東亞》 1983년9월호, p.213.

일자 『일기』에도 이때의 상황에 대한 정보가 기술되어 있다.

> 하지가 김규식을 불러 사무실이 떠나갈 정도로 책상을 치며 그를 위협했다고 한다. 김규식의 요구사항은 다음과 같다.
>
> (1) 스탈린의 초상화를 모두 제거한다, (2) 유엔과 협력하여 조선 문제를 해결한다, (3)북조선에 선거구를 조직한다.
>
> 김규식은 대통령 후보 가운데 한명이다. 미 군정부는 김규식을 추천하고, 국무부는 이승만을 추천하고 있다.[5)]

이러한 기술은 소련군의 정보력을 보여주는 한 보기이기도 하다. 그러나 실제로 이 시점은 미 군정부가 남북협상에 대하여 김구와 김규식이 합리적으로 생각하도록 설득하는 방법은 없다는 결론을 내리고 있는 때였다. 하지의 정치고문 제이콥스(Joseph E. Jacobs)가 4월9일에 마셜(George C. Marshall) 국무장관에게 보낸 보고전문은 이 시점에서 미 군정부가 김구와 김규식을 어떻게 평가하고 있었는가를 여실히 말해 준다.

> 두 김이 표면상으로 부르짖는 것은 "한국의 통일"이지만 실제로 그들이 남북협상을 제의하고 또 평양의 초청을 수락한 기본적인 이유는 적어도 선거에서 당선이 보장될 만하거나 고위직에 임명될 수 있을 만한 사람 가운데 그들을 따르는 진실한 추종자가 없기 때문이다. 그리고 그들은 "들러리를 서기 싫기" 때문이다. 그들은 그보다 다른 데서 더 나은 가능성을 찾으려고 한다. 공산주의는 그러한 반대파 속에서 번성한다. 그러나 두 김은 평양에서 일이 잘 돌아가지 않을 경우에 대비하여 남한에서 발판을 마련하는 노력도 하고 있다. 지난 며칠 동안 우리는 김규식이 비밀리에── 왜냐하면 그는 공개적으로는 선

---

5) 전현수 편역, 『레베제프일기 1945~1948』 (1948.4.13.), p.165.

거를 보이콧하고 있기 때문에——그의 친구들에게 적어도 국회에 몇 사람의 지지자라도 확보할 수 있도록 후보자들을 내고 선거운동을 하라고 지시했다는 보고를 받아왔다.…

미 군정부의 이러한 판단은 높은 유권자 등록률을 근거로 한 총선거에 대한 자신감에 따른 것이었다.

남한에서 김구와 김규식과 좌익에 대한 지지도가 얼마나 저조한가는 유권자 등록 결과가 시사해 준다. 오늘까지 유권자 85%가량이 등록했다. 좌익과 중도파가 선거를 보이콧하여 등록을 하지 않았다고 상정하면——그들의 공식 성명으로 우리는 그렇게 상정할 수 있다——좌익과 중도파 세력은 유자격 투표자의 10 내지 15%에 지나지 않는다. 지난 여름에 우리는 그 숫자를 30 내지 35%로 추정했다. 이처럼 좌익과 중간파 세력은 상당히 감소되었거나 그렇지 않으면 그들은 공식적인 보이콧에도 불구하고 등록을 하고 있다.[6]

앞에서 보았듯이, 마감날인 4월9일까지 최종적으로 집계된 유권자 등록률은 무려 96.4%에 이르렀다.[7]

4월14일 오후에 삼청장에서 열린 민족자주연맹의 정치위원 상무위원 연석회의는 장시간의 토론 끝에 김규식이 제의한 6개항의 요구조건을 다음의 4개항으로 수정했다.

(1) 어떠한 형태의 독재정치도 배격하고 민주주의 국가를 건립할 것.

(2) 독점자본주의 경제제도를 배격하고 사유재산제도를 승인할 것.

---

6) Jacobs to Marshall, Apr. 9, 1948, *FRUS 1948*, vol. Ⅵ., pp.1177~1178.

7) 大韓民國選擧史編輯委員會, 『大韓民國選擧史 第1輯』, 中央選擧管理委員會, 1993, p.73.

(3) 전국적 총선거에 의하여 통일된 중앙정부를 수립할 것.

(4) 외국에 어떠한 군사기지를 제공하지 말 것.

이 4개항에 김규식은 다시 "(5)미소 양군의 조속한 철퇴에 관하여 미소 양국이 협상하여 공포할 것"을 추가했다.[8] 이렇게 하여 민족자주연맹의 「남북협상 5원칙」이 성립되었다.

그러나 김규식의 남북협상회의 참가문제에 대해서는 의견이 좀처럼 일치하지 않았다. 원세훈(元世勳), 최동오(崔東旿), 김약수(金若水) 등은 반대했고, 민주독립당의 홍명희(洪命憙)와 김규식의 부인 김순애(金淳愛), 그리고 그 밖의 많은 사람들은 김규식의 참가를 적극 주장했다.[9] 김순애는 "내가 과부 되고 아이들이 고아 되면 그만 아니냐? 남북협상한다 해놓고 안가면 지도자의 입장이 무엇이 되느냐?"하고 역설했다.

북한으로부터 남북지도자회의의 참석자로 초청받은 한독당의 제2인자 조소앙도 남북협상에 소극적이었다. 조소앙은 중국 영사 유어만(劉馭萬), 유엔대표단의 중국 부대표 사도덕(司徒德)과 민정장관 안재홍(安在鴻) 등이 참석한 한중협회의 한 회합에서 자기는 현재 한독당 부위원장과 국민의회 의장을 사임하고 정치활동을 중지하고 있는 만큼 북행할 자격이 없을 뿐 아니라 이번 남북협상은 자기가 12정당협의회를 발족할 때의 의도와는 상위하므로 북행하지 않겠다는 의사표시를 한 것으로 보도되었다. 그리고 안재홍도 남북협상의 성과는 없을 것이라는 의견을 표시했다고 했다.[10]

그러나 조소앙은 4월14일에 열린 한독당 중앙집행위원회에서 김구, 조완구(趙琬九), 엄항섭, 김의한(金毅漢), 신창균(申昌均), 조일문(趙一文), 최석봉(崔錫鳳)과 함께 남북연석회의에 참석할 한독당 대표의 한 사

---

8) 도진순, 앞의 책, p.246.

9) 《서울신문》 1948년4월15일자, 「金博士參加를 民聯多數委員會慫慂」.

10) 《東亞日報》 1948년4월16일자, 「趙素昻氏 北行中止」.

람으로 선정되었다.

이날 민족자주연맹도 남북연석회의에 참석할 대표로 김규식을 비롯하여 원세훈, 최동오, 손두환(孫斗煥), 김붕준(金朋濬), 신숙(申肅), 배성룡(裵成龍), 송남헌(宋南憲), 권태양(權泰陽) 등 16명을 선정했다.[11]

2

한국독립당과 민족자주연맹이 남북협상대표 선출 문제 등을 놓고 난상토의를 벌이고 있는 4월14일에 이순탁(李順鐸), 설의식(薛義植), 이병기(李秉岐), 손진태(孫晉泰), 이극로(李克魯), 이양하(李敭河), 정구영(鄭求瑛), 유진오(兪鎭午), 이관구(李寬求), 임학수(林學洙), 송지영(宋志英), 고승재(高承濟), 최문환(崔文煥), 조동필(趙東弼), 최호진(崔虎鎭), 김기림(金起林), 정지용(鄭芝溶), 염상섭(廉想涉), 박태원(朴泰遠), 박계주(朴啓周), 박용구(朴容九), 손명현(孫明鉉), 김계숙(金桂淑) 등 학계와 문화계의 저명한 인사 108명이 연서로 남북협상을 지지하는 성명서를 발표하여 지식인 사회에 큰 충격을 주었다.

남북협상을 지지하는 지식인 108명의 성명을 주동한 설의식.

이 성명은 순간 시사잡지 《새한민보》를 발행하고 있던 전 동아일보사 주필 설의식이 주동한 것이었다. 성명서도 설의식이 기초한 것이었는데, 그

11) 《東亞日報》 1948년4월22일자, 「北行한 人士의 面面」.

것은 기미독립선언문에 버금가는 명문이라고 지칭되었다.[12] 성명서는 애국 열정에 넘쳐 있었다. 그러나 그것은 세계적 규모로 전개되는 미소냉전 체제에 대한 지식인의 냉철한 인식보다는 감성적인 민족주의에 호소하는 부추김이었다.

> 조국은 지금 독립의 길이냐 예속의 길이냐, 또는 통일의 길이냐 분열의 길이냐 하는 분수령상의 절정에 서 있다. 이 같은 막다른 순간을 당하여 식자적인 존재로 자처하는 우리는 민족의 명예를 위하여, 또는 문화인의 긍지를 위하여, 민족대의의 명분과 국가자존의 정로를 밝히어 진정한 민족적 자주독립의 올바른 운동을 성원코자 하는 바이다.

이렇게 시작한 성명서는 8·15해방 이후의 상황 전개에 대해 언급하고 나서, 유엔소총회가 결의한 '가능지역'에서만이라도 선거를 실시한다는 것은 "국토 양단의 법리화요 민족분열의 구체화"라고 비판했다.

남북협상과 관련된 남북의 제의에 대하여 성명서는 다음과 같은 수사로 찬양했다.

> 이같이 아슬아슬한 고비에서 우리는 민족의 "진정(眞正)한 소리"를 들었다. 민족 자체의 "자기 소리"를 들었다. 자결의 원칙과 공존의 도의와 합작의 실익을 위한 구국운동의 일보로서 "남북협상의 거족적 호령소리"를 들었다. 남방의 제의를 들었고 북방의 호응을 들었다. 치면 응하는 동고(同鼓)의 북소리를 들은 것이다.
>
> 이는 해방 후 첫소리다. 외력 의존의 허무감에서 터져 나온 자력의 우렁찬 소리다. 골수에서 빚어나온 소리요 다시금 골수에 사무쳐야

---

12) 宋南憲, 앞의 글, p.214.

할 소리다. 사경에서 스며나온 최후의 소리요 신생으로 비약할 최초의 소리다. 과거를 돌아보아 오늘의 이 소리가 얼마나 늦었던고! 그러나 오늘이므로 하여서 또 얼마나 피끓는 소리인가? 이 소리에 응하지 않는 "우리"가 있겠는가? 감응이 없다는 동포가 있겠는가?…

성명서는 그러면서 남북협상은 실현가능성이 문제가 아니라 당위론이라고 다음과 같이 역설했다.

우리의 지표와 우리의 진로는 가능 불가능 문제가 아니라 가위(可爲) 불가위의 당위론인 것이니, 올바른 길일진대 사력을 다하여 진군할 뿐일 것이다. 인사(人事)를 다하여 완수를 기할 뿐일 것이다. 협상 자체에도 애로의 난관이 중중(重重)하거니와 사위의 이모저모에도 저해의 요운(妖雲)이 첩첩한 실정이매 성패와 이둔[利鈍: 영리함과 어리석음]이 예단될 바가 아니다. 역도[逆睹: 앞일을 미리 내다봄]키 어려운지라, 그러므로 하여서 더욱 더 유진무퇴(有進無退)의 용기와 노력으로써 일로 직진할 것이니, 선두와 후속의 진열을 정제하여 일사불란으로 전진할 뿐일 것이다.

선진의 남북 지도자여! 후군의 육속을 믿고 오직 전진하시라!

참된 자유와 자주, 참된 민의와 민주! 역사의 순류를 향하여 드높게 북을 울리자!……

양군의 동시 철퇴를 실제적으로 가능케 할 기본 토대를 짓기 위하여 우선 우리는 우리 자신의 체제를 단일적으로 정비 강화하자!

이 길은 오직 남북협상에 있다! 남북통일을 지상적 과제로 한 정치적 합작에 있다. 남북 상호의 수정과 양보로써 건설되는 통일체의 재발족에 있다.…[13]

---

13) 《새한민보》 1948년4월 하순호, 5월 상 · 중순호.

이러한 명문장의 성명서는 그러나 결국 한달 앞으로 다가온 5·10선거를 거부하자는 선동일 수밖에 없었다.

4월15일 저녁에는 경교장 정원에서 한독당 대표들의 환송을 위한 가든파티가 열렸는데, 이 자리에서 김구는 기자회견을 갖고 자신의 고뇌를 토로하는 비장한 연설을 했다. 그는 먼저 방북하는 동기를 다음과 같이 말했다.

"지금 우리의 건국사업은 최대의 난관에 봉착해 있다.… 남조선에서 총선거를 실시하여 정부를 수립하는 것이나 북조선에서 헌법을 통과시켜 정부를 세우는 것이나가 각각 중앙정부라고 할 것이로되 단독정부임에 틀림없다.…

이번 남북회담에 대하여 큰 기대를 가지는 사람도 많고 낙관하는 사람도 있으나 참으로 이번 회담에 큰 기대를 가져야 할는지 단언하기 어려움을 유감으로 생각한다. 그러나 과거 미소 양국이나 유엔의 힘으로서 조선문제가 해결되지 못하였기 때문에 조상이 같고 피부가 같고 언어와 피가 같은 우리 민족끼리 서로 앉아서 같은 민족정신을 가지고 서로 이야기나 하여 보자는 것이 진의이며, 앞으로 얼마 남지 않은 생을 깨끗이 조국통일독립에 바치려는 것이 이번 이북행을 결정한 목적이다.…"

김구는 이어 북한 동포들과 흉금을 터놓고 담판을 해보아서 안되면 38선을 베고 자살이라도 하겠다고 비장한 결의를 표명했다. 그러면서도 그 성과는 확신하지 못했다.

"어떠한 모략도 어떠한 인면수심(人面獸心)도 치열한 애국심 앞에 그 정체가 드러날 것을 나는 확신한다. 우선 이런 동포끼리 해방 후 3~4년 동안이나 38선이라는 국경 아닌 국경으로 말미암아 외국인의 턱밑만 쳐다보고 말을 못할 이유가 무엇인가. 담판을 해보아서 안되면 차라리 38선을 베개 삼아 베고 자살이라도 함이 마땅하다고 생각한다.

이번 이북행에 대하여 어떤 분은 큰 기대를 가지고 찬사가 놀라웁다. 나는 이런 점에서 미안스러운 점이 없지도 않다. 나는 이번 북조선에 갔다 오면 내보일 것이 무엇이 있을까, 나는 공수래 공수거(空手來空手去)가 아닐까, 나로서 의구심이 없지 않다.…”

김구는 또 남북협상을 결행하게 된 계기가 장덕수사건에 대한 미군법재판에서 느낀 수모감이었음을 감추지 않았다.

“이번 이북행에서 사실은 나의 운명까지 어떻게 될 것인지 모른다. 이것은 지난번 김석황(金錫璜)문제에 아무 관계없는 나를 증인으로 출정시킨 것과 나에게 모두 뒤집어씌우려고 한 것을 볼진데 앞으로 나의 신변에 무슨 일이 생길지 모른다. 5월10일을 앞두고 무슨 폭동이나 일어난다면 그 책임을 나에게 뒤집어씌울 것이 뻔하다. 나는 시시로 나를 구박하려는 손이 있다는 것도, 또 점차로 험악해 오는 나의 신변의 위협성도 느끼지 않는 것이 아니다. 그러나 칠십 평생을 두고 그래도 조국 독립에 몸을 바쳤다는 나로서 민족이 절벽에 떨어지는 것을 보고 그대로 가만히 앉아 있을 수는 없다.…”

마지막으로 김구는 김두봉 앞으로 보낸 자신의 편지에 대한 북한 두 김의 답장이 모욕적이었음을 지적하면서 만일에 외국인이 그랬다면 가지 않을 것이라고 솔직히 털어놓았다.

“나는 오늘 나의 측근자들과 앞뜰에서 나와 최후를 나누는 기념촬영을 했다. 나는 북조선에 가면 총아(寵兒)가 되는가 하면 그렇지도 않다. 북조선에서 최근에 온 신문 논조를 보라. 또 김구, 김규식이가 와서 투항한다는 설까지 있다고 하지 않는가. 그리고 북조선에서 보내온 서신의 문구를 보라. 삼상회의니 미소공위니 하여 이쪽의 잘못을 나열하고 있지 않은가. 이런 점으로 미루어 내게 용기가 나겠는가.

그러나 나는 자나깨나 잊지 못하던 조국의 통일을 위하여, 사랑하는 동족을 위해서는 피차의 책임 전가보다도 냉엄한 현실을 직시하고 오직 호양의 정신 아래 허심탄회로 통일방략을 강구하여야 할 것이라고 생각한다. 나는 상대편을 규탄하지 못해서 안하는 것도 아니요, 할 것이 없어서 안하는 것도 아니다. 나는 외국인이 나를 그렇게 모욕했다면 단연

안가겠다. 그러나 동족인 만큼 피와 피를 뚫고 최후의 판단을 하자는 것이다.

만일 내가 북행에서 돌아오지 못하는 경우가 있다 하더라도 김구는 통일 독립을 위해서 끝까지 투쟁하였다고 3천만 동포에게 전하여 주기 바란다."[14)]

김구는 북한이 연기한 연석회의 개회일인 4월19일 아침에 출발하기로 결정했다. 4월18일 저녁에 경교장에서 열린 김구의 북행송별만찬회에는 조소앙, 조완구, 엄항섭 등 한독당 중앙간부 다수가 참석했는데, 이 자리에서 김구는 한독당은 남북협상을 제창하고 추진시킨 정당이라고 역설하고 당원은 당의 정책과 결정에 절대 복종해야 된다면서 기염을 토했다.

"사람들이 위험지대라고 하는 곳에 북행함은 좌고우면(左顧右眄)하는 유약한 동지들에게 사지로 돌파하여 당의 결정을 솔선 궁행[躬行: 몸소 실행함]하는 한 모범이 될 것이다. 나 역시 위험한 지대에 가고 싶지 않으나 민족적 정기를 반영했다고 생각되는 당의 결정을 실행하는 데는 나 개인은 없다.… 나는 북조선에 가서는 소속의 여하를 막론하고 우리가 다같이 조선사람임을 면치 못할 것을 인식시켜야 할 것이며, 또 민족통일과 조국의 완전 자주독립을 위해서는 공산당에 지지 않으리만치 우리의 역사적인 혁명적 역량이 아직도 생동하고 있다는 것을 보여줄 각오도 있다.…"[15)]

이날 김구는 김규식에게 19일에 출발하겠다고 통고했다. 그러나 김규식은 설사가 났다면서 김구에게 먼저 출발하면 곧 뒤쫓아 가겠다고 회답했다. 그러면서 김규식은 민족자주연맹 중앙집행위원 배성룡과 권태양 두 사람으로 하여금 자신의 「남북협상 5개항」을 가지고 다시 특사로 평양으로 가게 했다. 김규식이 특사를 보낸 것은 북한쪽에서 「5개항」의 조

---

14) 《京鄕新聞》 1948년4월17일자, 「金九氏 이제야 眞情披瀝」; 《朝鮮日報》 1948년4월17일자, 「不歸의 覺悟로 北行」; 《自由新聞》 1948년4월17일자, 「最後祈願이 祖國統一」.

15) 《朝鮮日報》 1948년4월20일자, 「祖國獨立指向, 百折不屈初志를 貫徹」.

건을 받아들이지 않을 것으로 판단하고 그것을 북행하지 않는 이유로 삼으려 했던 것이라고 한다.[16] 그러나 평양방송은 4월19일 밤 10시에 "모든 준비는 다 되었으니 빨리 오시기 바랍니다"라고 방송했다. 그것은 "두 사람이 가지고 온 준비조건을 전적으로 수락했다"는 암호 메시지였다.[17]

3

김구의 평양행이 알려지자 경교장은 이를 만류하려는 사람들로 웅성거렸다. 경교장의 측근들까지도 김구의 신변안전을 걱정하여 반대하는 사람이 많았다. 경교장 앞에서는 반대시위가 벌어졌다. 대동청년단, 전국학련 등 각종 청년단체도 경교장으로 몰려 와서 반대시위를 벌였다.

경교장으로 몰려온 사람들 가운데 가장 격렬하게 반대한 사람은 일찍이 105인사건으로 서대문형무소에서 김구와 옥살이를 같이 했고, 상해임시정부에서도 함께 활동했던 도인권(都寅權) 목사였다. 이 무렵 그는 한독당의 옹진지구 책임자가 되어 있었다. 그는 김구가 무사히 돌아올 수 없을 것으로 확신하고 경교장에서 묵으면서 김구의 북행 중단을 호소했다. 그는 알만한 고향사람들까지 동원하여 김구의 북행 중지를 설득하려고 했다.[18]

김구가 북행을 결심하게 된 가장 진실된 동기를 짐작하게 하는 에피소드가 있다. 고난의 임시정부 시절에 주석 김구 휘하에서 독립군 총사령으로 활동하던 이청천은 귀국한 뒤에는 대동청년단 단장으로서 이승만과 같은 노선을 걷고 있었다. 그러한 이청천이 대동청년단 단원들과 함께 김구의 평양행을 만류하기 위하여 경교장에 나타났다. 전국 유림의 좌장이자 성균관대학교 설립자 겸 총장인 김창숙(金昌淑) 등과 같이 있는 자

16) 宋南憲 증언, 孫世一, 『李承晩과 金九』, p.303.
17) 『레베제프일기』(1948.4.18.), pp.167~168.
18) 선우진 지음, 최기영 엮음, 『백범선생과 함께한 나날들』, 푸른역사, 2008, pp.118~120.

리에서 이청천은 김구에게 북행을 극구 만류했다. 그러자 김구는 대답 대신에 글귀 한 구절을 암송했다.

> 금일불가무(今日不可無)는 최지천화친론(崔遲川和親論)이요,
> 백세불가무(百世不可無)는 삼학사척화론(三學士斥和論)이라.

> 오늘 없어서 안될 것은 최지천의 화친론이요,
> 백세에 없어서 안될 것은 삼학사의 척화론이라.[19]

지천(遲川)은 병자호란 때에 척화론 일색인 조정에서 홀로 화친론을 주장하여 위기를 구한 이조판서 최명길(崔鳴吉)의 호이다. 삼학사란 척화론을 주장하다가 청나라 심양(瀋陽)으로 끌려가 순절하여 후세에 추앙을 받은 홍익한(洪翼漢), 윤집(尹集), 오달제(吳達濟) 세 사람을 일컫는다. 이 글귀는 병자호란 이후에 조선선비들이 정치에서는 현실주의와 이상주의가 다 없어서는 안된다는 것을 최명길과 삼학사의 경우를 빗대어 흔히 입에 올리던 말이다. 북행을 앞두고 고뇌하던 김구는 아들 김신(金信)에게도 이승만의 단정론을 최명길의 화친론에, 그리고 자신의 주장을 삼학사의 척화론에 빗대어 이 글귀의 교훈을 설명해 주기도 했다고 한다.[20]

4월19일 아침 일찍부터 김구는 출발 채비를 서둘렀다. 수행원은 아들 김신과 선우진(鮮于鎭) 비서 두 사람뿐이었다.

경교장 앞마당은 한독당 인사들과 월남한 기독교단체 사람들, 부인단체 여성들, 황해도 고향 사람들, 서북청년단 청년들, 전국학련 학생들

---

19) 金昌淑의 측근이었던 李潤基 증언.
20) 金信 증언, 曺圭河·李庚文·姜聲才, 『南北의 對話』, p.368.

김구는 베란다에 올라가 반대자들에게 "나의 길을 막지 말라"하고 소리쳤다.

등 400~500명이 몰려들어 술렁거렸다. 김구 일행이 탄 차가 막 출발하려는 순간 돌발사태가 벌어졌다. 술렁거리고 있던 젊은이들이 갑자기 우르르 들이닥쳐 마당에 죽 드러누웠다. 기어이 가려거든 자기들을 깔아 죽이고 가라는 것이었다.

자동차에서 내려 2층 베란다로 올라간 김구는 군중을 향해 격한 어조로 꾸짖었다.

"칠십 평생 잘하나 못하나 독립운동을 해왔다. 이제 마지막으로 독립운동을 하려는데 왜 길을 막느냐. 내가 가려는 것은 바로 나라와 여러분을 위해 가려는 것이다. 내가 가면 공산당에 붙들려서 오지 못할까 염려해서인줄 안다. 그러나 내가 살면 얼마나 사느냐. 제발 나의 길을 막지 말라!"

그러나 군중은 막무가내였다. 군중은 김구가 타고 갈 자동차 바퀴의 공기를 아예 뽑아버리고는 흩어질 기미도 보이지 않았다. 대치상황은 점심때까지 계속되었다. 그러는 동안 측근들은 수리를 맡겼던 김구의 다른 승용차를 경교장 뒷담너머의 석물공장에 경비경관도 눈치채지 못하게 대기시켰다. 오후 2시나 되어서야 김구 일행은 뒷담을 넘어 경교장을 빠져 나올 수 있었다.

김구 일행이 개성을 거쳐 여현(礪現)의 38도선 푯말 앞에 당도하여 길게 숨을 돌린 것은 오후 6시40분. 그제서야 김구 일행은 따라온 기자들의 요청으로 차를 멈추고 38선 표지판 앞에서 포즈를 취했다. 사진 촬영이 끝나자 질문이 쏟아졌다.

"선생님, 이번 길이 성공하리라고 보십니까?"

"첫술에 배부를 수야 있겠소. 동족상잔을 피하기 위해서는 어떻게든 만나서 얘기를 해봐야 되지 않겠소."

"어떤 복안을 가지고 가십니까?"

"복안이야 내가 주장한 남북통일이지."

회견은 5분 만에 끝났다.[21)]

38선 차단기를 넘어 어느 작은 동네로 안내된 김구 일행은 밤 10시가 넘도록 저녁도 먹지 못하고 대기해야 했다. 참다못한 김구는 책임자인 듯한 청년을 불러 호통을 쳤으나 소용이 없었다. 밤 11시가 되어서야 나타난 영접 책임자는 사무착오였다고 사과했다. 평양에서 보내온 자동차에 옮겨 타고 남천(南川)의 어느 여관에 도착한 것은 새벽 1시쯤이었다. 이튿날 오전 9시에 남천을 출발하여 사리원에서 점심을 먹고, 오후 2시쯤에 평양에 도착하여 상수리(上需里) 특별호텔에 짐을 풀었다. 일본점령기에 도의원을 지낸 최아무개의 사저였던 이 호텔은 붉은 벽돌 2층집으로서 정원이 잘 가꾸어져 있었다.

4월19일의 평양방송을 통하여 「남북협상 5원칙」이 수락된 것으로 판단한 김규식은 이튿날 민족자주연맹의 간부회의를 소집하고 4월21일 아침 일찍 출발하기로 결정했다.

---

21) 선우진 지음, 최기영 엮음, 앞의 책, pp.13~18, pp.118~128.

여현의 38선 팻말 앞에서 아들 김신(오른쪽)과 비서 선우진(왼쪽)과 함께 기념촬영을 하는 김구.

김규식, 원세훈, 김붕준, 최동오, 신숙, 김성숙, 박건웅, 신기언, 송남헌 등 16명은 아침 6시30분에 삼청장에 집결하여 김규식의 승용차를 선두로 대표단과 환송자의 승용차 등 승용차 11대가 줄을 이었고, 장택상(張澤相) 수도관구경찰청장이 보낸 4명의 종로경찰서 경찰관이 지프차로 에스코트했다.

일행은 오후 1시쯤에 여현에 도착했다. 여현역에 대기 중이던 특별열차는 일행의 도착이 늦어져 남천역으로 후퇴시켜 놓고 있었다. 평양에서 보내오는 교통편을 기다리는 동안 일행은 어느 민가로 안내되었다. 거기에서 사복차림의 보안서원으로 보이는 사람들이 일행의 짐을 샅샅이 검색하는 바람에 김규식은 노발대발하여 청년들에게 호통을 쳤다. 9시간이나 지나서야 평양에서 소련제 지프가 도착했다. 그 편으로 남천까지 가서 22일 새벽 1시에 특별열차로 남천을 출발했다. 평양에 도착한 것은 아침 6시쯤이었다. 김규식 일행에게도 김구 일행과 같은 상수리 특별호텔이 배정되었다.[22]

---

22) 宋南憲, 앞의 글, pp.215~216.

2. 남북연석회의의「조선정치정세에 대한 결정서」

1

김구가 도착하고 얼마 지나지 않아 북조선인민위원회 부위원장 김두봉(金枓奉)이 호텔 지배인을 앞세우고 나타났다. 임시정부에서 같이 활동하다가 중경(重慶)에서 헤어진 지 그러구러 6년 만에 다시 보는 얼굴이었다. 김두봉은 김일성이 같이 오지 못한 데 대한 양해를 구하고 자기가 김일성이 있는 곳으로 안내하겠다고 말했다. 김구는 전혀 개의치 않는다는 듯이

"손이 찾아가야지요"

하고 자리에서 일어났다. 김구는 김신과 선우진을 대동하고 이전의 평양부청 건물인 북조선인민위원회로 김일성을 방문했다.[23)]

『레베데프일기』에는 이때의 김구, 김일성, 김두봉 세 사람의 대화 내용과 그것에 대한 레베데프 자신의 의견이 자세히 기술되어 있어서 꼼꼼히 살펴볼 만하다. 오는 길에 불편을 끼쳐드려 죄송하다는 등 수인사를 나눈 뒤에 세 사람은 다음과 같은 대화를 주고받았다.

김 구 "나는 4김회의의 성공에 큰 의미를 부여한다."

김일성 "주요한 문제는 독립에 대한 위협이다."

김 구 "그래서 내가 여기에 온 것이다."

김일성 "당수가 (회의에) 참석하지 않는 것은 적절하지 못하다."

김 구 "알겠다. (그러나 먼저) 홍명희와 엄항섭을 만나보고 싶다."

홍명희는 이날 평양에 도착했고, 조소앙, 이극로, 엄항섭 등은 이튿날 도착했다.

김구는 기자회견에서 또 자기는 주석단에 들어가는 것을 원하지 않는

---

23) 선우진 지음, 최기영 엮음, 앞의 책, pp.26~27.

다고 말했다. “나는 이런 일에 익숙하지 않다”하고 그는 말했다.

“나는 연석회의에 큰 의미를 부여하지 않는다. 그러니까 당신들 계획대로 회의를 계속하라. 나는 4김회의를 소집하여 우리가 당면한 긴급한 문제들 —— 무엇을 해야 할 것인가 —— 를 해결하기 위하여 이곳에 왔다.”

김구는 김규식이 제의한 문제들, 곧 「남북협상 5원칙」에 대해서는 다음과 같이 말했다.

“나는 김규식이 제안한 전제조건을 작성하는 데 참여하지 않았다. 그것은 김규식이 한 일이다.”

이어 다음과 같은 대화가 이어졌다.

김두봉 “미국인들이 조선에서 물러갈 가능성이 있는가?”

김 구 “그들은 내쫓기 전에는 떠나지 않을 것이라고 생각한다. 북조선의 헌법은 단독정부의 수립을 의미하는 것이 아닌가?”

김두봉 “정말 그렇게 생각하는가?”

김 구 “남조선에서는 많은 사람들이 그렇게 쓰고 있어서 부득이하게 이렇게 믿게 된다.”

김두봉 “그것은 뱃속에 있는 아이를 놓고 왈가왈부하는 것과 같다.”

김일성과 김두봉은 4명의 지도자명의로 남한의 단독선거를 반대하는 항의성명을 채택하자고 제의했다.

레베데프는 이러한 대화내용을 기술하면서 자신의 견해를 다음과 같이 썼다. 그는 4김회담에 대해서는 부정적이었다.

> 만일 그가 연석회의에 참가하기를 거절한다면 그의 대리인이라도 참가하게 해야 한다. 그리고 4김회의를 별도로 소집하는 것에는 이의를 제기해야 한다.…
>
> 문제는 다음과 같다. 김구와 그의 측근들이 갑자기 연석회의를 결렬시키고 퇴장하겠다고 위협하면 어떻게 할 것인가. 그때는 퇴장하라

고 하고 예정대로 회의를 계속한다. 그리고 그들을 미국의 간첩으로 폭로한다.…

연석회의는 계획에 따라 예정된 대로 진행한다. 김구쪽 사람들이 회의에 참석하고자 한다면 참석하게 한다. 만일 이들이 소란을 피우면 이 회의의 중요한 목적은 남조선단독선거를 결렬시키기 위한 것이라고 논박한다.…[24)]

남북조선제정당사회단체대표자연석회의는 4월19일부터 진행되었다. 19일 오전 11시에 인민위원회 회의실에서 열린 연석회의 예비회의에는 남북한의 대표 31명이 참석했다. 사회를 맡은 김두봉은 다음과 같은 요지의 개회사를 했다.

"4월14일부터 연석회의를 시작해야 했지만 김구, 김규식의 요청에 따라 회의가 연기되게 되었다. 용맹한 소련군대는 조선해방을 위해 피를 흘렸지만 조선에서 외국군대를 철수시킬 것을 제의했다. 미국인들은 단 한 방울의 피도 흘리지 않았다. 김구와 김규식이 아직 도착하지 않았지만 이 두 사람 때문에 더 이상 기다릴 수는 없다. 우리가 이렇게 오래 기다리면 역사는 용서하지 않을 것이다. 얼마 안 있으면 (남조선에서) 선거가 실시될 것이므로 더 이상 기다릴 수 없다. 온갖 난관을 헤치고 회의에 참석한 남조선 대표들을 뵙게 되어 대단히 기쁘게 생각한다.…"

서울에서 참석한 인민공화당의 김원봉(金元鳳)은 다음과 같이 말했다.

"우리 조국의 긴급한 문제를 해결하기 위해 오늘 우리가 이 자리에 모일 수 있게 된 것은 김일성 장군의 공로가 컸기 때문임을 지적하지 않으면 안된다. 이 회의에서 우리는 완전한 통일 단결을 이룩해 내어야 한다. 미국인들이 손을 뻗치고 있다."

이어 김일성이 의사일정과 그 내용에 대하여 발언했다. 그것은 (1) 유

---

24) 『레베제프일기』 (1948.4.18.), pp.169~170.

엔조선임시위원단 추방과 유엔결의의 무효화, (2) 단선 단정 반대, (3) 미소 양군 즉시 철퇴, (4) 자주적 선거에 의한 정부수립이라는 김일성의 이른바 「4대원칙」이었다.

서울에서 참석한 근로인민당의 백남운(白南雲)이 이 제안을 지지하는 발언을 했다. 역시 서울에서 참석한 전국노동조합평의회(전평)의 대표들도 이 제안을 지지하면서 다음과 같이 말했다.

“이번 회의를 조선의 재건을 위한 회의로 명명하자. 빨리 남조선으로 돌아가서 사업을 시작해야 한다.”

참석자들은 모두 회의일정에 동의했다. 회의는 1시간30분 동안 계속되었다.[25]

연석회의의 첫째 날 회의는 4월19일 오후 6시5분에 모란봉 극장에서 545명의 대표가 참석한 가운데 개막되었다. 회의는 김일성의 사회로 진행되었다. 참가자 가운데 최고령인 82세의 전 북로당 중앙위원 김월송(金月松)의 개회선언에 이어 주석단을 선출했다. 주석단에는 북한의 김일성, 김두봉, 최용건(崔庸健), 김달현(金達鉉), 남한의 박헌영, 허헌, 백남운, 김원봉, 여운홍(呂運弘) 등 연석회의에 참가한 남북한의 정당과 사회단체의 대표급 인사 28명이 만장일치로 선출되었다. 주석단 선거에 이어 대표자격심사위원, 회의서기부, 문헌편찬위원회 등의 구성결의와 인선이 있었다. 대표자격심사위원회의 책임자는 연석회의준비위원장 주영하(朱寧河)가 맡았고, 서기부 책임자는 북로당 대남연락부 부부장 고혁과 북조선인민위원회 선전부장 허정숙이 맡았다. 문헌편찬위원회에는 주영하, 김책(金策), 박헌영, 허헌 등 각 정당의 간부급 이론가들이 선정되었다.

이어 각 정당 및 사회단체 대표들의 축사가 있었다. 북로당의 김두봉, 남로당의 허헌, 북조선민주당의 최용건, 근로인민당의 백남운, 북조선 천

---

25) 『레베제프일기』(1948.4.18.), p.168.

도교청우당의 김달현, 인민공화당의 김원봉, 남조선민주여성동맹의 유영준 등이 축사를 했다. 모두 소련의 역할과 공헌에 대해 언급했다. 축사에 이어 축하편지와 축전이 소개되었다.

첫째 날 회의는 그것으로 끝나고, 참가자들은 그 자리에서 이어진 북조선교향악단, 합창단, 최승희무용연구소의 축하공연을 관람했다.[26)]

2

남북연석회의의 둘째 날 회의는 4월21일 오전 11시 정각에 개회했다. 4월20일 하루를 휴회한 것은 김구를 비롯한 한독당 인사들과 민족자주연맹 인사들이 연석회의에 참가할 수 있도록 하기 위한 조치였다. 이날의 회의는 연석회의의 전 일정 가운데 가장 중요한 회의였는데, 사회는 남로당 위원장 허헌이 맡았다. 먼저 북조선 노동자 대표단에 의한 축하식이 있었다. 연석회의 축하 플래카드를 든 노동자 대표들의 입장에 이어 황해제철소[전 겸이포제철소] 직장장인 노동자의 축사는 "큰 인상을 남겼다"고 레베데프는 기술했다.

축하식이 끝난 다음 회의에 들어가서, 먼저 대표자격심사위원회의 보고가 있었다. 남북의 46개 정당 및 사회단체 대표 545명이 참석한 것으로 보고되었다. 그러나 4월20일 이후에 평양에 도착하여 회의에 참석한 남한대표들까지 포함하면 56개 정당 및 사회단체 대표 695명이 참석했다.[27)] 이 보고에서 화제가 된 것은 제국주의 일본과 투쟁하다가 옥고를 치른 참가자들이 249명인데, 이들의 수감 기간을 합하면 879년 3개월이 된다고 한 대목이었다.

---

26) 『레베제프일기』(1948.4.18.), pp.168~169; 박병엽 구술, 유영구 · 정창현 엮음, 『조선민주주의인민공화국의 탄생』, pp.197~198.

27) 주녕하, 「全朝鮮政黨社會團體代表者連席會議代表資格審查委員會報告」, 朴洸 編, 『陣痛의 記錄』, 平和圖書株式會社, 1948, p.70; 박병엽 구술, 유영구·정창현 엮음, 앞의 책, pp.298~299.

이날 회의의 주 의제는 남북한의 정세에 대한 보고였다. 김일성이 먼저 「북조선 정세보고」를 하고 이어 백남운과 박헌영이 각각 「남조선 정세보고」를 했다. 가장 주목을 받은 것은 말할 나위도 없이 김일성의 보고였다. 그는 북한의 정세에 대하여 "북조선에서는 정권이 인민의 수중에 장악되었으며, 인민이 정치 경제 문화생활 각 부문에 완전한 주인으로 되었다. 소련군이 우리에게 지워준 자유로운 조건을 이용하여 북조선인민들은 자기의 집권기관인 인민위원회를 발족시켰으며 확고히 발전시켰다"라고 역설했다.

김일성은 이승만에 대해서 다음과 같이 비판했다.

"이승만 등 배족적 망국노들이 남조선에서 미군철거를 반대하여 나선 것은 이 매국적 반동분자들의 정체와 진면목을 백일하에 폭로하였다. 이 망국노들의 죄악은 이승만 도당들이 미 제국주의자에게 우리 조국과 우리 민족의 이익을 팔아먹는 미 제국주의의 충견이라는 것을 또한번 보여주었다.…"

그러면서 김일성은 남한단독선거와 관련하여 이승만을 다음과 같이 매도했다.

"우리는 매국노 이승만에 대하여 벌써 말하였다. 이승만은 근 40년 동안이나 미 제국주의자들이 길러낸 그들의 주구이며 전 민족이 타기할 더러운 매국노라는 것을 누구든지 잘 알고 있다. 그는 자기의 미국 주인들이 그에게 시키는 대로 무엇이든지 다 감행하려고 한다.…[28]"

이러한 김일성의 「보고」에 대하여 레베데프는 그의 『일기』에 "정치상황에 대한 김일성의 보고는 참석자들의 깊은 관심과 흥미를 불러일으켰다. 보고는 36차례나 박수가 터져 나와 중단되었다"라고 적어놓았다.[29]

---

28) 金日成, 「北朝鮮政治情勢」, 朴洸 編, 앞의 책, p.41.
29) 『레베제프일기』 (1948.4.21.), p.172.

이승만은 이처럼 이 대회를 주도하는 소련과 북한 공산주의자들로부터 대표적인 타도대상으로서 집중적인 공격을 받았다.

김일성의 보고와 백남운의 보고가 있은 뒤에 점심을 먹고 오후 3시 반에 속개하여 박헌영의 보고가 있었고, 뒤이어 북조선 농민대표의 축사가 있었다. 축사가 끝난 다음 13명으로 구성되는 「정치정세에 관한 결정서」 초안작성위원회를 선거했다. 위원으로는 주영하, 김책, 박헌영, 허헌, 백남운, 여운홍 등이 선정되었다.

이어서 남북한의 「정치정세보고」에 대한 토론이 진행되었다. 토론 형식은 자유토론이 아니라 미리 정해진 토론자가 나와서 미리 작성한 토론문을 10분씩 낭독하는 것이었다. 반대토론은 없었다. 서울에서 참가한 대표들은 이러한 토론 형식이 여간 의아스럽지 않았다. 토론은 7시10분까지 계속되었다.

토론이 끝나자 인민예술단이 준비한 연극 「이순신장군」을 관람했다. 「이순신장군」은 남한의 회의 참석자들로부터 큰 호평을 받았다.

이날 김구는 김일성과 다시 만나 이야기를 나누었던 것 같다. 『레베데프일기』에는 이날 두 사람이 다음과 같은 대화를 나누었다고 적혀 있다.

김일성 "만일 당신이 연석회의에 참석하지 않는다면 여기에 온 목적이 무엇인가?"

김 구 "나는 정치범 석방, 38도선 철폐 등의 문제를 해결하러 왔다. 내가 어떻게 (북조선이 주장하는) 총선거를 실시하는 데 동의하는 성명을 할 수 있겠는가? 그렇게 되면 우리당은 불법적인 처지에 처하게 될 것이다."[30]

이날 김구는 남북연석회의에는 참석하지 않은 채 평양기자단을 상대로 도착성명을 발표했다.

---

30) 위와 같음.

위도로서의 38선은 영원히 존재할 것이지만 조국을 양단하는 외국 군대들의 경계선으로서의 38선은 일각이라도 존속시킬 수 없는 것이다. 38선 때문에 우리에게는 통일과 독립이 없고 자주와 민주도 없다. 어찌 그뿐이랴. 대중의 기아가 있고 가정의 이산이 있고 동포의 상잔까지 있게 되는 것이다. 이로 인하여 국제관계에 있어서도 또한 엄중한 것이 있으니 그것은 소미관계의 악화다. 우리 조국은 현하 민주자주의 통일 독립을 전취하는 단계에 처해 있다.…

이렇게 전제한 다음 김구는 앞으로 있을 4김회의 또는 남북지도자회의에 큰 기대를 하고 있음을 다음과 같이 표명했다.

나는 이번에 꿈에도 그리던 이북의 땅을 밟았다. 내 고향의 부모형제자매를 만날 수 있게 된 것을 생각하면 광환(狂歡)에 넘칠 뿐이다. 그러나 그보다도 우리들이 민주자주의 통일독립국가를 건설하기 위하여 의견을 교환할 수 있는 기회를 얻은 것을 더욱 기뻐한다. 조국은 분열에, 동포는 멸망에 직면한 이 위기에 있어서 우리의 이 모임은 자못 심장한 의의가 있는 것이며, 우리의 임무도 중대한 것이다. 이 모임은 마땅히 전 민족의 실패를 실패로 할 것이요 전 민족의 승리를 승리로 할 것이다. 이 전제하에서는 해결하지 못할 문제가 없을 것이다.…

우리끼리의 양해와 정성과 단결은 우리의 통일 독립을 완성할 것이요, 우리의 통일 독립의 완성은 미소간의 위기를 완화할 수 있으며, 미소 위기의 완화는 세계평화의 초석이 될 수 있을 것이다.…[31]

이러한 낭만적인 수사로 된 김구의 성명은 서울의 신문에도 크게 보도되었다.

---

31) 《朝鮮日報》 1948년4월22일자, 「三八線의 存續은 不當」; 《自由新聞》 1948년4월22일자, 「三八線 새문에 統一도 獨立도 업다」.

3

셋째 날 회의는 4월22일 오전 10시20분에 개회했다. 이날 회의는 근로인민당의 백남운의 사회로 진행되었다. 회의 벽두에 민주청년동맹의 청년대표들이 플래카드를 들고 입장했고, 대표가 축하연설을 했다. 회의는 전날 회의에 이어 「남북정세보고」에 대한 토론을 계속했다.

김구는 전날 도착한 한독당의 조소앙, 조완구, 엄항섭과 민주독립당의 홍명희 등과 상의한 결과 같이 연석회의에 참가하여 인사말이라도 하고 오기로 했다. 김구 일행이 호텔에서 1킬로미터 남짓 떨어진 모란봉 극장에 도착한 것은 정오를 조금 지나서였다. 회의장에서는 토론이 진행되고 있었다. 김구 일행은 회의장으로 들어가지 않고 2층 휴게실로 안내되었다. 휴게실에서 대기하는 사이에 박헌영이 나타났다.

"저 박헌영입니다."

"남한에서 못보고 여기서 만나네요. 반갑소."

김구는 박헌영의 인사를 받고 잠시 기다리다가 회의실로 안내되었다. 사회를 보던 백남운은 12시45분쯤에 토론을 중단시키고 "김구 선생 일행이 회의장에 도착했다"고 알리자 회의참석자들은 모두 일어나서 박수를 보냈다. 김구를 비롯한 한독당의 조소앙, 조완구, 엄항섭, 민주독립당의 홍명희, 민족자주연맹의 원세훈, 김붕준, 최동오, 윤기섭, 신숙, 송남헌 등이 박수를 받으며 입장했다. 백남운이 "집행부의 위임에 따라 김구, 조소앙, 조완구, 홍명희 네 분을 주석단에 추대할 것을 제의한다"라고 말하자 대표자들은 열렬한 박수로 승인했다. 네 사람은 단상의 주석단석에 자리를 잡았다.

네 사람은 차례로 인사 겸 축사를 했다. 김구는 먼저 의장단 대표들에게 인사말을 하고 나서 당면한 민족적 과제는 단선 단정의 분쇄라고 다음과 같이 주장했다.

"조국이 없으면 민족이 없고 민족이 없으면 무슨 당 무슨 주의 무슨

남북연석회의에서 연설하는 김구.

단체는 존재할 수 있겠습니까? 그러므로 현 단계에 있어서 우리 전 민족의 유일 최대의 과업은 통일 독립의 전취인 것입니다. 그런데 목하에 있어서 통일 독립을 훼방하는 최대의 장애는 소위 단선 단정입니다. 그러므로 현하에 있어서 우리의 공동한 투쟁 목표는 단선 단정을 분쇄하는 것이 되지 않으면 아니될 것입니다. 현하에 있어서만 조국을 분열하고 민족을 멸망하게 하는 단선 단정을 반대할 뿐만 아니라 어느 시기 어느 지역에 있어서도 우리는 이것을 철저히 방지하지 않으면 아니될 것입니다. 그러므로 단선 단정 분쇄를 최대의 임무로 삼고 모인 이 회합은 반드시 전 민족의 승리를 우리의 승리로 하여야 할 것이며 이 회의는 반드시 성공되어야 할 것입니다. 우리가 만일 결과적 정신으로써 백사(百事)에 개성포공[開誠佈公: 흉금을 털어놓음]한다면 반드시 성공하리라는 것도 확신합니다. 국제관계에 있어서도 복잡다단한 바 있으나 우리의 민족적 단결로써 국제간의 친선과 양해와 내지 투쟁에 노력한다면 모든 것을 호전시킬 수 있다고 확신합니다. 만일 우리의 노력으로써 국제관계를 호전시킨다면 세계평화에 대한 공헌이 또한 불소하리라고 생각합니다. 조국의 통일 독립을 완성하며 세계평화에 큰 공적이 있기 위하여 이 회의의 성공을 절망하며 아울러 여러분의 건투를 축도합니다."

어느 시기 어느 지역에 있어서도 단선 단정을 반대해야 된다는 말은 남한뿐만 아니라 북한에서도 단독정부를 수립해서는 안된다는 뜻으로 한 말이었다.[32] 그러한 의도가 느껴졌기 때문이었는지 레베데프는 김구의 연설에 대해 "김구는 5분 동안 연설했다. 그는 '우리는 단결해야 한다'고 말했다. 그의 연설 내용은 이해할 수 없었다"라고 적어 놓았다.[33] 그리하여 김구의 연설에 대해서는 박수치는 사람이 거의 없고 남쪽에서 참가한 몇 사람만 박수를 쳤다고 한다.[34]

김구는 축사를 마치자 바로 퇴장하여 호텔로 돌아왔다.[35] 회의는 오전 회의가 길어져서 오후 2시쯤에 휴회하고 점심을 먹고 오후 4시50분에야 속개되었다. 이극로의 인사말 차례였다. 그는 인사말에서 "남북의 제 정당사회단체 대표들이 한자리에 모여 앉아 국사를 논의하는 이 같은 자리에 내가 참석하게 된 것을 큰 영광으로 안다. 자주독립을 위해 매진하자"라고 역설한 다음 느닷없이 "절세의 애국자 김일성 장군 만세!"하고 외쳐 참석자들을 어리둥절하게 했다.

이극로의 인사말에 이어 만경대 혁명자유가족학원 학생축하단의 인상적인 축하연설이 있었다. 회의는 이어 「정치정세에 관한 결정서」 초안 작성위원회 위원으로 홍명희와 엄항섭을 보선하고, 토론을 계속했다.

저녁 7시10분에야 회의가 끝나고 축하공연이 있었는데, 이날의 공연은 세 공장 노동자들의 연합공연으로 이채를 띠었다.

4월23일의 넷째 날 회의는 인민공화당의 김원봉의 사회로 진행되었다. 회의에 앞서 북한여성대표의 축사가 있었다. 회의는 「전 조선정치정

32) 선우진 지음, 최기영 엮음, 앞의 책, p.136.
33) 『레베제프일기』(1948.4.22.), p.175.
34) 金一沙 증언, 曺圭河·李庚文·姜聲才, 앞의 책, p.403.
35) 선우진 지음, 최기영 엮음, 앞의 책, p.136.

세에 관한 결정서」를 채택하는 순서로 시작되었다. 홍명희가 「결정서」 초안을 낭독하고, 회의는 그것을 만장일치로 가결했다. 이 「결정서」는 김일성과 박헌영 및 백남운이 행한 남북한의 정치정세보고의 주지를 반영한 것이었다.

「결정서」는 미소공위가 결렬된 뒤 미국에 의하여 한국문제가 유엔총회로 이첩되고, 유엔소총회가 남한단독선거를 결의하기까지의 과정을 비판하고 나서 다음과 같이 주장했다.

> (유엔소총회의) 이 결정은 우리 조국에서 남조선을 영원히 분리하여 미국 식민지로 변화시키려는 기도의 구현이다. 우리 조국의 가장 엄중한 위기가 임박한 이 시기에, 남조선에서는 우리 조국을 분열하여 예속시키려는 미국의 반동정치를 지지하여 우리 민족을 반역하며 조국을 팔아먹는 이승만, 김성수 등 매국노들이 발호하고 있다. 우리는 그들을 배족적 매국노로 낙인함은 물론, 그들에게 투항하여 그들과 타협하는 분자들도 단호히 논죄(論罪)하며 배격한다. 그들의 배족적 망국노적 책동으로서 남조선인민들은 초보적인 민주주의적 자유까지도 박탈당하였으며 생활을 향상시킬 하등의 희망과 조건도 가지지 못하고 있다.

「결정서」는 반대로 북한의 상황에 대해서는 다음과 같이 미화했다.

> 우리는 북조선에 주둔한 소련군이 북조선인민들에게 광범한 창발적 자유를 준 결과에 북조선에서는 인민들이 자기가 수립한 인민위원회를 확고히 하며, 민주개혁을 실시하며, 민족자주경제의 기초를 구축하며, 민족문화를 부활시키며, 우리 조국이 민주주의적 자주독립국가로 발전될 모든 토대를 공고히 함에 거대한 성과를 거두고 있음을 인정한다.

「결정서」는 결론으로 남한단독선거를 파탄시켜야 한다고 다음과 같이 주장했다.

> 우리는 미 제국주의자들의 식민지 예속화 정책과 그들과 야합한 민족반역자 친일파들의 음흉한 배족망국적 시도를 반대하며 소위 '유엔조선위원단'의 기만적 단선 희극을 반대하여 궐기한 남북 조선 인민들의 반항을 조국의 완전 자주독립을 위한 가장 정당한 애국적 구국투쟁이라고 인정한다.
>
> 우리 조국을 분열하여 남조선인민들을 미 제국주의자들에게 예속시키는 것을 용허하지 않기 위하여, 우리 남북조선 제정당 사회단체들은 자기의 전 역량을 총집결하여 단독선거를 파탄시켜야 할 것이며, 조선에서 외국 군대를 즉시 철거하고 조선인민이 자기손으로 통일적 민주주의 자주독립국가를 수립할 권리를 부여하자는 소련의 제안을 반드시 실현시키기 위하여 강력히 투쟁하여야 할 것이라고 인정한다.

이러한 내용의 「결정서」 기초과정에는 기초위원들 사이에 논란이 없지 않았다. 서울에서 참가한 여운홍 등 일부 기초위원들이 과격한 문구의 수정을 주장하자 박헌영이 그러면 민주주의 방식으로 해결하자면서 거수표결에 부쳐 원안대로 가결시켰다고 한다.[36]

회의는 「전 조선정치정세에 대한 결정서」 채택에 이어 3천만 동포에게 보내는 「전 조선동포에게 격함」이라는 격문을 채택했다. 격문은 이극로가 낭독했다. 그리고 회의에 참석한 16개 정당 40개 사회단체의 대표들이 서명하는 것으로 넷째 날 회의는 끝마쳤다. 남북연석회의의 중요한 일정은 사실상 이날 회의로 끝났다.

---

36) 呂運弘 증언, 曺圭河·李庚文·姜聲才, 앞의 책, pp.386~387.

'반팟쇼공동투쟁위원회'의 대표자자격으로 서울에서 남북연석회의에 참가했던 고준석(高峻石)은 이때의 경험을 생생한 기록으로 남겼다.

> 연석회의 기간중 남조선에서 간 대의원의 태반은 활기에 차 있었지만 마찬가지로 남조선에서 간 '정치건달'들은 가련했다. 그들은 일단 회의에 출석하는 것은 인정되었으나 각종 분과위원회의 중요 토의에는 박헌영 일파에 의하여 배제되어 참가할 수 없었다. 그들은 여관방 하나에 두 사람씩 배정되어 아침부터 소주 —— 평양소주는 조선의 명산품이다 —— 와 닭고기 돼지고기를 푸짐하게 대접받고, 전용버스로 회의장으로 실려가서 찬성 거수를 하고, 밤에는 조선의 무희로 일컬어지는 최승희(崔承姬) 무용단의 무용을 관람하는 것이 전부였다.[37]

《경성일보(京城日報)》 기자 출신의 고준석은 조선공산당과 남로당의 이론가로 활동하다가 반박헌영파가 된 인물이다.

37) 高峻石, 『朝鮮 1945-1950: 革命史への證言』, 社會評論社, 1985, p.263.

3. 4김회담과 남북지도자협의회

1

4월24일에는 남북연석회의가 열리지 않았다. 남쪽에서 간 대표 200여 명은 이날 황해제철소[이전의 겸이포제철소]를 시찰했다.

슈티코프(Terentii F. Shtykov)와 레베데프는 남북연석회의의 결과가 매우 만족스러웠다. 슈티코프는 4월24일에 레베데프와의 통화에서 "연석회의에 만족한다"라고 말하고, "남조선 대표들에게 그들이 보고싶어 하는 모든 것을 보여주라. 원한다면 군대도 보여주라"하고 말했다. 그리고 처음에는 반대했던 4김회담도 승낙했다.

슈티코프의 이날 지시사항 가운데 가장 주목되는 것은 남북지도자협의회에 관한 것이었다.

> 소회의[지도자협의회]를 개최하고 결정서를 채택한다. 다음과 같이 합의한다. 외국 군대 철수 뒤에 내전이 있어서는 안된다. 임시정부를 조직하여 권력을 접수해서 선거를 실시하고 이후 통일정부를 수립한다. 조선민족은 단일민족이다. 조선인들은 이 모든 것을 성취해 낼 수 있을 만큼 충분히 성장했다. 만일 이상의 합의사항에 반대하면 무엇 때문에 이곳에 왔으며 무엇을 위해 투쟁하고 있느냐고 따진다. 신망과 주도권을 장악한다.…38)

4월25일은 일요일이었다. 이날 오전 11시에 평양시 인민위원회광장에서 연석회의경축 평양시민대회가 열렸다. 그것은 레베데프가 4월23일 회

---

38) 『레베제프일기』(1948.4.24.), p.178.

의를 끝내고 슈티코프에게 건의하여 급작스럽게 준비된 것이었다.[39] 그런데도 대회에는 34만명의 군중이 동원되는 성황을 이루었다. 최용건이 북조선민족전선 대표 자격으로 식사를 했고, 남쪽인사로는 박헌영, 홍명희, 이영(李英) 등이 축하연설을 했다. 이어 「연석회의 지지 평양시민대회 결정서」가 채택되었다. 그리고 참가 군중의 시가행진이 있었다. 시위군중은 "국토를 양단하여 민족을 분열시키는 남조선 단독선거를 절대 배격하자", "모든 승리는 인민의 것이다", "김일성장군 만세!" 등의 구호를 외치며 행진했다.[40]

남북연석회의에 참석했던 대표자들은 모두 주석단에서 대회를 지켜보았다. 김구와 김규식도 평양시민대회에 참석했다. 행사는 시가행진까지 포함하여 3시간가량 진행되었다.

시민대회가 끝나고 오후 4시에는 평양시 인민위원회 회의실에서 김일성이 주최하는 경축연회가 열렸다. 연회는 7시쯤까지 계속되었고 공연도 있었다.[41]

연회에 참석한 인사들의 연설 가운데 김규식의 연설이 남한에서 물의를 일으켰는데, 그것은 평양방송을 비롯한 각종 매체들의 부정확한 보도 때문이었다.[42] 『레베데프일기』에는 김규식의 연설요지가 다음과 같이 기술되어 있다.

> 나는 항상 조선문제는 조선사람 자신이 해결해야 한다는 입장을 견지해 왔다.… 나는 제때에 도착할 수 없었다. 연석회의는 잘 진행되었다. 그러나 나는 이러한 집회와 만찬에 참석하는 것에 양심의 가책을 느낀다. 이것은 일을 끝내기도 전에 선금을 받는 것과 같지 않은

39) 『레베제프일기』(1948.4.23.), p.177.
40) 『解放後四年間의 國內外重要日誌』, 1948년4월25일조, 民主朝鮮社, 1949.
41) 박병엽 구술, 유영구·정창현 엮음, 앞의 책, pp.300~305.
42) 이때의 金奎植의 연설에 대한 각종 기록의 분석은 서중석, 『우사 김규식 생애와 사상② 남북협상』, pp.212~215 참조.

가? 우리는 아직 일을 끝내지 않았다. 북조선은 조선의 장단에 맞추어 춤을 추기 위해 필요한 모든 일을 완성했다.… 나는 항상 미국의 장단에 맞추어 춤을 추었다.… 이승만에 대하여. 나를 30년 동안 공산주의자로 만들려 했다.… 나는 한때 이르크츠크파 공산당에 가입했지만 곧 당에서 제명되었다.…

김규식의 말을 받아 김두봉이 말했다.

일을 끝내기도 전에 받은 선금이 아니라 연석회의에서 이미 달성한 성과를 위하여. 우리는 가능성을 보유하고 있다. 성과를 위하여![43)]

남북연석회의는 4월26일에 속개되었다. 다섯번째 회의이자 마지막 회의인 이날의 회의는 슈티코프의 긴급지시[44)]에 따라 남한단선반대투쟁을

김일성(왼쪽)과 남북협상에 참가한 남로당 위원장 허헌.

---

43) 『레베제프일기』(1948.4.25.), pp.179~180.
44) 『레베제프일기』(1948.4.23.), p.175.

위한 기구를 결성하는 것이 주된 목적이었다.

이날 회의의 사회는 민주독립당의 홍명희가 맡았다. 남북연석회의는 이처럼 첫날 회의의 사회를 김일성이 본 것 말고는 계속해서 남쪽 인사들에게 맡겼다. 남로당 위원장 허헌이 「남조선단독선거와 단독정부수립에 대한 반대투쟁대책」을 보고했다. 회의는 허헌의 보고에 대한 토론을 한 다음 남조선단선반대 투쟁위원회를 결성했다. 투쟁위원회 위원장은 허헌이 맡고, 부위원장과 위원으로는 백남운, 엄항섭 등 남쪽에서 연석회의에 참석한 정당과 사회단체들의 지도적 인사 50여명을 선정했다.

회의는 또 미군과 소련군의 즉시 철수를 요구하는 메시지를 양국 정부에 보내기로 결의하고, 김책(金策)이 메시지를 낭독한 뒤 전달방법을 결정했다. 미국정부에 보내는 요청서는 서울주둔 미군사령관에게, 소련정부에 보내는 요청서는 평양주둔 소련군사령관에게 각각 전달하기로 하고, 하지 사령관에게 전달하기 위한 전달 대표로는 사회민주당의 여운홍 등 3명을 결정했다. 여운홍 일행은 4월29일 하오 3시에 서울에 도착했다.[45] 북한주둔 소련군사령관에게는 주영하가 4월27일에 소련군사령부를 방문하여 전달했다.

이로써 4월19일부터 시작된 남북연석회의의 주요 일정은 모두 끝났다. 폐회에 앞서 김일성, 박헌영, 백남운, 홍명희가 마무리 발언을 했다. 김일성은 김구의 회의참가와 한독당의 활동을 높이 평가하는 발언을 했다. 오후 2시쯤에 애국가 제창과 김두봉의 만세삼창으로 남북연석회의의 공식 일정은 모두 끝났다.

남조선단선반대투위는 연석회의가 끝난 며칠 뒤에 별도의 회의를 열고 연락통신부, 투쟁지도부, 교섭부 등의 조직을 설립하고 본부를 해주에 두기로 결정했다.[46]

---

45) 《朝鮮日報》 1948년 4월30일, 「呂運弘氏等昨日서울着」.
46) 박병엽 구술, 유영구 · 정창현 엮음, 앞의 책, pp.307~308.

김구와 김규식이 기대하고 갔던 김일성과의 단독회담이나 김구, 김규식, 김일성, 김두봉 네 사람의 회담, 그리고 남북한의 정당지도자들이 참석하는 남북지도자협의회가 4월26일부터 30일 사이에 있었는데, 그것이 어떤 형식으로 진행되었는지는 분명하게 밝혀지지 않았다. 남북연석회의의 진행과정은 평양방송을 통하여 그때그때 발표되었으나 4김회담이나 지도자협의회는 공식발표를 하지 않았기 때문에 신문 보도도 제각각이었다. 그러한 사정은 4월27일에 있었던 김구의 기자회견 내용으로 짐작할 수 있다.

"내가 대회의[남북연석회의]에 참석치 않은 것은 몸도 피곤하고 또 대표들이 참석했었기 때문이다. 여러 결정서에 대해서는 단선 단정 반대가 그 취지인 만큼 거의 찬동한다. 다만 남북요인회담이 선행되었어야 할 것을 그렇게 되지 못하고 장차 있을 예정인데, 내 본의는 이 회담에 있는 만치 그 결과를 보아서 공적 의사표시를 하겠다. 그 성과에 대해서는 난항을 각오하나 끈기있게 의론하려 한다. 어쨌든 남조선단정도 반대요 북조선단정도 반대라는 것은 시종이 변함이 없다는 것은 말해 둔다."[47)]

결혼을 약속했던 안신호와 함께 옛날 자신이 방주로 있던 대보산 영천암을 방문한 김구.

이 말로 미루어 보면

47) 《朝鮮日報》 1948년5월3일자, 「公的인 意思는 要人會談서 表示할 터」.

이때까지 본격적인 4자회담이나 지도자협의회는 열리지 않았던 것이 틀림없다.

김구는 이날 기자회견에서 전날 교외 나들이를 한 소감도 이야기했다.

이날 김구는 평양에서 서쪽으로 40리가량 떨어진 대보산(大寶山)으로 감개무량한 나들이를 했다. 젊어서 혼인할 뻔했던 안창호(安昌浩)의 동생 안신호(安信浩)와 동행했다. 대보산에는 김구가 50년쯤이나 전에 잠시 방주로 머물던 영천암이 있었다. 대보산에는 영천암 이외에도 안창호가 옥고를 치른 뒤에 휴양하던 송태산장(松苔山莊)도 있었다. 안신호는 목사였던 남편과 사별하고 진남포에 살고 있었는데, 북한 당국에서 김구를 위하여 일부러 수배를 한 것이었다. 안신호는 머리가 희끗희끗하면서도 말끝마다 김일성을 추켜세우는 열성 공산당원이 되어 있었다. 안신호는 김구가 떠나올 때까지 호텔에서 김구의 수발을 들었다.

점심때가 되자 김일성의 비서가 음식을 잔뜩 짊어진 경호원 두 사람과 함께 올라왔다. 통닭과 쇠고기를 비롯한 고기류에 각종 전과 떡 등 점심치고는 음식이 너무 많았다. 알고 보니까 이날의 영천암 방문을 김구가 부모 제사를 모시러 가는 것으로 알고 제수를 마련해 온 것이었다. 음식은 산상 예배를 드리러 온 젊은 남녀들에게 나누어 주었다.[48] 그런데 사실은 4월26일은 김구 어머니 곽낙원(郭樂園) 여사의 기일이었다. 북한 당국이 김구도 잊고 있는 곽낙원 여사의 기일까지 조사해 놓고 있었던 것이다.

"서평양 교외 20리 되는 농촌지대를 돌아보았는데 농가에 전기가 시설되고 지붕도 거의 전부 새로 인 것을 보면 마음이 괴롭거나 민생이 핍박한 환경은 아닌 것 같다. 그리고 만경대 김일성씨 생가를 방문했는데 78세 된다는 김 장군 조부를 만났다. 나를 예전 영천사(靈泉寺)에서 만난 일이 있다고 퍽 반겨하였다. 초가집 그대로 삿자리를 깔고 한 것으로

48) 선우진 지음, 최기영 엮음, 앞의 책, pp.148~150.

보아 김 장군 조부님의 살림살이라고 생각 못할 만큼 소박하여 김 장군의 공사별을 짐작하였다.”[49]

김일성 생가 구경에 앞서 김구는 조완구 등과 함께 혁명유가족학원을 둘러보았다. 혁명유가족학원은 대동벌이 내려다보이는 언덕 위에 자리 잡고 있었다. 붉은 벽돌로 지은 3층짜리와 4층짜리 두채였다. 김일성대학이 2층밖에 올라가지 않은 때였으므로 교사가 꽤 커 보였다. 운동장도 컸다. 김구 일행은 60대 중반으로 보이는 원장의 안내로 건물을 구경했다. 원장은 항일독립투사와 공산혁명가의 자녀들을 수용하여 고등학교까지 무료로 교육시키는데, 성적이 우수하면 김일성대학에 진학시키고 나머지는 이 학원에서 기술자문교육을 시켜 내보낸다고 자랑했다. 원장은 조완구와 중국에 있을 때에 가까운 사이였던 모양이었다. 서로 식구들 이름을 대며 안부를 묻기도 했다. 원장은 임시정부에서 활동했던 이종익(李鍾翼)이라는 사람이었다.

김구가 김일성의 생가를 방문한 것은 혁명유가족학원을 시찰하고 돌아오는 길에 차 안에서 북쪽 안내원들이 계획에 없던 김일성 생가를 잠깐 보고 가자고 하여 가게 된 것이었다.[50]

김구는 이날의 기자회견에서 또 이틀 전 평양시민대회 때에 시위 군중들이 스탈린의 초상화를 들고 다니는 것이 못마땅했다고도 털어놓았다.[51]

“군중대회 때에 스탈린 초상화를 들고 다니는 것은 남조선에서 트루먼 대통령 초상화를 들고 다니는 일이 없는 만치 이상한 감을 가지게 한다.”[52]

그런데 김구가 기자들에게 스탈린의 초상화를 들고 행진하는 것을 비판한 사실은 바로 북로당 중앙본부에 보고되어 논란이 벌어졌다. 대개

49) 《朝鮮日報》 1948년5월3일자, 「公的인 意思는 要人會談서 表示할 터」.
50) 선우진 지음, 최기영 엮음, 앞의 책, pp.148~150.
51) 《朝鮮日報》 1948년5월3일자, 「公的인 意思는 要人會談서 表示할 터」.
52) 위와 같음.

는 듣고 넘어가려 했으나 북로당 조직부장 허가이(許哥而)를 비롯한 소련파들이 가만 있지 않았다. 이들은 "김구의 반소분자적 행동이 문제"라고 비판했다. 그러나 다른 간부들은 "김구도 민족자주를 강조하는 민족주의 지도자인 만큼 그의 태도를 이해해야 한다. 만일 그의 태도를 문제삼으면 연석회의 자체에 차질을 초래할지 모른다"라고 하여 무마되었다고 한다.[53]

2

남북지도자협의회가 인원과 의제 문제로 길항하고 있는 4월28일과 29일 이틀 동안 북조선인민회의 회의실에서는 인민회의 특별회의가 개최되었다. 그동안 준비해온 북한의 헌법초안을 승인하는 회의였다. 먼저 헌법제정위원회 위원장 김두봉이 「조선민주주의인민공화국 헌법초안에 관한 보고」를 하고 이어 강량욱(康良煜) 서기장이 「헌법초안수정안」을 축조 낭독했다. 이 회의에는 남북연석회의에 참석한 남쪽대표들도 초청하여 회의를 참관하게 했다.[54] 회의장에는 남쪽대표들을 환영하는 플래카드가 붙어 있고, 회의에서는 이들을 환영하는 절차가 있었다. 그러나 김구, 김규식, 원세훈, 조완구 등은 이 회의에 참석하지 않았다. 레베데프는 『일기』에 김구와 김규식이 참석을 거부한 이유는 북한 단독정부 수립에 협조했다는 비난을 받지 않기 위해서였다고 써 놓았다.[55]

남북지도자협의회는 일단 남쪽의 김구, 김규식, 홍명희, 조소앙, 조완구, 최동오, 이극로, 엄항섭, 박헌영, 허헌, 백남운과 북쪽의 김일성, 김두봉, 최용건, 주영하의 15명으로 구성되었으나,[56] 레베데프가 4월28일에

53) 박병엽 구술, 유영구·정창현 엮음, 앞의 책, p.306.
54) 김광운, 『북한정치연구 I: 건당·건국·건군의 역사』, 선인, 2003, pp.631~632; 박병엽 구술, 유영구·정창현 엮음, 앞의 책, pp.318~319.
55) 『레베제프일기』(1948.4.29.), p.184.
56) 박병엽 구술, 유영구·정창현 엮음, 앞의 책, p.310.

슈티코프에게 보고한 것을 보면 김구는 이 시점에서도 회의참석 인원으로 남한 좌익은 배제하고 우익 10명, 북한쪽 9명으로 할 것을 제안하고 있어서 눈길을 끈다. 북쪽 실무자인 주영하는 김구가 제출한 새 명단에 대해 "동의할 수 없고, 접수할 수도 없으며, 김일성에게 보고할 수도 없다"고 말했다고 한다.57)

지도자협의회에서 중요하게 논의된 문제는 양군 철수 뒤에 내란이 일어나서는 안된다는 것과 통일정부 수립 방안이었다. 김규식은 남북연합기관을 창설하자고 제안하기도 했다.58)

지도자협의회는 협의내용을 연석회의에 참가한 남북한의 정당 및 사회단체 명의의 공동성명으로 발표하기로 하고 성명서작성 작업은 남쪽의 대변인 권태양과 북쪽의 주영하가 중심이 되어 진행했다. 그것이 김구와 김규식 등이 그 의미를 크게 부여한 「남북조선 제정당사회단체 공동성명서」였다. 「공동성명서」를 채택하는 절차는 군사퍼레이드까지 계획하고 있는 메이데이 행사를 감안하여 그전에 끝내야 했다.

4월30일 오후 들어 모란봉 극장이 갑자기 어런더런해졌다. 먼저 극장 응접실에서 4김회담이 열린 데 이어 오후 4시 반부터는 극장 별관에서 남북지도자협의회가 열려 「공동성명서」를 확정했다. 마지막 절차는 남북연석회의에 참가한 정당 및 사회단체대표들의 회의였다. 회의는 밤 9시에야 열려 만장일치로 「공동성명서」를 채택하고, 참가단체의 대표자들이 단상으로 나와 「공동성명서」에 서명했다.

4개항으로 된 「남북조선제정당사회단체 공동성명서」의 내용은 다음과 같았다.

(1) 소련이 제의한 바와 같이 우리 강토로부터 외국군대를 즉시 동시

---

57) 『레베제프일기』(1948.4.29.), p.184.
58) 『레베제프일기』(1948.4.28.), p.182.

에 철거하는 것은 우리 조국에 조성된 현 정세하에서 조선문제를 해결하는 가장 정당하고 유일한 방법이다. 미국은 정당한 제의를 수락하여 자기 군대를 남조선으로부터 철퇴시킴으로써 조선 독립을 실제로 허여하여야 할 것이다.…

(2) 남북제정당사회단체 지도자는 우리 강토에서 외국 군대가 철거한 이후에 내전이 발생될 수 없다는 것을 확인하며, 또한 그들은 통일에 대한 조선인민의 지망(志望)에 배치되는 어떠한 무질서의 발생도 용허하지 않을 것이다.…

(3) 외국군대가 철거한 이후에 하기 제정당들의 공동 명의로 전 조선정치회의를 소집하여 조선인민의 각계각층을 대표하는 민주주의 임시정부가 즉시 수립될 것이며, 국가의 일체 정당과 정치 경제 문화생활의 일체 책임을 지게 될 것이다. 이 정부는 그 첫 과업으로 일반적, 직접적, 평등적 비밀투표에 의하여 통일적 조선 입법기관 선거를 실시할 것이며, 선거된 입법기관은 조선헌법을 제정하며 통일적 민주정부를 수립할 것이다.

(4) 천만여명 이상을 망라한 남조선 제정당 사회단체들이 남조선 단독선거를 반대하느니만큼 유권자수의 절대다수가 반대하는 남조선 단독선거는 설사 실시된다 하여도 절대로 우리 민족의 의사를 표현하지 못할 것이며 다만 기만에 불과한 선거가 될 뿐이다.…[59]

앞에서 보았듯이 그것은 4월24일에 슈티코프가 레베데프에게 지시한 내용 그대로였다. 김규식의 표현을 빌리면, 그것은 소련의 장단에 맞추어 춘 슬픈 춤사위였던 셈이다. 그러나 김구나 김규식이 슈티코프의 그러한 지시가 있었다는 사실을 알 턱이 없었다. 김규식은 오히려 북한쪽이 자신의 「남북협상 5원칙」을 받아들였다고 판단했던 것 같다. 서울의 신문들

---

59) 「全朝鮮政黨社會團體指導者協議會共同聲明書」, 『全朝鮮諸政黨社會團體代表者連席會議報告文及決定書』, 『韓國現代史資料叢書(13) 1945~1948』, 돌베개, 1986, pp.55~56.

도 그렇게 보도했다.[60]

김구도 「공동성명서」에 만족했다. 그는 찾아간 기자에게 다음과 같이 말했다.

"남북통일이 실현되기 전에야 어찌 만족할 수 있으랴. 다만 우리 과업 추진에 있어 하나씩 난관이 개척되어 나가는 것만은 매우 유쾌한 일이다."[61]

이 「공동성명서」는 5월1일에 평양방송을 통하여 남한에도 알려져 선거정국에 또 하나의 큰 파문을 불러일으켰다. 누구보다도 북한의 군사력 창설에 관심을 표명해 온 이승만은 5월3일에 다음과 같이 논평했다.

> 남북요인회담에 대하여서는 내가 기왕에 설명한 바 있으므로 우리의 기정 계획에 조금도 변동이 있을 리 없고, 양군 철퇴 문제에 대해서도 소련이 진심으로 공정한 해결을 원한다면 먼저 북한의 공산군을 해체시켜 무장을 회수하고 유엔 감시하에 자유분위기에서 총선거를 하게 된다면 모든 문제가 순조로이 진행될 것이요, 그렇지 않고는 우리가 정부를 수립해서 국방군을 조직한 후에야 비로소 협의할 기회가 있을 것이다. 그러므로 소위 「공동성명」이라는 것을 나는 중요시하지 않는다.[62]

하지 중장도 이날 남북협상과 관련하여 소련을 격심하게 공격하는 특별성명을 발표했다.[63]

---

60) 《朝鮮日報》 1948년5월4일자, 「「五原則」의 採擇經緯」.
61) 《朝鮮日報》 1948년5월4일자, 「金九氏談」.
62) 《서울신문》 1948년5월4일자, 「共同聲明重要視안는다」.
63) 《東亞日報》 1948년5월4, 5일자, 「南北協商 共產派會談에 不過」 및 「協商은 蘇의 煙幕」.

4. 김일성의 허위약속을 믿고

1

1948년4월30일 밤에 모란봉 극장에서 진행된 「남북조선제정당사회단체 공동성명서」의 채택과 서명을 끝으로 남북협상의 일정은 모두 끝나고, 5월1일에는 메이데이 행사가 열렸다. 이날의 메이데이 행사는 여느 때와 같이 노동자들의 축하행사로만 거행된 것이 아니라 2월8일에 창건된 인민군의 사열을 포함한 대규모 행사였다. 평양역 광장에서 열린 이 행사에는 김구와 김규식을 비롯한 남쪽 대표들도 모두 참석하여 연단에서 행사를 지켜보았다.

노동자와 농민들의 행렬은 트럭 위에서 저마다의 직업을 나타내는 동작을 하면서 지나갔다. 노동자와 농민들은 검정 무명옷을 입고 있었다. 트럭은 소련제였고, 남한에서는 별로 보지 못한 피켓이 유난히 많았다.

노동자와 농민들의 행렬이 끝난 다음 인민군 부대의 사열행진이 있었다. 인민군 총사령관 최용건이 맨 앞에서 붉은 말을 타고 선도했고, 참모총장 강건(姜健)이 사열행사를 진행했다. 따발총[소련제 기관단총]으로 무장한 보병부대에 뒤이어 혁명자유가족학원 학생대열이 지나가고, 각종 포와 장갑차 등 중장비가 그 뒤를 따랐다. 쭉 뻗은 포신이 달린 각종 포는 소련제 트럭이 끌었고, 육중한 장갑차 수십대가 두세줄로 열을 지어 후미를 장식했다. 사열대의 김일성은 이 군부대행렬이 지나갈 때에 앞으로 나가 혼자서 손을 흔들고 박수를 치기도 했다. 김구는 입을 꽉 다문 채 이 위협적인 시위를 지켜보고 있었다.[64] 이날의 행사에는 슈티코프 등 소련군 고위간부들도 참석했는데, 병약한 김규식은 슈티코프와 인사

64) 선우진 지음, 최기영 엮음, 앞의 책, pp.165~166; 박병엽 구술, 유영구·정창현 엮음, 앞의 책, pp.324~325.

만 나누고 비 때문에 일찍 혼자 숙소로 돌아왔다.[65]

남북협상을 취재하러 평양에 갔던《조선일보(朝鮮日報)》기자 최성복(崔成福)은 이날의 행사에 대한 인상기를 다음과 같이 썼다.

이날 행렬은 생전 처음 보는 가관이었다. 인민군의 위세란 당당하였고, 각계각층 하여튼 이곳 사회층으로 빠진 곳이란 없어 보였다. 특히 중국사람들이 농민은 곡괭이를 메고, 꾸냥[姑娘: 처녀]들은 청복(青服)을 입고 모택동(毛澤東)씨 초상을 받들고 사열대를 지나가며 "김일성 장군 만쩨이 만쩨이" 하는 모양은 인상적이었다. 양 김씨와 요인들도 전원이 출석하였는데, 내 옆에 서서 이 행렬이 다 지나기까지 네시간 동안을 비를 맞으며 바라보는 요인 모씨는 "이곳 사회는 아예 새 사람 새 세대로 일신했군 그래. 지나가는 얼굴을 보아하니 죄다 20세 전후인 청소년이요 장년층이래야 농민과 노동자, 그 역시 새 정신을 불어넣은 새 사람들이 상하일속(上下一束)으로 그 강력한 조직체를 가지고 절대 옳다는 길로 막 밀고 나가니 좋건 언짢건 어떠한 건설이 하나 될 수밖에. 이런 씩씩한 사회적 힘이란 남조선에서 도저히 느낄 수 없는 걸…"하고 입을 쩝쩝 다시었다.…[66]

모택동의 초상화를 들고 행진한 중국사람들이란 평양지방에 거주하는 화교들이었을 것이다. 화교들까지 메이데이 행사에 동원되었던 모양이다. 대회에는 30만명이 넘는 인원이 동원되어 4월25일에 있었던 남북연석회의 경축 평양시민대회 때보다도 규모가 컸다. 행사는 네시간 가까이 계속되었다.

그런데 이날의 행사준비 과정에서 김구의 자리배정 문제를 두고 북

---

65) 《서울신문》 1948년5월8일자, 「南朝鮮은 腐敗 撤兵해도 內亂 업다」.
66) 崔成福, 「平壤南北協商의 印象」, 『白凡金九全集 (8)』, p.909.

한당국자들 사이에 논란이 벌어진 것은 눈여겨볼 만하다. 4월26일에 열린 북로당 정치위원회 회의에서 김두봉은 인민군 사열 때에 김구를 주석단의 자기 옆자리로 초대할 것을 제안했다. 그는 또 인민군 열병식에 소련사람들이 참석할 필요가 있는지 의문을 제기했다. 김두봉은 북한 헌법 승인을 위해 개최되는 북조선인민회의 특별회의에 소련대표가 참석하지 않는 것이 좋겠다는 견해도 피력했다. 소련파의 실력자인 허가이로부터 이러한 보고를 받은 레베데프는 이를 단호히 배격했다. 레베데프는 그의 『일기』에 이러한 사실을 기술하면서 "김두봉의 노선을 면밀히 검토한다. 또 누가 그런 노선을 견지하고 있는가?"라고 적어놓았다. 한편 이날 밤에 슈티코프는 레베데프와의 전화통화에서 북한 인사들이 김구와 김규식 앞에서 굽실거리지 말도록 하라고 지시하고 있어서 흥미롭다.[67]

레베데프는 김두봉이 남쪽 대표들에게 연일 만찬을 베푸는 것도 의심의 눈으로 바라보았다. 그는 김일성에게 "왜 김두봉이 남쪽 대표들에게 자주 만찬을 베푸는가? 5월2일, 3일, 4일에 약속이 잡혀있다"라고 문제를 제기했다고 『일기』에 적어놓았다.[68] 이러한 기술은 레베데프가 얼마나 사소한 일에까지 주의깊게 남북협상에 개입하고 있었는지를 여실히 보여준다. 그리고 그것은 이 무렵 김두봉으로 대표되는 연안파(延安派)의 북한 권력 내부에서의 위상이 어떠했는가를 말해주는 상징적인 에피소드이기도 하다. 김두봉은 결국 1958년3월에 반김일성 음모사건으로 숙청되었다.

이튿날은 일요일이었다. 김구는 안신호와 함께 강량욱 목사와 홍기주(洪箕疇) 목사의 안내로 장대재[章臺峴]교회의 주일예배에 참석했다. 김규식도 동행했다. 평양 지방의 한국교회의 요람인 장대재교회는 상수리 특별호텔에서 1킬로미터쯤 떨어진 언덕 위에 있었다. 예배에 나온 사

---

67) 『레베제프일기』(1948.4.26.), p.181.
68) 『레베제프일기』(1948.5.3.), p.186.

람들은 200명가량 되었다. 북쪽에서는 김규식이 기독교인인줄은 알고 있었으나 김구가 기독교인인줄은 몰랐다고 했다.[69]

그런데 김일성을 비롯한 북로당 지도부는 이날 지도자협의회에 참석했던 남북요인들만의 야외회동을 준비했다. 회동 장소는 대동강 하류에 있는 쑥섬이었다.

이날 회동에는 남쪽에서 간 우익의 김구, 김규식, 조소앙, 조완구, 홍명희, 김붕준, 이극로, 엄항섭과 좌익의 박헌영, 허헌, 백남운, 북쪽의 김일성, 김두봉, 최용건, 주영하, 그리고 강량욱, 홍기주 두 목사와 북로당의 대남연락부장 임해(任海)와 서울에서 활동하는 정치공작원 성시백이 참석했다. 이 회동에는 남쪽 요인들의 수행비서들도 참석시키지 않았다. 김구와 김규식은 강량욱, 홍기주 두 목사와 함께 대동강변에서 나룻배를 타고 일행보다 30분쯤 늦게 쑥섬에 도착했다.

쑥섬회동은 남북연석회의와 지도자협의회의 성과를 재확인하는 경축연회 겸 친목도모 자리였다. 정오쯤부터 오후 2시쯤까지 담소를 나누었다. 평양의 역사와 유적에 관한 이야기, 김구 등의 평양 나들이 소감, 남한 형편에 대한 이야기 등이 이어졌다. 4월30일 밤에 서명한 「공동성명서」의 의의가 거듭 강조되고, 김구와 김규식이 제기한 송전과 송수의 계속, 조만식(曺晩植)의 월남, 안중근 유해 봉환 등의 문제도 다시 논의되었다. 이어 어죽 잔치가 벌어지고, 회식이 끝나자 낚시와 나룻배 타기 등이 오후 4시 너머까지 계속되었다.

김일성은 뒷날 통일전선 문제를 언급할 때면 좋은 사례로 쑥섬회동을 들었다고 한다. 북한은 1980년대 후반에 이때의 쑥섬회동을 기념하여 이곳에 '통일전선 사적지'를 조성하고 '통일전선탑'을 세웠다.[70]

그런데 '통일전선탑'에서 눈길을 끄는 것은 참가자들의 명단이다. '탑'

---

69) 선우진 지음, 최기영 엮음, 앞의 책, pp.167~168; 박병엽 구술, 유영구 · 정창현 엮음, 앞의 책, p.326.

70) 박병엽 구술, 유영구 · 정창현 엮음, 앞의 책, pp.326~327.

쑥섬의 야외 회합을 기념하여 세워진 '통일전선탑'의 앞면(왼쪽)과 뒷면.

뒷면에는 "위대한 수령 김일성 동지께서 지도하신 쑥섬협의회 참가 대표"라고 하여 9명의 명단이 새겨져 있는데, 북쪽 대표로는 북조선로동당의 김책(金策) 한 사람 이름만 맨 앞에 새겨져 있다. 이어 한국독립당의 김구, 민족자주연맹의 김규식, 민주독립당의 홍명희, 근로인민당의 백남운, 그리고 조소앙, 엄항섭, 조완구의 차례로 이름이 새겨져 있다. 그리고 맨 끝에 북조선인민위원회 서기 김종항과 남조선신문기자단 대표 정진석의 이름이 새겨져 있다. 박헌영 등 그 뒤에 숙청된 다른 참가자들의 이름은 없다.

2

남북협상을 위하여 북행했던 인사들은 5월4일에 평양을 출발하여 귀환길에 올랐다. 김구와 김규식은 떠나오기 전날인 5월3일 오후에 각각 김일성과 회담했다. 북로당 지도부는 처음에는 김일성과 김구가 오전에 만나 회담을 하고 오찬을 함께 한 뒤 오후에 김일성과 김규식이 회담하기로 계획했다가 북쪽의 관심이 김구에게 기운 듯한 인상을 주지 않으려

고 오후에 따로따로 회견하는 것으로 조정했다고 한다.[71]

김구와 김일성의 회담은 북조선인민위원회의 김일성 사무실에서 오후 3시쯤에 시작하여 1시간30분 동안 계속되었다.[72] 이때의 두 김의 회담 내용에 대해서는 두가지 중요한 기록이 있다. 하나는 『레베데프일기』이고 또 하나는 북로당의 회담 기록을 토대로 한 전 북로당 고위당료 박병엽(朴炳燁)의 증언이다.

요점만 적어 놓은 『레베데프일기』는 다음과 같이 기술했다. 김구는 먼저 감옥에 있는 한국독립당 당원들을 석방시켜줄 것을 요구했다. 이에 대해 김일성은 한독당 당원이라서 체포한 것이 아니라 테러분자들이기 때문에 체포했다고 대답했다.

이어 김구는 조만식에 대해서 이야기했다. 김구는 "…남조선 사람들에게 면담을 허용하지 않고 있다. 나에게 선물을 주어야 한다"라고 말하고 조만식을 자기에게 내어줄 것을 요망했다. 김구가 중요하게 거론한 것은 송전 계속 문제였다.

레베데프는 김구가 송전문제에 대하여 "흥미로운 사실을 이야기했다"면서 김구의 말을 다음과 같이 인용했다.

> 우리는 지금까지 북조선에 전기료를 정확하게 지불하고 있다고 생각했다.… 미국인들은 돈을 어디에 쓰고 있는지 모르겠다. 당신들은 (남쪽에서) 전기료를 지불하지 않고 있다고 라디오방송을 통하여 자주 보도해야 한다. 그래야 우리도 남조선에서 소란을 피울 수 있다.…

『레베데프일기』의 이러한 기록으로 미루어 보면 김구가 송전 송수의 계속 문제나 조만식의 월남 문제 등을 김일성에게 가장 강력하게 요구한 것

---

71) 위의 책, p.328.
72) 『레베제프일기』(1948.5.3.), p.186; 박병엽은 거의 2시간쯤 진행되었다고 했다. 위의 책, p.328.

은 이날의 회담에서였던 것 같다. 그러나 레베데프는 같은 날의 『일기』에 김일성에게 제기할 문제의 하나로 "남조선으로 송전하는 것을 중단해야 한다. 북조선인민위원회의 성명을 발표한다"라고 단정적으로 써 놓았다.[73]

김구는 김일성에게 남한 공산주의자들을 맹렬히 비난하는 말을 했다. 북조선 공산주의자들과는 상의할 수 있으나 남조선 공산주의자들과는 의논할 수 없다고 그는 말했다. 김구는 "나는 늙은이다. 나를 귀하게 여겨야 한다. 도무지 예의가 없다. 그들은 얼굴이 빨개지도록 논쟁만 한다"라고 질타했다. 김구는 김일성에게 원칙적인 문제를 해결해야지 지엽적인 문제에 매달려서는 안된다고 그들에게 전해달라고 당부했다. 원칙적인 문제라면 그들과 대화할 수 있다고 했다. 이러한 김구의 요구에 대해 김일성이 어떻게 대답했는지는 『레베데프일기』에 씌어 있지 않다.

끝으로 김구는 자신의 장래 활동과 관련하여 "만일 미국인들이 나를 탄압한다면 북조선에서 나에게 정치적 피난처를 제공해 줄 수 있겠는가?"하고 물었다. 김일성은 긍정적으로 대답했다.[74]

박병엽의 증언에 따르면, 김구와 김일성의 회담 내용은 다음과 같았다.

김일성은 먼저 남북연석회의와 지도자협의회가 성공적으로 매듭지을 수 있었던 데는 김구의 지도적 역할이 컸음을 감사한다고 말하고, "남조선으로 내려가시면 미 군정부와 이승만 세력이 탄압하지 않을까 우려된다"면서 "신변의 염려가 있을 때에는 어느 때라도 북으로 오셨으면 좋겠다"라고 말했다. 김구는 "서울에서 예상했던 것과는 달리 북에 와서 좋은 인상을 받았다"라고 말하고, "어떤 일이 있어도 이남에서 단독선거를 반대해야 할 뿐만 아니라 이북에서도 단독정부를 세워서는 안된다"는 점을 강조했다. 그뿐만 아니라 김구는 김일성에게 "동족 간에 피를 흘리

---

73) 『레베제프일기』(1948.5.3.), p.186.
74) 위의 책, pp.186~187.

는 내란이 일어나서는 결코 안된다. 동족 간에 싸움을 통해 통일을 이루려고 시도해서는 안된다"라고 거듭 강조하고 확약을 받았다고 한다. 김구는 남로당의 미 군정부에 대한 투쟁일변도의 행동방침에 대해서도 비판했다.

그 밖에 송전과 연백평야에 대한 송수의 계속 약속을 반드시 지킬 것과 안중근 의사의 유해를 찾는 일에도 힘써 줄 것을 거듭 요청하고, 조만식의 서울행 문제도 소련군쪽과 적극적으로 협의하여 원만히 해결될 수 있게 해달라고 부탁했다.

김일성이 여러 차례 김구의 신변을 염려하자 김구는 "내가 남쪽으로 돌아가서 정말 활동하기 어려우면 북으로 올테니까 그때는 과수원이나 하나 가꾸면서 여생을 보내겠다"하고 농담 비슷하게 웃으면서 말하기도 했다.[75]

김일성은 김구와의 회담에 이어 오후 6시쯤부터 40분가량 김규식을 만났다. 김규식과 김일성의 회담에서는 사적인 대화는 없었다. 김규식은 내란이 일어나서는 절대로 안된다는 것, 이북에서 단독정부가 들어서서는 절대로 안된다는 것, 북쪽이 미국을 자극하는 반미행사를 자제하고 남로당도 반미투쟁 일변도에서 벗어나도록 북쪽이 영향력을 행사해 주기 바란다는 것 등을 강조했다. 김규식은 또 김일성에게 자신이 요구한 「남북협상 5원칙」을 북쪽이 계속 유념해 줄 것을 강조했다. 김규식은 김구와 마찬가지로 송전과 송수의 계속 문제, 조만식 문제의 해결도 거듭 촉구했다.[76] 김일성은 김규식을 만난 뒤 계속하여 조소앙을 만났다.[77]

김구와 김규식을 비롯하여 북행했던 남쪽 대표들은 5월4일 아침에 평양역에서 출발하는 특별열차를 타고 38선까지 가기로 되었다. 그런데 남

75) 박병엽 구술, 유영구·정창현 엮음, 앞의 책, pp.328~330.
76) 위의 책, p.330.
77) 『레베제프일기』(1948.5.3.), p.187.

쪽 대표들 가운데 북한에 남겠다는 사람들이 나타났다. 민주독립당 위원장 홍명희, 건민회 위원장 이극로, 근로인민당 부위원장 백남운 및 이영, 민족자주연맹 상무위원 최동오, 민주한독당 상무위원 김일청(金一靑), 사회민주당 간부 장권(張權), 남조선신문기자단의 정진석 등 잔류 인사는 70여명에 이르렀다.[78] 레베데프는 백남운, 이극로, 홍명희 세 사람을 거명하면서 "이들을 모두 대학[김일성종합대학]에서 일하게 하면 어떨까?"하고 『일기』에 적어 놓았다.[79]

많은 사람들이 북한에 잔류한 데는 북한쪽의 권유 공작도 있었다. 효성이 남다른 김구는 1919년에 중국으로 망명한 이래로 성묘 한번 하지 못한 해주 텃골[基洞]의 아버지 묘소를 찾아 불효의 한을 풀고 싶었다. 김두봉을 통하여 김구의 뜻을 전해들은 김일성은 모든 편의를 제공하겠다면서 은근히 평양에 남기를 권하는 말을 했다고 한다. 김두봉은 금강산의 요양 시설을 소개하면서 잔류를 권했다. 그러나 조완구, 엄항섭 등 한독당 인사들과 측근들이 한사코 반대하여 김구는 선영 성묘를 단념했다.[80]

김구와 김규식의 귀환계획은 5월3일 한밤중에 갑자기 변경되었다. 남북연석회의를 방해하기 위하여 남한에서 올라간 반공청년들이 서울로 귀환하는 특별열차를 폭파하려는 계획이 드러났기 때문이었다. 그리하여 북로당은 한밤중에 김구와 김규식의 비서를 불러 김구와 김규식 일행은 비밀히 자동차로 출발하기로 계획이 변경되었음을 통보했다.[81]

『레베데프일기』에 따르면 김구는 출발에 앞서 간단한 기자회견을 가졌다. 『일기』에는 다음과 같이 씌어 있다.

78) 박병엽 구술, 유영구·정창현 엮음, 앞의 책, p.332; 김광운, 앞의 책, p.612.
79) 『레베제프일기』 (1948.5.5.), p.188.
80) 선우진 지음, 최기영 엮음, 앞의 책, pp.170~171.
81) 宋南憲, 「金九 · 金奎植은 왜 38線을 넘었나」, 《新東亞》 1983년9월호, pp.223~224.

김구의 기자회견이 있었다. 그는 기분이 매우 좋았다. 그는 "남조선에는 해결해야 할 문제들이 산적해 있다. 북조선에서는 이미 기초가 많이 건설되었고 또 건설되고 있으나 남조선에서는 아무것도 건설되지 못했다"라고 말했다.

그러고는 다음과 같은 질의응답이 있었다고 썼다.

문. "국가체제에 대하여 어떻게 생각하는가?"
답. "미래의 국가는 민족자주에 기초해야 하고, 국가는 반드시 인민들의 이익을 옹호할 수 있는 진정한 민주국가이어야 한다."
문. "미국인들은 남조선의 내정에 광범위하게 간섭하는가?"
답. "미국인들은 남조선에서 조선의 내정에 광범위하게 간섭하고 있다. 미국의 이러한 정책이 인민들의 불만을 자아내고 있다."
문. "서울의 라디오방송은 남조선에 선거를 실시하기 위한 자유로운 분위기가 조성된 것처럼 보도하고 있는데, 이것이 사실인가?"
답. "남조선에는 선거를 실시하기 위한 어떠한 자유로운 분위기도 조성되어 있지 않다.…"[82)]

『레베데프일기』의 이러한 기술은 주영하의 보고에 따른 것이었다.

3

김구와 김규식 일행은 오전 10시쯤에 북한쪽이 내어준 자동차로 평양을 출발했다. 김구가 38선까지 타고 갔던 뷰익 38년도형 승용차는 북한 땅에서 한번도 굴러보지 못한 채 다시 특별열차에 실렸다. 상수리 특별

---

82) 『레베제프일기』(1948.5.4.), p.187.

호텔에는 김두봉과 안신호, 그리고 남북협상의 진행을 맡았던 주영하와 임해가 나와 배웅했다. 갈 때와 마찬가지로 김구는 김신과 선우진과 한 차에 타고, 다른 한 차에는 김규식이 송남헌과 김영휘(金永暉)와 함께 탔다. 경호를 맡은 북조선인민위원회 내무성 부국장 이주봉(李柱鳳)과 북조선인민전선 심승섭(沈升燮)이라는 사람이 38선까지 안내했다. 나머지 대표들은 예정대로 특별열차로 출발했다.

한참 가다가 김구가 혼잣말처럼 말했다.

"벽초[碧初: 洪命憙의 호]가 며칠 전부터 잠을 통 못 이루고 안색까지 좋지 않아 무슨 근심이 있느냐고 묻기도 했는데, 고심을 하더니만 끝내 안오는 모양이야."[83)]

귀로에 황해도 사리원의 정방산성아래 풀밭에서 도시락을 먹는 김구와 김규식(앞줄 오른쪽에서 세번째와 두번째).

김구는 누구보다도 홍명희가 잔류한 것이 못내 아쉬웠다. 그러나 홍명희는 1947년에 월북하여 북한에서 활동하고 있는 장남인 한글학자 홍기문(洪起文)의 권유로 잔류했고, 넉달 뒤에 수립된 북한정권의 초대 내각에서 부수상에 임명되었다. 같이 잔류한 백남운은 교육상, 김원봉은 국가검열상, 이극로는 무임소상, 전평(조선노동조합 전국평의회)위원

83) 선우진 지음, 최기영 엮음, 앞의 책, p.173.

장 허성택(許成澤)은 노동상에 임명되었다.[84]

정오가 조금 지났을 때에 사리원 못미처에 있는 정방산성(正方山城)에 도착하여 지프에 싣고 온 도시락을 풀밭에 펴놓고 앉아 먹었다. 오후 5시쯤에 남천에 도착한 일행은 그곳에서 특별열차편으로 도착한 한독당쪽 32명, 민족자주연맹쪽 25명과 합류했다. 김구 일행은 평양에 갈 때에 들었던 여관에서 다시 하룻밤 묵은 다음 이튿날 오전 11시쯤에 여현에 도착했다. 38선 팻말 앞에는 30여명이 웅성거리고 있었다.

이렇게 하여 만감이 교차하는 17일 동안의 김구의 북한 여행은 끝났다.

4월5일 저녁 8시쯤에 일행 60여명과 함께 서울에 도착한 김구와 김규식은 이튿날 공동명의로 남북협상에 다녀온 데 대한 성명을 발표했다. 공동성명서는 평양에서 미리 작성해 가지고 온 것이었다.

공동성명서는 두 김의 본심과는 달리 남북협상의 성과에 대하여 자부심에 찬 문투로 되어 있었다. 공동성명은 북한 당국자는 단정은 절대 수립하지 않겠다고 확언했다고 강조해서 말했다.

> 이번 우리 북행은 우리 민족의 단결을 의심하는 세계 인사에게는 물론이요 조국의 통일을 갈망하는 다수 동포들에게까지 이번 행동으로서 많은 기대를 이루어 준 것이다. 그리고 남북제정당사회단체연석회의는 조국의 위기를 극복하며 민족의 생존을 위하여는 우리 민족도 세계의 어느 우수한 민족과 같이 주의와 당파를 초월하여서 단결할 수 있다는 것을 또한번 행동으로서 증명한 것이다. 이 회의는 자주적 민주적 통일 조국을 재건하기 위하여서 남조선 단선 단정을 반대하며 미소 양군 철퇴를 요구하는 데 의견이 일치하였다. 북조선 당국자도 단정은 절대 수립하지 아니하겠다고 확언하였다. 이것은 우리 독립운

---

84) 김광운, 앞의 책, p.671; 박병엽 구술, 유영구·정창현 엮음, 앞의 책, p.385.

동의 역사적 신발전이며 우리에게 큰 서광을 주는 바이다.

이러한 언설은 북조선인민회의가 「조선민주주의인민공화국 헌법초안」을 승인하는 특별회의에 초대받기도 하고 조선인민군의 위협적인 시위행진을 지켜보기도 한 두 김의 솔직한 감회와는 괴리가 큰 수사였다. 두 사람의 성명서는 이어 4월30일에 채택한 「남북조선제정당사회단체 공동성명서」의 내용을 남북협상의 큰 성과라고 강조했다.

> 남북 제정당사회단체들의 공동성명서는 앞으로 양군 철퇴 후 전국정치회의를 소집하여 통일적 임시정부를 수립하고, 전국 총선거를 거쳐 헌법을 제정하고 정식 통일정부를 수립할 것을 약속함으로써 우리 민족통일의 기초를 전정(奠定)할 수 있게 하였으며, 자주적 민주적 통일조국을 건설할 방향을 명시하였으며, 외력의 간섭만 없으면 우리도 평화로운 국가생활을 할 수 있다는 것을 확증하였다.
>
> 그러므로 우리는 앞으로 여하한 험악한 정세에 빠지더라도 공동성명서에 명시된 바와 같이 동족상잔에 빠지지 아니할 것을 확언한다. 첫술에 배부를 수 없는 것이니, 우리가 이것으로써 만족을 느낄 수는 없는 것이나, 이미 거두어진 성과를 가지고 최후의 성공을 하는 것은 오직 우리의 애국동포 전체가 일치하게 노력하는 데 있을 뿐이다.
>
> 상술한 연석회의에서 국제협조와 및 기타 몇개 문제에 대하여 우리의 종래 주장이 관철되지 못한 것은 우리로서는 유감으로 생각하는 바이다.…

동족상잔에 빠지지 않을 것을 보장한다고 한 「남북조선제정당사회단체 공동성명서」의 규정은 앞에서 보았듯이 슈티코프의 직접 지시에 따른 것이었는데, 김구와 김규식이 그러한 내막을 몰랐던 것은 어쩔 수 없었다고 하더라도, 아마 자신들도 확신하지 못했을 「공동성명」의 문면을 자신들의 성명에 그대로 반복한 것은 무책임한 일이었다.

두 사람의 성명은 방북의 구체적인 성과를 다음과 같이 들었다.

> 우리는 행동으로서만 우리 민족은 단결할 수 있다는 것을 증명한 것이 아니라 사실로도 우리 민족끼리는 무슨 문제든지 협조할 수 있다는 것을 체험으로 증명하였다. 한 예를 들어 말하면 첫째 북조선 당국자가 남조선 미 당국자와의 분규로 인하여 남조선에 대하여 송전을 최단기간 내에 정지하겠다고 남조선 신문기자에게 언명한 바 있었고 둘째 연백(延白) 등 수개처의 저수지 개방문제도 원활히 하지 아니한 일이 있었지마는, 이번 우리의 협상을 통하여 그것이 다 잘 해결될 것이다. 앞으로 북조선 당국자는 단전도 하지 아니하며 저수지도 원활히 개방할 것을 쾌락하였다. 그리고 조만식 선생과 동반하여 남행하겠다는 우리의 요구에 대하여 북조선 당국자는 이번에 실행시킬 수는 없으나 미구에 그리 되도록 노력하겠다고 약속하였다.…[85]

그러나 김구와 김규식이 자랑스럽게 밝힌 북한 당국자의 세가지 약속이 구두선에 지나지 않았음이 드러나기까지는 긴 시일이 걸리지 않았다.

4

남조선과도정부 정무회의는 5월7일에 평양에서 발표된 「남북조선제정당사회단체 공동성명서」와 김구와 김규식의 공동성명을 싸잡아 반박하는 긴 성명을 발표했다.

정무회의의 성명은 남북협상에 참가한 남조선의 정객들은 "결국 공산주의적 세계제패정책을 강행하는 소련의 군문에 항복하였고 그 대변

---

85) 《朝鮮日報》 1948년5월7일자, 「統一基礎는 奠定」; 《京鄕新聞》 1948년5월7일자, 「斷電않기로 相約」.

인들인 북조선의 공산도배들과 야합하여 조선민족 완전독립에의 총선거를 근본적으로 파괴하려는 결론과 행동을 취하였다"라고 규탄하고, "정치적 야망에 불타는 남조선의 불평부득의 정객들"이 "북조선의 공산당이 그 순서 및 계획의 전부를 전제적(專制的)으로 결정한 정치회담에 달려가서 결정한 것"은 다음의 몇가지라고 신랄하게 비판했다.

(1) 3상결정을 조선 독립의 유일 헌장으로 재확인하였다. 조선 민족의 총의로서 사투하는 신탁통치를 지지하는 폭거에 나갔다. 반탁진영에 종사하던 정객들로서 자가당착의 죄과를 범함에는 그렇게도 양심이 무감인가.
(2) 유럽과 아시아에서 공산독재의 세계정책을 강행하는 소련을 구가하고 세계평화와 인류의 자유를 보호하려는 미국을 저주하였다.… 그러나 민중은 잘 알고 있다. 소련은 조선을 위성국가 내지 연방화하려는 야욕을 미소공동위원회에서의 태도 및 국제연합에서의 행동으로써 증명하였다.…
(3) 단선 단정이란 구실하에 가능지역의 총선을 반대하기로 결의하였다. 그러나 5월10일의 총선거를 단독선거라고 하는 자들은 국제연합 결정서 내용을 고의로 왜곡하거나 망각한 건망증에 걸린 자들의 괴변둔사이다. 이 총선거야말로 전 조선을 정통적으로 대표할 주권국가를 구성할 비상적 정치조치이다.
(4) 미소 양 점령군이 철퇴한 뒤 자율적으로 남북을 통일한 정부를 수립함에 합의를 보았다는 것이다. 언정이순[言正理順: 말과 사리가 바름]한 상식적 형식론이다.… 북조선에는 30만의 무장 공산군을 배경으로 한 공산독재제도가 설정되어 있으므로 양 점령군의 철퇴 직후 24시간 내에 전 조선에 적색정권을 수립할 자신이 만만한 까닭이다.
(5) 송전 및 수리(水利) 문제에 관한 원만 해결을 보았다고 그들은 과

시한다. 아무리 괴뢰정권의 대표자들이어든 남조선의 개개인들에게 공적 사항에 대하여 언질을 주었을까. 상식을 초월한 선전이거나 공산당원들은 참말과 거짓말을 임기응변하여 섞어 쓰는 기술을 가진 인간들이란 사실을 모르는 수작이다.

이러한 비판은 이 성명이 주로 김구를 겨냥한 것임을 말해준다. 그리고 그것은 미 군정부의 의중을 반영한 것이었음은 말할 나위도 없다. 성명서는 다음과 같이 끝맺었다.

> 상기의 남북회담 결정을 종합 비판하건대, 남조선의 정객들은 소련의 모략적 설계를 충실히 집행하는 남북조선의 공산당의 포로됨이 분명하다.… 진정한 지도자란 민족을 생(生)과 광명의 길로 지표(指標)할 수 있는 이론과 실천력을 가진 자를 칭함이다. 과거의 명성과 관록으로만 그 품위를 유지 못하는 것이다.
>
> 여러분 동포들! 정치적 탁류와 폭풍우에 헤매이며 시달리면서도 정치적 잡음에 여러분들의 총명과 판단이 흔들리지 말고 오로지 애국심에 발작되어서 5월10일에 닥쳐오는 국운을 좌우할 총선거에 총진군하기를 바라마지 않는다.[86)]

한편 이승만은 같은 날 총선거만이 국권을 회복하는 길이라고 다음과 같이 말했다.

"남북협상에 관하여서 이미 수차 말한 바 있으므로 이상 더 말하고 싶지 않고 또 그 필요성조차 느끼지 않거니와, 다만 남북협상을 주장하는 소위 정치요인들이 우리 정부를 수립하여 우리 국권을 회복하려는 금번 총선거를 단정단선(單政單選)이라 하여 민심을 선동시키고 있는데,

---

86) 《朝鮮日報》 1948년5월8일자, 「選擧推進할 센」; 《東亞日報》 1948년5월8일자, 「協商은 蘇軍門에 降服, 選擧만이 獨立의 길」.

그 의도가 나변에 있는지 이해키 곤란하다. 그러나 우매하지 않은 우리 애국동포는 이러한 모략과 선동에 동요되지 않을 것을 나는 확신하는 바이다.

총선거만이 우리의 국권을 회복하는 길인 것을 잘 인식하여 주기를 다시 강조하는 바이다."[87]

한국민주당도 이날 두 김의 귀경후의 공동성명서를 신랄하게 반박하면서 국민들의 투표참여를 당부했다.

87) 《東亞日報》 1948년5월8일자, 「欺瞞的協商에 動搖말고 總選으로 一路邁進」; 《朝鮮日報》 1948년5월8일자, 「反選意圖不知」.

98장

투표율 90% 넘은 제헌국회 선거

1. 남로당의 '2·7구국투쟁'
2. 유효투표율이 96.4%
3. 유엔한국임시위원단의 5·10선거 평가

1. 남로당의 '2·7구국투쟁'

1

독립정부 수립의 기반이 될 총선거일이 다가오자 일반국민의 관심은 총선거에 집중되었다. 좌익정파들과 남북협상파들의 공식적인 선거보이콧에도 불구하고 4월16일에 마감한 국회의원 입후보자 등록에는 정원 200명에 948명이 등록하여 4.7 대 1의 경쟁률을 보였다. 정당공천제는 없고 선거구 유권자 200명의 지지서명서만 받아서 선거구의 국회선거위원회에 제출하면 입후보자 자격이 부여되었다. 이승만의 의견에 따라 모두 개인자격으로 입후보한 대한독립촉성국민회 235명을 비롯하여 한국민주당 91명, 이청천(李靑天)의 대동청년단 87명, 이범석(李範奭)의 조선민족청년단 20명, 대한노동총연맹 10명 등으로 후보자를 낸 정당과 사회단체는 43개에 이르렀고, 절반가량인 417명이 무소속이었다. 무소속이 이처럼 많은 것은 한국독립당과 민족자주연맹, 그리고 중도좌파 등 소속 정당이나 단체의 공식적인 입장에도 불구하고 입후보한 인사들이 많기 때문이었다. 이러한 현상에 대해 독촉국민회는 다음과 같은 요지의 담화를 발표했다.

> 조선의 공산주의자는 소련의 위성 연방을 원하기 때문에 조선의 자주적 국권회복을 온갖 구실로 반대하는 것이므로 총선거를 방해하는 것이며, 소위 중간파라는 것은 공산주의자의 주구로서 민족진영을 교란하여 독립을 지연시키는 일을 담당한 분홍색 프락치이므로 총선거반대운동에 합류한 것이다. 그런데 그들의 감언이설과 간계에 너무도 순진한 일부 민족진영의 인사들이 기만 이용되고 있는 것은 유감스러운 일이라고 하겠으나, 민족의 정기에 의한 독립의 대운은 이미 결정적인 것이므로 조금도 염려할 바 없다. 그리고 과거 소위 중간

파로서 행세하던 자들이 선거에 출마하는 자 있다고 하나 현명한 민중은 그들의 정체와 야욕과 음계(陰計)를 간파하여야 할 것이다.[1]

이러한 인식에서 독촉국민회와 한민당 등 우익 민족진영 정파들의 후보단일화가 추진되기도 했으나 이렇다 할 성과는 없었다.[2]

5·10선거에서 시행된 선거법은 완벽한 평등보통선거를 제도화한 민주적인 선거법이었다. 그럼에도 불구하고 한국의 현실은 선거법의 이상과는 괴리가 있었다. 대표적인 것이 그 많은 입후보자 가운데 여성입후보자가 18명밖에 되지 않았다는 사실이다.[3] 여성입후보자와 관련하여 이승만은 4월22일에 다음과 같이 말했다.

"완전한 민주정부를 세우는 데는 전 민족의 반수가 되는 부녀 해방이 또한 필요한 것이다. 이번 총선거에 다수 부녀를 선거해서 남자와 대등을 만든다는 것은 지나친 말이므로 누구나 생각도 말아야 될 것이거니와 상당한 인망을 가지고 입후보한 구역에서는 동등한 대우를 표시해서 부녀의원을 국회에 참가케 하는 것이 건국에 도움이 많이 될 것이요 또 세인의 이목에 우리가 자랑할 수 있을 것이라고 생각한다."[4]

그러나 5·10선거에서 당선된 여성입후보자는 한 사람도 없었다. 제헌국회 2년 동안 여성의원은 1949년1월13일에 실시된 경북 안동군(을)의 보궐선거에서 당선된 임영신(任永信)뿐이었다.[5] 민주의원 대표로 미국에 파견되어 활동하던 임영신은 초대 상공부 장관을 지냈다. 이때의 보궐선거에서는 수도관구경찰청장과 초대 외무부 장관을 역임한 장택상(張澤相)과 임영신이 대결했는데, 임영신이 7,263표를 얻어 5,488표를 얻

---

1) 《東亞日報》 1948년4월8일자, 「中間派의 選擧出馬警戒」.

2) 《東亞日報》 1948년4월24일자, 「互讓없이는 民族陣營自滅」 및 25일자 「民族陣營立候補者 單一公選制實施」.

3) 大韓民國選擧史編纂委員會, 『大韓民國選擧史 第一輯』, 中央選擧管理委員會, 1973, p.615.

4) 《東亞日報》 1948년4월24일자, 「婦女出馬도 無妨」.

5) 大韓民國選擧史編纂委員會, 『歷代國會議員選擧狀況』, 中央選擧管理委員會, 1971, p.65.

은 장택상을 누르고 당선되었다.

경쟁률이 가장 높은 지역은 서울이었다. 정원 10명에 내로라하는 인물 83명이 출마하여 8.3 대 1의 높은 경쟁률을 보였다.

그런가 하면 전국적으로 무투표 당선자도 13명이나 있었다. 서울 동대문(갑)의 이승만을 비롯하여 경기도 광주군의 신익희(申翼熙), 가평군의 홍익표(洪翼杓), 전북 정읍군(갑)의 나용균(羅容均), 전남 광주시의 정광호(鄭光好), 영암군의 김준연(金俊淵), 영광군의 조영규(曺泳珪), 경북 영양군의 조헌영(趙憲泳), 영덕군의 오택렬(吳宅烈), 영천군(갑)의 정도영(鄭島榮), 영천군(을)의 이범교(李範敎), 김천군(을)의 이병관(李炳瓘)이 그들이었다.[6]

그것은 이 시기의 한국 정치풍토의 특성인 명망가 중심 정치의 한 현상이라고 할 수 있을 것이다. 명망가 중심 정치의 실상을 보여주는 또하나의 특성은 후보자들의 학력이 매우 높다는 사실이었다. 문맹률이 80% 가까운 상황[7]에서 입후보자 가운데 대학졸업자와 중퇴자, 전문학교 졸업자가 38%나 되었다.[8] 문맹의 유권자를 위하여 투표지에는 후보자의 이름 위에 숫자 대신에 작대기 기호가 표기되었다.

선거일이 다가오면서 남로당의 '구국투쟁'은 더욱 격렬해졌다. 남북제정당사회단체 지도자연석회의의 결의에 따라 결성된 남조선단선반대투쟁위원회의 활동이 시작된 데다가 남로당의 선전선행대의 무장투쟁이 더욱 강화되었기 때문이다.

이러한 남로당의 공세에 대비하여 경찰은 경계태세를 강화했다. 조병옥(趙炳玉) 경무부장은 5월3일에 경무부 안에 비상경비총사령부를 설치하고 각 관구 경찰청에도 비상사령부를 설치하여 경비에 만전을 기하도

6) 『歷代國會議員選擧狀況』, pp.17~23.

7) 해방 당시의 남한의 문맹률은 77.4%였다(문교부, 『문교행정개황』, 문교부조사계획과, 1947, p.45).

8) 『大韓民國選擧史 第一輯』, p.615.

록 지시했다.[9] 이에 따라 수도관구경찰청도 장택상을 총사령으로 하는 5·10비상경비총사령부를 설치하고 특별경비태세에 들어갔다.[10] 조병옥은 국민들이 안심하고 투표에 참가할 수 있도록 5월7일에 다시 투표 당일의 치안 대책을 설명하는 담화를 발표했다. 동리는 향보단의 자위력으로 방위하고, 동리와 투표소 사이의 길 위험 지점에는 경찰과 향보단이 합동으로 경호하고, 투표소 부근에는 경찰과 향보단의 혼성팀을 배치하여 방위하고, 경찰청의 기동경찰대는 소관 경찰 본서를 지키고, 각 경찰서의 신편 기동부대는 관할 지서를 유동 시찰하여 경비한다는 것이었다.[11]

또한 하지(John R. Hodge) 장군도 4월29일에 이어 5월8일에 또다시 전주한 미군에 특별경계령을 내려 5월10일의 선거에 대한 남로당의 공격에 대비하도록 명령했다. 특별경계령의 내용은 5월10일에 대부분의 미국인은 무기를 휴대하도록 하고, 순찰대는 총기로 무장해야 하며, 그 밖의 군대는 비상사태에 대비하는 것이었다. 그리고 미 군대를 지원하기 위하여 420명의 미국 민간인 직원들도 가두를 보행하고 투표장 부근을 순행하게 했다.[12]

이러한 조치와 아울러 군정장관 딘(William F. Dean)은 4월28일부의 「행정명령 제21호」로 선거기간의 치안유지를 위하여 5월9일과 10일 이틀 동안에는 어떠한 정당이나 사회단체 또는 청년단체도 시위 또는 행렬을 할 수 없고, 주류 판매를 할 수 없다고 발표했다.[13]

5·10선거를 파탄시키기 위한 남로당의 마지막 공세는 5월8일을 기하여 남한 전 지역에서 일제히 전개되었다. 부산에서는 5월8일 저녁에 시내 주위 산봉우리에 봉화가 오르고, 9일 밤에는 초장동 투표소에 다이너마이트를 던진 사건과 영도의 한 투표구 사무소에 괴한 2명이 침입하여 흉기로 선거위원장을 살해하려다가 도주한 사건이 발생했다. 또 10일 오전

---

9) 《朝鮮日報》 1948년5월4일자, 「非常事態에 萬全對備 警備總司令部를 設置」.
10) 《東亞日報》 1948년5월8일자, 「首都廳에 非常警備司令部도 設置」.
11) 《東亞日報》 1948년5월8일자, 「安心하고 投票하라 警察이 身邊保障」.
12) 《朝鮮日報》 1948년5월9일자, 「美軍特別警戒令」.
13) 《京鄕新聞》 1948년5월3일자, 「選擧期間中의 示威及酒類販賣規定」.

11시에는 중구의 한 투표소에 괴한 6명이 침입하여 위원 3명을 난타하고 선거인명부를 탈취했으나 3명은 체포되었다. 같은 날 영도의 한 투표소에는 권총을 든 청년 2명이 침입하여 선거위원장을 살해하려 했으나 부재중이어서 그냥 도주했다.

대구에서는 관공서를 비롯한 각 처에 "단선 단정 반대" 전단이 살포되고, 대구방직공장에 청년 30여명이 곤봉과 일본도를 들고 침입하여 노동자들에게 파업을 선동하다가 1명이 경찰에 사살되고 2명이 중상을 입었다. 그리고 민성일보사(民聲日報社) 공장이 괴한들의 수류탄에 파괴되었다.

전남 광주에서는 5월8일에 관내 각처의 전주가 절단되어 광주로부터 남원, 순천, 전주 등 몇곳에만 전화가 통하고 다른 곳은 일체 불통이 되었다. 또 망월(望月)터널 안의 궤도 파괴로 목포발 서울행 열차가 탈선했다.

목포에서는 9일 저녁에 괴한 6명이 부청 문서 창고에 침입하여 권총 2정으로 협박하여 선거관계서류와 투표용지를 빼앗아 불 질렀다.

무안군 현경면에서는 10일에 괴한들이 근무중인 경찰관의 무기를 탈취한 뒤 함평군으로 도망한 것을 함평, 무안 두 경찰서 서원과 목포기동부대가 포위 사격하여 폭도 4명이 즉사하고 20여명이 체포되었다.

대전에서는 9일 새벽에 대전역 구내에서 기관차와 기관차가 충돌하여 기관차가 전복하고 레일이 파손되었다. 이날 오전에는 대전과 두계 사이의 전선이 절단되고, 밤에는 보문산(寶文山)에 봉화가 올랐다. 10일 새벽에는 파암동 한 선거사무소에 괴한 10여명이 돌멩이를 던지고 사무소 땔나무에 불을 지르고 도주하여 투표가 1시간이나 늦게 시작되었다. 청양군에서는 9일 새벽에 3개소의 투표구사무소가 문서와 함께 전소했다.

강릉에서는 5월10일 새벽에 강릉경찰서 관내 3개 지서가 폭도들에게 습격당했는데, 폭도 1명이 사살되고 피해는 없었다.

인천에서는 9일 오전에 송현동의 한 투표소에 괴한이 수류탄을 던져 선거위원 2명이 부상했고, 10일 오후 6시 반쯤에는 송림동의 한 투표소에 괴한 20여명이 침입하여 투표함에 휘발유를 뿌려 불을 지르고 도주했다.

같은 날 새벽 3시쯤에는 부평에 있는 미군 디젤공장 차고가 전소했다.

개성에서는 9일 밤에 진봉산(進鳳山)에 봉화가 오르고, 10일 정오에는 10여명의 괴한들이 두세 사람씩 분산하여 투표소와 파출소 등에 수류탄을 던져 순경 1명이 즉사하고 1명이 부상했다. 범인 1명도 사살되었다. 체포된 폭도 가운데는 전직 경찰관도 섞여 있었다.[14]

그리하여 '2·7구국투쟁'이 시작된 2월7일부터 5월14일까지의 선거방해를 위한 남로당의 폭력 행동은 다음과 같았다.

종류		건수 또는 인명수	종류		건수 또는 인명수
선거사무소 피습		131	무기도난	소총	68(회수 58)
관공서 피습	피습후 격퇴	220		카빈	50(회수 19)
	방지	81		권총	2(회수 2)
경찰 피습		72		탄약	1619(회수 810)
인명피해	선거공무원	사망 15 부상 61	철도시설 파괴	기관차	71
	후보자	사망 2 부상 4		철도차량	11
	경찰관	사망 49 부상 128		궤도	65
	우익인사	사망 11 부상 47	통신시설 파괴	전화선 절단	541
	경찰관 가족	사망 7 부상 16		전신주	543
	일반인	사망 107 부상 387		통신수단 파괴	13
	폭도	사망 261 부상 123		전선 절단	15
방화	선거사무소	32	선거문서 도난		116
	선거시설	5	선거종사 공무원 위협		73
	경찰서	16	후보자 위협		24
	관공서	18	선거반대 파업		44
	주택	153	선거반대 맹휴		75
파괴	선거시설	41	선거반대 데모		241
	경찰서	12	전단 살포		275
	관공서	22	봉화		877
	주택	69			
	도로 및 교량	48			

출전: 박찬표, 『한국의 국가형성과 민주주의』, 후마니타스, 2007, p.393.

그러나 이러한 치열한 폭력행사에도 불구하고 남로당의 5·10선거 저지운동은 실패로 돌아갔다.

14) 國史編纂委員會 編, 『資料·大韓國史(7)』, 國史編纂委員會, 1974, pp.83~84.

2. 유효투표율이 96.4%

1

5·10선거로 수립되는 정부는 이승만이 집권할 것이라는 것은 누구나 예상할 수 있는 일이었다. 그런 점에서 5·10선거는 미 군정부와 이승만과 한민당 세력에 대한 신임투표에 가까운 것이었다.[15] 그러므로 유엔위원단이나 하지 장군뿐만 아니라 각 정파들의 관심사도 얼마나 많은 국민들이 투표에 참여하느냐 하는 것이었다. 이승만도 마찬가지였다. 투표율은 자료에 따라서 조금씩 차이는 있으나 90%가 넘었다. 유엔위원단의 보고서는 등록 유권자 783만7,504명의 95.2%에 해당하는 703만6,750명이 투표에 참가했는데, 이는 유권자 총수의 75%에 이른다고 기술했다.[16] 그것은 등록 유권자 784만871명의 95.5%에 해당하는 748만7,649명이 투표했다고 하는 국회선거위원회의 기록과 거의 일치한다.[17] 기권자는 5%도 되지 않았던 셈이다. 이러한 높은 투표율은 지역에 따라서 행정기관과 경찰 등에 의한 위압적인 권유가 없지 않았지만, 그보다는 미 군정부의 귀속농지 불하조치와 자유민주주의에 대한 대대적인 선전 활동에 의한 일반국민들의 독립정부 수립에 대한 높은 기대 때문이었다. 또한 처음 실시되는 보통선거임에도 불구하고 유효투표율이 96.4%에 이르렀다.[18]

이승만은 높은 투표율에 만족했다. 그는 5월12일에 총선거 결과에 대하여 다음과 같은 담화를 발표했다.

---

15) 전상인, 「이승만과 5·10총선거」, 『고개숙인 수정주의』, p.144.
16) 國際新聞社出版部 譯, 『UN朝鮮委員團報告書』, p.174.
17) 『大韓民國選擧史 第一輯』, pp.615~616.
18) 위의 책, p73.

후보자들이 각자 만들어 세운 5월10일의 제헌의원 총선거 포스터.

> 금번 총선거에 90% 이상의 호성적을 얻은 것은 우리 민족의 애국심을 세계에 다시 한번 표명한 것이다. 외국 신문기자들이 말하기를 한국 부인들의 투표가 50% 이상이나 된다 하니 한국의 자랑할 만한 일이라고 한다. 모든 동포가 건국정신으로 이와 같이 열정을 나타낸 것은 깊이 감사하여 마지않는다.

이승만은 무엇보다도 투표율이 높은 것을 모든 동포가 "건국정신으로" "열정을 나타낸 것"이라고 평가한 다음, 부녀자들의 투표율이 50%가 넘는 것을 가리켜 외국기자들이 "한국이 자랑할 만한 일"이라면서 감탄하더라는 이야기를 강조한 것이 흥미롭다. 이승만은 이어 낙선자와 당선자와 일반국민들이 각각 명심할 책무를 어린아이들 타이르듯이 강조했다.

> 금번에 낙선된 입후보자들은 자연 섭섭한 감이 없지 않을 것이다. 앞으로 더욱 노력해서 당선된 인물을 지지 후원함으로써 건국에 도웁게 할 것이고 다음에는 민중의 절대지지로 추천을 받아야 할 것이다. 그리고 당선된 입후보자들은 이것이 한두 사람이 임명한 것이 아

니요 민중의 공선인 만큼 과도한 영광으로 아는 동시에 직책이 중하다는 것을 다시 각오해서 국가 건설에 희생적 정신으로 공헌해야 할 것이다. 따라서 일반동포는 자기들이 세운 국회에서 무슨 문제가 결정되든지 절대 불가침의 국법이 될 것이니, 개인이나 단체의 이해와 손익을 초월해서 지지해야 할 것이고, 만일 자기 지방에서 선출한 대표가 민의를 위반하고 횡주[橫走: 함부로 날뛰며 다님]하는 행동으로 국권을 방해하는 일이 있을 때에는 소환해서라도 국가대계에 큰 공효를 얻도록 하여야만 우리가 다 같이 살길은 터질 것이다.[19]

하지 장군도 "애국적 자유애호 시민에 의한 압도적 투표"는 "만고 미증유의 민주주의의 승리"라고 높은 투표율을 찬양하는 성명을 발표했다. 하지는 "이러한 선량한 국민의 깊은 진실성과 이해성을 보고, 또 조선국가의 장래와 조선 국민의 통일에 대한 그들의 희망과 신념을 알고 감격했다"라고 말하고, "또 모든 남녀가 공산분자의 반동적 흉한 및 무뢰한의 무서운 협박과 폭행에도 불구하고 자진하여 용감하게 투표장으로 가는 것을 보고 감격했다"

서울 종로(을)구 제1투표소에서 첫번째로 투표하는 이승만.

---

19) 《京鄕新聞》 1948년5월13일자, 「愛國心을 世界에 誇示」.

면서 찬사를 아끼지 않았다.[20]

마셜(George C. Marshall) 미 국무장관도 5월12일의 정오 기자회견에서 "공산주의자 지배하의 소수자들에 의한 불법적인 선거 저지와 방해활동에도 불구하고 90%가 넘는 등록 유권자들이 투표했다는 것은 한국인들이 민주적 방법으로 그들 스스로의 정부를 구성하기로 결의했음을 보여주는 분명한 증거이다"라는 성명을 발표했다.[21]

2

폭동사태로 선거가 연기된 북제주군(갑)(을) 두 선거구를 제외한 전 선거구의 당선자 198명이 확정되었다. 국회선거위원회의 집계에 따르면 정당 및 사회단체별 당선자는 무소속이 85명으로서 가장 많고, 다음으로 대한독립촉성국민회가 55명, 한국민주당이 29명, 대동청년단이 12명, 조선민족청년단이 6명, 대한독립촉성 농민총연맹이 2명의 순이었고, 그밖에 대한노동총연맹 등 11개 단체가 각각 1명씩이었다. 후보자를 추천한 정당 단체 가운데 한 사람도 당선되지 못한 정당 단체가 31개나 있었다.

당선자 가운데 최다득표자는 서울 성동구에서 4만532표를 얻어 당선된 대동청년단 단장 이청천이었고, 최소득표자는 2,791표로 당선된 경기도 장단군의 무소속 후보 조중현(趙重顯)이었다.

당선자 가운데 최고령자는 74세의 이승만이었고 최연소자는 27세의 경북 봉화군의 대동청년단 후보 배중혁(裵重赫)이었다. 연령층으로 보면 20대 3명, 30대 41명, 40대 78명, 50대 58명, 60대 16명, 70대 4명으로서 40대가 가장 많았다.[22]

무소속 당선자가 많았던 데는 그럴만한 이유가 있었다. 가장 중요한

---

20) 《東亞日報》 1948년5월13일자, 「朝鮮의 自由選擧 民主主義의 勝利」.
21) Marshall to Jacobs, May 12, 1948, *FRUS 1948*, vol. Ⅵ., p.1195.
22) 『大韓民國選擧史 第一輯』, pp.618~619.

원인은 근대적 민주국가 운영의 기본 원리인 정당정치에 대한 일반국민들의 인식이 박약한 데다가 해방 이후의 폭발적인 정당 난립 현상에 대한 혐오감이 총선거에서도 정당을 기피하는 경향으로 나타났기 때문이었다. 그것은 명망가 중심주의 정치풍토의 또 하나의 특징이라고 할 만한 것이었다.

한국민주당 공천으로 출마한 91명 가운데 29명밖에 당선되지 못한 것은 큰 실패로 받아들여졌다. 전남 광산군에서 출마한 홍성하(洪性夏), 고흥군(을)에서 출마한 서민호(徐珉濠), 서울 성동구에서 출마한 백남훈(白南薰), 경기도 연백군(갑)에서 출마한 함상훈(咸尙薰), 충남 아산군에서 출마한 윤보선(尹潽善) 등 한민당의 중요 간부 여러 사람이 낙선함으로써 그러한 인상을 더 짙게 했다.

그렇지만 한민당이 실패한 것은 아니었다. 한민당 당원으로서 공천에서 탈락되거나 한민당이 인기가 없으므로 무소속으로 출마하는 것이 유리하다는 판단 아래 아예 무소속으로 출마하여 당선된 사람도 있었다. 또 한 선거구에서 한민당 당원끼리 겨룬 경우도 있었다. 《동아일보(東亞日報)》의 선거분석은 그러한 사정을 짐작하게 한다.

> 무소속이 최대 다수로 발표되었으나 순수한 무소속은 10명 내외에 불과하고 한독당과 중간 진영이 근 30명, 그 밖에는 한민당원 내지 한민당과 노선을 같이하는 의원들이다. 그리고 한민당은 공식 발표로는 불과 30명밖에 안되나 무소속으로 당선된 당원을 비롯하여 독촉국민회, 대동청년단, 민족청년단 등과 이중으로 소속된 당원을 전부 합하면 한민당 정당원은 현재 84명에 달한다고 하며, 한민계열에 포섭될 인사 및 노선을 같이할 인사까지 계산한다면 100명 이상으로서 한민계 세력은 국회의 절대다수를 점령할 것이라 한다.

이러한 설명은 한민당의 인식을 근거로 한 것이었음은 말할 나위도 없다. 이 기사는 또 독촉국민회의 내부사정을 다음과 같이 분석했다.

독촉국민회는 (공식)발표를 기준으로 하면 제1당이 되었으나 한민당과 이중의 적을 가진 수가 10명 이상에 달하고 나머지 부분도 순수한 독촉국민회와 한독당파로 분립되어 있다. 그리고 한독당은 선거전에는 반선거의 기치를 걸고 남북협상을 추진시켜 왔으나 이면에 있어서는 무소속을 표방하고, 또는 독촉국민회, 대동청년단에 침투하여 선거에 출마함으로써 남북협상과 선거 참가의 양면 작전을 하여왔는데, 남북협상이 완전히 좌절되고 김구씨가 정양차 마곡사(麻谷寺)로 떠나게 된 이때에 한독당계 의원이 끝까지 상부의 지시대로 행동할는지는 의문시되고, 한민당과 대립된 의미에서 독촉국민회 일부와 합류할 가능성이 많으며, 대동청년단도 이번 선거에 호성적을 거두어 앞으로 신정당으로 출발할 기운이 농후하다고 한다.…[23)]

또한 미 군정부의 정보보고서는 국회선거위원회의 평가를 근거로 하여, 공식적인 집계와는 별도로 한민당의 의석수를 76석으로 추산했다. 이 보고서는 독촉국민회는 61석으로서 한민당보다 적었고, 한독당이 17석, 대동청년단이 16석, 민족청년단이 10석으로 추산했다.[24)]

한편 5월19일의 기자회견에서 발표한 민정장관 안재홍(安在鴻)의 다음과 같은 담화는 국회의원 당선자들의 정파 분포상황이 얼마나 복잡했는지 짐작하게 한다.

선거 결과를 대체로 보면 무소속이 83명이고 독촉국민회가 65명, 한민당이 34~35명이고 그 밖에 대동청년단, 민족청년단이 피선되었

---

23) 《東亞日報》 1948년5월20일자, 「領導權掌握에 包攝工作活潑」.
24) G-2 Weekly Summary, no.141(1948.5.28.).

다. 근번 선출된 200명 의원이 정부를 수립할 자격이 있느냐 없느냐 하는 질문에 대해서는 비판할 수 없다. 그들은 다수 민중의 지지를 받고 피선된 인물들이다.

그런데 이미 당선된 사람은 인민이 무소속을 많이 선출한 것을 일당전제가 되어서는 안되겠다는 의사의 반영으로서, 특히 무소속으로 선출된 사람은 이 점에 유의하여 독자적이고 애국적인 견지에서 노력하여야 될 것이다.…[25]

3

한독당 관계자 가운데 총선거 거부라는 당론에도 불구하고 출마하여 당선된 것으로 확인되는 사람은 옹진군당 위원장과 감찰위원장을 역임한 경기도 옹진군(갑)의 오택관(吳澤寬) 목사를 비롯하여 안성군의 김영기(金英基), 경북 영일군(을)의 김익로(金益魯), 충남 홍성군의 손재학(孫在學), 전북 전주시의 신성균(申性均), 충북 괴산군의 연병호(延秉昊) 등 10명에 이른다. 오택관은 한독당 당적을 공식적으로 내걸고 입후보하여 당선되었고, 독촉국민회로 3명, 대동청년단으로 1명, 그리고 나머지 5명은 무소속으로 입후보하여 당선되었다. 한독당은 5월19일에 경교장에서 상임위원회를 열고 당원으로서 개인 자격으로 선거에 입후보하거나 당선된 자는 제명 처분하기로 결의했다.

김구가 마곡사행을 중지한 것은 이러한 당내 사정 때문이었다. 김구는 이날 마곡사행 소식을 듣고 찾아온 기자들에게 다음과 같이 소회를 피력했다.

"나는 장도에서 귀환한 뒤 연일 내방하는 인사들과의 응수로 인하여 피로를 느끼고 건강에까지 영향이 미치게 되므로 당분간 휴양이 필요하

---

25) 《서울신문》 1948년5월20일자, 「無所屬에 期待」.

다는 의사의 권고를 받았다. 원래 나와 인연이 깊은 공주 마곡사에서는 불탑(佛塔)의 중수가 끝난 후 여러번 나에게 내산을 종용해 왔으나 여러 가지 사정으로 수의(隨意)치 못하다가 이번 기회에 잠시 동안 휴양하기 위하여 마곡사행을 결의했을 뿐이요 그 외의 아무런 이유도 없다.

나는 조국이 독립이 되기 전에 23년 동안이나 휴양할만한 복을 타고 나지 못한 사람이다. 오늘 마곡사에 갔다가도 서울에 할 일이 있으면 내 일이라도 곧 돌아올 것이다."

항간에는 김구가 은퇴한다는 억측도 나돌고 있었다. 김구는 이러한 억측에 대해서도 언급했다.

"시국이 복잡다단한 이때인 만큼 구구한 억측을 하는 사람도 있는 모양이나, 신경과민 혹은 아전인수격의 억측에 불과하다. 우리는 지금 전 민족적으로 단결하야 조국의 독립 주권을 전취해야 될 혁명시기에 있는 것이요, 정권쟁취가 목표가 아니다. 모지(某紙)에 보도된 바와 같이 내가 정계에서 은퇴 운운이란 말은 나에게는 부당한 용어이다. 혁명은 약한 힘으로써 강한 힘을 물리치기 위한 투쟁이니만큼 그 진로에 난관이 허다하다. 그러나 혁명자는 언제나 인류사회의 정의와 철석같은 신념을 실현시키기 위하야 최후의 목적을 달성할 때까지 계속 투쟁할 뿐이므로 혁명자는 항상 낙관적 태도와 환경에서 생활할 뿐이다."

김구는 이처럼 혁명가론을 피력하면서 정계은퇴설을 강력하게 부인하고 나서, 자신은 남북통일 촉성사업을 계속할 것이라고 확언했다.

"남북협상의 결과로 민족통일의 길은 일보 전진한 것이다. 동족상잔의 유혈참극과 국토양단의 위기를 방지하고 자주와 민주의 원칙하에 남북통일을 촉성함으로써 조국완전독립을 쟁취하려는 나의 주장과 태도에는 추호의 변화도 없다."[26]

그러나 이때의 김구의 정계은퇴설과 관련하여 김구가 가장 신뢰하는

---

26) 《朝鮮日報》 1948년5월20일자, 「麻谷寺行의 所懷」; 《京鄕新聞》 1948년5월20일자, 「첫째 健康이다」.

측근의 한 사람이자 동지였던 박찬익(朴贊翊)의 전기는 다음과 같이 서술했다. 박찬익은 임시정부 요인들이 귀국할 때에 임시정부의 주화대표단장(駐華代表團長)으로 중국에 남았는데, 김구의 남북협상행이 알려지자 이를 만류하기 위하여 1948년4월18일에 남경(南京)에서 급히 귀국했다.

> 남북협상은 구체적인 해결책이 없는 미완으로 끝났음에도 백범은 계속적으로 자신의 의견을 고집했다. 이는 한독당의 내부 분열까지 일으키게 되었다. 당 중앙 상무위원회는 평양회담의 보고서를 받고 그에 대한 비판을 가했는데, 그 골자는 공산당에 배신당했다는 내용이었다.…
>
> 이후 한독당은 의견이 분분하여 매차 회의마다 내부적으로 투쟁이 심각하게 제기되었다. 그럼에도 불구하고 백범은 절대 자신의 뜻을 굽히지 않았다. 이때에 남파[南坡: 박찬익의 호]는 이러한 정치적인 혼란을 수습하기 위해서는 백범이 조금 물러서는 것이 어떨까 하는 생각을 했다. 더군다나 남파의 생각으로 공산당은 믿을 수가 없는데도 백범은 자꾸만 조국의 완전한 통일을 위해서는 관념이나 이념을 배제해야 한다고 하는 것이었다.…
>
> 남파는 백범을 찾아가 설득하고자 하였으나 병든 몸으로 인해 그 뜻을 실현하지 못한 채 고심하고 있었다. 그러던 차에 남파의 병세가 위중하다는 소식을 듣고 백범이 남파를 찾아왔다.…
>
> "백범 선생, 선생이 남북협상을 시도한 심정은 충분히 이해하고도 남음이 있습니다. 그러나 그러한 선생의 노력이 헛되고 불가능한 것이라는 건 이번 평양 방문으로 나보다도 선생이 잘 알게 되었을 것입니다. 중국의 국공협상에서도 볼 수 있듯이 본래 공산당들이란 자신의 뜻을 관철시키기 위해 제스처를 할 뿐 타협할 수 없는 인종들이오."
>
> 백범은 아무런 말 없이 그냥 듣고만 있었다. 이런 백범의 태도는 백범 자신이 지금까지 해 온 주장을 조금도 굽힐 의사가 없는 것으로

남파에게 비쳐졌기 때문에 남파는 더욱 안타까운 심정이 되었다.…

"백범 선생이 선불리 남북협상을 추진한 것은 실수라고 생각됩니다. 본래 협상의 의지조차 없는 것이 그들 공산당의 생리일진대, 국민들에게 공산당과 협상할 수 있다는 환상을 불러오고, 일부 용공적인 작자들이 목소리를 높일 수 있는 토대를 만들어 놓아 남북은커녕 이남에서조차도 단결이 아닌 분열의 조짐이 보이고 있지 않습니까. 이것은 백범 선생의 명백한 실수가 아니고 무엇이겠습니까?…

재삼 말하지만 공산당과의 협상이란 애초에 불가능한 일이었던 것입니다. 그리고 현재의 전망 역시 불투명한 것을 넘어 비관적임을 고려한다면 백범 선생이 해야 할 일은 국민 앞에 자신의 잘못을 밝히고 선생으로 인해 야기된 지금의 문제가 잠잠해질 동안 잠시 정계에서 은퇴를 함이 어떻습니까? 그런 뒤, 때를 보아 다시 복귀하여 민족 진영의 단결을 위해 힘써 보는 것이 좋을 텐데요.…"

남파의 얘기를 듣고만 있던 김구는 잠시 후 무겁게 입을 열었다.

"남파 동지, 동지의 뜻을 잘 알겠소. 동지의 의견이 그러하다면 우선 동지가 구체적인 안을 한번 마련해 보시오. 그리고 다시 검토를 해 보도록 합시다."

이러한 백범의 대답에 남파는 한시름 놓은 듯 즉석에서 백범의 「은퇴성명서」를 작성하기 시작하였다.

잠시 후, 성명서의 작성을 마친 남파는 한부를 백범에게 넘겨주고 부본(副本)은 자신이 보관하였다. 남파로부터 「은퇴성명서」를 넘겨받은 백범은 그것을 읽고 나더니 고개를 끄덕였다.

이러한 백범의 은퇴결심은 그의 측근들을 통해 항간에 흘러나왔고, "마곡사 은퇴설"이란 이름으로 떠돌았다. 그러나 백범의 결심은 일부 한독당 의원들의 강력한 반대에 부딪혀 중지되고 말았다.…[27]

---

27) 南坡朴贊翊傳記刊行委員會, 『南坡朴贊翊傳記』, 乙酉文化社, 1989, pp.322~323.

4

정원 10명에 83명이 입후보한 서울의 선거는 전국 선거의 표본이었다. 박순천(朴順天), 김활란(金活蘭), 황현숙(黃賢淑), 황애덕(黃愛德) 등 저명한 여성지도자들도 7명이나 입후보했으나 모두 낙선했다.

13명이 출마한 중구에서는 이승만의 비서장 윤치영(尹致暎: 2만8,496표)이 한민당으로 출마하여 차점자 박정근(朴定根: 8,594표)보다 3배가 넘는 득표로 압승했다. 널리 알려진 의사 백인제(白麟濟: 5,688표)는 3위에 머물렀다.

8명이 출마한 종로(갑)구에서는 김성수(金性洙)에게서 선거구를 양보받은 이윤영(李允榮: 2만497표)이 박순천(5,518표)을 크게 누르고 당선했다.

9명이 출마한 종로(을)구에서는 장면(張勉: 2만3,188표)이 차점자 최규설(崔圭卨: 5,499표)의 4배가 넘는 득표로 압승했다.

9명이 출마한 동대문(을)구에서는 한민당 소속의 의사 이영준(李榮俊: 1만4,695표)이 민주의원 장연송(張連松: 1만1,006표)을 근소한 표차로 이겼다.

3명이 겨룬 성동구에서는 이청천(4만1,532표)이 한민당의 중진 백남훈(1만1,108표)과의 맞대결 끝에 세배가 넘는 표차로 낙승했다.

6명이 출마한 서대문구에서는 한민당의 김도연(金度演: 3만1,181표)과 이화여대 총장 김활란(8,340표)이 함께 '박사'임을 내세워 대결했으나 김도연이 대승했다.

13명이 경쟁을 벌인 마포구에서는 한민당 발기인이었다가 무소속으로 출마한 김상돈(金相敦: 2만56표)이 독촉국민회의 행동대장 유진산(柳珍山: 1만497표)을 꺾었다.

12명이 출마한 용산구에서는 평양 출신의 한민당 중진 김동원(金東元: 1만9,183표)이 남송학(南松鶴: 1만3,466표)과 격전을 벌인 끝에 승리했다.

7명이 겨룬 영등포구에서는 대동청년단 영등포단장인 의사 윤재욱(尹在旭: 1만4,296표)이 차점자 조광섭(趙光燮: 1만1,887표)을 근소한 차로 눌렀다.

제헌국회의원 임기 2년 동안 국회의원의 도지사, 주미대사, 장차관 임명과 선거무효에 따라 여덟번의 보궐선거와 한번의 재선거가 실시되었다. 이승만의 대통령 취임에 따른 서울 동대문(갑)구 보선에서는 전남 광산군에서 낙선한 한민당의 홍성하가, 장면의 주미대사 임명으로 실시된 서울 종로(을)구 보선에서는 무소속으로 출마한 대검찰청장 이인(李仁)이, 이병국(李炳國)의 사망에 따른 충남 천안군 보선에서는 무소속의 김용화(金鏞化)가, 그리고 김용화의 선거 무효에 따른 재선거에서는 민주국민당의 이상돈(李相敦)이, 신현돈(申鉉燉)의 전북 도지사 임명에 따른 무주군 보선에서는 대동청년단의 김교중(金敎中)이, 이남규(李南圭)의 전남 도지사 임명에 따른 목포시 보선에서는 무소속의 강선명(姜善明)이, 정현모(鄭顯模)의 경북 도지사 임명에 따른 안동군(을)의 보선에서는 앞에서 본대로 임영신이, 문시환(文時煥)의 경남 도지사 임명에 따른 부산시(갑)구의 보선에서는 무소속의 허영호(許永鎬)가, 김효석(金孝錫)의 내무차관 임명에 따른 경남 합천군(을)의 보선에서는 무소속의 최창섭(崔昌燮)이 각각 당선되었다.[28)]

총선거가 끝나자마자 독촉국민회가 이승만을 최고 책임자로 하는 정당으로 재조직된다는 소문이 퍼졌다. 그러한 움직임은 독촉국민회 소속으로 출마했다가 낙선한 인사들과 독촉국민회 안에 당적이 없는 인사들을 중심으로 추진되는 것으로 알려졌다. 독촉국민회는 5월13일에 이러한 소문을 부인하는 담화를 발표하는 동시에 발표를 보류했던 독촉국민회의 부서를 공표했는데, 이승만과 김구가 여전히 총재와 부총재로 발표된 것이 눈길을 끌었다. 위원장에는 오세창(吳世昌), 부위원장에는 신익희,

---

28) 『歷代國會議員選擧狀況』, pp.64~65.

명제세(明濟世), 이윤영, 이청천, 박순천 다섯 사람이 선임되었다. 총무부장 이관운(李觀運), 재무부장 남송학, 선전부장 양우정(梁又正), 조직부장 진헌식(陳憲植) 등 13부 부장들도 같이 선임되었다.[29)]

5월17일에 부위원장 명제세가 다시 "신당조직에 국민회의 일부 간부가 가담했을는지는 모르나 국민회를 중심으로는 신당을 조직할 수 없다"라고 부인했으나 신당 조직설은 급속히 확산되었다. 그리하여 5월22일에 열린 독촉국민회 도지부장회의에서는 국민회의 성격에 대해서 특별위원회를 조직하여 논의한 다음 6월 하순쯤에 전국대표자대회를 열어 결정하기로 했다.

이승만은 5월15일에 기자들에게 정당을 조직할 계획이 없다고 밝혔음에도 불구하고[30)] 신당설이 계속 나돌자 5월22일에 신당 조직설을 정식으로 부인하는 단호한 담화를 발표했다.

> 이번 총선거의 대성공으로 세계의 칭찬을 받을 만치 되어서 지금 하루바삐 국회를 소집하고 정부를 수립하는 것이 전 민족의 유일한 희망이요 세계 우호국가의 기대하는 바이니 경향 각 단체나 개인을 막론하고 국권회복에만 동일한 목적을 삼을 것인데, 다소 정객의 사사 욕망으로 정당을 조직한다, 파벌을 부식한다는 등 모든 활약으로 낭설을 유포해서 민심을 현혹하여 정계를 소란케 하고 있으니, 이것은 모든 유지 애국남녀의 통분히 생각할 일이다.

이승만은 해방 뒤에 외국 신문지상에 한국에서는 400여 정당이 분쟁한다는 수치스러운 보도가 있었는데 그것을 분개하게 여길 줄 모르고 분쟁만 일삼다가 통일에 방해가 되었음을 상기시키고, 자신의 입장을 다

29) 《東亞日報》 1948년5월14일자, 「獨促國民會 新部署發表」.
30) 《朝鮮日報》 1948년5월16일자, 「政府樹立後南北協商」.

음과 같이 천명했다.

> 일반 애국남녀는 다시 경성[警醒: 타일러 깨닫게 함]해서 정당이나 파벌이나 지방열 등의 사상을 일체 포기하고 국회를 지지하는 유일한 정신으로 대동단결해서 국권회복과 정부수립에 공헌하여 주기 바란다. 정부수립 후에는 국법으로나 민론(民論)으로나 두세정당을 세워서 국권과 민권을 동일히 보호해야 할 것이나, 오늘 형편으로는 정당주의를 반대할지언정 새 정당을 더 만든다는 것은 결국 국가를 위하는 마음이 아니라는 것을 나는 증언한다.[31]

이승만의 이러한 단호한 반대로 신당 조직 움직임은 무르춤해졌다. 시급한 것은 정부수립이었다.

31) 《朝鮮日報》 1948년5월23일자, 「新黨時期尙早」; 《東亞日報》 1948년5월23일자, 「政黨組織은 政府樹立後」.

3. 유엔한국임시위원단의 5·10선거 평가

1

유엔한국임시위원단은 5월12일에 총선거의 임시 결과를 「공보」 59호로 발표했다. 그런데 그 내용은 5·10선거의 결과에 큰 의의를 느끼고 있는 한국인들이 보기에 여간 떨떠름한 것이 아니었다.

> 유엔위원단의 전 위원은 한국문제에 관한 관심에서 언제나 만장일치였지만 이번 선거를 찬양하는 데에는 위원들 사이에 어떠한 의견의 상이가 있다. 위원들 가운데는 이번 선거의 결과가 한국문제의 해결에 공헌하리라는 것을 의심하는 대표도 있으며, 그들이 설사 이러한 의심을 포회치 않는다 하더라도 그들은 남한의 선거를 전국적인 선거로 인정하기를 원치 않는다.

「공보」는 그러한 입장을 취하고 있는 위원들은 이번 선거를 "결정적으로 우익적인 선거"라고 부르고자 한다고 말하고, 그러나 유엔위원단의 다른 위원들은 위원단의 성과에 대하여 "완전히 만족하지는 않으나 이번 선거는 한국의 통일과 주권을 향한 일보 전진이 될 것이라고 생각하는 경향이 있다"라고 기술했다.

「공보」는 이번 선거 진행 중에 몇몇 위원은 선거법 위반과 위원단의 건의사항 위반 등을 지적했다면서 그 사례로 향보단과 청년단원이 투표소 안과 주변에 있는 것을 보았다고 했다. 위원단 가운데 어떤 사람은 몇개 투표소에서 비밀투표가 이행되지 못하고 있는 사실을 지적했다고도 했다. 「공보」는 결론으로 이렇게 기술했다.

> 그러나 대체로 보아 이번 선거는 원활히, 그리고 조직적으로, 또한

능률적으로 수행되었다. 투표 숫자가 두세시간 안에 고율에 이르렀다는 사실 자체가 이번 선거의 능률성을 나타내어 보이는 것이다.

그러나 이 능률성을 찬양하는 데에는 어느 정도의 신중한 유보가 필요함을 나는 명기하는 바이다. 여하튼 이번 감시 결과에 대한 최종적인 결론은 후일에 내릴 터이며, 총회에 대한 보고서에 포함시킬 것이다.…[32]

이「공보」는 임시의장을 맡고 있는 시리아 대표 무길(Yushin Mughir)이 각 지방에 파견되었던 위원들이 서울에 돌아오기도 전에 개인적으로 작성하여 발표한 것이었다. 한민당은 5월14일에 무길의 주장에 유감을 표명하고, 빨리 국회가 소집되어 정식 중앙정부가 조직될 것을 고대한다는 성명서를 발표했다.[33]

이보다 앞서 전남지방의 투표상황을 감시하기 위하여 파견되어 있던 오스트레일리아 대표 잭슨(S. H. Jackson)은 평양에서 남북협상이 진행중이던 4월24일에 광주에서 "정부를 수립하는 데에는 두가지 방법이 있다. 국회의원이 정부를 수립하느냐 남북협상을 추진시켜서 수립하느냐의 두가지 방법이다. 유엔은 남북협상의 좋은 소식을 하루속히 듣고자 한다"라고 말하여 물의를 일으키기도 했다.[34] 지방으로 파견되었던 유엔위원단 위원들은 5월12일 저녁 무렵까지 모두 귀경했다.

총선거 감시를 끝내고 상경한 유엔위원단이 가장 먼저 실행한 일은 남북협상에 참석했던 김구와 김규식과 여운홍(呂運弘)을 초청한 것이었다. 세 사람은 5월13일 오전 10시30분부터 오후 늦게까지 김구, 김규식, 여운홍 차례로 따로따로 덕수궁의 유엔위원단 회의실로 가서 유엔위원단과 회담했다.

---

32) 《東亞日報》 1948년5월14일자, 「選擧는 好成績」.
33) 《東亞日報》 1948년5월15일자, 「國會召集이 時急」.
34) 《朝鮮日報》 1948년4월28일자, 「"選擧와 協商"」.

유엔위원단은 한시간 반에 걸친 김구와의 대화 내용을 「공보」 60호로 다음과 같이 발표했다.

문. "조만식씨가 협상에 불참가한 이유는 무엇인가?"
답. "그분은 대표로 선정되지 않았기 때문에 남북협상에 참석하지 않았다."
문. "왜 조만식씨와 함께 오지 않았는가?"
답. "조만식씨에 관한 문제는 추후로 해결하겠다고 약속하였다."
문. "남북협상의 내용은 어떠한가?"
답. "공동성명서에 발표한 것과 같다."
문. "공동성명서의 내용과 같이 실행될 수 있는가?"
답. "남북정당사회단체의 각 대표들이 서명 날인하고 꼭 실행할 것을 약속하였으니 틀림없을 것이다."
문. "미소 양군이 철퇴한다면 진공기간의 치안유지 방법은 무엇인가?"
답. "공동성명에 표시한 바와 같이 남북 양쪽이 서로 침범하지 않고 각기 현상을 유지하며 전국정치회의를 소집하여 일체 문제를 토의해결할 것이다."
문. "북조선에서 인민공화국 헌법 초안이 통과하였다는데…?"
답. "그들의 말에 의하면 그것은 장래에 국회에서 헌법을 토의할 때에 제안하기 위한 초안이다. 북조선에서 즉시 실행하려는 것이 아니라고 한다."
문. "이번에 남조선 선거에서 선출된 대표들도 전국정치회의에 참가하게 될 것인가?"
답. "여하간 모든 문제의 최후 결정은 전국정치회의에서 할 것이다."[35]

35) 《朝鮮日報》 1948년5월15일자, 「全國政治會議를 召集」.

그것은 너무나 어리숭한 대답이었다. 하지만 김구로서는 그 이상 책임있는 대답을 할 수 없었다.

김규식과의 회담에서는 더 구체적인 대화가 오갔다. 회담 시간도 두 시간이나 걸렸다. 김규식은 유엔위원단과의 회담 내용을 꼼꼼하게 정리하여 이튿날 발표했다.

김규식의 말 가운데 눈길을 끄는 것은 "미군 철퇴 후에 북조선군이 남조선에 쳐오지 않을 것을 당신은 믿는가?"라는 중국 대표 유어만(劉馭萬)의 질문에 김규식이 다음과 같이 대답한 대목이다.

"사람의 일인 만큼 무엇이나 꼭 어떻다고 담보할 수는 없을 것이다. 그러나 내전이 발생되지 않는다는 언약이 김일성 장군으로부터 제안되었으며 우리가 정중히 서명한 만큼 나는 불신임하지 않는다. 물론 세상에는 믿지 못할 일이 많다. 많은 국제조약이 파괴되지 않았는가. 우선 통일조선정부를 수립하기 위하여 전국총선거를 감시하는 것이 당신네 유엔위원단의 사명이 아니었던가. 그러나 당신들은 자신이 유엔결의안을 준수하지 못하고 있지 않는가."[36)]

김일성이 제안하고 자신을 포함한 남쪽 참가자들이 "정중히 서명한 만큼" 북한군이 남침하지 않을 것이라고 확언한 것은 학자 정치인 김규식의 너무나 안이한 정국판단이 아닐 수 없다. 아니면 정국의 급진전에 실망한 김규식의 의식적인 어깃장이었는지 알 수 없다.

유엔위원단은 이튿날 오후에는 이승만과 김성수를 초청하여 의견을 청취했다. 이승만은 이날 오후 3시부터 한시간 반 동안 유엔위원단을 만났다. 이날의 회담에 대하여 이승만은 찾아온 기자들에게 다음과 같이 말했다. 이승만의 주장은 명료했다.

"남북요인회담에 대하여 나의 의견을 묻고자 하므로 나는 기왕에 누차 말한 것과 변동이 없다고 말했다. 남북통일을 해야 할 것이니 요인회

---

36) 《朝鮮日報》 1948년5월15일자, 「兩金씨 朝委會談」.

담이 중요하지 않느냐 하기에 나는 중한 것은 누가 모르리요마는 가능 여부가 문제이다. 묘두현령[猫頭懸鈴: 고양이 목에 방울 달기]이 옳은 계획이지마는 실행 못할 때에는 시간낭비에 불과한 것이라고 말했다. 남북통일은 남한 지도자들이 불긍[不肯: 승낙하지 않음]해서 못하는 것도 아니요, 북한 지도자들이 반대하는 것도 아니요, 미국이나 유엔이 다 요구하는 것이지마는 세력으로 막는 것이 있어서 다 막히고 마는 것이라고 하였다. 남북요인회담이 북한을 개방해서 자유로운 분위기에서 투표할 가능성이 있다면 혹 달리 생각할 여지도 있을지 모르지만 아직 그렇게까지는 발전하지 못하였으므로 기정 순서대로 중앙정부를 수립하고 그 뒤에 정부대표자들이 북한대표자들과 회담하면 그것은 남북회담이라고 할 수 있을 것이다.…"[37]

올리버(Robert T. Oliver)는 이날의 유엔위원단과의 회담에서 이승만이 남북회담에 나가는 남한 대표는 신정부를 대변하는 사람이라야 한다고 주장한 데 반해 김구와 김규식은 평양에서 열린 정치회담이 이미 국가통일의 기초를 닦아놓은 것이라고 주장하고 앞으로 더 이상의 회담은 필요하지 않다고 말했다고 썼다.[38]

이승만과 유엔위원단이 회담한 바로 그날인 5월14일에 북한 당국은 대남 송전을 중단하여 남한전역이 한때 암흑천지가 되었다.

선거참여 정파와 남북협상파 지도자들의 의견을 청취한 유엔위원단은 유엔총회에 제출할 보고서를 작성하기 위하여 5월16일부터 세차례에 나뉘어 상해로 출발했다. 위원단은 처음에는 일본 도쿄에 가서 작업을 하고 오려고 맥아더 사령부에 교섭했으나, 맥아더는 그 요청을 거절했다.

이승만의 집권은 이제 기정사실이 되고 있었다. 이화장은 찾아오는 내외국 인사들로 인성만성했다. 답지하는 축전 가운데는 미국 상하의원들

---

37) 《朝鮮日報》 1948년5월16일자, 「政府樹立後南北協商」; 《東亞日報》 1948년5월16일자, 「協商은 政府樹立後」.

38) Robert T. Oliver, *Syngman Rhee and American Involvement in Korea*, pp.169~170.

이 보낸 것도 있었다.[39]

이승만은 정부수립 준비를 서둘렀다. 그는 먼저 정당사회단체대표자회의를 열어 중앙정부수립추진위원회를 결성했다. 중앙정부수립추진위원회는 5월20일에 독촉국민회 회의실에서 중앙선거위원회를 열고 중앙정부 조직에 관하여 국회 안에서 행동통일을 추진하기로 결의하고 부서를 결정했다. 위원장에는 오세창, 부위원장에는 명제세와 백남훈, 그리고 총무부에 고희동(高羲東) 외 5명, 기획부에 이종현(李宗鉉) 외 5명, 선전부에 양우정 외 5명, 외교부에 이활(李活) 외 5명, 조사부에 유진산 외 5명이 선정되었다.[40]

이승만은 또 각 정당 사회단체로부터 다음과 같은 서약서를 받는 운동을 벌였다.

> 이번 국회는 민족 총역량을 집결하여 국가주권의 즉시 회복, 독립정부의 조속 조직, 민생경제의 긴급 시책 등에 그 사명이 있음에 비추어 본 위원회 구성원인 각 정당 각 단체 소속 의원은 국회에 있어서 이승만 박사 통제하에 행동을 통일할 것을 결의함.[41]

이러한 서약서 운동은 미국에서와 같은 서약의 격식을 중요시하는 이승만의 아이디어에 따른 것이었을 것이다. 이어 5월22일부터 사흘 동안 열린 독촉국민회의 각도지부장 회의에서는 미루어 왔던 중앙상무위원과 감찰위원을 결정했다. 중앙위원으로는 오세창, 명제세, 신익희, 이윤영, 장면, 김법린(金法麟), 이청천, 유진산, 남송학, 전진한(錢鎭漢), 백남훈, 이범석 등 70여명이 선정되고, 감찰위원으로는 강인택(姜仁澤), 김달

---

39) 《東亞日報》 1948년5월15일자, 「祝電李博士에 還至」.
40) 《朝鮮日報》 1948년5월22일자, 「政府樹立委部署」.
41) 《朝鮮日報》 1948년5월25일자, 「李博士統制下行動統一」.

호(金達鎬) 등 10여명이 선정되었다.[42)]

이승만은 역사적인 국회 개원을 앞두고 5월26일에 이화장에서 기자회견을 갖고 정부수립과 중요정책에 대한 자신의 의견을 밝혔다. 기자들의 질문에 대하여 이승만은 거침없이 대답했다. 그것은 이승만의 준비된 국정운영 구상이었다.

문. "국회의 상하양원제에 대한 귀견 여하?"

답. "상하양원제가 좋다는 설도 있으나, 이번 국회의 최대과제는 정부수립에 있으니 앞으로 정부가 수립된 후 소집되는 국회는 상하양원제로 되는 것도 좋으리라고 생각한다. 그러나 상원의원은 지역적으로 선출되느니보다 중의(衆議) 공론에 의한 인물본위로 해야 할 것이다."

문. "국회소집 후 정부수립은 언제쯤 될 것인가?"

답. "국회의원이 허심탄회로 일치 단결하여 모든 절차에 노력하면 빠를 것이고 과도입법의원과 같은 방식으로 하면 늦어질 것이다."

문. "정부수립 후 먼저 토지개혁과 국방군 조직에 착수할 것인가?"

답. "우선 민생문제 해결이 긴급하니 토지개혁과 국방군 조직은 그 다음에 할 문제라고 생각한다. 그리고 국방군 수효는 2만이 적당하다고 생각하며 수와 더불어 질적으로 우수해야 하겠는데, 지금으로로서는 단정해서 말할 수는 없다."

문. "외지 보도에 의하면 정부수립 후에도 정치, 경제, 군사에 긍하여 미국인 고문단을 설치한다는 설이 있는데 의견 여하?"

답. "지금 남한에는 성격이 다른 주둔미군사령부와 미 군정부의 두 종류가 있는데, 원래부터 나는 군정부 철회를 주장해 왔다. 그리고 미군대는 정부수립 되는 대로 국방군을 조직하고 서북군 침공의 우려

---

42) 《京鄕新聞》 1948년5월26일자, 「中委와 監察委員等任命」.

가 해소가 될 때까지는 남아 있을 것이며, 그 외의 경우에 따라서는 한국정부에 동정하고 도움이 되는 미국인 고문과 지지자는 초빙에 의해서 남아 있게 될 것이다."

문. "정부수립 후 남북통일의 방안은?"

답. "국제정세에 의해서 좌우될 문제이다."

문. "국련결의에 의하면 정부수립 후 90일 이내로 미군이 철퇴한다는데?"

답. "수개월 만에 철퇴한다는 말인데, 나는 군비에 요하는 무기와 자재만 있다면 60일 이내로 국방군 조직이 가능하다고 선언한 적이 있다. 아마 여기에 근거해서 하는 말인 것 같은데, 꼭 90일 이내로된다는 것은 아니다."

문. "앞으로 수립될 정부형태는 책임내각제로 될 것인가 혹은 대통령에게 광범한 권한을 부여하는 대통령제로 할 것인가?"

답. "국회에서 작성되는 헌법에 의해서 시정될 것이지만 나는 대통령이 행정책임자가 되는 그러한 제도를 채택하겠다."

마지막으로 앞으로 김구와 김규식과의 합작가능성을 묻는 기자들의 질문에 대해서도 이승만의 대답은 명쾌했다.

문. "김구, 김규식 양씨와 합작할 용의는 없는가?"

답. "나는 지금까지 양씨와의 합작에 노력해왔다. 그러나 쓰러진 부분을 어떤 방식으로든지 간에 먼저 세워놓고 다음에 쓰러진 다른 부분도 살려야 된다는 것이 본래부터의 나의 주장이며 세계가 다 옳다고 인정하는 바인데, 이것을 반대하는 사람과 어떻게 합작이 가능할 것인가. 지금이라도 양씨가 뜻을 고친다면 서로 노력할 수 있다. 한 사람은 부산으로 가고 한 사람은 인천으로 가는데 서로 악수하면서 갈 수는 없는 것이니 그러자면 한군데로 방향을 고쳐야만 되는 것이다."[43]

김규식은 말할 나위도 없고 김구도 정책을 바꾸어야 한다는 것이었다.

사흘 뒤인 5월29일에 열린 김구의 기자회견에서 기자들은 "세간에서는 3영수의 합작을 희망하는 모양인데, 이 문제에 관하여 이승만 박사가 기자단에게 답변한 내용에 대한 소감이 어떠냐"고 물었다. 이에 대해 김구는 다음과 같이 대답했다.

"그분의 대답과 같이 누구든지 피차에 나가는 방향을 고치기 전에는 당분간 합작은 불가능할 것이다."

그리고 남한 선거반대의 합법적 투쟁결과와 앞으로의 구체적 투쟁 방법을 묻는 질문에 대해서 김구는 다음과 같이 대답했다.

"여러분도 아는 바와 같이 광범한 인민대중에게 단선단정에 대한 반대 의식을 투철히 인식시키는 동시에 그 방식이 평화통일을 욕구하는 애국심의 반대투쟁에 대한 결심과 용기를 북돋아 주었다고 생각한다. 금후의 투쟁방법은 장차에 알려질 것이다."[44]

이승만과 김구의 관계는 불행히도 이제 이처럼 돌이킬 수 없을 만큼 파탄이 나 있었다.

국회 개원을 앞두고 남조선과도정부의 입법기관이었던 과도입법의원과 명의만 남아 있던 민주의원도 폐원되었다. 입법의원은 5월20일 오후에 입법의원 회의실에서 하지 장군과 딘 군정장관, 안재홍 민정장관 등이 참석한 가운데 폐원식을 거행했고,[45] 민주의원은 5월29일 오전에 창덕궁 비원에서 해산식을 거행했다. 이승만은 자신이 의장이었던 민주의원의 해산식에 참석하여 훈화를 했다.[46]

---

43) 《朝鮮日報》 1948년5월27일자, 「政府樹立後의 統一方略, 世界情勢에 順應」; 《京鄕新聞》 1948년5월27일자, 「兩金氏와의 合作意思는 當分間抛棄」.

44) 《朝鮮日報》 1948년5월30일자, 「是正없는 合作 當分間은 不可能視」.

45) 《朝鮮日報》 1948년5월21일자, 「立議昨日解散式」.

46) 《東亞日報》 1948년5월30일자, 「民主議院解散式」.

99장

내각책임제냐 대통령중심제냐

1. "오늘 열리는 국회는 기미년 국민대회의 계승"
2. 내각제와 대통령제의 '비빔밥 정부'
3. 세계에 유례가 없는 노동자이익균점권

1. “오늘 열리는 국회는 기미년 국민대회의 계승”

1

국민의 관심이 집중된 속에서 최초의 국회를 누가 소집할 것이며 회의진행의 근거를 무엇으로 할 것인가 등을 협의하기 위한 당선자 회의가 1948년5월22일에 독촉국민회 회의실에서 열렸다. 이 자리에는 서울에 있는 당선자 43명이 참석했다. 이승만의 사회로 진행된 이날의 회의에서 ‘국회소집을 위한 준비위원회’가 구성되고 신익희(申翼熙)가 위원장에 선출되었다. 회의는 국회소집 일자를 5월31일로 결정하고, 개원식 절차를 포함하여 국회법이 제정될 때까지의 국회운영에 관한 규칙의 입안을 준비위원회에 위임했다.[1)]

마침내 5월31일에는 국회개원 축하행진이 온 서울 시가를 누비는 가운데 오전 10시에 중앙청 국회의사당에서 198명의 당선자 전원이 참석하여 제헌국회가 개원되었다. 최고령자인 이승만이 임시의장을 맡아 회의를 진행했다.

의원들의 박수를 받으면서 의장석에 등단한 이승만은 회의를 진행하기에 앞서 다음과 같은 말로 회의장에 참석한 사람들을 어리둥절하게 했다.

“대한민국 독립민주국 제1차 회의를 여기서 열게 된 것을 우리가 하나님에게 감사해야 할 것입니다. 종교사상 무엇을 가지고 있든지 누구나 오늘을 당해 가지고 사람의 힘으로만 된 것이라고 우리가 자랑할 수 없을 것입니다. 그러므로 하나님에게 감사를 드리지 않을 수 없습니다. 나는 먼저 우리가 다 성심으로 일어서서 하나님에게 감사를 드릴 터인데, 이윤영(李允榮) 의원 나오셔서 간단한 말씀으로 하나님에게 기도를 올

1) 《東亞日報》 1948년5월25일자, 「國會準備委員會發足」; 《朝鮮日報》 1948년5월25일자, 「國會準委構成」.

1948년5월31일의 제헌국회 개원식. 이승만 국회의장이 식사를 하고 있다(가운데).

려주시기 바랍니다."

그것은 식순에도 없는 뜻밖의 행사였다. 그러나 의원들은 특별한 반응없이 모두 일어서서 머리를 숙였다.2)

이어 진행된 제1차 본회의에서는 국회법과 국회규칙이 제정될 때까지 사용될 「국회준칙에 관한 결의안」을 통과시키고, 의장단 선거에 들어가서 이승만을 188표라는 압도적 표수로 의장으로, 신익희와 한국민주당의 김동원(金東元) 두 의원을 부의장으로 선출했다.

오후 2시반부터 중앙청 광장에서 개최된 개원식에는 안재홍(安在鴻) 민정장관을 비롯한 과도정부 부처장, 유엔한국임시위원단, 하지(John R. Hodge) 사령관과 딘(William F. Dean) 군정장관 등 미 군정부의 고위 장성들, 각국 영사들, 국회선거위원, 각 사회단체 대표 등이 참석한 가운데 구왕궁 아악대의 반주로 진행되었다.

---

2) 國會事務處, 『制憲國會速記錄(1)』, 제1회 제1호(1948.5.31.), 大韓民國國會, 1987, p.1.

이날의 국회 개원식은 이승만의 대통령 취임식이나 다름없는 분위기였다. 새로 수립되는 정부의 대통령자리를 두고 그와 겨룰만한 사람은 이제 없었다. 조선여론협회가 6월23일에 서울시내 다섯곳에서 “초대 대통령은 누구를 원하오?”라는 설문으로 통행인 2,500명을 대상으로 실시한 여론조사의 결과는 다음과 같았다.[3)]

이승만(李承晩)	1,024표	40.9%
김 구(金 九)	568표	22.7%
서재필(徐載弼)	118표	4.7%
김규식(金奎植)	89표	3.5%
박헌영(朴憲永)	62표	2.4%
김일성(金日成)	33표	1.3%
허 헌(許 憲)	30표	1.2%
이청천(李靑天)	26표	1.04%
조봉암(曺奉岩)	18표	0.8%
신익희(申翼熙)	12표	0.5%
기 타	45표	1.8%
무 효	475표	19%

김일성보다 박헌영의 지지율이 더 높게 나타난 것이 눈길을 끈다.

이날 발표한 이승만의 식사는 ‘건국의 아버지’라는 의식에서 우러나는 비전의 천명이었다. 그는 먼저 앞으로 수립될 정부는 3·1운동의 결과로 서울에서 수립된 대한민국임시정부, 곧 자신을 집정관총재(執政官總裁)로 선출한 한성정부(漢城政府)의 법통을 계승하는 정부라고 강조했다.

3) 《朝鮮日報》 1948년6월25일자, 「初代大統領은?」.

"우리가 오늘 우리 민국 제1차 국회를 열기 위하야 모인 것입니다.… 나는 이 대회를 대표하여 오늘에 대한민주국이 다시 탄생된 것과 따라서 이 국회가 우리나라의 유일한 민족대표기관임을 세계 만방에 공포합니다.

이 민국은 기미년 3월1일에 우리 13도 대표들이 서울에 모여서 국민대회를 열고 대한독립민주국임을 세계에 공포하고 임시정부를 건설하야 민주주의의 기초를 세운 것입니다. 불행히 세계 대세에 인연해서 우리 혁명이 그때에 성공이 못되었으나, 우리 애국남녀가 해내 해외에서 그 정부를 지지하며 많은 생명을 바치고 혈전고투하야 이 정신만을 지켜온 것이니, 오늘 여기에서 열리는 국회는 즉 국민대회의 계승이요 이 국회에서 건설되는 정부는 즉 기미년에 서울에서 수립된 민국임시정부의 계승이니, 이날이 29년 만의 민국의 부활일임을 우리는 이에 공포하며, 민국 연호는 기미년에서 기산할 것이요, 이 국회는 전 민족을 대표한 국회이며, 이 국회에서 탄생되는 민국정부는 완전한 한국 전체를 대표한 중앙정부임을 이에 또한 공포하는 바입니다."

그는 먼저 앞으로 수립될 정부는 중앙정부로서의 기능을 수행할 수 있도록 이북동포의 대표를 위하여 국회에 자리를 "상당한 수효대로 비워 놓겠다"고 선언했다.

"우리 이북 5도 동포가 우리와 같이 공선으로 대표를 선거하야 우리와 이 자리에서 원만히 합석치 못한 것은 우리가 극히 통분히 여기는 바입니다. 그러나 이북에서 넘어온 450만 이재동포가 우리 선거에 참가하였고 피선된 대표도 여럿일 뿐 아니라 이 국회에 자리를 상당한 수효대로 비워 놓아 하루바삐 자유선거로 이북 대표가 와서 이 자리를 점령하고 우리와 함께 직책과 권리를 분담하야 완전무결한 국가를 회복하도록 준비하리니, 우리는 이북동포와 합심합력하야 미국과 유엔의 협조로 통일의 조속 성공을 재래하기를 결심할 것이며, 또다시 맹세하는 바는 우리 민족은 죽어도 같이 죽고 살아도 같이 살 것이요, 우리 강토는 일척일촌

(一尺一寸)이라도 남에게 양여하지 않을 작정입니다."

이승만은 제헌국회가 제정해야 할 헌법의 뼈대와 정부의 정책 기조를 다음과 같이 천명했다.

"이 국회의 최대한 목적은 이미 세계에 알려진 바와 같이 민주주의를 토대로 한 헌법을 제정하고, 그 헌법에 따라 정부를 수립하고, 국방군을 조직하야 안녕질서와 강토를 보장하며, 민생곤란을 구하기 위하야 확고한 경제정책을 수립할 것과, 토지개혁을 공평히 실시할 것과, 개인의 평등권을 법률로 제정하야 보호할 것과, 해외에 거류하는 동포의 생명과 권리를 국제상 교섭으로 보호할 것과, 교육을 향상하며 공업을 발전하며, 평등 호혜의 조건으로 해외 통상을 열 것과, 언론 출판 집회 종교 등 자유를 보장할 것과, 국제상 교의를 돈목(敦睦)히 하야 세계평화를 증진할 것과, 소련과 교제를 열어서 양국의 중대관계를 시정할 것과, 길이 열리는 대로 일본과 담판을 열어서 정치와 경제상 모든 문제를 타정[妥定: 온당하게 작정함]할 것 등이니, 우리 국회의원들의 책임이 중대하고 긴박합니다. 시일이 급박하니만치 우리는 사소한 조리와 무익한 이론으로 시간을 허송할 수 없는 형편이니, 중대문제만을 차서(次序)로 토의 결정하야 실행하기에만 주력할 것입니다."

이승만은 이어 남북협상에서도 중요의제였던 미군철수 문제에 대해서 명쾌하게 설명했다.

"우리 정부가 수립되는 날은 미 군정은 자연 폐지될 것이니, 미 군정당국은 이미 다 철폐하기를 준비하고 있는 터이며, 군정기관에서 서울과 각 도의 중요 책임을 가지고 우리를 도와서 시무한 미국 친우 중에 혹은 고문으로나 혹은 기술자로 필요한 인사들은 미 군정과 교섭해서 얼마 동안 협조하기를 요청할 수 있을 것이며, 미 주둔군은 우리 국방군이 준비될 때까지 머물러 있기를 우리가 바라는 터이나, 이 문제는 유엔에서 결정되는 바를 따라서 미국정부에서 행할 터이므로 미국과 유엔과 우리 정부 사이에 상당한 협의로 조건을 정해서 진행할 것입니다. 다만 우리의 주장하는 바는 주둔군의 연장으로 인연해서 우리 주권 사용에는 조금도 침손되는 일이 없을 것과 언제든지 우리가 그 주둔군의 철폐를 요구할 때에는 즉시 철폐할 것 등이니, 별 사단이 없을 것입니다.

미국은 어느 나라에 대해서든지 영토나 정치상 야심이 없는 것은 세계가 다 아는 바입니다. 오직 민주정권을 세워서 세계의 평화를 유지하고 국제상 통상과 우호로 공동 이익이 될 것을 주장할 뿐이니, 한국에 대해서도 기대하는 바는 오직 우리 민중의 호의뿐인 것이므로, 설령 국제정세에 연유해서 주둔군이 얼마 동안 있을지라도 언제든지 우리가 원치 아니할 때에는 곧 걷어갈 것이니, 우리는 이에 대해서 조금도 염려할 바가 없는 것입니다."

이승만은 공산당에 대한 설유와 경고도 빼놓지 않았다.

"공산당 한인들에게 우리가 마지막으로 한번 더 기회를 줄 것이니, 개과회심(改過回心)해서 전 민족이 주장하는 국권회복에 우리와 같이 합심합력하야 민족진영으로 동주병제[同舟並濟: 같은 배를 타고 함께 건넘]하는 결심을 충분히 표명하게 되면 우리는 전과를 잊어버리고 다 같이 선량한 동포로 대우할 것이요, 종시 회개치 못하고 국가를 남의 나라에 부속시키자는 주의로 살인, 방화, 파괴 등을 자행할진대 국법으로 준엄히 처단할 것이니, 지금부터는 타국의 간섭으로 용서나 석방한다는 것은 다 막힐 것을 확실히 깨달아서 자기도 살고 남도 살아서, 자유복리를 같이 누리도록 법강(法綱)에 복종해야 될 것이니, 우리나라에서 살려면 이렇지 않고서는 될 수 없을 것입니다."

끝으로 그는 일반국민을 향하여 민주정치에서는 "민중이 주권자이므로" 주권자가 가만히 있으면 나라는 다시 위태하게 된다면서 분투노력해야 하고 "한 사람도 직책없이 노는 사람이 없어야" 한다고 역설했다.[4)]

이승만의 식사 가운데서 미국 언론이 가장 민감하게 반응한 대목은

---

4) 《朝鮮日報》 1948년6월1일자, 「大韓民國臨政을 復活」; 《東亞日報》 1948년6월1일자, 「唯一한 民族代表機關 世界萬邦에 宣布」.

소련과의 외교관계 수립을 언명한 부분이었다.[5]

5·10총선거로 구성된 국회에서 수립될 정부는 3·1운동으로 수립된 임시정부의 법통을 계승한다는 이승만의 주장은 김구 그룹의 임시정부 정통성 계승 주장을 견제하기 위한 것이었다.

2

이승만은 무엇보다 헌법제정작업을 서둘렀다. 세상없어도 8월15일까지는 정부수립을 끝내야 했다. 그래야 9월에 열리는 유엔총회에서 정부 승인을 받을 수 있을 것이었다.

개원 이튿날의 제2차 본회의에서 헌법 및 정부조직법 기초위원 30명과 국회법 기초위원 15명을 선정하기 위한 전형위원 10명을 선출했다. 전형위원은 도별 호선 방식으로 10명이 선출되었고, 이들은 헌법 및 정부조

국회의장단과 헌법기초위원회 위원들. 앞줄 중앙이 이승만 의장, 왼쪽이 신익희 부의장, 오른쪽이 김동원 부의장, 그 옆이 서상일 기초위원장, 왼쪽 끝이 유진오 전문위원이다.

---

5) 《京鄕新聞》 1948년6월4일자, 「李博士의 國會式辭讚揚」.

직법 기초위원 30명을 다음과 같이 선정하여 6월2일의 제3차 본회의에 보고했다.

유성갑(柳聖甲, 고흥 을)	조헌영(趙憲泳, 영양)
김옥주(金沃周, 광양)	김익기(金翼基, 안동 갑)
김준연(金俊淵, 영암)	정도영(鄭島榮, 영천 갑)
오석주(吳錫柱, 고흥 갑)	김상덕(金尙德, 고령)
윤석구(尹錫龜, 군산)	이강우(李康雨, 진주)
신현돈(申鉉燉, 무주)	허 정(許 政, 부산 을)
백관수(白寬洙, 고창 을)	구중회(具中會, 창녕)
오용국(吳龍國, 남제주)	박해극(朴海克, 밀양 을)
최규옥(崔圭鈺, 춘천)	김효석(金孝錫, 합천 을)
김명인(金命仁, 울진)	김병회(金秉會, 진도)
이종린(李鍾麟, 서산 갑)	홍익표(洪翼杓, 가평)
이훈구(李勳求, 서천)	서성달(徐成達, 고양 갑)
유홍렬(柳鴻烈, 제천)	조봉암(曺奉岩, 인천 을)
연병호(延秉昊, 괴산)	이윤영(李允榮, 종로 갑)
서상일(徐相日, 대구 을)	이청천(李青天, 성동)[6]

이들의 소속 정당은 독촉국민회가 6~9명, 한민당이 5~7명, 그 밖의 군소정당이 2~4명, 그리고 무소속이 13~14명인 것으로 보도기관마다 다르게 분석했는데, 이러한 숫자는 국회 내 세력판도를 얼추 그대로 반영한 것이었다.[7] 이들 기초위원 30명 가운데는 전형위원이 8명(윤석구, 오용

6) 『制憲國會速記錄(1)』, 제1회 제3호(1948.6.2.), p.45.

7) 《朝鮮日報》 1948년6월4일자, 「兩起草委員決定」; 《서울신문》 1948년6월4일자, 「起草委員45名決定」; 金永上, 「憲法을 싸고도는 國會風景」, 《新天地》 1948년7월호, p.21. 金俊淵은 韓民黨 소속 헌법기초위원이 14명이었다고 했다(金俊淵, 『나의 길』, 弘宇出版社, 1966, p.26).

국, 이윤영, 유홍렬, 이종린, 서상일, 허정, 최규옥)이나 포함되어 있어서 논란이 되었으나 그대로 확정되었다.

국회가 헌법기초위원회 구성문제로 수선스러운 6월1일에 하지 장군이 국회의원 전원에게 개별적으로 편지를 보냈는데, 그 때문에 또 큰 소란이 벌어졌다. 하지는 5·10총선거의 의의를 강조하고 나서 "여러분이 정부조직을 토의 시작하려고 집회할 때에 가급적 속히 고려해야 할" 사항이라면서 두가지를 지적했다. 하나는 국회가 소집되면 곧 결의문을 통하여 국회에 북한 대표 100명의 의석을 공식으로 두어 북한에서 합법적으로 선출된 대표들을 기다리고 있다는 것을 표명하라는 것이었고, 또하나는 국회는 조속히 유엔한국임시위원단과 연락을 취할 연락위원을 임명하여 조선독립정부 수립의 편의를 도모할 사명을 가진 유엔위원단과 연락하라는 것이었다.

그런데 두번째 고려할 사항을 설명하는 문장 가운데 "국회로서 조선국민의 요구와 심리에 부적당한 형태의 정부를 비치한 그런 유의 헌법을 경솔히 채택함을 피할 것. 헌법은 국가의 기초라 가장 신중 주도히 고려할 것"이라는 대목이 있었다.[8] 서툰 번역 문장인 이 말은 뜻이 불분명한 채로 국회의원들로서는 여간 듣기 거북한 말이 아니었다.

6월2일의 본회의는 개회 벽두부터 하지의 편지가 공식 편지냐 사적 편지냐의 논란으로 시작하여 갑론을박을 벌였다. 이승만은 하지가 "대단히 지혜롭지 못한 일"을 해가지고 온갖 모략 선전을 하고 다니는 반대파들에게 악선전할 구실을 주었다고 핀잔했다.[9] 하지의 편지는 사적인 것이었다는 미 군정부의 해명이 전해진 다음에야 논란은 마무리되었다.

이승만과 하지 사이의 격심한 알력은 총선거가 끝나자마자 미국정부로 하여금 서둘러 하지의 경질 문제를 검토하게 했다. 미국정부가 하지의

---

8) 《朝鮮日報》 1948년6월2일자, 「하中將 國會當面課業에 公函」; 《東亞日報》 1948년6월2일자, 「制憲採擇에 愼重要望」.

9) 『制憲國會速記錄(1)』, 제1회 제3호(1948.6.2.), pp.28~31.

경질을 얼마나 긴급하고 심각한 문제로 생각했는가는 합동참모부가 맥아더 장군에게 하지의 소환문제를 통보한 전문과 관련하여 국무부 극동국장 버터워스(Walton Butterworth)가 마셜(George C. Marshall) 국무장관과 러베트(Robert A. Lovett) 차관에게 제출한 다음과 같은 비망록으로도 짐작할 수 있다.

> 극동국의 우리는 그동안 하지 장군과 이승만 박사 사이에 격심한 개인적 적개심이 존재한다는 것을 느껴왔고, 그 사실과 함께 이 박사는 남한에서 새 정부의 명의상의 수장이거나 아니면 가장 강력한 실권자로 등장할 것으로 예상된다는 사실을 감안하여, 두 사람의 관계가 그 정부로의 권력이양을 위한 성공적인 협상을 위태롭게 만들기 전에 하지 장군의 교체가 절실히 바람직하다고 생각해 왔다. 이 조치의 시기에 대해서는 우리는 하지 장군이 선거가 끝날 때까지 한국에 남아 있어야 하나, 그의 교체는 그것이 이 박사를 무마하기 위한 조치라는 인상을 주지 않기 위해서는 그가 정부 고위직에 취임하기 전에 취해져야 한다는 견해를 가지고 있었다. 따라서 최근에 선출된 국회가 ── 이 국회가 이 박사를 고위직에 선출할 것이므로 ── 개원되기 두주일쯤 전에 하지를 이동시키는 것이 바람직하다.[10)]

헌법기초위원회는 6월3일 오후에 국회의사당에서 제1차 회의를 열고 위원장에 한민당의 서상일 의원, 부위원장에 독촉국민회의 이윤영 의원을 선출하고, 위원회의 전문위원으로 유진오(兪鎭午) 고려대학교 교수, 고병국(高秉國) 변호사, 노진설(盧鎭卨) 대법관, 권승렬(權承烈) 미군정청 사법부 차장, 임문환(任文桓) 미 군정청 중앙경제위원, 한근조(韓根祖) 변호사, 노용호(盧龍鎬) 국회사무차장, 차윤홍(車潤弘) 국회

10) Butterworth to Marshall and Lovett, May 11, 1948, *FRUS 1948*, vol.Ⅵ., p.1193.

사무국장, 윤길중(尹吉重), 김용근(金龍根) 10명을 임명했다. 이들 전문위원들은 신익회의 후원 아래 비공식적으로 헌법안기초작업을 해온 행정연구위원회 멤버들과 한민당과 가까운 인사들이 거의 절반씩 포함된 셈이었다.[11]

6월3일의 국회는 헌법기초위원회로 하여금 6월8일까지 헌법안을 기초하여 본회의에 제출하게 하고 휴회했다.[12] 국회가 구성되기 전에 이미 유진오에 의하여 헌법 초안이 작성되어 있다는 사실이 알려져 있기는 했지만 1주일 안에 신생 독립국의 헌법안을 준비한다는 것은 아무리 정치일정이 급박하더라도 무리한 주문이었다. 그럼에도 불구하고 이승만은 "필리핀 같은 나라는 이틀 동안에 헌법을 정했다고 세계 사람들은 칭찬합니다"하고 서두를 것을 독려했다.[13]

11) 이영록, 「제헌국회의 헌법 및 정부조직법기초위원회에 관한 사실 연구」, 《法史學研究》 25호, 민속원, 2002, p.87.

12) 『制憲國會速記錄(1)』, 제1회 제3호(1948.6.3.), p.64.

13) 『制憲國會速記錄(1)』, 제1회 제3호(1948.6.2.), p.29.

2. 내각제와 대통령제의 '비빔밥 정부'

1

헌법기초위원회는 6월4일 오후부터 중앙청 회의실에서 본격적인 작업에 들어갔다. 국회 개원일의 제1차 회의에서 채택한 「국회임시준칙」에는 헌법 및 정부조직법 기초위원회에는 기초위원 30명, 전문위원 10명과 함께 녹사[錄事: 서기] 3명을 둔다고 규정되어 있는 것으로 보아,[14] 기초위원회는 당연히 회의록을 작성했을 것인데도 회의록을 작성했는지조차 현재로서는 확인할 길이 없다. 게다가 기초위원회 회의는 비공개로 진행되었기 때문에 신문기자들도 간접 취재에 의존할 수밖에 없었고, 따라서 신문보도도 부정확했다.

기초위원회가 심의할 헌법안은 실은 이미 준비되어 있었다. 그것이 행정연구위원회 멤버들과 유진오가 한달 동안 합동으로 작성한 이른바 '유진오안'이었다.[15] 그리하여 '유진오안'은 도하 신문에도 전문이 소개되었다.

그러나 이 '유진오안'은 헌법기초위원회 제1차 회의에 제출할 정식 초안으로 결정하기 위하여 별실에서 열린 전문위원들의 회의에서 제동이 걸렸다. 권승렬이 따로 헌법 초안을 작성해 가지고 와서 이의를 제기했기 때문이다. 권승렬은 '유진오안'과 자기가 만들어 가지고 온 헌법초안(이른바 '권승렬안')을 놓고 제1조부터 심의해서 통일된 하나의 전문위원회안을 작성해야 한다고 주장했다. 유진오의 회고에 따르면 '권승렬안'이라는 것은 실은 남조선과도정부 법전편찬위원회 헌법기초분과위원회안이요 헌법기초분과위원회의 최초 초안은 유진오 자신이 작성하

---

14) 『制憲國會速記錄(1)』, 제1회 제3호(1948.5.31.), p.3.
15) '俞鎭午案'의 작성 경위에 대해서는 俞鎭午, 『憲法起草回顧錄』, 一潮閣, 1980, pp.17~44 참조.

여 제출한 것으로서, 권승렬이 내어 놓은 것은 자신의 최초 초안의 문구를 약간 변경하고 조문을 몇조 추가하기는 했어도 헌법의 기본정신이나 권력구조나 심지어 문체와 용어까지도 대동소이했다.[16] 그런데 권승렬은 뒷날 법전편찬위원회에 제출한 유진오의 초안을 본 일이 없다고 회고했다.[17]

헌법기초위원들이 중앙청 회의실에서 대기하고 있는 상황에서 전문위원들끼리 티격태격하고 있을 수만은 없었다. 그리하여 이내 타협이 이루어졌다. 두가지 안을 헌법기초위원회에 제출하여 어느 안을 심의의 기초로 채택하든 뜻대로 하게 하자는 데 의견이 일치했다. 기초위원회는 두 사람으로부터 두 안의 설명을 들은 뒤 13 대 11의 표결로 '유진오안'을 원안으로 하고 '권승렬안'을 참고안으로 하여 심의를 진행하기로 결의했다.[18]

헌법기초위원회는 특별한 토론없이 진행되었으나 기초위원회의 헌법안을 본회의에 제출하기로 예정된 6월8일 아침까지는 유진오안의 제7조까지밖에 축조심의를 끝내지 못했다. 그리하여 서상일 위원장이 위원회 중간보고를 통하여 헌법안 상정일을 6월18일로 연기할 것과 그때까지는 본회의를 오전에만 열 것을 요청하여 동의를 얻었다.[19]

6월7일의 축조심의에서 가장 격렬한 논란이 벌어진 것은 국호 문제였다. 독촉국민회 의원들은 대한민국으로 할 것을 지지했고, 특히 이청천 의원은 "국회 개회식 때에 의장 식사에 '우리는 3·1운동에 의하여 수립된 대한임시정부를 계승한다'고 하였다. 이에 여러분은 박수로서 응하고 나서 이제 와서 고려니 조선이니 함은 조변석개도 분수가 있는 것이다"라고 큰소리로 외쳤다. 국호를 대한민국으로 해야 한다는 주장의 이

16) 위의 책, pp.48~49.
17) 李鍾求, 「大韓民國憲法이 制定되기까지」, 《新東亞》 1965년8월호, p.297.
18) 俞鎭午, 앞의 책, pp.49~50; 金永上, 앞의 글, p.22.
19) 『制憲國會速記錄(1)』, 제1회 제5호(1948.6.8.), pp.67~74.

유로 일본으로부터 배상을 받아내려면 과거의 대한국이라는 국호라야 청구할 수 있다고 주장하는 기초위원도 있었다.[20] 그러나 한민당 의원들은 고려공화국을 고집했다. 그리하여 무기명 투표 결과 대한민국 17표, 고려공화국 7표, 조선공화국 2표, 한국 1표로 대한민국으로 결정되었다.[21]

헌법제정 과정에서 일반국민들의 가장 큰 관심사는 권력구조 문제였다. 구체적으로는 이승만이 미국식 대통령중심제 정부의 대통령이 될 것인가, 아니면 영국이나 일본과 같은 내각책임제 정부의 대통령이 될 것인가 하는 것이었다. 이승만은 대통령중심제가 이상적인 민주국가의 정치제도라고 생각했고, 또 자신이 그러한 제도에 의한 대한민국의 초대대통령이 되기 바랐다.[22] 그리하여 그는 국회개원 전인 5월26일의 기자회견에서도 내각책임제와 대통령중심제 가운데 어느 것을 택하겠느냐는 기자들의 질문에 "국회에서 작성되는 헌법에 의해서 규정될 것이나 나는 대통령이 행정책임자가 되는 3권분립 제도가 좋을 것이라고 생각한다"라고 자신의 희망을 조심스럽게 피력했다.[23]

그러나 이승만과 함께 신생 대한민국을 운영해 나갈 것으로 자타가 예상하는 한민당의 당론은 내각책임제였다. 그런데 이른바 헌법제정권력이라고 할 수 있는 이 두 세력 사이에 어떤 권력구조의 헌법을 만들 것이냐에 대하여 사전 협의가 없었다는 것은 참으로 어처구니없는 일이었다. 그것은 서로 상대방의 선의를 너무 믿었거나 상대방의 영향력을 너무 과소평가했기 때문이었을 것이지만, 결국 그것은 한국헌정사의 비극의 기원이 되었다.

---

20) 《朝鮮日報》 1948년6월10일자, 「憲法起草進行」.

21) 《朝鮮日報》 1948년6월9일자, 「國號는 大韓民國」; 金永上, 앞의 글, p.24.

22) 李承晩의 憲法思想에 관해서는 柳永益, 「李承晩國會議長과 大韓民國憲法制定」, 《歷史學報》 189輯, 歷史學會, 2006, pp.106~117 참조.

23) 《京鄕新聞》 1948년5월27일자, 「政府樹立後에 오는 諸問題로 李博士談」; Robert T. Oliver, *Syngman Rhee and American Involvement in Korea*, p.170.

이승만은 6월7일에 국회의장으로 취임한 뒤 처음으로 기자회견을 가졌는데, 기자들의 첫 질문도 “지금 헌법기초위원회가 헌법을 축조심의중에 있는데 대체로 내각책임제를 찬성하는 것같이 들리는데 견해가 어떠냐?”는 것이었다. 이승만은 그 자리에서 자기의 소신을 더욱 분명히 밝혔다.

“지금 영국이나 일본에서 하고 있는 제도가 내각책임제라 할 것인데, 영국이나 일본은 군주정체로 뿌리가 깊이 박힌 나라일 뿐만 아니라 갑자기 왕 제도를 없앨 수 없는 관계로 그러한 군주국제도를 사용하고 있으나, 우리나라에서는 그러한 제도와 관념은 이미 없어지고 30여년 전에 민주제도를 수립할 것을 세계에 공포한 이상 우리는 민주정체로써 민주정치를 실현하여야 할 것이다. 대통령을 군주같이 앉혀 놓고 수상이 모든 일에 책임을 진다는 것은 비민주제도일 것이다. 이와 같이 하면 히틀러(Adolf Hitler), 무솔리니(B. A. A. Mussolini), 스탈린(Iosif V. Stalin) 같은 독재정치가 될 우려가 있으므로 나는 찬성하지 않는 것이다. 민중이 대통령을 선출한 이상 모든 일은 잘하든지 못하든지 대통령이 책임을 지고 일을 해 나가야 하지 그렇지 않다면 사리에 맞지 않는 일이라고 아니할 수 없다. 그러나 국회에서 국무총리를 두는 내각책임제 헌법이 통과된다면 나도 이에 추종하게 될 것이다.”

기자들은 이어 대통령선거는 국회에서 하게 되는지 인민투표로 할 것인지 물었다. 이에 대해 이승만은 “지금 다시 인민으로부터 선거하기가 곤란한 만큼 국회에서 선출하자는 설이 유력하다”라고 대답했다.[24)]

그리고 국회에서 내각책임제 헌법이 통과되면 자신도 추종할 것이라는 이승만의 말은 속내와는 전혀 다른 말이었다. 그런데도 만일 한민당이 그 말을 곧이곧대로 믿었다면 그것은 큰 오산이었다.

---

24) 《朝鮮日報》 1948년6월8일자, 「責任內閣制不可, 大統領은 國會가 選出」; 《東亞日報》 1948년 6월8일자, 「內閣制는 贊成 못하나 國會서 通過되면 追從」.

2

헌법기초위원회는 6월10일부터 권력구조에 관한 조문을 심의했다. 제3장 국회장 심의에서 우선 국회를 단원제(單院制)로 할 것인가 양원제(兩院制)로 할 것인가의 문제로 장시간 토론이 벌어졌다. 원안이나 참고안이나 다 양원제로 되어 있었다. 일부 무소속 의원들은 양원제를 주장했으나 조헌영, 허정 등 한민당 의원들과 서성달, 정도영 등 독촉국민회 의원들은 단원제를 주장하여 표결 결과 12 대 10의 근소한 표차로 단원제로 귀착되었다.[25]

회의는 계속하여 제4장 정부장의 심의에 들어가서 대통령 선거방법으로 국민의 직접 선거를 통하여 선출할 것인가 국회에서 선출할 것인가를 두고 논쟁이 벌어져서 결론에 이르지 못했다.

대통령 선거방법은 권력구조와 직결되는 문제이다. 그리하여 일부 신문에서는 대통령중심제가 우세를 점하고 있다고 보도되기도 하고, 그럴 경우 유진오를 비롯한 전문위원들은 전원이 사임할 분위기라는 보도도 있었다.[26]

이튿날 회의에서도 대통령 선거방법에 대해 상당한 논쟁이 계속된 끝에 표결한 결과 18 대 9로 국회에서 선출하기로 의결했다. 그러고는 이어 원안 제57조의 대통령 선서에 대한 조항만 보류하고 제56조에서 제76조까지의 심의를 서둘러 끝냄으로써, 대통령의 임기를 6년에서 5년으로 단축하고 '내각'이라는 명칭을 '국무원'으로 바꾸는 등의 수정을 가하여, 간단히 내각책임제정부안을 확정했다.[27]

이 무렵에 이승만이 올리버에게 보낸 편지는 제헌헌법의 권력구조에

---

25) 《東亞日報》 1948년6월12일자, 「一院制를 採擇」; 《朝鮮日報》 1948년6월12일자, 「憲法은 어데로」.

26) 《東亞日報》 1948년6월12일자, 「大統領選任方法에 論爭」.

27) 《東亞日報》 1948년6월13일자, 「大統領國會서 選出, 政府는 責任內閣制」; 《朝鮮日報》 1948년6월13일자, 「責任內閣制採擇」.

관한 그의 구상이 잘 표명되어 있어서 눈여겨볼 만하다.

> 201명의 국회의원들은 특별고문[전문위원]을 맡은 12명의 저명한 법률가들과 함께 다음 월요일에는 헌법안을 본회의에 제출하기 위하여 준비가 끝나가고 있습니다. 그러나 내가 헌법안을 확정하기 전에 되도록 많은 국회의원들이 먼저 헌법의 중요 골자에 대하여 일반적인 합의를 이루게 하라고 말했기 때문에 하루 이틀 늦어질지도 모릅니다.

201명과 12명이라는 숫자는 이승만의 착오였다. 이 편지는 국회회의가 열리고 있는 시간에 이승만이 의장실에서 급히 쓴 것이었다.

> 지금까지는 단원제를 원칙으로 하여, 대통령과 부통령은 그곳에서 선출하게 되어 있습니다. 나의 단원제 제안은 정부를 수립하고 나서 상원을 설치하도록 하는 조항을 추가해야 한다는 것이었습니다. 그러나 그것을 반대하는 법률고문들의 의견이 승리했습니다. 왜냐하면 그 조항이 삽입되면 반대파들이 단원제 국회에서 수립된 정부의 효력 문제를 제기할 것이기 때문이라는 것입니다. 나는 그 충고를 받아들였습니다.
>
> 대통령은 내각 위의 초연한 자리에 머물러 있으면서 행정부의 수반인 국무총리를 임명하고 책임을 지게 한다는 구상을 제외하고는 헌법의 주요 원칙에 대하여 의견의 분열이 없습니다. 국무총리는 국회의 불신임 결의가 있으면 물러나야 할 것입니다. 대통령에게는 국회 해산권이 있습니다. 나는 그것은 정부의 안정을 어렵게 할 것이므로 찬성할 수 없다고 말했습니다. 정부는 적어도 대통령 임기 동안은 안정을 유지할 수 있어야 하고, 국회는 그것을 변경할 권리를 가져서는 안되지요.

다른 문제점은 대통령의 국회해산권입니다. 입법부가 교착 상태에 빠지는 경우 도움이 될는지 모르지만, 대통령이 그렇게 많은 권한을 행사할 필요가 없을 것이라고 말했습니다.

우리가 명심해야 될 가장 중요한 일은 국회가 그 헌법안을 신중하게 검토해서 그것이 본회의에 제출되었을 때에는 중요골자에 의견 충돌이 없어야 하는 것입니다. 지금까지는 대부분의 의원들이, 좌익 인사들을 포함하여, 우리와 일을 잘 진행하고 있습니다.[28)]

이 편지에서도 이승만이 강조한 것은 헌법안을 본회의에 상정하기 전에 되도록 많은 국회의원들 사이에 헌법안에 대한 사전합의가 있어야 한다고 주장했다는 점이다.

대세가 내각책임제로 기울자 이승만은 직접 설득에 나섰다. 그는 6월 15일에 부의장 신익희를 대동하고 헌법기초위원회 회의장을 방문했다. 마침 유진오가 내각책임제를 채택해야 한다고 열띤 연설을 하고 있었다. 한참 유진오를 바라보던 이승만은 신익희에게 턱으로 유진오를 가리키며 누구냐고 물었다.

유진오의 발언이 끝나자 서상일 위원장이 오늘은 특히 국회의장이 여러분에게 할 말이 있어서 나오셨으므로 의장의 말씀을 듣겠다고 소개했다. 이승만은 자리에서 일어나서 내각책임제를 반대하는 이유를 다음과 같이 설명했다.

"대통령은 국회에서 간접선거하게 된다는 이유로 국무총리책임제로 기초위원들은 의결한 모양이나 그것은 안될 일입니다. 대통령은 간접선거이건 직접선거이건 인민이 선거하는 결과가 되는 것입니다. 다시 말하면 국회에서 간접선거를 한다 하더라도 의원은 역시 국민이 선출한 것이니 인민의 신임을 받은 대표가 대통령을 선거하는 것은 곧 인민의 직접선

28) Robert T. Oliver, *op. cit.*, pp.176~177.

'한국 헌법의 아버지'로 일컬어지는 유진오 당시 고려대학 교수(왼쪽)와 유진오가 헌법기초 과정을 서술한 「헌법기초 회고록」(1980).

거로 선거하는 것이나 다름이 없는 것입니다. 그러므로 대통령에게 행정책임을 직접 지우는 것이 옳은 일이지 대통령을 왕처럼 불가침적 존재로 한다는 것은 찬성할 수 없습니다."

이승만의 이러한 주장에도 불구하고 헌법기초위원들은 국회의원 3분의 2 이상의 지지로 선출되는 대통령에게 행정책임까지 부여하면 전제정치를 할 우려가 있다는 이유로 이승만의 주장을 받아들이지 않았다.[29]

그러나 대통령중심제는 미국에서 보듯이 원칙적으로 국민이 직접 대통령을 선출하는 제도이다. 이승만은 대통령선출은 국민의 직선제로 하고 그러나 시급한 정치 일정 등 당시의 상황을 감안하여 초대대통령만은 국회에서 선출하는 방법을 주장했어야 했다. 유진오는 그전에 신익희를 통하여 이승만도 내각책임제를 지지한다고 듣고 있었으므로 이승만의 연설이 "뜻밖"이었다고 한다.

29) 金永上, 앞의 글, p.25.

며칠이 지나도 헌법기초위원회가 권력구조를 바꿀 기미가 보이지 않자 이승만은 유진오를 의장실로 불렀다. 유진오가 이승만과 악수를 하고 대화를 한 것은 이때가 처음이었다. 이때에 유진오를 대하는 이승만의 제스처는 그가 얼마나 노련한 현실정치가였는가를 보여준다.

유진오가 의장실에 들어서자 이승만은 하지 장군의 정치고문 노블(Harold J. Noble)과 서서 이야기를 하고 있었다. 이승만은 유진오를 노블에게 소개하고 나서 유진오의 손을 끌어다 옆 안락의자에 앉혔다. 그러고는 자기는 의자 옆 카펫위에 그대로 앉으면서 말했다.

"훌륭하오. 우리 한국사람 중에 헌법을 기초할 사람이 있을 줄은 몰랐소."

그러면서 이승만은 유진오의 손과 무릎을 쓰다듬었다. 유진오는 이때에 "꿈인가 생시인가 분간을 못할 정도로" 황홀했다고 그의 『회고록』에 적어 놓았다. 이승만은 한국에는 헌법을 기초할 만한 사람이 없을 것 같아서 귀국할 때에 프린스턴대학교의 슬라이(John F. Sly) 박사에게 이 다음에 자기가 부탁하거든 한국을 위해 헌법을 기초해 달라는 말을 해 놓았다는 말도 했다.[30]

이승만의 말은 사실이었다. 슬라이 박사는 프린스턴대학교의 정치학 교수였는데, 이승만은 1944년4월에 그를 만나 전후에 한국에서 실시될 총선거에 필요한 선거법과 헌법을 기초해 줄 것을 부탁했었다.[31]

이승만은 유진오에게 그 밖에 다른 말은 하지 않았던 것 같다.

그러고 나서 이승만은 6월17일에 독촉국민회로 하여금 국호는 대한민국으로 하고 국회는 양원제, 정부구조는 대통령중심제로 하는 것을 지지한다는 성명을 발표하게 했다.[32]

---

30) 俞鎭午, 앞의 책, pp.59~61.

31) 柳永益, 앞의 글, pp.111~112.

32) 《東亞日報》 1945년6월18일자, 「大統領責任制等 獨促서 主張聲明」; 《朝鮮日報》 1948년6월19일자, 「大統領責任制 獨促서 支持聲明」.

3

헌법기초위원회는 6월16일부터 제6장 경제장의 심의에 들어갔다. 경제장을 따로 둔 것은 바이마르공화국 헌법을 본뜬 것으로서 대체로 사회주의 내지 사회민주주의 이념이 반영된 조항들이었다. 경제질서의 원칙을 규정한 원안 제88조는 "한국의 경제질서는 모든 인민에게 생활의 기본적 수요를 충족할 수 있게 하는 사회정의의 실현과 균형있는 국민경제의 발전을 기함을 기본으로 삼는다. 각인의 경제상 자유는 이 한계 내에서 보장한다"라는 것이었는데, 뒷조문 "각인의 경제상 자유는…" 이하 부분을 삭제하자는 주장이 제기되어 논란이 되었다. 전문위원이 그 부분을 삭제하면 완전한 통제경제를 의미하게 되므로 자유경제의 원칙을 보장하려면 필요한 조문이라고 주장하여 원안대로 통과되었다.[33] 그러나 그것은 이 시대의 사회분위기를 실감하게 한다.

제92조 "공공필요에 의하여 사영기업을 국유 또는 공유로 이전하거나 또는 그 경영을 통제 관리함은 법률이 정하는 바에 의하여 행한다"라는 조문을 심의할 때에도 이 조문대로 하면 자유경제가 위축된다는 주장이 강력하게 제기되었다. 그러자 이청천이 격앙된 태도로 자리에서 일어나 회의장 중앙으로 걸어 나오면서 조문을 되풀이하여 읽고는 "이 조문이 왜 나쁘냐. 무엇이 어째서 나쁘냐"하고 열변을 토하여, 원안대로 통과되었다.[34]

6월17일의 회의는 운수, 교통, 통신, 금융, 전기, 수도 등 독점성 또는 공공성을 가진 기업은 국영 또는 공영으로 하고, 대외무역은 국가의 감독 아래에 둔다는 제86조(원안 91조) 한 조문밖에 기초하지 못했다. 이 조문에 노동자 이익균점권(利益均霑權)을 보장하는 규정을 신설하자는

33) 《서울신문》 1948년6월18일자, 「農土는 農民에 分配」.
34) 俞鎭午, 앞의 책, p.54.

제안이 있어서 격론이 벌어졌기 때문이었다. 노동자 이익균점권이란 노동과 기술을 자본으로 간주하여 관영, 공영, 사영 일체의 기업에 속한 노동자는 임금 이외에 당해 기업체의 이윤에서 최저 30% 이상 50% 이내의 이익배당을 받을 권리가 있다는 주장이었다. 이러한 주장은 세계헌법에 유례가 없는 것으로서 대한노총이 6월14일에 헌법에 포함시키도록 청원한 「노동헌장」의 핵심적인 주장이었다.[35]

이 조항을 첨가할 것을 제안한 것은 군산 출신의 무소속 윤석구 의원 외 몇몇 의원들이었다. 이에 대해 서상일 기초위원장을 비롯한 조헌영, 백관수 등 한민당 의원들은 현재의 상황에서 그런 조항을 명문화한다면 기업을 할 수 없다는 이유로 완강히 반대했다. 그리하여 결국 이 제안은 표결에서 부결되었다.[36]

헌법안을 제출하기로 한 6월18일 본회의의 중간보고를 통하여 서상일은 월요일인 6월21일까지 시한을 다시 연장해 줄 것은 요청하여 승인을 얻었다.[37] 기초위원회는 이어 제7장 재정, 제8장 지방자치, 제9장 헌법개정의 원안을 수정없이 채택하고, 제10장 부칙에 김광준(金光俊) 의원의 동의를 반대없이 받아들여 "이 헌법을 제정한 국회는 단기 4278년[1945년]8월15일 이전의 악질적인 반민족행위를 처벌하는 특별법을 제정할 수 있다"라는 조항을 첨가하기로 의결했다. 이렇게 하여 헌법기초위원회의 헌법기초작업은 6월19일에 사실상 끝났다.[38]

위기감을 느낀 이승만은 마침내 "밤잠도 자지 않고" 심각하게 승부수를 궁리했다. 파쟁이 끊일 날 없는 상해임시정부와 하와이 동포사회를 이끌면서 집요하게 도전하는 반대파들을 제압하던 노련한 술수와 저돌적인 기질이 몸에 밴 이승만이었다. 그에게 신념은 곧 원칙이었다.

---

35) 《朝鮮日報》 1948년6월15일자, 「憲法의 特請」; 《서울신문》 1948년6월15일자, 「勞動者農民의 福利保障 憲法條文에 編入要請」.

36) 《朝鮮日報》 1948년6월19일자, 「憲法起草遲遲」.

37) 『制憲國會速記錄(1)』, 제1회 제14호(1948.6.18.), pp.186~187.

38) 金永上, 앞의 글, p.26.

6월20일은 일요일이었다. 이승만은 신익희, 김동원 두 부의장과 서상일 헌법기초위원장을 이화장으로 불렀다. 헌법기초위원회의 경과를 보고받는 형식의 모임이었지만, 이 자리에서 이승만이 권력구조를 대통령중심제로 바꿀 것을 강력하게 촉구했을 것은 말할 나위도 없다. 이 자리에서 기초위원회에서 작성한 헌법안을 본회의가 심의하기 전에 전원위원회(全院委員會)에 회부하여 내각책임제로 할 것인가 대통령중심제로 할 것인가를 토의하여 결정하도록 합의했던 것 같다.[39] 전원위원회는 이틀 전인 6월18일에 구성되어 이청천을 위원장으로 선출해놓고 있었다.[40] 일부 신문은 이러한 사실을 보도하면서 형세 여하에 따라서는 한민당이 양보할 의사가 있어 보인다고 전망했다.[41]

서상일 위원장은 6월21일 오전의 본회의 보고를 통하여 오늘 오후에 한번만 더 회의를 하면 기초위원회의 작업은 끝난다면서 유인물로 헌법안을 만들어 6월23일까지는 본회의에 제출하겠다고 말하고, 그동안 전원위원회를 비공개로 열어 몇가지 원칙문제를 토의할 것을 제의했다. 의석에 있던 이승만도 헌법의 기본원칙에 대하여 지도자들 사이에 사전협의가 없었다면서 다음과 같은 말로 서상일의 제의를 거들었다.

"(기초위원들이) 기초하실 적에 대지(大旨)만을 먼저 주장해 가지고서 적어도 이 국회안의 몇몇 인도자 되시는 이들과 당파 되시는 몇몇 분들은 이 대지에 대해서만은 협의가 있었고 의논이 되어 있었을 것 같으면 그 안의 소절목에 들어서는 많은 이의가 없을 것이요, 여간 이의가 있다고 할지라도 그렇게 중대한 문제가 아니었는데, 시방 볼 것 같으면 이 양반들이 시간이 촉박한 그것만 알고 하루바삐 해오라는 데 대해서는 저분들이 부지런히 속히 하기 위해서 충분한 재료를 얻지 못하고 자기들 생각

39) 俞鎭午, 앞의 책, p.69.
40) 《朝鮮日報》 1948년6월19일자, 「全院委員會構成」.
41) 《朝鮮日報》 1948년6월20일자, 「大統領責任制優勢?」.

하시는 대로 작정이 된 것입니다.…"[42]

그러므로 비공개 전원위원회를 열어 권력구조 문제 같은 헌법의 '대지'에 대해서는 국회지도자들과 정파대표자들 사이에 충분한 협의를 갖도록 하자는 것이었다. 말하자면 헌법제정권자들의 대타협을 제안한 것이었다. 그것은 헌법안의 축조심의에 들어가기 전에 어떤 형식으로든지 있었어야 했다. 그러나 이 제안은 재석 175명 가운데 12표 대 130표라는 압도적인 표차로 부결되고 말았다. 그러한 전원위원회는 비민주적이라는 이유에서였다.[43]

4

이 표결 결과는 이승만을 더욱 격분시켰다. 이날 오후에 열린 헌법기초위원회의 마지막 회의 첫머리에 서상일 위원장은 이승만 의장이 "인사를 겸한 의사표시"를 위하여 위원회를 방문할 것이라고 예고하면서, "기초위원회가 당신의 뜻과는 달리 원안을 통과시켰다는 말을 듣고 어제 밤에는 한잠도 못잤다더라"는 사족을 달았다.

이날도 이승만은 신익희를 대동하고 회의장에 나타났다. 그는 지난번보다 훨씬 격한 어조로 또다시 내각책임제를 반대한다는 연설을 30분가량 했다. 내각책임제를 반대한 것뿐만 아니었다. 연설을 마치면서 그는

"만일 이 초안이 그대로 국회에서 헌법으로 채택된다면 나는 어떠한 지위에도 취임하지 않고 민간으로 남아서 국민운동이나 하겠소"

하고 선언하고, 뒤도 돌아보지 않고 나가버렸다.

그것은 예상했던 것보다 훨씬 충격적인 폭탄선언이었다. 뜻밖의 사태에 직면한 기초위원들은 망연자실했다. 신익희가 일어나서 자기도 원래

---

42) 『制憲國會速記錄(1)』, 제1회 제16호(1948.6.21.), p.197.
43) 『制憲國會速記錄(1)』, 제1회 제16호(1948.6.21.), p.201.

는 내각책임제에 찬성 의견이지만 이 박사의 태도가 저러하니까 대통령제로 바꾸는 수밖에 없지 않겠느냐고 말하고 돌아갔다.[44]

헌법기초위원들은 대책을 협의해 보았으나 뾰족한 방안이 있을 수 없었다. 우선 대표를 뽑아 이화장으로 보내어 이승만을 설득해 보고 다음날 다시 상의하기로 하고, 이승만과 가까운 허정 의원과 유진오, 윤길중 두 전문위원이 대표로 가기로 했다. 당연히 동행해야 할 서상일 위원장은 전날 이화장에 다녀왔다는 이유로 대표에서 빠졌다.

세 사람을 보자 이승만은 부드러운 미소를 띠며 자리를 권하고 나서, "그래 용건이 무엇이냐"고 물었다. 세 사람은 각각 30분가량씩 내각책임제를 채택할 필요성을 강조했다. 허정은 처음에는 대통령중심제 지지자였으나 기초위원회에서 토론을 거듭하는 동안에 내각책임제 지지로 의견이 바뀌어져 있었다. 이승만은 부드러운 얼굴로 세 사람의 말에 귀를 기울여 주었다. 유진오가 미국식 대통령제도를 쓰고 있는 중남미제국에서는 국회와 정부의 대립상태를 합헌적으로 해결할 길이 없어 툭하면 쿠데타 아니냐고 말했을 때에는 이승만은

"그래, 그걸 멕시칸 레볼루션(Mexican revolution)이라고들 하지"

하고 맞장구까지 쳐주었다. 세 사람은 이러한 이승만의 태도로 보아 자신들의 설득이 그에게 웬만큼 영향을 준 것으로 판단하고 만족하여 이화장을 물러나왔다.[45] 그러나 자신들을 배웅하는 이승만의 스핑크스의 미소같은 표정의 비밀을 세 사람이 어떻게 알아차릴 수 있었겠는가.

세 사람이 돌아가자 이승만은 바로 한민당 위원장 김성수(金性洙)를 불렀다. 이승만은 김성수에게 기어이 내각책임제로 한다면 자기는 미국으로 돌아가든지 민간에 남아서 국민운동을 하겠다고 되풀이해서 말했다. 이승만을 설득했다는 말을 방금 듣고 온 김성수는 어리둥절했다.

---

44) 俞鎭午, 앞의 책, pp.62~63; 李鍾求, 앞의 글, pp.293~294.
45) 俞鎭午, 앞의 책, pp.64~65.

"저는 선생님께서 내각책임제에 반대하시지 않는 것으로 알고 있고, 국민들도 모두 그렇게 알고 있습니다."

"나는 이름만의 대통령은 할 생각은 없소."

"선생님께서 대통령 하시는 동안은 그렇게 해도 좋겠습니다마는 헌법을 그렇게 그때그때 고칠 수야 있겠습니까?"

"한민당이 꼭 그렇게 하겠다면 다른 사람을 대통령으로 뽑아요."

이승만은 노기 띤 얼굴로 이렇게 말하고 일어나서 다른 방으로 가버렸다.46)

사태의 극적인 전환은 이날 밤 계동의 김성수 집에 모인 한민당 간부들과 한민당 소속 기초위원들의 회의에서 이루어졌다. 이승만의 태도로 보아 그를 설득하기는 불가능한 일임이 분명했다. 그렇다고 이승만을 빼놓고 한민당 단독으로 정부를 수립하는 것은 엄두도 낼 수 없는 일이었다. 타협할 수밖에 없었다. 그러나 그렇다고 얼른 대통령중심제로 고치자고 나서는 사람은 없었다. 기초위원회가 마무리한 헌법안이 100여조나 되므로 거기에 갑자기 손대기도 쉬운 일이 아니었다. 그대로 본회의에 제출해 놓고 수정을 해보자는 의견도 제기되었다. 그러나 이때의 국회 형편으로는 본회의에서 내각책임제 헌법안을 대통령중심제로 고칠 수는 없었다.

그러자 헌법기초위원 김준연이 나섰다. 도쿄제대(東京帝大)와 베를린대학에서 법률을 공부하고, 제3차 조선공산당(ML당) 사건으로 7년 동안 투옥되기도 했으며, 조선일보사 모스크바 특파원, 동아일보사 편집국장 등 화려한 학력과 경력을 가진 김준연은 장덕수(張德秀) 이후 한민당의 대표적인 이론가였다.

"그것이 그리 어려울 것이 없으니 내가 30분 내에 고쳐 놓겠소."

김준연은 연필을 들고 몇군데 죽죽 그어놓고

"자, 이만하면 되었습니다"

---

46) 仁村紀念會, 『仁村金性洙傳』, 仁村紀念會, 1976, pp.546~547.

하고 김성수 앞에 내어 놓았다. 김성수는 급히 유진오를 불러 오게 했다.[47]

자다가 불려온 유진오는 사태의 심각성은 인식하면서도 김준연이 손질한 대로 하면 이것도 저것도 아닌 '비빔밥 정부' 형태가 될 것이라고 경고했다. 그러나 그의 말은 그렇게 심각하게 받아들여지지 않았다.

"앞뒤 연락은 되지요?"

하는 김준연의 말에 유진오는

"네, 연락은 됩니다"

하고 자리에서 일어섰다.[48]

이렇게 하여 이날 밤에 내각책임제와 대통령중심제를 절충한 '비빔밥 정부'의 헌법안이 작성되었다. 그것은 이미 완성된 헌법안에 있는 대통령의 국회해산권과 국회의 내각 불신임권을 삭제하고 대통령의 임기를 5년에서 다시 4년으로 줄이는 내용이었다.

헌법기초위원회의 마지막 회의는 6월22일 오전 10시에 중앙청 제1회의실에서 열렸다. 그런데 이날 아침에 이승만이 윤석오(尹錫五) 비서를 시켜 서상일에게 보낸 짤막한 편지의 알듯 말듯한 문면은 전날 저녁에 이화장을 방문한 허정 일행에게 보인 스핑크스의 미소같은 그의 표정이 무엇을 뜻하는 것이었는지에 대한 상상력을 자극하는 것이어서 흥미롭다.

> 작일의 초안에 대한 몇조건은 보충하기 위하여 의사를 제공한 것뿐이요 이대로 채용해야 된다는 주장이 아니니, 상의하셔서 최선을 행하실 것뿐이요. 제(弟)도 초안의 주의를 양실(諒悉)하는 바이니 양처위하(諒處爲何). 만제배배(晩弟拜拜).[49]

---

47) 金俊淵, 앞의 책, pp.26~27.
48) 俞鎭午, 앞의 책, pp.73~80.
49) 李鍾求, 앞의 글, p.295; 金珍培, 「秘話 第一共和國(11) 憲法制定에서 組閣까지④」, 《東亞日報》 1973년4월26일자.

이 말이 무슨 말인가. 전날의 폭탄선언 이후에 한민당의 계동 심야회의 내용까지 다 파악하고 있었고, 그러고는 또 시치미를 떼는 너스레인가.

이승만과 신익희는 이날의 기초위원회 회의를 의장과 부의장 자격으로 시종 방청했다. 20여명이 참석한 기초위원회 회의는 우선 양원제를 단원제로 고치는 번안 동의를 먼저 처리했다. 그것은 한민당의 조헌영 의원의 동의에 따른 것이었다. 그러나 김준연, 정도영, 조헌영 등 한민당 의원들이 제기한 내각책임제를 대통령중심제로 바꾸는 번안 동의에 대해서는 상당한 반대가 있었다. 번안의 주된 이유는 "의원 다수의 동향과 기초위원회의 의견을 무시할 수 없으므로 이 의장의 주장을 용인하는 의미에서" 대통령중심제로 고치자는 것이었다.

이 번안 동의는 오후까지 이어지는 지루한 토론 끝에 22 대 1이라는 절대 다수로 싱겁게 통과되었다.[50] 헌법기초위원회는 이러한 우여곡절 끝에 전문 10장 102조로 된 대한민국 헌법 초안을 완성했다. 6월3일에 구성된 이래 6월22일까지 20일 동안 16차례의 회의를 거듭한 결과였다.

---

50) 趙庸中, 「헌법제정, 34일의 시작과 끝」, 『美軍政下의 韓國政治現場』, 나남, 1990, p.162.

3. 세계에 유례가 없는 노동자이익균점권

1

헌법기초위원회가 마련한 헌법안은 6월23일에 본회의에 상정되어 이날부터 대체토론을 위한 제1독회가 시작되었다. 헌법 및 정부조직법 기초위원회 위원장 서상일은 경과보고에 이어 헌법안의 기본원칙을 다음과 같이 설명했다.

“우리의 노선은 두가지밖에 없는 것입니다. 독재주의 공산국가를 건설하느냐 민주주의 국가를 건설하느냐 하는 데 있어서 이 헌법정신은 민주주의 민족국가를 건설하려는 한 기본 설계도를 여기에 만들어 낸 것입니다. 그래서 이 헌법의 정신이 여기에 있고, 또한 이 헌법의 제정은 우리들의 만년대계를 전망해서, 유진오 위원을 중심으로 여러분이 만든 원안을 기초해서 우리 40명 위원들이 모여서 헌법을, 장래를 전망해서, 만든 것입니다. 헌법의 정신을 요약해서 말씀하자면, 우리들이 민주주의 민족국가를 구성해서 우리 3천만은 물론이요 자손만대로 하여금 현시국에 적응한 민족사회주의 국가를 이루자는 그 정신의 골자가 이 헌법에 총집되어 있

헌법기초위원장 서상일은 대한민국 헌법의 기본정신은 민족사회주의라고 말했다.

다고 말할 수 있습니다."[51)]

그러나 서상일이 말한 민족사회주의의 개념이 어떤 것이었는지는 분명하지 않다. 아마도 제6장 경제장에 규정된 사회주의 내지 사회민주주의의 성격을 지닌 조문들을 가리키는 말일 것이다. 그러나 그의 이러한 발언에 특별히 관심을 나타내는 의원은 없었다. 경제장의 기본정신에 대하여 유진오는 제안 이유 설명에서 그것은 "기업사회화의 원칙"이라고 설명했다.

"제6장 경제장에 규정된 몇개의 조문은 대체로 자유경제에 대한 국가적 통제의 원칙을 표기한 것입니다. 그러므로 일견 이 경제장을 보면 경제에 대한 국가적 통제가 원칙이 되고 자유경제는 예외가 되어 있는 것 같은 인상을 받을는지 모르지만, 그런 것이 아니라 적어도 중소상공업에 관해서는 자유경제를 원칙으로 하고, 대규모 기업, 독점성 공공성 있는 기업, 이런 기업을 국영 또는 공영으로 하는 동시에, 국방상 또는 국민생활상 긴절한 필요가 있는 때에는 법률로써 사기업을 국영 또는 공영으로 이전시킬 수 있다는 소위 기업사회화의 원칙을 이 경제장에서 계양해 본 것입니다.…"[52)]

6월24일, 25일 이틀 동안 휴회한 다음 6월26일에 속개된 국회는 발언신청 의원들이 많아 제1독회가 6월30일까지 계속되었다. 이승만은 거듭되는 소모적인 논쟁으로 의사진행이 늦어지는 것이 여간 답답하지 않았다. 예정대로 8월15일에 대외적으로 독립 선포식을 갖기 위해서는 7월 중순까지는 헌법제정을 끝내야 했다. 신익희 부의장의 사회로 열린 6월29일의 회의에서 의원들의 발언 시간을 5분으로 제안하기로 의결했음에도 불구하고 헌법안 심의는 지지부진했다.

7월1일부터 축조심의를 위한 제2독회가 시작되어, 제1조 "대한민국

---

51) 『制憲國會速記錄(1)』, 제1회 제17호(1948.6.23.), pp.208~209.
52) 『制憲國會速記錄(1)』, 제1회 제17호(1948.6.23.), p.213.

은 민주공화국이다"의 조문심의가 시작되자, 의석에 있던 이승만은 발언권을 얻어 등단했다. 그는 먼저 전문(前文)과 국호 문제와 관련하여 새로 수립되는 정부는 대한민국 임시정부의 법통을 계승하는 것임을 다시 역설했다.

"전문 이것이 긴요한 글입니다.… 여기서 우리가 헌법 벽두의 전문에 더 써 넣을 것은 '우리들 대한국민은 유구한 역사와 전통에 빛나는 민족으로서 기미년 3·1혁명에 궐기하여 처음으로 대한민국 정부를 세계에 선포하였으므로 그 위대한 독립정신을 계승하여 자주독립의 조국재건을 하기로 함', 이렇게 넣었으면 해서 여기 제의하는 것입니다. 무엇이라고 하든지 맨 꼭대기에 이런 의미의 문구를 넣어서 우리의 앞길이 이렇다 하는 것을, 또 3·1혁명의 사실을 발포하여 역사상에 남기도록 하면 좋겠다 하는 것을 … 이것은 나의 요청이며 또 부탁하는 것입니다."[53)]

이승만은 국회개원식에서 자신이 강조했음에도 불구하고 기초위원회가 만든 헌법안에 그것이 반영되어 있지 않은 것이 여간 못마땅하지 않았다. 국회는 이승만의 이 제안을 받아들여 "유구한 역사와 전통에 빛나는 우리들 대한국민은 3·1혁명의 위대한 독립정신을 계승하여…"로 되어 있던 헌법안의 전문 서두를 "유구한 역사와 전통에 빛나는 우리들 대한국민은 기미 3·1운동으로 대한민국을 건립하여 세계에 선포한 위대한 독립정신을 계승하여…"라고 부정확하지만 이승만의 주장이 반영된 문장으로 수정했다.[54)]

이승만은 같은 발언에서 의원들에게 신속한 의사진행에 협조해 줄 것을 거듭 요망했다.

"그러므로 간단히 앞으로는 연설 길게 마시고… 우리는 하루빨리 얼른 이것을 작정해서 만들어 놓을 것입니다.… 우리가 예정한 헌법 통과될

---

53) 『制憲國會速記錄(1)』, 제1회 제22호(1948.7.1.), pp.347~348.
54) 『制憲國會速記錄(1)』, 제1회 제28호(1948.7.12.), p.518.

날이 대단히 급한 만큼 얼른 일을 급히 하시기를 바랍니다.… 나는 1분 동안이라도 빨리 우리 헌법을 통과시켜야 될 것이니까 그걸 잘 아시도록 내가 부탁하는 것입니다."[55)]

이승만의 이러한 재촉에도 불구하고 축조심의는 지지부진했다. 첫날은 제7조까지밖에 나가지 못했다. 이튿날 이승만은 협박조의 말투로 재촉했다.

"내가 말을 듣건대 이 국회 안에 몇구분이 있어서 이 헌법을 속히 통과하지 말고 이 방면 저 방면 천연해서 나가자 하는 것이 몇분들이 조용히 약속되었다는 이야기가 나에게 들어옵니다.… 우리는 어떤 분자가 이 국회 안에서 이러한 운동을 한다고 할 것 같으면 무슨 방법으로든지 막아서 못하도록 해야 우리가 일을 할 수 있지, 몇분이나 몇분자들이 장난을 이 속에 와서 해가지고, 국회의 국사를 방해한다고 할 것 같으면 우리는 용허하지 않을 것입니다. 지금부터는 내가 여기서 해나가는 것을 볼테요.… 우리는 송장들이 아닙니다. 민생이 죽을 지경에 있고 하루바삐 정부를 세우고 우리의 일을 해결해 달라고 하는데, 사사의 생각이나 파당을 일으켜 가지고 이런다면 나는 용허하지 않을 것입니다.… 정신 차리시오. 몇사람 몇분자들이 쑤군쑤군 해가지고 저 방면 이 방면 헌법을 통과하는 것을 하루라도 지체하자는 태도가 보인다고 할 것 같으면 여기서부터 조치하는 방법이 있으니까 생각들 하시오.…"[56)]

이러한 협박은 일부 국회의원들에 대한 이승만의 불신감이 여과없이 그대로 표출된 것이었다. 그러나 정상적인 국회라면 있을 수 없는 이승만의 이러한 협박에 대하여 항의하는 국회의원은 없었다.

6월23일부터 7월15일까지 계속된 본회의의 헌법안 심의에서 가장 격렬한 논쟁점이 된 것은 근로자의 경영참가권과 이익균점권을 보장하는

---

55) 『制憲國會速記錄(1)』, 제1회 제22호(1948.7.1.), p.347.
56) 『制憲國會速記錄(1)』, 제1회 제23호(1948.7.2.), pp.376~377.

조문을 신설하는 문제였다. 기초위원회에서 제기되었다가 부결된 문제가 본회의의 축조심의 과정에서 다시 제기된 것이었다. 그동안 국회에는 대한노총 기관 33개 단체의「노동헌장」채택 탄원서에 이어 이를 지지하는 대한농총(大韓農總) 외 19개 단체의 건의서, 이를 반대하는 조선상공회의소의 건의서, 조선섬유회 인천분회 외 32개 단체의 건의서 등이 들어와 있었다.[57)]

2

축조심의 3일째인 7월3일 회의에 민족청년단의 문시환(文時煥) 의원 외 18명, 조종승(趙鍾勝) 의원 외 12명, 강욱중(姜旭中) 의원 외 11명, 그리고 조병한(趙炳漢) 의원 외 10명이 근로자의 권리와 의무를 규정한 헌법안 제17조에 대한 수정안을 제출했는데, 문시환, 조종승, 강욱중 의원 등의 수정안 내용은 "모든 국민은 근로의 권리와 의무를 가진다"로 되어 있는 제17조 제1항을 "모든 국민은 근로의 권리와 의무가 있으며 근로자는 노자협조(勞資協助)와 생산증가를 위하여 법률이 정하는 범위 내에서 기업의 운영에 참가할 권리가 있다"로 수정하고, 제3항으로 "기업주는 기업이익의 일부를 법률이 정하는 바에 의하여 임금 이외의 적당한 명목으로 근로자에게 균점시켜야 한다"는 규정을 신설하는 것이었고, 조병한 의원 등의 수정안은 이익균점권만을 보장하는 것이었다. 문시환의 수정안 제안 설명은 다음과 같았다.

"합병이후 일본사람들은 조선에 대해서 근대공업을 실행한 결과 많은 공장의 노동자가 도시로 집중해서 비참한 상태에 놓이게 되었습니다. 특히 일본에까지 조선의 노동자를 보급해가지고서 일종의 임금노예로 취급해온 결과 기업주가 노동자에 대한 생각이 이것은 정당한 권리를 가

57)『制憲國會速記錄(1)』, 제1회 제24호(1948.7.3.), p.407.

진 대등의 지위에 있는 노동자가 아니고, 일종의 상품화시켜가지고, 임금노예화하는 이 관념을 가진 것은 틀림없고, 노동자는 여기에 대해서 자기의 생활의 부득이한 사정에 의해서 돈받고 그냥 일을 했지만, 우리는 임금노예가 아니고 정당한 인권을 가진 사람이며 인권을 가질 권한이 있다는 것이 많은 노동자의 염원이었습니다.…

해방 후에 우리의 경제상태는 노자(勞資)가 협조될 수 있는 큰 중요한 원인이 있습니다. 그것은 무엇이냐, 적산(敵産)이올시다. 일본사람이 우리의 지위적으로 지배 계급적 역할을 하다가 그 사람들이 적산을 그냥 두고 물러간 까닭에 일본의 적산을 금후 정부가 적당히 잘 처리해 나가면 노자협조를 실현할 가능성이 충분히 있습니다. 그러므로서 자본가는 크게 양보하는 태도를 취해야 할 것이고 노동자는 한걸음 나아가서 산업의 부흥, 생산 증가에 적극적으로 책임을 져야 할 것입니다.… 그런 의미에서 노무자를 기업운영에 참가시키자는 것입니다. 결단코 이것은 공산주의를 본받은 것도 아니고 사회주의를 본받은 것도 아닙니다. 이미 세계 각국에서 실현하려고 하나 실현할 수 없어서 걱정하던 큰 조항입니다.…

그 다음에 기업주가 그 기업의 이익 일부를 법률이 정하는 범위내에서 임금 이외의 적당한 명목으로 노동자에게 균점시키자는 이것은… 새로 정하는 것이 아닙니다. 이미 이것은 기업주가 하고 있습니다. 그러나 모든 사정을 이해하지 못해서 이것을 자기이익을 위해서 안하는 사람도 있고, 영리한 기업가들은 이것을 우선해서 실시하고 있습니다. 그러므로서 이것을 법규로써 정해서 하지 않으면 안된다고 생각합니다.…"[58]

앞에서 보았듯이 노동자의 기업경영 참가나 이익균점권 문제는 귀속재산 관리문제에서 나온 발상이었다. 이러한 주장에 대해 한민당의 김준연은 다음과 같은 이유로 반대했다.

---

58) 『制憲國會速記錄(1)』, 제1회 제24호(1948.7.3.), p.409.

"나는 염려하기를 이것이 기업가의 심리를 고취시켜서 기업을 적극적으로 진흥되지 못한다고 할 것 같으면 그만치 노동자가 취업할 기회가 적다, 그렇게 할 것 같으면 기업 규칙을 원칙에 의지해서 노동자의 임금이 저하되리라고 생각합니다. 그렇다면 결국 대중을 위한다는 그 시설이, 그 헌법이 노동자의 복리를 주지 않는 결과를 초래하지 않을까 염려하는 것이올시다. 그러므로서 기업이익 참가한다고 하면 그 조문만으로도 결국 기업운영에 참가하게 될 것입니다.…"[59]

대한노총 위원장 전진한(錢鎭漢) 의원은 노동자의 경영참가나 이익균점 보장은 세계적 추세인 사회민주주의를 실현하는 길이라면서 다음과 같이 주장했다.

"미국에 있어가지고 노동에 복직하는 사람과 자본가 기업가가 합의체를 해가지고 모든 산업부흥이라는 이런 방식으로 발전되고 있습니다. 그리고 전세계가 사회민주주의를 진정으로 열망하고 있는 이때에, 가령 미국은 자본주의 국가이니만큼 프랑스나 다른 국가에 요구하는 것은 절대로 사회민주주의예요. 왜 그러냐 하면 사회민주주의가 아닐 것 같으면 공산주의를 막지 못하게 되어 있습니다.… 여기에 우리가 민주주의 노동을 전개하지 않을 것 같으면, 국내적으로는 노동대중에게 위반이 될 것이고 국제적으로는 우리가 남북을 통일할 기본을 잃고, 또 일면에 있어 가지고는 남북을 통일할 수 없는 한개의 정권이라고 볼 수밖에 없을 것입니다.…"[60]

7월3일은 토요일이었는데, 오후 늦게까지 회의를 계속했으나 토론은 끝나지 않았다. 이 문제와 관련하여 국회의원들이 제출한 수정안만도 일여덟개나 되었고 수정동의를 낸 의원수는 80여명에 이르렀다. 특히 논란이 된 것은 근로자의 기업이익균점권이었는데, 무엇을 근로자라고 하

59) 『制憲國會速記錄(1)』, 제1회 제24호(1948.7.3.), p.410.
60) 『制憲國會速記錄(1)』, 제1회 제24호(1948.7.3.), p.415.

며 무엇을 기업이라고 하느냐의 개념규정이 명확하지 않아 토의는 더욱 혼선을 빚었다. 이때의 상황을 유진오는 "그 토의가 계속되는 동안 나는 근로자의 이익균점을 주장하는 의원들과 여러 번 접촉하였는데, 그들은 철도, 전신, 전화 등 국영기업은 물론이요 담배, 홍삼 등 전매사업에 이르기까지 그에 종사하는 근로자들이 그 '이익'에 균점할 것을 주장하였기 때문에 나도 그들을 설득하는 데 진땀을 뺐다"라고 적어놓았다.[61]

돌파구는 뜻밖에도 이승만에 의하여 마련되었다. 7월3일 오전회의에 참석했다가 "몸이 고단해서" 일찍 퇴장했던 이승만은 7월5일 회의에 참석하여 다음과 같이 타협안을 제시했다.

"내가 생각하기에는 17, 18, 19조의 조문이 원만히 된 것 같은데, 아직까지 만일 부족한 것이 된다면 이 하나를 넣으면 괜찮겠어요. 그것은 무엇이냐 하면 '지주와 자본가와 근로자는 공동한 평균이익을 국법으로 보호한다', 이것을 만들어 놓으면 이것은 원만히 효과가 있으리라고 생각합니다. 그것을 넣지 않더라도 여기에 다 있는 것이니까 우리가 그런 것을 서로 인용해서 그것을 넣지 않더라도 이 다음에 국법을 정할 적에 다 되는 것입니다. 우리는 어떤 정당의 모략이라든지 이것을 타파하고, 우리가 하려고 하는 것이 있으니까, 국법은 언제든지 노동하는 사람들만을 위해서 우월한 권리를 주어야 되겠다는 것을 빼놓고, 우리 보통 심리적으로 이것을 보호해야 한다는 것을 양해해 가지고서, 이다음 국법으로 법을 만들 적에 그것을 주장해 가지고 할 것 같으면 다 될 것이라고 내가 믿는 것입니다."[62]

이승만은 둘 다 자신의 지지기반인 한민당과 대한노총 등의 주장에 대한 절충안을 제시한 것이다. 이승만은 또 헌법을 제정하는데도 융통성을 가져야 한다고 말하고, 중요한 것은 하루바삐 헌법을 만드는 일이라

---

61) 俞鎭午, 앞의 책, p.98.
62) 『制憲國會速記錄(1)』, 제1회 제25호(1948.7.5.), p.433.

고 강조했다.

"이 헌법이라는 것은 작정해 놓은 다음에는 백년 만년 고치지 못하고 대들보가 쓰러져도 고치지 못한다는 이야기가 아닙니다. 이전에는 임금이 앉아서 마음대로 자기 뜻대로 고쳐서, 임금이 명령을 하면 그것을 국법으로 한다고 했지만, 지금은 민주주의인 까닭에, 백성 다수가 그것을 제정한 국법이니까, 이 국법을 오늘 결정하였다가도 내년에 가서 달리 다수결의 해가지고 고치자고 하면 우리가 다 할 수 있는 것입니다. 국회에서 무엇이든지 봐가지고, 시기 변동하는 대로, 그 전에는 이렇게 했지만 오늘 시기는 이렇게 되었으니까 이것을 변동해서 다시 해야 되겠다고 언제든지 할 수 있으니까, 헌법에다가 다 집어넣어서 비끄러 매어가지고서 이러자고 하는 것은 타파해 가지고서, 대강만 특별히 제정해 놓고 여지를 두어야 합니다. 내일모레 변동을 하려는데 여지없이 미리 작정해 놓았으면 못할 것이 아닙니까. 여유를 놓아두어야 한다 그 말이에요. 그런 의미에서 미국사람들은 지혜롭다고 세계에서 칭찬하고 있습니다. 여지를 남겨놓아서 이다음 형편 되는대로 개정하기로 하고, 대강만 명시하고서, 여유를 두고서 이것을 공포하고, 하루바삐 우리 정부를 수립합시다. 지금 8월15일날이 며칠 안남았습니다.…"[63)]

회의는 지루한 토론을 종결하고 표결로 들어갔는데, 흥미로운 것은 무소속 오용국(吳龍國) 의원의 제의에 따라 표결 방법을 이례적으로 무기명 투표로 하기로 결의한 점이었다. 조문표결을 무기명 투표로 한 것은 이때가 처음이었다. 거수투표로 의원 각자의 입장이 드러나는 것이 꺼려졌던 것이다. 표결 결과는 근로자의 기업경영참가와 이익균점권을 함께 규정한 문시환 등의 수정안은 재석 180명 가운데 찬성 81표, 반대 91표, 기권 5표로 부결되고, 이익균점권만 규정한 조병한 등의 수정안은 찬

---

63) 『制憲國會速記錄(1)』, 제1회 제25호(1948.7.5.), p.434.

헌법공포식에서 대한민국 헌법 원본에 서명하는 이승만 국회의장.

성 91표, 반대 88표, 기권 1표로 가결되었다.[64] 이익균점권은 "영리를 목적으로 하는 사기업에 있어서 근로자는 법률이 정하는 바에 의하여 이익의 분배에 균점할 권리가 있다"라는 조문으로 정리되어 근로자의 단결권을 규정한 제18조의 제2항으로 신설되었다.[65]

이 조항에 대하여 유진오는 "다른 나라 헌법에서 유례를 볼 수 없는 독특한 규정이다. 자본주의경제는 노동자는 노임을 받고 기업가는 이윤(이익)을 받는 것을 기본 구조로 삼고 있는 것인데, 본 항은 근로자가 기업이윤의 일부를 취득할 수 있는 것을 규정하였으므로, 이 규정에 의하여 우리나라의 경제체제는 성격상의 수정을 받았다고 할 수 있는 것이다"라고 해설했다.[66] 그것은 앞에서 본대로 헌법기초위원장 서상일이 말한 '민

64) 『制憲國會速記錄(1)』, 제1회 제25호(1948.7.5.), pp.439~440.
65) 『制憲國會速記錄(1)』, 제1회 제28호(1948.7.12.), p.522.
66) 俞鎭午, 『新稿 憲法解義』, 一潮閣, 1949, p.84.

족사회주의' 국가 건설을 추구하는 제헌헌법의 핵심적인 개념이었다.

그러나 이 조문의 시행을 위한 법률은 1962년에 개정된 헌법에서 이 헌법 조문이 사라질 때까지 제정되지 못하고, 제헌헌법의 한 '프로그램'[67]에 그치고 말았다.

이승만은 7월5일 오후회의부터 직접 사회봉을 잡고 위협성 발언을 서슴지 않으면서 일사천리로 회의를 진행했다. 그리하여 7월12일에는 자구수정을 위한 제3독회를 열어 원안에 '국방군'으로 되어 있는 것을 '국군'으로 고치는 등의 자구수정을 한 뒤에 헌법안 심의를 모두 끝냈다. 정부조직법 심의는 7월14일부터 시작하여 사흘 만에 끝냈다.

헌법 및 정부조직법 공포식은 7월17일 오전 10시부터 중앙청 국회의사당에서 열렸다. 이승만은 단 위에 놓인 두 헌법정본(국한문본과 한글본)에 붓으로 서명한 다음 떨리는 목소리로 헌법공포사를 낭독했다.

"3천만 국민을 대표한 대한민국 국회에서 헌법을 제정하여 3독 토의로 정식 통과하여 오늘 이 자리에서 나 이승만은 국회의장의 자격으로 이 간단한 예식으로 서명하고 이 헌법이 우리 국민의 완전한 국법임을 세계에 선포합니다.…"[68]

그것은 우여곡절 끝에 제정된 대한민국 헌법이 효력을 발생하는 순간이었다. 이날 오후 3시에는 서울운동장에서 헌법공포축하시민대회가 열렸다.

---

67) 韓泰淵,『憲法學』, 陽文社, 1955, p.299.

68)《朝鮮日報》1948년7월18일자,「『大韓民國憲法』公布」;《東亞日報》1948년7월18일자,「『憲法』萬民에 宣布」.

100장

"좋은 시계 속처럼 돌아가는 정부 만들 터"

1. 제2차 남북지도자협의회를 거부하고
2. "여러 번 죽었던 이 몸"이 대통령으로

1. 제2차 남북지도자협의회를 거부하고

1

4월에 평양의 남북협상에 다녀온 뒤로 총선거 정국을 지켜보면서 침묵을 지키던 김구는 제헌국회의 개원과 때를 같이하여 본격적인 활동에 나섰다. 그것은 한국독립당 대표 5명과 김규식(金奎植)의 민족자주연맹 대표 5명이 6월1일에 경교장에서 연석회의를 열기로 한 것이다. 이때의 상황을 신문들은 다음과 같이 보도했다.

> 김구 김규식 양씨를 비롯한 남북협상추진파에서는 단선 단정을 반대하고 남북을 통일한다는 명목하에 공산파와 합작할 기세가 농후하던 바 남북협상의 성공 불가능성과 전 조선을 소련의 위성국화하려는 공산계열과 합작하는 것은 비민족적 행동이므로 반성한 일부에서는 남북협상을 재추진하려는 협상파들은 공산당 제5열에 등록된 인사들임을 지적하고 그들의 번연개오[幡然開悟: 이제까지 모르던 일을 갑자기 깨달음]를 요망하고 있다 한다. 또한 한독당 지부측에서도 중앙간부들이 성공불가능한 남북협상을 여전히 추진하고 있는 행동을 즉시 금지하고 우리 국권을 회복하는 유일한 길은 금번 중앙정부 수립에 노력할 것을 결의하고 중앙에 건의한 바 있다 한다.
>
> 이상과 같이 남북협상을 추진하여오던 그들 대다수가 금번 중앙정부 수립에 협조하게 된 이때에 김구, 김규식 양씨의 태도가 주목되고 있는데, 오는 6월1일 양 김씨는 경교장 김구씨 숙소에 회합하여 모종의 중요문제를 토의하기로 되었다 한다.[1)]
>
> 과반 평양으로부터 귀환한 후 약 일개월간 침묵리에 남북통일 방

---

1) 《東亞日報》 1948년5월29일자, 「協商推進不可, 韓獨黨內部에서 猛反對」.

략에 관하여 공작을 추진시켜 오던 김구, 김규식 양씨의 행동통일은 남조선 국회 성립과 때를 같이하여 드디어 실현되었다. 즉 작 1일 오후 2시20분부터 경교장에서 한독당측 대표 김구, 엄항섭(嚴恒燮), 유동붕(柳東鵬), 김의한(金毅漢) 제씨와 민족자주연맹측 대표 김규식, 원세훈(元世勳), 배성룡(裵成龍), 김붕준(金朋濬), 유석현(劉錫鉉) 제씨가 참집하여 구수심의한 바 있었는데, 이번 회담을 계기하여 과반 남북통일의 모체가 될 것을 목적으로 결성된 통일독립운동자협의회를 양 김씨 영도하에 활발히 확대강화하게 될 것이라 한다. 한편 측문한 바에 의하면, 금번 회담의 결과 조직적 규합과 동시에 평양의 전정회의(全政會議) 결정서에서 결의한 남북정치회의를 소집할 것으로 관측되어, 남조선 국회가 발족한 작금의 정국에 비추어 그 귀추가 매우 주목된다.[2)]

한독당과 민족자주연맹의 제1차 연석회의는 6월1일 오후에 경교장에서 열렸다. 남북협상을 실현시키는 데 노고가 많았던 민족자주연맹의 권태양(權泰陽)도 옵서버로 참석했다. 그러나 이러한 중요한 회의에 한독당의 핵심 간부들인 조소앙(趙素昻), 조완구(趙琬九), 조경한(趙擎韓) 등이 빠진 것은 남북협상 문제를 계기로 한독당의 내분이 심각했음을 짐작하게 한다.

오후 2시부터 시작된 회의는 다섯시간 동안이나 계속되었다. 행동통일기구의 설치방법으로 4월3일에 결성한 통일독립운동자협의회를 확대강화할 것인가 아니면 새로운 기구를 창설할 것인가를 두고 의견이 분분했기 때문이었다.[3)]

6월3일에 경교장에서 열린 제2차 회의에는 이틀전의 참석자에 한독

2) 《朝鮮日報》 1948년6월2일자, 「兩金氏昨日會談」.

3) 《서울신문》 1948년6월2일자, 「"行統"機構擴張 兩金氏參席下具體化」.

당에서 김학규(金學奎), 민족자주연맹에서 여운홍(呂運弘)이 추가로 출석했다. 이날 회의는 대책위원 6명을 선정하여 이들에게 협의를 위임했다. 대책위원들의 회의는 6월4일에 열렸는데, 민족자주연맹쪽에서 두 김을 중심으로 단일당을 결성하자는 제의도 있었으나, 결국 통일독립운동자 협의회를 전면적으로 개편하거나 동일한 협의체기구로 추진하기로 결론을 내렸다.[4]

이러한 합의를 바탕으로 두 김은 6월7일에 다음과 같이 단결을 강조하는 공동성명을 발표했다.

> 통일이 없이는 독립이 있을 수 없고 독립이 없이는 우리는 살 수 없다. 조국의 독립을 쟁취하려면 우리의 유일한 무기는 민족단결뿐이다. 그러나 현시에 우리 조국이 미소 양국의 분단 점령을 당하고 있는 이상 국제협조를 무시할 수 없는 것도 사실이다. 그러므로 우리는 국제협조에 노력하였고 앞으로 이 노력을 계속할 결심을 가졌다. 그러나 우리는 과거 경험에서 얻은 교훈에 의하여 국제협조의 노력도 공고한 민족단결이 있은 뒤에야 주효할 수 있다는 것을 더욱 절실히 인식하였다.

이처럼 민족단결을 강조한 성명서는 남북협상의 성과에 대하여 다음과 같이 자평했다.

> 국제 제약하의 난사업인 남북협상 공작이 단번에 만족할 성과를 거두리라고 당초부터 믿기 어려웠던 것도 사실이나, 외력없이 우리의 손으로 평화스러운 자주민족통일적 조국건설공작이 제일보를 내디디었던 것은 우리 전도에 새로운 희망을 부여한 것이다.

4) 《朝鮮日報》 1948년6월6일자, 「統一運動具體案完成」.

성명서는 그러면서 현단계의 조국 실정은 “우리의 통일공작이 모든 애국동포의 열렬한 지지하에 추진되는 반면에 반통일, 남북분단공작이 추진되고 있다”라고 규정하고, 앞으로의 과제로 (1) 통일독립운동을 목적한 기구를 강화 확대할 것, (2) 상술한 기구를 통하여 통일독립운동의 이념과 방략을 일반국민에게 철저히 침투시킬 것, (3) 조국의 재건과 민족의 복리는 평화로운 건설에서만 성공될 것이므로 야만적 파괴와 테러와 잔인한 동족살해를 배격할 것, (4) 우리의 통일운동을 강화, 확대함으로써 우리의 일치한 사상을 국제여론에 반영시킬 것을 제시했다.[5]

두 김의 공동성명 발표에 이어 6월10일에 또다시 경교장에서 두 정파의 연석회의가 열렸다. 이처럼 잇달아 연석회의가 열린 것은 두 정파의 의견일치가 좀처럼 이루어지지 않았기 때문이었을 것이다. 이날의 회의에서는 통일독립운동기구의 설립문제뿐만 아니라 9월에 파리에서 열릴 유엔총회에 대표를 파견하는 문제도 검토되었지만, 구체적인 결론은 보지 못했다.[6] 한독당은 이어 6월12일에는 5·10선거에 참가한 당원에 대하여는 이미 제명 조치를 했다고 다음과 같이 성명했다.

> 남부에서나 북부에서나를 막론하고 단독적으로 정부형태를 취하여 1국내에 양국 주권을 수립하려는 기도에 대하여서는 이를 철저히 거절하는 바이다. 이 같은 본당의 주장은 이번 남북회담을 통하여 더욱이 선명하게 드러났으며, 이번 선거에 참가한 본당원에 대하여는 본당으로서 이미 엄중한 처분을 하였고 또 그들 자신도 즉시로 본당과 관계를 탈리(脫離)하였다.[7]

제헌국회의 헌법제정 작업이 진행되고 있는 가운데 두 김을 비롯한 한

---

5) 「統一獨立機構强化에 對한 兩金先生共同聲明」, 嚴恒燮 編, 『金九主席最近言論集』, pp.45~46.
6) 《東亞日報》 1948년6월12일자, 「兩金氏等會合」.
7) 《朝鮮日報》 1948년6월13일자, 「兩主權은 拒絕」.

독당과 민족자주연맹의 대표 12명은 6월15일 오후에 경교장에서 제5차 연석회의를 열어 통일독립운동자협의회를 개편 확충하기로 최종적으로 합의하고 작업을 서둘렀다.[8] 그리하여 통일독립운동자협의회 중앙협의회는 6월17일에 간부회의를 열고 (1) 협의회의 조직 강화와 기구개혁 및 공작추진에 관한 건, (2) 전국정치회의 소집에 관한 건, (3) 유엔총회에 대표파견에 관한 건 등을 안건으로 하여 6월27일에 전체회의를 소집하기로 결의했다.[9]

김구와 김규식을 공산당의 '제5열'이라고 비판한 유림.

그러나 이러한 움직임은 통일독립운동자협의회 창설에 주동적 역할을 한 독립노농당(獨立勞農黨) 당수 유림(柳林)에 의하여 제동이 걸렸다. 유림은 무정부주의자 그룹을 대표한 중경임시정부 국무위원이었고, 귀국한 뒤에는 조소앙에 이어 국민의회 의장으로 활동한 강직한 성품의 시시비비주의자였다. 이때의 상황을 《동아일보(東亞日報)》는 다음과 같이 보도했다.

> 방금 국회에서는 조속히 중앙정부를 수립하고 가을에 파리에서 개최될 유엔총회에서 우리 정부의 정식 승인을 획득하려고 만반의 노력을 다하고 있는 이때에 좌익계열은 물론 김구씨와 김규식씨를 비롯

---

8) 《서울신문》 1948년6월16일자, 「陣營의 再編成」.

9) 《朝鮮日報》 1948년6월18일자, 「全政會議召集案上程」.

한 반정부파에서도 유엔총회에 그들의 대표를 파견하여 현 국회에서 수립될 정부는 타당치 못하다는 것을 주장하려는 운동이 최근에 이르러 치열히 전개되고 있다 한다. 그런데 이러한 운동은 김구, 김규식 씨를 비롯한 중간파 인사들이 과반 평양회의에서 귀경한 이래 통일추진문제를 다각적으로 강구하여 왔으나 단시일에 그 성공은 불가능하며 근근 신생정부가 탄생케 됨에 따라 반정부태도로 최후적 투쟁 목적으로 하는 것이라 한다. 그리고 동 공작은 단순히 중간파만의 단독적 행동이 아니라 남북공산파와의 연락하에 진행되고 있다 한다.

한편 과반 독립노농당에서는 남북협상파들은 공산당 제5열에 등록하였다고 비난하고 협상추진파와 일체 관계를 끊었거니와 근로대중당에서도 협상추진파와 반대파가 대립되어 지난 14일 민독당 회의실에서 개최되었던 중간정당단체회합에서 일대파란을 일으켰다.[10]

유림은 남북협상에 참가했던 두 김이 서울에 돌아온 다음 남북협상에 참가했던 인사들에 대하여 "공산당 제5열" 운운하는 성명을 발표했었다. 그는 한독당과 민족자주연맹의 연석회의에도 참석을 거부하고 국민의회 의장도 사퇴하는 등으로 두 김의 노선과 배치되는 태도를 취해 왔다. 6월27일의 대표자대회를 앞두고 대회개최에 관한 세칙협의를 위해 24일에 모인 진헌식(陳憲植), 조시원, 김붕준, 여운홍, 유림의 5자 회합에서 유림은 "양 김씨를 비롯한 남북협상파를 주동으로 하는 '통협'에는 독립노농당 계열은 참가하지 않는다"면서 두 김의 주석 및 부주석 추대를 반대했다.[11]

유림쪽의 주장은 "양 김씨는 평양회의에서 신탁통치를 지지하였으니, 그러한 사람들이 협의회의 헤게모니를 잡는다면 우리는 그러한 사람들

10) 《東亞日報》 1948년6월19일자, 「協商派共黨과 合作」.

11) 《서울신문》 1948년6월26일자, 「統協會議는 無期延期」.

과 같이 일하기 어렵다. 그리고 양 김씨쪽에서는 협의회를 전국정치회의의 한 방편으로 사용하려고 하나 협의회의 근본이념은 혁명세력의 재정비에 있는 것이다"라는 것이었다.

이러한 주장에 대해 두 김쪽은 "자당 세력의 신장을 위하여 민족통일의 대의에 위반함은 독립노선에서의 이탈이다. 우리는 이러한 부류가 존재할 것을 미리 예측 못한 바는 아니었으나 그 포섭에 끝까지 노력하였던 것이다. 앞으로 우리는 엄중한 사선[篩選: 체로 거름]을 기다려 공고한 단결로서 이를 전국정치회의 소집과 유엔에의 대표파견을 목표로 배전의 노력과 매진을 계속할 것이다"라고 반박했다.[12)]

그러나 이때는 이미 북한공산주의자들이 북한정권 수립을 위한 제2차 남북지도자협의회의 소집에 열중하고 있을 때였으므로 4월의 남북협상 때에 결의한 전국정치회의 소집문제는 사실상 폐기된 상태였다.

2

유림에 의하여 통일독립운동자협의회 전국대표자회의가 유산된 것은 두 김에게, 특히 김구에게 여간 큰 충격이 아니었다.

김구와 김규식은 6월24일에 함께 경기도 여주로 나들이를 했다. 두 사람은 흰 모시두루마기 차림이었다. 그곳에서 신륵사(神勒寺)와 석문사(釋文寺)를 둘러보고 이틀 밤을 묵으면서 두 사람이 흉금을 터놓고 앞으로의 일을 상의해 보기로 한 것이다. 수행원도 김구쪽의 엄항섭과 선우진(鮮于鎭), 김규식쪽의 송남헌(宋南憲) 세 사람만 대동했다.[13)]

여주로 떠나기에 앞서 김구는 기자회견을 가졌다. 한 기자가 "전번에 인천에서 기자에게 이 박사와 합할 때가 있으리라고 말씀했는데, 그때는

---

12) 《京鄉新聞》 1948년6월26일자, 「統獨의 意見不合致로 兩金氏와 柳氏態度注目」.

13) 《京鄉新聞》 1948년6월26일자, 「兩金氏靜養旅行」; 선우진 지음, 최기영 엮음, 『백범선생과 함께한 나날들』, p.206.

어느 때이며 어떠한 시기를 의미한 것인가"하고 묻자 김구는 다음과 같이 대답했다.

"머지않아서 국내외 정세가 더욱 핍절(逼切)히 우리 민족을 통일의 길로 몰아넣게 될 것이다. 그때는 반쪽 정부는 무용하게 될 것이다. 이때야말로 이 박사는 물론이요 전 민족이 합하지 아니하면 안될 것이다."[14]

이처럼 이 무렵 김구를 비롯한 남북협상파들은 이승만이 주도하는 남한단독정부는 남조선과도정부와 같은 일시적인 정부로 끝날 것으로 판단하고 있었다고 한다.[15]

일행은 6월25일에 신륵사를 구경하고 한강 상류에서 뱃놀이도 했다. 점심때가 되어 배를 강가에 댄 뒤 동네에서 개를 잡아 개장국을 먹었다. 김구와 김규식은 개장국 대신에 닭을 먹었다. 일행은 예정대로 6월26일에 서울로 돌아왔다.[16]

두 김은 여주에 머물면서 통일독립운동자협의회 대표회의를 소집하는 대신에 새로운 기구를 결성하기로 합의했다. 그리하여 7월8일에 열린 한독당과 민족자주연맹의 연석회의에서는 통일독립운동자협의회 대표회의 소집을 중지하고 새로운 통일기구로 통일독립촉진회(통촉)를 결성하기로 합의했다. 발기준비위원으로 김붕준, 여운홍, 엄항섭, 이두산(李斗山), 조헌식(趙憲植), 배성룡을 선출하고 임시사무소는 민족자주연맹 본부에 설치했다.[17]

김구와 김규식의 이러한 행보는 실은 6월29일부터 평양에서 열리는 제2차 남북조선제정당사회단체 지도자협의회(제2차 남북지도자협의회)와 무관하지 않았다. 5월31일에 제헌국회가 개원되자 북조선로동당은 6월2일에 정치위원회 확대회의를 열고 대책을 논의했다. 이 회의에는 남로

14) 《朝鮮日報》 1948년6월25일자, 「祖國危機打開策 統一政府樹立에 있다」.

15) 宋南憲 증언.

16) 선우진 지음, 최기영 엮음, 앞의 책, pp.206~207; 《朝鮮日報》 1948년6월29일자, 「旅行中의 兩金氏 26日歸京」.

17) 《朝鮮日報》 1948년7월10일자, 「"統協"案은 抛棄하고 統一獨立促進會로」.

1948년6월25일에 신륵사를 둘러보고 기념촬영한 김구와 김규식.

당 정치위원들도 참석하여 연합회의의 성격을 띠었다. 회의는 남한에서 단독정부가 수립되는 데 대한 대응책으로 4월 말에 북조선인민회의 특별회의가 채택한 헌법 초안 수정안에 근거하여 남북한 전체의 통일적인 최고 입법기관을 건설하기 위한 총선거를 실시하기로 결의했다. 북조선민주주의민족통일전선도 이튿날 확대 중앙위원회를 열고 총선거 실행을 위한 제2차 남북지도자협의회를 소집하기로 결의했다. 이 확대중앙위원회에는 이 무렵 평양에 체류하던 남쪽 민족전선 대표들도 참석했다.

제2차 남북지도자협의회는 김구와 김규식 등 남한의 지도급 인사들의 참석이 절실히 필요했다. 그리하여 김일성(金日成)과 김두봉(金枓奉)은 6월5일에 북로당 대남연락부의 최광호(崔光鎬)와 김광일(金光日)을 남파시켜 두 사람 명의의 초청장을 남쪽 인사들에게 전달하게 했다. 초청장은 서울에서 활동하던 북한공작원 성시백(成始伯)을 통하여 김구와 김규식 및 조소앙과 유교계의 대표 김창숙(金昌淑), 사회민주당의 여운홍, 독립노농당의 유림, 근로인민당의 장건상(張建相) 등에게 전달되었다. 김구와 김규식에게 보낸 편지는 해주에서 급속한 회담을 가지고자 하니까 해주까지 월북할 것을 요망한다는 내용이었다.

이에 대해 김구와 김규식은 "현재의 여건이 4월달 입북 때와는 변화가 많고 서신만으로는 이해가 잘 되지 않으니까 홍명희(洪命熹)를 서울로 보내어 그 편에 요건을 상의하기를 요망한다"라고 회답했다.[18)]

김구와 김규식의 답신은 1주일 뒤에 평양에 도착했다. 두 사람의 답신을 놓고 북한인사들 사이에서 의견이 갈렸다. 홍명희는 서울에 다녀오겠다는 뜻을 밝혔고, 남로당 지도부도 홍명희를 서울에 파견하자고 주장했다. 그러나 홍명희를 남쪽인사들의 간판으로 내세우고 있는 북로당 지도부는 그의 안전을 우려하여 반대했다.

홍명희를 서울로 보낼 수 없다는 판단을 내린 북로당 지도부는 6월20일에 다시 김일성과 김두봉 명의의 편지를 밀사를 통하여 김구와 김규식에게 보냈는데, 편지내용은 "정세가 4월과 달리 급변했다. 변화된 정세는 남북의 제정당사회단체 지도자들이 한자리에 모여 통일정부를 수립하는 투쟁을 요구한다. 남북의 정당사회단체지도자협의회를 다시 열어 통일적 입법기구를 구성하기 위한 통일선거를 실시하는 문제를 토의하고자 한다. 협의회의 토의를 거쳐 통일선거를 실시하여 정부를 수립하

18) 宋南憲, 『解放三年史(Ⅱ) 1945-1948』, p.565; 박병엽 구술, 유영구·정창현 엮음, 『조선민주주의인민공화국의 탄생』, pp.338~339.

고자 하니 두분 선생께서도 이에 적극 호응해 주기를 요망한다"는 것이었다. 김구와 김규식은 북쪽 밀사편에 답신을 보냈는데, 답신 내용은 "국토 양단과 민족분열을 막자고 4월에 평양회담을 가졌고, 그 회담에서 앞으로도 계속 통일을 모색하자고 약속해 놓고 이제 와서 이남에서 단정이 수립되니 이북에서도 단정을 수립하겠다는 것은 민족분열행위가 아니고 무엇인가"하는 책망이었다.[19]

김구와 김규식의 답신을 받은 북로당 지도부는 두 사람이 불참하더라도 제2차 지도자협의회를 강행하기로 결정했다. 김구와 김규식뿐만 아니라 여운홍, 장건상, 유림, 김창숙 등 남쪽의 정당 및 사회단체 대표들의 회의참가가 불가능해진 상황에서도 회의는 예정대로 개최할 수밖에 없었다. 다만 성시백을 통하여 북로당과 긴밀한 관계를 맺어왔던 안우생(安偶生), 박건웅(朴建雄), 권태양 등 김구와 김규식의 몇몇 측근들은 제2차 지도자협의회에 참가하기 위하여 비밀리에 38선을 넘어 6월27일께 평양에 도착했다.

6월29일부터 7월5일까지 1주일 동안 평양에서 열린 제2차 지도자협의회에는 북한의 모든 정당 및 사회단체 대표들과 4월의 남북연석회의에 참석했다가 평양에 잔류한 남한의 정당 및 사회단체 대표들 및 비밀리에 38선을 넘은 일부 대표자들만 참석했다. 회의 장소로 처음에는 남쪽에서 참석하는 사람들의 편의를 위해 해주로 예정했으나 남쪽참석자 수가 적을 것이 확실하자 평양으로 바꾸었다.

제2차 지도자협의회의 주제는 「남조선 단독선거 실시와 관련하여 우리 조국에 조성된 정치정세와 조국통일을 위한 장래 투쟁대책에 관한 문제」였다.[20]

6월29일의 첫날 회의에서는 북조선민족전선을 대표하여 김일성이 「남

---

19) 박병엽 구술, 유영구·정창현 엮음, 위의 책, pp.340~344.
20) 김학준, 『북한의 역사 제2권』, 서울대학교출판부, 2008, p.1007.

조선단독선거와 관련하여 우리 조국에 조성된 정치정세와 조국통일을 위한 투쟁대책에 관한 보고」라는 연설을 통하여 다음과 같이 주장했다.

"현하의 우리 조국에 조성된 정세 하에서 미군이 철거하기만 기다리면서 남조선 친일파 민족반역자들의 배족적 망국반동정권의 강화를 방관만 하고 있는 것은 전 조선민족과 우리의 후생들에게 천추의 죄악을 짓는 것입니다. 조선인민은 만일 우리가 결정적 구국대책을 강구하지 않는다면 우리를 영원히 원망하게 될 것이며 저주하게 될 것입니다. 그렇기 때문에 우리는 조국의 통일과 자유를 보장하기 위한 결정적 구국대책을 취하여야 하겠습니다. 이 구국대책의 첫 행동으로 우리는 우리 손으로 통일을 기하며 조선인들의 의사와 숙망을 표현하며 그들을 대표하는 전조선최고입법기관을 수립하고 조선민주주의인민공화국 헌법을 실현시켜야 하겠습니다. 그러함으로써 우리는 단독정부를 수립할 것이 아니라 남부조선인민들이 참여하여 그들을 대표하는 남북조선제정당사회단체대표자들로 전 조선정부를 수립하여야 하겠습니다.… 오늘 우리 조국에 조성된 정치정세가 이것을 요구하며 우리 조국 발전의 역사와 또 전 조선인민이 이것을 요구합니다."[21]

김일성의 연설에 이어 남조선 민족전선을 대표하여 박헌영이 「남조선에서 진행된 단선과 관련하여 조성된 남조선정치정세와 통일조선을 위한 투쟁정책에 관한 보고」라는 연설을 했고, 홍명희는 민주독립당을 대표하여, 이영(李英)은 근로인민당을 대표하여 어슷비슷한 내용의 연설을 했다.[22]

2일째 회의와 3일째 회의는 토론에 할애되었으나 토론과정은 공개되지 않았다. 그런데 한독당과 민족자주연맹의 참석자들은 "왜 홍명희를 서울로 보내어 김구와 김규식 두 지도자가 지도자협의회에 참가하도록

---

21) 『北韓關係史料集 32』, 1999, pp.77~78.
22) 김학준, 앞의 책, p.1009.

설득하지 않았는가", "홍명희가 김구와 김규식을 만났더라면 두분 선생이 지도자협의회에 참석하지 못하더라도 인민공화국 수립에 참여하도록 할 수 있지는 않았겠는가" 하는 불만을 토로하기도 했다고 한다. 이에 대해 북로당 관계자들은 홍명희의 안전뿐만 아니라 그가 지도자협의회를 준비하는 남쪽 중간파 그룹의 대표였기 때문에 평양을 비우기가 어려웠던 사정을 설명하기도 했다고 한다.[23)]

마지막 날인 7월5일 회의는 「조선의 통일을 위하여 투쟁하는 남북조선 제정당사회단체지도자협의회 결정서」를 채택했다. 이 「결정서」는 (1) 남조선의 국회와 그것을 토대로 조직될 정부를 모두 "반인민적 반민주주의적"인 것으로 간주하고, 특히 남조선정부를 미제의 '괴뢰'로 간주한다는 것, (2) 곧 남북에서 선거를 실시하여 "조선최고인민회의를 창설하고, 남북조선대표자들로써 조선중앙정부를 수립할 것"이라는 것, (3) "조선최고인민회의와 조선중앙정부는 조선으로부터 외국군대를 즉시 동시에 철거하도록 할 것"이라는 것 등을 선언했다.[24)] 이 「결정서」에서 제시된 통일방안은 4월30일의 남북연석회의의 「공동성명」이 천명한 통일방안과는 차이가 있었다.[25)]

회의는 이 「결정서」를 실현하기 위한 구체적 방안으로 「조선통일을 위하여 투쟁하는 남조선제정당사회단체 지도자들 간에 협약된 조선최고인민회의 대의원선거절차에 관한 협정」을 채택했다. 이 「협정」에 따르면 (1) 대의원의 선거는 남과 북이 같이 인구비례의 원칙에 따라 실시하되 인구 5만명에 대해 1명의 대의원을 선출하고, (2) 남조선의 경우에는 도(시)별로 선거를 실시하여 뽑은 대표들로써 남조선인민대표자대회를 열고 거기에서 대의원을 선출한다는 것이었다.[26)]

---

23) 박병엽 구술, 유영구·정창현 엮음, 앞의 책, p.344.
24) 김학준, 앞의 책, p.1011.
25) 서중석, 『배반당한 한국민족주의』, 성균관대학교출판부, 2004, pp.102~103.
26) 김학준, 앞의 책, p.1011.

2

제2차 남북지도자협의회도 4월의 남북지도자협의회 때와 마찬가지로 슈티코프(Terentii F. Shtykov)와 레베데프(Nikolai G. Lebedev)에 의해서 주도되었던 것은 『레베데프일기』의 기록으로도 확연하다. 슈티코프는 7월2일에 레베데프에게 (1) 정치정세에 대한 결정서와 (2) 선거 실시 절차에 대한 합의서의 내용뿐만 아니라 (3) 제2차 지도자협의회에 대한 보도자료 문제까지 꼼꼼히 지시했다.[27) 『레베데프일기』에서 눈길을 끄는 대목의 하나는 김규식이 6월에 북한 당국에 편지를 보내어 남한에서 실시된 총선거 결과를 받아들이고 남한 국회에도 참여할 것을 권고했다는 사실이다. 김규식은 6월23일에 북한쪽에 보낸 편지에서 김구와 자신이 해주로 가는 것은 불가능하다고 말하고, 이승만과 대한민국 국회 및 유엔임시위원단 등과 협의할 것인지를 논의하기 위하여 서울에서 4김회담을 열 것과 북한에서 100명의 대표를 남한으로 보내어 통일정부를 수립할 수 있다고 말했다고 한다.[28] 북한은 김규식의 편지에 대한 항의편지를 작성하여 김규식에게 발송했는데, 그 편지는 박헌영이 작성한 것이었다고 『레베데프일기』는 적어 놓았다. 그리고 김규식에게 보낸 편지는 공개하지 않았다고 했다.[29]

곤혹스러운 입장에 있던 이 무렵의 김구의 심경은 다음과 같은 기자회견으로 실감할 수 있다. 북한의 송전 중단 문제에 대하여 미 국무부가 소련 외무부에 남한 송전을 요청한 것에 대하여 어떻게 생각하느냐는 질문에 대하여 김구는 다음과 같이 대답했다.

“전기문제는 민족적으로 해결할 문제인데, 조선인대표를 보내지 않았으므로 해결을 보지 못한 것이다. 이것을 국제화하여 워싱턴과 모스크바

27) 전현수 편역, 『레베제프일기 1945~1948』 (1948.7.2.), p.200.
28) 도진순, 『한국민족주의와 남북관계』, p.301.
29) 『레베제프일기』 (1948.7.2., 7.5.), p.201.

의 문제로 되었으니 멀리 놓고 어렵게 생각하면 해결 불능이다. 조선인대표가 가서 해결하면 북조선인민위원회를 승인하는 것이라 하여 직접 교섭을 못하게 하는 것이다."

김구가 이때까지 그의 말대로 송전 중단 문제가 남북한의 한국인 대표들의 교섭에 의하여 해결될 수 있다고 판단한 것이 사실이라면 그것은 이때의 남북한 통치체제의 법률적 및 실질적인 성격을 너무나 안이하게 인식하고 있었음을 말해 준다.

이어 김구는 "현재 국회에서 헌법초안이 토의되고 있는데, 이 초안에 있는 '대한민국' 국호는 임시정부 법통을 계승하는 것인가"라는 기자들의 질문에 다음과 같이 대답했다.

"대한민국 국호는 누가 승인하더라도 세계각국에서 승인받을 만한 조건을 구비하지 않고서는 안될 것이다. 왜정에서 이양한다 하더라도 남북을 통일한 선거를 통하여 남북통일정부를 수립하여야만 되며 현재의 반조각 정부로서는 계승할 근거가 없다. 정부를 하나 아니라 열개를 만들었대도 법적으로 조직이 안된 정부는 법통을 계승할 수 없다."[30]

이처럼 김구는 남한에서 수립되는 대한민국 정부는 임시정부 법통을 계승하지 않았다고 확언했다.

제2차 남북지도자협의회가 끝나고 7월7일에는 남한대표들만 따로 모여 남조선대의원선거 지도위원회(위원장 박헌영, 부위원장 홍명희와 이영)와 그 산하에 남조선인민대표자대회 선거실무진행 분과위원회(대표 이승엽)와 남조선인민대표자대회 소집사무진행 분과위원회(대표 김원봉)의 두 분과위원회를 구성했다. 이들은 7월14일까지 도·시선거위원회와 군·구선거위원회를 조직하고 입후보자 등록을 받았다. 그리하여 7월15일부터 8월 초까지 남한 전역은 인민대표자대회에 참석할 대의원 선거로 지

---

30) 《朝鮮日報》 1948년7월2일자, 「『大韓』의 繼承者 統一政府래야 有資格」.

하선거와 검거가 되풀이되는 혼란을 겪었다.[31]

통일독립운동자중앙협의회 간사 유림은 7월8일에 김구와 김규식을 신랄하게 비판하는 성명서를 발표했다.

> 통일독립운동자협의회는 「민족문제의 자주적 해결을 기함」이라는 강령 아래 모인 협의기구이므로 주권국가가 아닌 헌법을 준비하여 인민공화국을 수립하기 위한 회의에 참석하여 신탁통치반대자들을 반동으로 규정하고 삼상결정 옹호를 호소한 사람들이 전권(專權)으로 이 기구를 지배하면 협의회는 통일탁치운동자협의회로 변질될 것이요, 개인본위로 조직하면 하나의 당파는 될지언정 이념을 달리하는 집단들의 합작기구는 아니될 것이며, 민주주의 요소보다 전체주의 경향이 농후하게 될 것이다. 나는 자주와 민주를 조건으로 하는 통일운동자이므로 신탁통치와 독재를 주장하는 공산당 영역의 확대를 환영할 의무가 없으며, 협의회를 변질시키거나 파괴하려는 의도를 달게 받아들일 자유가 없다. 민족자주연맹이 삼상결정을 폐기한다고 선언한 것을 나는 듣지 못했다. 공산당이 새삼스레 삼상결정 옹호를 강조하는 의도는 무엇인가. 오는 유엔총회에서 소련이 평양회의의 서명자명단을 들고 나오지 않으리라는 것을 누가 담보할 수 있겠는가…

유림은 김구와 김규식이 공산당을 수단으로 선택하더라도 자기는 최후까지 항쟁할 각오가 되어 있다고 다음과 같이 선언했다.

> 우리가 죽든지 살든지 통일운동을 해야 할 것이나 무원칙한 행동은 혼란과 불행을 초래할 뿐이다. 신탁통치를 반대하여 오던 사람들이 평양에 가서 신탁통치에 서명한 책임을 양 김씨가 아니지지 못함은

31) 도진순, 앞의 책, pp.306~307.

그들이 민족지도자이며 이번에 남조선의 대표이며 서명자들을 감독할 지위에 있은 까닭이다. 나는 양 김씨가 그것을 원했다고 믿고 싶지 아니하나 객관적으로 신탁통치 주장자의 승리를 조장했으니, 그들이 대내 대외로 적당한 입장표시가 있기 전에는 통일독립운동자협의회를 그들의 장중에 바치기를 원치 않는다.

보살은 아귀를 구하기 위하여 지옥에 들어갈 수 있으나 범부 중생은 보살을 따라 지옥에 들어갈 수 없는 것이다. 양 김씨는 공산당을 선택 수단으로 포용할지라도 나는 무명 소졸이라 부지중에 공산당 5열에 징용되지 않도록 부단히 경각을 가지고 싶다.

그러면서 유림은 다음과 같이 단호하게 못 박았다.

나는 통일운동을 통하여 사세(私勢)를 확충하려는 심사도 없고 허구선전으로 모해중상하려는 모든 파렴치한 행위를 괘의치 아니하나, 옳다고 생각하는 일에는 최후까지 항쟁할 준비가 되어 있다. 모든 것은 동포들의 혁명도의와 애국양심의 판단에 맡긴다.[32]

3

제2차 남북지도자협의회 뉴스가 남한에 알려진 것은 7월10일에 있었던 김구의 기자회견을 통해서였다. 김구는 북쪽으로부터 제1차 남북회담 이후에 정세가 많이 변했으므로 제2차 회담을 개최하자는 제의가 있었고 이에 대해 자신이 홍명희를 연락위원으로 서울로 보내라는 회답을 며칠 전에 보냈다고 말했다.[33] 그제서야 북한방송도 회의경과를 자세히 보도

32) 《京鄕新聞》 1948년7월10일자, 「贊託에 署名한 兩金氏 統協領導權 없다」.
33) 《朝鮮日報》 1948년7월11일자, 「二次南北會談 北朝鮮에서 提案」.

1947년12월18일에 유엔한국임시위원단 의장으로서 경교장을 방문한 유어만(劉馭萬)(앞줄 왼쪽에서 두번째).

했다.[34]

김구는 여간 불쾌하고 곤혹스럽지 않았다. 그는 이제 어떻게든 결단을 내려야 했다. 이때의 그의 심경은 7월11일 오전에 경교장을 방문한 유엔한국임시위원단 의장인 중국대표 유어만(劉馭萬) 공사와 나눈 대화에 여실히 나타나 있다. 면담은 11시부터 1시간 이상 계속되었다.[35]

대화는 처음부터 끝까지 심각하게 진행되었다. 유어만은 먼저 김구가 정직한 사람이라는 점에서 존경해왔다고 말하고, 오늘은 정직한 사람과 정직한 사람 사이의 대화를 하기 위해 방문했다고 말했다. 김구는 고개만 끄덕였다.

유어만은 중국국민당의 비서로서 임시정부를 도왔던 오철성(吳鐵城)이 김구에게 보내는 편지를 영사관에 보관하고 있고 왕세걸(王世杰) 외교부장도 편지를 보낼 것이라고 말했다. 장개석도 김구에게 직접 편지를

34) 《朝鮮日報》 1948년7월13일자, 「南北指導者會議 六月二十九日부터 一週日間開催」.
35) 《朝鮮日報》는 약 2시간 반 동안 회담했다고 보도했다. 《朝鮮日報》 1948년7월13일자, 「劉中國公使 金九氏要談」.

쓰려고 했는데, 외교부장이 오늘의 면담에 대한 자기의 보고를 받고 나서 쓰도록 건의했다고 말했다. 그러면서 유어만은

“저는 세통의 편지가 같은 메시지를 선생께 전하는 것임을 잘 알고 있습니다. 그것은 선생께서 이 박사와 협력하시도록 당부하는 것입니다”

하고 말했다.

유어만은 이승만, 김구, 김규식 세 사람이 남한정부를 수호하는 데 협력할 것을 강조했다.

유어만은 김구의 아들 김신(金信)과는 친구라면서 자기말이 듣기 거북하더라도 아들이 아버지에게 진심으로 드리는 말씀이라고 생각해 주기 바란다면서 다음과 같이 말했다.

“저는 그렇게 믿지 않습니다만 만약 선생께서 공산주의를 신봉하고 가담하실 생각이라면 그렇다고 말씀해 주십시오. 그렇다면 우리는 정적으로서 헤어지고 다시는 서로 만나지 않으면 됩니다.”

그러자 김구는 엄숙한 표정으로 미소를 띠면서 말했다.

“나는 항상 무슨 일이 일어날지 알아요. 사실은 내가 마음먹고 있는 것이 있습니다. 측근한테도 이야기하지 않는 것이라서 지금 공사에게 털어놓는 것은 적절하지 않다고 생각해요. 이 정도로만 말씀드리지요. 머지않아 모든 것을 분명히 밝히겠습니다. 공사를 포함하여 친구들이 좋아하든 않든. 기다려 주겠지요?”

유어만은 말하지 않아도 좋다고 말하고 최종적인 결정을 내릴 때에 도움이 될 만한 자신의 생각을 말하겠다면서 다음과 같이 말했다.

“제가 이 박사에게 선생과의 협조가능성을 타진할 때마다 그분의 한결같은 대답은 ‘만일 그가 나와 함께 일할 생각이 있다면 나는 절반 이상 양보할 용의가 있다’는 말이었습니다. 나는 이 박사께서 선생에게 부통령직을 제의하실 생각이 있다는 인상을 가지고 물러 나오곤 했습니다.”

유어만은 자기가 그런 말을 하는 것조차 김구로서는 못마땅하게 여겨질지 모르지만 새로 수립되는 정부에서 그런 자리를 맡는 것이 많은

사람들에게 우익 진영의 단결을 보여주는 상징적인 가치가 있다고 강조했다. 유어만은 또 김구가 평양에 다녀온 것은 잘못이었다고 주장했다. 이에 김구는 다음과 같이 말했다.

"북한 공산주의자들은 나를 자기네의 협력자로 봐요. 내가 영사에게 말했듯이 모든 사람들이 내 입장을 곧 알게 될 겁니다. 그렇다고 내가 남한정부에 참여한다는 뜻은 아닙니다. 영사도 알다시피 이 박사는 한민당의 포로가 되어, 말하자면 그들이 하자는 대로 해야 하는 입장이에요. 내가 만약 정부에 들어가면 피치못할 갈등이 일어나서 문제를 일으킬 것입니다. 내가 바깥에 있는 것이 나아요. 나는 더러운 정치싸움에 말려들기 싫습니다."

이 말을 받아 유어만은 다음과 같이 말했다.

"그것은 오히려 바깥에 계시는 것보다는 정부에 들어가셔야 할 이유가 될 것 같습니다. 이 박사는 선생의 오랜 동지인 신익희(申翼熙), 이범석(李範奭), 이청천(李青天)씨 같은 분들을 휘하에 두고 있습니다. 선생께서 참여하셔서 그들에게 힘이 되어주지 않으시면 모든 것이 한민당 뜻대로 되고 말 것입니다. 이 박사가 국익을 위하여 그렇게 하고 싶어도 혼자서 그 정당을 제압하기는 어려울 것입니다. 선생께서 정부에 들어가셔서 그들을 견제하면 이 박사에게 힘이 될 것이고 만약 포기하신다면 한민당이 이 박사를 좌지우지하게 될텐데, 선생께서도 한민당이 국가의 운명을 견제 없이 전단해서는 안 된다고 생각하시지 않습니까."

김구는 정치싸움 등 이미 한 이야기를 되풀이하고 나서 다음과 같이 말했다.

"더구나 나는 한 특정 정당의 비방 캠페인에 의하여 반미주의자로 알려졌어요. 나는 중국과 미국만이 한국을 확실히 도와줄 수 있는 이웃나라라고 생각하는데 말이요. 우리의 국가건설을 위해서는 미국의 원조가 필요한데, 내가 정부안에 있으면 미국인들의 동정심에 찬물을 끼얹어 국가이익을 해치게 될 것입니다."

유어만은 이승만도 한때 반미주의자로 비난 받았다고 말하면서 김구의 말을 부정했다.

김구는 이어 중국을 비롯한 연합국의 한국정부 승인 전망에 대하여 유어만의 견해를 묻고 나서 매우 주목되는 발언을 했다.

"내가 남북한지도자회의에 갔던 동기의 하나는 북한에서 실제로 일어나고 있는 일들을 알아보기 위해서였습니다. 비록 공산주의자들이 앞으로 3년 동안 북한군의 확장을 중지하고, 그동안 남한에서 모든 노력을 기울이더라도, 공산군의 현재 수준에 대응할만한 병력을 건설하기란 불가능합니다. 소련인들은 비난을 받지 않고 아주 손쉽게 그 병력을 남한으로 투입시키고 한순간에 여기에서 정부가 수립되고 인민공화국이 선포될 것입니다."

이러한 주장은 미소 양 주둔군이 철수하더라도 내전은 있을 수 없다고 장담한 4월30일의 공동성명 내용과는 사뭇 다른 주장이었다. 김구의 이러한 주장에 대해 유어만은 또 유어만대로 소련인들이 전쟁을 각오하지 않는 한 그런 일은 일어나지 않을 것인데, 그들은 전쟁을 원하지 않는다고 잘라 말했다.

영문으로 된 이 대화록은 이화장의 이승만문서에 들어 있는데, 그것은 유어만이 작성하여 이승만에게 전한 것으로 판단된다.

유어만 공사의 김구 방문은 이승만과 두 김의 협조를 바라는 장개석(蔣介石) 총통의 뜻에 따른 것이었음은 말할 나위도 없다.

독립운동기간 내내 중국군 고위장교로 활동하던 김홍일(金弘壹)은 대한민국 정부가 수립되고 난 뒤인 1948년8월26일에야 귀국했는데, 그는 귀국할 때에 장개석으로부터 이승만과 두 김에게 따로따로 보내는 편지를 휴대하고 왔다. 이승만에게 보낸 편지는 다음과 같은 내용이었다고 한다.

한국이 주권을 얻어 국제적으로 진출할 대상이 된 것을 축하합니다. 한국의 사정은 중국의 내전경험을 통하여 충분히 이해할 수 있으며 귀국내의 대립은 매우 유감으로 생각합니다. 중국은 신생 대한민국 정부를 절대로 원조할 것이며 우리의 힘이 미치는 데까지 한국문제가 국제적으로 원만히 해결을 보도록 노력할 것입니다. 최후로 김구, 김규식 양씨와의 합작을 충심으로 희망합니다.[36]

장개석은 내전으로 경황없는 상황에서도 한국에 대한 특별한 관심을 포기하지 않고 있었음을 짐작할 수 있다.

김구와 김규식은 마침내 7월19일에 제2차 남북지도자협의회를 비판하는 공동성명을 발표했다. 김구가 유어만 공사에게 마음먹고 있는 것이 있다면서 머지않아 알게 될 것이라고 한 것은 이 공동성명이었던 것같다.

통일이 없으면 독립이 없고 독립이 없으면 우리가 멸망한다는 것은 천경지위[天經地緯: 영원히 변하지 않을 진리나 법칙]이다. 우리가 지난 11월에 유엔의 한국문제에 대한 결의를 지지한 것도 우리 조국의 통일 독립을 전제한 까닭이요, 그 내용이 우리에게 만족하여 지지한 것이 아니다. 그러나 소련이 북한에 입경을 거절한 이유로 금년 2월26일의 유엔소총회 결의는 우리 조국 분열을 내포한 결의이므로 우리가 남북협상을 추진하였고, 그 결과로 미소 양군 철퇴후 남북협상에 참가하였던 정당 사회단체의 주동으로서 전국정치회의를 소집하야 자주민주의 통일적 임시정부를 수립하기를 굳게 약속한 것이다.

그러나 최근의 신문보도에 의하면 평양에서 소위 제2차 남북협상을 행하였다 한다. 이것을 보는 우리는 괴이치 아니할 수 없다. 그 회의가 일방의 독단일 뿐 아니라 그 참가단체로 보더라도 제1차 협상에 남한을 대표하여 참가한 정당 사회단체 41개에 비하여 과연 요요무

---

36) 《서울신문》 1948년9월7일자, 「兩金氏와 合作을」.

문[寥寥無聞: 남에게 알려짐이 없음]이었다. 그래도 이것이 민의에 의한 통일이라 주장하면서 인민회의라는 것을 통하여 그들이 일방적으로 결정한 헌법에 의하여 인민공화국을 선포하고 국기까지 바꾸었다. 물론 시기와 지역과 수단 방법에 있어서 차이가 있을지언정 반조각 국토 위에 국가를 세우려는 의도는 일반인 것이다. 이로부터 남한 북한은 상호 경쟁적으로 국토를 분열하여 동족상잔의 길로 나갈 것이다.

이에 우리는 진정한 애국동포들로 더불어 민주적 자주 통일의 국가를 건립하려는 그 노선을 더욱 굳게 지키며 최후까지 노력할 것을 천하에 정중하게 성명한다.

끝으로 북한에 대하여 희망하는 것은 그들이… 이번의 과오를 시정하고 남북협상의 결과로 발표된 4월30일의 공동성명에 제정(提定)된 대로 실행하자는 것이다. 그리고 홍명희 선생이 신속히 귀경하여 최근에 전변된 북조선 정세를 우리에게 알려주기를 요청하는 바이다.[37]

이 성명으로 두 김과 북한과의 관계는 완전히 끝났다. 《경향신문(京鄕新聞)》은 이 공동성명에 대한 통단 사설을 통하여 "양 거두의 이같은 성명이야말로 정부조직을 앞둔 정계에 일대 충격을 준 것은 물론 양씨에 대한 세간의 시시비비의 비난과 오해를 일소하기에 족하였다"라고 논평했다.[38]

이 공동성명을 발표하던 날 오전에 김구는 기자들을 따로 만났다. 제2차 남북지도자협의회의 결정에 대한 의견을 묻는 기자들에게 김구는 "한국의 애국자로서는 이에 대한 의견은 다 같을 것이니 물을 것도 없다"라면서 구체적인 언급을 피했다.

새로운 정세를 맞아 김구가 정부수립 작업에 참여하는지의 여부는 국

37) 《朝鮮日報》 1948년7월20일자, 「統一路線堅持」; 《京鄕新聞》 1948년7월20일자, 「本然의 姿態로 도라간 兩金氏」.

38) 《京鄕新聞》 1948년7월21일자, 「社說: 兩金氏聲名의 意義重大」.

민적인 관심사가 되고 있었다. 그것에 대하여 묻자 김구는 "이런 말을 운위하는 것은 나를 모욕하는 것이나 다름없다고 생각한다"하고 격렬하게 부인했다. 그리고 9월에 열릴 파리 유엔총회에 통일독립촉성회의 대표를 파견할 것이냐는 질문에 대해서는 "용의만은 있다"라고 무르춤하게 대답했다.[39] 김규식의 태도가 부정적이었기 때문이었다.

유엔총회에 대표를 파견하는 문제에 대하여 김구가 이처럼 무르춤해진 것은 이승만이 7월12일의 기자회견에서 그것은 "망녕에 불과하다"고 드세게 비난한 점도 감안한 것이었을 것이다. 이승만은 남북협상파가 파리에서 개최되는 유엔총회에 대표를 파견한다는 설이 있다면서 그에 대한 의견을 묻는 기자들에게 다음과 같이 말했다.

"유엔소총회의 결의를 반대하고 유엔 감시하의 총선거를 반대한 그들이 유엔에 대표를 파견한다는 것은 망녕에 불과한 것이다. 이제부터의 유엔대표는 우리 정부에서 선출한 대표만이 대표가 될 수 있는 것이지 어떠한 위대한 인물이나 어떠한 큰 단체라도 우리 대한민국의 대표는 될 수 없는 것이다."[40]

이승만은 두 김이 유엔총회에 대표를 보내어 남한정부를 반대하는 운동을 벌이겠다고 한 말이 몹시 거슬렸던 것이다.

39) 《京鄕新聞》 1948년7월20일자, 「政府樹立에 出馬說否定」.
40) 《東亞日報》 1948년7월13일자, 「八·一五까지는 行政移讓」.

2. "여러 번 죽었던 이 몸"이 대통령으로

1

온 국민의 관심사인 대통령과 부통령 선거는 7월20일의 제33차 국회에서 실시되었다. 선거 직전의 국회내 세 정파의 움직임을 《조선일보(朝鮮日報)》는 다음과 같이 보도했다.

> 국회 내의 동향 및 항간에 이미 유포되고 있듯이 대통령에는 이승만 박사가 확실시라 하며, 부통령에는 이시영(李始榮), 오세창(吳世昌), 김구씨 등이 논의되고 있으며, 국무총리는 대통령이 지명하여 국회의 승인을 받을 것이나 물망 중의 인물은 신익희, 김성수(金性洙), 조소앙씨 등으로 지목되고 있다.… 19일까지의 국회 내 각파의 동향은 다음과 같다.
>
> ○ 한국민주당계 = 19일 오전 11시에 중앙청 제1회의실에 독촉국민회 계열을 포함한 약 50명이 회동하고 사전 협의한 바 있으며, 따로 한민당원은 하오 2시에 당회의실에서 회합하고 협의한 결과 대통령에 이승만 박사, 부통령에 이시영씨를 지명 투표하기로 하였다 하며, 국무총리에는 김성수씨를 추천 공작중이라 한다.
>
> ○ 무소속구락부 = 17, 18, 19 연 3일간 회합하고 대통령에 이 박사, 부통령에 김구씨를 추대하고 국무총리에는 조소앙씨를 추천하기로 하였다 한다.
>
> ○ 독촉국민회계 = 대통령에는 이 박사, 부통령에는 이시영씨를 추대하기로 하였다 하며, 국무총리에는 신익희씨를 추대할 것이라 한다.
>
> 이로 보아 대통령에는 이 박사, 부통령에는 이시영씨가 유력시되나 절대 다수표는 독점하기 곤란할 것이라고 한다. 이는 일부에서 서재필(徐載弼) 박사, 김구씨 등에게도 분산투표가 예측되는 까닭이라

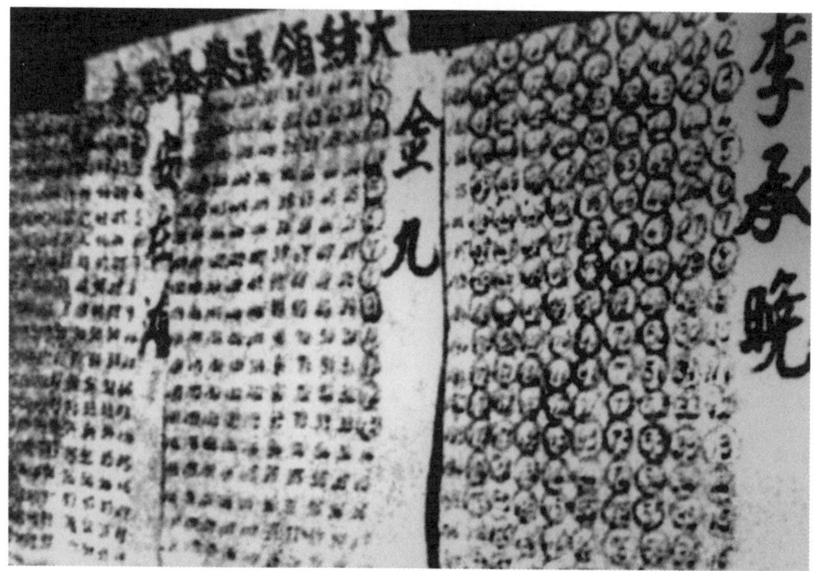

국회 본회의장에 설치된 대통령선거 개표상황판. 이승만은 투표자 196명 가운데 180표를 얻었다. 김구가 13표, 안재홍이 2표, 서재필이 1표였다.

한다. 그리고 정부통령 선출 후에는 국무총리 임명이 주목되는 바인데, 국회 내의 3파세력의 각자 추천인물이 미묘한 관계와 그러한 점을 고려하는 이 박사의 태도는 규지할 수 없는 바 예측키 곤란하다. 여하간에 국제 정세로나 특히 국내 정세로 보아서라도 불원간 북조선에서도 정부수립 기도설이 전해지고 있는 이때에 남북통일 자주독립을 지향하여 명실상부히 유능한 인물의 등장이 긴요한 만큼 국회의원의 금일의 투표 여하는 중차대하다 할 것이다.…[41]

이러한 예측과는 달리 선거 결과는 이승만의 압승이었다. 대통령 선거는 오전 10시 25분부터 1시간가량 무기명 투표로 실시되었는데, 재적의원 198명 가운데 196명이 출석하여 투표에 참가했다. 개표 결과 180표라는 압도적 다수로 이승만이 당선되었다. 김구는 13표로 차점이었다. 그

41) 《朝鮮日報》 1948년7월20일자, 「注目되는 今日正副大統領選擧」.

밖에 안재홍(安在鴻)이 2표, 서재필이 1표였는데, 서재필은 미국 국적을 가졌으므로 그의 표는 무효라는 서우석(徐禹錫) 의원의 긴급동의에 따라 만장일치로 무효로 처리되었다.[42]

부통령 선거는 오후 2시부터 실시되었다. 부통령 선거에 앞서 이승만은 국회의장실에서 기자회견을 가졌는데, "부통령에는 누가 당선되기를 희망하는가?"라는 기자들의 질문에 그는 이미 이시영으로 낙점해 놓고 있으면서도 다음과 같이 연막을 쳤다.

"나로서는 그것을 결정할 수 없다. 들리는 말에 의하면 처음에는 오세창, 이시영씨가 좋다고 하였는데, 최근에 와서는 조만식(曺晩植)씨 설도 들었다. 나는 개인적으로 조만식씨를 매우 존경한다. 씨는 히틀러 독재하에 있던 전전 독일에서 반히틀러 운동을 한 뉴멜 같은 위대한 인물이라고 본다. 그러나 씨를 부통령으로 모시는 것은 씨 자신을 위하여 위험천만이라고 하기 때문에 나로서는 역설하지 못하는 것이며, 만일 실패하는 경우에는 안하는 것만 못할 것이다."

그러자 기자들은 대통령 선거 때에 김구의 표가 나왔던 사실을 들면서 "부통령에 김구씨가 나오게 되면 합작할 의사가 있는가?"하고 물었다. 이에 대해 이승만은 그 가능성을 부정하면서도 매우 주목할 만한 대답을 했다.

"그것은 불가능한 것이다. 김구씨의 태도는 아직 동포에게 알려지지 않았다. 정부는 의사가 맞는 사람이 일치단결하는 데서 공고히 되는 것이다. 대통령과 부통령이 서로 의사가 맞지 않으면 정부는 자연적으로 흔들려지는 것이다. 내 생각으로서는 김구씨가 불원간 태도 표명이 있을 것으로 추측된다. 김구씨는 정부가 수립되더라도 미국사람이 우리 정부에 간섭할 것이라고 하는 모양인데, 지금 우리 정부 수립하는 데 미국은 조금도 간섭하지 않고 있다. 사실 미국사람이 우리 정부에 간섭한다면

---

42) 《서울신문》 1948년7월21일자, 「大統領에 李博士」.

나 자신도 그것을 반대한다."

이어서 그는 "그렇다면 김구 국무총리설도 낭설인가?"라는 기자들의 질문에는 "국무총리를 준다는 사람은 누구인가?"하고 통명스럽게 일축했다.[43)]

부통령 투표 때에는 한 의원이 더 출석하여 197명이 투표에 참석했다. 개표결과는 이시영 113표, 김구 65표, 조만식 10표, 오세창 5표, 장택상(張澤相) 3표, 서상일(徐相日) 1표로 최고득점이 출석의원의 3분의 2가 되지 못하여 헌법 규정에 따라 재투표를 실시했다. 재투표 결과 이시영이 20표가 더 늘어난 133표로 부통령에 당선되었다. 차점인 김구는 62표로 2차 투표에서 3표가 오히려 줄었다. 김구의 정부 참가 거부에도 불구하고 국회 안에 그의 지지세력이 3분의 1 가까이 있었던 셈이다. 이구수(李龜洙)가 1표, 무효표가 1표였다.[44)]

이시영은 기자회견에서 "정부가 서면 오락가락하는 민족적 정기를 상실한 그릇된 사람들을 선도하는 것이 제일 중요하다"라고 의미심장한 소감을 피력했다.[45)]

대통령 선거에 대하여 대표적인 두 신문이 각각 다음과 같이 논평한 것은 우익진영 간의 여론의 간극을 상징적으로 보여주는 것이었다. 한민당계의《동아일보》는 다음과 같이 논평했다.

> 박사의 대통령 당선은 그 인망으로 보거나 국내 정국의 귀추로 보아 당연한 일이며 대외적인 신망으로 보아 국제적으로도 다대한 호감을 가지게 되리라고 생각한다. 외국인도 박사에게 중임이 낙착될 것은 이미 예측한 것 같으며 또 미소가 세계적으로 대립하고 있는 현정세 하에서 박사 이외에 인물이 없다는 것도 잘 알 것이다. 여하간 우

---

43)《東亞日報》1948년7월21일자, 「一週日內에 組閣」.
44)《京鄕新聞》1948년7월21일자, 「副統領에 李始榮氏」.
45)《東亞日報》1948년7월22일자, 「오락가락하는 사람들 善導」.

리는 우리의 자율적인 의사를 가지고 대통령을 선출하야 정부수립을 앞둔 박사로부터 국민의 공복이 될 것을 우리는 또한 들었다. 대통령 취임 후에 있어서도 일생을 갖은 압제와 폭압에 굴하지 않고 고절(苦節)을 지키던 그 위대한 정신을 살려서 여생을 독립완수에 헌신하기를 바란다.[46)]

한편 김구에게 더 호의적이었던《조선일보》는 다음과 같이 논평했다.

국회가 남조선만으로 성립된 거기에도 무한한 적요[寂寥: 적적하고 고요함]를 느끼거니와 김구, 김규식씨 등 커다란 정치세력의 불참이 국회의 또한 적요감을 주었다. 부득이 남북이 미소외교전의 결과로 갈리지 않을 수 없다면 남(南)은 남만으로라도 자주적 질서를 육성하여 앞으로 북과의 평화적 통일을 전제하야 모다 뭉칠 수 없겠는가 하는 것이 오늘 남조선의 대다수의 심정이 아닐까 생각되는 것이다. 아니 그보다도 오늘 초대 대통령으로 추천된 이 박사는 오랫동안 태평양을 격하여 있었다 하지만 국권회복에 노심분투하던 분중 어느 분보다도 당연히 합력되었어야 할 김구, 김규식 양씨를 위시하야 오늘 국회에 불참한 일파와 한자리에서 신국가의 구상을 토론치 못하게 된 것을 이 박사 자신이 누구보다도 적적히 여길 것을 접어 생각할 수 있다. 앞으로 국내 국제의 다단한 관계를 생각할 때에 지금 착수될 정부조직에 있어서 이 박사의 고심도 또한 여기에 있을 것이니, 이것이 또한 오늘 국민의 가슴에 서린 어설픈 느낌도 될 것이다. 그러므로 초대 대통령의 중임을 맡은 이 박사야말로 난국 타개에 더 큰 분투가 있을 것으로 기대된다.[47)]

---

46)《東亞日報》1948년7월21일자,「社說: 初代大統領李承晩博士」.
47)《朝鮮日報》1948년7월21일자,「社說: 初代大統領의 李博士」.

이승만은 이화장의 정자였던 작은 별채를 조각본부로 정하고 조각 작업에 착수했다. 이화장은 이튿날 아침부터 인성만성했다. 오전 9시에 통위부장 유동열(柳東說)과 해안경비대 사령부의 손원일(孫元一)이 방문한 데 이어, 9시30분에는 한민당 위원장 김성수, 10시에는 하지(John R. Hodge) 사령관, 10시30분에는 국회부의장 신익희와 대법원장 김용무(金用茂), 11시5분에는 이화여대 총장 김활란(金活蘭)이 차례로 이화장을 방문했다. 하지는 노블(Harold J. Noble)과 제이콥스(Joseph E. Jacobs) 두 정치고문을 대동하고 와서 30분 동안 요담을 나누고 돌아갔는데, 하지가 이승만의 사저를 방문한 것은 이때가 처음이었다.

의정부에서 요양 중이던 이시영은 오후 1시15분에 이화장을 방문했다. 오후 4시10분쯤에는 하지의 경제고문 번스(Arther C. Bunce) 박사가 방문했고, 오후 5시에는 유어만 중국공사가 방문했다.[48]

2

통일독립촉진회의 발기 겸 결성대회는 7월21일 정오에 김구와 김규식을 비롯한 70여개 정당 및 사회단체대표인 대의원 150여명이 참석한 가운데 소공동의 연무관(研武館)에서 개최되었다. 사회를 맡아 개회사를 한 김붕준이 임시의장에 피선되어 대회를 진행했다. 조헌식의 경과보고에 이어 두 김의 치사가 있은 다음 엄항섭의 국내외 정세보고가 있었고, 권태양이 「강령」과 「규약」을 낭독하고 통과시켰다. 「강령」은 (1) 통일독립운동자의 총역량 집결을 기함, (2) 민족문제의 자주적 해결을 도모함, (3) 민족강토의 일체 분열공작을 방지함이었다. 「규약」 수정에 관해서는 새로 선출되는 중앙집행위원회에 일임했다.

회의는 토의사항으로 들어가서 전국정치회의 소집문제와 유엔총회

---

48) 《東亞日報》 1948년7월22일자, 「「內閣의 産室」 梨花莊」; 《朝鮮日報》 1948년7월22일자, 「梨花莊에 組閣本部」.

에 대표를 파견하는 문제를 상정했으나 역시 중앙집행위원회에 일임했고, 미국, 소련, 영국, 중국, 프랑스와 유엔총회에 "통일자주독립의 조속한 완수에 귀국의 원조와 협조를 요망한다"는 내용의 메시지를 배성룡이 낭독하고 의결했다. 회의는 이어 임원선거에 들어가서 주석에 김구, 부주석에 김규식을 추대하고 중앙감찰위원을 선출한 뒤 오후 4시쯤에 폐회했다.

그런데 이날 김구와 김규식이 한 치사 내용에는 눈여겨볼 만한 차이가 있었다. 김구의 치사 요지는 다음과 같았다.

"현하 우리 환경을 싸고도는 정세는 대단히 악독하고 험악한 바 있다. 일제가 물러간 오늘날의 현상은 어떠냐. 남북에 외국군은 주둔하여 있고 민족의 유혈은 날이 갈수록 심화하여 앞으로 열릴 유엔총회에서 저울질을 받게 되었다. 조국의 운명이 외국사람들의 손에 좌우된다는 것은 이 얼마나 슬픈 일이냐. 탐관오리, 모리간상, 친일역배, 악질반동배들이 발호하고 있음은 통곡할 일이다.

민족의 통일독립만이 우리 민족을 살리는 길이다. 우리 민족은 우리 자신이 살려야 하겠다. 친소 친미보다 우리는 먼저 우리 조국을 친하고 우리 자신이 통일한 연후에 비로소 친소도 할 수 있고 친미도 할 수 있는 것이다.

우리는 이러한 의미에서 먼젓번 평양회담도 해보았다. 그런데 최근 평양에서 또하나의 정부를 세운다 하니 이는 그들의 배신적 행위이므로 우리 애국통일독립운동자들은 희생을 각오하고 통일을 위하여 싸워야 하겠다."

이처럼 김구는 북한이 일방적으로 제2차 남북지도자협의회를 강행한 것을 "배신적 행위"라고 비판했다.

김규식은 남한에 설립되는 정부에 반대도 하지 않고 참가도 하지 않지만 잘되기 바란다는 입장을 밝혔다.

"지금 여러 가지를 생각하면 말할 흥취도 나지 않는다. 우리가 나라를 잃은 것이 40년인데 그것이 통일 못돼서 그렇게 된 것이었고, 그동안 갖은 고초를 다하여 해방이 되었는데 이 해방도 남의 덕분으로 된 것이다. 유감인 것은 우리가 북에서 발표한 공동커뮤니케이션의 제안은 명백한데도 불구하고 북에서 정부를 세우느니 하는 말이 들리는 까닭이다.

만일 그게 사실이라면 북조선에 있는 동포들도 엄정하게 성명한 글발에 대해서 그것을 잊어버리는 것이다. 나는 바라기를 우리는 얼마든지 식구가 많든지 적든지 우선 남쪽에 있는 동포들이 통일이 되어서 우리 독립을 쟁취하는 데 필세(畢世)의 노력을 다할 것이다.

이제 남조선 국회에서 대통령이 선출되었는데, 나는 과거의 나의 성명과 같이 반대도 안하고 참가도 아니하는 동시에 그것이나마도 잘되어 나가기를 바라며, 그것이 정부가 아무렇든 간에 외국인의 군정부보다는 낫게 되기를 바란다.

동시에 북에서 또하나 정부가 선다면 그 북정부와 남정부가 한데 합하여 우리가 살길을 얻기 바란다. 여러분은 앞으로 속히 다같이 중간이고 좌이고 우이고 할 것 없이 문자 그대로 통일을 완수하여 도탄에 빠진 민생을 구해 내기를 바란다."[49)]

김규식의 이러한 태도변화는 미 군정부의 미국인들과 계속적인 접촉과 그들의 설득에 따른 것이었음을 말할 나위도 없다.

독립정부의 첫 조각을 앞두고 정파마다 그럴듯한 이유를 내세워 감놓아라 배놓아라 하고 덥적이는 것이 이승만은 여간 못마땅하지 않았다. 그렇다고 그들의 요구를 숫제 무시할만한 수중의 세력이 있는 것도 아니었다. 그는 특유의 저돌적인 방법으로 정면돌파를 하기로 결심했다. 믿는 것은 "민의", 곧 민중의 지지였다. 그는 7월22일에 이화장에서 국무총리 인선에 대한 기자들의 질문에 다음과 같이 말했다.

"국무총리는 아직 지정한 사람은 없으나 발표될 때에는 다 놀랄 것이

---

49) 《서울신문》 1948년7월22일자, 「"統一獨立만이 우리의 活路"」.

다. 각 정당 사회단체가 다 소망대로 되기를 기대하는 중에도 이번에 여러 가지로 발표되고 낭설이 유행되었으나 나의 생각에는 이와 같이 되지 않을 것으로, 모든 사람이 다 놀랄 것으로 본다. 내가 또 믿는 것은 모든 정당과 단체가 자기 사람을 추천하는 것은 자기들의 믿는 사람이 정당한 자리에 앉아야 나라일이 잘될 줄 알고 기대하는 것

대통령 취임선서를 하는 이승만 대통령.

뿐이니, 어쨌든지 자기들의 의외의 사람이 나서 일이 잘될 줄 믿게 되는 때에는 일심으로 복종할 줄 안다."

그리고 국무위원의 각파 비율을 어떻게 할 것이냐는 질문에는 자신이 원하는 것이 민의와 같다고 서슴없이 말했다. 그러면서 만일 민의가 자기의 뜻과 달라진다면 극력 충고해서 "만회하기를 도모"하겠다는 말까지 했다.

"우리 정부수립은 남의 조직된 나라와 달라서, 어떤 정당이 득세하거나 승리하거나 실패하는 것이 문제가 아니요, 오직 이것은 국권을 회복해

서 새로 국가를 건설하는 정부이므로, 정당이나 파당주의는 초월해서 오직 민의를 따라서 세워야만 될 것이다. 만일 우리 민의가 나의 뜻하는 바와 근본적으로 달라서 딴 길로 나아간다면 나는 극력 충고해서 만회하기를 도모할 것이다.

내가 귀국 후로 체험한 민의는 전적으로 나의 뜻과 같으며 나의 원하는 것이 민의와 같으므로, 우리의 부강 전진이 용이하게 될 것을 믿고 많은 자신과 흥분을 가지고 용감스러이 나아갈 것이다. 그러하니 민족 전체는 다 지지 추대해서 국가의 위신을 존중히 여길 줄 믿는 바이다. 앞으로 국무위원 조직이 발표될 때에는 낙심 낙망할 사람이 얼마는 없지 않을 것이다."[50]

그것은 대중강요자형 지도자의 성품이 그대로 드러나는 결의이자 책략이었다.

3

대한민국 초대 정부통령 취임식은 7월24일 오전 10시15분부터 11시15분까지 한시간 동안 중앙청 광장에서 부슬비가 내리는 가운데 거행되었다. 국회의원 전원을 비롯하여 과도정부 부처장, 국방 및 해안경비대원, 각 정당 사회단체 대표, 그리고 유엔한국위원단, 하지 중장과 딘(William F. Dean) 군정장관을 비롯한 미 군정부 간부 등 외국내빈들이 다수 참석했다. 취임식은 국회 제34차 본회의에서 거행하는 이승만 대통령과 이시영 부통령의 취임선서식 형식으로 진행되었다. 국민의례에 이어 국회부의장 신익희의 개회사가 있은 다음 이승만은 헌법 제54조의 규정에 따라 "나 이승만은 국헌을 준수하며 국민의 복리를 증진하며 국가를 보위하여 대통령의 직무를 성실히 수행할 것을 국민에게 엄숙히 선서한

---

50) 《서울신문》 1948년7월23일자, 「總理發表하면 놀랠 사람」.

다"라고 선서하고 선서문에 서명했다.

뒤이어 있은 이승만의 취임사는 조각인선문제로 눈코 뜰 사이 없는 상황에서도 이승만 자신이 특유의 문장력을 한껏 발휘하여 직접 작성한 것이었다. 이승만은 감동적인 수사로 연설을 시작했다. 그는 이제 일흔네 살이었다.

부통령 취임선서를 하는 이시영 부통령.

"여러 번 죽었던 이 몸이 하나님의 은혜와 동포의 애호로 지금까지 살아 있다가 오늘에 이와 같이 영광스러운 추대를 받는 나로는 일변 감격한 마음과 일변 감당키 어려운 책임을 지고 두려운 생각을 금하기 어렵습니다. 기쁨이 극하면 웃음이 변하여 눈물이 된다는 것을 글에서 보고 말하였던 것입니다.

요사이 나에게 치하하러 오는 남녀동포가 모두 눈물을 씻으며 고개를 돌립니다. 각처에서 축전 오는 것을 보면 모두 눈물을 금하기 어렵다 합니다. 나는 본래 나의 감상으로 남에게 촉감될 말을 하지 않기로 매양 힘쓰는 사람입니다. 그러나 목석간장이 아닌만치 나도 뼈에 맺히는 눈물을 금하기 어렵습니다.

이것은 다름 아니라 40년 전에 잃었던 나라를 다시 찾는 것이요 죽었던 민족이 다시 사는 것이 오늘 이에서 표명되는 까닭입니다."

이승만은 먼저 5·10선거가 민주적으로 실시되었고 그러한 선거를 통하여 구성된 국회는 헌법과 정부조직법을 성공적으로 제정했다고 국회의원들을 치하했다.

"이번 우리 총선거의 대성공을 모든 우방들이 칭찬하기에 이른 것은 우리 애국남녀가 단순한 애국성심으로 각각 직책을 다한 연고입니다. 그 결과로 국회 성립이 또한 완전무결한 민주제도로 조직되어 2~3당이 그 안에 대표가 되었고, 무소속과 좌익색태로 지목받는 대의원이 또한 여럿이 있게 된 것입니다. 기왕 경험으로 추측하면 이 많은 국회의원 중에서 사상충돌로 분쟁 분열을 염려한 사람들이 없지 않았던 것입니다.

그러나 중대한 문제에 대하야 종종 극렬한 쟁론이 있다가도 필경 표결될 때에는 다 공정한 자유의견을 표시하야 순리적으로 진행하게 되므로 헌법제정과 정부조직법을 다 민의대로 종다수 통과된 후에는 아무 이의없이 다 일심으로 복종하게 되므로 이 중대한 일을 조속한 한도내에 원만히 처결하여 오늘 이 자리에 이르게 된 것이니, 국회의원 일동과 전문위원 여러분의 애국성심을 우리가 다 감복하지 않을 수 없는 것입니다."

이승만은 이어 국무총리와 국무위원 인선과 관련하여 여러 가지 낭설이 유포되었다고 말하고, 며칠 안으로 결정하여 발표할 때에는 "여론상 추측과는 크게 같지 않을 것"이라면서 의외의 인물지명을 예고했다. 그러고는 자신이 생각하는 정부조직의 원칙을 두가지로 설명했다.

"우리가 정부를 조직하는 데 제일 중대히 주의할 바는 두가지입니다. 첫째는 일할 수 있는 기관을 만들 것입니다. 둘째는 이 기관이 견고히 서서 흔들리지 아니해야 될 것입니다.

그러므로 사람의 사회상 명망이나 정당 단체의 세력이나 또 개인 사정상 관계로 나를 다 초월하고 오직 기능있는 일꾼들이 함께 모여 앉아서 국회에서 정하는 법률을 민의대로 준행해 나갈 그 사람끼리 모여서 한 기관이 되어야 할 것이니, 우리는 그분들을 물색하는 중입니다. 어떤 분들은 인격이 너무 커서 작은 자리에 채울 수 없는 이도 있고 혹은 작아서 큰 자리를 채울 수 없는 이도 있으나, 참으로 큰 사람은 능히 큰 자리에도 채울 수 있고 작은 자리에도 채울 수 있을 뿐 아니라 작은 자리 차지하기를 부끄러워하지 않습니다. 이렇게 참 큰 인물들이 있어서 무슨 책임을 맡기든지 대소와 고하를 구별치 않고 작은 데서 성공해서 차차 큰 자리에 오르기를 도모하는 분들이 많아야 우리의 목적이 속히 도달될 것입니다.

이런 인격들이 함께 책임을 분담하고 일해 나가면 우리 정부일이 좋은 시계 속처럼 잘 돌아가는 중에서 이적을 많이 나타낼 것이요, 세계의 신앙과 동정이 날로 증진될 것입니다. 그런즉 우리가 수립하는 정부는 어떤 부분적이나 어떤 지역을 한하지 않고 전 민족의 뜻대로 전국을 대표한 정부가 될 것입니다."

이승만은 이어 "내집을 내가 사랑하고 보호하지 않으면 필경은 남이 주인노릇을 하게 된다"면서 그의 지론인 민중이 주인의식을 갖는 일이 얼마나 중요한지를 강조했다. 그리고 정부승인 문제에 대해서는 다음과 같이 주장했다.

"그러나 우리가 주의하는 바는 승인을 얻는 데 있지 않고 먼저 국권을 공고히 세우는 데 있나니, 모든 우방이 기대하는 바를 저버리지 아니하고 우리가 잘만 해나가면 우리의 요청을 기다리지 않고 자발적으로 도우며 후원할 것이니, 이것도 또한 우리가 일 잘하기에 달린 것입니다. 9월에 파리에서 개최하는 유엔총회에 파견할 우리 대표단은 특별히 긴중한 책임을 가지니만치 가장 외교상 적합한 인물을 택하여 파견할 터인데, 아직 공포는 아니하였으나 몇몇 고명한 인격으로 대략 내정되고 있으니, 정부조직 후에 조만간 완전 공포될 것입니다."

이승만은 취임사에서 매우 이례적으로 유엔본부가 있는 뉴욕 근교의 레이크석세스에서 활동하고 있는 임영신(任永信)에 대하여 이름을 들어 칭찬함으로써 조각작업과 관련하여 이승만에게 좋지 않은 구설수가 되었다.[51] 일부 신문에는 임영신이 이승만이 출마했던 동대문 갑구의 보궐선거에 출마하기 위하여 곧 귀국한다는 뉴스가 보도되기도 했다. 실제로 임영신이 당수인 여자국민당은 7월23일에 긴급중앙집행위원회를 열고

51) 尹錫五, 「景武臺四季」, 『남기고싶은 이야기들』, pp.104~105.

임영신을 동대문 갑구의 보궐선거에 출마시키기로 만장일치로 결의했다.[52]

이승만은 대통령 취임사에서도 공산주의자들에 대한 으름장을 빼놓지 않았다. 그는 이렇게 말했다.

"이북동포 중 공산주의자들에게 권고하노니, 우리 조국을 남의 나라에 부속하자는 불충한 사상을 가지고 공산당을 빙자하야 국권을 파괴하려는 자들은 우리 전 민족이 원수로 대우하지 않을 수 없나니, 남의 선동을 받아 제 나라를 결단내고 남의 도움을 받으려는 반역의 행동을 버리고 남북의 정신통일로 우리 강토를 회복해서 조상의 유업을 완전히 보호하여 가지고 우리끼리 합하여 공산이나 무엇이나 민의를 따라 행하는 것이 좋을 것입니다.

기왕에도 누누이 말한 바와 같이 우리는 공산당을 반대하는 것이 아니라 공산당의 매국주의를 반대하는 것이므로, 이북의 공산주의자들은 이것을 절실히 깨닫고 일제히 회심개과(悔心改過)해서 우리와 같이 같은 보조를 취하여 하루바삐 평화적으로 남북을 통일해서 정치와 경제상 모든 복리를 다같이 누리게 하기를 바라며 부탁합니다.

만일에 시종 깨닫지 못하고 분열을 주장해서 남의 괴뢰가 되기를 감심할진대 종차는 천의와 인심이 결코 방임치 않을 것입니다."

이승만은 이렇게 국가보안법 제정의 필요성을 시사하기도 했다. 이승만은 대외정책의 기본방침을 다음과 같이 천명했다.

"대외적으로 말하면 우리는 세계 모든 나라와 친선해서 평화를 증진하며 외교통상에 균평한 이익을 같이 누리기를 절대 도모할 것입니다. 교제상 만일 친소(親疎)에 구별이 있다면 이 구별은 우리가 시작하는 것이 아니요 타동적으로 되는 것입니다. 다시 말하자면 어느 나라이든지 우리에게 친선히 한 나라는 우리가 친선히 대우할 것이요 친선치 않게 우리를

---

52) 《朝鮮日報》 1948년7월25일자, 「任女史近近歸國」.

대우하는 나라는 우리도 친선히 대우할 수 없을 것입니다. 과거 40년간에 우리가 국제상 상당한 대우를 받지 못한 것은 세계 모든 나라가 우리와 접촉할 기회가 없었던 까닭입니다.

일인들의 선전만을 듣고 우리를 판단해 왔었지만 지금부터는 우리 우방들의 도움으로 우리가 우리 자리를 찾게 되었은즉 우리가 우리말도 할 수 있고 우리일도 할 수 있나니, 세계 모든 나라들은 남의 말을 들어 우리를 판단하지 말고 우리 하는 일을 보아서 우리의 가치를 우리의 중량대로만 정해주는 것을 우리가 요청하는 바이니, 우리 정부와 민중은 외국의 선전을 중요히 여겨서 평화와 자유를 사랑하는 각국 남녀에게 우리의 실정을 알려주어서 피차의 양해를 얻어야 정의(情誼)가 상통하여 교제가 친밀할 것이니, 이것이 우리의 복리만 구함이 아니요 세계평화를 보장하는 방법입니다."

이승만은 끝으로 새나라를 건설하는 데는 새백성이 아니고는 될 수 없다는 말로 취임사를 마무리했다.

"새나라를 건설하는 데는 새로운 헌법과 새로운 정부가 다 필요하지만 새백성이 아니고는 결코 될 수 없는 것입니다. 부패한 백성으로 신성한 국가를 이루지 못하나니, 이런 민족이 날로 새로운 정신과 새로운 행동으로 구습을 버리고 새길을 찾아서 날로 분발 전진하여야 지나간 40년 동안 잃어버린 세월을 다시 회복해서 세계문명국에 경쟁할 것이니, 나의 사랑하는 삼천만 남녀는 이날부터 더욱 분투용진해서 날로 새로운 백성을 이룸으로써 새로운 국가를 만년 반석위에 세우기로 결심합시다."[53]

이승만은 취임식이 거행된 바로 그날 오후부터 집무를 시작했다. 대통령 집무실은 중앙청 3층의 200호실로 정해졌다. 부통령실은 미 군정장관실로 결정되었다.

---

53) 《東亞日報》 1948년7월25일자, 「祖國을 萬年磐石에」; 《朝鮮日報》 1948년7월25일자, 「南北의 平和統一希求」.

이승만이 대통령으로서 가장 먼저 검토해야 할 안건은 「대한민국정부와 미국정부 간의 재정 및 재산에 관한 최초협정」 안이었다. 그것은 1945년12월부터 미 군정부가 접수하여 관리해오던 귀속재산[구 일본정부 및 일본인 소유의 재산]의 소유권을 한국정부에 이양하는 중요한 협정이었다. 이승만은 이 협정문을 같이 검토하기 위하여 한국은행의 최순주(崔淳周)와 백두진(白斗鎭), 식산은행의 장봉호(張鳳鎬) 세 사람을 오후 2시까지 대통령 집무실로 오라고 불렀다. 최순주는 미국 유학생으로서 아는 사이였으나 다른 두 사람은 초면이었다.

네 사람은 회의용 탁자를 사이에 두고 마주앉았다. 국문과 영문으로 된 전문 14조의 협정문과 보충협정이 있고 부속문서도 있어서 상당한 분량이었다.

찌는 듯한 더위 속에서 그 중요한 문서를 즉석에서 검토하기란 세 은행가의 능력에는 부치는 일이었다. 장봉호가 이승만에게 이 문서를 빌려주시면 가지고 돌아가서 잘 연구하여 내일 의견을 보고하겠다고 말했다. 그러자 이승만은 이 문서는 외부에 내보낼 수 없다면서 이 자리에서 몇시간이 걸려도 좋으니 잘 보고 의견을 말하라고 했다. 세 사람은 세시간이나 진땀을 뺐다.

백두진이 한조항의 문제점을 지적했다. 협정문 제9조에 미 국무부 해외물자청산위원회(Office of Foreign Liquidation Commissioner)로부터 공여된 물자대금에서 미국정부가 한국 내에서 필요한 토지 및 건물의 매수 가격을 뺀 금액에 대하여 1년에 2%의 이자를 붙여 원(圓)화로 변제하기로 되어 있는 조항에 대하여는 이의를 제의하여 삭제하는 것이 바람직하다고 건의했다. 그러자 이승만은 그 조항은 자기도 알고 있다고 답변했다.

별로 긴 토론은 없었고, 세 은행가는 이 짧은 시간에 저희들이 무슨 책

임있는 말을 하기에는 곤란하다고 말하고 물러났다.[54)]

이승만은 이때부터 재임기간 내내 예산이나 경제정책, 특히 달러의 운용에 대해서는 자신이 직접 꼼꼼히 챙겼다. 그는 고령에도 불구하고 숫자에 밝았다.[55)]

---

54) 白斗鎭,『白斗鎭回顧錄』, 大韓公論社, 1975, pp.80~81.
55) 전 총무처장 韓東錫 증언.

101장

대한민국 건국의 여섯가지 기초

1. 각 정파 안배로 거국내각 구성
2. "유엔총회에 대한민국임시정부 승인 요청할 터"

1. 각 정파 안배로 거국내각 구성

1

신생 대한민국의 초대 국무총리 임명 과정은 당동벌이[黨同伐異: 시비곡직을 불문하고 자기편 사람은 돕고 반대편 사람은 공격하는 일]의 한국 정치풍토에서 제헌국회의 중요 정파들이 벌인 적나라한 권력투쟁이었다. 그것은 또한 대통령 이승만과 제헌국회 사이의 최초의 힘겨루기이기도 했다. 자신이 말한 "의외의 인물"이 누구냐를 두고 이러쿵저러쿵하는 입방아를 지켜보던 이승만은 7월27일에 국회에 출석하여 극적인 방법으로 이윤영(李允榮) 의원을 국무총리로 임명한다고 발표했다.

박수를 받으며 의사당에 입장한 이승만은 이윤영을 국무총리로 임명하는 이유를 설명하는 긴 문장을 30분가량 낭독했다. 그는 먼저 국무총리 인선문제를 다른 정파들이나 중요 지도자들과 상의하지 않은 이유를 다음과 같이 설명했다.

"그동안 여러 가지로 생각하는 중에 몇 단체와 중요 지도자들과 토의협정하야 작정하고자 하는 생각이 없지 않았으나, 오늘 우리 형편에 각 정당과 사회의 규례가 충분히 짜이지 못한 중에 미리 발설이 되면 매인열지[每人悅之: 모든 사람을 기쁘게 함]하게 할 수 없는 어려운 사정에서 자연 분규 문란한 상태가 이루어질 우려가 없지 않으므로, 부득이 혼자 심사각득[深思覺得: 깊이 생각하여 깨달아 앎]해서 오늘까지 초조히 지내온 것입니다. 그러나 각 방면의 지도자측에서 나를 보좌하기 위하야 정부조직과 국무총리의 인선으로 추천한 명록(名錄)이 여러 가지가 들어와 있습니다. 그 중에서 어떤 한 명록을 채용하야 전적으로 결정한 것은 아니나, 참고가 많이 되었습니다."

이렇게 운을 뗀 이승만은 이 추천 명록이나 신문보도 등의 여론으로 미루어 국무총리 적임자로 가장 인망이 있는 사람이 김성수(金性洙), 신익희(申翼熙), 조소앙(趙素昻) 세 사람이라고 말하고, 그러나 민의와 또 내정(內政)의 관계를 아니볼 수 없는 형편이므로 이 세 사람은 국무총리에 임명하지 않기로 작정했다면서 그 이유를 다음과 같이 설명했다.

"첫째 정부 수립 이전에 정당이 먼저 생겨서 다소 분규가 있게 된 것은 우리가 다 인정하는 사실이요 또 유감으로 아는 바입니다. 일후에 정치상 풍운 변태가 다소간 정리된 후에 몇 정당이 각각 주의주장으로 대립해서 공선을 따라서 그 정당이 득세하는 날에는 득세하는 정당이 정권을 잡을 것이고 다른 정당은 다 정부에 참여치 못하게 될 것입니다. 그러나 오늘 형편이 이와 같이 할 수 없는 중에 몇몇 정당을 포함해서 정부를 조직하게 되면 정당주의로 권리를 다투게 되는 중에서 행정처리를 진행하기 어려울 것입니다. 이것은 지나간 양년 동안에 몇몇 사회민족운동단체 경력이 소상히 증명하는 바입니다. 그러므로 정당의 선도자로 지목받는 이가 피임되면 다소간 난편(難便)한 사정이 있을 것을 염려하므로 아무쪼록 피하고자 하는 것이 나의 고충입니다.

김성수씨로 말하면 누구나 정당을 주장하는 인도자로만 지목할 수 없을 것이고 그분의 인격과 애국성심과 공평 정직한 것은 어떤 정당이나 단체 사람을 막론하고 추앙하지 않는 사람이 없는 줄로 나는 믿으며, 또 따라서 나의 사분상으로는 몇십년 전부터 알아서 절대 믿고 애중히 여기는 터입니다. 그러나 이 사람의 생각에 국무총리 보담 덜 중대하지 않은 책임을 김성수씨에게 맡기려는 것이 나의 가장 원하는 바이므로, 이 다음에 발표될 때에 보시면 알려니와 이러한 각오하에서 김성수씨는 그 자리를 피한 것입니다."

"국무총리보담 덜 중대하지 않은 책임"이란 재무부 장관을 두고 하는 말이었다. 이승만은 여러 차례 김성수를 이화장으로 불러 미국의 건국 초기에 재무부 장관으로서 독립 정부 건설의 기초를 닦았던 해밀튼(Alexander Hamilton)을 보기로 들면서 재무부 장관을 맡을 것을 집요

하게 권했다. 그러나 김성수는 재무부 장관 자리를 완강히 사양했다.[1)]

신익희는 입법부의 책임을 맡아서 일해야 할 것이므로 제외한다고 했다.

"신익희씨는 인격이나 민중의 신망이나 해외 풍상에 임시정부 책임으로 여러 해 분투하며 끝까지 지켜 내려온 그 역사를 보든지 정치상 기능과 수완으로 보든지 누구나 그분보다 더 낫게 생각할 국무총리 자격이 몇분 안될 것이며, 또 따라서 나의 사분상으로는 수십년 전부터 깊이 알고 친임(親任)하며 애중히 여겨 오던 터입니다. 그러나 우리 정부 삼권분립에 국회가 가장 중요한 기관으로 이 앞에 제정할 모든 법령에 급급히 할 일이 많은 수효를 점령하고 있는 중에 상당한 지도자가 없이는 전도가 심히 망창[茫蒼: 큰 일을 당하여 앞이 아득함]합니다. 그러므로 아직 부의장 책임을 계속하야 이 중임을 담임하다가 국회에서 의장을 다시 선거할 때에 국회선거를 보아서 앞길을 작정하는 것이 다대한 도움을 주겠기로 입법부의 중대한 책임으로 인연해서 김동원(金東元) 부의장과 협의 진행하는 것을 부탁하는 것이 나의 고충입니다."

신익희는 임시정부에서 같이 활동했던 조소앙을 국무총리 후보로 지지하고 있었다. 그는 전날에도 이화장을 방문하여 조소앙을 국무총리로 추천했다.[2)]

남북협상에 실망하고 돌아온 뒤로 김구와 결별 상태에 있던 조소앙은 정부에 참여할 의사가 있음을 적극적으로 표명해 왔다.[3)] 민족청년단 단장 이범석(李範奭)이 국무총리로 결정된 뒤에도 조소앙은 신정부 국무총리에 취임할 의사가 있었느냐고 묻는 기자의 질문에 "대한민국의 일

---

1) 仁村紀念會, 『仁村金性洙傳』, p.553; 尹錫五, 「景武臺四季 組閣秘話③」, 『남기고 싶은 이야기들』, pp.93~94.

2) 《朝鮮日報》 1948년7월27일자, 「申氏, 趙氏를 推薦」.

3) 《서울신문》 1948년7월23일자, 「參加할 用意있다」; 《東亞日報》 1948년7월27일자, 「政府는 獨立의 機關」.

이라면 국무총리 아니라 소학교 교장이라도 하겠다"하고 대답했다.[4] 그러나 이승만은 조소앙에 대해서는 다음과 같은 논거로 좀더 두고 보아야 할 것이라고 말했다.

"조소앙씨는 삼십여년 전 일본 유학생으로 있을 때부터 그 명망과 위신이 내외에 전파되어 많은 추대를 받았는데, 그때부터 내가 친절히 알게 되어 마음으로 깊이 신뢰하며 추앙하던 터입니다. 그 후 임시정부의 외무총장으로 임명된 후에는 나와 거리는 멀었으나 밀접한 통신상으로 동일한 보조를 취하여 나간 터이며, 귀국한 후에도 더욱이 많은 기대를 가지고 언제든지 국사에 동주병제(同舟並濟)할 줄 믿고 있던 터이었습니다. 불행히 근자에 와서 총선거문제 이후로 노선이 갈려서 우리 대업에 다소간 방해가 있었고 민심이 따라서 현혹하게 된 것을 우리가 다 불행히 여기는 바입니다.

다행히 근자에 이르러서는 차차 휴수동거(携手同去)할 희망이 보이므로 조만간 우리가 다시 한길로 나가기를 기약하고 있는 터이니, 우리 개인상으로는 아무 단점도 없고 정의상 손실도 없으나, 정권을 잡고 민족을 인도하는 자리에서는 민중의 아혹[訝惑: 의혹]이 풀려서 다 소상히 알게 되기 전에는 얼마간 의문이 없지 않을 것이므로, 차차 이 아혹이 다 풀려서 우리 중대한 문제를 해결하기에 장애가 없도록 만든 후에 책임을 분담케 되는 것이 옳은 줄로 생각되므로 조소앙씨나 그 후원하는 동포들이 나의 고충을 양해할 줄로 믿습니다.…"

이승만은 이어 국무위원 조직은 국무총리가 국회에서 승인된 뒤에 국무총리와 상의해서 하겠다고 말하고, 아무리 유자격자라도 이승만 자신의 친구나 친척은 배제될 것이라고 덧붙였다. 그러고 그는 잠깐 말을 끊었다가 다음과 같이 선언했다.

"국회의원 중 이윤영 의원을 국무총리로 임명합니다."

---

4) 《朝鮮日報》 1948년8월10일자, 「政府는 初步」.

그가 말한 "의외의 인물"이란 결국 그 자신이 김성수를 설득하여 선거구를 그에게 양보하게 한 이윤영이었다.

이승만은 이윤영을 임명하는 이유를 다음과 같이 설명했다.

"이 공포에 대하여 이윤영 의원이 가장 놀랄 줄 압니다. 이분을 임명하는 나의 이유를 간단히 설명합니다.

첫째는 총리 임명에 먼저는 국회의원 중으로서 택할 것을 많이 생각한 것이니, 민의를 존중하고자 하는 본의에서 나온 것입니다.

둘째는 이북대표 한 분이 그 자리 점령하기를 특별히 관심한 것입니다. 여러 가지 급급한 우리 문제 중에 제일 급한 것은 남북통일문제입니다. 따라서 우리가 무슨 정책을 쓰든지 이북동포의 합심 합력을 얻지 않고는 되기 어려울 것입니다. 더욱이 우리는 먹으나 굶으나 머리 둘 집칸이라도 있고 이만치라도 자유 활동하고 살아 온 터이나 이북 동포의 참혹긍측(慘酷矜惻)한 정형은 우리가 밤이나 낮이나 잊을 수 없는 터입니다.

정부를 조직하는 자리에 조만식(曺晩植) 선생을 부통령으로 추대해서 이북 동포의 마음이라도 위로하고자 한 것이 우리 국회 전체의 동일한 원이었으나, 조 선생의 생명이 위험할 것을 염려해서 우리가 그분에게 투표를 짐짓 아니하고 있었던 것입니다. 조만식 선생의 유일한 정치단체인 조선민주당의 부위원장으로 이윤영씨가 국무총리 책임을 맡는 것이 정치상 지혜로나 민족적 정의로나 가장 적당할 것이므로 남북통일 촉성을 위하야 누구나 이의가 없을 것을 믿습니다. 조선민주당도 당이니 우리말과 모순된다 할 것이나, 그 당은 남한에서 압도적 세력을 가졌다 볼 수 없습니다.…"

이승만은 나아가 남북한 주민들 사이의 오랜 악습인 지방열을 타파하는 일에도 이윤영의 역량이 크게 기대된다고 다음과 같이 강조했다.

"내가 믿고 아는 바는 이윤영 의원은 지방열을 절대 증오하여 이 악습을 극력 반대하는 분입니다. 총선거 되기 전에 이북 이재동포의 특별선거구역을 정한다는 계획이 있었던 것인데, 유엔 결정으로 이것이 실시되지 못하였던 것입니다. 그때에 이재동포들이 많이 흥분되어 여러 가지 여론이 있었으나, 이윤영 의원의 애국심으로 열렬히 설명해서 모든 문제가 다 침식되고 이북동포의 대표문제는 다 중지하게 하여, 이번 선거에 지장이 없이 대성공을 하게 한 것은 또한 우리가 생각지 않을 수 없는 것입니다.

이상 몇가지 이유로 이윤영씨의 상당한 인격과 온화한 심법(心法)과 확고불변하는 기개가 모든 사람에게 추앙을 받는 바이며, 연부역강한 몸으로 우리들 대통령 부통령이 미처 생각지 못하는 뜻과 행하기 어려운 일을 다 대행할 수 있을 줄로 믿는 바입니다."[5]

2

이승만이 7월26일에 올리버(Robert T. Oliver)에게 보낸 편지에 보면, 그가 이윤영을 국무총리로 임명한 데는 다른 고려도 있었다. 그것은 이윤영은 이북을 대표하므로 대한민국 정부가 유엔총회의 승인을 얻는 데 도움이 되고, 또 이윤영은 부유층이 아니기 때문에 반대자가 거의 없을 것이라는 것이었다.[6]

그러나 이승만이 퇴장한 뒤에 바로 무기명 투표로 실시된 투표에서 이윤영 임명승인안은 재석의원 193명 가운데 가 59표, 부 132표, 기권 2표로 부결되었다. 각 정파, 특히 가장 강력한 세력인 한국민주당과의 사전협의 없이 대통령 선거 때의 180표라는 압도적인 다수표만 믿고 정면돌파를 시도한 승부수의 무참한 패배였다. 이윤영 승인안 표결 결과가 밝혀진 뒤에 윤석오(尹錫五) 비서가 "이윤영씨 총리 승인안이 망신만 당

---

5) 『制憲國會速記錄(1)』, 제1회 제35호(1948.7.27.), pp.645~647.

6) Rhee to Oliver, Jul. 26, 1948(梨花莊所藏); Robert T. Oliver, *Syngman Rhee and American Involvement in Korea*, p.184.

했습니다"하고 보고하자 이승만은 "그래, 부결됐어!"하고 덤덤히 말하고 표정에는 아무런 변화가 없었다고 한다. 그는 이윤영 승인안의 부결을 예상하고 있었던 것 같았다는 것이다.[7] 이승만은 국회가 이윤영의 국무총리 임명승인안을 다시 논의할 것을 강력히 요구했으나, 국회는 일사부재의(一事不再議) 원칙을 내세워 재론을 거부했다.

이에 대해 이윤영이 이끄는 조선민주당은 7월29일에 (1) 이번 총리승인안은 단순한 인사 안건으로서 "의안"에 해당하지 않고 (2) 어떤 나라에서든지 일사부재의 원칙은 법률안에 한하며 (3) 이번 국회는 건국회의로서 정기회도 아니고 임시회도 아닐 뿐 아니라 (4) 총리임명 승인에 관하여 대통령과 국회의 의사가 상충되는 경우에 대한 헌법규정이 불비함에 따라 이러한 경우에는 대통령의 재의 요청안을 인정할 수밖에 없다고 주장했다.[8]

이화장은 또다시 내방객들로 인성만성했다. 국회의 표결이 끝나자마자 달려 온 사람은 이윤영이었다. 이윤영에 이어 오후 4시에는 무소속의 최범술(崔凡述), 정현모(鄭顯模) 두 의원이 다녀갔고, 4시 반에는 대동청년단 단장 이청천(李靑天)이 30분가량 이승만과 요담하고 갔다. 이튿날 아침 9시25분부터는 하지(John R. Hodge) 장군의 정치고문 노블(Harold J. Noble)이 찾아와서 한 시간 동안 요담했고, 이날 오후 6시40분에 무소속 구락부를 대표하여 이화장을 방문한 오석주(吳錫柱), 윤재욱(尹在旭), 김병회(金秉會)는 조소앙과 신익희 두 사람 가운데서 국무총리를 임명할 것을 요망했다.[9]

한편 한민당계 의원들은 7월27일 오후 3시에 당사 회의실에서, 무소속 의원들은 28일 오전 11시에 서울호텔에서 각각 회의를 열고 기정방침대로 추진할 것을 재확인했다.

---

7) 尹錫五, 앞의 글, p.90.
8) 《서울신문》 1948년7월30일자, 「總理認准問題 朝民黨見解發表」.
9) 《서울신문》 1948년7월30일자, 「趙申氏拔擢「無倶」에서 建議」.

국무총리 임명 승인을 둘러싼 이승만과 국회의 이러한 대립은 대통령 중심제와 내각책임제를 어중간하게 절충한 정부 권력 구조에 대한 인식 차이에서 기인하는 것이었다. 그것은 《동아일보(東亞日報)》의 다음과 같은 기사로도 짐작할 수 있다.

> 국회내 각파, 특히 한민계와 무소속계는 국가 대계와 헌정 확립을 위하여 대통령의 총리 승인 요구를 거부하고 있으며 대통령이 끝까지 국회내 세력을 무시하고 나간다면 절대 다수당이 존재치 않는 금번 국회에서는 입헌정치의 상식에 비추어 당연히 각파 세력을 기간으로 한 연립정부가 조직될 것이므로 국회내 각파는 타협하여 연립할 기운이 농후하며, 이미 무소속과 한민계에서는 이 문제에 관하여 연일 회의를 거듭하고 있어서 총리 재임명을 명일에 두고 그 귀추가 자못 주목되는 바이다.[10]

한편 자존심에 큰 상처를 입은 이승만은 7월28일 오전에 국회정파들을 질타하는 담화를 발표했다.

> 국무총리 임명을 국회에서 부인한 후에는 내가 물론 다른 인물을 임명하고 또 승인을 요청하는 것이 순서적일 것이나, 이 임명안을 제출한 후 직석에서 부결한 사실을 보면 그 속에 무슨 응결이 있어서 두 당이 각각 내응적으로 자기당 사람이 아니면 투표 부결에 부치자고 약속이 있는 것이나, 만일 이런 사실이 있다면 내가 국무총리를 몇번 고쳐서 임명하더라도 자기들의 내정한 사람이 아니고는 다 부결되고 말 것이니, 그 내용을 좀더 알기 전에는 다시 임명하기를 원치 않으며, 또 따라서 내가 이윤영씨를 임명한 이유를 몇가지 설명한 것이 있으

10) 《東亞日報》 1948년7월29일자, 「立憲精神擁護」.

니, 그 이유가 부적당한 점이 있다든지 또 그렇지 않으면 이윤영씨를 임명하는 것이 불가하다는 이유가 그보다 더 큰 것이 있다면 내가 알고자 할 것이나, 토론 한번도 없이 부결한다는 것이 내게는 각오가 덜 되는 것이다.

이승만이 말한 두 정당이란 한민당과 한독당을 지칭하는 것이었다. 이승만은 무소속의원들의 상당수가 한독당계라고 인식하고 있었다.[11] 이승만은 이어 국민 대다수가 현재 있는 정당이 정권을 잡는 것을 원치 않는다고 단정적으로 말했다.

가장 어려운 문제는 우리가 다 아는 바와 같이 전 민족의 다대수가 현재 있는 정당으로 정권을 잡게 하는 것은 원치 않는 바인데, 그 중 한 정당이 유력한 분으로 정권을 잡게 하는 것은 서울 정치계층에서는 환영할는지 모르나 다대수 동포에게는 크게 낙망될 것이다. 독립촉성국민회 간부를 내가 몇번 개조해 보았는데, 처음에는 모든 정당이 다 민족운동에 협의 진행하기를 목적하고 두 정당 간부 인물로 국민회 책임을 맡게 하였더니, 그후 결과로는 각각 자기 정당을 중요시하므로 민족운동을 해갈 수 없게 되었다. 지금 국권 건설의 초대 정부에 이것을 또 만들어 놓고야 앞길을 어떻게 해나갈 수 있을 것인가? 그러므로 적어도 국무총리 책임을 두 정당 중에 유력한 인물로 임명하지 않는 것이 민중의 바라는 바이오 또한 나의 뜻하는 것이므로 천사만려(千思萬慮)한 결과 이와 같이 한 것인데, 국회에서 무슨 이유로든지 이분을 원치 않는다면 내가 고집하려는 것은 아니다. 국회안에서 어떤 인물을 지정해 가지고 그분만을 쓰기로 활동하는 인사가 있는 것을 우리가 아는 터이니, 이것이 민족의 원하는 것인가 내가 주장

---

11) 《朝鮮日報》 1948년9월29일자, 「國會를 尊重」.

하는 것이 민족이 원하는 것인가를 알아서 그대로 따르기를 나는 결심한다.[12]

이 담화가 발표되자 기자들은 서면질의서를 제출했는데, "이윤영을 재임명하겠느냐"는 문항이 있었다. 이에 대하여 이승만은 "내가 이에 대해서는 국회의 권위를 존중하여 누구든지 다시 임명하고자 하나, 정당이 결속이 있다면 재삼 임명하는 것이 무효할 것이므로 내용을 자세히 알아보아서 할 것이다"라고 대답했다.[13]

3

이승만은 이윤영의 국무총리승인안이 국회에서 부결될 경우를 예상하여 민족청년단 단장 이범석(李範奭)을 마음에 두고 있었던 것 같다. 위에서 본 올리버에게 보낸 7월26일자 편지에서 이승만은 유력한 총리 물망자로 김성수, 조소앙, 신익희 세 사람과 함께 이범석도 거명했다.[14] 이승만은 7월23일에 부통령 이시영(李始榮)을 초치하여 장시간 논의했는데,[15] 이튿날 《국제신문(國際新聞)》이 호외로 이범석이 국무총리에 내정되었다고 보도한 것을 보면 이승만과 이시영은 이윤영 승인안이 부결되는 경우 이범석을 국무총리로 임명하는 문제를 논의했던 것이 틀림없어 보인다.[16] 이승만에게 이범석을 국무총리로 추천한 사람은 한민당계이면서도 이승만의 신뢰가 두터운 이인(李仁)과 수도관구경찰청장 장택상(張澤相), 그리고 민정장관 대리로서 이범석의 민족청년단을 공식으로

12) 《朝鮮日報》 1948년7월29일자, 「李氏卽席否決은 遺憾」; 《東亞日報》 1948년7월29일자, 「民族이 願하는 길ㅅ다른다」.
13) 《朝鮮日報》 1948년7월29일자, 「國會를 尊重」.
14) Rhee to Oliver, Jul. 26, 1948(梨花莊所藏).
15) 《朝鮮日報》 1948년7월27일자, 「李副統領과 會見」.
16) 《朝鮮日報》 1948년7월27일자, 「今日國會서 發表」.

지원해 온 헬믹(Charles G. Helmick) 등이었다.[17] 다른 많은 청년단체들과는 달리 1946년10월9일에 미 군정부의 지원을 받아 사단법인으로 출범한 민족청년단은 1947년부터 정부수립 때까지 미 군정부의 예산항목에 포함되어, 1947년에는 2,064만8,000원의 예산이 할당되었다.[18]

이시영과 협의하여 이범석을 국무총리로 확정한 이승만은 국회 정파들에 대한 설득 작업에 나섰다. 7월29일 오전에 먼저 독촉국민회의 고희동(高羲東)과 배은희(裵恩希)를 부른 데 이어 낮 12시50분에는 한민당의 김성수를 불러 협조를 당부했다. 그리고 1시 반에는 이청천을 초청하여 상의했다.[19] 광복군총사령으로서 참모장 이범석을 지휘하는 위치에 있었던 이청천은 이범석의 국무총리 임명에 반대했다.

이범석의 내정사실이 알려지자 한민당계 의원들과 무소속 그룹은 7월29일에 각각 긴급회의를 소집했다. 조소앙을 강력히 추천해온 무소속 그룹은 이범석 임명에 반대하기로 결의하고 오후 6시쯤에 윤재욱과 윤석구(尹錫龜)가 대표로 이승만을 방문했다. 한민당쪽에서는 윤치영(尹致暎), 허정(許政) 등 이승만 직계들과 김준연(金俊淵) 등 호남 출신 그룹이 격론을 벌였으나 결론을 내지 못했다.[20]

이처럼 어런더런한 상황 속에서 7월30일 오전에 이범석이 계동 집으로 김성수를 방문하여 장시간 요담했다.[21] 이범석의 협조요청을 받은 김성수는 12부 4처 가운데 적어도 6석을 한민당에 배정해 주지 않으면 당간부들을 설득할 수 없고, 또 자기로서도 대한민국 성립과정에서 한민당이 치른 역할이나 국회내의 한민당의 비중으로 보아 그것은 최소한의 요

---

17) 李仁, 『半世紀의 證言』, 明知大學校出版部, 1974, p.186; 尹錫五, 앞의 글, p.91. 尹錫五는 맥아더 元帥와 中國戰區司令官이었던 미 국무부의 웨드마이어 將軍도 李範奭을 국무총리로 추천했다고 했으나, 개연성이 희박하다.

18) 후지이 다케시, 『파시즘과 제3세계주의 사이에서: 족청계의 형성과 몰락을 통해 본 해방8년사』, 역사비평사, 2012, p.114.

19) 《서울신문》 1948년7월30일자, 「總理李範奭氏內定」.

20) 《朝鮮日報》 1948년7월31일자, 「總理人選難航」.

21) 《東亞日報》 1948년7월31일자, 「李範奭氏, 金性洙氏訪問」.

구라고 생각한다고 말했다. 이범석은 자기도 동감이라면서 최선을 다하겠다고 약속했다.22)

같은 날 국회에서는 한민당의 노일환(盧鎰煥) 의원과 같은 한민당이면서 이승만 직계인 윤치영 사이에 격렬한 논쟁이 벌어졌다. 이날 이승만은 국회에 나가서 당파를 떠나 새로 임명하는 인물을 승인해줄 것을 간곡하게 부탁했는데, 노일환이 등단하여 7월28일의 이승만 담화를 문제삼아 그것은 제국주의 일본의 천황(天皇)과 같은 태도라면서 이승만이 먼저 그 담화를 취소할 것을 요구했다. 윤치영은 노일환을 "반역자"라면서 징계에 회부할 것을 동의했고, 그러자 의원석과 방청석에서 박수가 터져 나오는 등 어수선했다.23)

국무총리 임명문제로 조각작업이 늦어지자 정국 경색을 우려하는 의원들이 늘어났다. 한민당은 김성수의 설득으로 이승만이 임명하는 인물을 승인하자는 의견이 많아져서 표결에서는 자유의사에 일임하기로 했다. 무소속 의원들 가운데도 이번에는 대통령이 임명하는 인물을 승인해야 한다는 의원들이 늘어나서 7월31일에는 윤치영, 정준(鄭濬) 등의 주도로 70여명의 의원들이 의사당에서 따로 모였다.24)

마침내 이승만은 7월31일에 기자들을 만나, "국무총리 문제로 국회에 두 부분이 있어서 자기 부분의 인물을 고집하는 폐단이 약간 있었으나, 지금은 이것도 다 풀려서 공정한 사조(思潮)로 해결되어 가는 것으로 보인다"라고 말하고, "여론상 이범석씨의 명망이 가장 높으므로 나는 민의를 따라 작정할 것이다"하고 이범석의 국무총리 임명을 예고했다.25)

이범석의 국무총리 임명 승인을 위한 국회 제37차 본회의는 8월2일 오전 10시에 개회되었다. 197명의 국회의원 전원은 개회시간 전부터 자리에

22) 仁村紀念會, 앞의 책, p.552.
23) 《朝鮮日報》 1948년7월31일자, 「國會內對立尖銳」.
24) 《朝鮮日報》 1948년8월1일자, 「國會도 承認態勢」.
25) 《朝鮮日報》 1948년8월1일자, 「李氏總理指名確定的, 李大統領이 示唆」; 《京鄕新聞》 1948년8월1일자, 「總理에 李範奭氏 民意를 좇아 作定」.

착석했고, 방청석 출입구는 개회시간 훨씬 전부터 큰 혼잡을 이루었다.

10시30분에 국회에 임석한 이승만은 이범석의 국무총리 임명 승인을 요망하는 연설을 했다. 그것은 원고가 없는 즉석연설이었다. 어떻게든 국회의원들을 구슬려야 했다.

"여러분이 일주일 동안 이 문제를 지체한 관계로 오늘은 할 수 있는 대로 여러분들도 나도 또한 우리 민족전체가 모두 여기에 대하여 대단히 초조히 생각할 것입니다. 지금 문제는 어떠한 정당이나 어떠한 단체가 많은 권리를 가졌다든지 하지 말고 우리 전 국민이 많은 권리를 가져야 하겠다는 여러분의 생각과 이 사람의 생각이 유일한 생각일 것입니다.… 8월15일 안에 여기 군정장관과 사령장관들은 다 준비를 해가지고 하루빨리 주권을 우리에게 넘기려고 (국무총리 승인이) 하루빨리 되기를 바라고 있습니다.… 또 우리 듣는 바에는 남북협의를 하는 분들이 벌써 남한대표를 뽑아 가지고 그쪽에 보낸다고 합니다. 그러므로 해서 우리는 우리끼리 돌아앉아서 서로 토의만 하고 나가면 안될 것입니다.… 국무총리를 누구를 지정을 할 테니 큰 문제가 아니걸랑 동의시키고 … 이번 부결되면 그 영향이 대단히 큰 것입니다.… 지금은 누가 개인이나 무슨 당의 관계를 초월해 가지고 우리나라를 이때에 우리가 우리 손으로 여기에 세워 놓아야 하겠다는 그 작정을 가지고서 투표하시기 바랍니다. 이번에 또 이런말 저런말 써 가지고 한다면 영향이 대단히 좋지 못할 것으로 보입니다.…

며칠 동안에 밖에서 유언하는 말에 이범석씨가 물망이 높으고 해서 내가 이범석씨를 국무총리로 임명해서 여러분에게 드려 놓으니, 국회에서는 길게 토의를 마시고 작정해서 통과해 주시기 바랍니다."[26]

그것은 1주일 전에 이윤영을 국무총리로 임명하면서 했던 자신의 권위와 통찰력을 과시하는 듯한 격식을 갖춘 연설과는 사뭇 달랐다.

신중을 기하기 위하여 오후에 표결하자고 주장하는 의원도 있었으

---

26) 『制憲國會速記錄(1)』, 제1회 제37호(1948.8.2.), pp.683~684.

초대 국무총리로 임명된 이범석.

나 즉결하기로 결의하고 무기명 투표에 들어갔다. 개표 결과는 재석의원 197명 가운데 가 110표, 부 84표, 무효 3표로 승인이 가결되었다.[27]

스무살의 젊은 나이에 설화적인 청산리(青山里) 전투에 앞장섰던 이범석은 이제 마흔여덟살이 되어 있었다. 취임 첫 소감도 무인 정치가다웠다. 이날 오후에 기자회견을 가진 그는 임명 경위에 대해서 다음과 같이 말했다.

“7월31일에 대통령의 요청을 받아 수락하였다. 국내정세를 잘 알기 때문에 쾌락한 것이며, 만일 접수하지 않는다면 민족의 최고 지도자인 대

---

27) 《朝鮮日報》 1948년8월3일자, 「總理에 李範奭氏決定」; 《東亞日報》 1948년8월3일자, 「李範奭氏總理決定」.

통령의 심경에 어그러질뿐더러 현 국내외 정세의 긴박한 요청에 배치되는 것이다.

나는 본래 정치를 모르는 사람이지만 국가 민족의 현실을 떠나서 개인을 돌아볼 여유가 없다. 그러기 때문에 오늘날까지는 피동적이었지만 금후로는 주동적 입장에서 오직 나의 충성, 나의 정력, 나의 시간, 나의 생명을 이 국가 민족을 위하여 다만 하루라도 바치고자 한다."

남북통일을 위한 시정방침을 묻는 질문에는 다음과 같이 대답했다.

"내가 국무총리에 임명되리라고는 예상조차 해보지 못하였기 때문에 구체적인 방침에 이르기까지 생각해 보지 못했다. 그러나 우리는 단일 민족이고 이 강토가 양단되면 완전한 국가로 행동하지 못하게 됨을 잘 알기 때문에 국가 민족을 위하여 적극 추진할 생각이다. 신생 정부의 제일 중대한 과업은 강토 완정과 민족 통일을 위하여 모든 것을 적극 추진 준비함에 있다."

조각에 대한 구상을 묻자 이범석은 "헌법상 조각은 대통령에게 중점이 있다"라고 말하고, 또 지난 30일에 김성수와 만나 무슨 이야기를 했느냐는 질문에는 "사적인 회담이었으며 내용은 없다" 하고 입을 다물었다.[28]

4

이범석 국무총리 임명에 대한 국회의 승인이 끝나자 이승만은 그날 저녁으로 이범석과 함께 조각 작업을 서둘렀다. 그리하여 이날 저녁 9시40분에는 재무, 법무, 농림, 교통 4부의 장관을 다음과 같이 발표했다.

○ 재무부 장관　　김도연(金度演)
○ 법무부 장관　　이　인(李　仁)
○ 농림부 장관　　조봉암(曺奉岩)

28) 《東亞日報》 1948년8월3일자, 「南北統一에 努力」.

○ 교통부 장관　　　민희식(閔熙植)

한민당의 중앙위원인 김도연은 워싱턴의 아메리칸대학교(American University)에서 경제학 박사학위를 받고 연희전문학교에서 교편을 잡았고, 조선어학회사건으로 투옥되기도 했다. 해방 이후에는 한국무역협회 회장, 민주의원 의원, 입법의원 의원을 역임한 경제전문가였다.

이인은 국내 독립운동과 관련된 중요 사건을 도맡다시피 하여 변호했고 조선어학회 간부로서 투옥되었던 변호사였다. 미 군정부의 대검찰청장을 지낸 한민당계이면서도 이승만의 신뢰가 두터웠다.

이승만의 초대 내각인사에서 가장 주목을 받은 것은 조선공산당 간부였던 조봉암을 농림부 장관으로 기용한 것이었다. 이승만은 8월4일에 올리버에게 보낸 편지에서 내각 구성은 정치적 안배였다고 말하면서, "한국 공산주의자"인 조봉암을 농림부 장관으로 임명한 것은 "농민들을 장악하기 위해서"라고 썼다.[29]

이승만은 조봉암을 농림부 장관에 임명하기로 내정하고도 마음이 놓이지 않아 이범석에게 의견을 묻자 이범석은

"조봉암이 아니라 김일성인들 무슨 상관입니까? 대권은 이 박사께서 쥐고 계신데"

하고 적극 찬동했다고 한다.[30]

민희식이 교통부 장관에 임명된 것은 미 군정부 관료 케이스로 배려된 것이었다. 미국에 유학하고 조선총독부에서 일하기도 한 민희식은 미 군정부의 교통부장이었다.

이튿날 오후에 내무부, 사회부, 문교부 세 부의 장관이 임명되었다.

○ 내무부 장관　　　윤치영(尹致暎)

○ 사회부 장관　　　전진한(錢鎭漢)

---

29) Rhee to Oliver, Aug. 4, 1948(梨花莊所藏); Robert T. Oliver, *op. cit.*, p.186.

30) 尹錫五, 앞의 글, p.97.

○ 문교부 장관　　　안호상(安浩相)

이승만의 재미시절부터 그를 도왔고 귀국한 뒤에는 민주의원 비서국장 등으로 그의 오른팔 역할을 해온 윤치영은, 미 군정부의 경무부장 조병옥(趙炳玉)과 수도관구경찰청장 장택상 두 사람의 알력관계로 어느 한 사람을 내무부 장관으로 임명했다가는 경찰행정에 큰 혼란이 예상되어 내무부를 맡게 되었다.[31] 같은 한민당의 노일환과 격렬한 논쟁을 벌였던 윤치영은 8월2일에 한민당을 탈당했다.[32]

이승만은 조병옥을 외무부 장관으로 내정했다가 대통령 특사로 정부승인 외교를 벌이게 하고, 장택상을 외무장관에 임명했다.

대한노총 위원장으로서 헌법에 근로자이익균점권 조항(제18조 2항)을 설치하는 데 앞장섰던 전진한은 노동문제를 관장하는 사회부 장관에 임명되었다. 전진한은 사회부 장관에 임명된 뒤에도 대한노총 위원장을 겸임하여 논란을 빚었다.

이승만은 처음에 문교부 장관으로 장면(張勉)을 내정하고 있었으나, 추천 명록에 안호상의 추천이 많고, 또 앞으로 큰 임무를 담당해야 할 주미대사 적임자를 찾지 못하여 안호상에게 문교부를 맡기고 장면을 특사로 보내어 일하는 것을 보아 주미대사로 임명하기로 한 것이었다.[33] 서울대학교 교수인 안호상은 이범석이 이끄는 민족청년단의 이데올로그였다.

이렇게 하여 8월4일에는 나머지 외무부, 상공부, 국방부, 체신부의 장관과 국무총리 직속인 총무처, 공보처, 법제처, 기획처 4개처의 일부 처장인사가 있었다.

○ 외무부 장관　　　장택상(張澤相)

○ 상공부 장관　　　임영신(任永信)

---

31) 같은 글, pp.98~100.

32) 《서울신문》 1948년8월3일자, 「尹致暎氏韓民脫黨」.

33) 尹錫五, 앞의 글, p.97.

○ 국방부 장관　　　국무총리 겸임
○ 체신부 장관　　　윤석구(尹錫龜)
○ 공보처장　　　　김동성(金東成)
○ 법제처장　　　　유진오(兪鎭午)

조각작업이 진행되는 동안 미국에 있던 임영신은 이화장으로 여러 차례 전화를 걸어 자기가 귀국할 때까지 최종 결정을 보류해 달라고 이승만에게 졸랐다. 8월3일에 급히 귀국하여 공항에서 이화장으로 직행한 임영신은 조각당 마루에 허정(許政)을 상공부 장관으로 발표하려고 큰 종이에 붓으로 써서 펼쳐 놓은 것을 보자 발로 짚으며 "우양(友洋)이 상공을 뭘 아느냐"고 했다. 그러자 이범석이 임영신에게 "그러면 당신이 상공장관 하겠소?" 하고 물었다. 그리하여 발표직전에 상공부 장관이 임영신으로 바뀌었다.[34)]

한독당의 중앙집행위원이었던 윤석구가 체신부 장관에 임명된 것은 무소속구락부에 대한 배려에서였다. 이승만은 윤석구가 "말썽을 많이 부리는 귀찮은 사람"이라면서도 "실력은 있다"면서 그다지 미워하지는 않았다.[35)]

8월4일의 국회 제39차 본회의는 이승만의 후임으로 신익희를 국회의장으로 선출했다. 신익희의 의장 피선으로 결원이 된 또 한 사람의 부의장 선거에서는 무소속의 김약수(金若水)가 한민당의 김준연을 누르고 당선되었다.[36)]

그리고 이튿날의 국회 제40차 본회의는 김병로(金炳魯)의 대법원장 인준안을 가결했다.[37)] 이렇게 하여 대한민국 정부의 뼈대가 갖추어졌다.

---

34) 같은 글, p.101.
35) 같은 글, p.97.
36) 《서울신문》 1948년8월5일자, 「國會議長에 申翼熙氏」.
37) 《東亞日報》 1948년8월6일자, 「大法院長에 金炳魯氏」.

대한민국 초대 내각(1948. 8. 현재)

*표는 제헌의회(**표는 보궐선거)

부처	이름	재임기간	주요경력	소속단체
국무총리	이범석	48. 7. 31~50. 4. 11	광복군 참모장	민족청년단
내무부	윤치영*	48. 8. 3~48. 12. 24	민주의원 비서국장	전 한민당
외무부	장택상	48. 8. 4~48. 12. 14	수도관구경찰청장	전 한민당
재무부	김도연*	48. 8. 2~50. 4.22	무역협회장, 민주의원 의원	한민당
법무부	이 인**	48. 8. 2~49. 6. 6	미 군정부 검찰총장	전 한민당
국방부	이범석	48. 8. 4~49. 2.28	(국무총리 겸임)	
문교부	안호상	48. 8. 4~50. 5. 4	서울대 교수	민족청년단
농림부	조봉암*	48. 8. 2~49. 2.23	민전 인천지부 의장	전 조선공산당
상공부	임영신**	48. 8. 4~49. 2.23	중앙여대 총장	여자국민당
교통부	민희식	48. 8. 4~48.10. 4	미 군정부 운수부장	
체신부	윤석구*	48. 8. 4~49. 6.14	입법의원 의원	전 한독당
사회부	전진한*	48. 8. 3~48.12.24	대한노총 위원장	독촉국민회
무임소	이청천*	48. 8.12~48. 9.24	광복군 총사령	대동청년단
〃	이윤영*	48. 8.12~52. 7.27	목사, 해방 후 월남	조민당
총무처	김병연	48. 8.12~48.11.30	흥사단사건으로 투옥	조민당
공보처	김동성	48. 8.12~49. 8.12	합동통신사 사장	
법제처	유진오	48. 8. 4~49. 6. 7	고려대 교수	
기획처	이순탁	48. 8.12~49. 7.22	연희대 교수	

출전: 대한민국공훈사발간위원회 편, 《대한민국역대삼부요인총람》, 1986, 광복출판사 등

대한민국 초대내각원. 앞줄 왼쪽부터 전진한, 임영신, 안호상, 이인, 이범석, 이승만, 윤치영, 김도연, 조봉암, 장택상. 뒷줄 왼쪽부터 윤석구, 김동성, 민희식, 유진오.

5

대한민국 정부의 초대 내각은 전시의 위기 정부(crisis government)에서 보듯이 각 정파가 참여하는 거국내각으로 출범했다. 그러나 이데올로기적으로 격심한 길항을 보이고 있는 정치상황에서 그러한 거국내각으로는 이승만이 말한 "좋은 시계 속처럼 돌아가는" 정부의 기능을 발휘하기는 어려웠다. 우선 부통령 이시영부터 조각 작업에서 소외된 데 불만을 느끼고 8월4일에 서울을 떠나 수원의 친지 집으로 가버렸다. 그는 이튿날 열린 첫 국무회의에도 참석하지 않았다. 이승만은 8월4일 오후에 동부인하여 이시영 집을 방문했으나, 이시영은 이미 서울을 떠난 뒤였다.[38] 이러한 해프닝도 미국식 대통령제 정부운영 방식과 내각책임제 정부운영 방식에 대한 인식의 차이에서 기인하는 것이었다. 이시영은 8월10일의 제5차 국무회의부터 참석했다.[39]

첫 국무회의가 열리던 날 아침에 이승만은 허정에게 연락하여 국무회의에 참석하게 했다. 이승만은 그 자리에서 허정에게 총무처장을 맡으라고 했다. 매사에 신중하고 점잖은 허정이었지만 이승만의 이 제의에 대해서는 즉석에서 거절했다.

"저는 국정에 참여하여 정정당당하게 저의 포부를 펴보기 위해 해외에서 독립운동도 했고 해방 후 정치활동도 했습니다. 그런데 국무회의에서 표결권도 없는 처장은 저의 포부를 실현할 자리는 아닙니다."

허정은 이렇게 말하고 바로 회의장을 나왔다.

그날 저녁에 재무부 장관 김도연이 허정을 찾아갔다.

"우양, 오늘 한 말은 과했던 것 같소. 이 대통령이 몹시 충격을 받으신 것 같았소. 몇번이고 우양에게 미안하다고 말씀하시더군요."[40]

---

38) 《朝鮮日報》 1948년8월6일자, 「李副大統領突然離京」.
39) 《朝鮮日報》 1948년8월11일자, 「李副統領最初로 參席」.
40) 許政, 『내일을 위한 證言 許政回顧錄』, 샘터사, 1979, p.159.

허정과 함께 이날 기획처장에 임명된 군정부 중앙물가행정처장 이교선(李敎善)도 이튿날 사의를 표명했다. 그리하여 8월7일에 총무처장에는 조민당 정치부장 김병연(金炳淵)이, 기획처장에는 연희대학 상학부장 이순탁(李順鐸)이 임명되었다.[41]

그런데 허정은 그런지 한달 좀 지나서 입각하게 되었다. 9월14일에 경부선 내판(內坂)역에서 특급열차 '해방자호'끼리 충돌하여 미군 24명과 한국인 1명이 즉사하고 1백여명이 중경상을 입는 큰 열차사고가 발생하여 교통부 장관 민희식이 인책 사임함에 따라 그 후임으로 임명된 것이었다.[42]

첫 내각 구성에 대한 정파들의 반응은 대체로 비판적이었다. 가장 분개한 것은 다름 아닌 한민당이었다. 김성수의 국무총리직은 단념하더라도 이승만과의 공동정부를 기대했던 한민당은 8월6일에 상무위원회를 열고 앞으로는 시시비비주의로 임하겠다는 담화를 발표했다.

> 우리가 거족적으로 대망하던 대한민국 정부가 탄생된 것은 경하할 바이다. 물론 정부구성의 방법 기타에 대하여서는 논의할 점이 불무할뿐더러 사회의 물의도 높을 듯하나, 우리는 차제에 오직 우리의 중앙정부가 하루바삐 국제적 승인을 얻도록 힘써야 할 것이다.
>
> 본당으로서 이번 정부에 국무위원으로 입각한 사람은 재무장관 김도연 1인뿐이어서 관련은 극히 희박하다. 본당은 신정부에 대하여 시시비비주의로 임할 것은 물론이어니와 정부로 하여금 하루빨리 남북을 통일하고 화급한 민생문제를 해결하여 진정한 민주주의적 독립국가를 건설하도록 책선(責善)적 편달과 감시를 게을리 아니할 것을 이에 언명하는 바이다.[43]

---

41) 《朝鮮日報》 1948년8월8일자, 「總務金炳淵 企劃李順鐸氏」.
42) 許政, 앞의 책, pp.159~160.
43) 《東亞日報》 1948년8월7일자, 「南北統一民生解決에 專力하라」.

그것은 이승만의 첫 각료구성에 대한 한민당의 배신감이 얼마나 컸는가를 보여주는 것이었다. 이승만은 올리버에게 보낸 8월4일자 편지에서 김성수는 장관자리 일곱석을 그의 추종자들에게 할애할 것을 요구했다고 썼다.[44)]

한편 조민당을 중심으로 한 이북애국단체연맹은 8월6일에 조선민주당 회의실에서 전체회의를 열었는데, 회의에서는 이승만이 이북인에 대한 약속을 위반한 것은 물론이고 "비서진을 강화한 데 불과한" 약체내각이라는 격렬한 성토가 쏟아졌다. 회의는 '도각국민대회'를 개최하는 문제까지 검토했으나, 유엔총회의 승인을 고려하여 그것은 자제하기로 하고 내각개조 운동을 벌이기로 했다.[45)]

내각비판 가운데는 특히 임영신의 상공부 장관으로서의 능력을 의구하는 평언이 많았다.[46)] 대한상공회의소도 비판적인 성명을 발표했다.

> 현하의 최대의 급무이며 자주독립의 기초사업인 산업재건을 담임하는 각 행정부처의 책임자 중에 그 수완이 미지수인 인물이 등장한 데 대하여 일말의 불안이 없는 바 아니나, 우리는 상공회의소의 본령에 비추어 모든 비판은 구체적 정책과 실적을 볼 때까지 보류함이 당연하다고 생각한다.[47)]

이승만은 이러한 분위기를 감안하여 8월5일에 김성수, 이청천, 이윤영 세 사람을 무임소 국무위원으로 내정하고 교섭을 벌였다. 그러나 김성수는 끝내 고사했고, 다른 두 사람도 망설이다가 8월12일에야 취임했다.[48)]

---

44) Rhee to Oliver, Aug. 4, 1948(梨花莊所藏); Robert T. Oliver, *op. cit.*, p.185.
45) 《東亞日報》 1948년8월8일자, 「弱体內閣糾彈 改造運動展開」.
46) 《朝鮮日報》 1948년8월6일자, 「社說: 閣僚의 一瞥」.
47) 《朝鮮日報》 1948년8월8일자, 「政府前途에 不安」.
48) 《서울신문》 1948년8월13일자, 「問題의 無任所相 兩氏만 遂受諾」.

6

1948년8월15일은 한국 국민들이 영구히 잊을 수 없는 역사적인 날이었다. 이날 오전에는 대한민국 정부수립 선포 및 광복 3주년 기념식이 거행되고, 자정을 기하여 마침내 미 군정부의 행정권이 대한민국 정부로 이양되었기 때문이다. 개회시간 전부터 식장인 중앙청 광장은 말할 것도 없고 중앙청 정문으로부터 세종로와 태평로에는 각 정당 및 사회단체, 청년단체, 학생 등 수십만의 인파가 운집했다. 이날의 식전에서 가장 이채로운 것은 태평양지역 연합군사령관 맥아더(Douglas MacArthur) 원수 내외가 도쿄(東京)로부터 날아와 참석한 것이었다. 맥아더가 한국을 방문한 것은 이때가 처음이었다.

단상에는 이승만 내외와 맥아더 내외를 비롯하여 국회의장, 대법원장, 국무총리와 국무위원 등 3부 요인들과 유엔한국임시위원단, 하지 장군을 비롯한 남한주둔 미군 수뇌, 로마교황청 사절을 비롯한 각국 민간사절들이 자리를 잡았다.

1948년8월15일의 대한민국 정부수립 기념식에 참석하기 위해 내한한 맥아더 장군을 영접하는 이승만 대통령 내외.

기념식은 오전 11시30분에 개회되었다. 회장 오세창(吳世昌)의 개회사 대독에 이어, 이승만의 기념사가 시작되었다. 이승만은 긴 옷고름 대신에 단정하게 단추를 단 회색 모시두루마기

차림이었다. 그것은 이승만 특유의 방식으로 개량한 한복이었다.

이승만은 30분에 걸쳐서 연설을 했는데, 그것은 국가 건설의 기본 이념을 명수사를 구사하여 이론적으로 피력한 것이어서 꼼꼼히 천착해볼 가치가 있다. 그는 먼저 이날을 맞는 감회를 다음과 같이 피력했다.

"8월15일 오늘에 거행하는 이 식은 우리의 해방을 기념하는 동시에 우리 국민이 새로 탄생한 것을 겸하는 것입니다.

이날 동양의 한 고대국인 대한민국 정부가 회복되어서 사십여년을 두고 바라며 꿈꾸며 투쟁하여온 사실이 실현된 것입니다. 그러므로 오늘 이 시간은 내 평생에 제일 긴중한 시간입니다. 내가 다시 고국에 돌아와서 내 동포의 자치 자주하는 정부 밑에서 자유공기를 호흡하며 이 자리에 서서 대한민국 대통령의 자격으로 이 말을 하게 되는 것입니다. 그러나 내 마음에는 대통령의 존귀한 지위보다 대한민국의 한 공복인 직책을 다하기에 두려운 생각이 앞서는 터입니다.…"

그는 이어 맥아더 장군 내외가 기념식에 참석해준 데 대한 감사의 뜻을 표하고 나서, 우리가 목적지에 도착하기에는 아직도 험하고 어렵다면서 다음과 같이 강조했다.

"우리가 목적지에 도달하기에는 아직도 험하고 어렵습니다. 사천여년을 자치 자주해온 역사는 막론하고 세인들이 남의 선전만 믿어 우리의 독립 자치할 능력에 대하여 의문하던 것을 금년 5월10일에 전 민족의 민주적 자결주의에 의한 전국 총선거로 우리가 다 청소시켰으며, 모든 방해와 지장을 일시 악감이나 낙심 애걸하는 상태를 보이지 아니하고 오직 인내와 정당한 행동으로 극복하여 온 것이니, 우리는 이 태도로 연일 행진함으로써 앞의 많은 지장을 또 일일이 이겨나갈 것입니다. 조금도 우려하거나 퇴축할 것도 없고 어제를 통분히 여기거나 오늘을 기뻐하지만 말고 내일을 위하여 노력해야 될 것입니다.…"

그러면서 이승만은 "건국 기초의 요소될 만한 몇 조건"을 말하겠다면서 다음과 같은 여섯가지를 들었다.

"(1)은 민주주의를 전적으로 믿어야 될 것입니다. 우리 국민 중에 혹은 독재제도가 아니면 이 어려운 시기에 나갈 길이 없을 줄로 생각하며, 또 혹은 공산분자의 파괴적 운동에 중대한 문제를 해결할 만한 지혜와 능력이 없다는 관찰로 독재권이 아니면 방식이 없다고 생각하는 이도 있으니, 이런 것은 우리가 다 큰 유감으로 생각하는 것입니다. 목하의 사소한 장애로 인연해서 영구한 복리를 줄 민주주의의 방침을 무효하게 만드는 것은 우리가 결코 허락하지 않을 것입니다. 독재주의가 자유와 진흥을 가져오지 못하는 것은 역사에 증명된 것입니다. 민주제도가 어렵기도 하고 또한 더러는 더디기도 한 것이지만은 의로운 것이 종말에는 악을 이기는 이치를 우리는 믿어야 할 것입니다. 민주제도는 세계 우방들이 다 믿는 바요 우리 친우들이 전제정치와 싸웠고 또 싸우는 중입니다. 세계의 안목이 우리를 들여다보며 역사의 거울이 우리에게 비추어 보이는 이때에 우리가 민주주의를 채용하기로 삼십년 전부터 결정하고 실행하여 온 것을 또 간단없이 실천해야 될 것입니다. 이 제도로 성립된 정부만이 인민의 자유를 보장하는 정부입니다."

이렇듯 이승만은 건국이념의 첫째 조건으로 민주주의에 대한 신념을 강조했다. 그리고 우리 국민은 그 이념과 제도를 대한민국임시정부를 수립한 이래로 실천해 왔다고 주장했다. 다음으로 강조한 것은 개인의 자유였다.

"(2)는 민권과 개인 자유를 보호할 것입니다. 민주정체의 요소는 개인의 근본적 자유를 보호하는 것입니다. 국민이나 정부는 항상 주의해서 개인의 언론과 집회와 종교와 사상 등 자유를 극력 보호해야 될 것입니다. 우리가 40여년 동안을 왜적의 손에 모든 학대를 받아서 다만 말과 행동뿐 아니라 생각까지도 자유로 하지 못하게 되었던 것입니다. 그러나 이것은 우리 민족이 절대로 싸워온 것입니다. 우리는 개인 자유 활동과 자유 판단력을 위해서 쉬지 않고 싸워온 것입니다.

우리를 압박하는 사람들은 유래로 저희 나라의 전제정치를 고집하였으므로 우리의 민주주의를 주장하는 마음이 더욱 굳어져서, 속으로 민주제도를 배워, 우리끼리 진행하는 사회나 정치상 모든 일에는 서양민주국에서 행하는 방식을 모범하여 자래로 우리의 공화적 사상과 습관을 은근히 발전하여 왔으므로 우리의 민주주의는 실로 뿌리가 깊이 박혔던 것입니다. 공화주의가 삼십년 동안에 뿌리를 깊이 박고 지금 결실이 되는 것이므로 굳게 서 있을 것을 믿습니다."

이승만은 이처럼 한국은 3·1운동 이래 30년 동안 민주주의를 실천해 온 결과로 공화주의가 결실 단계에 있다고 강조하고 나서, 세번째로 자유의 중요성을 강조했다. 이승만은 사상의 자유는 민주국가의 기본적 요소라고 다음과 같이 말했다.

"(3)은 자유의 뜻을 바로 알고 존숭(尊崇)히 하며 한도내에서 행하여야 할 것입니다. 어떤 나라에든지 자유를 사랑하는 지식계급의 진보적 사상을 가진 청년들이 정부에서 계단을 밟아 진행하는 일을 비평하는 폐단이 종종 있는 터입니다. 이런 사람들의 언론과 행실을 듣고 보는 이들이 과도히 책망해서 위험분자라 혹은 파괴자라고 판단하기 쉬웁니다. 그러나 사상의 자유는 민주국가의 기본적 요소이므로 자유권리를 사용하여 남과 대치되는 의사를 발표하는 사람들을 포용해야 할 것입니다. 만일 그렇지 못해서 이런 사람들을 탄압한다면 이것은 남의 사상을 존중히 하며 남의 이론을 참고하는 원칙에 위반일 것입니다. 그러므로 시비와 선악이 항상 싸우는 이 세상에 우리는 의로운 자가 불의를 항상 이기는 법을 확실히 믿어서 흔들리지 말아야 될 것입니다."

이러한 주장은 반공주의자 이승만의 사상의 자유에 대한 기본적인 신념을 보여주는 것이어서 눈길을 끈다. 이승만은 이어 정부에 대한 국민들의 태도의 중요성을 링컨의 유명한 민주주의의 정의를 인용하여 강조했다.

"(4)는 서로 이해하며 협의하는 것이 우리 정부의 관건이 되어야 할 것입니다. 우리가 새 국가를 건설하는 이때에 정부가 안에서는 공고하며 밖에서는 위신이 있게 하기에 제일 필요한 것은 이 정부를 국민이 자기들을 위해서, 자기들 손으로 세운, 자기들의 정부임을 깊이 각오해야 될 것입니다. 이 정부의 법적 조직은 외국 군사가 방해하는 지역 외에는 전국에서 공동히 거행한 총선거로 된 것이니, 이 정부는 국회에서 충분히 토의하고 제정한 헌법으로써 모든 권리를 확보한 것입니다. 그러므로 지금부터는 우리 일반 시민은 누구나 다 일체로 투표할 권리와 참정할 권리를 가진 것입니다. 일반 국민은 누구를 물론하고 이 정부에서 반포되는 법령을 다 복종할 것이며 충성스러이 받아들여야만 될 것입니다. 국민은 민권의 자유를 보호할 담보를 가졌으나 이 정부에 불복하거나 번복하려는 권리는 허락한 일이 없나니, 어떤 불충분자가 있다면 공산분자 여부를 물론하고 혹은 개인으로나 도당으로나 정부를 전복하려는 사실이 증명되는 때에는 결코 용서가 없을 것이니, 극히 주의해야 할 것입니다. 민주주의가 인민의 자유권리와 참정권을 다 허락하되 불량분자들이 민권자유라는 구실을 이용해서 정부를 전복하려는 것을 허락하는 나라는 없는 것이니, 누구나 다 이것을 밝히 알아 조심해야 될 것입니다."

이승만은 다섯째로 정부가 가장 역점 사업으로 추진할 것은 노동자 농민들의 생활 향상과 평등권을 보장하는 일이라고 강조하고, 그 당위성을 태극기에 그려진 태극의 이치를 들어 설명했다.

"(5)는 정부에서 가장 전력(專力)하려는 바는 도시에서나 농촌에서나 근로하며 고생하는 동포들의 생활정도를 개량하기에 있는 것입니다. 기왕에는 정부나 사회의 가장 귀중히 여기는 것은 양반들의 생활을 위했던 것입니다. 지금부터는 이 사상을 다 버리고 새 주의로 모든 사람의 균일한 기회와 권리를 주장하며, 개인의 신분을 존중히 하며, 노동을 우대하여 법률 앞에는 다 동등으로 보호할 것입니다. 이것이 곧 이 정부의 결심이므로 전에는 자기들의 형편을 개량할 수 없는 농민과 노동자들에게 특별히 주의하려 하는 것입니다.

또한 정부의 결심하는 바는 국제통상과 공업발전을 우리나라의 필요를 따라 발전시킬 것입니다. 우리가 우리 민족의 생활정도를 상당히 향상시키려면 모든 공업의 발전을 하게 하여 우리 농장과 공장 소출을 외국에 수출하고, 우리가 우리에게 없는 물건은 수입해야 될 것입니다. 그런즉 공장과 상업과 노동은 떠날 수 없이 서로 함께 병행불패[並行不悖: 두가지 일을 한꺼번에 치러도 사리에 틀리거나 어그러짐이 없음]해야만 될 것입니다. 경영주들은 노동자들을 이용만 하지 못할 것이요 노동자는 자본가를 해롭게 못할 것입니다.

공산당의 주의는 계급과 계급 사이에 충돌을 붙이며 단체와 단체 간에 분쟁을 붙여서 서로 미워하며 모해를 일삼는 것이나, 우리의 가장 주장하는 바는 계급전쟁을 피하여 전 민족의 화동을 도모하나니, 우리의 화동과 단체성은 우리 앞에 달린 국기가 증명하는 바입니다. 상고적부터 태극이 천지만물의 융합되는 이치를 표명한 것이므로 이 이치를 실행하기를 가장 노력할 것입니다."

이승만은 마지막 조건으로 대미관계의 중요성을 강조했다. 그리고 지식인 사회의 일반적인 비판여론과는 달리 미 군정부에 소속된 한국인 관리들의 그동안의 노고를 치하했다.

"(6)은 우리가 가장 필요를 느끼는 것은 외국의 경제 원조입니다. 과연 기왕에는 외국의 원조를 받는 것이 받는 나라에 위험스러운 것을 각오하지 않을 수 없었던 것입니다. 그러므로 우리가 언제든지 무조건하고 청구하는 것은 불가한 줄로 아는 바입니다.

그러나 지금 와서는 이 세계 대세가 변해서 각 나라 간에 대소강약을 물론하고 서로 의지해야 살게 되는 것과 전쟁과 평화의 화복안위(禍福安危)를 같이 당하는 이치를 다 깨닫게 되므로 어떤 작은 나라의 자유와 건전이 모든 큰 나라들이 동일히 관심하게 되는 것입니다.

연합국과 모든 그 민족들이 개별적으로나 단체적으로나 기왕에 밝히 표시하였고 앞으로도 계속하여 발표할 것은 이 세계의 대부분이 민주적 자유를 누리게 하기로 결심할 것입니다. 그러므로 그 우방들이 우리에게 많은 도움을 주는 것이며 또 계속해서 도움을 줄 것인데, 결코 사욕이나 제국주의적 요망이 없고 오직 세계평화와 친선을 증진할 목적으로 되는 것이니, 다른 관심이 조금도 없을 것입니다.

오늘 미 군정은 끝나며 대한정부가 시작되는 이날에 모든 미국인과 모든 한인 사이에 친선을 한층 더 새롭게 하는 것이 필요합니다. 우리가 우리 자유를 회복하는 것은 첫째로 미국이 일본의 강권을 타도하기 위하여 우리나라에 있던 적군을 밀어내었고 지금은 자발적으로 우리의 독립을 회복하기에 돕는 것이니, 우리 토지의 일척일촌(一尺一寸)이나 우리 재정의 분전(分錢)이라도 원하는 것이 없는 것입니다. 미국은 과연 정의와 인도의 주의로 그 나라의 토대를 삼고 이것을 실천하는 증거가 이에 또다시 표명되는 것입니다.…"

이승만은 이어 미군점령기간의 미 군정과 민정을 맡았던 미국 군인들의 노고를 치하하고, 특히 자신과 격심하게 대립했던 하지 사령관을 "우리 한인들의 참된 친우"라고 추어올렸다.

"미국 군인이 점령한 동안에 군정이나 민정에 사역한 미국 친우들이 우리에게 동정하며 인내하여 많은 양해로 노력해준 것을 우리가 또 깊이 감사하는 바입니다. 또다시 설명코자 하는 바는 미 점령군의 사령장관이요 인도자인 하지 중장의 모든 성공을 치하하는 동시에 우리는 그분을 용감한 군인일 뿐만 아니라 우리 한인들의 참된 친우임을 다시금 인정하는 바입니다.…"

끝으로 이승만은 대통령 취임식 때에 이어 또다시 소련과의 관계 정상화 의욕을 다음과 같이 표명했다.

"우리 전국이 기뻐하는 이날에 우리가 북편을 돌아보고 비감한 생각을 금하기 어려웁니다. 거의 일천만 우리 동포가 우리와 민국 건설에 같이 진행하기를 남북이 다 원하였으나 유엔대표단을 소련군이 막아 못하게 된 것이니, 우리는 장차 소련사람들에게 정당한 조처를 요구할 것이요 다음에는 세계 대중의 양심에 호소하리니, 아무리 강한 나라라도 약한 이

웃의 강토를 무단히 점령케 하기를 허락케 한다면 나중에는 세계의 평화를 유지할 나라가 없을 것입니다.

기왕에도 말한 바이지만은 소련이 우리에 접근한 이웃이므로 우리는 그 나라로 더불어 평화와 친선을 유지하려는 터입니다. 그 나라의 자유로 사는 것을 우리가 원하느니 만치 우리가 자유로 사는 것을 그 나라도 또한 원할 것입니다. 언제든지 우리의 이 원하는 바를 그 나라도 원한다면 우리 민국은 세계 모든 자유국과 친선히 지내는 것과 같이 소련과도 친선한 우의를 다시 교환키에 노력할 것입니다."

1948년8월15일의 정부수립 기념식에서 식사를 하는 이승만 대통령.

이승만은 긴 연설을 마무리하면서, 국민들의 충성심과 책임감과 굳센 결심을 특별히 강조했다.

"결론으로, 오늘에 지나간 역사는 마치고 새 역사가 시작되어 세계 모든 정부 중에 우리 새 정부가 다시 나서게 되므로, 우리는 남에게 배울 것도 많고 도움을 받을 것도 많습니다. 모든 자유우방들의 후의와 도움이 아니면 우리의 문제는 해결키 어려울 것입니다. 이 우방들이 이미 표시한 바와 같이 앞으로 계속할 것을 우리는 깊이 믿는 바이며, 동시에 가장 중대한 바는 일반 국민의 충성과 책임심과 굳센 결심입니다. 이것을 신뢰하는 우리로는 모든 어려운 일에 주저하지 않고 이 문제를 해결하며 장애를 극복하여, 이 정부가 대한민국에 처음으로 서서 끝까지 변함이 없이 민주주의의 모범적 정부임을 세계에 표명되도록 매진할 것을 우리는 이에 선언합니다."[49]

이승만은 올리버에게 이날의 연설문을 기초해 줄 것을 부탁하여 써 보내왔으나 그대로 읽지 않았다고 했다.[50] 이 연설문은 공화주의자, 평민주의자로서의 이승만의 사상과 대통령으로서의 현실적인 건국이념이 응축된 그 자신의 문장이었던 것이다.

이승만의 기념사에 이어 연합합창단의 「대한민국 정부수립 기념가」 합창이 있었고, 이어 맥아더의 축사가 있었다. 맥아더는 거물 정치가답게 격조있는 웅변으로 한국인의 자긍심을 한껏 고취시키고 나서, 1882년의 조미우호통상조약을 거론하면서 한미 유대의 중요성을 다음과 같이 강조했다.

"민주적 생활의 방어는 무엇보다도 개인 정신에 달렸습니다. 개인 자유의 복을 누릴 자격이 있는 사람은 언제든지 이것을 지킬 결심과 용의를 가진 사람들입니다. 미국 국민은 귀국민과 다년간 각별한 우호적 관계를 가졌습니다. 일찍이 1882년에 양국 국민 간에는 우호통상조약이 체결되어 양국 간에 영원한 평화와 우의를 선포하였습니다. 미국 국민은 이 서약에서 이탈한 적이 없으니만큼 여러분은 그 불가분 불가리(不可分不可離)의 우호관계를 신뢰할 수 있습니다. 이 대통령 각하와 신생 민주국가를 영도하는 데 각하를 보좌할 우수한 각원 여러분은 정치적 경험에서 지금까지 찾아보지 못한 가장 복잡한 문제에 당면할 것입니다. 이 문제를 어떠한 방법으로 해결하느냐가 귀국 국민의 통일과 복리

---

49) 《京鄕新聞》 1948년8월16일, 18일, 19일자, 「李大統領式辭內容」; 雩南實錄編纂委員會, 『雩南實錄 (1945~1948)』, 悅話堂, 1976, pp.565~570.

50) Robert T. Oliver, *op. cit.*, p.187.

를 대부분 측정할 뿐만 아니라 역시 아시아 대륙의 장래 안정을 결정할 것입니다.…"[51)]

뒤이은 축사에서 하지 장군은 재조선 미 군정부는 오늘 밤 자정으로 폐지되고, 한국주둔 미군사령부 민사처가 생긴다고 발표했다.[52)]

맥아더 내외는 이날 오후 늦게 도쿄로 돌아갔는데, 이승만은 그에게 구왕실 소장의 질동(質銅)향로 한벌과 윤비(尹妃)가 사용하던 청옥 화병을 선물로 증정했다. 그리고 이범석은 은제 신선로 한벌을 선사했다. 질동제 향로는 일찍이 고종(高宗) 황제가 맥아더 원수의 부친에게 보낸 것과 같은 것이었다. 맥아더는 부친의 유품인 그 향로를 소중히 간직했었는데, 태평양전쟁 때에 필리핀의 코레히도르(Corregidor) 작전에서 분실하고는 늘 아까워했다. 그것을 알고 있던 이승만이 같은 것을 구하여 선사한 것이었다.[53)]

51) 《朝鮮日報》 1948년8월16일자, 「偉大한 韓民族, 外勢로 分裂될 理萬無」.
52) 《朝鮮日報》 1948년8월16일자, 「民事處를 新設」.
53) 《서울신문》 1948년8월16일자, 「李大統領 맥元帥에 香爐等을 膳物」.

2. "유엔총회에 대한민국임시정부 승인 요청할 터"

1

7월21일에 결성된 통일독립촉진회(통촉)는 민족자주연맹의 김붕준(金朋濬)과 한독당의 엄항섭(嚴恒燮) 등 6명을 중앙집행위원과 감찰위원을 선정할 전형위원으로 선출했는데, 이들은 7월23일에 제1차 회의를 개최한 데 이어 26일에는 김구와 김규식(金奎植)이 참석한 가운데 제2차 회의를 열고 중앙집행위원 83명과 중앙감찰위원 20명을 확정했다. 중앙집행위원에는 김붕준, 엄항섭, 유석현(劉錫鉉), 여운홍(呂運弘), 김학규(金學奎), 배성룡(裵成龍), 조헌식(趙憲植), 이두산(李斗山), 조시원(趙時元), 설의식(薛義植), 홍기문(洪起文) 등이 포함되었다.[54]

8월1일 오후에 민족자주연맹 회의실에서 개최된 제1차 통촉중앙집행위원회는 당면문제를 토의하고 9월에 열릴 파리 유엔총회에 파견할 대표로 김규식을 수석대표로 한 14명을 선정했다. 그리고 통일정부 수립을 위한 전국정치회의 소집 문제는 김구, 김규식 두 사람과 상무위원회에 일임하기로 했다. 이날 회의는 또 김붕준, 엄항섭, 배성룡, 유석현, 김학규, 여운홍, 설의식, 송남헌(宋南憲) 등 13명을 상무위원으로 선출했다.[55] 이어 8월5일 오후에는 경교장에서 김규식이 참석한 가운데 제1차 상무위원회를 열고 집행부 책임자를 다음과 같이 선임했다.

○ 사무국장　　김붕준
○ 조직국장　　배성룡
○ 선전국장　　엄항섭
○ 재정국장　　김학규[56]

54) 《朝鮮日報》 1948년7월28일자, 「「統促」 中執 · 監委選出」.
55) 《朝鮮日報》 1948년8월7일자, 「統促部署決定」.
56) 《朝鮮日報》 1948년8월3일자, 「國聯에 金博士」.

이렇게 하여 한독당과 민족자주연맹의 협동체제가 일단 갖추어졌다. 그러나 두 김의 행보가 완전히 일치하는 것은 아니었다. 8월4일에 소요산에 나들이 갔던 김구는 부산에서 거행되는 건국실천원양성소 개소식에 참석하기 위하여 이튿날 아침에 김학규 등과 함께 부산에 가느라고 경교장에서 열린 제1차 통촉상무회의에도 참석하지 않았다.[57]

한편 민족자주연맹은 8월4일에 김규식의 집에서 제20차 상무위원회를 열고 연맹의 정치노선에 위반하여 비밀히 진행 중인 북한 정권수립 공작에 참가한 연맹 간부 및 맹원을 조사하여 8월23일에 개최되는 상무위원회에서 조처하기로 의결했다.[58]

김구는 부산행 열차 안에서 취재기자들과 다음과 같은 일문일답을 나누었다.

문. "조각에 대한 소감은?"

답. "아무런 감상도 없다. 나는 그런 것을 필요로 느끼지 않는 만큼 누가 무엇이 되든지 간에 상관할 것도 없고 또 이렇다는 소감도 있을 수 없다."

문. "파리 회의에 김규식 박사가 파견된다는데?"

답. "파리 회의는 남북에 주둔한 미소 양군 '장터'와 같다고 생각한다. 즉 북한이 잘되었다거니 남한이 잘되었다거니 서로 시비할 터인데, 나의 주장으로서는 남북 간의 시비 알력을 버리고 대한민국임시정부를 승인하라는 것이다. 또한 남이나 북이나 간에 남이 만든 정부의 대표들뿐이므로 순 민간의 의사를 듣겠다면 이에 응하는 것도 한 사명일 줄로 안다."

문. "동대표단의 구성은 어떠한가?"

답. "김 박사를 단장으로 엄항섭씨 등이 수원이 될 것이다. 그러고 우

---

57) 《朝鮮日報》 1948년8월6일자, 「金九氏下釜」.
58) 《東亞日報》 1948년8월6일자, 「北韓選擧參加者 調査하여 措處」.

리 대표단의 선발대로 서영해(徐嶺海)씨가 지난 6월15일에 상해를 출발하여 이미 파리에 도착해 있다. 서씨는 오래 전부터 파리에 있으면서 전 대스크프 대사의 후의로 임시정부 파리대사로 있었던 분이다."[59]

임시정부의 파리위원부 책임자였던 서영해의 해방 이후의 행적은 자세히 알려진 것이 없다. 임시정부의 국무위원이었던 조경한(趙擎韓)은 김구가 남북협상을 결심하게 된 것은 서영해의 설득에 의한 것이었다고 말했다.[60]

남북한에 수립된 두 분단정부 대신에 자신이 이끌었던, 그러나 이제 그 그림자도 찾아볼 수 없게 된 대한민국임시정부를 승인하라는 김구의 주장은 이때까지도 김구가, 이승만과는 전혀 다른 의미에서, 유엔의 권능에 집착하고 있었음을 말해 준다. 그리고 김구는 자신의 그러한 주장에 대하여 낙관했다.

김구는 이어 8월8일에는 김규식의 파리 유엔총회 파견문제에 대하여 기자들에게 다음과 같이 말했다.

문. "김규식씨의 도불 계획은?"

답. "총회일자에 대어서 출발할 것이지만 아직 미정이다."

문. "여권이 허가되지 않으면 어찌될 것인가?"

답. "거부하면 못가는 것이지만 우리 민족의 의사를 발표치 못하게 하는 책임은 못가게 하는 그들에게 있을 것이다."

문. "유엔총회에서 발언권이 인정되지 않을 적에는?"

답. "임기응변으로 투쟁할 계획이 서 있다."

문. "남북통일에 대한 최근 동향 여하?"

---

59) 《서울신문》 1948년8월7일자, 「組閣別無所感」.
60) 趙擎韓 증언, 孫世一, 『李承晩과 金九』, p.286.

답. "북조선쪽의 반성을 촉구하여 남북 각기 단정추진파를 제외하고 통촉을 강화하여 적극적으로 남북통일에 힘쓰겠다. 그리고 우리 당원으로서 신생 정부에 참가한다면 당으로서 단호한 조치를 하겠다."

문. "홍명희(洪命熹)씨는 어찌 되었는가?"

답. "재삼 보내 달라고 정식으로 요청했는데, 아직 답이 없다."[61)]

그러나 일찍이 파리강화회의 때의 쓴 경험이 있는 현실주의자 김규식은 이튿날 파리행을 거부했다. 그는 기자들에게 다음과 같이 단호하게 말했다.

문. "유엔총회에 통촉대표로 참석한다는데 언제쯤 출발할 것인가?"

답. "이 문제는 통촉 결성대회에서 결의되었지만 제1차 중앙집행위원회 회의에서 나는 남조선의 민간대표가 가기 어려우리라는 것을 역설하였음에도 불구하고 본인을 수반대표로 선임하였으나, 그 후 제1차 상무위원회 석상에서 거부하는 의사를 표시했기 때문에 더 말할 필요가 없다."

문. "그러나 김구씨는 부산에서나 인천에서 김 박사가 파견된다고 언명했는데?"

답. "그것은 제1차 중앙집행위원회에서 결정한 것만 알고 그 후 내가 불접수한다고 말한 것을 몰랐던 까닭일 것이다…."[62)]

민족자주연맹은 8월11일에 파리 유엔총회에 대표를 파견하는 문제와 관련하여 "남쪽이나 북쪽이나 관변이나 민중이나 어디나 대표를 한두 사람씩 요청하여 가지고라도 각 방면 견해를 들어 참조하여 가면서 최후결정을 보는 것이 옳다고 본다"라는 무르춤한 담화로 김규식의 말을 얼버

61) 《朝鮮日報》 1948년8월10일자, 「兩單政排擊」.

62) 《朝鮮日報》 1948년8월11일자, 「國聯行을 拒否」.

무렀다.[63]

김규식의 이러한 태도표명에도 불구하고 김구는 유엔총회에 대표를 파견하는 문제를 포기하지 않았다. 그는 8월12일에 유엔총회에 임시정부의 승인을 요청하겠다고 한 말의 구체적인 내용이 무엇이냐는 기자의 질문에 다음과 같이 대답했다.

"앞으로 유엔총회에 대하여 어떠한 주장 제시를 할 것인가의 문제에 대하여는 사전에 말할 수 없다. 나의 대체 의견은 유엔조선위원단에 제출한 나의 의견서 내용에 제시된 바와 같다."

그리고 김규식이 유엔총회대표를 사퇴한 것에 대한 견해를 묻는 질문에도 "김 박사가 견결(堅缺)히 사퇴하면 통촉 상임위원회를 소집하여 토의 결정하게 될 것이다"하고 대표파견 주장을 거두지 않았다.[64]

2

한편 국무회의는 8월11일에 장면, 김활란(金活蘭), 장기영(張基永) 세 사람을 9월에 열릴 파리 유엔총회에 대한민국 대표로 파견하기로 결정했다.[65] 그리고 8월21일에는 조병옥을 다시 구미특사 및 유엔총회 한국대표단 고문으로 임명했다.[66]

이승만이 파리 유엔총회에 얼마나 신경을 쓰고 있었는가는 프란체스카가 9월1일에 올리버에게 편지를 보내어 조병옥이 에티켓에 관한 책을 한권 사보게 하라고 쓴 것으로도 짐작할 수 있다. 프란체스카는 "외교관들이 지켜야 할 일들이 있습니다. 그렇지 않으면 그 사람뿐만 아니라 나머지 사람들도 낭패할 것입니다.… 그들은 아직 포크와 나이프를 제대로

63) 《서울신문》 1948년8월12일자, 「UN總會派遣代表 超黨派的努力必要」.
64) 《朝鮮日報》 1948년8월13일자, 「代表再選擧」.
65) 《朝鮮日報》 1948년8월12일자, 「國聯代表에 三氏決定」.
66) 《서울신문》 1948년8월22일자, 「趙炳玉特使不日間出發」.

쓰는 법을 배운 일이 없습니다. 옷을 올바로 입는 법도 문제예요. 그들 대부분이 익숙하지 못합니다. 지난 40년 동안 한국에는 이런 문제가 없었거든요"라고 썼다.[67)]

북한정권 수립을 위한 지하선거로 뒤숭숭한 분위기 속에서 민족자주연맹은 8월11일 오후 1시부터 4시간 동안 김규식의 집에서 임시상무위원회를 열고 연맹 산하의 정당 및 사회단체 소속 간부로서 북한정권수립에 가담한 사람에 대하여 정권처분하기로 의결했다.[68)] 그리하여 제2차 남북지도자협의회에 참석한 홍명희, 이극로(李克魯), 손두환(孫斗煥), 최익한(崔益翰), 장권(張權), 이용(李鏞), 김충규(金忠圭), 김일청(金一淸), 나승규(羅承奎), 강순(姜舜) 등을 정권처분하여 물의를 빚었다.[69)]

이러한 두 김의 움직임에 대하여 좌익 정파들은 맹렬히 비난하고 나섰다. 근로인민당은 8월17일에 두 김에 대하여 "그들은 그들의 반동적 본질을 다시 재생산하고 있다"라고 말하고, "허다한 그들의 맹우들이 흔연히 참가하고 있는 결정적 사업에서 … 교묘히 이탈하여 반동에 대한 투쟁을 포기하고 조선인민의 의사와 자기들의 양심에 반항하려고 드는 그들은 실질상 외력과 국제반동의 강압에 굴복하고 있다"라고 비판했다.[70)]

중도계 정파들의 귀추를 두고 여러 가지 추측이 난무하는 가운데 민족자주연맹과 한독당을 비롯한 25개 정당 및 사회단체 대표들은 8월24일에 민족자주연맹 회의실에서 회의를 열고 앞으로의 행동방향을 토의한 끝에, (1) 소위 제2차 남북정치지도자연석회의의 비법을 규탄하며, (2) 그 회합에 우리의 대표를 파견한 사실이 없고, (3) 4월30일의 평양 공

---

67) Francesca Rhee to Oliver, Sep. 1, 1948(梨花莊所藏); Robert T. Oliver, *op. cit.*, p.195.
68) 《京鄕新聞》 1948년8월13일자, 「以北政權에 加擔한 者에 停權處分採擇」.
69) 《朝鮮日報》 1948년8월18일자, 「民聯崩潰?」.
70) 《朝鮮中央日報》 1948년8월18일자, 「兩金氏에 對하야 勤民黨에서 聲名發表」.

동코뮤니케에 위배되는 그 밖의 일체 행동과 북한에서 발전되는 사태는 이를 인정하지 않는다는 공동성명서를 발표했다. 김구와 김규식도 각각 한독당과 민족자주연맹을 대표하여 이 성명서에 서명했는데, 한독당을 제외한 민족자주연맹 산하의 주요정당 및 사회단체는 북한 최고인민회의 선거에 참가하고 있는 만큼 이 반대성명은 참가 정당 및 사회단체 대표들의 개인적 의사표명이라는 등 혼선을 빚었다.[71)]

배신감과 울분으로 착잡한 감회를 느끼고 있는 김구로 하여금 고난의 70평생을 낡은 기록영화처럼 되돌아보게 하는 일이 생겼다. 중국 대륙에 묻고 온 모친과 아내와 큰아들의 유해가 돌아온 것이다. 김구는 남북협상에서 돌아온 뒤에 중국에서 국공내전이 격화되어 만주 지방이 중공군 수중에 떨어지자 둘째 아들 김신(金信)으로 하여금 중국에 가서 자신의 후견인 격이었던 이동녕(李東寧)과 중경시대의 국무위원 겸 비서실장

1948년10월7일에 정릉에서 거행된 곽낙원, 최준례, 김인의 묘비 제막식.

---

71) 《朝鮮日報》 1948년8월26일자, 「第二次南北協商反對」; 《東亞日報》 1948년8월26일자, 「北韓政治行動參加는 非法」.

이었던 차리석(車利錫)의 유해와 함께 모친 곽낙원(郭樂園), 아내 최준례(崔遵禮), 큰아들 김인(金仁)의 유해를 옮겨 오게 했다. 이동녕은 기강에, 곽낙원과 김인, 차리석 세 사람은 중경에, 최준례는 상해에 묻혀 있었다.

김구는 8월8일에 비가 내리는 인천 부두에 가서 이들의 유해를 맞았다. 곽낙원과 최준례와 김인의 유해는 경교장에 안치되었다가 8월20일에 서울중학교 운동장에서 기독교 연합장으로 장례식이 거행되었다. 장례식은 이시영, 오세창, 김창숙(金昌淑), 김성수, 조소앙, 조완구, 명제세, 피치 박사 등의 내빈과 많은 조객들이 참석한 가운데 오후 2시부터 함태영(咸台永) 목사의 사회로 엄숙하게 거행되었다.[72] 세 사람의 유해는 정릉에 안장되었다가 1999년에 최준례의 유해는 김구의 묘에 합장되고, 곽낙원과 김인의 유해는 대전 현충원으로 이장되었다.

이동녕과 차리석의 유해는 9월22일에 휘문중학교에서 사회장으로 장의를 치르고 효창공원에 안장되었다.[73]

---

72) 《서울신문》 1948년8월21일자, 「金九氏慈堂, 夫人, 令息遺骸葬儀式嚴肅執行」; 선우진 지음, 최기영 엮음, 『백범 선생과 함께 한 나날들』, p.196.

73) 《서울신문》 1948년9월23일자, 「애끓는 追慕의 念」.

102장

남북공산주의자들의 도전

1. 남조선인민대표자대회와 북한정권 수립

1

대한민국 정부수립 선포에 따른 제반 국가건설 작업이 급속히 진행되는 한편으로 지방에서는 황해도 해주(海州)에서 열릴 '남조선인민대표자대회'에 참석할 대표를 뽑는 '지하선거'로 남한사회는 어수선했다. 해주 대회의 명목은 새로 구성될 조선최고인민회의의 남쪽 대의원을 선거하기 위한 회의였다. 북쪽 대표는 8월25일에 주민들이 직접 선거하기로 되어 있었으나, 남한에서는 대의원선거를 공식적으로 실시할 수 없으므로 1차로 각군 단위의 선거구에서 선거인단격인 남조선인민대표자대회 대표를 선거하고 2차로 이 대표들이 대회를 열어 최고인민회의 대의원을 선거한다는 것이었다. 최고인민회의 대의원수는 인구 5만명에 1명씩으로 하고 인구 비례에 따라서 남한 대의원은 360명, 북한 대의원은 212명으로 할당되었다. 그리고 남조선인민대표자대회에 참석할 인민대표수는 남한에 할당된 최고인민회의 대의원수 360명의 3배수인 1,080명으로 결정되었다.[1)]

남한의 인민대표자 선거에 가장 열성을 기울인 사람은 남조선대의원선거지도위원회 위원장 박헌영(朴憲永)이었다. 박헌영은 수시로 개성 인근까지 내려와서 남조선로동당의 이승엽(李承燁)과 김삼룡(金三龍)을 만났고, 이따금 김삼룡이 38선을 넘어 금천(金川)까지 가서 박헌영을 만나고 오기도 했다. 남한의 '지하선거'를 위하여 박헌영은 북한에 있는 남로당의 정치군사간부양성소인 강동정치학원의 학생들을 남조선인민대표선거에 동원했다. 이들은 남로당의 핵심당원들로서 1946년의 국대안반대투쟁과 '10월인민항쟁', 1948년의 '2·7구국투쟁' 등에 앞장섰다가

---

1) 김학준, 『북한의 역사 제2권』, pp.1051~1052; 박병엽 구술, 유영구·정창현 엮음, 『조선민주주의인민공화국의 탄생』, pp.350~351.

미 군정부로부터 수배당한 청년들이었다. 또 1948년4월의 남북연석회의에 참가했다가 북에 남아 강동정치학원에서 재교육을 받고 있는 남로당 청년단원들도 있었다. 박헌영은 이들 가운데 200여명을 선거를 진행하는 전권위원으로 임명하여 남한 각지로 내려 보냈다. 이들은 7월10일쯤부터 닷새에 걸쳐 개성 방면이나 강원도의 연천, 양양 방면으로 38선을 넘어서 담당 지역으로 잠입했다.[2)]

'지하선거'는 지역의 상황에 따라 세가지 방법으로 진행되었다. 먼저 경찰관서나 면사무소 등의 행정력이 덜 미치는 지역과 낮에는 미 군정부 치하이지만 밤이면 좌익 세상이 되는 지역에서는 선거가 반공개적으로 진행되었다. 주로 경남, 경북, 전남, 강원 등지의 외딴 마을이 여기에 해당했다. 이런 곳에서는 밤에 마을 사람들을 한자리에 모아놓고, 먼저 전권위원들이 후보 소개를 한 다음 그 지역 남로당원이나 좌익인사가 나서서 후보에 대한 지지 토론을 하고 곧바로 전권위원이 가지고 간 투표용지를 나누어 주고 투표함에 투표용지를 넣는 선거가 진행되었다.

둘째로 반공개투표가 불가능한 지역에서는 마을 사람들을 한자리에 모아놓고 전권위원들이 선거 해설과 후보 천거 이유를 설명한 다음 바로 연판장을 돌려 서명을 받는 방식으로 선거가 진행되었다. 얇은 미농지 연판장에는 인민공화국헌법의 실시와 최고인민회의 대의원 선거를 위한 인민대표 선출을 지지하고 해당 지역 후보자를 지지한다는 내용이 적혀 있었다. 연판장에는 이름을 적고 도장을 찍게 되어있었지만 불가피한 경우에는 손도장을 찍게 했다. 마을 사람들을 한자리에 모을 때에는 선거를 실시한다는 말을 미리 하지 않고 구장 같은 마을 책임자와 좌익 동조자들에게 부탁하여 다른 명목으로 마을 사람들을 모이게 하는 경우가 많았다.

셋째로 집회를 열기가 어려운 지역에서는 전권위원들이 연판장을 가

---

2) 박병엽 구술, 유영구 · 정창현 엮음, 위의 책, pp.351~352.

지고 가가호호 개별적으로 방문하여 서명 날인을 받는 방식으로 선거가 진행되었다. 서명 날인 요구에 응하지 않을 때에는 협박 등의 위협적인 방법도 사용되었다.[3]

아무 이름이나 마구 적고 적당히 도장을 파서 찍는 경우도 있었다. 도토리나 감자로 도장을 파서 찍는 경우도 적지 않아서, 감자도장이니 도토리도장이니 하는 말이 나돌았다.[4]

'지하선거'를 치르기가 너무 위험한 지역에서는 전권위원들이 골방에 들어앉아 제멋대로 연판장을 조작하여 중앙에 올려 보내기도 했고, 심지어 군중집회를 연 적이 없는 곳에서 "군중집회를 열어 서명 날인을 받았다"는 연판장이나 "선거를 치렀다"면서 투표용지를 중앙에 올려 보낸 허위 사례도 없지 않았다.

이렇게 실시된 '지하선거'의 투표용지나 서명 날인한 연판장은 군당 단위의 각 선거구에서 남로당 도당을 거쳐 서울의 남로당 현지 지도부로 보내졌고, 이것은 주로 개성 루트를 통하여 해주의 박헌영에게 보내졌다. 남로당과 북로당 지도부의 협의과정에서 "남조선에서의 비합법적 투쟁 조건에서는 투표용지나 연판장을 해주로 집결시키려면 위험이 따른다"라는 논란이 있었지만, 박헌영쪽이 한사코 이를 주장하여 그대로 실현되었다고 한다.[5] 이러한 무모한 행동은 남로당과 박헌영의 위세를 과시하기 위해서 실시되었음은 말할 나위도 없다.

이처럼 기만적인 방법으로 실시된 "선거"였음에도 불구하고 박헌영은 7월30일 밤에 김일성(金日成)과 함께 슈티코프(Terentii F. Shtykov)를 만나 "(남조선에서의 선거가) 대체로 양호하게 진행되고 있다"고 보고했다. 박헌영은 7월26일 현재 서울에서는 60만명의 유권자 가운데 11만명

---

3) 같은 책, pp.353~354.

4) 우사연구회 엮음, 심지연 지음, 『송남헌 회고록: 김규식과 함께한 길』, 한울, 2000, p.126; 심지연, 『역사는 남북을 묻지 않는다: 노촌 이구영 선생의 팔십년 이야기』, 소나무, 2001, p.173.

5) 박병엽 구술, 유영구·정창현 엮음, 앞의 책, pp.357~358.

이 투표에 참가했고, 인천에서는 10만1,000명의 유권자 가운데 2만9,000명이 선거에 참가했으며, "농촌에서도 선거 진행 상황은 양호하다"고 보도했다.[6]

남조선인민대표 선거는 공식적으로는 8월10일에 끝난 것으로 발표되었으나 실제로는 8월20일에서 22일까지 계속되었던 것으로 알려졌다.[7] 이러한 엉터리 '지하선거'를 통하여 1,080명의 인민대표가 선출되었다. 그들은 남로당을 비롯하여 대부분 민주주의민족전선 산하 정당과 사회단체에 소속된 사람들이었다. 인민대표들 가운데는 남북연석회의에 참가했던 정당과 사회단체에 소속된 사람들도 있었는데, 개중에는 연석회의가 끝나고 그대로 북한에 잔류한 사람들도 있었다. 그러나 대개는 남한에 있는 사람들로서 이들은 8월10일 무렵에 38선을 넘었다. 월북과정에 체포되거나 노출되어 월북을 단념한 사람도 수십명에 이르렀다고 한다.[8] 과도정부 경무부장 조병옥(趙炳玉)은 8월24일에 8월20일 현재 '지하선거'와 관련하여 구속된 자는 1,379명인데, 그 가운데 226명이 송청되고, 414명은 치안재판에 회부되었으며, 123명은 석방되고, 나머지 616명은 유치중이라고 발표했다.[9]

2

김일성은 대남부서에 "해주인민대표자대회에 참석하기 위하여 월북한 이남의 인민대표들이 회의가 열릴 때까지 편히 있도록 조치하라"는 특별지시를 해놓고 있었다. 그리하여 그들은 월북통로에 따라 황해도 신천군(信川郡)의 온천지인 신천휴양소, 강원도 세포군(洗浦郡)의 약수터

---

6) 전현수 역주, 『쉬띄꼬프일기 1946~1948』(1948.7.30.), pp.158~159.
7) 김학준, 앞의 책, pp.1051~1052.
8) 박병엽 구술, 유영구·정창현 엮음, 앞의 책, p.359.
9) 《朝鮮日報》 1948년8월25일자, 「地下選擧千餘名檢擧」.

인 삼방(三昉)휴양소, 함경북도 경성군(鏡城郡)의 온천지인 주을(朱乙) 휴양소로 각각 나뉘어 휴식을 취했다. 이들이 해주로 집결한 것은 8월18일이었다.[10)]

남조선인민대표자대회는 8월21일부터 26일까지 해주시의 인민회당에서 열렸다. 이 인민회당은 남조선인민대표자대회에 맞추어 해주에서 가장 전망이 좋은 남산 기슭에 1,500석 규모로 급히 신축한 건물이었다.

7월30일에 김일성과 박헌영을 만나 남조선인민대표자대회의 진행계획을 준비하도록 지시했던 슈티코프가 8월13일에 남조선인민대표자대회의 의사일정과 대회진행 절차에 대해 모스크바로 보고 전보를 보낸 것을 보면 북한정권의 수립이 하나부터 열까지 소련정부의 지시에 따라 진행되었음을 다시금 확인하게 한다.[11)] 그러면서도 슈티코프는 소련군 각 부대 정치부책임자회의에서는 소련군인들에게 "우리는 선거사업에 간섭해서는 안되며, 부정적인 호기심을 드러내어서도 안되고, 선거구에 나타나서도 안되고, 선거당일에는 밖으로 나가서도 안되고, 선거에 개입해서도 안된다"는 것을 주지시키라고 지시하고 있어서 눈길을 끈다.[12)]

박헌영은 이 대회를 통하여 자신의 권위를 최대한으로 제고시키고자 했다. '지하선거'의 투표율 제고를 위해 무모한 노력을 기울인 것도 그 때문이었다. 박헌영은 자기와 함께 1946년에 월북한 박승원(朴勝源)을 대회준비위원장으로 임명했다. 대회준비위원회는 대회 개회를 앞두고 19일과 20일에 대표들을 모아놓고 예행연습까지 했다.

남조선인민대표자대회의 첫날 회의는 8월21일 정오에 개회되었다. 대강당 1층 정면에 설치된 주석단 앞뒤에는 대형 화환과 인민공화국기 수십개가 세워져 있고 강당 벽 사방에는 "조선인민의 진정한 벗 스탈린 대원수 만세", "조선인민 만세" 등의 구호들이 나붙어 있었다. 인민대표들

---

10) 박병엽 구술, 유영구·정창현 엮음, 앞의 책, pp.360~361.

11) 『쉬띄꼬프일기』(1948.7.30., 8.14.), p.160, p.164.

12) 『쉬띄꼬프일기』(1948.8.3.), p.162.

1948년8월21일에 해주시 인민회당에서 열린 남조선인민대표자대회.

은 1층 자리에 빽빽이 앉았고 방청석에는 북한의 각 정당 및 사회단체 사람들이 자리를 메웠다. 김일성, 박헌영, 허헌(許憲), 홍명희(洪命憙), 허가이(許哥而) 등 남북조선로동당 간부들의 입장이 끝나자 사회자가 마이크로 대회시작을 알렸다.[13)]

회의는 박헌영의 개회선언에 이어 홍명희의 개회사로 시작되었다. 홍명희는 먼저 "인민들이 선출한 대표란 어떠한 민주주의 국가에서든지 그 사명이 중대하지만 죽음과 희생이 닥쳐오는 비유없는 폭압적 환경에서 한표 한표는 실로 우리 조국의 통일과 남조선 해방을 위한 조선최고인민회의 선거를 쟁취하려는 인민들의 피의 결정물인 것으로 깊이깊이 깨달아야 할 것"이라고 강조하고, "남조선의 민주주의적 애국진영에서 인민의 민주주의적 선거에 의하여 선출된 대표들이 위대한 북조선 동포들이 선거한 대표들과 동일한 입법기관을 구성시킨다면 이것은 참으로 전민족적인 입법기관이 될 것"이라고 주장했다. 그러고는 끝으로 이 대회를

---

13) 중앙일보 특별취재반, 『秘錄 · 조선민주주의인민공화국(하)』, 中央日報社, 1993, p.380.

있게 해준 김일성과 소련군에 대한 감사의 말로 개회사를 마무리했다.[14] 홍명희는 박헌영에 대해서는 일언반구도 언급하지 않았다.

대회는 개회 행사에 참석한 김일성, 김두봉(金枓奉), 김책(金策), 허가이 등 북한지도자들을 인민대표자대회의 명예주석단에 추대한 다음 박헌영, 홍명희, 이영(李英), 김원봉(金元鳳), 허헌, 이승엽, 장권(張權), 이극로(李克魯), 백남운(白南雲), 허성택(許成澤) 등의 주석단 35명[15]과 서기국 성원을 선출했다. 주석단에서 가장 눈길을 끄는 사람은 제주도의 4·3사건을 주도한 스물두살의 청년 김달삼(金達三)이었다. 그는 목포를 거쳐 해로로 해주에 도착했다.[16]

첫날 회의의 마지막 의제는 박헌영의 「조선최고인민회의 남조선대의원선거를 위한 남조선인민대표자대회 대표자선거 총결에 대하여」라는 보고였다. 박헌영은 무려 세시간에 걸쳐 보고문을 읽었다. 박헌영이 투쟁사례를 언급할 때마다 박헌영 지지자들은 박수를 치며 "박헌영 동지 만세!"를 연발했다.

박헌영의 보고에서 눈길을 끄는 것은 이승만을 비롯하여 5·10선거에 참가한 정파들을 매국노들이라고 매도한 데 이어 김구와 김규식(金奎植)에 대해서도 다음과 같이 비판한 점이었다.

"매국노들과 미 군정 경찰에 의하야 만들어진 테러 환경이 인민들의 통일과 민주주의 독립국가 창설을 위한 의사를 꺾지 못한 것과 같이 남북정당사회단체 대표자연석회의에 참석하였던 일부 우익, 곧 한국독립당의 일부와 민족자주연맹의 일부가 이번 선거투쟁에서 이탈한 것도 인민에게 아무런 영향을 주지 못하였습니다. 이 일부 우익은 자기들이 이 매국노들의 테러 환경에서 견디지 못하여 통일을 위하는 애국전선에서 이탈하여 자기들의 동요성과 무원칙한 정체를 폭로하고 말았을 뿐

---

14) 「南朝鮮人民代表者大會資料: 開會辭」, 『北韓關係史料集 Ⅵ(1945~1949)』, 1988, pp.133~135.
15) 주석단 명단은 『北韓關係史料集 Ⅵ(1945~1949)』, p.155.
16) 김학준, 앞의 책, pp.1054~1055.

입니다.…"[17]

이날 회의가 끝난 뒤에는 같은 자리에서 황해도 예술단의 공연이 있었다.

박헌영의 보고에 대한 토론은 8월22일 오전 9시부터 허헌의 사회로 열린 둘째 날 회의에서 집중적으로 진행되었다. 남로당의 김오성(金午星), 사회민주당의 장권, 근로인민당의 최승환, 민족자주연맹의 이용선(李容先), 조선민주애국청년동맹(민애청)의 조희영 등 30명가량의 토론자들이 나서서 지지토론을 했다. 토론 과정에서도 발언자들은 박헌영을 추켜세우기를 빼놓지 않았다. 토론에 이어 제주도 대표 김달삼의 '제주도 인민항쟁' 보고가 있었고, 회의가 끝난 다음에는 최승희(崔承喜) 무용단의 공연이 있었다.[18]

8월23일에 이극로의 사회로 열린 셋째 날 회의에서는 박헌영의 보고에 대한 토론 결과를 박헌영이 정리하여 발표했다. 이어 「보고에 대한 결정서」를 백남운이 제출하여 만장일치로 접수되고, 대표자자격심사위원회 위원장 이병남(李炳南)의 대표심사보고가 있었다. 이병남은 대표자들에 대한 여러 가지 분석 결과를 발표했는데, 그는 먼저 남조선의 전유권자 868만1,746명 가운데 77.48%에 해당하는 673만2,407명이 투표에 참가했다고 보고했다.[19] 그러나 이러한 숫자는 이른바 전권위원들이 골방에 앉아서 허위로 작성한 연판장의 모든 숫자까지 같이 집계한 것이었으므로 의미가 없었다. 이병남은 대표들의 사회적 성분으로는 노동자 199명(18.30%), 농민 396명(36.65%), 사무원 307명, 문화인 18명, 상인 62명, 수공업자 26명, 종교인 16명, 산업가와 기업가 52명, 지주 4명이고, 연령별로는 20대가 238명, 30대가 409명, 40대가 312명, 50대가 86

---

17) 『北韓關係史料集 Ⅵ(1945~1949)』, p.146.

18) 박병엽 구술, 유영구·정창현 엮음, 앞의 책, p.364; 《朝鮮日報》 1948년8월25일자, 「南韓代表者大會 第二日」.

19) 『北韓關係史料集 Ⅵ(1945~1949)』, pp.155~161.

명, 60대가 30명, 70세 이상이 5명이라고 보고했다. 20대와 30대가 절반이 훨씬 넘었다.[20]

이병남은 이어 1,080명의 인민대표들이 소속된 정당과 사회단체들을 밝혔는데, 정당별로는 남로당이 137명으로 가장 많고 이어 인민공화당 68명, 근로인민당 62명, 민주독립당 53명, 사회민주당 43명, 민주한독당 35명, 신진당 31명, 근로대중당 19명, 천도교 청우당 7명의 순이었다. 그리고 전평원과 전농원이 각각 66명과 70명으로 다수를 차지했다. 눈길을 끄는 것은 한국독립당 소속도 7명이 포함되었다고 발표한 것이었다.

남조선인민대표대회의 진행상황은 평양방송을 통하여 남한에까지 보도되었는데,[21] 한국독립당은 8월26일에 한독당원의 대회참가 보도를 부인하는 담화를 발표했다.

> 평양방송에 의하면 8월23일에 해주에서 열린 소위 남조선인민대표자대회라는 집회에 본당 당원 7명이 참가되었다고 선전하고 있는 모양이다. 그러나 이는 본당을 모략 중상하는 허위날조의 악의임을 신중히 성명하는 바이다. 남쪽과 북쪽이 외세에 의존하여 한개의 조국 안에 두개의 정권을 분립하여 강토의 분열과 동족상잔의 위기를 초래하게 되는 일체 행위를 배격하고 오직 우리 민족의 자주독립과 민주통일정부 수립만을 지향 분투함이 본당의 유일한 당시(黨是)임을 본당의 과거 및 현재의 실천과 본당 위원장 김구 선생 및 본당 중앙에서 발표한 누차 성명으로써 세인이 주지하는 바이다.[22]

이날 회의는 끝으로 최고인민회의 대의원 360명의 선거 절차를 김원

---

20) 위의 책, pp.155~158.
21) 《朝鮮日報》 1948년8월27일자, 「以南代表者大會 第四日」.
22) 《工業新聞》 1948년8월27일자, 『白凡金九全集(8)』, p.475.

봉의 제안대로 통과시켰다.[23]

8월24일 오전 9시부터 이영의 사회로 열린 나흘째 회의는 전날 통과한 대의원 선거절차와 규정에 따라 조선최고인민회의 남조선대의원 입후보자 360명을 추천했다. 그것은 이 대회에 참가한 정당 및 사회단체의 대표자들과 지도자들이 공동으로 추천한 명단이었다. 주석단의 한 사람인 이승엽이 추천명단에 있는 입후보자 이름을 한 사람 한 사람씩 발표할 때마다 전 대표들은 박수로 통과시켰다. 지극히 형식적인 추천 절차였다. 이어 투표 계산위원 9명을 선거함으로써 24일 회의는 간단히 끝났다. 그러나 이 명단이 확정되기까지에는 위험한 고비가 없지 않았다. 입후보자 추천에서 빠진 남로당원들의 설득을 위하여 평양에서 최창익(崔昌益), 주영하(朱寧河), 김응기(金應基) 등 국내파와 연안파 지도자들이 해주로 급파되기도 한 끝에 25일 새벽이 되어서야 반발이 수습되었다.

8월25일 회의에서는 조선최고인민회의의 남조선 대의원 360명을 선거하는 투표가 실시되었다. 투표를 8월25일에 실시한 것은 북한의 최고인민회의 대의원선거일과 같은 날에 맞추기 위해서였다.

투표지에는 360명의 입후보자 명단이 적혀 있었다. 투표는 인민대표들이 14개의 '비밀투표실'에 들어가서 반대하는 사람의 이름을 지우거나 투표지에는 기재되지 않았지만 자신이 지지하는 사람의 이름을 써넣도록 했다. 투표는 오후 3시에 끝났고 투표지에 기재된 360명 전원이 당선되었다. 박헌영이 다시 또 당선자 360명의 이름을 한 사람 한 사람씩 부를 때마다 박수와 "박헌영 동지 만세!"가 뒤따랐다.

8월26일의 마지막 날 회의는 스탈린과 김일성에게 보내는 메시지를 각각 채택했다. 허헌, 박헌영, 홍명희, 이영, 허성택, 김원봉, 이극로 등의 명의로 된 스탈린에게 보내는 메시지는 "전세계의 평화와 안전, 그리고

---

23) 박병엽 구술, 유영구·정창현 엮음, 앞의 책, p.364; 《朝鮮日報》 1948년8월26일자, 「南朝鮮代表者大會 第三日」.

자유와 민주를 위하여 투쟁하는 인민들의 행복을 위하여 귀중한 스승인 당신의 만수무강을 축복하나이다. 광명하고 행복스러운 미래로 전진하는 영광스러운 소련인민에게 새 성과가 있기를 축복하나이다"라는 말로 끝맺었다. 그리고 김일성에게 보내는 메시지는 "진정한 인민정권기관인 인민위원회와 그의 지도자이며 우리 민족의 민족적 영웅인 김일성 장군 만세!"로 끝맺었다.[24]

이어 허헌이 폐회사를 낭독했다. 그는 이 대회가 "매국노 이승만, 김성수, 이범석 도배와 그의 상전 미국인들이 아무리 발광적 탄압으로 남조선인민들의 통일선거를 파탄시키려 하였지마는" 성공적으로 마쳤다고 말하고 "나는 우리 대회를 열성적으로 원조해준 북조선인민위원회와 그의 지도자이며 우리 민족의 영웅인 김일성 장군에게 충심으로 감사를 드리고자 합니다"라고 덧붙였다.[25] 이렇게 하여 6일 동안의 남조선인민대표자대회는 모두 끝났다.

3

남로당의 박헌영 그룹은 대회기간 동안 박헌영이 남한주민들의 절대적 지지를 받는 것처럼 보이려고 노력했다. 이원조(李源朝)는 "박헌영 동지에게 드리는 헌시"를 지어 대회 도중에 낭독하는가 하면 인민대표들의 숙소에 헌시를 배포하고 시낭송 모임을 갖도록 종용했다. 박승원은 인민대표들에게 박헌영에 대한 감상문을 써내게 했다. 대회장에서 휴식시간이나 숙소에서 김순남(金順男)이 작곡한 「박헌영 동지에게 드리는 노래」를 시나브로 부르게 하기도 했다. 또 남조선 빨치산들의 투쟁을 주제로 한 「산사람」이라는 연극 공연도 있었는데, 이 연극은 빨치산들이 "박헌영

24) 『北韓關係史資料集 Ⅵ(1945~1949)』, pp.159~163.
25) 위의 책, pp.211~212.

동지 만세!"를 외치며 죽는 것으로 끝맺는 것이었다.[26)]

남조선인민대표자대회가 끝나고 조선최고인민회의 제1차 회의가 소집될 때까지 박헌영 그룹은 대의원 360명을 상대로 박헌영에 대한 지지 공작을 활발히 벌였다. 대의원 수가 남쪽이 360명으로 북쪽의 212명보다 훨씬 많았으므로 조선 '중앙' 정부조직에서 남로당이 유리한 입장에 있다고 판단한 데 따른 것이었다. 그러나 홍명희의 민주독립당, 백남운과 이영의 근로인민당, 김원봉의 인민공화당 등의 대의원들이 남로당에 동조할 턱이 없었다.[27)]

남조선인민대표자대회를 방해하려는 움직임도 있었다. 해주로 잠입해 들어온 일부 월남 반공청년들이나 황해도 일대에 남아서 활동하는 반공지하조직들이 해주시 인민대회당에 대회를 반대하는 낙서를 하거나 벽보를 붙이고 전단을 뿌렸다. 그 내용은 대체로 "이남에서 올라온 인민대표들은 소련과 김일성의 주구가 되려고 하는가"라는 것이었다. 이남에서 밀파된 테러단이 적발되기도 했다.[28)]

대회가 끝나고 최고인민회의 대의원으로 선출된 360명은 최고인민회의가 열리는 9월2일까지 시일이 남아 있었으므로 대부분이 신천휴양소로 가서 사나흘 동안 휴식을 취했다. 1천여명의 인민대표들 가운데 이남으로 돌아온 사람은 40여명밖에 되지 않았다. 남로당 소속의 인민대표 가운데 최고인민회의 대의원이 아닌 사람들은 대회가 끝나자마자 바로 거의 모두 강동정치학원으로 보내졌다.[29)]

북한의 최고인민회의 대의원선거는 8월25일 아침 6시부터 일제히 실시되었다. 방해행동을 차단하기 위해 투표는 각 직장이나 부락별로 단체로 참가하는 방식으로 진행되었다. 투표장에 나오기 어려운 사람들에

---

26) 박병엽 구술, 유영구·정창현 엮음, 앞의 책, pp.367~368.
27) 위의 책, p.369.
28) 같은 책, p.368.
29) 위와 같음.

대해서는 선거선전원들이 투표함을 들고 개별로 방문하여 투표를 하게 했다.

투표는 복수의 후보자 가운데 한 사람을 선택하는 것이 아니라 등록된 한 사람의 입후보자에 대하여 찬성과 반대의 의사표시를 하는 것이었다. 흰 함과 검은 함 두개를 놓아두고 찬성이면 흰 함에, 반대면 검은 함에 투표하게 되어 있었다. 그러므로 그것은 기본적으로 민주적인 "선거"일 수 없었다.

입후보자 추천은 형식상으로는 군단위의 민주주의민족통일전선에서 추천하여 중앙의 민족전선이 최종적으로 확정하는 것이었지만, 실제로는 북로당 중앙당이 조선민주당과 천도교 청우당과 협의하여 선거구별로 입후보자를 미리 내정해서 군단위의 민족전선에 통보하고, 통보를 받은 군단위 민족전선은 주민총회를 열어 그 입후보자를 공개적으로 추천했다.

경합이 심하여 복수의 입후보자가 나온 선거구가 70여 곳이나 되었으나 북로당과 민족전선의 개입으로 대부분 조정되었다. 그러나 평남의 덕천, 평북의 선천과 정주, 황해도의 안악, 함남의 홍원 등 조민당과 청우당의 당세가 강한 15개 선거구에서는 조정에 실패하여 8월5일에 중앙선거위원회가 입후보자등록상황을 고시할 때에는 212개 선거구에 227명이 등록했다고 발표했다. 그리하여 그나마 선거다운 선거는 15개 선거구에서만 실시된 셈이었다.

축제분위기를 내기 위해 농악대를 조직하여 동네 어귀를 돌게 하고 투표소에서도 농악을 울렸다. 그리하여 거의 모든 선거구에서 오전에 투표가 끝났다.

불상사도 없지는 않았다. 선거방해 전단이 뿌려지기도 하고, 입후보자가 마음에 들지 않는다면서 투표를 하지 않겠다는 주민들을 선거선전원이 강제로 투표에 참가하게 하려다가 싸움이 벌어지기도 했다.

중앙선거위원회가 8월28일에 공식으로 발표한 집계에 따르면, 등록

유권자 452만6,065명의 99.97%에 해당하는 452만4,932명이 투표에 참가했다. 찬성투표율은 98.49%였다.[30)]

당선된 대의원 212명의 정당별 구성을 보면 북로당이 102명으로 거의 절반을 차지했고 조민당과 청우당이 35명씩이었다. 나머지 40명은 무소속이었다. 사회성분별로는 농민이 61명으로 가장 많고, 다음으로 사무원 60명, 노동자 49명, 지식인 15명, 상인 9명, 기업가 8명, 수공업자 5명, 종교인 5명의 순이었다. 여성도 무용가 최승희와 안창호(安昌浩)의 동생 안신호(安信浩)를 포함하여 33명이 포함되었다.[31)] 이렇게 하여 남쪽 대표 360명, 북쪽 대표 212명, 모두 572명으로 조선최고인민회의를 구성하여 북한의 정권수립을 공식화하는 작업을 서두르게 되었다.

북한의 정권수립 작업을 추진하는 데는 여러 가지 난관이 예상되었다. 그러한 사정은 『슈티코프일기』의 다음과 같은 기술로도 짐작할 수 있다.

> 실무적인 일로 레베데프(Nikolai G. Lebedev)와 대화하다. 그는 기분이 매우 좋지 않다. 그는 조성된 상황을 염려하고 있으며, 앞으로 어떻게 할 것인지, 조직된 정부를 어떻게 운영해 나갈 것인지 전망을 찾지 못하고 있다.[32)]

소련의 북한점령 통치의 실무적인 책임자인 레베데프는 최고인민회의 대의원선거를 앞두고 이처럼 심각한 고민을 하고 있었던 것이다.

4

조선최고인민회의 제1기 제1차 회의는 9월2일 오전에 평양의 모란봉

---

30) 『北韓關係史料集28』, 1997, p.162.
31) 전현수 편역, 『레베제프일기 1945~1948』(1948.8.23.), p.210; 『쉬띄꼬프일기』(1948.8.28.), p.167.
32) 『쉬띄꼬프일기』(1948.8.2.), p.161.

극장에서 개회했다. 최고령자인 함경북도 출신 대의원 정운영이 임시의장으로서 개회사를 했다. 개회사가 끝나자 의장선거에 들어가서 주영하의 추천으로 의장에는 남로당 위원장 허헌을, 부의장에는 북조선 천도교 청우당 위원장 김달현(金達鉉)과 근로인민당 부위원장 이영을 각각 만장일치로 선출했다. 회의는 이어 남로당의 구재수(具在洙) 등 19명의 대의원들로 자격심사위원회를 구성하고 구재수를 위원장으로 선출한 다음, 49명의 대의원들로 조선민주주의인민공화국 헌법위원회를 구성하고 김두봉을 위원장으로 선출했다. 헌법위원회에는 김일성, 허헌, 최용건, 김달현, 홍명희, 김원봉, 백남운, 강량욱(康良煜), 이극로, 이기영(李箕永), 허성택 등 남북한의 각정당 및 사회단체 대표들이 거의 모두 망라되었다.[33]

다음 의제는 「대의원의 의무와 권리에 관한 규정」 작성위원회를 구성하는 것이었다. 위원장은 북조선인민위원회 서기장인 강량욱이 맡고, 위원으로 김열(金烈), 최용달, 장해우(張海友) 등 6명이 선정되었다.

최고인민회의 첫날 회의는 이것으로 끝나고, 그 자리에서 인민예술단의 축하공연이 있었다. 최고인민회의 제1차 회의가 끝난 뒤에 헌법위원회는 첫 회의를 열고 이미 준비되어 있는 조선민주주의인민공화국 헌법을 초안으로 하여 그것을 심의하기로 결정했다.

한편 이승만은 9월2일에 AP통신 기자로부터 남북한의 통일적인 입법기관이 될 조선인민회의를 성립시키기 위한 선거에 600만명 이상의 남한 주민이 참가했다는 북한의 주장에 대한 논평을 요구받고 다음과 같이 말했다.

“우리는 비록 상호 기만하는 시대에 살고 있을망정 인민은 속지 않을 것이다. 북한의 소련 정권은 유엔총회에서 이 황당무계한 주장을 행할 것으로 추측되는데, 그들은 한국인민이 명백히 아는 바와 같이 유엔총회에

33) 명단은 國土統一院調査研究室 編, 『北韓最高人民會議資料集 (第1輯)』, 國土統一院, 1988, p.115.

서 가소롭다고 생각될 것은 확실하다. 유엔위원단의 감시하에 7백만명의 남한인민은 5월10일 선거에 투표하여 우리 대한민국을 수립한 국회를 선출하였던 것이다. 공산당이 선전하는 바와 같이 이들 남한 시민 중에서 6백만명이 전향하여 하등의 법적 근거도 가지지 않는 정부에 재차 투표하였다는 것은 우리들 시민으로서는 도저히 믿을 수 없는 일이다. 공산당 수뇌자들에 의한 이러한 근거없는 기만에도 불구하고 북한인민은 한국의 법적 정부가 서울에 수립되었고 그들은 소련이 허락만 한다면 곧 이 정부에 참가할 수 있다는 것을 잘 알고 있다."[34)]

9월3일은 휴회하고, 9월4일에 속개한 회의에서 대의원 자격심사위원장 구재수가 대의원 572명에 대한 심사결과를 보고했다. 대의원 구성에서 특기할 만한 것은 북로당 102명, 남로당 55명으로 두 당의 세력 격차가 뚜렷해진 사실이었다. 다른 정당 및 사회단체나 무소속 가운데 남로당 프락치가 있기도 했으나 북로당도 어금버금한 상황이었으므로 전체적으로 보아 북로당의 숫자가 남로당의 두배가 넘었다고 할 수 있었다. 남로당이 불만을 갖게 되는 것은 당연했다.[35)]

남로당이 해주의 남조선인민대표자대회에서 박헌영의 위세와 카리스마를 제고시키기 위하여 총력을 기울인 것도 북로당과의 권력투쟁의 일환이었음은 말할 나위도 없다. 북로당의 고위당료였던 박병엽(朴炳燁: 가명 徐容奎)은 "남로당은 조선민주주의인민공화국 수립 때에 박헌영이 내각수상이 되거나 남북로동당의 합당에서 그가 당위원장이 될 것으로 기대하였다. 정부든 당이든 어느 한쪽은 장악할 것이라는 기대를 갖고 있었던 것이다"라고 증언했다.[36)] 『슈티코프일기』의 다음과 같은 기술은 이때의 남로당과 북로당의 알력관계를 구체적으로 시사해 준다.

---

34) 《京鄕新聞》 1948년9월5일자, 「南韓人의 參加說 李大統領平壤放送反駁」.
35) 박병엽 구술, 유영구·정창현 엮음, 앞의 책, pp.377~380.
36) 위의 책, p.380.

박헌영을 미국간첩으로 몰아 처형한 뒤인 1958년의 김일성과 홍명희.

> 김일성 동지와 대담하다.…지도부에 대한 중앙위원회의 결정에 대해, 박헌영의 위원장 선출 및 김일성의 부위원장 선출에 대한 중앙위원회 결정에 대해 설명하다. 최고인민회의 제1차 회의 준비상황에 대해 설명하다. 내각성원구성에 대해 이야기하다. 대통령[수상의 오기인 듯—역자]과 몇몇 각료직에 대해서는 의견의 불일치가 존재한다. 나는 자신의 견해를 밝히는 것을 회피하다.[37]

'위원장'과 '부위원장' 또는 '대통령'이 무엇을 뜻하는 것인지는 확실하지 않으나 박헌영의 자리문제를 두고 슈티코프와 김일성 사이에 심각한 의견 대립이 있었음을 강력히 시사한다.

9월5일은 휴회했다. 9월6일 회의에서는 헌법위원회 위원장 김두봉이

37) 『쉬띄꼬프일기』(1948.8.3.), pp.162~163.

인민공화국 헌법의 작성 과정, 헌법의 근본 원칙, 대한민국 헌법에 대한 비판과 인민공화국 헌법과의 비교, 인민공화국 헌법 채택의 필연성 등을 강조하는 보고를 했다. 김두봉의 보고와 헌법 조문 낭독으로 오전 회의를 마치고, 오후 회의에서는 인민공화국 헌법을 지지하는 대의원들의 토론이 있었다.

9월7일 회의에서도 토론이 이어졌다. 이날의 토론에는 김책, 이승엽, 박헌영, 주영하, 허헌, 한설야(韓雪野), 홍명희, 백남운, 강량욱 등 거물급 대의원들 25명이 토론에 참가했다. 그들은 한결같이 이 헌법에 대해 "절대 지지 찬동"을 표시하는 동시에 스탈린과 김일성에 대한 찬양을 표시했다.[38)]

9월8일 회의는 헌법 지지토론을 종결하고 헌법 승인에 대한 결정서를 채택했다. 결정서는 헌법 승인과 함께 이 헌법을 "오늘부터 전 조선 지역에 실시한다"라고 선언했다.

회의는 이어 상임위원 21명을 선출했다.[39)] 그리고 상임위원들이 한자리에 모인 첫 상임위원회에서 박정애(朴正愛)의 추천에 따라 김두봉을 위원장으로, 남로당의 부위원장 홍남표(洪南杓)와 조민당의 부위원장 홍기주(洪箕疇)를 부위원장으로, 그리고 강량욱을 서기장으로 선출했다.[40)]

상임위원회 구성이 끝나자 북조선인민위원회 위원장 김일성은 최고인민회의에서 새로 구성된 입법기구와 중앙정부에 정부를 위양한다는 「정권위양에 관한 성명」을 발표했다. 이 성명은 사실상 슈티코프와 레베데프가 작성한 것이었다. 슈티코프는 9월4일자 『일기』에서 "정부 성명서 초안을 레베데프 동지와 함께 검토하다. 이 초안은 김일성이 작성한 것이다. 우리는 주의를 기울여 이 초안을 감수하다. 거의 전반적인 내용을 다

38) 박병엽 구술, 유영구·정창현 엮음, 앞의 책, pp.381~382.
39) 國土統一院調査研究室 編, 앞의 책, p.116; 김학준, 앞의 책, p.1105.
40) 박병엽 구술, 유영구·정창현 엮음, 앞의 책, p.383.

시 작성하다"라고 써 놓았다.[41]

최고인민회의는 「정권위양에 관한 성명」을 접수하고 나서 바로 핵심 의제인 중앙정부 구성문제를 토의했다. 김두봉이 "김일성을 인민공화국 정부의 수상으로 선임하고 그에게 내각조직을 위임할 것"을 제의했고, 최고인민회의는 이 제의를 즉시 만장일치의 거수가결로 받아들였다. 그것으로 회의는 끝나고 예술공연이 있었다.

조선민주주의인민공화국 초대 내각

직위	이름	주요경력	비고
수상	김일성	북로당 부위원장	평양 금수산기념궁전
부수상	박헌영 (남한)	남로당 부위원장	남로당계 숙청재판으로 사형
부수상	홍명희 (남한)	민주독립당 위원장	신미리 애국열사릉
부수상	김 책	북로당 정치위원회 위원	대성산 혁명열사릉
국가계획위원장	정준택	북로당 중앙위원회 위원	신미리 애국열사릉
민족보위상	최용건	북조선민주당 위원장	대성산 혁명열사릉
국가검열상	김원봉 (남한)	조선인민공화당 위원장	50년대 말 숙청
내무상	박일우	조선의용군 부사령관	박헌영 일파에 동정하여 숙청
외무상	박헌영 겸임		
산업상	김 책 겸임		
농림상	박문규 (남한)	남로당 중앙위원회 위원	신미리 애국열사릉
상업상	장시우	북로당 중앙위원회 위원	반당·반국가분자로 숙청
교통상	주영하	북로당 정치위원회 위원	반당·종파분자(국내파)로 숙청
재정상	최창익	조선독립동맹 부주석	반당·종파분자(연안파)로 숙청
교육상	백남운 (남한)	근로인민당 위원장	신미리 애국열사릉
체신상	김정주	천도교청우당 부위원장	신미리 애국열사릉
사법상	이승엽 (남한)	남로당 정치위원	남로당계 숙청재판으로 사형
문화선전상	허정숙	북로당 중앙위원회 위원	신미리 애국열사릉
노동상	허성택 (남한)	노동조합전국평의회 의장	반당·종파분자(국내파)로 숙청
보건상	이병남 (남한)	최고인민회의 대의원	신미리 애국열사릉
도시경영상	이 용 (남한)	신진당 위원장	신미리 애국열사릉
무임소상	이극로 (남한)	조선건민회 위원장	신미리 애국열사릉

출전: 김광운, 『북한 정치사 연구Ⅰ』, 선인, 2003; 『北韓人名辭典』, 中央日報社, 1990; 강만길·서대경, 『한국사회주의운동인명사전』, 창작과비평사, 1996 등.

41) 『쉬띄꼬프일기』(1948.9.4.), p.172.

북한의 초대내각. 김일성(중앙)의 오른쪽이 박헌영, 오른쪽 끝이 허정숙, 김일성의 왼쪽이 홍명희, 홍명희 다음이 최현이다.

내각조직을 위임맡은 김일성은 최고인민회의 9월9일 회의에서 위의 표와 같은 내각의 명단을 발표했다. 북한의 내각발표 뉴스는 남한신문에도 일제히 보도되었다.[42]

---

42) 《서울신문》 1948년9월11일자, 「「人共」 組閣完了」; 《朝鮮日報》 1948년9월11일자, 「金日成內閣成立 副首相에 朴洪金三氏」.

2. 여순반란 계기로 국가보안법 제정

1

주한미군 사령부와 대한민국 정부 사이의 정권이양 작업은 8월24일로 끝났다. 이날 오후에 하지(John R. Hodge) 주한미군사령관은 중앙청의 대통령실로 이승만을 방문하고 「과도기에 시행될 잠정적 군사안전에 관한 행정협정」에 서명하고 그 밖의 중요문제에 대하여 협의했다. 「행정협정」의 핵심내용은 주한미군사령관은 주한미군이 철수할 때까지 한국 국방경비대와 해안경비대 및 비상지역에 주둔하는 국립경찰파견대 등 대한민국 국방병력을 계속하여 조직, 훈련 및 무장한다는 것이었다.[43] 이날부로 주한미군 제24군단 사령관으로 부사령관 코울터(John B. Coulter) 소장이 임명되었다.[44]

하지는 8월27일에 한국을 떠났는데, 25일에 발표한 한국 국민에게 보내는 고별사에서 그는 "그동안 본관은 한국 국민에 대하여 존경과 감탄을 하게 되었으며, 또 본관은 한국 국민을 이해하게 되었다. 그러나 한국 국민 중에 내가 존경하지 않는 사람들은 자기네 나라를 외국 독재자의 노예로 만들려는 공산당들과 및 자기네 이익을 위하여 일하는 기회주의적 정치가들이다"라고 그동안 쌓인 유감을 솔직히 털어놓았다.[45]

하지는 8월26일에는 국회에 가서 고별 연설을 했고, 국회는 하지에게 감사장과 함께 고려자기 2점을 기념품으로 증정했다.[46] 이날 오후 4시에는 서울운동장에서 하지 장군 환송시민대회가 열렸는데, 이 자리에서 이범석 국무총리가 아끼던 청산리 전투의 전리품인 일본도(日本刀)를 하

43) 외무부, 『대한민국조약집』 제1권, 외무부정무국, 1957, pp.57~61.
44) 《서울신문》 1948년8월26일자, 「韓美軍事協定成立」.
45) 《서울신문》 1948년8월26일자, 「"여러분의 幸福을 祝賀"」.
46) 『制憲國會速記錄(1)』, 제1회 제49호(1948.8.26.), p.924.

지에게 증정하여 화제가 되었다.[47] 서울운동장 집회에 이어 5시 반부터는 창덕궁 인정전에서 환송만찬회가 열렸다.[48]

이튿날 오전 10시30분에 하지가 김포공항을 떠날 때에는 이승만을 비롯하여 국회의장 신익희(申翼熙), 국무총리 이범석, 외무부 장관 장택상(張澤相) 등 정부 요인들이 나가서 배웅했다.[49]

이보다 앞서 미국정부의 한국정부 승인과 함께 초대 주한미국대사가 될 트루먼 대통령의 특사 무초(John J. Muccio)는 8월23일에 서울에 도착해 있었다.[50] 그리고 하지가 이승만을 견제하기 위하여 1947년5월에 미군정부의 최고의정관으로 초청했던 서재필(徐載弼)도 그 직위가 없어지게 되어 9월10일에 미국으로 돌아갔다. 김구는 서재필의 숙소인 조선호텔로 가서 서재필을 배웅했다.[51]

정권이양 과정에서 가장 뜨거운 논란을 불러일으킨 것은 「대한민국정부와 미국정부 간의 재정 및 재산에 관한 최초협정」 체결 문제였다. 이 협정은, 앞에서 본 대로, 이승만이 대통령에 취임한 날 오후부터 검토해 온 문제였다.

그것은 지난날의 일본인의 소유재산을 포함하여 미국이 남한에서 보유한 일체의 재산을 대한민국 정부에 이양하는 문제에 관한 협정이었다. 이승만은 하지가 제시한 협정안을 수정하여 돌려보내기를 두세 차례 되풀이했다. 하지는 이승만의 서명을 기다리며 떠나기를 망설였으나, 떠날 때까지 끝내 서명을 할 수 없었다. 이승만은 이승만대로 미국정부와 직접 담판하기 위하여 다시 방미할 것을 검토했을 정도였다. 이승만과 하지의 기본적인 견해 차이는 한국의 여러 창고에 있는 군수물자 가운데 얼마나 한국정부가 인수할 수 있느냐 하는 점이었다. 이승만은 되도록 많이

---

47) 《東亞日報》 1948년8월27일자, 「韓國의 親舊를 惜別」.
48) 《東亞日報》 1948년8월27일자, 「仁政殿에서 送別晩餐會」.
49) 《서울신문》 1948년8월28일자, 「하지中將離京」.
50) 《東亞日報》 1948년8월24일자, 「무치오美國特使 重任지고 昨日着京」.
51) 《東亞日報》 1948년9월12일자, 「徐博士 또다시 美國에」.

확보하려 했고 하지는 되도록 많이 일본이나 그 밖의 미국 기지로 옮기려 했다. 이승만의 주장은 존립이 위협받고 있는 한국이 소련에 의해 훈련되고 소련 무기로 무장한 북한군에 맞서 자신을 방어할 수 있을 만한 군사력은 보유해야 하지 않느냐는 것이었다.[52)]

「최초협정」은 하지가 떠나고 2주일이나 지난 9월11일에 한국대표로 국무총리 이범석과 외무부 장관 장택상, 미국대표로 대통령 특사 무초의 서명으로 조인되었다. 그런데 이 「최초협정」은 국회 인준 과정에서 또 한 차례 논란을 빚었다.

국회는 9월13일에 열린 제64차 본회의에서 이범석과 기획처장 이순탁(李順鐸)으로부터 「최초협정」에 대한 보고를 받았다. 장시간 보고를 받은 국회는 심의방법에 대한 논란 끝에 재정경제위원회와 외무국방위원회의 연석회의에 회부하여 심의하게 했고, 연석회의는 9월14일과 15일 이틀 동안 심의한 끝에 사안의 중대성에 비추어 전원위원회에 회부하여 처리하도록 했다. 전원위원회는 9월16일과 17일 이틀 동안 회의를 열고 「최초협정」을 인준하기로 의결했다.

기획처장 이순탁은 이 협정이 "미 군정청은 한국의 경제사정을 충분히 (알고) 앞으로 한국의 경제부흥에 가장 유리하게 공헌하기 위하여 작성한 것이요, 일찍이 미국과 다른 나라와의 사이에는 과거 유례를 보지 못한 특례의 것"이라고 한다고 설명했다. 그러나 9월18일의 제69차 본회의는 여간 소란스럽지 않았다. 많은 의원들이 「최초협정」의 문제점을 나름대로 파악했기 때문이었다.

이날 「최초협정」의 인준을 설득하기 위하여 국회에 참석한 이승만의 다음과 같은 발언은 의원들의 문제의식이 어떤 것이었는가를 짐작하게 한다.

"미국사람들이 여기에 들어와서 우리나라에서 무슨 토지나 정권의 이

---

52) Robert T. Oliver, *Syngman Rhee and American Involvement in Korea*, pp.192~193.

익을 가지려고 하는 것은 없는 것을 여러분도 잘 아실 것입니다. 그러므로 해서 이 사람들이 우리에게 호의를 주는 것입니다.… 그러니까 우리가 착수할 것은 조속히 해야 할 것도 여러분도 다 압니다. 또 한가지 두가지 말하려고 하는 것은 그네들이 우리에게 정권을 주려고 하는 이때에 있어서 공개적으로 의혹을 내는 것은 공산당 사람말과 같이 제국주의를 제기하려고 하는 것이다, 우리의 이익을 빼앗으려고 하는 것이다, 이러한 말을 하게 되면 첫째는 우리가 남의 호의를 모르는 몽매한 사람으로 지목받기가 쉽습니다.…"

그러고는 이승만은 미국인들의 필요한 토지 등의 구입의사에 대해 다음과 같이 솔직하게 말했다.

"조금 달라고 하면 무엇을 조금 주고 전체를 점하는 것이 낫습니까, 조금 주기가 싫어서 전체를 찾지 못하는 것이 지혜롭습니까. 그러나 여기에 쓴 것을 보면 그네들의 약속은 우리 정부와 협의한다고 그랬으니까 말한다고 다 주는 것이 아니에요.…"[53]

이승만의 이러한 설득에도 불구하고 논란은 밤 12시 넘어서까지 계속되었다. 마침내 밤 12시35분에 찬반의 투표가 실시되었다. 투표는 전북 익산 출신의 무소속 이문원(李文源) 의원의 제의에 따라 투표의 의사를 확실히 나타내기 위하여 기명 투표로 실시되었다. 이때에 135명의 재석의원 가운데 전북 순창 출신의 한민당 비주류 노일환(盧鎰煥) 의원을 비롯한 26명은 투표에 반대하여 퇴장하면서 다음과 같은 성명을 발표했다.

> 이번에 정부에서 국회에 제출한 「한미 간 재정 및 재산에 관한 협정」은 그 내용에 있어서 한국의 내정을 간섭하게 될 우려와 한국 영토 내의 권리를 침해할 수 있는 위험성이 내포되어 있을 뿐만 아니라 그 협정 자체가 일방적인 면이 불무하므로 정부측에 대하여 미국측과 재

53) 『制憲國會速記錄(2)』, 제1회 제69호(1948.9.18.), pp.122~123.

교섭할 것을 강경히 요청하였으나, 정세론을 빙자하여 의원 간의 충분한 의사를 국회 내에 반영시키기 전에 제69차 본회의에서 불투명한 설명서를 첨부하여 그 협정의 전문을 그대로 통과할 것을 표결에 부치게 되므로 한국의 자주권을 찾으려고 열화같이 외치고 있는 국민의 의사를 존중하고 한미 간의 진정한 친선을 보지하기 위하여 그 협정 표결을 반대하면서 제69차 회의에서 퇴장을 하는 바이다.…[54]

이렇게 하여 「최초협정」은 재석 109명 가운데 가 78표, 부 28표, 기권 3표로 가결되고 회의는 12시48분에야 산회했다.[55]

9월18일의 심야회의에서 표결에 반대하고 퇴장했던 의원들은 9월21일에 다시 "미국은 본 협정이 한국정부에 대한 대양보라고 생각할지 모르나 미국은 더 좀 아량을 가지고 한국으로 하여금 자유롭고 유리하게 운영할 수 있는 이양이 있기를 원하는 것"이라면서 8개 항목의 수정을 요구하는 성명을 발표했다.[56] 그러나 그것은 협정 내용에 대한 부정확한 인식에 따른 정치공세였다.

2

이승만은 8월15일의 정부수립 선포식에 맥아더 장군이 참석해준 데 대한 답방으로 10월19일에 부부동반으로 도쿄를 방문했다. 맥아더는 이승만에게 자신의 전용기 '바탄(*Bataan*)'을 보내 주었다. 하네다(羽田) 공항에는 맥아더와 그의 막료들이 마중나와 있었다. 이승만은 이튿날 귀국했는데, 이승만 내외는 하룻밤을 맥아더의 관저에서 묵었다. 수행원은 주일대사가 될 이승만의 오랜 동지 정한경(鄭翰景)을 비롯하여 공보처장

---

54) 《서울신문》 1948년9월19일자, 「內政干涉의 憂慮」.
55) 『制憲國會速記錄(2)』, 제1회 제69호(1948.9.18.), p.132.
56) 《서울신문》 1948년9월23일자, 「韓美協定修正하라」.

이승만 대통령은 맥아더 장군이 정부수립선포식에 참석해준데 대한 답방으로 1948년10월19일에 도쿄를 방문했다. 맥아더는 전용기 '바탄'을 보내주었다.

김동성(金東成), 비서관 김양천(金良千), 공보국장 이정순(李貞淳)으로 단출했다.[57] 일본경찰은 재일한인들의 동향에 촉각을 세우고 삼엄한 경계를 폈다. 그리하여 오후에 히비야(日比谷) 공원의 야외 음악당에서 열린 거류민단 주최의 환영회에는 신변안전을 염려한 프란체스카의 만류로 이승만은 참석하지 않았다. 그 대신 저녁에 한 극장에서 재일동포 지도자들이 모인 강연회에 참석하여 연설을 했다.[58]

이승만의 이 첫 방일 때에 있었던 일로 유명한 에피소드는 귀국하는 이승만을 배웅하러 공항에 나온 맥아더가 이승만을 얼싸안고 가볍게 등을 두드리며 "틀림없이 나는 우리나라의 캘리포니아를 지키는 것처럼 한국을 지킬 것입니다" 하고 말했다는 것이다. 이 말은 맥아더가 한국을 방문했을 때의 사진과 비슷한 느낌을 주는 인상적인 사진과 함께 외국 신문에도 보도되었다.[59]

---

57) 《朝鮮日報》 1948년10월19일자, 「李大統領今朝渡日」.

58) 朴實, 『增補 韓國外交秘史: 外交의 人脈·內幕·葛藤』, 井湖出版社, 1980, p.86.

59) John Gunther, *The Riddle of MacArthur*, Harper & Brothers, 1951, p.168; Robert T. Oliver, *op. cit.*, pp.186~187. 올리버는 그것이 맥아더가 1948년8월15일에 한국을 방문했을 때에 한 말이라고 썼으나 이는 착오이다.

그런데 이승만은 국내 기자들에게 "나의 방일시에 맥아더 장군은 신생 대한민국을 꾸준한 무장 반란에서 보위하여 줄 것을 확약하였다. 맥아더 장군은 미국인민을 보호하는 것과 같이 한국인민을 보호하고 캘리포니아를 방어하듯이 한국을 방어할 것이라고 말한 것이다. 나의 생각하는 바에 의하면 맥아더 장군의 한국방위 언약은 맥아더 장군 개인의 의사를 발표한 것이고 미국정부의 정식 정책을 말한 것은 아닐지도 모른다" 하고 두리뭉술하게 말했다.[60)]

돌아오는 '바탄'호 안에서 이승만은 이번 여행의 가장 큰 성과는 정식 외교대표부를 설치하는 데 합의한 일이라고 설명했다.

"단시간에 몇가지 상의한 중에 가장 중요한 것은 우리 정부가 연합국 최고사령부와 교섭할 수 있는 정식 외교사절단 파견문제였는데, 이에 대하여 맥아더 장군은 속히 이를 실현하기를 희망하고 사절단이 주접[住接: 한때 머물러 삶]할 공관까지도 준비할 수 있다고 흔연히 대답하였다.…"[61)]

이승만으로서는 맥아더 사령부의 점령통치아래 있는 일본정부와의 교섭문제보다도 맥아더 사령부와의 교섭문제가 더욱 중요했던 것이다.

공교롭게도 이승만이 도쿄를 방문한 바로 그날 밤에 전라남도 여수(麗水)와 순천(順天)에서 일어난 군인반란은 출범한 지 두달밖에 되지 않은 대한민국 정부가 맞은 가장 심각한 도전이었다. 제주도의 폭동을 진압하기 위하여 출동 명령을 받은 여수 주둔 국군 제14연대의 1개 대대가 연대안의 남로당 조직의 선동으로 무장 폭동을 일으킨 것이었다.[62)]

이승만은 10월23일에 반란이 남로당의 소행임을 강조하고 엄중한 조치를 취할 것을 경고하는 담화를 발표했다.

---

60) 公報處 編, 『大統領李承晩博士談話集 (第一輯)』, 公報處, 1953, p.141.

61) 《朝鮮日報》 1948년10월22일자, 「聯合國司令部를 相對 韓國使節團設置」.

62) 戰史編纂委員會, 『韓國戰爭史(1) 解放과 建軍〈1945~1950.6〉』, 國防部戰史編纂委員會, 1968, pp.451~488; 김남식, 『南勞黨硏究』, pp.379~392 참조.

공산분자들이 지하에 정당을 부식해서 내란을 일으켜 전국을 혼란에 빠트리고 남북을 공산화시켜 타국의 부속을 만들자는 계획이 오래 전부터 농후해 가는 것은 세인이 아는 바이다. 불행히 몽매천식(蒙昧淺識)한 분자들이 혹은 국군에, 혹은 어떤 단체에 섞여서 반란을 빚어내고 있다가 정부를 기만하고 국권을 말살하려는 음모로 여수, 순천 등지에 난을 일으켜, 관리와 경관을 학살하고 관청을 점령하며 난당을 초치하야 형세를 확대함으로써 국제문제를 일으켜 민국을 파괴하고 민족의 자상잔멸(自傷殘滅)을 고취하려 한다. 그래서 피해자가 약 300명 내지 500명에 달한다는 보고를 접수하였다. 이런 분자들은 개인이나 단체를 물론하고 한 하늘을 이고 같이 살 수 없는 사정이다.

그동안 충성한 경찰관리와 국방군의 결사적 전투 공효로 난도(亂徒)들을 진압하야 난국이 거의 정돈되었다. 이 난도들이 산속으로 도주은피(逃走隱避)하려는 것을 관군이 예측하고 기선을 제하야 마침내 그들은 진퇴유곡의 형세를 이루었다. 이 반란지역은 불일내로 소토안돈(掃討安頓)케 될 것이니 더 고려할 것은 없으나, 극소수의 잔재한 난도들이 혹 도망하야 숨어있는 도당을 꼬여 살인방화와 약탈파괴 등 행동으로 해물상인(害物傷人)을 감행하야 치안을 방해할 터이니, 방어상태의 방책을 취하지 않고는 후환을 피하기 어려울 것이므로, 정부에서는 단호한 태도를 취하야 치안을 유지하며 인명을 보호할 것이요, 어디서든지 이런 반역도당이 있으면 이들은 군법을 따라 정형시위[正刑施威: 사형으로 위엄을 보임]하여 여환의 만연을 절금할 것이며, 각 지방 남녀노소는 질서와 안녕을 범하는 자가 없도록 조직적 행동을 하야 반역자의 은닉 도탈[逃脫: 도망] 등의 폐단이 없게 하고, 괴수된 자를 속히 포박하야 공분을 설(雪)하여 국법을 밝힐지니,

관민 일심으로 격려 매진하기를 경고하는 바이다.[63]

이러한 단호한 경고는 국민들의 신뢰를 촉구하면서 반란군뿐만 아니라 일반국민들의 부화뇌동을 엄중히 경고하는 메시지이기도 했다. 이승만은 10월28일에도 반란지대 국민들의 협력을 촉구하는 담화를 다시 발표했다.[64]

이러한 이승만의 담화와 관련하여 세심히 천착해볼 만한 기록이 있다. 그것은 『슈티코프일기』의 다음과 같은 기술이다. 여수 순천 사건이 일어나기 한 달도 더 전인 1948년9월6일자 『슈티코프일기』에 다음과 같은 간단한 메모가 보인다.

김(일성)과 박(헌영)에게 다음 사항에 대해 설명한다.

(1) 남조선 군대의 장악에 대해. 방법과 실천방안.

(2) 경찰의 장악에 대해.

(3) 탄약공장에 대해.

(4) 인민들에게 소련정부의 결정을 해설하는 문제에 대해.

………………

(7) 남북조선에서 공장들과 농촌에서 무장혁명부대를 창설하는 문제에 대해.

(8) 경찰의 무장훈련을 강화한다.

김일성과 박헌영에 대한 슈티코프의 이러한 지시는 여수 순천 군인반란사건과 관련이 있음을 강력히 시사한다.

---

63) 《朝鮮日報》 1948년10월24일자, 「治安回復에 邁進」; 《東亞日報》 1948년10월24일자, 「後患없게 斷乎措處할터」.

64) 《朝鮮日報》 1948년10월29일자, 「反亂鎭壓에 協力하라」; 《東亞日報》 1948년10월28일자, 「良民의 生命保護」.

이러한 이승만의 담화에 비하여 1주일 뒤에 발표한 김구의 담화는 매우 신중하면서도 비장했다. 그는 "피눈물로써 하소연한다"면서 다음과 같이 말했다.

> 우리는 일찍부터 폭력으로써 살인, 방화, 약탈 등 테러를 행하는 것을 배격하자고 주장하였다. 금번 여수, 순천 등지의 반란은 대규모적 집단테러 행동인 바 부녀 유아까지 참살하였다는 보도를 들을 때에 그 야만적 소행에 몸서리 처지지 아니할 수 없다. 멀리서 듣고도 그러하니 현지에서 목격하는 자는 비참 격앙함이 그 극에 달할 것이다. 남과 남의 부모처자를 살해하면 남도 나의 부모처자를 살해하기 쉬우니, 그 결과는 첫째, 우리 동족이 수없이 죽을 것이요 둘째, 외군에게 계속 주둔하는 구실을 줄 것뿐이다. 이것은 우리의 자주독립을 좀먹는 행동이니 이로써 우리는 망국노의 치욕을 면하는 날이 없을 것이 아니냐. 반란을 일으킨 군인과 군중은 이때에 있어서 마땅히 충동된 감정을 억제하고 재삼 숙고하여 용감히 회오하고 정궤(正軌)로 돌아갈 것이어니와, 현명한 동포들도 마땅히 객관적 입장에서 그 반란을 냉정히 비판하면서 이것의 만연을 공동방지 할지언정 허무한 유언에 유혹되거나 혹은 이에 부화뇌동하지 아니하여야 할 것이다.…

그러고는 다음과 같이 덧붙이고 있는 것이 눈길을 끈다. 그만큼 김구의 심정은 착잡했다.

> 여러분의 기대와 탁부(託付)와 애호의 만분의 일도 보답하지 못하는 나로서 무슨 면목으로 여러분께 왈가왈부를 말하랴마는 금번 반란이 너무도 중대하므로 인하여 국가 민족에 미치는 손해가 또한 중대한 까닭에 그대로 함구만 할 수 없어서 피눈물로써 이와 같이 하소연하는 바이다. 동지 동포는 우리의 고충을 깊이 양해하고 동족상잔

에서 동족상애의 길로 공동매진하기를 간절히 바란다.[65)]

김구는 10월28일에 요양차 대학병원에 입원해 있었는데, 이 담화는 병원에서 발표한 것이었다.[66)]

여순 군인반란사건으로 위기감이 팽배한 분위기 속에서 국회는 서둘러 의원입법으로 국가보안법을 제정했다. 국회에는 여순사건이 발생하기 이전인 9월20일에 경기도 옹진 출신의 대동청년단 소속 김인식(金仁湜) 의원외 33명의 요청으로 대한민국 내란행위특별처벌법을 제정할 것을 제안하는 긴급동의안이 제출되었고, 9월29일의 제77차 본회의는 이 긴급동의안을 법제사법위원회에 이송하여 법안의 초안 기초작업을 하도록 했다.[67)] 그러나 국회가 10월15일부터 20일 동안 휴회에 들어감에 따라 내란행위특별처벌법 초안 기초작업도 중단되었다.

국회는 휴회를 앞당겨 10월27일에 속개했는데, 속개된 바로 그날 전남 광주 출신의 한민당 소속 정광호(鄭光好) 의원의 동의로 법사위에서 앞으로 3일안에 반란행위처벌법 초안을 기초해 줄 것을 만장일치로 의결했다.[68)]

법사위는 이 법의 이름을 「국가보안법」이라고 정하고 여덟차례의 토의와 법무부 장관, 법제처장, 대법원장, 검찰총장 등과의 토의를 거쳐 전문 5조로 된 법안을 작성하여 제1독회가 열리는 11월9일의 제99차 본회의에 제출했다. 그러나 이 초안에는 문제점이 많아서 여러 의원들이 논란을 벌였고, 회의에 출석한 법무장관 이인과 검찰총장 권승렬(權承烈)도 법률적 문제점이 있음을 시인했다. 이인은 정부도 이 법의 필요성을 인식하고 정부안을 만드는 중이라고 말했다. 경북 영양 출신의 한민당 소속

---

65) 《서울신문》 1948년10월31일자, 「同族相殘에서 親愛로」.
66) 《朝鮮日報》 1948년10월31일자, 「亡國恥辱難色」.
67) 『制憲國會速記錄(2)』, 제1회 제77호(1948.9.29.), p.347.
68) 『制憲國會速記錄(2)』,제1회 제89호(1948.10.27.), pp.657~658.

조헌영(趙憲泳) 의원은 국가보안법안의 폐지를 동의했으나 부결되고, 결국 법사위가 정부와 협의하여 11월10일까지 법안을 새로 작성하여 제출할 것을 결의했다.[69]

법사위는 본회의의 결의대로 새 국가보안법안을 작성하여 11월11일에 본회의에 제출했다. 그런데 보안법 제정 반대파 의원들은 전남 광양 출신의 무소속 김옥주(金玉周) 의원 외 47명의 이름으로 「국가보안법안 폐기에 관한 동의안」을 제출했고, 이 동의안은 11월16일의 제105차 본회의에 상정되었다. 찬성과 반대의 치열한 논쟁 끝에 폐기안은 재석의원 122명 가운데 가 37표, 부 69표로 부결되었다.[70]

이어 11월18일의 제107차 본회의에서 법사위가 새로 작성한 국가보안법안의 제1독회가 시작되었다. 법사위원장 백관수(白寬洙)는 "정부안은 완전히 되지 못했을 뿐만 아니라… 그 안을 구성하는 정신이 법사위에서 작성한 안과 전혀 다르므로" 이를 무시하고 법사위의 원안에서 일부의 자구만 수정한 것이라고 보고했다. 회의는 이미 충분한 토론이 있었으므로 제1독회를 생략하고 바로 제2독회로 들어가자는 동의가 일단 가결되었다. 그러나 그것은 국회법 위반이라는 규칙발언과 의사진행발언으로 하루를 보냈다.[71]

11월19일에 속개된 제108차 본회의는 제2독회로 들어가서 축조심의가 시작되었다. 그런데 회의가 시작되자마자 전북 전주 출신의 한독당계 신성균(申性均) 의원 외 20명이 제1조를 삭제하자는 수정동의안을 제출하여 또다시 논란이 벌어졌다. 제1조의 조문은 다음과 같았다.

> 국헌을 위배하여 정부를 참칭하거나 그에 부수하여 국가를 변란할 목적으로 결사 또는 집단을 구성한 자는 다음에 의하여 처벌한다.

---

69) 『制憲國會速記錄(2)』, 제1회 제99호(1948.11.9.), pp.828~848.
70) 『制憲國會速記錄(2)』, 제1회 제105호(1948.11.16.), pp.945~959.
71) 『制憲國會速記錄(2)』, 제1회 제107호(1948.11.18.), pp.984~992.

(1) 수괴와 간부는 무기, 3년 이하의 징역 또는 금고에 처한다.

(2) 지도적 임무에 종사한 자는 1년 이상 10년 이하의 징역 또는 금고에 처한다.

(3) 그 정을 알고 결사 또는 집단에 가입한 자는 3년 이하의 징역에 처한다.

이 조항을 삭제하는 것은 사실상 보안법 자체를 폐기하는 것이나 마찬가지였다. 격론 끝에 이 수정안은 재석 122명 의원 가운데 가 20표, 부 74표로 부결되었다.

가장 중요한 제1조의 심의가 끝나자 회의는 자구를 수정하는 정도로 논란없이 진행되었다. 제2독회가 끝나자 회의는 법안 전문을 통과시키고 제3독회를 생략하면서 법사위에 넘겨 필요한 자구만 수정하여 보고하도록 의결했다.[72] 법사위에서 몇가지 자구가 수정된 전문7조의 「국가보안법」은 이튿날의 제109차 본회의에 그대로 보고되어 접수되었다.[73] 이렇게 하여 반공국가 건설을 위한 국가 강제력의 근거가 마련되었다.

72) 『制憲國會速記錄(2)』, 제1회 제108호(1948.11.19.), pp.993~1009.

73) 『制憲國會速記錄(2)』, 제1회 제109호(1948.11.20.), pp.1011~1012.

103장

"대한민국은 한국의 유일한 합법정부"

1. 파리 유엔총회의 한국대표단
2. 외군철수 논란으로 국회 폭력사태 발생
3. 마지막 날 회의에서 48 대 5로 가결

1. 파리 유엔총회의 한국대표단

1

이승만과 김구는 각각 다른 입장에서 1948년9월21일부터 파리에서 열리는 제3차 유엔총회에 큰 기대를 걸었다. 이승만은 새로 수립된 대한민국 정부가 유엔의 승인을 획득함으로써 정통성의 보장을 확보할 수 있다고 생각했고, 김구는 유엔의 적극적인 개입으로 남북한을 통한 총선거를 다시 실시하여 통일정부를 수립할 수 있을 것으로 기대했다.

이승만은 파리 유엔총회에 맞추어 헌법 제정 등 독립정부 수립의 일정을 서둘렀는데, 막상 정부수립 작업을 완료한 시점에서도 유엔의 승인문제는 비관적으로 전망되었다. 대통령취임식이 있은 직후인 7월26일에 워싱턴에 있는 올리버(Robert T. Oliver)에게 보낸 편지에서 그는 파리 유엔총회에 대하여 다음과 같이 전망했다.

> 파리에서 오스트레일리아는 한국 승인을 절대로 반대하며, 캐나다도 그 뒤를 따를 것입니다.… 인도(메논)도 반대합니다. 이 세 나라와 시리아가 승인을 반대하는데, 이유는 그것이 "한국을 영원히 분단시킨다"는 것입니다. 워싱턴에서 우리가 오스트레일리아에 압력을 넣을 입장에 있지 않으면 영국은 두 영연방국에 따르지 않을 수 없을 것입니다.… 만일 영국이 뒤로 물러서면 중국도 승인을 주저할 것입니다. 이러한 결과를 예상하면서 파리에 가는 것은 매우 위험합니다.

그는 이어 북한의 태도를 다음과 같이 예상했다.

> 북한은 남한 사람을 한 사람 수석으로 내세워 전 한국을 대표한다면서 그들의 대표단을 보낼 것입니다.… 캐나다는 시리아, 인도 및

우리에 반대하는 아랍 블럭과 함께 전 북유럽 블럭을 반대쪽으로 끌어들이려 하고, 소련과 그 위성국가들은 우리에게 반대하고—— 치열한 싸움이 예상됩니다. 가능한 한 오스트레일리아에 압력을 넣도록 하십시오. 오스트레일리아는 지금 앞장서서 우리를 반대합니다. 오스트레일리아가 반대하지 않으면 캐나다를 우리쪽으로 끌어들일 수 있습니다. 이들 두 나라가 보조를 같이 하고, 인도가 뒤를 따르며, 프랑스가 그 뒤를 따를 것 같습니다—— 국내 선거에서 공산당의 표를 얻기 위해 소련의 환심을 사려는 것입니다.[1]

이승만의 이러한 상황판단은 올리버의 분발을 촉구하기 위하여 조금은 과장해서 한 말이었을지 모른다. 국무부를 방문하여 관계관들과 회담한 올리버는 8월9일에 이승만에게 쓴 편지에서 "국무부는 오스트레일리아의 태도와 또 박사께서 지적하신 다른 난점들을 매우 잘 알고 있습니다. 국무부는 최선을 다하여 문제점들에 대처해 왔으며, 파리에서 유리한 결과를 얻을 수 있을 것이라는 자신감에 차있습니다"라고 보고했다.[2]

이승만은 유엔총회에 파견할 대표단 구성에 많은 신경을 썼다. 그는 위의 편지에서 종로 을구 출신의 국회의원 장면(張勉)을 대표단장으로 임명할 복안임을 알리면서 그렇게 하는 이유는 장면이 "유엔한국임시위원단이 가장 쉽게 동의해 줄 인물"이기 때문이라고 적었다. 꼭 유엔위원단의 동의를 얻을 필요는 없지만, 장면은 가톨릭교회의 지원을 받고 있어서 어디를 가나 가톨릭교회의 후원을 기대할 수 있다는 것이었다. 그는 특정 정당인도 아니었다. 대표단 구성에서 눈에 띄는 점은 미 군정부의 노블(Harold J. Noble) 박사를 미국 국방부 비용으로 파견되는 한국

---

1) Rhee to Oliver, Jul. 26, 1948(梨花莊所藏); Robert T. Oliver, *Syngman Rhee and American Involvement in Korea*, pp.184~185.

2) Robert T. Oliver, *op. cit.*, p.186.

대표단의 전문고문으로 임명한 것이었다. 노블은 미 국무부가 파리 유엔 총회에 대비하여 제이콥스(Joseph E. Jacobs) 등 6명으로 구성한 한국문제 실무작업단의 한 사람이었다. 이 실무작업단이 작성한 한국문제에 관한 정책보고서는 9월7일에 유엔주재 미국대표단에 전달되었다.[3]

이승만은 한국대표단에 올리버도 포함시켰는데, 노블은 자기와 올리버 가운데 한 사람만 참가하면 된다면서 올리버의 참가를 극력 반대했다. 그는 파리에 가서도 회의 내내 올리버를 노골적으로 견제했다.[4]

이승만은 한국대표단 인사들이 미덥지 않았다. 그는 9월10일에 올리버에게 그러한 심정을 털어놓았다.

> 대표단 멤버들은 김활란(金活蘭)을 제외하고는 총회 안에서나 밖에서 무엇이 일어나고 있는지 관심이 없습니다. 이 사람들이 관심을 갖는 것은 예산 문제입니다. 되도록 많이 받아내려는 것이지요. 그들은 심리적인 게임을 어떻게 해야겠다는 아이디어가 없습니다. 그들은 노블 박사나 다른 미국인들이 하는 말은 무엇이나 믿습니다. 이 말은 당신이 파리에서 유념해야 할 일들의 어두운 면을 알려주기 위한 것입니다.[5]

유엔총회 한국대표단 가운데 이승만이 가장 마음이 놓이지 않는 사람은 다름 아닌 조병옥(趙炳玉)이었다. 미 군정부 3년 동안 경찰 수장으로 일했던 조병옥은 대통령의 특사 자격으로 중국, 필리핀, 미국을 방문하고 유엔대표단의 고문으로 파리 유엔총회에 합류하기로 되어있었다.

이승만은 처음 조각작업을 할 때에 조병옥에게 외무부 장관 자리를

---

3) Jacobs to Niles, Oct. 9, 1948, 『大韓民國史資料集(42) UN의 한국문제처리에 관한 美국무부문서 V』, 1998, pp.218~220.
4) Robert T. Oliver, *op. cit.*, pp.194~202.
5) *ibid.*, p.196.

유엔총회 한국대표단의 수석대표 장면. 차석대표 장기영. 수원 김활란.

약속하면서 외무부 차관으로는 자신이 신임하는 임영신(任永信)을 추천하기까지 했다. 그러나 2, 3일 지나서 이승만은 조병옥을 불러 "외무부 장관보다 더 좋은 자리"를 맡으라면서 대통령 특사로 각국을 순방하고 유엔 한국대표단의 고문으로 파리 유엔총회에 참석하라고 했다.[6] 그러나 이승만이 자신에게 외무부 장관 자리를 약속했다는 조병옥의 증언은 석연찮은 점이 없지 않다. 조병옥에게 외무장관 자리를 약속하면서 이승만은 동석한 김성수(金性洙)에게 "조 박사는 외무부 장관 취임을 승낙하였으니 인촌(仁村)도 재무부 장관 취임을 승낙하도록 하시오"하고 말했다고 하는데, 이러한 조병옥의 말로 미루어 보면 조병옥에 대한 외무부 장관 약속은 김성수를 재무부 장관으로 끌어들임으로써 한민당을 제압하려고 한 이승만의 책략이었을 수 있다. 한민당의 다섯 사람 총무의 한 사람이었던 조병옥은 미 군정부의 경무부장직을 맡으면서 한민당의 당적까지 버리라는 하지(John R. Hodge) 장군의 요구에도 불구하고 계속 당적은 유지했다. 그러한 사정은 8월18일에 프란체스카가 임병직(林炳稷)과 올리버만 보라면서 보낸 만리장서로도 짐작할 수 있다. 프란체스카는 조병옥과 상대할 때에는 최근 몇년 동안 조병옥이 주로 지지해 온 것

6) 趙炳玉, 『나의 回顧錄』, 敎民社, 1959, pp.228~230.

이 한민당 안의 흥사단 사람들이었고 또 이 사람들은 하지 장군과 친근하게 협조했는데, 하지의 으뜸가는 고문은 흥사단 우두머리라는 사실을 기억하라고 썼다. 그것이 왜 하지 장군이 이승만을 반대하는 행동을 했는지를 말해주는 이유라는 것이었다. 프란체스카는 조병옥을 외국으로 내보내는 것은 경찰행정을 둘러싼 조병옥, 윤치영(尹致暎), 장택상(張澤相) 세 사람의 쟁투를 조정하기 위하여 필요한 조치라고 썼다. 그리고 조병옥과 장기영(張基永)은 널리 알려진 술고래인데, 한국에 있는 미국인들은 그들이 술과 여자와 장광설을 동반하는 비싼 연회의 동양적 습성에 빠질 것을 두려워한다는 말도 덧붙였다.[7]

대통령특사 일행의 출발에 앞서 이승만은 과도정부 인사행정처장을 지낸 정일형(鄭一亨)을 별도로 불러서 은밀한 지시를 내렸다고 한다. 조병옥은 풍류를 좋아하니까 말리는 한편 모든 일을 정일형이 직접 자기에게 보고하라고 했다는 것이다.[8]

이승만은 유엔대표단과는 별도로 중요국에 조병옥, 정일형, 김우평, 김준구(왼쪽부터)를 대통령특사로 파견했다.

---

7) Francesca Rhee to Ben and Oliver, Aug. 18, 1948(梨花莊所藏).

8) 鄭一亨,『오직 한 길로』, 新進文化社, 1970, pp.118~119.

장면을 단장으로 한 유엔총회 한국대표단과 조병옥을 비롯한 대통령특사 일행은 9월9일 오전에 함께 김포공항을 출발했다. 유엔대표단은 정사(正使) 장면, 부사 장기영, 법률고문 전규홍(全奎泓), 수원 김활란 4명이었고, 특사 일행은 정사 조병옥, 부사 정일형, 경제고문 김우평(金佑坪), 비서 김준구(金俊九) 4명이었다.[9]

도쿄의 하네다(羽田) 공항에 도착한 다음 유엔대표들은 미국으로 직행하고 대통령특사 일행은 도쿄에서 이틀 동안 머물렀다. 도쿄에서는 특사 일행을 위한 맥아더(Douglas MacArthur) 장군 부처 초청 오찬회, 주일 미국대사 초청 만찬회, 도쿄거류동포들이 주최하는 간담회 등이 있었는데, 맥아더 장군과는 두시간가량 간담했다.[10]

때를 같이하여 북한도 유엔에 대표를 파견할 의사가 있음을 공포했다. 곧 조선최고인민회의는 "만일 유엔에서 조선문제에 대한 토의가 있을 때에는 그 필요에 따라 조선민주주의인민공화국 대표를 유엔에 파견할 수 있을 것을 정부에 위임한다"는 결의를 채택했다.[11]

2

대통령특사 일행은 9월11일 아침에 하네다 공항을 출발하여 오후에 상해 용화(龍華) 공항에 도착했다. 중국에 체재하는 1주일 동안 특사 일행은 동양식의 융숭한 국빈대우를 받았다. 장개석(蔣介石) 총통은 이종인(李宗仁) 부총통 이하 정부요인들이 참석하는 정중한 오찬을 베풀었고, 오찬이 끝난 뒤에도 정부요인들을 머무르게 하여 특사일행과 세시간 동안 한국문제에 관한 간담회를 가졌다. 장개석은 정일형에게 "정 박사,

9) 《朝鮮日報》 1948년9월10일자, 「國聯代表壯途에, 特使도 同時空路出發」.
10) 趙炳玉, 『特使유엔紀行』, 德興書林, 1959, pp.3~9; 鄭一亨, 앞의 책, pp.120~121.
11) 《朝鮮日報》 1948년9월12일자, 「北도 國聯代表派遣」; 전현수 역주, 『쉬띄꼬프일기 1946~1948』 (1948.8.27.), pp.186~187.

지금은 당신들이 우리에게 협조를 부탁하지만 언젠가는 우리가 당신들에게 협조를 부탁할 때도 있을 것입니다" 하고 의미심장한 말을 했다.[12] 항일전에 경황이 없는 속에서도 대한민국임시정부를 지원했던 장개석으로서는 한국의 장래가 특별한 관심사였다.

9월18일에 마닐라에 도착한 특사 일행은 필리핀에서도 퀴리노(Elpidio Quirino) 대통령을 비롯한 필리핀 정부의 극진한 대접을 받았다. 방송국과 신문들도 큰 관심을 나타냈다. 퀴리노 대통령은 특사 일행을 위하여 대통령 관저에서 국가만찬을 열기도 했다.

9월20일 밤에 마닐라를 출발한 특사 일행이 워싱턴에 도착한 것은 9월22일 이른 아침이었다.[13] 장면 등 유엔총회 대표단은 9월15일에 뉴욕에서 퀸 매리(*Queen Mary*)호로 파리로 떠난 뒤였다.

이 무렵 뉴욕에서 열린 세계 YWCA총회에는 한국대표로 모윤숙(毛允淑)이 참석하고 있었는데, 이승만은 모윤숙에게 회의가 끝나는 대로 파리로 가서 유엔총회 한국대표단에 합류하라고 타전했다. 그리하여 모윤숙은 한국대표단 일행이 파리로 떠난 뒤에 혼자서 퀸 매리 호를 타고 대서양을 건넜다.[14]

한국대표단 일행이 탄 퀸 매리 호가 쉘부르 항에 가까워졌을 때인 9월19일에 올리버는 이승만에게 편지를 썼다.

> 모든 일이 화목하고 즐겁게 진행되고 있습니다. 저는 장면과 김활란과도 긴 이야기를 나누었고, 우리의 아이디어들이 잘 정리되었다고 생각합니다. 동승한 많은 다른 나라 대표들과도 회합을 가졌습니다. 저는 특히 유엔의 감사관인 엘빈스(Elvins)씨와 친해졌으며, 이 이가 파리에 있는 대표들에게 우리를 소개할 수 있고 또 그렇게 할 것입니

---

12) 趙炳玉, 『特使유엔紀行』, pp.13~21; 鄭一亨, 앞의 책, p.120.
13) 趙炳玉, 위의 책, pp.27~37.
14) 毛允淑, 『웃는 별과 함께 온 生涯』, 『嶺雲毛允淑全集(9)』, 智炤林, 1979, pp.135~139.

다. 시리아의 엘 수리(El souri) 대사와 아랍 블럭의 대표들도 동승했는데, 우리는 그 가운데 몇 사람과 이야기를 나누었습니다. 명확한 언질은 거부했지만 이전에 그랬던 것처럼 기권하기보다 이번에는 찬성표를 던질 것으로 기대됩니다.…

북한에서도 상당수의 인원이 파리에 나타날 것 같습니다. 성가시기는 하겠지만 그들이 어떤 해로운 일을 할 수 있을 것으로는 보지 않습니다. 대표들 사이의 일반적인 여론은, 우리가 느낄 수 있듯이, 소련의 무의미한 장난을 더 이상 참지 않겠다는 것입니다.…[15]

이러한 올리버의 편지는 유엔총회의 결과에 노심초사하는 이승만으로 하여금 일단 안도의 숨을 쉬게 했을 것이다.

특사 일행이 워싱턴에 도착했을 때에는 트루먼 대통령은 선거 유세로 워싱턴을 비워놓고 있었으므로 2주일 동안이나 대기해야 했다. 그 사이에 특사 일행은 워싱턴과 뉴욕을 오가며 임무를 수행했다. 로베트(Robert A. Lovett) 국무부 장관대리를 비롯한 국무부 관계관들, 펜타곤의 드레이퍼(William H. Draper, Jr.) 육군부 차관 및 웨드마이어(Albert C. Wedemeyer) 중장 등과 회견하고, 워싱턴 주재 외교사절 가운데 유엔한국임시위원단 국가들의 대사와 공사를 예방했다.

그러는 사이에 특사 일행은 중국과 필리핀 대사관의 후원을 얻어 리셉션을 열었다. 갑작스럽게 보낸 초청장이었는데도 워싱턴 외교계의 저명한 외교관들과 정계 및 실업계의 중요인사들이 많이 참석했고, 신문들도 크게 다루어 주었다. 기대 이상의 성과였다.[16]

특사 일행은 10월4일 정오에 30분가량 트루먼(Harry S. Truman) 대통령을 만났다. 트루먼은 퍽 평민적이고 친절한 느낌을 주었다. 그는 사

15) Robert T. Oliver, *op. cit.*, p.197.
16) 趙炳玉, 『特使유엔紀行』, p.38; 鄭一亨, 앞의 책, p.123.

절단을 소개한 여러 통의 전보를 미국친구들로부터 받았다면서 일일이 읽어 주었다. 트루먼은 또 한국정부에 대한 군사적 및 경제적 원조에 대하여 큰 관심을 가졌다는 말도 했다.[17]

특사 일행은 이승만이 지정한 여정을 변경하여 파리로 가기 전에 캐나다와 영국을 방문하기로 했다. 이유는 유엔위원단의 한 사람으로 서울에 왔던 캐나다 대표 패터슨(G. S. Patterson)의 언동으로 나타났던 한국정부 수립에 대한 캐나다 정부의 태도에 대하여 캐나다 정부 수뇌부와 의견교환을 할 필요가 있다고 판단했기 때문이었다. 그러나 이러한 조병옥의 독단적인 행동은 이승만이 우려하던 대로였다.

사절단은 워싱턴 주재 캐나다 대사의 소개장을 휴대하고 10월9일에 기차로 캐나다의 수도 오타와로 갔다. 캐나다 수상대리 살로는 패터슨에 대한 한국인들의 견해는 오해에 기인한 것이라고 말하고 앞으로 적극 지지하겠다는 뜻을 암시하는 말을 했다. 조병옥은 선거 출마로 부재중인 피어슨(Lester B. Pearson) 외상 앞으로 파리총회에서 적극 지원해 줄 것을 부탁하는 편지를 남기고 10월13일에 살로 수상대리와 함께 캐나다 여객기로 런던으로 갔다. 런던에서는 외무차관 태닝과 극동국장을 만나서 영국정부의 적극적인 지지를 요망하고 마침 개회 중인 영연방회의에 참석한 각국대표들에게 사절단의 순방 취지를 전해줄 것을 당부했다. 조병옥 일행은 10월17일에 파리에 도착하여 한국대표단과 합류했다.[18]

제3차 유엔총회는 9월21일부터 파리의 샤이요 궁전에서 개막되었다. 유엔총회가 개막되자 정계는 물론 일반국민들의 관심도 유엔총회로 쏠렸다. 파리 유엔총회 때의 유엔 가맹국 수는 모두 58개국이었다. 이 58개국이 소련을 중심으로 한 6개 공산국가와 나머지 자유진영 52개국으로 나뉘어 사사건건 길항하는 형국이었다. 자유진영 52개국 가운데서도

17) 趙炳玉, 위의 책, p.39; 《朝鮮日報》 1948년10월6일자, 「趙炳玉特使 트氏와 會見」.

18) 趙炳玉, 같은 책, pp.42~55.

아랍의 6개국이 하나의 종족 블럭을 이루고 있었고, 지난날 대영제국의 관할아래 있던 영연방 8개국도 긴밀하게 결속되어 있었다. 그러나 실제로 가장 큰 세력은 미국을 중심으로 한 범아메리칸 회의(Pan American Conference)로 단결되어 있는 20개국이었다.[19)]

9월23일에 열린 총회운영위원회는 소련이 반대하는 8개 문제를 포함하여 65개 세계문제를 총회의 토의사항으로 결정했다. 그 가운데 세계의 관심을 끈 중요한 문제는 (1) 베를린 봉쇄문제, (2) 그리스문제, (3) 원자력국제관리문제, (4) 군비축소문제, (5) 팔레스타인 분쟁조정문제, 그리고 (6) 한국 독립 승인문제였다. 운영위원회는 한국문제를 상정할 것과 한국대표단을 옵서버 자격으로 총회에 참석시킬 것을 12 대 2로 가결했다.[20)]

유엔총회 운영위원회가 한국문제를 정식으로 회의에 상정하고 한국대표단을 옵서버 자격으로 총회에 참석시키기로 결의하자 9월24일에 국회가 유엔총회 의장에게 감사문을 보내고 한국대표단에도 격려문을 보내는 등 유엔에 대한 기대가 한결 고조되었다.[21)]

3

한편 통일독립촉진회는 9월27일에 경교장에서 상무위원회를 열고 김구와 김규식 명의로 리(Trygve Lie) 유엔사무총장에게 남북 통일정부 수립 방안을 제시하는 편지를 보내기로 결의했다. 편지는 먼저 유엔의 기대는 하나도 성취된 것이 없고 동족상잔의 위기가 박두하고 있다고 단언했다.

---

19) 鄭一亨, 『유엔의 成立과 業績』, 國際聯合韓國協會, 1952, p.81.

20) 《東亞日報》 1948년9월24일자, 「韓國問題를 上程」; 《朝鮮日報》 1948년9월25일자, 「韓國代表參席」.

21) 『制憲國會速記錄(2)』, 제1회 제74호(1948.9.24.), p.243.

3천만 한인은 유엔의 감시하에 완전한 자유 분위기로써 남북을 통한 총선거를 실행하고 이 총선거에 의하야 피선된 대표로써 외국의 간섭과 신탁이 없이 완전한 민족자결과 민주주의 원칙에 의하여 한국의 통일적 독립정부를 수립하는 것을 협조하라는 작년 11월14일부 유엔총회의 결의를 환영하였던 것입니다. 그러나 귀회의 기대는 하나도 성취된 것이 없이 한국에 있어서 국토의 분열은 더욱 심각화하고 민족의 감정은 더욱 첨예화하여 동족상잔의 위기가 박두하고 있습니다.

그러고는 통일독립촉진회의 대표를 유엔총회에 참석시킬 것을 요청했다.

우리는 이번에 파리에서 열리는 유엔총회가 작년 11월14일부의 한국 독립원조에 대한 결의의 정신을 관철할 것을 확신하거니와 귀회에서 한국문제를 다시 토의할 때에 어떤 한인이든지 자유의사로 말하라면 반쪽 조국 위에 세워진 정부를 자기의 통일정부라고 부르지 아니하며, 그 정부가 자기들의 행복을 줄 것이라고 승인하지 아니하리라는 것을 기억하기 바라는 바입니다. 그리고 귀회에서 한국문제의 좀 더 정당한 해결을 얻기 위하여는 한인 자신의 의사를 충분히 청취하기를 요청하는 바입니다. 통일과 독립과 평화의 조국을 건립하기 위하야 남북을 통한 진정한 민주주의 정부를 조직하려는 다수의 한인의 대표적 의사를 귀회에 충분히 진술하기 위하야 본회는 본회의 대표를 귀회에 참가시킬 것을 견결히 요청합니다.…[22]

이러한 편지에 이어 한국독립당은 다시 중앙위원회 결의로 유엔총회에 보내는 김구 주석 명의의 메시지를 작성하여 유엔위원단에 전달했는

---

22) 《朝鮮日報》 1948년9월29일자, 「南北의 統一獨立決議를 今次總會에서 實踐要望」.

데, 그것은 김구나 한독당 인사들이 유엔총회에 얼마나 집착하고 있었는가를 말해 준다.

(1) 미소에 편의(偏依)하지 않고 진정한 민중의사를 대표할 수 있는 한인대표에게 유엔총회에서의 발언기회를 부여할 것.
(2) 미소 양군은 즉시 철퇴하고 진공기간에는 유엔에서 치안의 책임을 질 것.
(3) 남북지도자회의를 소집하야 남북을 통한 통일적 중앙행정기구 수립방안을 작성할 것.
(4) 유엔감시하에 절대 자유분위기를 조성할 것.
(5) 남북에 새로운 총선거를 실시할 것.[23]

김구는 유엔총회에 이러한 메시지를 보낸 이튿날 전남 광주 지역에서 개최되는 한독당 간부 강습회에 참석하기 위하여 광주로 갔다.

광주로 내려가는 열차 안에서도 김구는 "한국통일은 유엔총회에서 남북총선거의 원칙을 실시해야만 평화적으로 될 것이다. 통일촉진회에서 요청서를 보낸 것도 이것을 주장하려고 하기 때문이다. 그리고 나는 단정을 반대한다"라고 말했다.[24]

이러한 두 김의 태도에 대하여 이승만은 격분했다. 10월6일에는 정부 대변인 김동성(金東成)이 비난 성명을 발표한 데 이어 8일에는 외무부 장관 장택상이 민국정부의 위신을 손상시키는 행동을 계속할 경우에는 사직의 활동을 단연 요청하겠다고 단호하게 경고한 것은 이러한 이승만의 의중을 반영한 것이었다.[25]

10월8일에 중앙청 제1회의실에서 열린 이승만의 내외기자 회견에서도

23) 《朝鮮日報》 1948년9월30일자, 「統一臨政樹立 韓獨UN에 建議」.
24) 《朝鮮日報》 1948년10월2일자, 「統一選擧要請 金九氏車中談」.
25) 《朝鮮日報》 1948년10월9일자, 「單獨對外活動斷乎團束할 터」.

두 김이 유엔총회에 편지를 보낸 것이 화제가 되었다.

먼저 기자들은 두 김이 유엔에 편지를 보낸 일과 관련하여 정부대변인이 유감의 뜻을 발표하였는데, 이러한 경향에 대하야 대통령은 어떤 방안을 세우고 있느냐고 물었다. 이승만은 다음과 같이 대답했다.

"양 김씨의 유엔 송한(送翰)에 대해서는 별로 방안을 세운 것은 없다. 유엔감시하의 총선거로 정부를 세운 것은 인구비례로 보아 남북통일정부라고 공포했다. 공산당에서는 북한의 정부를 주장하나 남한 정부가 통일정부인 것을 우리는 주장할 뿐이니, 어떠한 한인이든지 이남 정부를 통일정부로 믿어야 한다. 어쨌든 정부가 있어야 나라를 세울 것이니, 이남 정부를 반대하고 이북 정부를 찬성하는 자는 절대로 용납되지 못할 것이다."

이승만은 이어 어떠한 방법을 취하더라도 두 김과 합작할 수 없느냐는 질문에는 "개인적 관계는 하등의 변함이 없으나 정책과 노선이 서로 다르므로 이것이 합치되기까지는 도저히 합작할 수 없는 것이다"라고 확언했다.

이어 미군의 계속 주둔을 요청하는 이유가 무엇이냐는 기자의 질문에 이승만은 다음과 같이 대답했다.

"나의 주장은 소련은 무조건하고 즉시 철퇴하고 미군은 치안유지상 지장이 없을 때까지 주둔하라는 것이다. 그러나 소련군이 철퇴하면 미군도 철퇴한다고 하여도 애걸복걸하지는 않을 것이다. 그러나 남북분단은 우리가 행한 것이 아니요 미소 양국이 행한 것이며 그 책임은 미국에 있다. 따라서 책임을 진 미국에서 이 문제를 해결하고 철퇴하여야 될 것이며, 또한 북한에는 20만의 공산군이 조직되고 있는 데 대하야 남한에는 미군이 앞서 우리의 군대조직을 허가하지 않은 관계상 아무 준비가 없으므로 앞으로 치안을 유지할 상당한 국방군이 조직되면 철거하라는 것이니, 이것도 미국의 책임일 것이다.…"[26]

---

26) 《朝鮮日報》 1948년10월9일자, 「南韓政府로 統一」.

2. 외군철수 논란으로 국회 폭력사태 발생

1

제3차 유엔총회의 개막과 때를 같이하여 소련정부는 북한으로부터 군대를 철수하겠다고 일방적으로 발표함으로써 국제적으로 큰 파장을 불러일으켰다. 소련정부는 북한정부의 요구에 따라 10월 중순부터 시작하여 1949년1월1일까지 북한 주둔 소련군을 모두 철수시키겠다면서 미국에 대해서도 주둔군의 동시철수를 제의한 것이었다.[27]

이승만은 바로 소련군의 철수는 당연한 일이라고 다음과 같이 논평했다.

"만일 소련군이 금년 말로 북한에서 철퇴키로 결정하였다는 보도가 사실이라면 그것은 당연한 조치를 하는 것이라고 나는 생각한다. 한국의 이익과 기타 관계 제국을 위할 뿐만 아니라 그네들 자신의 이익을 위하여 벌써 이런 조치가 있었어야 할 것이다. 미국은 필요이상으로 하루라도 더 주둔치 아니할 것을 나는 아는 바이다.…"

그러면서 이승만은 미국이 소련과 어떤 협정을 맺을 때에는 반드시 한국과 먼저 협의해야 된다고 다음과 같이 못박았다.

"나는 미국이 우리와 의논함이 없이 어떤 협정을 함으로써 소련의 책략에 함입(陷入)하지 않기를 바란다. 한미간의 상호방위에 대한 성문된 협정이 없다고 하지마는 우리는 오히려 한미 양국의 상호안전보장을 위해서는 동일한 목적을 가지고 일해왔고 또한 민주주의적 제기관의 보존을 위해서 노력해 왔다. 대한인은 이 원칙에 충실하기 위하야 여러 가지 난관을 극복해 온 것이다.…"[28]

---

27) 《朝鮮日報》 1948년9월21일자, 「蘇 北韓撤軍決定, 美에도 撤退同意希望」.
28) 《朝鮮日報》 1948년9월21일자, 「蘇撤退當然事」.

이승만의 이러한 주장과는 달리 김구는 "소련군이 철퇴를 선포한 것은 한국민족이 무엇을 갈망하고 주장하고 있는가를 가장 정확하게 파악한 정치행동이다. 미국의 정책은 매양 늦은 감이 있다. 미소 양국은 자주독립을 갈망하는 한국민족 자신의 요구에 순응할만한 성의를 가져야 될 것이다"라고 매우 긍정적으로 평가하면서, 미국을 비판했다.[29]

한편 김규식은 "외군이 하나라도 철퇴한다는 것은 반가운 소식이다. 그러나 이것이 사실화가 될는지는 명년 1월에 가서야 알 수 있을 것이다" 하고 소련의 발표에 대하여 회의적인 반응을 보였다.[30]

10월13일의 제87차 국회 본회의는 전날 전남 광산 출신의 무소속 박종남(朴鍾南) 의원 외 소장파 의원 46명이 연명으로 제출한 「외군철퇴요청에 관한 긴급동의안」의 처리문제로 수라장이 되었다. 「긴급동의안」의 주지는 "유엔총회는 총회 자신이 결의한 1947년11월14일의 기록을 회상하고 한국에 대한 외군철퇴의 조항을 급속히 정상적으로 실천하도록 되기를 요망한다"라는 것이었다.[31] 회의 벽두에 의사국장은 이 「긴급동의안」을 국회법 규정에 따라 외무국방위원회에 회부하겠다고 보고했으나, 제안자들은 본회의가 "즉석에서 난상토의하여" 결정하자고 주장했다. 절차를 둘러싼 갑론을박으로 회의는 중단되었다.

오후에 속개된 회의는 의사일정을 변경하여 지방행정조직법안 일부를 처리한 다음 「긴급동의안」 문제를 다시 논의했다. 그러나 찬성파와 반대파의 극한 대립 속에서 단상에서는 폭력사태가 벌어져 신익희(申翼熙) 의장이 경호권을 발동하는 상황에 이르렀다. 이때의 상황에 대해 국회는 속기록도 남기지 않았는데,[32] 《서울신문》의 고정란 「국회스냅」의 다음과 같은 가십 기사는 당시의 상황을 여실히 보여준다.

---

29) 《朝鮮日報》 1948년9월22일자, 「民族渴望順應」.
30) 《朝鮮日報》 1948년9월22일자, 「事實化를 苦待」.
31) 《朝鮮日報》 1948년10월14일자, 「緊急動議內容」.
32) 『制憲國會速記錄(2)』, 제1회 제87호(1948.10.13.), pp.589~600.

◇「외군철퇴건의안」을 위요하는 감정은 드디어 폭행으로 퇴보—. 박종남(朴鍾男)군 왈 "건의 내용이나 알고서 말해요"라고 하면서 낭독하려 할 때에 서우석(徐禹錫)군, 최석화(崔錫和)군 등 연단에 쇄도하여 박군을 끌어내리려고 엎치락뒤치락—.

◇ 이때에 격정의 청년 이구수(李龜洙)군, 쏜살같이 달려들어 최석화군의 목덜미를 움켜쥐고 "죽일 놈"이라고 매언(罵言)을 퍼부으며 도전—. 김옥주(金沃周)군, 박윤원(朴允源)군도 발언 방해자를 제재하려고 살기에 충만—. 형세 이렇고 보니 신(申) 의장 경호원의 출동을 발령하기까지 되어 사태는 겨우 그럭저럭 진정—.

◇ "공산당의 모략"이라고 부르짖어 장내를 혼란케 한 장본인 김재학(金載學)군에게 난데없는 괴상한 전화—. 즉 14일 상오 2시경 전화로 괴한이 가로되 "김군에 대해서 사형 언도가 발령되었다"라고 통고하였다고—.

◇「외군철퇴건의안」에 연명한 한민계 소장파 노일환(盧鎰煥), 장홍염(張洪琰), 김옥주 3군을 한민의 책사 서상일(徐相日)군이 모처에 불러 쑥덕쑥덕—. 동군들의 앞으로의 태도가 주목처—.[33)]

그것은 한국 의회민주주의의 원죄라고 할 수 있는 국회 폭력의 효시였다. 이러한 국회 사태에 대한 김구의 다음과 같은 논평이 눈길을 끈다. 국회 폭력사태에 대한 김구의 논평은 심드렁했다.

"민중의 앞에서 약속한 자기들의 정견을 주장한 것으로 본다. 신탁통치를 반대하는 자는 과거 3년간 미소 양군 철퇴를 주장한 것은 부인할 수 없는 사실이므로 외군철퇴를 주장하는 것이 애국자로서의 양심적 행동이다. 공산군이 쳐들어올 것이 두려워서 외군의 주둔을 원한다면 이는 반탁이념에 배치되는 것으로 가도멸괵[假道滅虢: 다른 나라의 길을 우선

---

33) 《서울신문》 1948년10월15일자, 「亂鬪劇出演한 議事堂」.

빌려 쓰고 나중에 그 나라를 쳐서 없앰]의 화를 당할 위험이 없지 않다. 무원칙하게 철퇴만을 주장하는 것은 아닐 것이므로 소위 진공기간의 혼란을 방지하기 위하여서는 적절한 국제적 약속이 요청되는 바이다.…"[34]

2

한국대표단은 파리에 도착한 직후부터 각국 대표들을 만나서 설득하고 찬성표를 점검하느라고 "문자 그대로 불철주야 동분서주하였다."[35] 대표단은 늦게 도착한 모윤숙까지 합하여 모두 아홉 사람이었다. 이들은 만날 사람들을 나누어 맡았다. 국회사무총장 전규홍은 유엔총회 진행을 궁금해하는 이승만의 소환에 따라 10월31일에 파리를 떠나 11월14일에 서울에 돌아왔다. 각국의 수석대표 방문을 담당했던 그는 떠나올 때까지 10여일 사이에 스물일여덟명의 수석대표들을 만났다.[36] 장면과 조병옥은 같이 인도 수상 네루(Jawaharlal Nehru)를 만나기도 했는데, 외교 관행을 무시하고 진지한 논쟁을 벌인 결과 네루는 인도대표단을 모아 놓고 한국문제에 기권하지 말고 동정투표를 하라고 지시했다고 한다.[37]

10월12일자로 된 올리버의 편지는 이승만의 마음을 한결 느긋하게 만들었다. 올리버는 10월 둘째 주말을 이용하여 사흘 동안 런던을 다녀왔다. 외무성 극동국 수석공보관을 비롯하여 유명한 주간지 《스펙테이터(*The Spectator*)》의 편집장, 몇몇 신문의 논설위원 등을 만나기 위해서였다. 일요일은 중국 국경일인 쌍십절(雙十節)이어서 중국대사관에서 기념 리셉션이 있었는데, 올리버는 그 자리에서 우연히 영국 외무상 베빈

34) 《朝鮮日報》 1948년10월20일자, 「外軍撤退主張 金九氏談」.
35) 鄭一亨, 『오직 한 길로』, p.127.
36) 《서울신문》 1948년11월16일자, 「今週韓國問題討議」.
37) 趙炳玉, 『特使유엔紀行』, pp.66~68.

(Ernest Bevin)을 만나서 뜻있는 대화를 나누었다. 올리버는 이승만에게 보낸 편지에서 베빈에 대해 "그는 아주 점잖은 사람이며 틀림없이 대한민국 승인 문제를 전폭적으로 찬성할 것입니다"라고 썼다.[38] 흡족한 이승만은 10월27일에 올리버에게 보낸 답장에서 "나는 당신이 영국의 베빈 외상을 만난 것이 매우 기쁘고, 좀 더 머물면서 더 많은 사람을 만났더라면 좋았을 성 싶습니다"라고 써 보냈다.[39]

그러나 파리 유엔총회의 한국문제 토의는 총회가 개막된 지 두달이 넘도록 뒤로 미루어졌다. 11월12일의 정례 대통령기자회견에서도 질문이 있을 것은 당연했다. "유엔파견대표단으로부터 한국문제의 정식 심의에 앞서 어느 정도까지 낙관하는 보고가 있었느냐"라는 기자들의 질문에 이승만은 다음과 같이 대답했다.

"특별히 낙관적 보고라고 할는지는 모르나 대표단으로서나 방관자측에서나 동일한 관찰을 가진 것은 유엔총회의 결의가 총선거를 할 수 있는 곳에서 진행해서 세우는 정부는 남북통일정부로 인정하고 국회 안에 1백명의 자리를 비워놓고 이북 한인들이 선거할 수 있을 때까지 기다리기로 한 것이니, 오늘까지 진행해온 것은 그 결의대로 된 것이므로, 유엔은 자체의 위신으로 보든지 법리상 공의(公議)로 보든지 또는 세계대세에 비추어 보든지 그 근본적 정책에 변동이 없을 것이며, 따라서 한국에 온 유엔대표단이 유엔총회에 제출한 것은 미 주둔군을 얼마 동안만 더 있게 하라고 청구하였으니, 어디로 보든지 유엔정책이 약체화할 수는 없을 것이다."[40]

한편 파리에서 귀국한 전규홍은 11월15일에 유엔총회의 진행상황을 국회에 다음과 같이 보고했다.

---

38) Robert T. Oliver, *op. cit.*, p.202.

39) *ibid.*, p.203.

40) 《朝鮮日報》 1948년11월13일자, 「國會內閣軋轢은 不幸」; 《서울신문》 1948년11월13일자, 「內閣改造 UN總會後決行」.

한국문제는 토론석상에서 다소 논쟁이 있을지도 모르나 결국은 대다수 표로서 승인을 받을 것이라는 나의 확신을 전달한다. 이번 유엔총회에서는 원자력문제, 베를린문제, 군축문제로 많은 시간을 소비했으며, 동서 유럽 간의 알력은 여기서 듣는 보도로서는 짐작 못할 만큼 악화되고 있다. 일부 약소국 대표는 회의가 지지부진이므로 11월 중순에 일단 휴회하고 명춘에 레이크석세스에서 회의를 재개할 것을 제의한 바도 있었으나 아직 회의는 더 계속될 것이며, 금주내로 한국문제는 유엔총회에 상정될 것이다.

그리고 특히 유엔에 전해지는 뉴스 중 이번의 여수사건과 국회와 정부 간의 불일치는 유엔 각 대표의 신경을 날카롭게 하고 있다. 나는 유엔에서 우리 문제가 최후적으로 결정되기까지 국내가 일치 합력하여 우리 자신 간에는 완전히 일치되고 통일되었다는 것을 표시하는 것이 중요하다고 본다.…[41]

전규홍의 보고를 들은 국회는 11월17일의 제106차 본회의에서 충남 예산 출신의 무소속 윤병구(尹炳求) 의원 외 87명이 제출한 「유엔총회에 보내는 결의문」을 만장일치로 가결했다. 결의문의 내용은 (1) 한국문제의 유엔 상정을 한국민족을 대표하여 감사의 뜻을 표하며, (2) 1947년11월15일의 유엔총회의 결의와 1948년2월26의 소총회 결의에 의한 5·10선거로서 성립된 대한민국 국회 및 정부는 한국민족의 총의이므로 (3) 유엔총회는 빨리 대한민국정부를 합법정부로 승인하기 바란다는 것이었다.[42]

유엔 정치위원회에서 다른 의제의 토의가 계속되면서 한국문제 토의가 지연되자 국회는 12월1일에 가서 충남 논산 을구 출신의 무소속 최운

41) 《서울신문》 1948년11월16일자, 「今週韓國問題討議」.
42) 『制憲國會速記錄(2)』, 제1회 제106호(1948.11.17.), pp.961~962.

교(崔雲教) 의원 외 54명이 제출한 긴급동의를 가결했는데, 그 내용은 11월17일의 결의문 취지를 더 강력히 표명한 것이었다.[43]

한편 이승만은 11월24일에 내외 기자들과의 회견에서 한국이 국방군을 건설할 때까지 미국이 남한에서 군대를 철수하지 않겠다고 확약할 것을 촉구했다. 이승만은 "우리는 미군에 대하여 조력을 요구할 당당한 권리가 있다. 미국은 한국에 대하여 도의적 의무가 있으며 그 책임을 회피할 수 없을 것이다. 나는 미국에 대하여 북방의 소련인들과 싸워 달라는 것이 아니라 한국인들과 소련인들에게 정신적인 효과를 주기 위하여 한국에 일부 군대를 주둔시킬 것을 청하는 바이다"라고 말했다.[44]

이에 대하여 한국기자들이 한국문제가 아직 유엔에 상정되지도 않았고 결의도 없는데, 미군주둔을 정식 요청한 이유가 무엇이냐고 묻자 이승만은 다음과 같이 대답했다.

"양군 철퇴문제에 관해서는 최초에 미국측으로부터 그 철수의도를 표명한 바 있었으나 소련측의 불응으로 실현 못되었고, 그 후 북한에 공산세력을 부식 완료한 소련이 양군 동시철퇴를 주장하였으나 남한 적화의 의도를 간취한 미측도 이에 응치 않게 되었다. 한국문제가 유엔에 상정되면 그 결의에 따라 90일 이내에 외군철퇴 실현이 가능케 되리라는 소식에 북한공산세력의 남벌(南伐)을 기우하는 민중이 점차 증대되어가므로 일반민중의 안도감을 초래하려는 조처로서 미군주둔을 요청하게 된 것이다.…"[45]

온 국민이 이제나 저제나 하고 한국문제가 유엔총회의 정치위원회에 상정되는 날을 초조하게 기다리는 가운데 황당한 뉴스가 전해졌다. 일정상 한국문제 토의는 내년 봄에 레이크석세스에서 열릴 후기회의까지 연기될 것이라는 것이었다. 김활란은 12월1일 밤에 이승만에게 다급한 전

---

43) 『制憲國會速記錄(2)』, 제1회 제118호(1948.12.1.), p.1142.

44) 《東亞日報》 1948년11월25일자, 「美軍駐屯確約要望」.

45) 《京鄕新聞》 1948년11월27일자, 「駐屯要請은 民衆에 安堵感 주려고」.

보를 쳤다.

> 시간의 긴박성에 비추어 유엔 정치위원회는 오는 5일 한국문제를 명년 1월 말까지 연기할 가능성을 고려하고 있습니다. 대통령 각하는 현재 개회중에 있는 유엔총회가 폐회되기 전에 전보로 한국문제를 이번 총회에 즉시 상정시킬 것을 요청하는 것이 필요할 것입니다.[46]

김활란의 전보를 받고 이승만은 12월3일에 다음과 같은 담화를 발표하는 동시에 파리총회에 한국문제의 조속한 상정을 요청하는 전문을 보냈다.

> 어찌해서 유엔에서 한국문제를 지금 결정 못한다는 것을 나로서는 알기 어렵다. 미국이나 한국은 유엔의 결의안을 철저히 준행하여서 성공된 것으로 세계가 다 아는 바이며, 유엔은 지금에 이르러 그 순서를 고칠 수도 없고 또 물릴 수도 없는 것이다. 그리고 정식으로 결의안을 통과하기에 많은 시간을 요구할 필요가 없을 것이다. 내가 누구든지 비평하기를 원치 아니하나, 유엔회원 중에 세계민주주의 안전을 긴절히 여기지 아니하는 분들이 파리에서 성공되는 것같이 보인다. 그분들이 우리가 어떻게 하는 것을 원하는지 알 수 없다. 우리가 민주정권에 의하여 계속하여 싸우는 것을 원하는가 공산테러에 조용히 양보하기를 원하는가. 공산 적색테러자들이 도처에서 살인 방화로 우리를 공포시켜서 복종하게 만드는 것을 그분들은 모르는가. 이것을 안다면 도의상 효과를 위해서라도 곧 한국문제를 결정해서 자유를 위하여 목숨을 내놓고 싸우는 한국사람들을 권장시키는 것이 마땅할 것이다. 공산당은 어디서든지 공산화시키려는 공작에 시간을 요구하는 법이다. 유엔이 우리 한국문제를 연기해서 시간을 줄 이유가 무엇

46) 《서울신문》 1948년12월4일자, 「金活蘭氏의 電文內容」.

인가. 우리는 간절히 세계의 우방인 민주국가에게 호소하노니, 우리를 이때에 적극적으로 도와서 한국민주주의를 유지케 하기를 바란다.

미 국무부와 하지 사령관의 공산당에 대한 타협적인 태도를 비판했던 이승만은 이제 유엔 내부의 "세계민주주의의 안전을 긴절히 여기지 아니하는 분들"을 비판하고 나섰다. 공산당은 어디서든지 공산화시키려는 공작에 시간을 요구하는 법이라면서 한국문제 처리를 연기해서 공산당에게 시간을 줄 이유가 무엇이냐는 것이었다.

그러나 이승만은 뒤이은 기자회견에서 파리 유엔총회는 12월11일로 종료한다는데 만일 그때까지 한국문제가 상정되지 않을 경우에는 앞으로 어떤 외교조치를 취하겠느냐는 질문을 받고, 다음과 같이 자신감을 보였다.

"아직까지는 이 안건이 유엔에서 작정될 줄로 믿고 있는 터이므로 혹 지체될 염려가 있다 하더라도 나는 아직 그러한 방향으로 생각해 본 일은 없다."[47]

이처럼 상황이 불안하면 불안할수록 이승만을 지배하는 것은 그의 신념이었다.

47) 《서울신문》 1948년12월4일자, 「韓國問題急速上程 國聯總會에 電請」.

3. 마지막 날 회의에서 48 대 5로 가결

1

한국문제는 전반기총회의 마지막 주일인 12월6일의 정치위원회 제225차 회의에 가까스로 상정되었다. 총회 제1위원회인 정치위원회는 유엔회원국 전체가 멤버였다. 한국문제가 유엔 정치위원회에 상정되자 이승만은 12월7일에 다음과 같은 담화를 발표했다.

> 나는 우리 우방들은 우리를 실망시키지 않는다는 것을 확신하는 바이다. 세계 각국에는 우리와 우방적인 국가가 비우방적인 국가보다 많다. 때로는 우리 우방이 민주주의를 위한 투쟁에 대하여 최소한으로 도의적 원조를 주는지 안주는지를 의심하는 바이나, 공동보장을 믿고 있는 나라는 전부 서로 조력하여야 할 것이다. 이것이 자유를 사랑하는 국가의 안전을 위한 유일의 기초인 것이다. 우리는 우리의 권리와 우리 자체의 지지방어 이상의 것을 요구하지 않으며, 자유를 위한 우리들의 투쟁에 대하여 유엔내의 민주국가 대표들은 우리들에게 도의적 원조와 격려를 아끼지 않을 것을 믿는 바이다.[48]

유엔 정치위원회 한국문제 토의에는 먼저 두개의 동의가 제기되어 논란을 벌였다. 하나는 체코슬로바키아가 제의한 동의로서 북한대표를 초청하여 유엔 정치위원회의 한국문제 토의에 참석시키자는 것이었고, 다른 하나는 중국이 제의한 동의로서 의장의 직권으로 대한민국 정부대표를 이 위원회에 초청하여 투표권을 부여하지 않는 조건으로 한국문제 토의에 참가시키자는 것이었다. 북한은 10월7일에 박헌영(朴憲永), 홍명희

48) 《서울신문》 1948년12월8일자, 「道義援助를 確信」.

(洪命憙), 이용(李龍), 홍기주(洪基疇), 박정애(朴正愛) 5명을 파리 유엔총회에 참석할 대표단으로 임명하고 외무상 박헌영 명의로 10월8일과 9일 두번에 걸쳐 유엔사무총장 리와 제3차 유엔총회 의장 에바트(H. V. Evatt)에게 한국문제 토의에 참석시킬 것을 요청하는 편지를 보내는 한편 프랑스 외무상 슈망(Robert Schuman)에게 프랑스 입국 사증을 발급해 줄 것을 요청했다. 그러나 유엔총회는 이들의 총회 참석 요구를 거부했고, 프랑스 정부도 이들의 입국을 허가하지 않았다. 그리하여 이들은 체코슬로바키아의 프라하까지 가서 3개월 가까이 대기하고 있었다.[49] 박헌영의 유엔총회 참석 요구에 관한 뉴스는 남한 신문에도 보도되고 있었다.[50]

두 동의에 대한 표결 결과 체코슬로바키아의 동의는 찬성 6표, 반대 34표, 기권 8표로 부결되고, 중국의 동의는 찬성 39표, 반대 6표, 기권 1표로 가결되었다. 그것은 이승만이 노심초사하며 기다린 축복의 첫 단계였다.

이어 회의장에는 미국과 중국과 오스트레일리아가 공동으로 제안한 한국문제에 관한 결의안이 배포되었다. 유엔한국임시위원단의 일원으로서 서울에서 활동할 때에는 사사건건 비협조적이었던 오스트레일리아가 공동발의국이 된 사실에 대해 한국대표단은 감격했다. 결의안의 핵심 항목인 (2)항의 문면은 다음과 같았다.

> (2) 임시위원단의 감시와 협의가 가능했고 전 한국인의 대다수가 거주하는 한국의 부분에 효과적인 지배권과 통할권을 가진 합법적 정부(대한민국 정부)가 수립되었다는 것과 이 정부는 이 지역 유권자 대부분의 자유의사가 정당하게 표현된 동시에 위원단에 의하여 감시

---

49) 이정박헌영전집편집위원회 편, 『이정박헌영전집(7)』, 역사비평사, 2004, pp.54~58; 趙炳玉, 『特使유엔紀行』, p.71.

50) 《朝鮮日報》 1948년10월13일자, 「巴里에 北韓代表」.

파리 유엔총회에 참석한 한국대표단. 왼쪽부터 모윤숙, 조병옥, 정일형, 김활란, 장면, 두 사람 건너 장기영.

된 선거에 기초를 두었다는 것과 그리고 이 정부만이 한국에서 그러한 유일한 정부라는 것을 선포한다.[51]

요컨대 대한민국 정부가 한국의 유일한 합법적 정부라고 천명한 것이었다. 그런데 이 문면은 다툼의 소지가 없지 않다. 앞부분에서 말한 유엔임시위원단의 감시와 협의가 가능했고 전 한국인의 대다수가 거주하는 한국의 부분이란 남한을 지칭하는 말이다. 그러므로 대한민국 정부는 그러한 지역, 곧 남한에 수립된 유일한 합법적 정부라는 뜻이 된다. 그런데 그러고는 뒷부분에서 한국에 수립된 유일한 그러한 정부라고 하여 대한민국 정부가 한반도 전체의 유일한 합법정부라고 천명한 것이다. 이 문장의 작성자들은 5·10선거에 대한 단독정부 논란을 감안하여 고심 끝에 이처럼 기발한 표현을 했는지 모른다. 그들은 어쩌면 남북한이 다 유엔에

51) 원문은 다음과 같다. 2. *Declares* that has been established a lawful government (the Government of the Republic of Korea) having effective control and jurisdiction over that part of Korea where the Temporary Commission was able to observe and consult and in which the great majority of the people of all Korea reside; that this Government is based on elections which were a valid expression of the free will of the electorate of that part of Korea and which were observed by the Temporary Commission; and that this is the only such Government in Korea;

미국 수석대표 덜레스.

소련 수석대표 비신스키.

가입할 개연성까지도 감안했었는지 알 수 없다. 그리고 그것은 이승만과 김구가 이 시점에서 각자 유리하게 주장할 수 있는 근거가 될 수도 있었다. 남북한은 1991년 가을에 유엔에 동시 가입했다.

결의문은 그 밖에 (1) 임시위원단 보고의 결론들을 승인하고, (3) 점령국들은 가능한 한 조기에 한국으로부터 그들의 점령군을 철수할 것을 권고하며, (4) 1947년7월14일의 총회결의에 설정된 목표를 완전히 달성하는 방법으로서 오스트레일리아, 중국, 엘살바도르, 프랑스, 필리핀, 시리아로 구성되는 유엔한국위원단(UNCOK)을 설치하여 임시위원단의 업무를 계속하고, (5) 한국위원단은 30일 이내에 한국에 부임하여 임시위원단을 대체한다는 등을 규정하고 있었다.[52]

유엔 정치위원회는 한국결의안을 두고 사흘 동안 갑론을박을 벌였

52) "The Problem of the Independence of Korea, Resolution 195(Ⅲ) of the United Nations General Assembly, December 12, 1948," Leland M. Goodrich, *Korea: A Study of U. S. Policy in the United Nations*, Council on Foreign Relations, 1956, pp.217~218.

다. 공산권 대표들은 번갈아 가며 판에 박은 말을 두세시간씩 지루하게 되풀이하면서 필리버스터[의사진행방해연설]를 벌였다. 의사일정을 넘겨 한국문제 토의를 다음 회의로 미루기 위해서였다. 미국 수석대표 덜레스(John F. Dulles)를 비롯하여 중국 수석대표 장정불(張廷黻)과 유엔한국임시위원단장 유어만(劉馭萬) 대사, 국제적으로 알려진 웅변가인 필리핀 수석대표 로물로(Carlos P(eña) Romulo) 장군, 그리고 오스트레일리아 수석대표 플린스콧(Jim Plinscott) 등이 이들과 맞서 열변을 토했다.

역사는 언제나 파스칼이 말한 클레오파트라의 코다. 유엔 정치위원회가 12월8일의 야간회의에서 한국결의안을 표결에 부칠 수 있었던 것은 소련 수석대표 비신스키(Andrey J. Vyshinsky)의 감기와 치통의 영향이 컸다. 정일형은 "비신스키가 감기와 치통이 겹쳐서 급작스러이 자리에 눕게 된 것이 우리의 운명 결정에 확실히 행운이 아닐 수 없었던 것이다"라고 썼다. 비신스키뿐만 아니라 소련 부대표인 말리크(Yakov A. Malik)도 심장쇠약증으로 의사로부터 정양 권고를 받고 있었다고 한다. 표결한 결과 한국결의안은 찬성 41표, 기권 6표로 가결되었다.[53]

외무부 장관 장택상은 12월9일의 국회 제125차 본회의에 나와 유엔 정치위원회의 결과를 보고하면서 의원들의 기립박수를 유도했고, 의원들은 모두 일어나서 기립박수를 보냈다.[54]

한국문제 결의안이 총회에 상정된 것은 전반기총회 최종일인 12월12일 오후3시였다. 이날은 일요일인 데다가 비가 장맛비처럼 계속 퍼붓고 있었다. 한국대표단은 이날 이른 아침부터 결례를 무릅쓰고 다른 나라 대표들이 묵는 호텔을 찾아가서 그들의 잠을 깨웠다.

호명식으로 진행된 표결 결과는 찬성 48표, 반대 6표, 기권 1표였다. 기권국은 스웨덴이었다. 3개국이 표결에 불참했는데, 이 나라 대표들은

53) 鄭一亨, 『유엔의 成立과 業績』, p.86, p.158.
54) 『制憲國會速記錄(2)』, 제1회 제125호(1948.12.9.), p.1261.

폐회 전에 귀국해버렸기 때문이었다. 그러므로 소련 블럭을 제외한 모든 나라가 만장일치로 한국을 지지해 준 셈이었다. 그런데도 소련은 유엔한국위원단의 한국파견을 중지하자는 동의안을 제출했다. 이 동의안은 찬성 6표, 반대 46표, 기권 2표로 부결되었다.[55] 월요일인 12월13일에 수석대표 장면은 이승만의 재가를 받고 대한민국의 유엔회원국 가입을 신청했다.[56] 그러나 한국의 유엔회원국 가입신청은 안전보장이사회에서 소련의 거부권 행사로 부결되었다.

2

유엔 정치위원회의 결정을 보고받은 이승만은 흡족했다. 그는 12월10일 오전에 중앙청 제1회의실에서 가진 내외기자회견에서 다음과 같이 소회를 피력했다. 이승만은 유엔총회에서 한국문제가 세계 여론대로 결정된 것은 세계사조에 새로운 세기를 창조하는 것이라고 그 의미를 크게 부여했다.

"한국이 유엔 정치위원회에서 정식으로 승인을 얻은 데 대하여 일반동포나 나의 친구들이나 모두 잘되었다고 기뻐하므로 나도 기쁘다. 이번 결과는 1년 전 유엔총회의 한국문제 결의대로 유엔이나 우리가 실행하는데 조리있게 지켜왔기 때문에 온 것이다. 나로서 한가지 염려한 것은 과거 50여년간을 두고 세계 정치대가들이 주장한 평화만을 위한 완화정책으로 인한 양보로 세계전쟁이 발생하였던 것이다. 즉 말하자면 평화를 위하여서는 모든 것을 희생해 왔기 때문에 일본 같은 침략국을 양성해 온 것이다. 그래서 우리나라는 이 완화정책으로 인하여 희생되었다.

그러나 이번 유엔총회에서 한국이 정식으로 승인된 것은 이런 평화정

---

55) 鄭一亨, 『오직 한 길로』, pp.212~213; 趙炳玉, 『特使유엔紀行』, pp.86~87.
56) 《서울신문》 1948년12월15일자, 「韓國의 國聯加入을 要請」.

책을 뒤집어서 전쟁을 하더라도 세계적인 공의를 살려야 한다는 정의감에서 연출된 것이다. 한국문제가 유엔총회에서 세계공의로 집행된 것은 세계 사조에 새로운 세기를 창조하는 것이다. 세계가 이런 정의의 길로 나간다면 세계에는 새로운 평화가 재래될 것이다. 그리고 미국이 하는 일은 세계를 새로운 길로 지도하기 때문에 세계평화에 큰 영향을 주고 있다. 인간과 인간의 공의를 국가와 국가의 실천에 옮기는 데서만이 평화가 올 것이므로 유엔에서는 세계평화수립을 위하여 적당한 법을 제정하여 대소 국가를 막론하고 평화를 무시하는 국가는 징벌하여야 할 것이다."[57)]

이승만은 이어 12월11일에는 국민들을 상대로 파리 유엔총회에서 한국문제가 다루어진 경위와 그 의의를 자세히 설명하는 방송 연설을 했다. 이 방송에서 이승만은 먼저 한국문제에 대한 유엔결의가 세계 여론의 승리라고 거듭 강조했다.

"이번 유엔에서 우리 문제를 결정한 것은 우리 모든 우방 되는 나라들이 즉 말하자면 5, 6개국 소수를 제해 놓고는 전 세계가 다 잘된 줄로 여기는 중이니, 이는 세력의 강약을 막론하고 공의를 세워서 시비를 공정히 판단하게 된 것을 다 환영하는 연고입니다. 가장 우리로는 지나간 40년 동안 불공평한 세계대세에 압박을 받아 억울한 대우를 참고 지내오던 터이므로 기쁜 마음을 더욱 말로 형언케 어려운 것입니다. 그러므로 우리 동포는 남북을 물론하고 관민일체로 전국이 합해서 크게 경축하는 것이 마땅합니다.…"

이승만은 이어 이번 유엔결의의 근거가 된 보고서를 작성한 유엔한국임시위원단에 대한 감사를 표명했다. 이승만은 "이 대표단이 5·10선거 전후를 두고 그 중에 두세 단원들이 다소 이의가 있어서 우리가 많은 우려를 가지게 되었던 것인데, 파리에서 이 문제가 제출되면서 이분들이 다

57) 《서울신문》 1948년12월11일자, 「大韓民國承認은 世界公議의 實現」.

태도를 일변해서 전적으로 동의를 표했다"라고 설명했다. 그러면서 그는 유엔한국임시위원단 단장 유어만, 필리핀 대표단장 로물로, 오스트레일리아 대표단장 플린스콧 등의 활동을 소개했다.

이승만은 이어 우리 남녀 동포와 전국청년들의 애국 성심에 감사한다고 전제하고 다음과 같이 말했다.

"내가 3년 전에 처음 귀국해서 보니 전국이 다 인민공화국이 된 것으로 보였던 것입니다. 공산당들이 먼저 앞서서 나를 저희 대통령이라고 환영하며 떠들 적에 앞길이 캄캄하였던 것입니다. 따라서 모스크바 삼상결정이라, 신탁통치라 하는 모든 조건을 하나도 고칠 수 없는 법이라 하여 우리 민족을 겹겹이 속박하여 놓았을 적에 우리는 오직 앞이 보이지 않고 가슴이 답답하였던 것입니다. 이 중에서 민심이 순리로 돌아서서 민중이 자발적으로 일어나며 반탁운동이 처처에 발로되어 필경은 태산대해(泰山大海) 같은 장해가 다 춘풍에 얼음 녹듯 없어지고, 5·10선거를 충분히 진행하여 국회를 세워 정부를 우리 손으로 조직하여 정권이 일일이 이양되어서, 모든 우방의 원조로 파리에서 대성공한 축하를 받게 된 것입니다."

이승만은 중요한 계기가 있을 때마다 그랬듯이 이날의 방송연설에서도 공산당에 대한 경고를 조근조근 피력했다.

"아직도 애매한 사상으로 남의 선동에 빠져서 공산당이 일후에 성공하리라는 관찰로 국가독립은 어찌되었든지 공산당에 붙어서라도 잘 살 수 있으면 그만이라는 주의로 파괴운동을 응원해서 공산분자와 불충분자라 하는 지목을 들어가며 남의 노예되기를 달게 여기는 남녀가 지금도 우리나라에 있다면, 이 사람들은 이제부터 크게 각성해서 어리석은 것을 깨닫고 다 귀화하여 우리와 같이 악수병진(握手竝進)함으로써 국권을 공고히 세우며 민생개량을 하루바삐 성취하여, 다같이 자유복락을 누리기로 결심할 것이며, 이와 같이 할 수 없는 사람들은 다같이 각오해서 우리 3천리 강산에서는 자유로 지낼 수 없는 것을 깨닫고 하루바삐 국경을 떠나서 어디로 가든지 잘 살 수 있는 곳으로 가기를 권고하는 바입니다."

또한 좌우합작 그룹과 남북협상파에 대해서는 다음과 같이 말했다.

"기나긴 3년 동안에 우리 앞길이 밝아 보이지 않을 때에 혹 중간노선으로나 혹 우익진영으로나 다소간 우리와 대치되는 주의를 가지고 다른 방식으로 남북통일을 달성한다, 국권회복을 다른 방식으로 이룰 수 있다 하여 여러 가지로 도모하던 정당이나 단체나 혹 개인이 있다면 지금부터 다른 의사와 방법을 다 폐지하고 우리의 나가는 궤도를 다같이 따라서 새로 성립된 민주정부를 함께 지지하며 같이 협조하여 전 민족의 사상과 행동을 통일시켜서 우리 우방들과 협조하여 하루바삐 중간의 장벽을 헐어내고 여전히 한 덩어리가 되어서 화복안위(禍福安危)를 다같이 하도록 만드는 것이 우리 한족이 바라는 바요 또 애국자들의 직책일 것이니, 이와 같이 각각 의도를 선언하고 나설 때에는 우리가 다 의사의 차별과 단체적 지장을 타파하고 동주병진(同舟竝進)하여 만년 기초를 같이 세울 수 있을 것입니다. 따라서 이북동포들은 더욱 단단히 결심하기를 과거 40년 동안 왜적 밑에서 결심하고 있었듯이 마음으로 조직하고 정신으로 융통해서 절실히 준비하였다가 시기가 올 때에는 다 우리와 합심합력해서 동성향응(同聲嚮應)으로 악수병진하여 남북통일을 이의 없이 반대 없이 성취하기를 도모할지니, 불충분자 중의 몇몇 거괴(巨魁)를 제한 외에는 다 회개 귀화하여 함께 살기를 구할 것이요, 귀화하는 동포에게는 이왕 죄상을 다 막론하고 포용해서 우리 조상의 유업인 3천리 강토를 완전히 회복하여 가지고 영원무궁히 동락태평(同樂太平)으로 문명부강을 같이 누리기를 도모해야 될 것입니다."[58]

그것은 김구와 김규식 그룹을 비롯한 좌우합작파와 남북협상파에게 켜켜이 쌓인 떨떠름한 감회를 토로한 것이었다.

---

58) 《서울신문》 1948년12월14일자, 「祖國統一에 邁進하자」.

유엔총회가 대한민국 정부를 한국의 유일한 합법정부로 승인했다는 뉴스가 전해지자 온 나라는 축제 분위기로 넘쳤다. 공보처는 서둘러 경축 표어를 제정하여 발표했다.

○ 당당한 대한민국! 빛나는 유엔 승인!
○ 유엔에 감사하라! 대한민국 정부 만만세!
○ 사설단체 인공국은 즉시 해산하라!
○ 인조견은 인공국 본견은 대한민국!
○ 너도나도 무장하고 공산당원 타도하자!
○ 분쇄하자 38선 타도하자 인공국![59]

전국적으로 보급시킨 이러한 표어들은 유엔총회의 승인 결의를 계기로 반공정신을 강조하는 캠페인이었다. 12월15일에 전국 방방곡곡에서 거행된 유엔 승인 경축대회도 그러한 성격일 수밖에 없었다.

서울의 경축대회는 오전 11시40분부터 서울운동장에서 거행되었는데, 제법 쌀쌀한 날씨에도 불구하고 밀려드는 인파로 행사 시작 전에 넓은 운동장이 입추의 여지가 없이 되었다.

12월4일에 서울시장에 임명된 윤보선(尹潽善)[60]은 대회장 오세창(吳世昌)을 대신하여 다음과 같은 요지의 개회사를 대독했다.

"오늘은 민족의 결의를 가일층 앙양하며, 불순한 책략과 음모를 감행하는 공산계열의 파괴공작을 완전 배제할 것을 결의하며, 한국의 무한한 장래의 행복과 발전적 향상을 마음깊이 경축하고자 본대회를 개최하게 된 것이다.

이 승인으로 하여 한국은 완전 자주독립이 된 것이며 대한민국 정부

---

59) 《서울신문》 1948년12월12일자, 「UN承認慶祝標語」.
60) 《서울신문》 1948년12월5일자, 「서울市長에 尹潽善氏任命」.

는 국제적으로 공인된 것이므로, 우리의 최대의 기쁨보다는 더욱 무거운 책임을 통감한다. 즉 그것은 우리가 38선 장벽을 분쇄하여 남북의 통일을 관철하는 중대한 책무이다.

삼천만 동포의 애국적 단결로써 총역량을 집결하여 가장 급속한 장래에, 그리고 가장 확실한 방법으로 북한을 회복하기에 최선의 노력을 다하여 통일 달성에 매진할 것은 물론이고 정치, 경제, 문화, 국방, 치안 등을 조속히 정돈시키는 동시에 세계 제 국가 대열에 가입할 수 있는 완전무결한 국가가 되도록 용약 매진할 것을 삼천만 동포와 함께 맹세한다."

이날 이승만은 축사를 통하여 미국에 대한 감사를 특별히 강조했다.

"오늘은 우리 3천만의 경축의 날이다. 우리나라를 승인한 유엔에 참가한 제국에 감사하는 동시에, 특히 미국에 대해서는 더욱 깊이 감사치 아니할 수 없다. 과거 40년 동안 우리 민족을 지배하던 왜적으로부터 귀중한 피를 흘리며 많은 희생을 하여 우리 민족을 해방시켜 준 것은 미국이었으며, 미국이 없었더라면 우리는 해방되지 못하였을 것이다. 이 우리를 해방시켜 준 미군은 그들이 점령하였던 이 땅을 조금도 차지하려고도 않고 도리어 그들은 해방 후 정권을 우리에게 이양하였으며, 우리 정부가 국제적 승인을 받게 됨에 따라 이 땅으로부터 물러나가려 하였으나 우리의 요청으로, 또 우리 국가가 튼튼하게 될 때까지 우리를 돕기 위하여 좀더 머물러 있게 되었다. 즉 우리는 금년 5월10일의 총선거로 우리 정부를 세워 이번 유엔총회에서 법적 승인을 얻음으로써 완전히 산 사람이 된 것이다. 법적 승인을 얻지 못하면 법률상 보호받을 수 없으며 타인을 고소할 수도 없음은 우리가 과거 40년 동안 경험하였다. 이제 우리는… 유엔총회에서 법적 승인을 얻었으므로 법률상의 보호를 받게 될 것이다.… 이로부터는 우리 3천만은 기미년의 정신으로 대동단결하여야 할 것이며 사리사욕으로 동족을 해치는 분자들은 단호히 배제하여야 할 것이다."[61]

유엔총회의 한국 독립 승인 결의로 미국과의 공식 외교관계 수립이 곧바로 뒤이을 이 시점에 열린 대규모의 군중집회에서 이승만이 미국에 대한 감사를 특별히 강조한 것은 눈여겨볼 만하다.

3

유엔 승인 뉴스로 인성만성한 분위기 속에서 정가의 눈길은 침묵을 지키고 있는 김구와 김규식에게로 쏠렸다. 유엔총회에 심드렁해했던 김규식이 먼저 입을 열었다. 14일 오전에 찾아간 기자들에게 김규식은 다음과 같이 말했다.

"승인에 대하여는 물론 한인으로서는 기뻐하고 경하치 아니할 사람이 없는 줄로 믿는다. 이 승인은 국제적으로 40여 국가가 동의한 것이고 역사적인 유엔 국제회합에서 된 것이니만큼 1895년에 시모노세키(下關) 조약으로 왜놈이 한국을 병탄하기 위하여 한국 독립을 승인한 것과는 완전히 다른 것임을 우리는 깨달아야 한다. 또 이번에 한국이 승인을 받게 된 것은 미국과 중국 이외의 여러 우방들의 성심 노력을 감사하며, 현실 한국정부와 그 대표단의 강렬한 활약으로 된 것을 혜사(惠謝)하는 바이다. 그러나 이 승인은 과거 40여년 동안을 두고 남북 만주에서 우리의 독립군이 희생 분투한 결과라고 하지 않을 수 없는 동시에 민족진영의 모든 애국자들이 한 목표로 분공(分工) 노력한 까닭인 것을 각오하여야 한다. 앞으로도 우리의 완전한 자유를 얻을 때까지 더욱 성의적인 분공합작이 청요된다고 본다."

그는 또 새로 유엔한국위원단이 오는 것에 대해서는 다음과 같이 말했다.

---

61) 《서울신문》 1948년12월16일자, 「새나라 承認의 큰 잔치 全國坊坊曲曲에서 一齊擧行」.

“이번에 작정된 한국위원단은 먼젓번 위원단과 같은 점도 있지만 다른 점도 많다. 철병 감시 책임도 같고 한국통일에 협조 노력할 사명도 같다. 그렇지만 한국통일이라는 것은 유엔위원단의 노력만으로는 이루어지기 어렵다. 한국의 통일은 한인의 노력이 없이는 안된다. 그러므로 이 앞으로도 무수한 난관과 어려운 계단을 밟아 넘지 않으면 안될 것이다.”

그리고 유엔의 대한민국 승인을 계기로 민족자주연맹의 노선에 변화는 없겠느냐는 질문에는 본래 자기 노선은 김구의 노선과는 달랐다면서 다음과 같이 대답했다.

“그것은 연맹의 결의로 각 개인의 의사에 맡기기로 되어 있으니까 이제 별다른 변화가 없다. 본래 나의 노선이라는 것은 김구 선생과는 달랐던 것이다. 나는 본래부터 대한민국 정부를 부인하는 것은 아니었다. 김규식 개인이 부인한다고 될 것이 안되고 내가 시인한다고 안될 것이 된다는 법은 없다. 나는 다만 이제까지 불합작했다는 것뿐이다.”

유엔의 대한민국 승인으로 북한의 인공국이라는 것은 완전한 비적(匪賊)으로 규정되었는데, 앞으로 이에 대하여 어떠한 태도를 취하겠느냐는 질문에 대해서는 김규식은 조금 뜻밖의 대답을 했다.

“유엔은 유엔으로서 북한을 부정하였으며 나는 나로서 북한을 대할 태도가 있을 것이다. 본래 남북협상이라는 것이 되지 않을 것을 알면서도 해본 것과 같이, 만일 필요하다고 생각되면 또 그들과 만날지 모른다. 정치라는 것은 꼭 되는 일만 하는 것이 아니고 안될 일이라도 필요하다고만 생각되면 해보는 것이다.”62)

그것은 김규식의 병약한 학자 정치인과는 사뭇 다른 면모를 보여주는 대답이었다.

김규식과는 달리 국민 대표의 유엔총회 참석을 집요하게 주장하던 김구는 그 구상이 좌절되자 조용히 붓글씨만 쓰면서 침묵을 지켰다. 그러

---

62) 《朝鮮日報》 1948년12월15일자, 「韓委로만 統一完成難望」.

다가 유엔총회의 한국 승인 뉴스가 전해지자 한적하던 경교장도 다시 활기를 띠었다. 김구는 12월16일에 기자회견을 갖고 다음과 같은 성명을 발표했다. 그는 먼저 유엔의 한국 승인은 "영원히 기억할 만한 거대한 역사적 사실"이라고 높이 평가했다.

> 지난 12일에 유엔총회에서 결정된 원문을 보기 전에는 아직 상세한 것은 알 수 없으나, 절대 다수 국가의 찬성으로써 한국을 승인하였다는 것은 우리의 독립운동 과정 중에 있어서 영원히 기억할만한 거대한 역사적 사실이다. 그리고 "남북이 통일된 완전 자주독립 국가로서 이 승인을 받았더라면" 하는 것을 생각할 때에 우리의 흥분되는 바는 더욱 심각하다. 듣건대 한국에서의 양군철퇴를 감시하며 남북이 통일된 완전 자주독립의 국가 건설을 협조하기 위하여 새로운 유엔위원단이 1년간 주재할 예정으로 머지않아 내한한다 하니 그 호의를 대단히 감사한다.

그는 새로 내한하는 유엔위원단에 대한 기대를 다음과 같이 피력했다.

> 나는 새로운 한국위원단이 과거의 임시위원단이 해결하지 못한 모든 문제를 원만히 해결할 수 있기를 기망(企望)하는 바이다. 그들의 이러한 임무를 진행하는 도중에 3천만 한인의 절대 다수가 동족유혈이 없는 평화로운 전국 통일로써 자주독립의 조국을 건설하며 또 이 새로운 국가에도 언론 자유, 신앙 자유, 굶지 않는 자유, 공포를 받지 않는 자유를 누릴 수 있는 민주주의가 실현되기를 갈망하고 있다는 사실을 잠시라도 잊어주지 말기를 요청하는 바이다. 그러나 하나님은 제가 스스로 도울 줄 아는 사람을 돕는다 하였으니, 우리로서는 남만 믿고 있을 것이 아니라 이 시간에 있어서 국내적으로 더한층 복잡해진 정치문제를 해결함으로써 통일을 실현하고 나아가 국제적

으로 평등한 지위를 쟁취함으로써 자주독립을 완성할 절박한 과업이 있다는 것을 간절히 반성하여야 할 것이다.…

이처럼 김구의 유엔에 대한 기대는 변함이 없었다. 그가 언급한 언론자유 등 네가지 자유란 두루 알다시피 루스벨트(Franklin D. Roosevelt) 대통령이 제창한 네가지 자유를 가리키는 말이다.

마지막으로 김구는 앞으로의 행동방침을 다음과 같이 천명했다.

나는 앞으로도 변함없이 민중의 한 사람으로서 외군의 조속한 철퇴를 주장하며 동족끼리 유혈이 없는 자주적 민족통일독립의 조국을 건설하기 위하여 분투 노력할 것이요, 또 노력을 진행하는 과정중에 있어서도 민중의 병고를 다소라도 제거시킬 수 있게 되고 그들로 하여금 좀더 나은 생각을 가질 수 있도록 미성이라도 공헌할 수 있게 되며, 아울러 통일된 조국을 세우기 위하여 전 민족이 단결되게 하여 주시기를 하나님과 선열의 영 앞에 기원하는 바이다.

성명발표가 있은 다음 기자들과의 일문일답이 이어졌다.

문. "신한국위원단의 내한으로 남북통일 실현이 가능하다고 보는가?"

답. "새로 오는 한국위원단은 어떠한 포부를 가지고 오는지 나는 모르나, 5·10선거 당시 내한한 유엔한국임시위원단도 초기의 목적을 완수하지 못한 만큼 이번 오는 한국위원단에 대하여서도 그 사람들의 행동 여하를 보고 말하겠다."

문. "유엔의 한국승인을 계기로 종래의 남북통일노선에 변화는 없는가?"

답. "우리는 강력한 독재권도 원치 않는다. 오직 민주주의 원칙에 의하여 남북을 통일하자는 것은 다름이 없다."

문. "3영수 합작 추진설이 대두되고 있는데, 이에 대한 선생의 견해

여하?"

답. "어떤 점에서 대두되고 있는지, 또 내가 3영수 합작을 적극 추진시키는 것도 아닌 만큼 모르겠다. 현재로서는 3영수회의라는 것은 잘 진행되기는 어렵다고 본다."

문. "김규식 박사는 선생의 노선과는 다르다고 하였는데 선생의 견해는?"

답. "물론 다르다."

문. "금후의 한독당은 종전과 같은 독립 전취적 노선으로 운동을 전개할 것인지, 정부 하에서의 정당적 운동을 전개할 것인지 선생의 견해 여하?"

답. "명년 1월15일에 열릴 중앙집행위원회에서 결정하게 될 것이다."

문. "유엔에서 대한민국 정부가 48 대 6이라는 절대 다수로 승인되었는데, 금후에 있어서도 (임시정부의) 법통을 주장할 것인가?"

답. "세계 각국이 모두 현정부를 승인하였다고 하더라도 현재 분열되고 있는 만큼 법통을 무시할 수는 없을 것이다."[63]

이 시점에서도 김구는 대한민국 정부는 분단 정부이므로 대한민국임시정부와는 관계가 없다고 주장한 것이다.

---

63) 《서울신문》 1948년12월17일자, 「全民族的統一團結實現」.

104장

정계개편과 청년단체의 통합

1. 대한국민당과 대한청년단의 결성
2. 한민당과 국민당이 합쳐 민주국민당으로
3. "우리의 걸어온 길은 정확하였다"

1. 대한국민당과 대한청년단의 결성

1

정부 선포식이 끝나자 이승만은 귀국 이래로 표명해 온 정당정치에 대한 부정적 태도를 버리고 대여당 결성 작업을 시도했다. 이승만은 8월 20일에 가진 기자회견에서 정당조직에 관하여 김성수(金性洙)와 협의한 일이 있었느냐는 질문에 "있었다"라고 대답하고, 다음과 같이 말했다.

"민주정치를 하자면 정당이 필요하다. 그러나 그 정당은 내가 늘 말해 오는 것과 같이 정부가 선 후에 조직되어야 한다. 정당은 둘이나 셋이 있으면 되는데, 이 정당들이 민주당, 공산당, 사회당과 같이 주의와 정강 정책이 있어야 할 터인데, 앞으로 내가 정당에 도움이 된다면 고문이나 코치를 해서 발전시켰으면 좋겠다. 이 다음 선거에는 정당제도로 하는 것이 좋겠다.…"[1]

이러한 이승만의 의향에 따라 내무부 장관 윤치영(尹致暎)과 외무부 장관 장택상(張澤相) 등이 나서서 국회안의 영남 출신 의원들을 망라한 태백구락부를 중심으로 3·1구락부, 민족청년단, 독촉국민회 정통파, 이승만 직계세력 등을 규합하여 국회안에 절대다수의 세력을 확보하기 위한 활동을 벌였다. 그러나 그러한 시도는 뜻대로 잘 이루어지지 않았다.[2]

이승만은 다시 9월9일에 공보처를 통하여 자신이 정당조직 운동을 추진하고 있음을 시사하는 듯한 담화를 발표하여 눈길을 끌었다.

> 근간 항간에는 정당과 파당의 구별을 밝히지 못하는 염려가 있어 보인다. 원래 정당이란 정치상 커다란 주의가 있어서 자기가 주장

---

1) 《自由新聞》 1948년8월21일자, 「政黨必要도 認定」; 《서울신문》 1948년8월21일자, 「"親日派肅淸은 當然"」.

2) 姜永壽, 「政黨再編은 어디로?」, 《新天地》 1948년10월호, 서울신문사, p.28.

하는 그 주의가 성립되어야 국가와 민족이 발전하겠다는 뜻으로 분투하는 것이 곧 정당이요, 이와 반대로 파당이란 아무런 정치상 주의가 없든지 또는 주의가 있다 하더라도 그것을 막론하고 성군작당(成群作黨)하야 권리를 빼앗기로만 위주하는 것이니, 국가와 민중을 위한 정치상 주의를 가진 정당이 없이는 민주제도를 행할 수가 없다.… 그러므로 우리가 급히 행하려고 하는 것은 정당정치의 지도로 국내에 두세 정당을 만들어 각각 다른 커다란 주장을 내세워 그 주의주장이 혹은 이기고 혹은 지는 중에서 민권이 보호되고 국권이 진전되어야 할 것이다.…

두세 정당이 있어서 경쟁하는 것이 민주정치라고 강조한 이승만은 이무렵 정당조직 움직임에 대하여 다음과 같이 말했다.

근래에 정당을 의논하는 사람들이 혹은 여당을 만들고 혹은 야당을 운운하는데, 그 의사를 들으면 어떤 개인이나 단체를 반대 혹은 지지하자는 것이라고 하니, 이것은 민주국가로서 가장 위험한 일이라 아니할 수 없다. 그러므로 정치상 목적을 가진 모든 지도자 제씨는 이러한 현실에서 그 타당성을 밝혀 권리나 지위를 둘째로 하고 먼저 국가민족의 복리를 염두에 둔 후 각 정치상 주의주장을 세워 거기에 따라서 정당을 세워야 우리나라의 민주주의 제도에 비로소 토대가 생길 것이요 이 토대가 굳어야 비로소 민주정부가 완전히 수립되는 동시에 영구한 행복을 초래할 것이다.

그러고는 자신의 정당조직 구상에 관해서는 다음과 같이 속내를 내비쳤다.

항간에는 내가 제1당이나 혹은 여당을 만들어 마치 정권이나 세력을 잡으려는 듯이 언설을 유포하는 인사와 언론이 있는 듯하나, 이는 오해로서 내가 지금 하고자 하는 일은 나를 돕고 남을 해하려는 파당을 만들고자 함이 아니요, 가령 여기에 평민정당을 만들고자 하는 사람들이 있다면 그들을 도와서 그 토대를 만들어 주자는 것이요, 이와 다른 주의를 가진 사람들이 모여 다른 정당을 만든다면 그것을 도와 그 기초를 튼튼히 해주고자 함이니…[3)]

이승만은 이튿날 올리버(Robert T. Oliver)에게 보낸 편지에서 자신의 정당조직 계획에 대해 다음과 같이 썼다.

3년 동안 외국인 지배 아래 있었던 한국인들은 나라 전체를 파멸시킬 권력욕을 발전시켜 왔습니다. 서울의 정치인들은 당신이 상상할 수 있는 가장 사악한 패거리입니다. 부통령은 반민특위[친일파들을 수색하기 위해 설치되었음]의 지휘권을 요구했는데, 나는 그와 그의 추종자들과의 대립을 피하기 위하여 양보했습니다.

신익희(申翼熙)는 유일한 유능한 정치지도자입니다. 그는 못하는 일이 없습니다. 그러나 그는 당이나 다른 어떤 누구보다도 자기 자신을 위하여 일할 뿐입니다. 나는 그에게 독촉국민회의 위원장을 맡겼는데, 그는 그것을 오로지 자신의 기반을 구축하는 데 이용했고, 마침내 사람들은 그의 그런 태도에 분노했습니다. 그는 소수의 추종자를 가졌습니다. 그러나 만일 푸른 신호가 켜진다면 어느 누구보다도 그가 대통령이 될 수 있을 것입니다. 여러 가지 보도에 동요하지 마시오. 지방의 국민들이 내 뒤에 있는 한 모든 것이 잘 되어 나갈 줄 압니다. 나는 독촉국민회를 가지고 정당을 하나 조직할 참인데, 신익희와 이청천(李青天)[그도 매우 분개하고 있음]과 그 밖의 몇 사람을 끌어들

---

3) 《朝鮮日報》 1948년9월10일자, 「大統領組黨工作是認」; 《自由新聞》 1948년9월10일자, 「政黨, 政派의 別」.

일 생각입니다. 오늘 우리는 한 회합을 가질 것입니다.…[4]

이 회합이 경무대에서 신익희, 이청천, 신석우(申錫雨), 배은희(裵恩希), 김약수(金若水) 등을 초청하여 신당조직에 관하여 격의 없는 의견 타진을 했다는[5] 모임이었을 것이다.

이승만은 헌법제정 과정에서 한민당과 권력구조 문제로 알력을 벌이던 때부터 독촉국민회를 중심으로 한 정당 조직을 구상했던 것으로 판단된다. 그는 7월7일에 열린 독촉국민회 제7차 전국대표자대회에서도 훈화를 통하여 "국민회는 국권회복하자는 것이 목적이었으니 이제는 필요가 없다고 하는 사람이 있으나 군주정치가 아니고 민주정치인 만큼 우리는 정부를 옹호 육성하여야 할 것인즉, 국민회는 이 책임을 담당하여야 할 것이다"라고 말했었다. 이 무렵 독촉국민회는 앞으로의 활동 방향을 놓고 고민하고 있었는데, 이날의 전국대표자대회도 성원미달로 임시대회로 열렸다.[6]

이승만은 이처럼 신익희와 이청천, 특히 신익희의 향배를 세심하게 의식했다. 이승만의 조각 작업에 불만이었던 신익희와 이청천은 정부 출범 직후에 해외파 세력의 규합 공작을 추진했다. 김구와 김규식을 중심으로 한독당과 민족자주연맹 진영의 제휴를 기도한 것이다. 이청천은 야당으로 돌아선 한민당의 김성수를 여러 차례 찾아가서 회담했다. 그리하여 8월24일에는 조소앙(趙素昂), 신익희, 이청천 등 10여명이 회합하여 해내 해외 양 진영이 협력하여 강력한 야당을 조직하기로 합의했다. 이들의 회합이 거듭되면서 김구, 김규식, 김성수, 신익희, 이청천의 5인회담설까지 전해졌다.

그러나 한독당과 민족자주연맹 내부의 의견 불일치로 5인회담은 실

4) Robert T. Oliver, *Syngman Rhee and American Involvement in Korea*, p.196~197.
5) 姜永壽, 앞의 글, p.28.
6) 《京鄕新聞》 1948년7월9일자, 「獨促臨時全國大會」.

현되지 못했다. 한독당은 조소앙, 조완구(趙琬九), 엄항섭(嚴恒燮) 3명을 당면정책연구위원으로 하여 한달 넘게 당노선을 재검토하게 했으나, 조완구와 엄항섭의 고집으로 조소앙의 합법적인 야당 결성 주장은 관철되지 못했다. 한편 민족자주연맹도 제2차 남북연석회의에 참석했던 사람들을 제명까지 하기는 했으나 통일독립촉진 노선에서 급격히 이탈하기는 곤란하다는 입장이었다.

2

조소앙은 독자적으로 정당조직에 나섰다. 배은희를 중심으로 한 목요회(木曜會)계의 여당 결성운동에 불만을 품은 독촉국민회 부위원장 명제세(明濟世)와 구 국민당의 안재홍(安在鴻)과 박용희(朴容羲)도 참여하여 9월4일부터 조소앙, 신익희, 이청천, 안재홍, 박용희, 명제세의 6인회담이 시작되었다. 이들은 9월23일 밤에 이르러 민족진영 대동단결의 구호 아래「4원칙」에 합의하고 차기 정권 쟁취를 목표로 한 대야당 결성운동을 구체적으로 전개하기로 했다. 9월24일에는 신익희를 제외한 5인성명이 발표되고, 같은 날 오후에 이청천은 무임소장관의 사표를 제출했다. 그동안 현단계의 정당운동은 여당적이어야 한다고 극력 주장해 온 신익희는 성명에서 빠졌다.

「4원칙」 합의 이후의 첫 6인회동은 9월25일에 신익희가 불참한 가운데 개최되어, 우선 신당발기 연락위원회를 구성하기로 하고 여섯 사람이 각각 연락위원 여섯 사람씩을 파견하기로 했다. 그러자 신익희도「4원칙」을 찬동한다는 편지를 보내는 한편 연락위원 명단도 통고해 왔다.

당명도 구체적으로 논의되었다. 조소앙은 한국사회당을 주장하고 이청천 등은 민족사회당 또는 국민사회당을 주장했으나, 사회당으로 낙착되었다. 이청천은 신당의 성격이 제헌과정에서 주창되었던 '민족사회주의'가 되어야 한다고 주장하고 있었다.

이때의 신당운동과 관련하여 한독당의 내부사정을 《조선일보(朝鮮日報)》는 다음과 같이 분석했다.

> 한국독립당은 위원장 김구씨계와 부위원장 조소앙씨계 간에 지난 가을의 정당협의회 추진 당시부터 지향하는 정치노선의 상위가 암암리에 노출되던 바 신정부수립을 계기로 조씨의 현실추수는 신당발족 기도와 아울러 표면화하여 주목되는데, 동씨 측근자담에 의하면 조씨는 결국 신당발족과 동시에 한독당을 이탈할 것을 전제로 신당공작을 추진중이라 하며 불원하여 이탈성명서를 발표할 것이라는 바 중국망명시 동당의 창립자인 조씨의 이탈은 한독당에 파급되는 영향이 적지 않을 것으로 귀추가 주목되고 있다.[7)]

한편 조소앙은 신당 조직 구상을 다음과 같이 말하고 있어서 눈길을 끈다. 그것은 김구의 입장과는 기본적으로 다른 현실인식에 입각한 것이었다.

"우리가 금번 조직하고자 하는 신당은 의자다툼의 정당이 되지 않기를 바라며 또한 이 신념하에 추진하고 있다. 우리는 일찍이 진정한 의미의 정당은 가지지 못하였고 이때까지의 독립운동은 그 형태를 여러 가지로 바꾸어 왔다.

우리는 남북에 수립된 양 정권을 솔직하게 현실로서 긍정하고 여기에 입각하여 대외적으로는 주권이 만족되도록 문제를 교정 수정하여야 하고 대내적으로 시책의 청산제도의 확립을 가져와야 하는 것이다. 일부에서 말하는 바와 마찬가지로 반쪽정부니 하고 부정한다면 분립 대립의 현 조선정세하에 그럼 긍정할 것이 무엇이란 말인가.

그리고 우리가 할 것은 현재 있는 외국군대를 물러가라고 말할 것이

---

7) 《朝鮮日報》 1948년9월28일자, 「韓獨黨危機」.

아니라 의례히 물러갈 외국군대이니 물러간 다음에 다른 외국군대가 오지 않도록 우리가 통일되고 단결되고 준비되어야 하는 것이다. 이 통일의 방법이 현실 환경을 시인하고 농토의 분배, 과학의 확장 등으로 내부 계몽을 하는 데 있다는 것을 나는 확신한다."8)

그러나 신당결성운동은 10월2일에 열린 신당연락준비위원회 전체회의를 계기로 교착상태에 빠지고 말았다. "민족진영 대동단결의 견지에서 한민당과의 접촉을 긴밀히 해야 한다"는 이청천의 주장에 대해 안재홍이 강경하게 반대했기 때문이다. 그뿐만 아니라 한민당쪽에서도 원칙문제로 조소앙의 삼균주의(三均主義)를 어느 정도는 양해한다면서도 농토의 국유화와 교육의 국가 부담을 반대하고 중소기업의 자유방임을 고집하여 협의는 중단되었다.9)

조소앙은 신당결성운동을 추진하면서도 한독당을 탈당하거나 한독당 부위원장 자리를 사퇴하지 않았다. 그리하여 그의 신당결성 작업은 김구의 "묵인" 아래 추진되는 것이라고 알려졌다. 그러나 10월15일에 열릴 한독당 전국도지부장회의를 앞두고 10월12일에 조소앙이 발표한 장문의 성명서는 한독당과의 결별선언이나 마찬가지였다. 이론가 조소앙의 문장답게 논문형식으로 된 이 성명서는 먼저 「대한민국의 지위와 성질」이라는 항목에서 다음과 같이 확언했다.

> 목전 서울에 있는 대한민국은 그 자신이 피두루마기를 입은 3·1운동의 골격이며, 5천년 독립민족의 적자(嫡子)이며, 장래 통일정권에로 돌진하는 발동기가 되고 가교가 되고 민족진영의 최고조직임을 이에 천명한다. 자신이 참가하지 않았다고, 자당의 정책이 집행되지 못했으며 주권과 영토가 완성되지 못했다는 이유로, 대한민국을 거

8) 《朝鮮日報》 1948년9월28일자, 「兩政權을 肯定」.
9) 姜永壽, 앞의 글, pp.29~30.

부할 이유가 발견되지 않는 것이다.…

또한 「한독당과의 관계와 신당」이라는 항목에서는 "한독당은 건국강령, 즉 삼균주의와 당면정책 14개조를 충실히 집행할 책임이 있다"면서 다음과 같이 선언했다.

목전에 걸린 긴급한 문제와 장래에 닥쳐올 곤란을 타개하며 방지하기 위하여는 대중기초 위에서 원칙과 방법을 병행하여야 할 것이다. 통일의 구호만을 부르고 통일로 가는 첩경을 차단하여도 안될 것이다. 통일의 방법으로는 전 민중의 공론을 채택할 것과, 권력형태의 조직을 통할 것과, 국제기관의 원조를 고려할 것 등이다. 이런 때문에 이런 과업을 기성정당으로서 활발하게 집행할 수 없다고 단정한다면 신조직의 형태를 통하여 이것을 운용해야 될 것이다. 신조직의 사명은 건국강령과 삼균주의를 단계적으로 현실을 통하여 일보일보 집행하는 데 있는 것이다.…[10]

말하자면 한독당을 가지고는 당면과업을 효과적으로 실행할 수 없다고 공언한 것이었다.

김구는 격분했다. 10월15일 오전에 건국실천원양성소에서 열린 한독당 전국지부장회의에 참석한 김구는 "본당의 정치노선에 대하여 누구를 막론하고 비난할 자는 없을 것이다. 정의를 위해서 우리의 앞길은 험로이지만 일치 단결하여 독립운동의 재출발을 하지 않으면 안된다"라는 요지의 훈화를 했다. 그러나 대회에서는 부위원장 조소앙이 추진하는 신당문제를 두고 격론이 벌어졌다.[11] 조소앙을 제명처분해서라도 종

10) 《서울신문》 1948년10월13일자, 「"民國政府는 民族의 嫡子"」; 《朝鮮日報》 1948년10월13일자, 「內部的發言權을 造成」.

11) 《朝鮮日報》 1948년10월16일자, 「韓獨支部長會議」.

래의 당노선을 견지해야 한다는 주장과 남북통일은 현실적으로 어려운 문제인 만큼 조소앙의 노선으로 나가자는 등 열띤 토론으로 회의 분위기는 험악해졌다. 엄항섭이 나서서 "이 당은 백범 선생과 조소앙씨의 당도 아니요 오로지 한국을 구출하자는 혁명적인 한국인의 당이다. 그러므로 조소앙씨 노선이 옳으면 신당으로 가는 것이고 한독당이 옳다고 생각하면 같이 가는 것이지 여기서 그렇게 감정적으로 시비를 논할 바 아니다"라고 비장한 결의를 표명함에 따라, 종래의 노선을 확고하게 지지 추진하자는 결의를 새롭게 하고, 16일 오후 5시에 지부장 회의를 마쳤다.[12]

대회를 마치고 기자들과 만난 김구는 조소앙의 신당운동을 어떻게 생각하느냐는 기자들의 질문에 "이에 대하여 나는 여러번 만류하였다. 원래의 노선으로 환원한다면 당은 관용할 것이다. 그러나 끝끝내 다른 당을 조직한다면 당은 조직의 강기(綱紀)를 숙청하기 위하야 적당한 조치를 취하게 될 것이다"라고 제명할 방침을 밝혔다. 그러면서도 "앞으로도 조직생활을 통해서가 아니라 대동단결이란 큰 목표하에 다 같이 일할 수 있을 것이다"하고 오랜 개인 관계는 유지할 것임을 시사했다.[13]

10월19일에 경교장에서 열린 한독당 중앙상무위원회는 조소앙을 비롯하여 신당창당 작업에 참여하고 있는 당원들을 당적에서 제명하기로 의결했다. 그리고 김구는 이튿날 선전부장 엄도해(嚴道海)와 함께 경상북도 지부조직을 확대 강화하기 위하여 자동차편으로 대구로 떠났다.[14]

---

12) 《世界日報》 1948년10월19일자, 『白凡金九全集(8)』, p.495.
13) 《大同新聞》 1948년10월20일자, 「外軍撤退主張當然」.
14) 《朝鮮日報》 1948년10월21일자, 「韓獨趙氏等除名 常任委서 可決」.

3

독촉국민회를 주축으로 한 대여당 결성 운동도 순조롭게 진척되지 않았다. 독촉국민회 안에서 위원장 배은희를 중심으로 한 목요회와 이활(李活) 등의 정치위원회 그룹의 의견대립이 계속되고 있는 데다가 무엇보다도 이승만 자신의 정당 결성 열의가 무르춤해졌기 때문이었다. 그러던 것이 여야당의 신당결성운동에 동시에 참여하고 있던 신익희가 여당 결성운동에 적극 참여하기로 태도를 바꿈에 따라 여당 결성 작업은 급물살을 탔다. 당명은 가칭 대한국민당(大韓國民黨)으로 정해졌다.

대한국민당 결성 추진 인사들은 10월2일 오후에 독촉국민회 회의실에서 발기준비위원회를 열고, 준비위원으로 신익희, 배은희, 강기덕(康基德), 박승호(朴勝浩) 등 85명을 선정하고, 결당 절차 등 일체를 준비위원회에 일임했다. 그리고 우덕순(禹德淳)을 사무국장으로 하는 실무부서도 선임했다.[15]

대한국민당의 발기인총회는 10월9일 오후에 시공관에서 개최되었는데, 발기인으로 추천된 인사는 국회의원 70여명을 포함하여 1,000명 가까이 된다고 했다.[16] 발기인에 국회의원 70여명이 포함되었다는 사실은 이승만의 신당결성 목적을 짐작하게 한다.

우덕순의 개회사로 시작된 발기인총회는 최규설(崔圭卨)의 경과보고에 이어 배은희를 임시의장으로 선출하고, 다음과 같은 당시(黨是)와 정강과 선언을 채택했다.

○「당시」

본당은 일민주의(一民主義)로써 당시로 한다.

---

15) 《朝鮮日報》 1948년10월5일자, 「大韓國民黨發起準備會」.

16) 《自由新聞》 1948년10월8일자, 「大韓國民黨 九日發起大會」.

○「정강」

1. 우리는 계급과 지역과 성별을 초월하여 민족 완전통일로 자주독립의 국권 신장을 기함.

1. 우리는 정치 경제 교육 등 각 방면에서 국민 균등의 복리 증진을 기함.

1. 우리는 민족의 정의와 문화를 계속 발양함으로써 세계평화와 세계문화에 공헌함을 기함.

○「선언」

성조 단군의 한줄기 피로 생겨진 삼천만 형제자매로 이루어진 단일 민족국가인 우리의 조국은 철저한 일민주의 이념을 기초로 한 국가 기본정책 수립에서만이 완전 자주독립과 국권이 완전히 신장 보존될 것을 확신한다. 현하 국정이 전 민족적 대동단결의 일대 정당출현이 시급히 요청됨을 직시한 동지들은 진중히 협의를 거듭한 결과 현 정부에 대하여는 여야당 성격을 초월하여 엄정한 시시비비주의로 대처하며 지도원칙으로는 일민주의 이념을 당시로 하여 역사적 과업의 만전을 기하고자 발당을 각오한 것이다.…

일민인 우리는 어디서든지 무엇에나 하나이어야 하며, 하나 아닌 둘 이상의 상대적 존재가 있을 수 없는 일민주의 정치이념에 입각한 전 민족의 화복안위의 공동운명을 기할 수 있는 국민 생활운동 체제의 확립을 주장하며, 이 목적 달성을 위하여 우리는 일대 민족정당으로, 또 민족국가 만대 번영을 수호할 간성으로 대한국민당이 발당됨을 선언한다.

이승만의 정치이념을 당시로 하여 창당하면서 이승만이 이끄는 정부에 대해서는 여야당 성격을 초월하여 엄정한 시시비비주의로 대처하겠다고 선언한 것은 정당의 당파성에 대하여 비판적이었던 지식인들과 일반 국민들의 정치의식을 감안한 것이었다.

대한국민당 창립위원장으로서 결당작업을 주도한 배은희 목사.

대회는 이어 한민당 대표로 참석한 국회의원 조헌영(趙憲泳), 기독교대표 김상돈(金相敦), 하와이 교민대표 손승운(孫昇雲) 등의 축사와 신익희의 격려사가 있은 다음 290여명의 창립위원을 선출하고, 창립위원장 배은희, 사무국장 우덕순 휘하에 총무 황보익(黃保翌) 외 15인 등 각 부서의 복수의 책임자들을 선임했다.[17]

결당발기인대회를 마친 대한국민당 창립준비위원회는 창립위원장 배은희를 비롯한 간부들로 지방조직대를 구성하여 전국 각 지방에 광범위한 당원을 확보하기 위해 힘을 기울였다. 그러나 독촉국민회는 정당으로 전환하는 것을 반대하는 세력이 찬성하는 세력보다 더 많아서 대한국민당의 결당작업은 순조롭게 진척되지 못했다.[18]

10월27일 28일자 각 신문의 1면 광고란에 일제히 발표된 독촉국민회의 다음과 같은 장문의 성명서는 대한국민당 결당작업에 찬물을 끼얹는 것이었다.

> 5·10선거 이후 정국의 전환에 따라 국민회로서도 시국에 즉응하는 이념을 확립할 요구에 몰려 이에 우리는 자각적, 자발적, 자활적, 자치적으로 국가 내실의 완비를 위한 건설운동에 매진할 것을 요지

---

17) 《自由新聞》 1948년10월10자, 「昨日大韓國民黨發起總會」; 《京鄕新聞》 1948년10월12일자, 「大韓國民黨發起總會」; 《東亞日報》 1948년10월12일자, 「大韓國民黨發起總會開催」; 康晋和, 『大韓民國建國十年誌』, 建國記念事業會, 1953, p.204.

18) 김수자, 「대한국민당 결성과정과 그 성격 1948~1950」, 《梨花史學硏究》 제31집, 梨花史學硏究所, 2004.12., p.158.

로 한 「국민운동대강」을 7월 대회에서 제정한 것이다. 한편 국회 개설 이래 정당운동이 대두함에 따라 본회로서는 정치위원회를 구성하고 이 문제를 신중 연구하여 오던 바, 정치위원들은 이미 제정된 「국민운동대강」이야말로 국민운동과 함께 고도의 정치운동의 이념인 것을 확인하고, 또한 한국정계의 실정에 비추어 보아 정국을 안정시킬 거족적 대당이 이루어질 가능성이 없음을 인정하고, 이에 국민회로서는 달리 정당을 만들 필요가 없다 하고 국민운동을 그냥 추진할 것을 결정하였다.…

이렇게 천명한 성명서는 정당 결성문제는 개인 의사에 맡길 것이며, 그것은 이승만의 뜻이기도 하다고 다음과 같이 잘라 말했다.

지난 9월5일에 도지부장회의를 개최하고 정당과 국민회 문제를 토의한 결과 정당은 개인의사에 맡길 것이고 국민회는 국민운동을 계속 추진할 것이라고 결정하고, 그 방안을 강구하기 위하여 특별위원을 임명하였다. 그래서 이로써 새로 결성되는 대한국민당과 본회와의 관계는 명백히 규정된 것이니, 총재 이 박사께서도 지난번 국민청년단 주최 국민회 출신 정부요인환영회 석상에서 국민운동의 필요성을 누누이 강조하시면서 정당은 그 주의에 찬동하는 자가 개인으로 종교 믿듯이 참가할 것이라고 하였다. 이에 본회와 대한국민당과는 별반의 특수관계에 서 있는 것이 아니고 그것은 타정당과의 그것과 동일한 것이다.

그러면서 성명서는 독촉국민회의 국민운동은 다름 아닌 반공운동이라고 못박았다.

세계정세와 아울러 우리나라의 긴급한 과제는 어떻게 하면 공산주의를 초극하고 공산당의 반동을 극복하느냐에 있는 것이다. 이 문제는 여러 정당이 분립하여 해결할 수 있는 것이 아니고 민족적으로 국민의 총단결로써 해결할 문제이다. 여기에 바로 국민운동의 과제가 있는 것이다. 우리가 7월 대회에서 작정한 「대강」은 이 과제에 답하고자 한 것이다. 반공사상 전개, 반공국민 조직, 반공사회 실천 이것이 민족공동의 과업이요, 이것이 국민운동의 내용이요 목적인 것이다. 우리의 소신에 의하면 국민운동으로써야 시대적 과제를 해결하고 이상적 국가를 건설하고 국가공안의 완비를 급속 실현할 수 있는 것이다. 우리는 정권 전취를 목적하는 정당의 일을 돌볼 여유가 없다. 1에도 국민운동, 2에도 국민운동, 3에도 국민운동이다.…

우리는 피로 물든 국민회의 이름을 버려서는 안된다. 동지들이여! 저간의 동요와 해이와 낙망을 극복하자. 우리는 우리의 바라는 완전자주독립국가를 실현하고 현 우리의 이상하는 사회를 건설하자.[19)]

7월 대회에서 작성한 「국민운동대강」은 사상통일운동으로 (가) 민족의식 앙양 (다) 신인간운동 전개, (라) 공산주의 극복, (바) 독점자본주의 배제, (차) 노동입국정신 강조 등 열가지를 들었다.[20)]

독촉국민회는 명칭도 앞의 '대한독립촉성'을 떼고 그냥 '국민회'로 바꾸었다.[21)]

4

이승만과 독촉국민회의 태도가 이처럼 달라진 것은 10월19일에 발생한 여수순천 군인반란사건 때문이었다. 여순사건은 이승만으로 하여금

---

19) 《서울신문》 1948년10월27일자, 「大韓獨立促成國民會聲明書」.
20) 《東亞日報》 1948년10월28일자, 「大韓獨立促成國民會聲明書」.
21) 康晋和, 앞의 책, p.297.

반공태세 강화의 일환으로 반공사상의 강화를 초미의 과제로 인식하게 했기 때문이었다. 11월13일에 거행된 대한국민당의 결당대회에 대하여 도하 신문들이 1, 2단짜리 기사로밖에 관심을 표명하지 않은 것은 그 때문이었다.[22)]

대한국민당의 결당식은 11월13일 하오 2시에 시공관에서 방청객을 포함하여 2,000여명이 운집한 가운데 거행되었다. 국민의례가 끝나자 바로 이승만의 축사가 이어졌다. 이승만은 새로 창당하는 정당은 "평민정당"이 될 것이라고 강조했다.

"나는 이 당에서 나 자신이 항상 제창한 주의를 당시로 하였다고 하니 관심을 가지고 참석한 것이다. 이 정당이 출발할 때부터 세간에서는 내가 여당을 조직한다고 말하고 있으나 대체로 보아 여당이라는 것은 그 정부를 지지하는 것이요 야당이라는 것은 그 정부를 반대하는 것이다. 그러니 나 자신이 정당을 조직하는 것이 아니라는 것을 명백히 말하는 바이다.

정당이라는 것은 결코 방화 살인 등을 하든지 혹은 정권을 잡으려고 하는 것이 아니고 상놈을 양반으로 만들고 빈자를 부자로 만들려고 노력하는 것이 진정한 정당이다. 이 세상 사람을 신이 공평히 살도록 창조하였음에도 불구하고 현재 귀천부빈(貴賤富貧)의 차가 있으니 이 모순을 수정하기 위하여 나온 것이 민주주의이다. 민주주의도 자유 평등을 부르짖고 있으나 공산주의 혁명은 부자를 없애는 평등을 주장하며 살인 방화 등을 하는 반면 우리는 부자는 살려두고 빈자가 부자를 따라 올라가서 평등하게 살려는 것을 목적으로 한다. 따라서 나는 이 정당을 평민당이라고 보고 싶으며 평민이 평민을 벗어나기를 노력하려는 사람들이 일민주의 기치하에 모였다고 본다. 그러므로 각자는 자기주의를 버리고 전 민족을 위하여 노력하여 주기 바란다."

---

22) 《朝鮮日報》 1948년11월14일자, 「大韓國民黨新出黨」; 《서울신문》 1948년11월14일자, 「大韓國民黨結成」; 《東亞日報》 1948년11월14일자, 「大韓國民黨發黨」.

이승만은 끝으로 당원의 각오를 다음과 같이 강조했다.

"정부 수립 후에도 국민운동이 중요하나 파쟁을 버리고 민족을 통일하여 우리의 지위를 높여 국민당주의하의 정부에 와야 살겠다(고 하게) 되도록 노력하자. 이같이 모든 사람이 평등하도록 만드는 것이 정당이니, 여러분은 민족의 복리와 민주정치의 기초가 될 확고한 주의들을 앞세우고 이를 신봉하고 그 정신을 실천하는 당원이 되어야 한다. 그리하면 나의 힘껏 애호하고 육성할 것이며, 내가 50년간 희구하던 것을 실현하여 주면 민족의 복리가 될 것이다."[23]

대회는 선언문 낭독에 이어 이종형(李鍾滎)과 진헌식(陳憲植)의 축사가 있었고, 임원선출에 들어가서 신익희, 배은희, 우덕순 세 사람을 최고위원으로 선출하고, 중앙집행위원과 중앙감찰위원을 선정하여 발표했다.[24]

여순반란사건에 이어 11월2일에는 대구 주둔 제6연대 군인들과 광주 제4연대 소속 나주지구 주둔군의 일부 병사들이 반란을 일으켰고,[25] 오대산에서는 유격대의 활동이 계속되는 등[26] 어수선한 분위기 속에서 이승만은 정당운동보다도 청년단체들의 통합작업에 힘을 기울였다.

여순사건과 관련하여 국회는 10월30일의 제92차 본회의에서 서상일(徐相日)을 위원장으로 하는 시국대책위원회를 구성했는데, 위원회는 11월5일의 제96차 본회의에 8개항으로 된 「시국수습에 관한 결의안」을 제출했다. 그 가운데는 (3) 국내 모든 청년단체를 해체하고 애국청년으로서 향위단(鄕衛團)(가칭)을 조직하여 군사훈련을 실시할 것과 (4) 군사 유사단체를 해체하고 호국군을 조직할 것이라는 항목이 들어있었다.[27]

---

23) 《서울신문》 1948년11월16일자, 「"여당을 조직한 일 없다"」; 《독립신문》 1948년11월16일자, 「派爭分立버리고 民族의 福利念願하자」.

24) 《大同新聞》 1948년11월16일자, 「大韓國民黨結黨式」.

25) 《朝鮮日報》 1948년11월5일자, 「國軍一部가 大邱에서 叛亂」 및 11월6일자, 「羅州部隊도 一部叛亂」.

26) 《朝鮮日報》 1948년11월19일자, 「五臺山五百暴徒」.

27) 國會事務處, 『國會史 制憲國會·第二代國會·第三代國會』, 1971, pp.61~62.

한편 이승만은 이승만대로 청년단체 통합작업에 팔을 걷어붙였다. 그는 10월26일에 대동청년단[大靑: 대청]의 대표들과 면담한 데 이어, 27일에는 국민회청년단[國靑: 국청], 28일에는 청년조선총연맹[靑總: 청총] 산하 청년단체, 29일에는 대한독립청년단[獨靑: 독청], 30일에는 서북청년회[西靑: 서청] 대표들을 차례로 만났다.[28)] 그러고 나서 11월17일에 대청, 국청, 청총, 서청, 독청, 민족청년단[족청], 학생총연맹[학련], 대한노동총연맹[대한노총], 육해군동지회, 대한창의단의 10개 단체 대표들과 합동으로 한시간가량 회담했다. 이 자리에서 각 청년단체 대표들은 비상시국에 대비하기 위하여 각 단체대표 1명씩으로 '민병단(民兵團) 조직위원회(가칭)'를 구성하고, 이 위원회의 지시에 따라 각 단체에서 행동을 취하며, 12월 말까지 훈련을 완료한다는 결의를 표명했다.[29)]

이승만은 전국 청년단체를 통합하는 목적을 "첫째로 국내 국외의 반역분자들의 파괴운동을 억제하여 국군과 경찰을 도와 치안을 보호하자는 것이요, 다른 하나는 전국적 조직으로 민병제를 세워서 군인자격의 훈련을 받아 국가에 일이 있을 때에 국군의 후원이 되어 국권과 강토를 보호하자는 것"이라고 설명했다.[30)]

실제로 이 무렵 청년단체 대표들은 국방부 간부들과도 만나고 있었다. 11월4일에는 국방부 참모총부의 초청으로 대동청년단, 조선청년총연맹, 서북청년회, 민족청년단의 대표들이 참모총장실에서 참모부 관계자들과 두시간 동안 회담했는데, 회담 내용은 남한의 현재 추진 중인 국군편성 예정수에 부족한 1만5,000명의 충원을 각 청년단체에서 협조해 달라는 것이었다. 회의는 11월9일에 다시 열렸다.[31)]

청년단체들의 통합은 이승만이 심사원려(深思遠慮)한 끝에 단행한

---

28) 《서울신문》 1948년10월29일자, 「右翼各團體와 李大統領個別會談」.
29) 《서울신문》 1948년11월19일자, 「民兵團組織準委構成」.
30) 《朝鮮日報》 1949년1월6일자, 「民族青年團解體하라」.
31) 《서울신문》 1948년11월7일자, 「各青年代表와 國防部側會談」.

영국에서 귀국한 신성모 선장이 대한청년단의 단장으로 임명되었다.

것이었다. 통합된 청년단체는 대한청년단이라고 명명했다.

대한청년단의 발단식은 한달 뒤인 12월17일 오후에 서울운동장에서 거행되었다. 대회는 총재로 추대된 이승만을 비롯하여 국무총리 이범석, 대동청년단 단장 이청천, 법무부 장관 이인(李仁), 외무부 장관 장택상, 사회부 장관 전진한(錢鎭漢), 서울시장 윤보선(尹潽善) 등 많은 정부요인들과 각 청년단체 대표 및 단원 등 많은 군중이 참가하여 성황을 이루었다.

먼저 서북청년회 단장 문봉제(文鳳濟)가 열렬한 개회사를 했다. 이성주(李成株)의 경과보고에 이어 서상대(徐相大)가 낭독한 「선언문」과 강령이 채택되었다. 「선언문」은 "(1)우리는 총재 이승만 박사의 명령을 절대 복종한다"라고 하여 이승만에게 절대 복종을 맹세하고, (1) 민족과 국가를 파괴하려는 공산주의의 주구배를 남김없이 말살하여 버리기를 맹세한다고 철저한 반공주의를 천명하는 등 4개항이었고 「강령」은 (1) 우리는 청년이다. 심신을 연마하여 국가의 간성이 되자, (1) 우리는 청년이다. 이북동포와 합심하여 통일을 완성하자, (1) 우리는 청년이다. 파괴분자를 숙청하고 세계평화를 보장하자는 3개항이었다.

이어 강낙원(姜樂遠)이 임원발표를 했는데, 참석자들을 가장 놀라게 한 것은 11월2일에 영국에서 귀국한 수수께끼의 인물 신성모(申性模) 선장이 대한청년단의 단장으로 임명된 것이었다. 그것은 이승만의 특별배려에 따른 것이었다. 부단장으로는 문봉제와 이성주, 그리고 최고지도위원으로 이청천, 유진산, 전진한, 장택상, 서상천(徐相天), 강낙원 6명이 선임되었다.

이승만은 "소아를 버리고 이처럼 단합한데 감격해 마지않는다. 국가의 수호를 위하여 청년들은 자기의 직책을 다할 것이요 국가 유사시에는 최후까지 헌신 노력으로 싸워 쾌활한 장부가 되라"는 요지의 취임사를 했다.

이어 각 청년단체의 사연 어린 단기의 봉환과 대한청년단기 수여가 있었고, 이청천, 윤재욱(尹在旭), 백남훈(白南薰) 등 내빈의 축사가 이어졌다.

대회는 끝으로 북한동포, 국회, 정부, 유엔 등에 보내는 메시지를 채택한 다음 전진한의 선창으로 만세 3창을 부르고 폐회했다.[32]

5

회심의 청년단체 통합 작업을 마친 이승만은 11월26일 저녁에 전국의 청년들을 상대로 긴 방송연설을 했다.

"지금 우리나라는 40년래 처음 되는 기회를 얻어서 국권회복이 날로 완성되며 날로 공고하여지는 터입니다. 오직 반역분자들이 이것을 파괴하기 위해서 공산당과 연락해서 지하공작으로 안에서는 살인 방화나 난역(亂逆) 행동으로 난잡을 일으켜서 군경과 관리를 살육하며, 여당(余黨)들이 각처에 퍼져서 모야무지[暮夜無知: 이슥한 밤중에 하는 일이라 보고 듣는 사람이 없음] 간에 인가에 돌입해서 총검으로 난도학살(亂屠虐殺)의 참독[慘毒: 참혹하기 이를 데 없음]한 만행을 감행하며 선전하는 말인즉, 미군은 다 철퇴하고 공산군 여러 수십만이 쳐내려와서 소위 인민공화국이란 것이 서울을 점령할 것이며, 이와 같이 된 후에는 군경과 모든 애국남녀는 다 살육 소탕시킨다고 연락 선동하고 있으니…

---

32) 《서울신문》 1948년12월21일자, 「大韓青年團結成」; 鮮于基聖, 『韓國青年運動史』, 錦文社, 1973, pp.747~750.

공산화가 되면 우리는 다 어찌될 것인가. 남의 부속국이 되어 이 좋은 금수강산은 남의 영토가 되고 우리는 다 남의 노예가 되리니, 우리의 재산이나 우리의 생명이나 다 우리 것이 아니요 남의 총과 칼 밑에서 어육(魚肉)이 될 것뿐이다. 우리 청년들아 일어나자. 우리 부여민족(扶餘民族)의 용기를 표시하자. 우리 삼일운동의 정신을 다시 발휘하자.… 청년들아 청년들아 의려(疑慮) 말고 주저 말고 다 일심으로 일어나자. 다 합하자. 다 뭉치자. 정신으로, 사상으로, 행동으로 모든 단체가 다 동일히 나가자. 방방곡곡이 일제히 조직해서 절제와 규율 안에서 국민 개병의 제도로 훈련하여 단련해서 자위 일병(自衛一兵)이 되자.…"

우리 민족을 가리켜 그가 흔히 쓰는 "한족"이나 "한민족"이라는 호칭 대신에 "부여민족"이라고 말하고 있는 것이 눈길을 끈다. "한민족"이란 고대 삼한(三韓)의 강역이 한반도 남쪽 지역에 한정되어 있었다는 인식에서 남만주 일대에 걸쳤던 옛 부여의 강역이 우리의 고토임을 강조함으로써 청년들의 애국심과 자긍심을 고무하기 위해서였으리라고 짐작된다.

이승만은 이어 지난 군정 3년 동안에 청년단체들이 수행한 반공투쟁의 성과를 추어올렸다.

"과거 3년간에 청년들의 투쟁이 아니었으면 공산 난역(亂逆)의 화를 막기 어려웠을 것입니다.… 공산당들은 도처에 청년을 꾀어서 충돌을 내가지고 민중을 정복하는 습관이므로, 소위 해방 이후의 광경을 보면 남북정세가 다 공산화한 것같이 되었던 것인데, 우리 청년들이 궐기해서 결사 투쟁한 결과로 경찰관들의 힘이 미치지 못하는 데까지 청쇄(淸刷)시킨 것입니다.…

이때에 만일 우리 청년들이 잠자코 있으면 우리 순량한 동포는 다 이리와 호랑이에게 먹힌바 될 것이요 우리의 안전한 가정들은 악마들의 불꽃과 폭탄에 재가 되고 말 것이니, 이것이 어찌 사람의 도리이며 우리 청년의 기상이며 의기남자의 정당한 태도라 하겠는가. 우리 용감한 청년들은 이런 기회를 좋은 기회로 알고 용기와 흥분을 내어서 철저히 전진하자."

그것은 대중선동가 이승만의 진면목이 그대로 드러난 연설이었다. 이승만은 이어 여순반란을 신속하게 진압하고 질서를 회복한 국군과 경찰의 노고를 다음과 같이 치하했다.

"동서양 각국을 물론하고 공산당들이 들어가서 정부를 변동시키지 않는 나라가 몇이 못되는 이때에 우리 민국에서는 여수, 순천 등지에 공산당 반란이 있는 것을 불일내로 정돈청쇄(整頓淸刷)해서 질서를 회복하였다는 것으로 많은 칭찬을 받고 있는 것이니, 이것은 전혀 우리 애국하는 국군과 경찰의 합심 합력으로 이와 같이 성적을 낸 것이니, 우리는 이에 순국한 군경의 공훈을 표창할 것이요, 특별히 공로가 있는 자들은 포상할 기회도 있을 것이나, 앞으로는 우리 청년들이 전국적으로 조직해서 대활동으로 매진 분투하면 다시는 이런 난당들의 화단(禍端)이 생기지 않게 되리니, 우리 청년들은 이 기회에 크게 궐기하여 동성향응(同聲嚮應)으로 대조직을 이루어 가지고 난당 파괴를 방어하며 건국의 토대를 굳게 세워서 자유 복락을 다 같이 누리도록 할 것이니, 결심하고 맹세할 것입니다."

결론으로 그는 통합된 청년단체들로 민병단(民兵團)을 조직할 것이라고 선언했다. 이승만이 청년단체들을 통합한 이유가 거기에 있었다.

"정부에서 민병단을 조직할 터인데 몇만명 내지 몇십만명이 될 것을 제한치 않고 우선 얼마를 모집하든지 국방부에서 제도를 만들어 불일간 발포된 후에는 그대로 모병할 것이니 하루바삐 진전되기를 전국이 기대하는 중입니다. 이 대부분이 물론 청년 중에서 우수한 자를 먼저 공평히 채용할 것이니, 어떤 단체나 어떤 부분의 사의(私意)로 될 것이 아니요 공정한 국법으로 시행할 것이나, 가장 주의할 바는 청년들이 다 정신적 통일을 이루어 파당이나 단체적 대립 상태를 삭제해 놓아야 이 중에서 뽑히는 청년들이 신성한 국군이 되어 정신적 통일로 대내대외에 우리의 원수를 방어할 능력이 생기며 우리 민족의 복리를 보장할 권위가 성립될 것입니다.…"[33]

대한국민당 결당작업에 적극적으로 나선 대동청년단 단장 이청천.

이승만의 무르춤한 태도로 말미암아 결당작업이 답보상태이던 대한국민당은 청년단체 통합을 계기로 대동청년단 단장 이청천이 적극적으로 참여함으로써 다시 활기를 띠었다. 이청천은 12월21일에 대동청년단 중앙위원회의 마지막 결정이라면서 25세 이하의 단원은 무조건 대한청년단으로 통합하고 장년층 이상은 대한국민당과 합동하라는 성명을 발표했다. 그는 대한국민당의 최고위원으로 추대되었다. 이청천은 이날부터 본명인 지대형(池大亨)으로 환원했다.[34]

신익희, 지대형, 배은희, 우덕순 네 최고위원은 연일 구수회의를 열고 대한국민당의 부서편성에 관한 토의를 계속했는데, 12월23일에는 중앙당부 부차장들을 선임했다.

그런데 대한청년단이 결성된 뒤에도 국무총리 이범석의 민족청년단은 합동에 반대하는 입장을 고수했다. 격노한 이승만은 1949년1월5일에 민족청년단이 자진 해산하지 않으면 해산령을 발동하여 해산시키겠다는 강경한 담화를 발표했다.[35] 그러나 이러한 이승만의 경고에도 민족청년단 대변인은 이튿날 "1월20일의 전국대회를 거쳐 합동에 관한 구체적

33) 《大同新聞》 1948년11월28일자, 「全國靑年은 合心協力 疆土를 完全回復하자」 및 11월30일자, 「精神的統一로 民兵團組織에 協力하라」.

34) 《서울신문》 1948년12월22일자, 「大靑壯年層을 國民黨에 包攝」 및 「李靑天將軍 池大亨으로 復名」.

35) 《朝鮮日報》 1949년1월6일자, 「民族靑年團解體하라」.

제문제를 결정한 뒤에 합동하게 될 것"이라고 저항적 반응을 보였다. 그러자 이승만은 1월7일의 내외 기자회견에서 "만일 민족청년단이 반대하는 경우에는 의법해체시킬 작정이다"하고 다그쳤다.[36] 이승만은 또 이범석에게는 민족청년단을 해산하고 국무총리로 남든지 총리직을 내놓고 족청 단장일에 전념하든지 하라고 위협했다고 한다.

당황한 이범석은 1월20일에 족청의 전국 이사 및 각도단장 연석회의를 소집하여 단을 해산하고 대한청년단과 통합하기로 결의했다.[37] 그러고 나서 이범석은 서울방송국 마이크 앞에서 울먹이는 목소리로 130만 단원들에게 족청의 해산을 호소했다.[38]

민족청년단에 대한 해산령에 대해서는 1월28일에 가진 이승만의 정례 내외기자회견에서도 거론되었다. 족청의 해산을 명령하고 대한국민당과의 통합을 종용한 사실은 헌법에 명시된 결사의 자유에 위배되지 않느냐는 질문에 이승만은 "족청은 군정 당시에 군정부에서 경비를 주어서 하던 것이므로 해산시킨다 하더라도 결사의 자유와는 다르다"라고 받아 넘겼다.[39]

---

36) 《京鄕新聞》 1949년1월8일자, 「民族靑年團合同反對면 依法解體」.

37) 《朝鮮日報》 1949년1월22일자, 「族靑解散決議」.

38) 鮮于基聖, 앞의 책, p.750; 이경남, 『분단시대의 청년운동(하)』, 삼성문화개발, 1989, pp.205~206.

39) 《서울신문》 1949년1월29일자, 「土地改革은 必然」.

2. 한민당과 국민당이 합쳐 민주국민당으로

1

10월2일의 신당연락준비위원회 전체회의에서 한민당과의 합작문제가 무산됨에 따라 교착상태에 빠진 사회당 결당 작업은 조소앙과 명제세를 중심으로 몇차례의 준비위원회를 통하여 조소앙의 삼균주의를 기본으로 한 「정강」과 「정책」 등을 결정하고, 12월10일과 11일 이틀 동안 종로 YMCA 강당에서 발기대회와 결당식을 거행했다. 발기대회는 전국의 발기인 823명이 참석한 가운데 10일 오전 11시부터 백홍균(白泓均)의 사회로 진행되었다. 임시집행부 선거에 들어가서 조소앙을 의장으로, 백홍균과 배헌우(裵憲雨)를 부의장으로 선출하고, 이어 「선언」, 「당의」, 「당강」, 「당책」, 「당헌」 등을 채택했다.[40]

이튿날 11시부터 거행된 결당식에는 내빈들과 당원 등 1,000여명이 참석했다. 회의는 전북 진안의 무소속 국회의원 오기열(吳基烈)의 사회로 진행되었다. 사회당에는 국회의원 20여명이 참여하고 있었다.[41]

조소앙 특유의 열변의 개회사에 이어 조소앙을 의장으로, 오기열과 정형택(鄭亨澤)을 부의장으로 선출했다.

대회에서는 대통령 이승만과 부통령 이시영(李始榮), 대법원장 김병로(金炳魯)의 축사가 낭독되어 이채를 띠었다. 김구는 물론 축사를 보내지 않았다.

대회는 이승만과 각국 원수에게 보내는 메시지를 채택하고, "우리 민족은 무산계급 독재도, 자본주의 특권계급의 사이비적 민주주의 정치도 원하는 바가 아니요, 오직 대한민국의 헌법에 규정된 균등사회의 실

---

40) 《朝鮮日報》 1948년12월12일자, 「社會黨發起大會」; 《서울신문》 1948년12월12일자, 「社會黨結黨」.

41) 《京鄕新聞》 1948년11월27일자, 「趙素昻氏新黨에 國會議員卄名參加」.

현만을 요구할 뿐이다"라는 요지의 「선언」과 다음과 같은 「당강」을 채택했다.

사회당 수석 조소앙.

(1) 우리나라의 인민, 주권, 영토를 통일하고 민족자주의 독립국가 조직을 완성한다.

(2) 국비교육과 전민정치(全民政治)와 계획경제를 실시하여 균지(均智), 균권(均權), 균부(均富)의 사회를 건설한다.

(3) 개인 대 개인, 민족 대 민족, 국가 대 국가의 평등과 호혜를 원칙으로 한 세계일가를 실시한다.[42)]

결당식에 앞서 조소앙은 12월7일에 이승만을 방문했다. 그동안 애매한 입장이었던 조소앙은 이 무렵에는 이승만 정부의 지지를 분명히 하고 있었다.[43)] 그리하여 항간에는 그의 입각설이 나돌기도 했다.

조소앙은 12월15일의 기자회견에서 대통령과의 회담내용이 무엇이었냐는 질문을 받고 다음과 같이 흥미로운 대답을 했다.

"오랫동안 그립던 이 대통령의 얼굴을 뵈옵자는 것과 대통령 취임 이후 처음으로 찾게 된 것은 국내 국제 변동 많았던 정세에 대하여 위로를 드린 것이다."

그리고 자신의 입각설에 대해서는 "풍설로 돌리고 싶다"라면서 여운을 남겼다.[44)]

---

42) 《朝鮮日報》 1948년12월12일자, 「社會黨發黨式」.
43) 《독립신문》 1948년12월11일자, 「政府支持로 南北統一」.
44) 《독립신문》 1948년12월26일자, 「趙素昂先生新黨路線闡明」.

유엔총회의 대한민국 정부 승인은 여순사건의 여파로 논란을 빚고 있는 정계에 새로운 지각변동을 몰고 왔다. 환상적인 18거두 합동운동 구상이 보도되는가 하면, 5인합작론이 거론되기도 했다. 18인 거두 합동운동이란 이승만을 중심으로 김구와 김규식의 3위일체 체제아래 이시영과 오세창을 국로(國老)로 모시고 조소앙, 이청천, 신익희, 신흥우, 안재홍, 김성수, 이범석, 명제세, 배은희, 이훈구(李勳求), 신석우, 이윤영(李允榮) 등이 제휴하여 대한민국 정부를 지지 육성한다는 것이었고,[45] 5인합작 운동이란 그 첩경으로 우선 김성수, 신익희, 이청천, 조소앙, 안재홍 5인이 주동이 되어 3영수 합작을 추진한다는 것이었다.[46]

그 가운데 가장 주목되는 것은 결당한 지 얼마 되지 않은 대한국민당과 한민당의 합당 움직임이었다. 두 당의 합당 논의는 지대형이 대한국민당의 최고위원에 취임하면서부터 시작되어 1949년 새해 들면서 급진전되었다. 한민당 위원장 김성수, 부위원장 백남훈과 국민당의 신익희, 지대형, 배은희, 우덕순 네 최고위원 사이에 개별 접촉을 비밀리에 추진한 결과 당명은 한국민주당의 '민주'와 대한국민당의 '국민'을 합쳐 민주국민당으로 하여 1 대 1로 합당하기로 합의한 다음 구체적인 것은 대표를 선정하여 일임했다.[47] 1949년1월21일에 열린 한민당의 중앙집행위원회는 국민당과의 합당을 정식으로 결의했다.[48]

그러나 대한국민당과 국민회 인사들, 특히 대한국민당 소속 국회의원들 가운데는 합당 반대자가 많았다. 올리버에게 쓴 편지에서 보듯이 신익희를 유능한 정치지도자이기는 하나 당이나 어느 누구보다도 자기자신만을 위하여 일하는 사람이라고 인식하고 있는 이승만도 신익희의 합당 작업이 미덥지 않았던 것 같다. 이승만은 1월21일에 국민회의 임시 전국

---

45) 《서울신문》 1948년12월23일자, 「民族陣營大同團結會談」.
46) 《서울신문》 1948년12월23일자, 「五氏合作運動 趙素昻氏도 贊意」.
47) 仁村紀念會, 『仁村金性洙傳』, p.562.
48) 《朝鮮日報》 1949년1월23일자, 「政界의 合同動向極微妙」.

대표자대회를 소집하고, 이 자리에서 다음과 같이 말했다.

"여러분은 정부가 수립되면 국민회 간부들이 정권을 잡거나 또는 높은 지위에 오를 것을 생각하였을지 모르나 오늘날 긴급한 문제는 파당성을 떠나서 일치 단결하여 통일을 완성하여야 할 것이므로, 이런 견지하에서 국민회 간부들이 정부의 고관지위에 앉지 않도록 한 것이다. 그러므로 우리는 끝까지 희생하려는 정신밑에서 자손을 위해서나 국가를 위해서 노력할진대 이는 우리의 희생이 아니라 후세의 자손들의 권리를 위함이 목적이다.

한편 오늘날 정당이 많은 데 따른 폐단이 적지 않으니, 정당이란 특별한 주의주장이 없으면 존재 가치가 없는 것으로, 같은 주의의 정당이 둘 셋씩 있다면 곧 이것이 파당적 존재라 아니할 수 없는 것이다."

이렇게 말문을 연 이승만은 한민당과의 합당에 앞서 명심할 것을 다음과 같이 강조했다.

"그러므로 우리는 이러한 파당적 생각을 타파하고 일민주의하에 통일하여야 할 것이며, 이런 견지에서 정당도 두세개 정도로 있어야 할 것이다. 그래서 나는 처음부터 일민주의 정당을 만들고 이 정당으로서 장차는 선거 때에 승리하여 그 다음에 정권을 잡는다는 것을 은근히 기대하고 있었던 바였다. 이에 여러분에게 부탁하고자 하는 바는 국민회원들이 일민주의를 흡수해서 이것을 믿음으로 국민당과 합류해서 전국에 철저히 알려가지고 과연 정당 제도를 바로세우기를 바라는 바이니, 국민당이 국민회에 합치든지 국민회가 국민당에 합치든지 그 방법은 여러분이 이 자리에서 생각할 문제다. 그런데 항간에서는 국민당과 다른 정당간에 합동설이 있으니, 말하고자 하는 것은 합치는 것은 별 문제이지만 먼저 그 정당의 주의주장을 잘 알고 해야 할 것이지 일시적 정치적 공작이라면 기대할 바 아닐 것이다.

그리고 국민회가 서울에서는 각 정당 간부 정객들의 파당싸움에 유명무실한 존재가 되고 있으니, 중앙과 지방을 통해서 긴밀한 연결을 하여 국민운동 전개에 노력해야 할 것이므로, 앞으로는 몇몇 지도자를 최고간부로 하고 단순한 조직체로 만들어 남북통일 문제와 국권회복을 도모하여야 할 것이다. 여러분은 오늘 이 자리에서 이를 단행하여 전국이 동일한 보조로 목적을 달성하여야 할 것이니, 이 말을 하고자 이번 대회를 소집한 것이다."[49)]

그것은 신익희에 대한 은근한 견제이기도 했다. 그리고 이런 말을 하기 위하여 국민회의 임시회의를 소집한 것은 합당문제와 관련하여 이승만이 여러 가지 개연성을 심각하게 검토하고 있었음을 짐작할 수 있다.

그러나 합당 작업은 예정대로 진행되어 1월26일에는 한민당의 김성수, 백남훈과 대한국민당의 신익희, 지대형, 배은희, 우덕순의 공동명의로 성명서가 발표되었다.

> 국가의 독립과 민족의 자주는 국제적 승인만으로 완성되는 것이 아니니 우리는 우리의 앞에 놓여 있는 국토의 통일, 민심의 통일, 민생문제의 해결 등 더욱 중대한 과업을 완전히 달성하여야 비로소 국가의 독립을 태산반석같이 완고(完固)케 하고, 민족의 번영을 자손만대에 누리게 할 것이며, 아울러 세계만방의 후의에 보답하게 될 것이다.
>
> 그러나 오늘의 현실은 왜적이 물러가고 신탁문제가 해결됨으로 인해서 밖으로 향해서 일치단결하는 마음은 해이하고 안으로 분열과 파쟁이 더해질 조짐이 없지 않으니 이 얼마나 우려할 일이랴. 원래 우리 민족은 피가 같고 전통이 같고 언어가 같고 습성이 같고 생활방식이 같은 단일민족이다. 단일민족이 한덩어리가 되어서 통일된 민주주의 국가를 세우고 만민공영의 사회생활을 영위하려는 일민주의는 전민족이 같이 나아가야 할 길이다. 대한국민당과 한국민주당은 이 민족적 진로와 정치, 경제, 사회의 모든 정책에 있어서 합치됨을 깨닫고

---

49) 《朝鮮日報》 1949년1월23일자, 「一民主義를 貫徹」.

국민의 절대적 요망이요 민족적 지상 명령인 통일과 단결을 실행하기 위하여 합당을 결정하고, 이에 천하에 성명하는 바이다. 뜻을 같이 하는 단체는 다 같이 와서 힘을 합하기를 바란다.[50)]

이 공동성명서에서도 일민주의를 강조한 것은 두 당 간부들 모두가 이 시점에서 이승만의 집념을 감안해야 할 필요성을 느끼고 있었기 때문이었다.

2

민주국민당의 결당을 하루 앞둔 2월9일 오후에 소집된 대한국민당의 중앙집행위원회는 국민당의 사위스러운 운명을 예감케 했다. 총무부장 명의로 소집된 회의에는 중앙집행위원 400명 가운데 93명밖에 참석하지 않았다. 참석자 가운데 20여명은 합당 찬성파인 대동청년단계 사람들이었다. 회의는 회의소집의 법적 근거와 성원미달에 따른 개회 불성립론을 둘러싸고 격론을 벌인 끝에 비공식회의로 진행되어 합당문제를 토론했다. 합당 반대파의 발언 요지는 다음과 같았다.

○ 남송학(南松鶴): “대동청년단과의 합동에서나 이번 한민당과의 합동에서 문제가 복잡해진 것은 최고위원의 독재와 무책임한 데서 기인한다. 곧 모든 절차를 합법적으로 순서를 밟지 않고 독단적으로 해놓고서는 책임을 지지 않고 있다.”

○ 이유선(李裕善) 국회의원: “국민당계 의원으로는 한 사람도 합당에 참가하고 있지 않다. 우리는 1월에서야 23명이 입당원서를 가지고 배은희씨를 찾았더니 합당설을 운위하기에 다음 이유로 전원이 반대했던 것이다.”

---

50) 《서울신문》 1949년1월17일자, 「民主國民黨」으로 發足」.

그러면서 이유선은 반대 이유를 다음 네가지로 설명했다.

"(1) 48개국이 승인한 지금 대동단결 운운하여 합당한다는 것은 통일 단결이 못되었다는 것을 대외적으로 노출하게 되니 모순이다.

(2) 각 지방에서 합당 반대 진정이 다수인데, 그 이유는 모당은 과도 정부 3년 동안 민중에게 과오가 많다는 것이다.

(3) 청년단체 합동문제만 하여도 도리어 알력이 심하다는 지방보고가 다수이다.

(4) 이남에서나 이북에서나 민중은 특수계급당인 모당을 지지하지 않고 있는 듯하니, 우리가 의원이 된 것도 민중의 지지로 된 것인 만큼 38선을 철폐해도 민중이 지지 않는다면 투쟁 대상이 되고 말 것이므로, 이북에서도 지적받는 정당과는 합당할 수 없다. 그리고 그 후 이십여명의 의원이 신익희, 지대형, 배은희씨 등으로부터 누차 합동 종용을 받았으나 한 사람도 찬성하지 않았건만 우리도 모르는 사이에 합당추진설이 보도되어 우리는 재회합하고 드디어 대한국민당에서 활동하기로 하여 입당원서를 전부 철회하고 입당을 취소하였다."

○ 진헌식(陳憲植) 국회의원: "국회세력이나 지방조직 세력을 무시하고 합당한다는 것은 부당하다. 지도자라도 민중의 의사를 따라야만 하는 것이다."

진헌식은 전북, 경북, 충남, 황해도의 사례를 구체적으로 설명했다.[51]

이러한 국민당의 분열조짐에 대하여 합당을 추진했던 최고위원 세 사람은 각각 다음과 같이 말했다.

지대형은 합당절차에 하자가 있었음을 시인하면서도 다음과 같이 강변했다.

"현 단계에 이르러 민족진영이 대동단결해야 하겠거늘 대한국민당을 유지 존속 운운은 매우 유감으로 생각한다. 법리적으로는 중앙집행위원

---

51) 《朝鮮日報》 1949년2월11일자, 「合黨可否激論」; 《朝鮮中央日報》 1949년2월11일자, 「大韓國民黨 合黨에 紛糾」.

회를 거쳤어야 옳으나 최고위원, 부차장 회의, 상무집행 회의를 거쳐 합당하게 된 것인데 일부에서 반대한다는 것은 이해할 수 없다. 그러므로 동당이 존속하여도 잘 안될 것이다. 본인은 기정방침대로 민주국민당을 추진할 것이니 동당 존속에는 관련이 없다."

국민당 결당을 주동했던 배은희는 다음과 같이 말했다.

"본인이 국민당 유지에 관련된 것같이 전해지고 있으나, 당분간 정당생활에서 떠나겠다. 그리고 국민당이 존속한다는 데 대해서는 민주원칙에 의해서 어찌할 수 없을 것이다. 여하간에 이번 합당은 최고위원이 조급히 하여 중앙집행위원회를 거치지 않았다는 것은 큰 실수로서 책임을 느낀다."

그리고 신익희는 "지대형씨 주장에 동감"이라고만 말하고 말을 삼갔다.[52)]

민주국민당의 결당대회는 2월10일 오후에 시공관에서 각계 내빈들과 많은 당원들이 참석한 가운데 거행되었다. 국회의원 서정희(徐廷禧)의 개회사에 이어 최규설(崔圭卨)의 경과보고, 조병옥(趙炳玉)의 국제정치정세 보고, 김우평(金佑枰)의 국제경제정세 보고, 이종근(李琮根)의 국내정세 보고 등이 있은 다음 곽상훈(郭尙勳)이 낭독한 「선언」과 이정규(李晶奎)가 낭독한 「정강 정책」이 채택되었다. 이어 최고위원으로 선출된 김성수, 신익희, 백남훈, 지대형의 취임사가 있은 다음 이시영 부통령과 오세창의 축사 대독이 있었다. 이승만의 축사는 없었다. 이승만의 축사가 빠진 이유는 정확히 알 수 없다. 그 대신 「선언」에서 일민주의를 실천하기 위하여 민국당을 결성한다고 다음과 같이 천명했다.

> 우리 민족은 피가 같고 전통이 같고 국민적 이해가 공통되는 단일 공동체이므로 절대로 분열되어서는 존립할 수 없으니, 민족적 통일국

---

52) 《朝鮮日報》 1949년2월11일자, 「國民黨分裂? 最高委員三氏見解」.

한민당 위원장 김성수(왼쪽)는 합당작업이 끝나면 신익희(오른쪽)에게 당을 전적으로 맡기려고 했다.

가를 반대하고 방해하는 여하한 사상도 용허하지 아니한다.

전 국민이 정치적으로 사회적으로 자유롭고 행복스럽고 안태하게 하기 위해서는 진선한 민주주의를 실행해야 하는 것이니, 국민의 권리와 복리를 무시하는 여하한 성격의 독재정치도 이를 부인한다.

단일민족의 통일국가를 완성하여 철저한 민주정치의 실시를 이상으로 하는 일민주의를 실천함으로써 건국의 대업을 완성하고 민족만대의 번영을 얻게 하기 위하여 이에 민주국민당을 결성한다.

「정강」은 (1) 특수계급의 독재를 부인하고 만민평등의 민주정치의 실현을 기함, (1) 경제적 기회균등을 원칙으로 민족자주경제의 수립을 기함 등 5개항이었고, 「정책」은 (1) 중요산업의 국영 또는 통제관리 (1) 토지 분배의 조속 실시 (1) 교육 및 보건의 기회 균등 등 10개항이었다. 「정강정책」과 함께 「정책세목」으로 정치 외교, 재정 경제, 산업, 노농, 문화와 사회, 교육, 국방의 7개 분야에 걸쳐 43개의 세목도 발표했는데, 그 가운데는 배심제도 실시, 세제 개혁과 누진율 강화, 광공업의 계획 경제 확립, 8시간 노동제와 최저임금제 확립, 농민본위 토지 분배의 조속 실시, 국민 교육비의 국고부담, 의무병역제 실시 등 사회주의적인 정책도 많이 포함되어 있었다.

김성수의 전기에 따르면, 김성수는 대한국민당과의 합당작업을 추진할 때부터 이미 적당한 인사에게 당을 맡기고 자기는 정치 일선에서 물러날 생각이었다. 그가 민국당의 최고위원이 된 것은 합당 초기의 융화 단합을 촉진하기 위한 것이었고, 그 단계가 지나면 국회의장으로서 정치 일선에서 활동하는 신익희에게 당을 전적으로 맡기려고 했다. 그리고 정당의 기능을 효율적으로 발휘하기 위해서는 최고위원제와 같은 집단지도 체제는 옳지 않다고 김성수는 생각했다.[53]

---

53) 仁村紀念會, 앞의 책, p.563.

3. "우리의 걸어온 길은 정확하였다"

1

3영수 합작설이 신년 화두가 되고 있는 속에서 1949년1월1일 오후에 오랫동안 두문불출하던 김규식(金奎植)이 경무대를 방문했다. 세배 손님도 모두 다녀가고 난 오후 4시가 지난 뒤여서 경무대는 고즈넉했다. 김성수, 신익희, 조소앙 등 5거두의 대표자 회합이 거듭되는 가운데 신년을 맞게 되자 관계자들은 거북살스러운 정치적 회합보다 우선 자연스럽게 신년 인사모임부터 개시되기를 바랐는데, 이 이야기가 김구와 김규식에게 전해지자 김규식은 "신년 회합은 예상사"라고 가볍게 수긍하고 경무대를 찾은 것이었다. 이승만과 김규식의 회동은 정부수립 이후 처음이었다.[54] 그러나 김구는 이날 정릉리에 있는 모친 산소에 성묘하러 갔다가 동네 노인들이 저녁상을 준비하고 만류하는 바람에 붙들려서 참석하지 못했다. 김구쪽에서는 "의례적인 회합보다는 정치협의라도 하는 것이 옳지 않느냐"는 반응이었다고 한다.

이승만과 김규식은 안재홍과 명제세가 합석한 가운데 한시간가량 환담을 나누었다.[55]

김규식은 1월3일에는 경교장으로 김구를 방문했다. 이에 대하여 한독당 선전부장 엄도해는 "김 박사의 경교장 방문은 신년 인사에 불과하다. 3영수 합작설은 원칙적으로 찬동하는 바이며, 다만 구체적 방안의 작성이 필요할 것이다"라고 말했다.[56] 그리고 안재홍도 1월2일에 명제세와 김구를 방문하고 조건없는 3영수 합작을 권유했다.[57] 이보다 앞서

---

54) 《독립신문》 1949년1월6일자, 「金博士態度注目」.
55) 《漢城日報》 1949년1월5일자, 「金博士李大統領訪問」.
56) 《朝鮮中央日報》 1949년1월5일자, 「金奎植博士金九氏訪問」.
57) G-2 Periodic Report, no.1030(1949.1.6.), p.1.

김구는 1948년12월22일 오전에 오랜만에 삼청장으로 김규식을 방문했다.[58)]

그러나 유엔한국위원단의 방한을 앞두고 위원단의 역할에 대하여 서로 다른 기대를 하고 있는 이승만과 김구는 두 사람 다 3영수 합작설에 부정적이었다.

김구는 12월28일에 머지않아 도착할 유엔한국위원단에 대한 소감을 묻는 기자에게 다음과 같이 말했다.

"유엔위원단이 남북통일과업을 완수하겠다는 목적을 가지고 오는 것이니, 내한한 후의 그들의 사업을 보아야 말할 수 있을 것이며, 그때에 가서 나의 태도를 천명하겠다. 이번에도 북한에서는 전번과 같이 유엔위원단이 들어가는 것을 거부하지나 않을까 우려되는 바인데, 나의 생각으로는 거절할 것 없이 합법적인 총선거를 실시한다 하더라도 별다른 영향은 없을 것이다."

그리고 3영수 합작운동에 대한 소신을 묻는 기자의 질문에는 김구는 잠깐 답변을 주저하고 침묵한 뒤에 불쑥 "나를 또 욕보이려는 것이다"하고 말했다.[59)]

1월16일에 호국역경원에서 소집된 한독당의 임시 중앙집행위원회에서 행한 김구의 연설에는 한독당의 존립에 대한 김구의 위기의식이 깔려 있었다. 김구는 머지않아 서울에서 통일을 위한 남북협상이 열릴 것을 믿으며, 그것은 결코 공염불이 아니라고 역설했다.

"일부 인사들은 남북협상이라는 것을 몹시 싫어한다. 그것도 무리는 아닐 것이다. 제1차 남북협상에서의 굳은 맹약을 북한 공산주의자들이 파괴하고 인민공화국을 세웠으니, 이것을 보고 낙심하는 것도 비난할 수 없다. 그러나 북한에도 남한같이 절대다수의 민중이 우리와 공명하므로

58) 《서울신문》 1948년12월24일자, 「金九氏三淸莊訪問」.
59) 《大同新聞》 1948년12월30일자, 「UN委員團마저 南北總選擧期待」.

우리와 함께 분투하려고 하고 있으며, 또 공산주의자 자체내에도 세계적 신조류와 3천만 동포의 욕구에 순응하야 우리와 협상하고자 하는 진보적 애국분자가 날로 증가되고 있으니, 우리는 조금이라도 비관할 필요가 없다.…"

공산주의자 자체내에도 자신들과 협상하고자 하는 진보적 애국분자가 날로 증가하고 있다는 말이 어떤 상황을 두고 한 말인지 알 수 없다.

김구는 자신의 주장을 "공염불"이라고 비아냥거리는 사람들이 있다면서 다음과 같이 반박했다.

"그러므로 나는 머지않아 서울에서 조국의 통일을 위한 남북협상이 있을 것을 희망하며 또 믿고 있다. 혹자는 이것은 한개의 좋은 이론이라고 하야 공염불같이 코웃음 치지마는 좋은 이론이 없이 좋은 실천이 있을 수 없는 것이다. 자고로 위대한 혁명가, 학자, 발명가들이 얼마나 많은 공염불로부터 자기의 이상을 성공하였던 것도 우리는 잘 알고 있다."

이처럼 김구는 이상주의의 힘을 강조하고 나서 다음과 같이 강변했다.

"친애하는 동지 여러분! 우리의 걸어온 길은 정확하였다. 앞으로 갈 길도 이 길뿐이다. 우리가 아직도 성공하지 못한 것은 환경의 불우와 노력의 부족에 기인한 것뿐이요 노선이 잘못된 것은 아니다. 그러므로 우리는 이 길에서 최후 승리를 얻을 것을 확인하는 바이니 앞만 보고 용왕매진(勇往邁進)하자. 어떠한 고난과 핍박이 있을지라도 그 시간은 멀지 아니하였다. 모든 어려운 것은 인내하고 계속 분투하자."

김구는 끝으로 당면 과제로 첫째 자주민주의 통일 독립노선의 재확인, 둘째 북한을 통한 대중적 계몽 실시, 셋째 약소국가민족의 단결, 넷째 국제친선 도모, 다섯째 조난 또는 순직하는 동지들의 구호를 들었다. 그러고는 이것을 위하여는 당을 정비하며 강화하는 동시에 용감하고 열렬한 애국민중을 한독당 산하로 집결시켜야 한다고 강조했다. 그러고는 "우리 동지들은 다 각각 힘과 돈을 당에 바치자" 하고 당원들의 당에 대

한 충성과 헌금을 요망했다.[60)]

이승만의 입장에서 볼 때에 김구의 이러한 주장은 유엔총회의 한국 정부 승인결의로 흥분해 있는 분위기에 찬물을 끼얹는 것이나 마찬가지였다. 그러한 김구와의 합작이란 있을 수 없는 일이었다. 이승만은 "3영수"라는 말 자체가 못마땅했다. 그리하여 정부대변인은 1월18일에 신문기사 용어를 정확하게 사용할 것을 요구하는 다음과 같은 담화를 발표했다.

최근 모 신문지상에 발표되는 기사에 3영수회담이니 남북협상이니 하는 것이 있어서 일반 민심을 현혹케 하는 일이 왕왕 있음은 유감된 일이라고 아니할 수 없다. 영수 운운은 결국 우리의 독립국가가 수립되기 전에 항일투쟁으로 전 민족을 영도하고 나갈 때에는 영수라는 말이 성립되어도 오늘과 같이 우리의 자유독립국가가 수립되어 있는 이 마당에, 이 대통령은 우리의 유일한 최고 원수요 또 대통령이라는 신성한 직위를 가지고 있는 이상 세칭 영수와는 따로이 국가적 최고 지위에 있음에도 불구하고 영수 운운함은 큰 불찰이라 아니할 수 없다. 따라서 합작이라고 함도 부당한 말이니, 영수가 아닌 대통령과 무엇을 합작하는가를 생각할 때에 3영수 합작이라는 것은 존재할 수 없으므로, 신문에서는 이 취급에 각별한 주의를 해주기 바란다.

남북협상론에 대해서는 다음과 같은 말로 비판했다.

그리고 아직도 남북협상을 주장하고 이북정권이 말하는 관념유희에 가까운 진부한 언사를 쓰고 있음은 이 또한 모순당착이 아닐 수 없다. 남북통일의 위대한 의안은 유엔의 신한국위원단이 내한하여 우

---

60) 金九, 「第六届第五次中央執行委員會(臨時)에 際하야 同志諸位께 告함」, 『白凡金九全集(8)』, p.703.

리 한국정부와 협의하여 모든 절차를 작정할 것이요, 또 유엔위원단은 우리 한국정부 외무부를 통해서만 모든 교섭이 진행될 것은 정한 이치인 것이다. 따라서 우리 대한민국 정부가 남북을 통치하는 통일한 정부이므로 북한이라는 말이나 이북의 정권이 유엔에서 승인되지 못하는 이상 이에 대한 정확한 개념을 가지고 남북협상이니 이북정권이니 하는 것을 기사취급에서 주의해 주기 바란다.[61]

이렇게 하여 3영수 합작설은 일단 일부 정파와 그 성사를 기대하는 일부 지식인들의 '공염불'이 되고 말았다.

2

그동안 김구는 경교장에 칩거하면서도 중국이나 북한 지역에 비밀공작단을 파견해 놓고 있었다.[62] 1948년 여름에 북한지역으로 보낸 것으로 보이는 한 공작단의 대표 강현홍(康賢洪)이 1949년1월15일에 김구에게 보낸 편지가 보존되어 있어서 이때의 상황을 짐작하게 한다. 편지는 김구를 "각하"라고 호칭하면서 먼저 보고가 늦어진 이유부터 설명했다.

김구 수석(首席) 각하.

각하시여 반개년이나 아뢰지 못하와 죄송하도소이다. 이유로서는 첫째 선생님이 서울 떠나셨다는 공공연히 발표하는 방송을 들은 것, 둘째 정세(政勢)의 변천으로 기회를 기다리자는 것, 셋째 정계(靜界)를 선언하신 각하의 심정을 상해드릴까 염려한 것, 넷째 정세(政勢)가

61) 《서울신문》 1949년1월19일자, 「領袖云云은 不察」; 《自由新聞》 1949년1월19일자, 「世稱三領袖와 南北協商에 對한 見解」.

62) 都珍淳, 「1949년 김구의 '마지막 노선'에 대한 검토」, 于松趙東杰先生停年紀念論叢刊行委員會 編, 『于松趙東杰先生停年紀念論叢 II 韓國民族運動史研究』, 나남출판, 1997, pp.969~971.

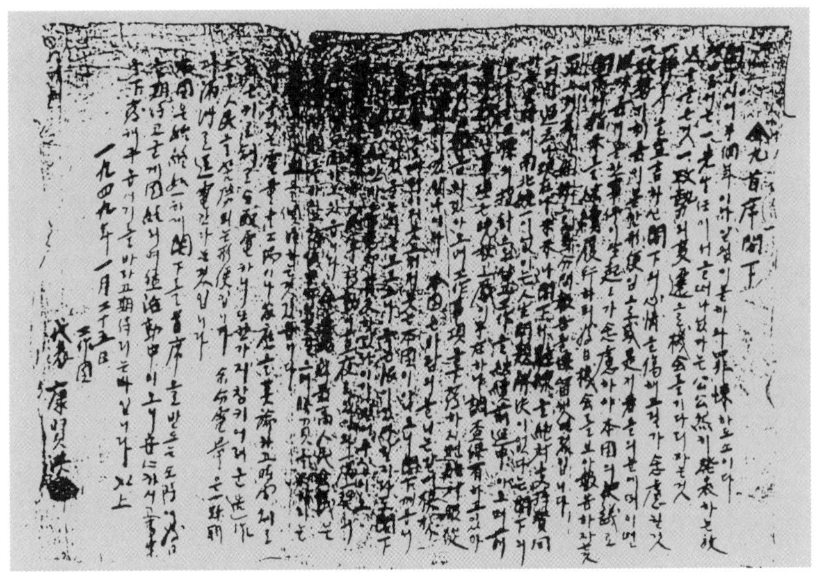

김구가 밀파한 공작원 강현홍이 김구에게 보낸 보고 편지.

이롭지 못한 형편이므로 혹시 저자들의 눈에 뜨이면 재미롭지 못한 사건이 생길까 염려하야 본단의 결의로 각하의 지시를 계속 이행하되 후일 기회를 보아 보고하자는 것, 이상 열거한 조건으로 당분간 보고를 유보했던 것입니다.

편지는 이어 김구의 노선을 지침으로 삼고 활동을 계속하고 있다고 다음과 같이 썼다.

그러나 과거나 현재나 미래나 각하의 노선을 절대 지지 찬동하는 동시에 남북통일이 없이는 인생문제 해결이 없다는 각하의 선언을 목표의 지침으로 삼고 공작을 계속 전진중이오며, 전번에 하교하신 사항은 만시지감이 있으나 조사 보유하고 있아오니 후일 보고하겠아오며, 공작 사항을 하교하시면 절대 복종하야 준수하겠삽나이다.

본단은 바람에 불리는 갈대 모양으로 정세를 따라 이리 붙고 저리

붙는 본단이 아니오니, 각하께옵서 혹시 의심하셨을는지 모르오나, 죽는 한이 있다 할지라도 각하께 한번 서약한 바를 망각 배반하겠나이까. 믿어주십시오.

강현홍의 편지는 38선 접경지대의 상황 등을 비교적 정확하게 보고했다.

현재 삼팔 접경에는 인민군 이동이 주야로 있아와 일촉일발(一燭一發)의 위기에 당면하고 있습니다. 금번 북선 최고인민회의는 삼팔선 문제를 가지고 토의중인 것 같으며, 승부를 결하라는 □□(판독불능)으로 심혈을 경주하는 것 같습니다.

근일부터는 전량(電量)을 공장이나 가정을 막론하고 시간별로, 혹은 킬로별로 분배전(分配電)하니, 또 한가지 참기 어려운 조작으로 인민은 고로(苦勞)되는 형편입니다. 여분 전량은 소련과 만주로 송전한다는 것입니다.

편지는 끝으로 김구에게 거듭 충성을 다짐하면서 다음과 같이 끝맺었다.

본단은 시종여일하게 각하를 수석으로 받드는 동시에, 후일을 기대코 굳게 단결되어 맹활동 중이니, 안심하시고 사업을 하교해 주옵시기를 바라고 기대하는 바입니다. 이상.

1949년1월25일

공작단 대표 강현홍[63]

편지에서 김구를 '수석'이라고 호칭한 것은 '주석(主席)'의 오기이다.

---

63) 「康賢洪이 金九에게 보낸 보고 편지」, 『白凡金九全集(8)』, p.730.

김구의 남북협상과 미군철수에 대한 일관된 주장은 열혈 추종자들의 그에 대한 이러한 추앙과 신뢰감이 큰 기반이 되었을 것이다.

한편 김구는 1월22일에 경교장에서 기자회견을 했는데, 미국과 중국의 새로운 정세에 대한 그의 견해를 진솔하게 표명하고 있어서 눈길을 끈다. 김구는 낙관주의자였다.

기자들은 먼저 1월16일의 임시 중앙집행위원회 회의에서 서울을 회담장소로 하는 남북협상을 희망한다고 했는데 그 방책은 어떤 것이냐고 물었다. 김구는 다음과 같이 대답했다.

"이것은 조국의 통일을 갈망하는 사람들이 다 같이 희망하는 것으로서 나도 그 중의 한 사람이다. 그리고 이것이 실현되기 위하여는 북쪽에서도 유엔위원단의 입경을 동의하여야 한다."

그러나 그것은 소련의 한반도정책이 바뀌기 전에는 실제로 기대할 수 없는 일이었다. 이어 그는 트루먼 대통령의 재취임에 따른 미국의 금후의 대외정책에 대해서는 다음과 같이 전망했다.

"대소 국교를 조정하고 전 인류를 평화의 세계로 인도하는 주동권을 미국이 장악하였다고 본다. 미국의 시민은 물론이거니와 지금 전 세계의 인류는 20세기의 위대한 정치가 트루먼씨에게 (관심이) 집중된 감이 있다. 나는 트루먼 대통령의 대내외정책을 가장 진보적이라고 찬양하고 싶다."

그러나 트루먼의 대내외정책의 어떤 점이 "가장 진보적인 것"인지는 설명하지 않았다. 그리고 중국의 앞으로의 정세를 어떻게 보느냐는 질문에는 매우 주목할 만한 전망을 했다.

"나는 장 총통에 대한 우정으로서는 척연[戚然: 근심스럽고 슬픔]한 감을 불금한다. 그러나 중국의 인민들은 장개석 장군을 다시 찾게 될 날이 있을 것이다. 그리고 모택동(毛澤東) 정권의 신정책은 전 세계의 주목을 끌고 있으며 아시아의 티토(Josip Broz Tito)로 될 가능성이 농후한 것 같다. 여하간 미영과 타협하지 않는 정권이 목하 중국에서 장구히 존립하기는 어려울 것이다. 모택동 신정권이 성공하게 된다면 한국의 좌익에게도 새로운 세력과 새로운 노선이 대두할 수 있는 만큼 지대한 영향을 주게 될 것이다.…"[64)]

미국과 중국에 대한 이러한 평가는 미군철수 주장과는 관계없이 김구의 국제정치 인식이 기본적으로 보수적이었음을 말해 준다. 미군철수 주장은 그의 강렬한 민족주의 감성에서 연유하는 것이었다.

3

김구의 가난한 동포들에 대한 사랑은 많은 미담을 남겼는데, 이 무렵의 일로는 1948년12월31일에 염리동 이재민촌, 용산 이촌동, 금호동, 숭인동, 장충단, 청계천의 집없이 굶주림에 떨고 있는 동포들에게 총 금액 90만원을 희사하여 세모의 뉴스가 되었다. 이 돈은 김구의 모친과 아내와 장남을 중국에서 이장했을 때에 들어온 조의금과 차남 신(信)의 결혼 때의 축의금을 모은 것이었다. 금호동의 600여호 이재민 부락은 김구가 희사한 25만원으로 학교에 다닐 수 없는 아이들을 위하여 학원을 건설하기로 하고 1월27일에 개원식을 가졌다. 학원이름도 김구의 호를 따서 '백범학원'이라고 했다.[65)] 염리동 천막촌의 이재민들도 금호동 이재민들을 본받아 김구가 희사한 25만원으로 아이들 350명을 수용할 수 있는 천막공민학교를 지었다. 학교 이름은 김구의 아명인 창암(昌巖)을 따서 '창암공민학교'라고 했다. 김구는 그 뒤에도 시가 5만원가량의 유리와 그 밖의 건축 재료를 이 학교에 기증했고, 교원까지 한 사람 파견하여 그 급료를 부담했다.[66)] 창암공민학교는 3월14일에 문을 열었다. 교원은 강영

64) 《朝鮮日報》1949년1월23일자, 「韓委入北希望」; 《漢城日報》 1949년1월23일자, 「新韓委의 北韓入境希望」.

65) 《東亞日報》 1949년1월29일자, 「白凡學院開設」; 《自由新聞》 1949년7월3일자, 「先生의 特志로 設立된 白凡·昌巖兩學校」.

66) 《東亞日報》 1949년5월17일자, 「昌巖公民學校에 金九氏五萬圓喜捨」.

김구가 희사한 90만원으로 금호동에 세워진 '백범학원'(위)과 염리동에 세워진 천막학교 '창암공민학교'.

희(姜永喜)라는 여교원까지 서너 사람 있었고, 학교는 6·25전쟁 때까지 운영되었다.[67]

1월30일에는 유엔한국위원단 제1진이 서울에 도착했다. 유엔위원단 사무국 대표는 이날 위원단의 행동과 업무에 대한 제1차 발표를 통하여

---

67) 昌巖學校 생도이던 李柱郢 증언.

위원단은 1947년11월14일의 결의에 의하여 총회가 인정한 원칙에 의하여 한국의 통일과 전 한국 보안군의 통합을 실현하는 데 알선을 행할 것 등 네가지를 천명했다.[68)]

김구는 2월10일에 유엔한국위원단에 "유엔의 꾸준한 노력과 활동으로 인하여 1947년11월14일에 유엔총회에서 가결된 통일 독립에 대한 결의가 기필코 실현될 것을 확신"하고, "자주통일을 갈망하는 남북한인의 절대 다수는 귀 위원단의 과업을 적극 지지하고 협조"하며, "제3차 유엔총회에서 대한민국 정부를 합법정부로 승인한 역사적 사실"을 명기하는 동시에 "남북통일이 조속히 실현되기를 기원"한다는 메시지를 보냈다.[69)] 그것은 유엔한국위원단과의 교섭은 외무부를 통해서만 가능하다는 정부 대변인의 성명을 무시하는 것이었다. 메시지가 김규식과의 공동명의가 아닌 점이 이 무렵 남북협상에 대한 두 김의 입장 차이를 짐작하게 한다.

같은 날 경교장에서 통일독립촉진회 상무위원회가 열렸는데, 이 자리에는 그동안 참석하지 않았던 두 김도 참석하여 정국의 새로운 추이를 느끼게 했다. 몇번이나 유회를 거쳤고 또 한독당과 민족자주연맹이 각각 임시 중앙집행위원회를 개최하고 나서 처음 열리는 회의인 만큼 큰 관심을 모았다. 두 김과 김학규(金學奎), 엄항섭, 설의식(薛義植), 김붕준(金朋濬), 배성룡(裵成龍), 송남헌(宋南憲), 권태양(權泰陽) 등 양쪽의 핵심 간부 10여명이 모인 회의였다. 회의에서는 2월1일부터 업무를 개시한 유엔한국위원단에 대한 대책과 앞으로의 노선에 대한 토의가 있었고, 2월12일에는 다음과 같은 성명서를 발표했다.

> 국토의 통일이 없는 곳에 국가의 독립이 있을 수 없는 것은 재론할

---

68) 《서울신문》 1949년2월1일자, 「韓國統一斡旋과 占領軍撤退監視」.
69) 《京鄕新聞》 1949년2월11일자, 「韓委積極支持 金九氏 멧세지」.

필요도 없거니와 국토의 통일은 민심의 통일에서만 오는 것이다. 오늘날까지 남북통일을 목이 터지도록 부르짖되 아직 그 일보도 전진되지 못한 것은 필경 민심이 통일되지 못한 까닭이다. 현하 남한에 있어서도 유엔한국위원단의 내한을 계기로 남북의 화평통일을 부르짖는 한편 민족진영 자체의 합작운동이 활발하게 전개되는 듯하다. 그러나 확고한 원칙이 없이 다만 강개한 열정에서만 우러나오는 합작운동으로서는 일시 민중에게 충동을 줄지언정 소기의 목적을 달성하기 곤란할 것이다.… 이에 우리는 느낀 바 있어 5개항의 원칙을 제시하는 바이니, 국가와 민족을 위하야 각자의 의견이 활발하게 전개되기를 바란다.

5개항의 원칙이란 (1) 자주적인 완전독립의 지표를 확립하여 이를 적극적으로 고취할 것, (2) 평화적 남북통일을 조속히 완성할 것, (3) 평등호혜의 입장에서 국제친선을 촉진할 것, (4) 유엔한국위원단의 업무 추진에 협력하고 민의의 창달을 촉성할 것, (5) 정치력의 질량을 급속히 앙진(昂進)시킬 것이었다. 성명서는 각 항목마다 구체적 내용을 언급했는데, (5)항의 내용은 다음과 같았다.

반민법의 철저한 발동으로써 민족정기를 확립하는 것도 그것의 하나이며, 토지개혁을 시급히 실시하여 농촌에 활기를 주는 것도 그것의 하나다. 통화개혁, 동력조정, 기타 국가적 계획경제로서의 산업재편성 등 요컨대 진보적 시책을 양심적으로 강행하는 한편 권력의 민주화, 이도(吏道)의 숙청 등 명랑하고 폭넓은 정치로써 생산력과 인화력을 증강하여야 할 것이다.[70]

유엔한국위원단은 2월12일 오전에 덕수궁 석조전 회의실에서 일반

---

70) 《독립신문》 1949년2월13일자, 「兩金氏提携强化」 및 「五原則提示-統促聲明」.

공개리에 첫 회의를 열었다. 회의에는 한국정부를 대표하여 이승만과 국무위원들과 국회의장 신익희가 참석했고, 김구를 비롯하여 김성수, 안재홍, 조소앙, 여운홍(呂運弘) 등 정계요인들도 참석했다.[71]

71) 《朝鮮日報》 1949년2월13일자, 「韓委第一次公開會議」; 《東亞日報》 1949년2월13일자, 「韓國委員團本格的活動開始」.

105장

반민족행위자 처벌방법 논쟁

1. "반민법은 헌법에 위반되는 법률"
2. 국무회의에서 김구의 지방여행 논란

1. "반민법은 헌법에 위반되는 법률"

1

헌법 제101조의 규정에 근거한 반민족행위자 처벌을 위한 특별법 제정 작업은 정부수립작업이 일단락되자 바로 시작되었다. 경기도 수원 출신의 무소속 김웅진(金雄鎭) 의원 등 10명의 의원들은 8월5일의 제40차 국회 본회의에 반민족행위처벌법 기초위원회를 설치할 것을 제안했고, 이 제안에 따라 각도 대표 3명씩(제주도는 1명)으로 하는 특별법기초위원회가 구성되었다.[1)]

이날 특별법 제정의 필요성을 역설한 전북 익산군(을) 출신의 이문원(李文源) 의원의 다음과 같은 발언은 이 기초위원회에서 제정될 특별법의 특성이 어떤 것이 될 것인지를 예고하는 것이었다.

"우리 국회가 따로이 특별위원회를 두자고 하는 데는 두가지 큰 목적이 있다고 생각합니다. 그 하나는 이것을 행정부에 맡겨서 하더라도 법률을 적당한 시기에 제정해 가지고 실시될 것은 사실이지만, 한걸음 먼저 우리가 이것을 조급히 생각하는 이유는 우리는 기성국가가 아니고 따라서 우리는 전 민족을 대표해서 뽑혀 나온 국회의원, 즉 말하자면 우리 국가의 최고 권력기관인 국회의원인 때문에 이것을 누구를 믿을 수가 없는 것입니다.… 그러기 때문에 아까 의장 말씀이 입법이 되면 이것을 실행하는 행정부에서 시행하리라고 하셨는데, 이 특별위원회에서 제정한 8·15 이전에 반민족행위를 한 데 대해서는 국회에서 이것을 충분히 간섭하지 않으면 안되리라고 생각하는 것입니다.… 우리는 입법에만 그칠 것이 아니라 그 실행에 있어서도 우리 손이 미쳐야 할 것을… 규정하지 아니할

---

1) 『制憲國會速記錄(1)』, 제1회 제40호(1948.8.5.), pp.752~753.

수 없다는 것입니다."[2)]

그러나 이러한 주장은 넘치는 사명감과 의욕에도 불구하고 3권 분립이라는 민주주의의 가장 기본적인 원리를 무시한 일종의 혁명재판소 설치와 같은 발상이어서 논란의 소지가 있었다.

특별법기초위원회는 8월6일에 제1차 회의를 열고 김웅진 의원을 위원장으로, 서울 마포 출신의 무소속 김상돈(金相敦) 의원을 부위원장으로 선출하고, 헌법기초위원회 전문위원이었던 고병국(高秉國)을 전문위원으로 선임했다. 기초위원회는 바로 활동을 시작하여 8월14일까지 전문32조의 반민족행위처벌법안을 작성하여 국회에 제출했고,[3)] 국회는 8월17일부터 열띤 분위기 속에서 심의를 진행했다. 김웅진은 이 법안을 기초하면서 해방이후에 각 단체에서 만든 초안, 일본의 공직자추방령, 38선 이북의 인민위원회에서 만든 법안, 장개석(蔣介石)의 전범 처벌 등을 많이 참고했다고 보고했다.[4)]

국회에서 「반민족행위처벌법」(반민법)의 심의가 진행되고 있는 9월1일에 이승만은 그것이 빚어내고 있는 우려되는 사태를 올리버에게 자세히 써 보냈다.

> '친일파법'(일본인들에게 협력한 혐의가 있는 자를 공직에서 추방하는 법)이 경찰을 흥분시켜, 그들 가운데 상당수가 공산당과 합류했습니다. 당신도 알다시피 경찰은 미 군정부로부터 인계받은 것입니다. 내가 이미 체신부 장관과 교통부 장관으로 임명한 두 사람을 한민당이 해치려고 하기 때문에 국회는 반민법 통과를 고집했습니다. 온 나라가 흥분의 도가니가 되고 있습니다. 경찰간부들은 지금까지 자신들은 치안을 유지해왔는데 이제 쫓겨나게 되었다고 말합니다. 요

---

2) 『制憲國會速記錄(1)』, 제1회 제40호(1948.8.5.), pp.746~747.
3) 『制憲國會速記錄(1)』, 제1회 제41호(1948.8.16.), pp.768~770.
4) 『制憲國會速記錄(1)』, 제1회 제42호(1948.8.17.), p.804.

컨대 어떤 남자나 여자가 친일파가 아니었다고 말할 수 있는 사람이 없다는 것입니다. 김성수(金性洙)와 그 밖의 다른 모든 한민당 지도자들도 일본인들과 일해서 돈을 벌었습니다. 하지 장군의 송별회 때에 김활란(金活蘭)은 국회의원들에게 친일파 문제를 신중히 다루어 달라고 말했습니다. 왜냐하면 그들 모두가 다 협력할 수밖에 없었다는 것입니다. 자기와 임영신(任永信)도 학교를 지키기 위하여 협력할 수밖에 없었다고 말했습니다.5)

반민족행위자라는 이유로 해직된 경찰관들이 남로당의 사주로 공산주의자가 되어 군대에 지원하는 사람도 적지 않았다. 이 무렵 군대는 자격심사가 엄격하지 않았으므로 남로당의 좋은 침투표적이 되고 있었다. 이때의 상황에 대하여 초대 내무부 장관을 지낸 윤치영(尹致暎)은 "건국 초창기에 한국실정에 어두운 미 군정측이 우리 민족진영의 자문을 무시하고 분별없는 인선으로 국군 내부에 공산분자들의 온상을 허용했다는 사실은 커다란 오점이 아닐 수 없었다"라고 술회했다.6)

「반민족행위처벌법」에 대한 국회 본회의의 제2독회가 막바지에 이른 9월4일에 이승만은 법제정에 신중할 것을 촉구하는 담화를 발표했다.

친일분자 처벌문제는 내가 3년 전에 귀국한 날부터 문제가 되던 바이다. 내가 그때에도 말한 바는 정부를 세워서 국권을 찾은 후에 특별법원을 조직하고 특별법을 만들어 공결(公決)로 처단해야 될 것이라고 선언하였다. 지금 국회에서 이 문제로 많은 사람이 선동되고 있으니, 내가 한번 더 설명하고자 하는 바는 이때가 이런 문제로 민심을 이산시킬 때가 아니요, 이렇게 하는 것으로 이 문제가 처단이 되지 못

5) Rhee to Oliver, Sep. 1, 1948(梨花莊所藏); Robert T. Oliver, *Syngman Rhee and American Involvement in Korea*, pp.191~192.

6) 尹致暎, 『東山回顧錄 尹致暎의 20世紀』, 삼성출판사, 1991, p.227.

하고 백방으로 손해만 될 뿐이니, 나라를 위하며 동포를 도우려는 남녀는 각각 심사원려(深思遠慮)해서 먼저 정권을 회복하여 정부의 권위가 내외에 확립되도록 가장 힘쓸 것이다. 원래 법률을 먼저 정하고 그 법률에 위반한 자를 정죄(定罪)하는 것이 통례이지마는 전에 지은 죄를 벌주기 위해서 정하는 법은 통례가 아니므로 비상조치로써 적어도 국민다대수의 협의를 얻어 특별법원 판결에 복종할 것인 만치, 형식이라도 만들어 가진 뒤에 처단해야 할 것이지 그러지 않으면 처벌의 경중을 막론하고 이 문제가 또 발생되어서 끝날 날이 없을 것이다. 지혜로운 우리 남녀동포들은 무익한 쟁론을 피하고 조용히 방식을 연구해서 남의 나라 사람들이 이런 경우에 행한 것을 모범하는 것이 좋은 줄로 생각한다.[7]

이승만의 이러한 권고에도 불구하고 「반민족행위처벌법」은 한달에 걸친 심의를 마치고 9월7일에 재석의원 141명 가운데 가 103표, 부 6표라는 절대 다수표로 가결되었다.[8]

국회로부터 「반민족행위처벌법」이 회부되어오자 정부는 긴급국무회의를 열고 법무부 장관 이인(李仁)의 의견에 따라 이를 거부하기로 의결했다. 이인은 밤을 세워 거부의견서를 직접 작성했다. 그러나 그럴 경우 발등의 불인 「양곡관리법」과 「미곡매상법」의 국회통과가 불가능할 것이 확실했으므로 9월22일에 「반민족행위처벌법」을 법률 제3호로 공포했다.[9] 그리고 이승만은 이튿날 민의에 따라 반민법을 공포했다고 조심스러운 담화를 발표했다.

왜적에 아부하여 악질적인 반민족행위를 감행한 자를 처벌함은

7) 《朝鮮日報》 1948년9월4일자, 「反族法案은 愼重期約」.
8) 『制憲國會速記錄(1)』, 제1회 제59호(1948.9.7.), p.1126.
9) 李仁, 『愛山餘滴 (第1輯)』, 世文社, 1971, pp.57~61.

민의가 지향하는 바이며 우리가 다 이를 각오하는 바이므로, 이번에 국회에서 의결된 「반민족행위처벌법」에 대하여 본대통령은 민의를 따라 서명 공포한 것이다. 다만 본대통령은 이 법을 공포함에 제하야 몇 가지 소감을 피력하지 않을 수 없다. 첫째 이 법에는 작(爵)을 받은 자의 자손에게 벌이 미쳐서 그 재산을 몰수한다는 규정이 있는 바 이것은 소상한 해석이 없으면 중고시대(中古時代)의 연좌율과 혼돈될 염려가 있으므로 현대 민주주의 법치국가로서 이런 법을 적용한다는 오해를 피해야 될 필요가 있을 것이며, 또 고등관을 역임한 자를 관등을 구별하여 벌칙을 정한 것은 일정한 차별을 만들기에 필요한 것이지마는, 법률은 문구보다 정신을 소중히 하는 것이니, 비록 등급으로는 처벌에 해당한다 할지라도 정신적으로는 용서를 받을만한 경우도 있을 것을 참작하여, 일단 특별법원을 조직한 후 본법 해당자를 재판하는데 있어서는 이런 점에 특별 유의하여 억울한 일이 없도록 힘쓰기를 희망하며, 일반 동포도 이런 점을 양해하여 이 방면으로 주의하기 바라는 바이다.

이승만은 이처럼 반민법의 기본적인 문제점을 지적하고 나서, 법적용에서 관용의 정신과 정부 승인과 관련한 국제적 환경을 고려할 것을 촉구했다.

제6조에서 "본법에 규정한 죄를 범한 자가 개전의 정상이 현저할 때에는 그 형을 경감 또는 면제할 수 있다"라고 한 것은 관엄(寬嚴)을 구비한 규정이라 할 것이니, 대개 법으로서 죄를 벌함은 범죄자에게 보복을 하는 것보다는 범죄자를 선도하여 개과천선의 기회를 주려는데 목적이 있는 까닭이다. 법률은 공평하고 엄정하기를 주안으로 삼는 것이니, 의혹이 있는 경우에는 후한 편으로 치우치는 것이 가혹한 편으로 치우치는 것보다 항상 가할 것이다.

또 한가지 말하고자 하는 것은 내가 자초로부터 주장하던 것은 반민족행위자를 처벌함은 정부가 완전히 선 후에 하자는 것이다. 지금 대한민국 정부가 비록 성립이 되었으나 정권이양이 아직도 진행 중에 있는 터이요 또 유엔총회의 결과도 아직 완정(完定)되지 못한 터이므로, 모든 사태가 정돈되지 못한 이때에 이 문제를 처리함에 있어서는 내외정세를 참고하여야 할 점이 허다한 것이니, 지혜로운 모든 지도자들은 재삼 생각할 필요가 있음을 이에 선명하는 바이다.[10]

이승만이 「반민족행위처벌법」을 탐탁하게 여기지 않았던 것은 그가 친일파들을 중용하고 있기 때문이라는 비판이 있었다. 그것은 사실이었다. 그러나 그것은 개인적인 이해관계에 의한 것이라기보다는 한일관계의 장래에 대한 그 나름의 판단과 그것에 따른 선택이었다.

1951년5월에 친일파로 비판받는 임문환(任文桓)을 농림부 장관에 임명했을 때의 에피소드가 참고된다. 임문환은 고학으로 도쿄제대(東京帝大)를 졸업했고 재학 중에 일본 고등문관시험에 합격하여 용인 군수, 강원도 광공부장 등을 역임한 조선총독부의 고등관이었다. 8·15 이후에는 제헌국회의 헌법기초위원회 전문위원으로 일했고 정부수립과 동시에 상공부 차관, 보건부 차관 등을 역임했으나 친일파라는 비판을 받고 단명으로 물러났다. 피난지 부산에서 농림부 장관에 다시 발탁된 임문환은 다른 두 신임 장관과 함께 국회에 신임 인사를 하러 갔으나 친일파라는 이유로 인사를 거절당했다.

인사도 하지 못하고 돌아온 임문환을 불러 이승만은 다음과 같은 말로 위로했다.

"일본정부는 하와이에 있는 내 머리에 막대한 현상금을 건 적이 있었지. 그런 일 때문에 내가 일본을 싫어하는 줄 아는 사람도 있는 모양이야.

---

10) 《朝鮮日報》 1948년9월24일자, 「反民者의 處罰」.

그러나 그러한 개인적인 문제는 먼 옛적에 잊었어요. 지금 내가 일본과 아라사[我羅斯: 러시아]의 일을 걱정하는 것은 나라의 장래를 생각하기 때문이오. 그러나 아라사는 공산당이기 때문에 언젠가는 민주주의에 집니다. 그때까지 조심하고 있으면 돼요. 일본은 달라. 미국에 밀착해서 민주주의와 함께 번영해 나갈 거요. 내가 비행기를 타고 내려다본 일본은 산꼭대기까지 저수지를 만들었고, 산비탈이 논이 되어 있습디다.… 이처럼 좁은 토지에 저렇게 많은 사람이 살고 있으면 오래도록 행복하게 살아갈 수 있을 턱이 없어요. 언젠가는 상업이니 뭐니 하는 이름을 빌려 가장 가까운 우리나라로 밀려올 거요. 그때야말로 일본을 잘 아는 당신들 친일파가 나라를 지켜야 해. 지금은 오직 자중해서 시험대에 놓인 당신이 세상 사람들의 비난을 누그러뜨리는 데 전념해야 돼요."

임영신과 먼 일가이면서 일본 제6고등학교의 선배 김준연(金俊淵)의 소개로 한민당계 사람이 되어 있는 임문환은 이승만의 이러한 말을 듣고 매우 놀랐다.[11]

이승만의 말은 또 6·25전쟁으로 부산까지 밀려가 있는 상황인데도 소련은 공산주의국가이기 때문에 민주주의와의 대결에서 패배할 것이라고 확신하고 있음을 보여주고 있어서 눈길을 끈다.

2

반민족행위특별조사위원회(반민특위)는 1949년1월5일 오전 11시에 중앙청 제1회의실에서 위원회 중앙사무국의 조사관 및 서기 취임식을 거행함으로써 본격적인 업무를 시작했다.

반민특위 위원장인 경북 고령 출신 국회의원 김상덕(金尙德)은 개식사에서 "반민법을 공포한 지 3~4개월이 넘도록 아직 반민자들을 처단하

---

11) 任文桓, 『日本帝國と大韓民國に仕えた官僚の回想』, 草思社, 2011, pp.374~376.

반민특위 위원장 김상덕 의원(왼쪽)과 부위원장 김상돈 의원(오른쪽).

지 못하고 있음은 대단히 유감이나 금년은 벽두부터 거창하고 어려운 이 사업을 국회의 지지와 행정부의 협력 밑에 수행되어야 한다고 본다"하고 행정부의 협력을 강조했다.

부위원장 김상돈은 "왜적에게 아부하여 우리의 선열들을 철창에 몰아넣고 자기 하나만의 영달을 꿈꾸던 자들이 해방 후 또다시 정세의 전환을 교묘히 살피어 미국인에게 농간을 일삼던 것이 과거 군정 3년 동안의 억울한 사정이라 아니할 수 없거늘, 하물며 우리의 정부가 수립된 오늘날 민족의 감정과 울분을 풀어주지 않는다는 것은 도저히 상상할 수 없는 일이다. 그간 반민법의 공포 실시에는 많은 장애가 있었으나, 하여튼 방해가 있더라도 이를 물리치고 민족정기를 바로잡지 않으면 안된다. 여러분들은 장한 결의와 각오를 가지고 머지않아 3천만의 박수소리를 들을 수 있도록 노력하여 주기 바란다"라는 의욕에 넘치는 격려사를 했다.[12]

눈길을 끄는 것은 반민특위의 특별검찰부 차장이라는 막강한 실권자

12) 《自由新聞》 1949년1월6일자, 「民族을 판자는 누구냐?」.

로 선임된 전북 순창 출신 국회의원 노일환(盧鎰煥)의 기자회견 내용이었다. 반민법 피의자들이 법망을 빠져나가려고 공작을 하면 어떻게 하겠느냐는 질문에 그는 "권세와 금력과 간계만으로 빠져나갈 수는 없다. 단 한 사람이라도 검찰관이 기소중지를 하면 그 사람은 그대로 사회에서 활동할 수 없게 될 뿐 아니라 언제든지 다시 처단을 받게 되는 것이다"라고 말하고, 거물 중점주의로 한다는 말이 있다는 지적에는 다음과 같이 거침없이 말했다.

"제1차로는 한 20명 정도로 거물들을 조사할 것이다. 가장 미운 놈은 해방 전에도 친일행위를 감행하고 다시 해방 후에도 버젓하게 나와 날뛴 놈들이다. 민심을 현혹시켜 대중의 분격을 산 것도 큰 죄이지만 그러한 놈들이 적산과 이권운동에 눈이 뒤집히고 심지어는 정치운동, 엽관운동에까지 몰두하며 모리배와 탐관오리의 대열 속에서도 활갯짓을 한 것도 없지 않을 것이다. 맨 먼저 처단할 자는 그자들일 것이다. 그러한 자만 한 열명 단호히 처단해 버리면 기강을 바로잡을 수 있고 기강을 바로잡으면 민심은 자연 수습될 것이다."

친일행위를 했더라도 개전(改悛)한 흔적이 있다면 관대한 처분을 내리느냐는 질문에도 노일환은 자의적인 해석을 서슴지 않았다.

"그 개전이라는 것은 친일파나 부일협력자, 반역자로서 해방 이전에 개전한 것에 한하여 적용되는 말이지 해방 후의 개전을 의미함은 아니다. 그 점을 혼돈해서는 안될 것이다."[13)]

이 말은 반민법에 의한 처벌을 해방 이전의 행위에만 국한하기로 한 반민법의 규정에 위반되는 말이었다.

중앙사무국의 발족에 앞서 국회는 1948년11월에 「반민족행위특별조사기관조직법」과 「반민족행위특별재판부 부속기관조직법」을 제정했고, 정부는 12월7일부로 두 법률을 공포했다.

---

13) 《독립신문》 1949년1월1일자, 「'改悛'은 解放前에만 適用」.

반민특위는 「반민족행위처벌법」에 근거하여 특별조사위원회, 특별재판부, 특별검찰부의 3부로 구성된 특별기관이었지만 실제 운영의 중심은 국회의원들로 구성된 특별조사위원회였다. 특별조사위원회, 특별재판부, 특별검찰부의 초기의 구성은 다음의 표와 같았다.

반민족행위특별조사위원회의 구성

특별조사위원회*		특별재판부		특별검찰부	
위원장(1명)	김상덕(경북 고령)	재판부장(1명)	김병로(법조계)	검찰관장(1명)	권승렬(법조계)
부위원장(1명)	김상돈(서울 마포)	부장재판관(3명)	서순영(국회의원)	검찰차장(1명)	노일환(국회의원)
위원(8명)	조중현(경기 장단)		노진설(법조계)	검찰관(7명)	곽상훈(국회의원)
	김명동(충남 공주)		신현기(일반사회)		김웅진(〃)
	박우경(충북 영동)	재판관(12명)	김장열(국회의원)		서용길(〃)
	김준연(전남 영암)		오택관(〃)		서성달(〃)
	오기열(전북 진안)		최국현(〃)		이종성(법조계)
	김효석(경남 합천)		홍순옥(〃)		심상준(일반사회)
	이종순(강원 춘성)		김용무(법조계)		이의식(〃)
	김경배(경기 연백)		김찬영(〃)		
			이종면(〃)		
			최영환(〃)		
			이춘호(일반사회)		
			김호정(〃)		
			정홍거(〃)		
*특조위는 전원 국회의원			고 평(〃)		

출전: 이강수, 『반민특위연구』, 나남출판, 2003

표에서 보듯이 특별조사위원회는 전원이 국회의원으로 구성되고 특별재판부는 국회의원 5명, 법조계 6명, 일반 사회인사 5명으로, 특별검찰부는 국회의원 5명, 법조계 2명, 일반 사회인사 2명으로 구성하여 반민족행위자의 처벌은 조사에서 처벌까지 국회가 주도하겠다는 의욕을 나타내었다.

반민특위의 본격적인 업무가 시작되자 이승만은 1월7일 오전에 대법원장 김병로(金炳魯)와 국무총리 이범석(李範奭), 검찰총장 권승렬(權承

烈) 등과 경무대에서 반민법의 운영에 대하여 장시간 논의했다.[14] 그리고 1월10일에는 반민법의 시행에 대한 자신의 소신을 정리한 담화를 발표했다. 그는 먼저 반민법의 특수성과 죄형법정주의의 원칙을 강조했다.

> 우리가 우리의 힘으로 싸워서 국권을 회복하였다면 이완용(李完用), 송병준(宋秉畯) 등 반역원괴들을 다 처벌하고 공분을 씻어 민심을 안돈케 하였을 것인데 그렇지 못한 관계로, 또 국제정세로 인하여 지금까지 연기하였으나, 국권을 찾고 건국하는 오늘에 있어서는 공분도 다소 풀리고 형편도 많이 달라졌고, 또 부일협력자의 검거 심사 등절이 심상한 법이 아닌 만큼 그 죄에 따라서 근본적 배경과 역사적 사실을 냉철하게 참고하지 않고는 공정히 처리하기 어려움이 오늘 우리의 실상이다. 지금 국회에서 이를 해결하기로 집행중이니 그 제정된 조리와 선임된 법관으로 이 중대한 문제가 영구히 그릇됨이 없이 해결되어야 할 것이다. 원래 죄범을 처벌하는 법률의 대지(大志)가 오직 그 죄를 징계함으로써 다시는 그러한 범법자가 없게 하고 순량한 국민을 보호함에 있으니 반민법의 정신이 반드시 이를 주장으로 삼아야 할 것이요, 또 이 법률을 진행하는 모든 법관들도 이를 주장삼아 일체의 편협을 초월하고 명확한 사실과 증거를 거울삼아 그 경중과 실정에 따라 오직 법에 의거하여서만 처단할 것이니 조금이라도 소홀히 생각하여서는 안될 것이다.

이어 이승만은 건국사업에 헌신한 사람들의 공훈을 참작하여 관용의 정신을 발휘할 것을 강조했다.

> 이에 대하여 한가지 중대히 생각할 것은 오늘 우리가 건국 초창기

---

14) 《自由新聞》 1949년1월8일자, 「公職追放發動?」; 《東亞日報》 1949년1월8일자, 「反民法運營을 協議」.

를 맞아서 앞으로 건설할 사업에 더욱 노력해야 할 것이요, 지난 일에 구애되어 앞길에 장애되느니 보다 과거의 흠절(欠節)을 청쇄함으로써 국민의 정신을 쇄신하고 국가의 기강을 밝히기에 표준을 두어야 할 것이니, 입법부에서나 사법부에서 왕사(往事)에 대한 범죄자의 수효를 극히 감축하기에 힘쓸 것이요, 또 증거가 미분명한 경우에는 관대한 편이 가혹한 형벌보다 동족을 애호하는 도리가 될 것이다. 하물며 40년 동안이라는 세월이 길었고 이제 반민법의 진행은 다소 시기가 늦은 감도 없지 않아 공분이 완화된 점도 있으니, 지나간 원혐[怨嫌: 원망하고 미워함]으로 동족 간에 잔혹한 보조를 취하는 것으로 또 세인 이목에 보이기를 원치 않는 바이다. 더욱 군정 3년 동안 우리의 정국이 심히 위험할 때에 우리가 누차 성명한 것은 누구나 왕사를 물론하고 국가의 공효를 세운 자는 장차 속죄할 수 있다는 것이었고 거기에 따라 안위를 얻고 건국에 많은 공효를 세운 사람들이 있으니, 이를 또한 생각하지 않을 수 없는 바이다.…

이승만은 이어 을사보호조약과 합병조약에 서명하고 나라를 팔아먹은 자들을 하나도 처벌하지 못하는 것이 유감이라고 말하고, 법 집행 과정에서 3권분립이 조금도 혼돈되어서는 안된다고 되풀이하여 강조했다.

사법부에 넘겨서 법에 따라 재판범절을 행하되 대통령의 재가를 얻어 진행할 것이니, 여기에 3권분립이 조금도 혼돈되지 말고 각각 직책대로 행하여 이 긴중한 문제가 원만히 해결되도록 관민일체 노력하여야 할 것이다.[15)]

이처럼 이승만은 건국에 공효를 세운 자들에 대한 배려를 강조하면서

15) 《서울신문》 1949년1월11일자, 「民族公憤을 一掃」.

재판결과에 대해서도 최종적으로 자신의 재가를 받아서 집행해야 한다고 못박았다.

3

1949년1월8일부터 반민법 피의자들의 검거가 시작되었다. 맨 먼저 검거된 사람은 화신상사 사장 박흥식(朴興植)이었다. 박흥식은 미국으로 도피할 계획을 하고 있었는데, 외무부는 1948년9월에 갱신하여 발급한 박흥식의 여권을 검거 직전에 반환시켰다. 체포된 박흥식은 중앙청의 특별검찰부에서 20분가량 간단한 조사를 받고, 앞뒤로 기관총을 든 수십명의 무장 경관이 포위한 가운데 택시에 실려 서대문형무소로 호송되었다.[16)]

1월10일에는 반민특위의 활동을 가장 적극적으로 반대하는 운동을 벌이던 대동신문사(大東新聞社) 사장 이종형(李鍾滎)을 검거하고, 1월13일에는 3·1운동의 주역의 한 사람이었다가 변절하여 매일신보사(每日新報社) 사장을 지낸 최린(崔麟)과 일본으로 도피하려던 두 중추원 참의 방의석(方義錫)과 김태석(金泰錫)을 검거했다. 1월14일에는 남작 이종건(李鍾健)의 양자 이풍한(李豊漢)과 중추원 주임 참의였던 이승우(李升雨)를 검거했다. 이어 1월18일에는 충남 지사, 매일신문사 사장 등을 지낸 대동청년단 기획부장 이성근(李聖根)과 고종의 5촌 조카로 일본 귀족원 의원을 지낸 이기용(李埼鎔)을 검거했다. 1월21일에는 만주국 명예총령사를 지낸 경성방직 사장 김연수(金季洙)와 《아사히(朝日)신문》 서울지국 기자로 밀정행위를 한 정국은(鄭國殷)을 검거했다. 그리고 1월25일에는 경기도 경찰부 경부, 평남 경찰부 보안과장 등을 역임하고 해방 뒤에 서울시경 총경이 된 노덕술(盧德述)과 전북지사, 경기도 형사과장 등을 지낸 이원보(李源甫)를 검거했다. 그리고 1월26일에는 일본 헌병이었

16) 《서울신문》 1949년1월11일자, 「朴興植 드디어 收監!」.

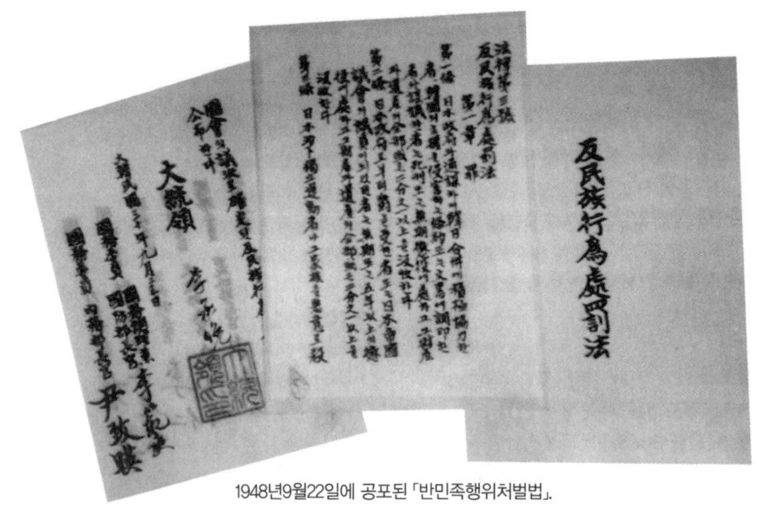

1948년9월22일에 공포된 「반민족행위처벌법」.

다가 해방 뒤에 종로경찰서장을 지낸 유철(劉撤)을, 1월27일에는 경기도회 의원, 중추원 참의 등을 지낸 조병상(曺秉相)을 검거했다. 이렇게 하여 1월31일까지 서울에서 검거된 사람은 모두 15명이었다. 최남선(崔南善)과 이광수(李光洙)는 2월7일에 검거되었다.

반민특위는 서울에 거주하는 친일파를 검거한 데 이어 1월 말부터 지방에 거주하는 거물급 친일파의 검거에 나섰다.[17]

노덕술은 1948년7월에 장택상(張澤相) 수도경찰청장 저격사건 혐의자에 대한 고문치사 사건으로 수배 중이었다. 그런데도 체포될 때에 경관 4명이 호위하고 있었고 권총도 소지하고 있어서 논란이 되었다.[18] 그런데 이승만은 노덕술이 치안행정에 없어서는 안될 '치안기술자'로 인식하고 있었다. 그리하여 그는 노덕술이 체포되고 사흘 뒤인 1월28일에 열린 제14회 국무회의에서 "노덕술 피검에 관하야는 그가 치안기술자임에 비추어 정부가 보증하여서라도 보석하도록 함이 요청되나, 유죄시 처벌당함은 무방하다"라고 말하고 있어서 눈길을 끈다.[19]

---

17) 허종, 『반민특위의 조직과 활동』, 선인, 2003, p.199 및 「별표 1」; 이강수, 『반민특위연구』, 나남출판, 2003, 「부록: 반민 피의자 명단」.

18) 이강수, 위의 책, pp.221~222.

19) 國家記錄院 所藏, 『國務會議錄』, 1949년 제14회(1949.1.28.), p.75.

한편 반민특위는 1월14일자로 이승만 대통령과 신익희(申翼熙) 국회의장에게 정부와 입법부에 반민법 제5조에 해당하는 자가 있으면 1월31일까지 법에 정한 바에 의하여 처리해주기 바란다는 공문을 보냈다.[20] 반민법 제5조는 "일본치하에 고등관 3등급 이상, 훈(勳) 5등 이상을 받은 관공리 또는 헌병, 헌병보, 고등경찰직에 있던 자는 본법의 공소시효 경과 전에는 공무원에 임명될 수 없다. 단 기술관은 제외한다"라고 규정하고 있었다.

1월14일 아침에 열린 내외기자회견에서 이에 대한 질문을 받은 이승만은 공문을 아직 못보았다면서 다음과 같이 주장했다.

"국회는 입법하는 곳이요 집행할 권리는 없다. 법의 집행은 사법부에서 행할 것이므로 법 해당자는 동위원회에서 사법부에 넘길 것이다. 사법부에서 동법에 의해서 처단되어야 비로소 반역자의 죄명이 드러날 것이다. 그러므로 입법부에서 행정부에 건의하는 것은 일종 예외의 사실이다."[21]

이승만의 이러한 주장과 관련하여 반민특위 부위원장 김상돈은 1월20일에 기자들을 만나 반민특위와 다른 세 국가기관과 어떤 관계에 있느냐는 질문을 받고 다음과 같이 주장했다.

"이것이 중요한 근본 문제인데, 사실상은 3권기관에 나란히 해서 4권기관으로 존재할 성질이지만 그러려면 3권분립 제도로 된 현행 민국 헌법을 고쳐야 할 난제도 생기고 해서 앞서 본회 수뇌부에서 토의한 결과 형식상으로는 국회, 즉 입법부에 소속키로 하고 실제운행은 3권과 뚜렷이 독립해서 행하기로 되어 있다. 따라서 사실상은 4권분립 중의 한 독립된 국가기관의 성격을 가진 특별한 기관이다."

그것은 반민법이 혁명재판에서 보는 바와 같은 정치적 의욕과 민주국가 권력구조의 기본원리인 3권분립 원칙의 어중간한 절충으로 제정된 데

---

20) 《서울신문》 1949년1월22일자, 「反民者公職追放 大統領·國會議長에 要請」; 『制憲國會速記錄(3)』, 제2회 제11호(1949.1.22.), p.195, 제2회 제33호(1949.2.17.), pp.602~603.
21) 《서울신문》 1949년1월15일자, 「公職追放은 判決後」.

서 오는 모호성이었다. 반민법은 "소송절차와 형의 집행은 일반 형사소송법에 의한다"(제28조)라고 규정했는데, 이때에 시행되던 형사소송법은 일본의 형사소송법이었다. 친일파를 처벌하는 역사적 재판이 일본의 형사소송법에 의하여 시행될 수밖에 없었던 것이다.

"그러면 반민특위의 사법권은 물론 일반 사법부와는 독립해서 행할 것이지만 대통령과는 어떤 관계인가"라는 질문이 이어졌다. 이에 대한 김상돈의 답변도 애매했다.

"따라서 대통령은 다만 본 기관의 좋은 협력자일 따름이요 간섭이나 지휘권은 없다. 이것은 본 처단법 조항에 재정은 국고에서 부담하고 또 정부는 본 기관이 요구하는 대로 협력에 응해야 되기로 규정된 바이다."[22)]

2월1일에 열린 제15회 국무회의는 3권분립을 원칙으로 하는 반민법 시행을 강조하는 이승만의 지론을 공표하기로 의결하고,[23)] 이승만은 이튿날 다음과 같은 담화를 발표했다.

> 반민법에 대하여 국회에서 법안을 통과하고 적극적으로 진행하려는 고로 정부에서 협조해서 속히 귀결되기를 기다렸으나 지금에 발전되는 것을 보건대 심히 우려되는 형편이므로, 1월27일에 국회 반민법에 관한 조사위원 제씨를 청하여 토의한 바 있었는데, 그때 설명한 요지는 다음과 같으니, 조사위원들이 법을 범한 자를 비밀리에 조사해서 사법부에 넘기면 사법부와 행정부에서 각각 그 맡은 책임을 진행하여 처단할 것인데, 이러하지 않고 입법부와 행정부와 사법부의 일을 다 혼잡하여 행한다면 이것은 3권분립을 주장하는 헌법과 위반되는 것이니, 설령 국회에서 특별법안을 만들고 또 그 법에 대통령이 서명하였다 할지라도 이것이 헌법과 위반되면 성립되지 못하는 것이 되므

---

22) 《朝鮮日報》 1949년1월21일자, 「事實上四權의 하나」.
23) 『國務會議錄』, 1949년 제15회(1949.2.1.), p.95.

로, 지금이라도 조사위원들은 조사만에 그치고 검속하거나 재판하고 집행하는 것은 사법과 행정에 맡겨서 헌법 범위 내에서 진행시켜 정부와 국회의 위신을 보전하며 반민법을 단속(短速)한 시일에 완료하도록 하여야 할 것이다.

1월27일에 조사위원들을 청하여 토의했다는 말은 이날 이승만이 반민특위 조사위원 6명을 초청하여 노덕술은 경찰의 공로자이므로 석방하는 것이 좋겠다고 종용했던 것을 가리키는 것이었다.[24] 이승만은 또 조사는 비밀리에 집중적으로 실시할 것을 강조했다.

또 한가지 중요한 것은 조사할 책임을 속히 비밀리에 진행하여 범법자가 몇명이 되는지 기록하여 검찰부로 넘긴 다음 재판을 행하여 귀정[歸正: 그릇되었던 일이 바른 길로 돌아옴]을 낼 것인데, 만일 그렇지 못하고 며칠만에 한두명씩 잡아넣어서 1년이나 2년을 끌고 나간다면 이것은 치안에 관계되는 문제이므로 이를 교정하여 비밀리에 조사하고 일시에 진행되도록 함이 가할 것이다.

이승만은 끝으로 이 시점에서도 경찰의 기술과 성력을 포용하는 것이 필요하다면서 국회의 협조를 당부했다.

다음 한가지 더 말하고자 하는 바는 치안에 관계되는 문제를 중대히 보지 않을 수 없으니, 지금 반란분자와 파괴분자가 처처에서 살인방화하여 인명이 위태하며 지하공작이 긴급한 이때에 경관의 기술과 성력이 아니면 사태가 어려울 것인데, 기왕에 죄범이 있는 자라도 아직 보류하고 목하의 위기를 정돈시켜 인명을 구제하며 질서를 유지하

24) 『制憲國會速記錄(3)』, 제2회 제21호(1949.2.3.), p.378.

는 것이 지혜로운 정책이 아닐까 한다. 만일 왕사를 먼저 징계하기 위하여 목전의 난국을 만든다면 이것은 정부에서나 민중이 허락지 않을 것이므로 경찰의 기술자들을 아직 포용하는 것이 필요하며, 따라서 기왕에 반공투쟁이 격렬할 때에 경찰기술자들이 직책을 다하여 치안에 공효가 많을 때에는 장공속죄(將功贖罪)로 한다는 성명이 여러번 있었으므로, 정부의 위신상으로 보나 인심수습책으로 보나 조사위원들은 이에 대하여 신중히 조처하기를 권고하는 바이다. 그러므로 이상 몇가지 조건에 대하여 국회의 많은 동의를 요청하는 바이니 국회의원 제씨는 이에 대하여 충분한 협력을 가지기 바라는 바이다.[25]

이승만의 거듭되는 요청에도 불구하고 반민특위는 이승만의 요청을 받아들이려 하지 않았다. 반민특위는 이튿날 김상돈 명의로 이승만의 주장을 반박하는 담화를 발표했다. 김상돈은 먼저 3권분립의 원칙과 관련하여 "민의의 대표기관인 우리 국회가 반민행위자를 처벌할 특별법을 제정하고 특별조사위원회와 특별재판부, 특별검찰부를 구성하고 민족정기를 자손만대에 살리기 위하여 3천만의 이름으로 단죄하는 데 있어서 무엇이 위험한 것이며 3권분립에 혼돈이 있을 것인지 이해키 곤란하다"라고 반박하고, "반민자를 처단하는 법률은 헌법에 명시된 특별법이 있을 뿐"이라고 잘라 말했다.

김상돈은 또 대통령은 신속과 비밀을 주장했지만 "우리 자손에게 민족정기라는 산 교육을 가르쳐 주기에는 체포당시로부터 판결에 이르기까지 공개할 필요"가 있으므로 절대 찬성할 수 없다고 강변했다.[26] 위원장 김상덕도 이날 이승만의 담화내용을 반박하는 성명서를 따로 발표했다.

---

25) 《서울신문》 1949년2월3일자, 「特委의 調査官들은 秘密裡에 調査만 하라」.

26) 《朝鮮中央日報》 1949년2월4일자, 「特委는 反民者斷乎處斷」.

4

노덕술은 친일행위에 대한 반민특위의 조사와는 별도로 검찰의 조사도 함께 받았다. 그는 경찰간부들과 함께 반민특위 간부들의 암살을 모의했다는 혐의로 1월27일부터 서울지방검찰청의 강도 높은 조사를 받고, 2월12일에 기소되었다. 혐의내용은 어마어마했다. 전 수도경찰청 사찰과장 노덕술, 수사과장 최난수(崔蘭洙), 수사과 부과장 홍택희(洪宅喜), 전 중부경찰서장 박경림(朴京林) 네 사람은 1948년11월 중순 무렵에 국회의 반민법 논의에 반감을 품고 우익 테러리스트 백민태(白民泰)를 매수하여 반민법 실시에 대하여 강경한 발언을 한 김웅진, 김장열(金長烈) 등 의원과 윤치영 의원을 욕설한 노일환 의원 등을 납치하여 감금한 다음 강제로 "나는 이남에서 국회의원 노릇하는 것보다 이북에 가서 살기를 원한다"라는 취지의 성명서 세통을 자필로 작성하게 하여 한통은 대통령, 한통은 국회, 한통은 신문사에 보내어 발표하게 하고, 38선 가는 길까지 끌고 가서 살해하여 애국청년들의 소행인 것처럼 가장한다는 것이었다. 암살대상자는 이 밖에도 반민특위 요인들인 김병로 대법원장, 권승렬 검찰총장, 김상덕, 김상돈, 서순영(徐淳泳), 서용길(徐容吉), 서성달(徐成達), 오택관(吳澤寬), 최국현(崔國鉉), 홍순옥(洪淳玉), 곽상훈(郭尙勳) 의원들과 신익희 국회의장, 그리고 우익청년단체 지도자들인 유진산(柳珍山), 김두한(金斗漢), 이철승(李哲承)도 포함되었다. 최난수와 홍택희는 백민태에게 거사자금으로 30만원을 줄 것을 약속했고, 1월8일에 백민태를 만나 수류탄 5개와 권총 한자루, 탄환 3발, 액면 3만원짜리 보증수표 한장과 현금 7만원을 전했다. 그리고 범행 날짜는 1월8, 9일쯤으로 정했다는 것이었다.[27] 백민태는 최난수의 지시에 따라 실행계획서를

27) 國家記錄院 所藏, 大法院裁判文, 1950년 제10회 刑上(1950.4.18.);《朝鮮日報》1949년2월16일자,「對象人物十八名」;《京鄕新聞》1949년2월15일자,「暗殺對相無慮二十名」.

작성하여 노덕술에게 제출했다.[28] 그러나 백민태는 암살자 명단을 보고 두려움을 느껴 조헌영(趙憲泳), 김준연(金俊淵), 노일환, 원세훈(元世勳) 등 의원들에게 이 계획을 고백했고, 김준연이 국회 본회의에서 이 사실을 폭로함으로써 세상에 알려졌다.[29] 이 사건에 대한 공판은 3월28일에 시작되었는데, 노덕술 등 피고인들은 모두 혐의사실을 완강히 부인했다.[30]

반민특위가 이승만에게 정부안에 있는 반민법 제5조 해당자를 공직에서 추방할 것을 요청하는 공함을 발송한 사실이 알려지자 공무원들이 술렁거렸다. 그리하여 국무총리 이범석은 1월20일에 관하 각 관공서에 "반민법은 근일에 이르러 발동을 보게 되었다. 그러나 지난번 대통령 각하의 설명으로 죄질에 치중하고 직위에는 구애치 않는다는 요지를 생각할 때에 관공리는 필요 이상의 동요를 하지 말고 성실히 대한민국 발전에 이바지할 것이며 관하 직원을 지도하여 행정에 지장이 없도록 하기 바란다"는 통첩을 발송했다.[31]

반민특위의 공함에 따른 공무원사회의 동요와 정부의 대처상황은 이 무렵에 열린 국무회의 회의록에 자세히 기록되어 있다. 2월4일의 제16회 『국무회의록』에는 다음과 같이 기술되어 있다.

> 내무 = 반민법 제5조 해당자 조사보고에 관한 건.
>
> 대통령의 의명친전(依命親傳)으로 반민법 제5조 해당자를 비밀조사하야 선처하라는 통첩을 관리들이 알게 되자 동요가 심하며, 대통령 담화와 상위(相違)가 있음을 보고하고, 대통령께서 이 일 처리하실 것을 유고(諭告)하시다.[32]

이어 2월9일의 제17회 『국무회의록』에는 다음과 같은 기술이 보인다.

---

28) 《朝鮮中央日報》 1949년4월19일자, 「證人白民泰等 盧德述의 陰謀를 證言」.
29) 『制憲國會速記錄(2)』, 제1회 제128호(1948.12.13.), pp.1315~1319.
30) 《서울신문》 1949년3월29일자, 「盧德述等의 公判開廷」.
31) 《京鄕新聞》 1949년1월21일자, 「私感情을 떠나 正確한 投書要望」.
32) 『國務會議錄』, 1949년 제16회(1949.2.4.), p.104.

대통령 = (1) 시정일반에 관한 유시의 건.

1. 반민법 제5조 해당 전국 관리 조사 선처 의명친전건은 취소 지령하였다.

2. 반민특위의 구금, 구타 등 검찰, 사법, 행정을 자행함은 치안과 민심상 중대 영향이 있으므로 악화할 경우에는 대권(大權)을 발동할 작정이다. 따라서 이 법 개정법안을 조속히 국회에 제출하여 주기 바란다.…[33]

이승만이 언급한 대권 발동이 어떤 조치를 말하는 것이었는지는 분명하지 않으나, 그는 이미 이때에 중대한 결단을 심각하게 고려하고 있었음을 알 수 있다. 헌법상 그가 행사할 수 있는 '대권'은 긴급명령이나 계엄령이었다.

그런데 이승만은 2월11일에 반민법 제5조 해당자를 조사하라고 지시했다는 총무처의 통첩은 잘못된 것이었고, 그러한 사실을 해명하라고 한 지시를 공보처가 또 잘못 알아듣고 중지한 것처럼 발표했다고 해명하는 담화를 발표하고 있어서 눈길을 끈다.[34]

2월11일의 제18회『국무회의록』은 이승만이 얼마나 격앙되어 있었는가를 보여 준다.

대통령 = 시정일반에 관한 유시의 건.

(1) 반민특위의 무분별한 난동은 치안과 민심에 중대한 영향을 주는 터이므로 헌법 범위 내에서 단호한 대책을 강구하신다는 유시에 대하야, 법무부 장관은 노덕술을 반민특위조사관 2명이 반민특위 사무실

---

33)『國務會議錄』, 1949년 제17회(1949.2.9.), p.108.
34)《서울신문》1949년2월16일자,「調査中止시킨일없다」.

내 금고에 이틀 동안 감금하였다는 보고가 있었고, 대통령 각하는 이 불법조사관 2명 및 그 지휘자를 체포하야 의법처리하며 계속 감시하라 지령하시다.…[35]

이승만의 이러한 지시를 받고 법무부 장관 이인(李仁)이 어떤 조치를 취했는지는 알려진 것이 없다. 정부의 이러한 조치에 대하여 반민특위는 특별조사위원회, 특별검찰부, 특별재판부 세 기관의 연석회의를 개최하고, 정부의 반민행위자 조사 중지는 반민법 운영을 방해하는 처사라면서 그 책임소재를 규명할 것을 반민특위 위원장이 국회에 건의했다.[36]

5

이승만은 2월15일에 반민법의 개정을 강력히 요구하는 담화를 발표했다. 그는 반민법이 3권분립을 규정한 헌법과 모순되는 법률이라고 다시금 강조했다.

반민법에 관하여 국회에서 특별조사위원회를 선출하여 조사케 한 것은 일반이 모두 알고 있는 바이어니와 대통령이 과거에 위원 제씨를 청하여 협의적으로 논의한 내용은 전번에 발표한 바와 같이 국회에서 법률만 만들어 당국에 넘겨서 행정부와 사법부에서 각각 그 책임을 진행케 하지 않으면 3권분립의 헌장과 모순이 되므로 어떠한 법률이 있을지라도 그것이 헌법과 모순되는 법률이면 성립되지 못하나니, 조사위원들은 조사하는 일만 진행할 것이고 입법원의 책임에 넘치는 일은 행하지 아니하는 것이 옳다고 권고하였고, 또 범법자를 비밀리에

---

35) 『國務會議錄』, 1949년 제18회(1949.2.11.), p.112.
36) 《서울신문》 1949년2월13일자, 「反民調査保留責任所在糾明」.

조사해서 그 조사한 결과를 사법부에 넘겨 속히 재판케 할 것이고 만약 지금 진행하는 바와 같이 며칠에 몇 사람씩을 잡아 가두어 1, 2년을 두고 끌어 나아간다면 이는 치안에 중대한 영향을 주는 것이므로 지금 진행하는 방법을 모두 정지하고 우리의 의도와 합동하여 처리하면 정부에서 협조해서 이 법안을 속히 귀결하도록 힘쓰겠다고 설명한 것이다.

그러고는 자신이 대통령으로서 검찰청과 내무부 장관에게 반민특위의 특경대를 없애고 특별조사위원들이 피의자를 체포 구금하는 일을 금지하도록 지시했다고 밝혔다.

근자에 진행되는 것을 보면 이러한 의도를 하나도 참고로 하지 아니하고 특별조사위원 2~3인이 경찰을 데리고 다니며 사람을 잡아다가 구금, 고문한다는 말이 들리게 되니 이는 국회에서 조사위원회를 조직한 본의도 아니요 정부에서 이를 포용할 수도 없는 것이므로, 대통령령으로서 검찰청과 내무부 장관에게 지휘하여 특경대를 없이 하고 특별조사위원들이 체포, 구금하는 것을 막아서 혼란 상태를 정돈케 하라고 한 것이다.

이승만은 이어 정당한 절차에 의하여 제정된 법률이라도 전국 치안에 관련될 때에는 임시로 정지하는 것이 마땅하다고 말하고, 조사원들의 과도한 행동을 맹렬히 비판했다.

이 반민법을 국회에서 정하고 대통령이 서명한 것이니까 막지 못한다 하는 언론에 대해서는 가장 중요한 문제가 첫째로 치안에 대한 관련성이므로 이것이 상당한 법일지라 하여도 전국 치안에 관련될 때에는 임시로 정지하는 것이 마땅한 일이며, 또 이 법을 정할 때에 국회

> 에서나 대통령이 조사위원들에게 권리를 맡겨서 행정부, 사법부의 일까지 맡아 가지고 2~3인의 자의로 사람을 잡아다가 난타 고문하라는 문구나 의도는 없는 것이니, 즉시로 개정하는 것이 옳은 것이다. 이런 사실을 국회에서 소상히 알기만 하면 즉시 법을 교정해서도 그러한 행동을 막을 줄로 믿는 터이므로 이미 법무부와 법제처에 지시하여 법의 일부를 고쳐 국회에 제출케 하는 중이니, 우선 조사위원들의 과도한 행동을 금지하기로 작정한 것이다.[37]

이승만의 단호한 지시에 따라 정부는 3권분립의 원리에 모순이 없도록 손질한 반민법 개정안을 2월16일에 국회에 제출했다.

이승만의 담화에 대한 반민특위의 반발은 격렬했다. 반민특위의 재판부장으로 선출된 대법원장 김병로가 먼저 이승만의 담화에 대하여 반론을 폈다. 그는 법률이 헌법정신 위반이냐 아니냐 하는 판단은 헌법위원회의 소관이라고 다음과 같이 말했다.

"15일의 대통령 담화를 보건대 반민법 운용자체가 헌법정신에 위반되는 점이 있으니 개정하라는 것으로 해석된다. 어떠한 명령이나 규칙이 법령에 위반되느냐 안되느냐는 대법원에서 최종 심리할 수 있다. 그러나 법률이 헌법정신에 위반되느냐 안되느냐는 헌법위원회에 그것을 판단할 것을 요청하기로 되어 있는데, 이 위원회에는 대법관 5인이 참석하기로 되어 있다. 그러므로 나로서는 반민법이 헌법에 위반된다든지 안된다든지 말할 수 없다. 그러나 반민법이 존속하는 한 특위에서는 반민법에 의지해서 하는 것은 그 자체에 있어서는 불법이 아니라고 본다. 반민법은 특별법이고 그 개정 여하는 국회에서 할 일이다."[38]

---

37) 《朝鮮日報》 1949년2월16일자, 「大統領反民法一部改正을 言明」; 『制憲國會速記錄(3)』, 제2회 제33호(1949.2.17.), pp.597~598.

38) 《朝鮮日報》 1949년2월17일자, 「反民法은 特殊한 것이다」; 《서울신문》 1949년2월17일자, 「"反民法의 改正은 國會서 할 일이다"」.

이승만의 2월15일자 담화문 원고는 국회에도 제출되어 유인물이 의원들에게 배포되었는데, 흥분한 의원들은 2월17일 하루 회의를 이승만의 이 담화문 성토로 보낸 다음, 정준(鄭濬) 외 12의원의 서면동의에 의하여 "반민족행위처벌법 실시에 관한 대통령담화는 부당하므로 이것을 취소할 것을 요청함"이라는 결의문을 재석인원 119명 가운데 가 60표, 부 11표의 아슬아슬한 과반수로 가결했다.[39]

이승만도 양보하지 않았다. 자신의 담화에 대한 국회의 취소요청 결의에 대하여 2월18일의 기자회견에서 이승만은 다음과 같이 단호하게 거부했다.

"민주주의 국가에서는 국회는 국회의 권리를 행사하고 정부는 정부의 입장을 명시하여 항상 토론을 하여 나가야만 잘 발전할 수 있는 것이다. 대통령 담화문제로 국회에서 여러 가지로 애를 쓰고 있는 모양이나 나로서는 앞으로도 할 말이 많다. 국회에서는 대통령이 친일파를 옹호한다고 말하며 민심을 선동하고 있다. 이 세상에서는 무근한 사실로 타인을 얽어서 괴롭히는 것을 공산당이 취하는 방식이라고 말할 수 있을 것이다. 대통령이 노덕술을 석방하라고 한 것도 사실이다. 그러나 이에 대하여는 추후에 글로 발표하겠다."

이승만이 노덕술에 대하여 글을 따로 쓴 것은 없으나, 집중적인 성토의 대상이 되고 있는 노덕술을 그토록 필요한 '치안기술자'로 생각한 것은 치안문제를 무엇보다도 중요한 국정과제로 판단하고 있었기 때문이다. '치안기술자'란 '대공수사전문가'를 뜻하는 말이었다.

이승만은 이어 반민법의 운행실태에 대해 다음과 같이 지적했다.

"법률은 국회에서 통과하였다 하더라도 헌법정신에 위반되면 그 법을 적용할 수는 없다고 생각한다. 아무리 성립된 법이라도 국민의 생명, 재산을 보호하기 위한 치안문제에 영향이 있을 때에는 이를 정지하고 치안

---

39) 『制憲國會速記錄(3)』, 제2회 제33호(1949.2.17.), pp.598~614.

유지에 관한 법률을 살려야 할 것이다. 국회에서는 치안 혼란을 선동하고 있다. 즉 경찰을 체포하여 경찰의 동요를 일으킴은 치안의 혼란을 조장하는 것이다. 특위의 몇몇 사람은 그러한 일을 고의로 행하고 있다. 우리가 공산당과 싸우는 것은 그들이 조국을 남의 나라에 예속시키려는 반역행위를 하기 때문에 싸우는 것이다. 과거에 친일한 자를 한꺼번에 숙청하였으면 좋을 것인데, 지나간 군정 3년 동안에 못한 것을 지금에 와서 단행하면 앞으로 우리나라가 해 나갈 일에 여러 가지 지장이 많은 것이다. 특위에서 반역자의 징치를 목적으로 한다면 해당자를 비밀리에 조사하여 사법부에 넘겨야 한다. 왜냐하면 한 사람 두 사람씩을 체포하여 친일분자들에게 공포심을 일으키게 하면 한번 싸워나 보고 죽겠다고 그들이 발악하면 치안의 혼란이 야기될 우려가 있기 때문이다. 어쨌든 한 사람 두 사람씩을 잡아다가 가두고 때리면 왜놈들과 관계하였던 자들은 공포심을 느끼게 될 것이다."

이렇듯 문제점을 구체적으로 지적한 다음 정부에서 제출한 반민법 개정안이 국회에서 부결되면 그때에는 또 대책이 있을 것이라고 으름장을 놓았다.

"내가 원하는 바는 국회에서는 한층 더 정부와 협조하여 미곡수집 같은 중대 사업 수행에 협력하는 동시에 농민들이 학수고대하고 있는 농지개혁법안 등을 좀 빨리 통과시켜 주었으면 좋겠다. 그렇게 하면 국회의 위신도 올라갈 것인데 자꾸 말썽을 일으켜서 치안을 혼란상태에 빠뜨리는 것은 유감된 일이며, 또한 민중은 선동에 속지 않을 것으로 본다. 그리고 국무회의를 통과한 반민법 개정안이 국회에서 부결되면 그때에는 또 대책이 있을 것이다.

마지막으로 말하여 두는 것은 반민자를 처벌하지 말자는 것은 아니며 처단하되 적당한 방법을 취하는 동시에 시기를 고려하자는 것이다."[40]

---

40) 《서울신문》 1949년2월19일자, 「反民者의 處斷肅淸은 適當한 時期方法이 緊要」.

이승만은 이렇듯 반민특위 관련 담화를 2월에만 여섯번이나 발표했다. 그것은 일반대중을 설득하고 그들의 여론에 힘입어 반민특위 그룹을 제압하겠다는 정치적 의도에서 나온 것이었다. 그것은 독립협회운동 이래로 몸에 밴 이승만의 대중선동가의 풍모를 여실히 드러내 보이는 것이었다.

6

2월21일에 열린 국무회의에서 정부가 제출한 반민법 개정안을 국회가 제대로 심의도 하지 않고 일거에 부결할 공기임을 보고하자[41] 격노한 이승만은 이튿날 또다시 "치안보장과 반민법에 대하여"라는 긴 담화를 발표했다. 이 담화는 일부 반민특위조사위원들의 지나친 행동에 따른 경찰의 동요실태를 자세히 설명한 것이었다.

> 반민법에 대해서 대통령이 친일분자를 두호한다는 말은 특별조사위원 중 몇 사람이 자기들이 목적하는 바를 엄적[掩迹: 잘못된 흔적을 가려 덮음]하기 위해서 민심에 반감을 일으키려는 의도이므로 그 내막을 발로시키지 않을 수 없는 사실이다. 나는 이러한 의도와는 절대로 대치되는 의도로 나아가는 것이니, 내가 하려는 바는 민심을 안위시키고 경찰을 정돈시켜 전국 치안을 보장해서 반란분자를 숙청하며 인명을 구호하려는 것이 제일 중요성을 가진 것이나, 조사위원 중 몇 사람의 의도는 이와 반대로 과거의 흠절만을 찾아서 현실을 더욱 험난케 만드는 것이니, 만일 이것이 고의가 아니라면 누차 대통령이 설명하였음에도 불구하고 도리어 점점 기승해서 인심 선동을 주장하기에 이른 것은 누구나 부인할 수 없는 것이다.

41) 『國務會議錄』, 1949년 제21회(1949.2.21.), p.131.

서두부터 이처럼 노여움에 찬 말로 시작한 담화는 먼저 국회의원들이 미군 철수문제를 강조하는 저의가 어디에 있는가부터 따졌다.

> 미군철퇴문제를 제출한 것은 과연 치안을 보장해서 민심을 정돈하려는 것인가, 미군을 배척하고 공산군을 청해 오려는 주의인가? 전쟁이 발생할 때까지는 경찰이 치안을 전담하고 그 책임을 지고 있음은 누구나 다 잘 알 것이다. 반민법으로 인해서 조사위원들이 사람을 잡아다가 고문 취조한 후로 경찰측에서 얼마나 요동되었는가 함은 이것이 표면에 드러나지 않은 고로 다 무사 공평한 것 같지만, 경찰측의 말을 들으면 밖으로는 공산당에서 경찰과 그 가족을 기회있는 대로 살해하는 중이요 안에서는 국회의원들이 살 수 없게 만들고 있으니, 치안을 위해서 아무리 헌신하고자 하더라도 어찌할 수 없다고 눈물을 흘리며 억울히 호소하는 중이다. 그러므로 내가 특별조사원에게 지성으로 설명한 것은 몇십명, 몇십만명이라도 비밀리에서 조사해서 일시에 다 잡아 가두어 그 법안에 걸리지 않는 사람은 마음놓고 일하게 하여야 할 것이요 그렇지 않고 시일을 연기하여 공포심을 내게 한다면 이것이 치안을 고려하는 사람이라고 할 수 없을 것이다. 위원들이 고문한 것이 없다고 변명하나 지금이라도 공개로 조사하면 법관들이 다 아는 바이니 이것은 엄적할 수 없는 사실이요, 특경대도 조직한 일이 없다고 하나, 만일 없었다면 조사위원들이 체포하기 시작한 이후 각 신문에 연일 보도되어 세상이 다 알게 된 사실을 어떻게 할 것인가.

이승만은 이어 현재의 치안상태와 경찰의 어려운 임무를 강조해서 말했다. 이승만은 경찰이 어떻게 치안기술자이고 그들이 왜 지금 꼭 필요한지를 보기를 들어 자세히 설명했다.

경찰 기술자 중에 기왕 죄범이 있으나 지금 치안에 필요한 이유를 내가 누누이 설명한 바는 그 사람들의 죄상은 법으로 재판도 할 수 있고 처벌도 할 수 있으나, 그 사람들이 뒤에 앉아서라도 기술을 상당히 이용해서 모든 지하공작과 반란음모 등 사건을 일일이 조사하여 인명을 살해하고 난동을 일으키는 위험상태를 미리 막아서 발로되지 못하게 하여야 될 것인데, 지금도 지방보고를 들으면 매일 2~3명 혹은 3~4명씩 살해당하지 않는 날이 없지 않다고 하는 터이니, 유엔대표단 환영시에 폭탄을 묻어서 전부를 뒤집어 놓으려는 이러한 종류의 음모를 기술적으로 방지하지 않으면 인명과 국사가 어떻게 될 것인가. 조사위원 중 몇 사람들은 이러한 것은 꿈에도 생각이 없는 모양이니, 이런 음험한 내용을 발로시키는 사람이 없게 된다면 국회 전체가 다 이 사람들과 동일한 것으로 세상이 알게 됨이 사실일 뿐만 아니라 우리에게 크게 불리할 것이다. 내가 이런 사실을 발표 아니할 수 없으니, 지금이라도 그분들이 달리 생각해가지고 반민분자를 처벌하더라도 치안을 보장하면서 다 할 수 있을 터인데 기어이 치안을 파괴시킬 일만 한다는 것은 누구나 동의를 줄 수 없을 것이다.

이승만의 설명은 사실이었다. 정부수립 이후 불법화되면서 남로당의 행동은 지하공작과 격렬한 테러 행동으로 전환했다. 3월17일에는 연희대학 총장 언더우드(Horace H. Underwood, 元漢慶)의 부인이 자택에서 교수 부인들을 초청하여 간친회를 열다가 사살되었고,[42] 뒤이어 3월29일에는 『남로당총비판』(1948)의 저자 박일원(朴馹遠)이 살해되었다. 남로당 경기도당 청년부장이었던 박일원은 전향하여 수도경찰청 경찰관으로 일하면서 남로당의 5·10선거 방해공작을 방지하는 데 공헌했고, 정부수립 뒤에 외무부 정보국장으로 승진했다가, 장택상이 외무부 장관을 사임

42) 《東亞日報》 1949년3월20일자, 「元漢慶博士夫人變逝」.

하고 서울 중구 보궐선거에 출마하자 뒤따라 사임하고 장택상의 선거사무장으로 활동하던 중에 남로당의 테러리스트에게 피살되었다.[43]

이승만은 끝으로 자신이 담화를 너무 많이 발표한다는 비판에 대해서도 언급했다.

> 그리고 대통령이 담화를 너무 많이 발표한다는 비평이 없지 아니하나, 나로서는 아무 말도 아니하고 잘되어 가기만 하면 좋겠지만 내가 발표하지 않으면 이런 내용을 민중이 알 수 없게 되고 위기만 심하게 되는 터이므로 부득이해서 이와 같이 하는 것이요, 지금부터는 정부에서나 국회에서나 언론기관에서 이런 내용을 알고 사실을 엄정하게 밝히도록 해서, 공론이 정당히 서서 국사에 잘못되는 일이 없게 된다면 대통령으로서는 마음도 평안하고 입도 좀 쉴 수 있을 것이다.[44]

이승만과 반민특위 위원들 사이의 이러한 논쟁은 기본적으로 국가의 일차적인 임무가 치안유지라는 데 대한 인식의 차이에서 오는 것이었다. 그리하여 국회는 정부가 제출한 반민법 개정안을 제대로 심의도 하지 않고 2월24일에 열린 제39차 회의에서 폐기시키고 말았다.[45]

---

43) 《朝鮮日報》 1949년3월30일자, 「朴駉遠氏被擊絕命」.
44) 《서울신문》 1949년2월22일자, 「正堂한 公論이 必要」.
45) 『制憲國會速記錄(3)』, 제2회 제39호(1949.2.24.), pp.703~706.

2. 국무회의에서 김구의 지방여행 논란

1

오랫동안 경교장에서 칩거하고 있던 김구는 새로 구성된 유엔한국위원단의 내한을 계기로 기자들과 만나 현안문제에 대한 견해를 조심스럽게 피력했다. 그 가운데는 온 국민의 관심사가 되고 있는 반민특위의 활동문제도 물론 들어있었다. 2월1일에 경교장에서 가진 기자회견에서 김구는 반민특위의 적극적인 활동에 만족을 느끼느냐는 질문에 다음과 같이 대답했다.

"이 일은 시간의 신속성을 바라고 있으며, 광범위하게 파급하는 것은 불원한다. 예를 들면 면구장(面區長) 이하까지 추궁한다면 교각살우(矯角殺牛)의 폐가 있을 것 같다."[46]

김구의 이러한 말은 귀국 직후의 친일파 민족반역자 처벌에 대한 그의 신중론이 크게 달라지지 않았음을 말해 준다.

그러나 반민법 처리 논쟁이 뜨겁게 진행되는 상황을 보면서 김구의 생각에도 변화가 생긴 것 같다. 2주일이 지난 2월18일에 반민특위 진행에 대한 소견을 묻는 질문에 김구는 다음과 같이 대답했다.

"친일 반역분자들에게 악형을 당하고 성명까지 빼앗긴 수많은 선열들의 영령과 아직도 고통스럽게 살아있는 독립운동자들은 반민자들을 단호하게 처단하려는 특위의 활동을 지지할 것이며 인민들도 이것을 찬양할 것이니, 무릇 이를 방해하는 행위는 청소하여야 할 것이다."[47]

김구는 3·1절을 맞아 그의 생애에서 마지막이 된 3·1절 기념사를 발표했는데, 이 기념사에서는 친일파 숙청에 미온적인 이승만의 태도를 드

46) 《독립신문》 1949년2월2일자, 「金九翁記者會見談」.
47) 《독립신문》 1949년2월19일자, 「自主的南北協商緊要」.

러나게 비판했다. 김구는 2차대전 끝에 연합군의 혜택으로 한국이 해방된 것은 사실이지만, 3·1운동 전후에 무수한 애국선열과 지사들이 왜적과 용감히 싸우지 않았다면 어찌 이만한 해방인들 우리를 찾아왔겠느냐면서, 다음과 같이 역설했다.

> 미국의 은혜와 소련의 혜택에 감격한 눈물을 흘리는 무리는 적지 아니하되 우리의 애국선열과 지사들의 노력을 진심으로 감사하는 무리는 적은 것 같다. 심하면 그들을 고문하고 살해하던 그자들을 기술자라는 명목하에 예우하고 있다. 그리하여 우리에게는 이모저모로 혼란, 도탄, 죄악이 표현되고 있다.…[48]

이러한 주장은 이승만의 주장을 정면으로 반박하는 말이었다. 이처럼 김구는 이제 이승만의 뚜렷한 정적이 되어 있었다.

얼마 뒤에 이승만과 김구는 오래간만에 얼굴을 마주칠 기회가 있었다. 3월29일 오후에 종로 YMCA 회관에서 열린 한국 YMCA 운동의 대부이자 국내 독립운동의 중심인물이었던 월남(月南) 이상재(李商在)의 22주기 추념식 자리에서였다. 이승만에게 이상재는 김구에게 이동녕(李東寧)과 같은 존재였다. 이날의 추념식에는 김규식(金奎植)도 참석했는데, 세 사람은 차례로 추도사를 했다.

김구가 이 무렵에 《자유신문(自由新聞)》의 「나의 애독서」라는 고정란에 기고한 짤막한 글은 김구의 일생을 통하여 온축된 사상의 근원을 짐작하게 하는 것이어서 매우 주목된다.

> 때때로 한가한 경우에 집어 드는 책이 요즘은 홍명희(洪命憙)씨의 『임꺽정[林巨正]』이다. 그 사상과 사건의 흥미며 의협적인데 재미를

48) 《朝鮮日報》 1949년3월1일자, 「反省과 悔改로」.

본다. 동양인으로 『금강경(金剛經)』도 삼독의 필요가 있겠지만 『노자(老子)』는 그 가운데서 관념적인 운명관만 사상(捨象)하면서 읽는다면 서양인들이 말한 바 변증법을 발견할 수 있다.

『성서』, 특히 기독교의 「구약(舊約)」은 민족사적 관점에서 볼 때에 기독교도가 아니라고 하여도 읽을 필요가 있다. 『고려사(高麗史)』 중 희세(稀世)의 정치가이며 절세의 명장인 을지문덕, 연개소문의 우수하고도 자주적인 긍지를 읽을 수 있다. 『불란서혁명사』, 『링컨전』, 『육도삼략(六韜三略)』 등도 재미있게 읽은 책들이다. 또 내가 중국에 있을 때에 노신(魯迅)의 『고향(故鄕)』과 『광인일기(狂人日記)』를 읽으면서 나의 고향 생각을 해본 일이 있다. 번역이 되었다면 청년학도들에게 행(幸)일터인데 하고 궁금히 생각된다.

요즘은 갓 입수한 이북만(李北滿) 저 『이조사회경제사연구(李朝社會經濟史硏究)』를 읽고 있다. 지금 열거한 책자들을 청년학도들이 꼭 읽어야만 된다고 강권하고 싶지는 않다. 그저 내가 읽은 책자 중에서 몇책을 들어본 것이니, 이것으로써 청년학도의 면학의 도움이 된다면 행심(幸甚)이다."[49]

정부의 반민법 개정안이 국회에서 무참히 폐기되자 이승만은 새로운 국회 대응책을 신중하게 검토했다. 먼저 반민법 개정안이 폐기된 이튿날인 2월25일 오후에 열린 제22회 국무회의에서 반민법 개정안의 국회통과가 실패한 데 대해 긴급히 대책을 수립해야겠다는 국무총리 이범석의 보고에 대하여 이승만은 "부득이 보류하고 국회가 자동적으로 제안케 하기에 노력하라"하고 말했다.[50]

이어 3월2일에 열린 제23회 국무회의에서 이승만은 여당 조직 이야기

---

49) 《自由新聞》 1949년3월19일자, 「요즘은 碧初의 『林巨正』」.
50) 『國務會議錄』, 1949년 제22회(1949.2.25.), p.136.

를 꺼냈다.

"국회 대 정부 간의 융화와 정책 수행상 여당 조직이 필요하니, 국회의원 출신 국무위원이 중심이 되어 국회의원 포섭에 노력하여 주기 바란다."[51]

그리고 이틀 뒤에 열린 제24회 국무회의에서 이승만은 또 다음과 같이 말했다.

"반민법 개정안의 실패 원인은 우리의 진의를 국회가 오해한 데 연유한다. 전일 의원들을 만나 나는 특조(特調), 특검(特檢), 특재(特裁)의 세 기관을 다 인정하되 죄의 해당자를 일률적으로 비밀리에 조사하야 일회에 처단하고 나머지는 자유롭게 하고 2년간이나 인민을 불안에 싸이게 하고 치안을 혼란케 하는 것을 방지하자고 제창하여 이해있게 하였다."[52]

이승만은 반민특위 소속 의원들을 만나 자기의 지론을 일부 양보한 것이었다.

반민법 제5조 해당 공무원의 조치에 대한 신문들의 관심은 집요했다. 그런가 하면 지방에서는 일선 경찰이 체포되고 있어서 치안에 영향이 크다면서 정부의 확고한 대책과 방침을 빨리 세우라는 요구가 국무회의에서 논의되기도 했다.[53]

3월11일에 열린 이승만의 내외기자회견에서도 이 문제가 거론되었다. 이승만은 다음과 같이 말했다.

"정부도 신중히 고려하는 중에 있다. 그러나 정부는 치안을 보장해서 생명과 질서를 보호 유지하는 것을 가장 긴절히 여기는 터이므로 특별조사위원들이 행하는 일에 치안에 방해되는 일이 있다면 결코 포용할 수 없으므로 특히 국회의원 제씨가 이에 대해서 협동하기 바란다."[54]

---

51) 『國務會議錄』, 1949년 제23회(1949.3.2.), p.163.
52) 『國務會議錄』, 1949년 제24회(1949.3.4.), p.169.
53) 『國務會議錄』, 1949년 제32회(1949.3.18.), p.205.
54) 《朝鮮日報》 1949년3월12일자, 「國民生活保障에 全力」.

그것은 반민특위의 요구를 거부하는 말이었다. 이승만은 결단을 내렸다. 3월25일에 열린 제35회 국무회의 회의록에는 다음과 같은 기록이 보인다.

> 의결사항 = 국무총리, 내무, 법무, 국방 장관이 합의하야 책임지고, 대통령 각하의 뜻을 받들어 정부의 확고한 태도 표명 및 대책을 수립하기로 의결하다.[55)]

마침내 정부와 반민특위의 타협이 이루어졌다. 국무위원들과 반민특위위원들이 "합동좌담회"를 열어 해결 방안을 강구하기로 한 것이다.

4월4일의 제38회 『국무회의록』에 보면, 내무부 장관 김효석(金孝錫)

국무회의에서 대화를 나누는 이승만과 이범석 국무총리.

55) 『國務會議錄』, 1949년 제35회(1949.3.25.), p.217.

이 “정부와 특위와의 합동좌담회에서 상호 협조할 것을 언약하고, 특히 국무총리가 정부직원에 관한 특위 조사를 통고하여 주면 정부가 처리할 것이니 특위는 직접 행동을 삼갈 것과 국회와 특위측의 자가숙청을 촉구한 바 특위도 정부측의 강경한 태도를 인식한 듯하다”라고 보고하자 대통령은 “내무부 장관이 책임지고 처리하라”하고 지시했다.

4월8일에 열린 제39회 국무회의에서 있었던 국무총리 이범석의 보고는 더욱 구체적이었다.

> 국무총리 = 반민특위 간부와의 회담 결과 보고의 건.
>
> 전번 국무위원과 반민특위 조사, 검찰, 재판 각부 간부 사이에 열린 연석회의에서
>
> 1. 정부 군경(軍警)은 직접 착수치 않을 것.
>
> 2. 정부 공무원은 자가숙청케 하고 특위측 조사자는 명단을 정부에 이교[移交: 넘겨줌]하여 처리케 할 것.
>
> 3. 국회측도 자가숙청할 것을 의결하였고, 특히 금일 김상덕 위원장과 회담하여 이 취지를 상호 담화 발표하기로 확약하였음을 보고하다.[56]

반민특위가 정부의 타협안을 받아들인 것은 국회의원 가운데도 반민법 제5조 해당자로 지목되는 사람이 있어서 그 처리 문제로 고민하고 있었기 때문이었던 것으로 판단된다. ‘연석회의’의 합의사항 가운데 국회는 국회대로 자가숙청한다는 항목이 포함되어 있는 것이 그것을 말해준다.[57]

부위원장 김상돈부터 친일경력이 문제가 되었다. 실제로 3월19일에

---

56) 『國務會議錄』, 1949년 제39회(1949.4.8.), p.254.
57) 이강수, 앞의 책, pp.202~203,

열린 제58차 국회 본회의는 일본점령기에 김상돈이 10년 동안 서교동, 합정동, 망원동의 총대(總代)로 있으면서 부일협력한 행동에 대한 성토가 벌어지고 그에 대한 반민특위 조사위원회 부위원장 파면결의안이 제출되어 저물도록 격론이 벌어졌다.[58] 김상돈뿐만 아니라 이종린(李鍾麟), 한엄회(韓嚴回), 이항발(李恒發), 이각종(李覺鍾), 신성균(申性均) 등 여러 의원들의 부일행동도 문제가 되었는데, 반민특위는 8월에 가서야 국회에는 반민해당자가 없다고 공표했다.[59]

이처럼 국무위원과 반민특위위원의 "합동좌담회"의 합의에 따라 군대와 경찰 및 정부공무원의 반민법 제5조 해당자 처리는 정부에서, 국회의 해당자 처리는 국회에서 각각 "자가숙청"하기로 결론이 났다. 그리하여 실제로 반민법 공소시효가 끝난 1949년8월31일까지 반민특위가 조사한 반민 피의자 688명 가운데 반민법 제5조 해당자는 모두 15명이었고, 군출신자는 충청북도 조사부에서 검거한 일본육사 출신의 밀정 박두영(朴斗榮) 단 1명뿐이었다.[60]

2

이승만에게 사사건건 앞장서서 반기를 들던 김상돈이 교통사고를 일으켜 큰 물의를 빚었다. 2월27일에 자기가 몰던 지프차로 길에서 놀던 아이를 치어 숨지게 한 것이었다. 이날은 일요일이었다. 마포의 자기집에서 두 가족과 호위 경관 두 사람을 태우고 시공관으로 가던 길에 아현동 로터리에서 정한진(丁漢鎭)이라는 여덟살 난 아이를 치어 30분 만에 숨지게 한 것인데, 어처구니없는 것은 그 뒤의 조치였다. 신문보도에 따르면, 김상돈은 두 호위 경관에게 이 사실을 엄비에 부치고 처리할 것을 명령했

---

58) 『制憲國會速記錄(4)』, 제2회 제58호(1949.3.19.), pp.129~150.
59) 《京鄕新聞》 1949년8월27일자, 「國會內엔 反民該當者 없다」.
60) 이강수, 앞의 책, p.202, pp.364~365.

다. 두 경관은 마포구청으로 가서 재무과 차석 오봉갑(吳鳳甲)에게 아이가 전날 병사한 것으로 허위 신고하여 즉석에서 화장인허를 받고 묘지사용 허가증까지 발부받아 화장하여 매장했다. 김상돈과 두 경관, 그리고 마포구청 직원은 서울지검 최복렬(崔福烈) 검사에게 불구속으로 취조를 받고 4월13일에 업무상 과실치사, 허위 유인(有印)공문서 작성 교사, 허위 유인공문서 작성 등의 죄명으로 기소되었다.[61]

이승만은 이 사건에 대하여 기자들의 서면질문을 받고 다음과 같은 답변서를 보냈다.

> 인권상 제일 중요한 것이 생명 재산 보호권이요 정부의 제일 중요한 책임도 생명과 재산을 보호하는 것이다. 반민법특별조사위원 중에서 어떤 국회의원이 자동차를 몰고 가다가 길가에서 어린아이를 치어 죽였다는데, 그 후에 경찰이 조사해서 사실을 소상히 보고할 기회를 주지 않고 시신을 없이했다는 보고를 들었으나, 경관들과 검찰관들이 다 정당히 조치할 줄로 믿고 조치되기를 기다렸던 것이다. 그러나 종시 아무 소리가 없으므로 법무당국에 물은즉 사실을 조사는 했으나 특별한 조치는 없게 된 것을 알기에 이르렀으니, 나로서는 대단히 놀랍게 여긴 것이다. 그래서 그 사실을 법으로 판단하고 공포해서 민중이 알아야 되겠는데, 아무 판단 없이 그냥 덮어주고 말면 경관과 검찰관이 책임을 질 것이라고 하였다. 이러한 상태가 오직 특별조사위원 중 몇 사람들이 반민법을 진행한다는 명의로 헌법에 대치되는 일을 행해서 치안에 많은 동요가 있게 되므로 나로서는 이런 일을 법적으로 교정하기를 수차 선언하였으나, 국회의원 중에서도 여러분이 협의하여 국회에서 조처하겠다고 누차 말한 분도 있었고 행정 장관 중에서도 순조로 막겠다고 담보하는 고로 기다리고 있던 중인데, 한가지 양해된 것

---

61) 《東亞日報》 1949년4월14일자, 「金相敦氏護衛巡警 公判에 廻付」; 《京鄕新聞》 1949년4월14일자, 「金相敦氏等 十三日不拘束起訴」.

은 경찰이 조사위원의 명령으로 반민을 잡아 가두고 심문하는 것만은 막아서 조사위원들이 평민을 고용하여 특경대를 만들어 사람을 자유로 잡아 가두게 된 것이니, 이것이 다 위법한 행동이다.…

이승만은 특별조사위는 조사만 하고 특경대는 해산시켜서 불법행위를 하는 자는 엄벌하겠다고 단호하게 천명했다.

그러므로 지금부터는 소위 특별조사위원은 조사만 하고 사법에 넘겨서 행정이나 사법일은 조금도 참여하지 못할 것이요, 특경대는 해산시켜서 그러한 명의로 불법행위를 하는 자는 엄벌 징치할 것이니, 국회의원 중에서도 공정한 생각을 가진 분들은 자기들이 정한 헌법을 존중히 여겨서 헌법의 대지를 위반하는 것은 여간 사소한 조문이 있다 하더라도 다 폐지하고 법을 존중히 하여야 될 것이다.[62]

반민특위 각도지부의 조사활동이 본격적으로 시작되면서 이런저런 부작용도 나타났다. 반민특위 조사관을 사칭하면서 반민법 해당자로 지목되는 사람들을 방문하여 금품을 요구하는 가짜 조사관이 날뛰는가 하면, 특별검찰관 서성달의 호위 경관이 살해되기도 하고, 고등경찰 출신의 중추원 참의 김태석을 변호하던 변호사 오숭은(吳崇殷)은 그 자신이 반민법 위반죄로 체포되었다.[63]

반민특위 내부의 알력도 드러났다. 대표적인 현상이 거물 피의자들이 기소유예나 보석으로 석방되는 사례였다. 조선항공사업 사장 신용욱(愼鏞頊)을 비롯하여 10여명이 기소유예나 보석으로 석방되었다. 4월20일에 화신상사의 박흥식과 중추원 참의를 지낸 김갑순(金甲淳)이 보석으

62) 《朝鮮日報》 1949년4월16일자, 「特委特警隊解消?」; 《서울신문》 1949년4월16일자, 「人權을 擁護하자」.

63) 《東亞日報》 1949년5월25일자, 「吳辯護士逮捕」.

로 석방되자 특별검찰부는 검찰관 9명 전원이 다음과 같은 성명서를 내고 일제히 사표를 제출했다.

> 금번 특별검찰부 검찰관장 이하 검찰관 일동은 특별재판부의 반민법 해당 피고인 박흥식에 대한 보석 결정을 계기로 검찰관 직무를 감당키 곤란하므로 대한민국 국회에 사표를 제출하고, 직무는 후임자가 선출될 때까지 집무할 것을 결의함.

박흥식과 김갑순은 거금 100만원씩을 보석공탁금으로 냈다.[64] 북선교통회사의 설립자로 중추원 참의를 지낸 방의석(方義錫)은 보석되었다가 물의가 일자 재구속되기도 했다.[65]

4월23일에 있은 김상돈의 기자회견은 저간의 사정을 짐작하게 한다.

문. "특별검찰부 총퇴직 문제를 어찌 보는가?"

답. "총퇴직문제에 있어서는 결정적인 것이 아니므로 후일 자세한 것을 발표하고,… 박흥식 한 개인 보석문제로 총사직을 운운하나 민족정기를 바로잡기 위한 각 부에서는 진지한 태도이니 만큼 국민여러분은 오해 없기를 바란다.…"

문. "특경대 해산문제가 대두되고 있는데?"

답. "특경대는 전 윤치영 내무부 장관 때부터 현 김효석 내무부 장관에 이르기까지 필요에 의하여 상호조직간에 교섭 중에 있어서, 조직키도 전에 해산운운은 문제가 안된다."

문. "신용욱을 기소유예한 데 대하여 일반은 의아심을 가지고 있는데?"

답. "특검에서 기소유예한 것은 사실이나, 특위는 특검에 재고 요청

---

64) 《朝鮮日報》 1949년4월22일자, 「特委檢察官突然總辭職」.
65) 《東亞日報》 1949년2월17일자, 「方義錫再收監」.

을 하여 특검에서 합의한 결과 재조사하기로 하였다고 하니 불일간 실행할 것이다."

문. "대통령 담화 중에 특위는 조사에만 한한다고 했는데?"

답. "법치국가에서는 법이 있는 이상 법을 무시하는 담화는 혼란을 일으킬 뿐이고, 동시에 본 위원회 운영에는 하등 지장이 없다."

문. "자동차 사고에 대하여 어찌 생각하는가?"

답. "인권옹호에는 나 역시 절대 찬성자의 하나이나, 개인의 교통사고문제를 가지고 특위부위원장에 결부시켜 신문으로 방송뉴스에까지 운운하는 것은 그 진의를 이해하기 곤란할뿐더러 문제의 인권옹호와는 별개일 것이다."

문. "부위원장에 대한 성토대회를 어찌 생각하나?"

답. "정당과 애국단체의 이름을 사칭하여 몇 개인의 악질적 모략으로 자기의 정치적 야망을 채우며 특위에 방해공작과 기관의 일부 책임자를 중상하여 약체화함에 불과한 것이다.…"

문. "거물 반민자가 아직 많은데 앞으로 어떠한 방침으로 활동할 것인가?

답. "거물 가운데 일부는 취급하였고 금후도 역시 더욱 정중히 취급할 방침이다."[66]

자신의 교통사고치사 사건에 대한 김상돈의 발언은 어처구니없는 것으로서 빈축을 샀다.

3

김구는 한독당 군산지부 주최의 건국실천원 단기양성 개강식과 한독당 옥구군당부결성식에 참석하기 위하여 1949년4월19일 오전에 한독당

66) 《平和日報》 1949년4월24일자, 「反民巨物級繼續取級」.

부위원장 조완구(趙完九), 조직부장 김학규(金學奎)와 함께 서부해방자호로 서울역을 출발했다.

이날은 김구가 남북협상을 위하여 38선을 넘은 지 1주년이 되는 날이었다. 김구는 기차 안에서 「북행 1주년을 맞이하며」라는 성명서를 발표했다.

> 회고컨대 나는 작년4월19일에 조국의 통일을 위하여 만난을 무릅쓰고 38선을 넘어서 북행했었다. 그 뒤에 조국의 현실은 마침내 분립의 형태를 가지게 되었다. 그러나 이것은 오직 국제적 제약성에 기인한 데 불과한 것이며, 3천만 동포의 마음속에는 다만 하나의 조국이 있을 뿐으로서 남북동포의 통일을 갈망하는 열렬한 의욕은 시간과 함께 더욱 성장되고 있다.
>
> 제1차 협상을 실패라고 규정짓는 것은 조급한 생각이다. 국제적

한독당 옥구군당부 결성식에서 연설하는 김구 위원장.

압력으로써 첨예하게 대립된 상극의 세력을 정치적으로 통일시키기 위하여는 여러 가지 난관을 극복시킴에 필요한 오랜 시간과 꾸준한 노력이 필요한 것이다. 1차 협상은 복잡한 정치적 교섭의 여정을 계시하는 한갓 서곡에 불과하고 결국은 아니다. 협상에서 세워진 통일의 원칙은 국제적으로도 영향을 주게 되었다. 남북의 통일을 위한 협상은 반드시 있을 것이다. 지금과 같이 분단된 현실에 대하여 누구나 만족하게 생각할 사람은 없다.

미소 양군 철퇴는 우리의 주장이 부분적으로 실현되어가는 것이다. 역사는 언제나 전진하며 정의에서 우러나오는 정당한 주장은 반드시 실현될 것을 확신한다.[67]

이러한 김구의 주장은 미국의 원조로 자력에 의한 국방 태세가 갖추어지기 전에는 미군이 철수해서는 안된다고 주장하고 미국정부에 계속하여 군사협정 체결과 군수물자 원조를 요구하면서, 미군철수를 주장하는 국회 소장파 의원들과 대립하고 있는 이승만이 보기에 여간 못마땅한 주장이 아니었을 것이다.

군산에 도착한 김구는 이튿날 아침에 군산 부두에 나가서 어업조합을 방문하고 어류 판매상황을 둘러보았다. 그리고 11시쯤에는 이곳 기자들을 만났다. 이 자리에서 그는 "화평통일을 위하여 조직적 국민운동을 전개할 필요가 있는데, 이것은 양군이 철퇴함으로써 급속히 추진시켜야 할 것이다"라고 미소 양군의 철수를 거듭 주장했다.

그리고 오후 2시에는 군산공설운동장에서 '김구씨환영부민대회'가 성대하게 거행되었다. 이어 4월21일에는 강습회 개강식에 참석하여 격려사를 하고, 한독당 옥구군당부결성식에 참석하기 위하여 옥구로

---

67) 《서울신문》 1949년4월20일자, 「統一渴望은 熱烈」.

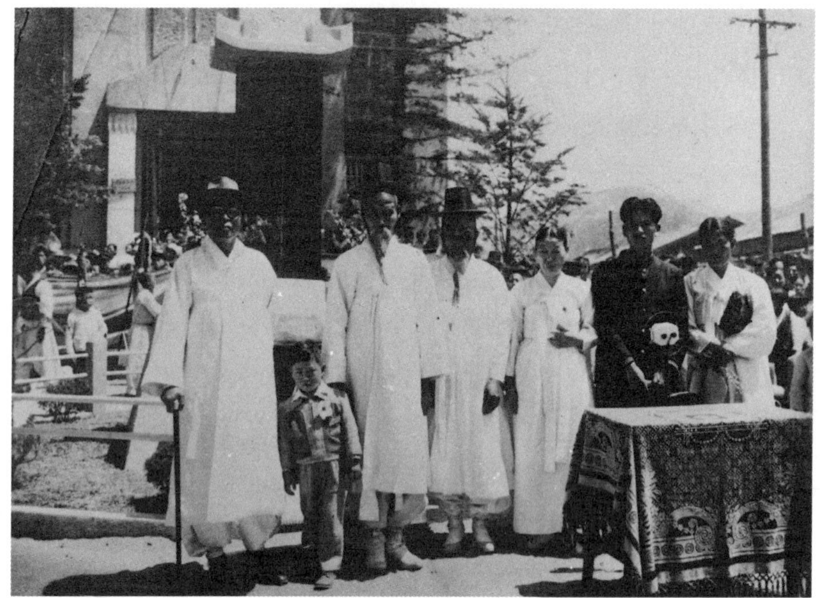

1949년4월29일에 충남 예산에서 거행된 '윤봉길렬사기념비' 제막식에 참가한 김구와 윤봉길의 유족들.

갔다.[68] 한독당은 다가오는 전당대표자대회를 앞두고 지방조직강화에 힘을 쓰고 있었다.

'김구씨환영부민대회'에서도 김구는 양군 철수를 강조했던 것 같다. 5월3일에 열린 제45회 국무회의에서는 김구의 이날의 연설회가 도마위에 올랐다. 법무부 장관 이인으로부터 "(김구가) 정부의 건전한 발전상을 왜곡 음해하는 악영향을 주는 연설을 감행하며, 경찰의 호위가 성대하였다는 바 내무부는 특별히 이런 점 단속을 요한다는 취지의 보고가 있었다"라고『국무회의록』은 기술했다.[69]

군산과 옥구를 다녀온 김구는 4월29일에는 감찰위원장 정인보(鄭寅普)와 함께 충남 예산읍에서 거행된 '윤봉길렬사기념비' 제막식에 참석했다. 기념비는 예산군 교육회가 주동이 되어 학생들이 푼푼이 모은 성금과

---

68) 《自由新聞》 1949년4월21일자, 「金九氏歡迎會」, 4월22일자, 「統一에 國民運動」.
69) 『國務會議錄』, 1949년 제45회(1949.5.3.), p.302.

지방유지들의 찬조를 얻어 공사비 65만원을 들여 건립한 것이었다.

정인보가 지은 깔밋한 한글 비문은 감동적이었다. 글씨는 김충현(金忠顯)이 썼다. 비문은 윤봉길의 행적과 홍구공원 의거를 간단히 적고 나서 그 의거의 영향을 다음과 같이 썼다.

> 우리는 어디에서든지 우리의 적을 죽이는 것이 의다. 중국만을 위하여 원수를 갚아준 바 아니었지마는, 중국은 열사의 의를 더욱 고마워하야 바로 전 서울, 평양에서 적의 이간에 넘어서 중국 상민을 박해한 일로써 두 민족 사이가 자칫하면 험악할 뻔하게 되던 것까지 구름 걷히듯 하고, 우리 독립의 큰 힘을 아끼지 아니하고저들 하얏으니, 장중정 총통이 우리 독립을 선창할 때도 윤봉길 열사의 저때에 던지던 폭탄소리가 귓가에 새로웠을 줄 안다.

비문은 다음과 같은 말로 끝맺었다.

> 김백범 선생이 입국하면서 덕산 시량리 렬사의 집을 찾아가서 제사하고 그 뒤 대판으로부터 유골을 찾아다가 국장 의례로 리봉창 백정기 두분과 나란히 효창공원 구광 뒤에 본장하얏다.… 렬사가 살아계셨드면 겨오 마흔넷이다.[70]

이러한 비문을 보는 김구는 만감이 교차했을 것이다. 기념비 제막식을 마치고 김구는 덕산 시량리에 있는 윤봉길의 생가에서 하룻밤을 묵으며 유족을 위로했다.[71]

김구는 5월 들어 정치문제에 한결 적극적으로 관심을 표명했다. 5월

---

70) 매헌윤봉길의사기념사업회 편, 『매헌윤봉길전집(7)』, 매헌윤봉길의사기념사업회, 2012, p.602.
71) 《自由新聞》 1949년4월21일자, 「尹烈士記念碑除幕式 忠南禮山서 29日擧行」.

9일에는 한독당 창립 19주년 기념식에서 다음과 같은 요지의 기념사를 했다.

> 본당의 확고한 민족정신과 열렬한 혁명의식은 일관한 것이다.… 본당은 앞으로 반봉건적 반제국주의적인 부르주아 민주주의 민족혁명의 큰 기치하에서 민주주의 원칙에 의하여 평화적 방법으로써 모든 민족 역량을 통일 단결시킬 결심을 갖고 나갈 것이다. 그리고 민주주의는 언제나 타협의 원칙 위에서 진행되어야 할 것을 강조하는 바이다. 이에 있어 무엇보다도 선결 조건은 강력한 민주주의 민족혁명세력이 조성됨으로써 조국평화통일의 주도적 지위를 확보하고 또 이 입장을 고수하여야 할 것이다. 오늘날 아직도 미소 양대 세력의 제약성이 해소되지 못한 이 환경 속에서 우리가 반소반미적 행동을 취한다는 것은 삼가야 할 것이다.…[72]

앞으로의 한독당의 행동방향으로 "반봉건적 반제국주의적인 부르주아 민주주의 민족혁명" 노선을 표방한 것이 눈길을 끈다. 5월21일에 제3회 임시국회가 개회되자 김구는 매우 이례적으로 국회의원들을 편달하는 담화를 발표했다.

> 대한민국 국회의원들은 한편의 반대가 있음에도 불구하고 민중의 이익을 위하여 투쟁하겠다는 이유하에 선거에 출마하였던 것이다. 선거민에게 굳은 약속을 함으로써 당선되었다. 탐관오리의 숙청도 약속의 하나요 민생문제의 해결도 그의 하나였다. 그리고 공출 폐지와 토지개혁과 지방자치법 실시는 모든 약속 중에서도 가장 선거민의 관심을 끌던 약속이었다. 그러나 아직까지 하나도 실행하지 못했다.… 이

72) 《朝鮮日報》 1949년5월10일자, 「反美反蘇不可」.

때에 있어서 그들의 심각한 반성과 아울러 새로운 투쟁이 없으면 민중의 기대를 만족케 할 길이 없을 것이며 민주주의는 거세될 것이다. 그러므로 우리는 정치적 입장의 여하를 불문하고 다 같이 관심을 가지지 않을 수 없으며, 특히 민주와 자유를 옹호하는 사회여론의 엄정한 편달이 필요하다.[73)]

김구는 5월28일에는 대구로 내려가서 대구역 광장에서 대규모의 강연회를 개최하기로 준비했다. 그러나 강연회는 예정일에 닿아 갑자기 취소되었는데, 그것은 한달 동안 한국인사들을 만나지 않고 있던 유엔한국위원단의 초청을 받았기 때문이었다.

김구와 유엔한국위원단의 회담은 5월31일 오전에 덕수궁의 유엔위원단 회의실에서 2시간가량 개최되었는데, 김구는 다음과 같은 의견을 피력했다고 기자들에게 발표했다.

첫째로 통일문제에 대하여. 나의 의견으로는 남북화평통일의 문호를 타개하기 위하여 우선 남북 민간지도자회담 혹은 정당 사회단체 대표회의를 개최하고 남북통일을 실현하기 위한 어떤 가능한 방법을 협의해 보는 것이 좋겠다고 생각한다. 만약에 이 회담에서 더 좋은 새로운 통일방안이 성립된다면 더욱 좋을 것이다.

남북에 이미 사실상으로 존립한 권력형태는 말살하려 해도 말살되지 않는 것이 현실대로의 사태이다. 그러므로 남북의 기성사실을 우선 용인하면서 양 극단은 구심력적으로 조정하여 점진적으로 접촉의 기연(機緣)을 촉성하고 더 나아가 통일을 위한 협조적 기능을 다하기 위하여 남북정권에 직접 가담치 않은 민간 정당 사회단체의 노력이 필요할 것이다.

---

73) 《自由新聞》 1949년5월22일자, 「民主와 自由擁護」.

이상과 같은 회담을 구상하면서 다음과 같은 실천 방법을 가정할 수 있다.

(1) 남북 민간지도자 혹은 정당 단체대표 인물로서 사인(私人) 자격에 의한 남북회담을 개최하여 통일방안을 협의할 것(모든 곤란한 형식문제를 피하기 위하여 남북 정권의 대변인도 사인 자격으로 참가할 것).

(2) 회담지점은 서울에서 할 것.

(3) 회담내용에 대하여는 관계방면의 합의에 의하여 발표할 것.

(4) 이 회담에서 통일방안에 대하여 초보적 합의가 성립되는 대로 각기 원지역에 돌아가서 정식 남북회담이 실현되도록 노력할 것.

(5) 유엔한위는 이 회담이 실현될 수 있도록 모든 환경과 조건을 조성하기 위하여 적극 협조할 것.

둘째로 대한민국 정부가 취한 통일 조치에 대하여. 대한민국 정부가 통일을 추진시키는 어떠한 조치를 취했다고 발표된 것은 아직 없는 것 같다. 미국정부 정책이 장차 화평통일의 방향으로 추진될 수 있다고 가상한다면 전제조건으로 화평통일을 추진하려는 정당 단체의 합법적 활동이나 언론에 대한 간섭이 완화되어야 할 것이다. 나는 김규식 박사와 더불어 1948년4월에 평양에서 개최되었던 남북회담에서 돌아와서부터 우선 우익진영 자체로서의 통일된 방안을 가지고서 좌익에 대하여 협상도 하고 될 수 있으면 타협하여 남북통일을 촉진하려고 노력하였다. 앞으로도 더욱 광범한 우익단체의 합의와 지지로써 좌익(북한)과의 회담에 임할 수 있도록 노력하겠다.

셋째로 사회적, 경제적 방해의 제거문제에 대하여. 미소 양군의 분단점령으로 인하여 생긴 38장벽이 제거되지 않고 또 남북한의 무장세력간의 충돌이 빈발하는 사태가 개선되지 않으면 어떠한 장해도 제거되기 곤란할 것이다. 사회적 또는 경제적으로 부분적 교류를 추진하기 위하여는 먼저 남북의 군사적 충돌의 위기를 완화시키지 않고서는 불가능할 것이다. 이러한 문제도 미소의 협조를 원칙으로 하는 유엔의 노력이 기대되는 바이다. 한국을 분단해 놓은 미소 양국이 자기가 점령한 지역에 각기 상반된 정권과 군대를 만들어 놓고서 그대로 나가는 것은 마치 남의 동리에 와서 싸움을 붙여 놓고 슬쩍 나가버리는 것 같은 것이다. 만약 내전이 발생된다면 그 책임은 미소 양방에 다 있는 것이다.[74]

이날의 김구의 발언에서 눈길을 끄는 것은 남북 평화통일의 문호를 타개하기 위하여 남북민간지도자 회담 또는 정당 사회단체 대표회의의 개최를 제안하면서도 최종적으로는 정권차원의 남북회담이 실현되어야 한다고 주장한 점이었다.

---

74) 《朝鮮日報》 1949년6월1일자, 「美蘇協調를 推進」.

106장

주한미군의 철수와 국회프락치사건

1. "미 군정부가 한국공산당 길렀다"
2. 일민주의의 "네가지 평등"
3. 스탈린에게도 보고된 국회프락치사건
4. 반민특위의 해산

1. “미 군정부가 한국공산당 길렀다”

1

1948년9월15일부터 은밀히 진행된 철수 작전에 따라 1949년1월 현재 주한미군의 수는 7,500명으로 줄었다. 그럼에도 불구하고 미군철수 문제는 여전히 여러 정치세력 사이의 뜨거운 논쟁거리가 되고 있었다.

이승만은 2월5일에 올리버(Robert T. Oliver)에게 보낸 편지에서 “사실을 말하자면, 미국보다도 이곳에 민주주의가 더 있지 않은가 생각됩니다. 이 말은 우리가 미국식 민주주의 단계에 도달했다는 뜻이 아니라 우리 국회가 내가 아는 다른 어떤 대의기관보다 더 민주적이라는 말이올시다”하고 국회에 대한 불편한 심기를 비꼬아 말했다.[1] 그만큼 그는 국회와의 알력으로 부심했다.

그런 국회가 1949년2월7일에 전남 진도 출신의 무소속 김병회(金秉會) 의원을 비롯한 71명의 긴급동의로 「남북화평통일에 관한 결의안」을 상정한 것은 이승만의 부아를 있는 대로 돋우었다. 신익희(申翼熙) 의장의 연락을 받고 국회의사당으로 내려간 이승만은 국회의원들에게 “만일 지금 당신네들 얘기 내놓은 대로 하려고 한다면 이것은 파괴운동에 지나지 않는 것”이라고 으름장을 놓았다.

이승만은 미군이 소수라도 주둔하고 있어야 하는 이유를 다음과 같이 설명했다.

“지금 여기 있는 미국사람들을 다 내보낸다면 결과가 어떻게 되겠는가 여러분이 생각해야 됩니다. 우리 입장은 무엇이냐 하면 미국 군인이 얼마 아니라도 여기 있기만 하고 보면 소련 군사가 여기 내려올 수 없을 것이라는 것을 우리가 생각합니다. 만일 미국 군인들이 나가야 소련 군사

---

1) Robert T. Oliver, *Syngman Rhee and American Involvement in Korea*, p.220.

가 여기 들어올 수 있겠으니까 환영해야 되겠다 하는 생각을 갖는 분들이 있다면 미국 하루바삐 걷어나가라 할 것입니다. 그러나 정부관계로 어떤 관계가 있느냐 하면 우리가 세계에 선포해 가지고 나가는 것은 한인 공산당이라는 것이 이남에 나오는 것은 우리가 다 조처할 수가 있고 이북에 가서라도 우리가 점령할 수 있다, 그러나 소련은 여기 내려오지 말아야 되겠다, 그것을 우리가 주장하는 것입니다. 그것을 주장하는 관계로 인연해서 미국 군인이 조금이라도 얼마가 여기 있어야 미국 군인들의 체면이라도 보아서 소련이 넘어올 수 없을 만한 것을 만들어 놓자는 그것이 우리 주장입니다.…"

이승만의 연설에 뒤이은 비공개 회의에서 이 결의안은 재석 159명 가운데 가 37표, 부 95표로 부결되었다.[2)]

이승만은 이어 2월12일에는 주미대사 장면(張勉)과 올리버 앞으로 「현재의 한국 정치 정세(Present Political Situation)」라는 긴 비망록을 적어 보냈다. 이 비망록에서 이승만은 중국 사태에 따른 한국인들의 심각한 불안과 우려를 지적하면서 미국의 아시아 정책이 실패한 이유를 자세히 설명했다. 이승만은 지난 10년 동안 우리는 아무도 미국인들의 행동을 예측하고 어떤 방향으로 진로를 바꾸어야 할 것인지 알지 못했다고 말했다. 미국 정책이 때로는 반공이고 때로는 친연안파(親延安派)이며 또 때로는 이것도 저것도 아니었다는 것이었다. 그 결과 국민당이 기대할만한 지속적인 지지자를 얻지 못한 반면 중국공산당은 큰 지지 세력을 구축하는 데 필요한 격려와 시간을 얻었다고 이승만은 기술했다.

이승만은 해방 뒤에 남한에서 실시한 미국의 한국 정책에 대해서도 신랄하게 비판했다. 우리는 어떤 정치 기구에서든지 공산당 지도자들과 협력해야 했고 그들 가운데 몇 사람을 참여시키지 않고는 정부도 국회도 가질 수 없다는 말을 미국 친구들로부터 들었다고 했다. 그는 경비대에

---

2) 『制憲國會速記錄(3)』, 제2회 제24호(1949.2.7.), pp.443~447, p.458.

입대한 공산당의 존재에 대해서도 언급했다.[3)]

이승만은 2월17일에 같은 주제를 더욱 강조하는 편지를 올리버에게 썼다.

> 우리는 스스로를 방어할 수 있을 만큼의 무기를 요청했습니다. 우리는 적당한 경로를 통하여 많은 것을 요청했으나 얻은 것은 매우 빈약합니다. 38도선 저쪽의 병사는 아직도 사정거리가 긴 소총으로 사격할 수 있습니다. 그런 소총을 갖고 있지 못한 우리 경찰들은 적의 손아귀에 들어 있습니다. 상황을 악화시키지 않기 위하여 우리 군대는 38도선을 따라 주둔하지 못하게 되어 있습니다.
>
> 우리는 침략 전쟁을 시작할 생각은 없지만 적어도 우리 자신을 지킬 권리는 보유하고 싶습니다. 지금까지 우리는 그러지 못했어요. 우리는 탱크와 화염방사기와 그 밖의 현대식 무기를 요청했습니다. 그러나 우리는 언제나 "지금 오고 있다", 그리고 "탱크는 이곳에는 맞지 않는다" 등등의 말만 들었습니다. 지금은 생각건대 주제를 피하기 위한 마지막 "변덕"으로, 기갑부대를 창설한다고 하는군요. 책임자로 남은 사람[로버츠(William L. Roberts) 장군]에 대하여 우리는 아주 절망을 느낍니다. 그는 퇴역을 앞두고 어떤 실랑이에도 말려들고 싶어 하지 않습니다 ——왜 그럴까요? 그의 계획은 3월31일이나 6월30일에 철수[퇴역]하는 것입니다. 우리는 한국이 "너무 작고 너무 늦은" 또하나의 실패담으로 될 것이 큰 걱정입니다.[4)]

요컨대 이승만은 주한미군의 철수가 기정사실화된 상황에서 미군철수의 대안으로 한국군의 건설과 현대 장비의 공급을 강력히 요청한 것이

---

3) Robert T. Oliver, *op. cit.*, pp.220~223.
4) *ibid.*, pp.223~224.

었다.

주한미군의 철수 시기는 3월22일에 열린 미국 국가안전보장회의에서 채택된 「한국에 관한 미국의 입장(NSC 8/2)」에서 확정되고, 이튿날 트루먼 대통령의 승인을 받았다. 그것은 한국에 대한 미 국무부의 "개입" 요청과 미 육군부의 "철수" 요청을 최종적으로 조정한 정책문서였는데,[5] 이 문서는 "유엔한국위원단 및 한국정부와 협의를 통한 잔류미점령군의 철군준비는 늦어도 1949년6월30일 이전이나 그 날짜에 철군을 완료할 수 있도록 이행해야" 하며, "미군의 최종 철군에 앞서 대한민국 정부에 대해 보안군(육군, 해안경비대, 경찰)용 장비를 이양하고, 비상저장용 및 6개월분의 보충 및 소모요구량을 충족시킬 수 있는 정비보급품 비축을 제공해야" 한다고 못박았다.[6]

미군철수와 그에 따른 한국군의 인원과 장비의 강화에 대한 교섭은 무초(John J. Muccio) 특사가 이승만에게 보고하는 형식으로 이루어졌다. 무초는 3월29일에 이어 4월1일에도 이승만을 방문하고 장시간 협의했다. 무초는 이승만에게 대한민국의 안보가 위협받지 않는 한 미국이 자국의 군대를 철수하고자 하는 것은 당연한 일이라고 말했다. 그리고 한국 보안군의 훈련이 최근 몇달 동안 많은 진전을 보여 미국 병력의 철수가 매우 빠른 시일 안에 이루어질 수 있을 것이라고 말했다. 그러나 무초는 NSC 8/2가 미군철수의 최종시한을 6월30일로 확정했다는 사실은 이승만에게 밝히지 않았다. 조용히 듣고 있던 이승만은 미군병력이 한국 안에 영원히 진주하도록 붙잡아 둘 수 없음을 알았다고 말하고, 다만 한국이 자체의 이익을 보호할 수 있을 정도의 적절한 병력과 그 병력에 대한 무기와 탄약 공급을 조달할 수 있을 때까지 주둔해 주기를 희망했다.[7]

---

5) 小此木政夫, 「米國の朝鮮政策 一九四七~四九: 米軍撤退の決定を中心に」, 《法學研究》 第54卷 第3号, 1981, 慶應義塾大學法學研究會, 1981, p.181.

6) Position of the United States with Republic of Korea(NSC 8/2), *FRUS 1949*, vol.Ⅶ., pp.969~978.

7) Muccio to Acheson, Apr. 9, 1949, *FRUS 1949*, vol.Ⅶ., pp.981~982.

2

미군철수에 따른 이승만의 불안은 집단안전보장 제도의 제안으로 나타났다. 이승만은 4월7일에 유럽의 마셜 플랜(Marshall Plan: 유럽부흥계획)과 같은 태평양 제국에 대한 '맥아더 플랜'의 설치를 제창하여 주목을 받았다. 이승만은 "나는 태평양 제국에 마셜 플랜과 동일한 맥아더 플랜을 실시하여 주기를 바란다. 그러나 그 이름은 역시 맥아더 장군 이름을 붙이는 것이 마셜 플랜이라는 이름보다는 한층 더 정다울 것이다. 그 이유는 동양 사람들에게는 맥아더 장군이 독립을 위한 우리들의 진정한 투사이기 때문이다"라고 맥아더를 추어올렸다.

한편 그는 1949년4월4일에 결성된 북대서양조약기구(North Atlantic Treaty Organization : NATO)와 같은 태평양동맹의 결성에 적극적으로 찬성했다.

> 태평양동맹에 가맹하기를 원치 않는 국가를 제외하고 태평양방위동맹은 남태평양제도 및 호주, 캐나다, 미국, 중국, 중남미 제국을 포함하여야 할 것이다. 그리고 일본은 강화조약이 체결될 때까지는 그와 같은 방위동맹 혹은 국제적 제협정에 가입할 자격이 없다고 나는 확신한다.[8)]

태평양방위동맹 구상은 그 뒤에도 필리핀의 로물로(Carlos P. Romulo) 대통령 등에 의하여 거론되었으나 실현되지는 않았다.

이승만은 4월11일 저녁에도 무초와 장시간 회담했다. 무초는 NSC 8/2의 내용을 날짜와 중요한 숫자만 생략한 채 개략적으로 이승만에게 설명했다. 이승만은 결국 한국 보안군이 국가의 방위와 안정을 유지할

---

8) 《朝鮮日報》 1949년4월9일자, 「맥아더案實施」.

미 국무부 장관 취임선서를 하는 애치슨(왼쪽).

능력을 갖추도록 보장한다는 NSC 8/2의 내용에 동의하고, 그것을 일반 대중에게 발표하는 것이 그에게 유리할 것이라는 데도 동의했다. 이승만은 자기 생각을 하루 이틀 사이에 발표하겠다고 약속했다.[9] 이처럼 이승만은 중요한 외교문제는 대통령 재임 기간 내내 직접 챙겼다.

그러나 이승만은 선뜻 성명을 발표하지 않았다. 좀 더 구체적인 보장을 받기 위해서였다. 이때의 이승만의 몽니부리는 태도는 무초가 국무장관 애치슨(Dean G. Acheson)에게 보낸 전보에 여실히 드러나 있다. 국무차관보를 거쳐 1945년에 국무차관이 된 애치슨은 1949년1월에 국무장관으로 임명되었다.

> 이 대통령은 본인의 4월11일[원문 12일]자 전문 374에 언급된 내용이 담긴 성명을 발표할 것인지에 대해 아직 결정을 내리지 못했다.

---

9) Muccio to Acheson, Apr. 12, 1949, *FRUS 1949*, vol.Ⅶ., p.986.

충분한 용기가 아직 생기지 않은 듯하다. 그러나 어제 늦게 가진 장시간의 토론에 비추어 볼 때에 그는 본인이 그에게 구두상으로 전달했던 군사 원조에 대한 보장을 미국이 진실로 수행할 의도가 있다는 것에 대한 좀더 구체적인 확언을 얻고자 하는 기대를 가지고 늦추고 있는 듯하다.

그는 더 많은 무기와 더 큰 군대를 요망하면서 오래도록 이야기했다. 그리고 미국이 대한민국의 독립과 남침 때의 보호를 보장해 준다는 데 대한 어떤 특정한 종류의 협약을 희망한다고 밝혔다. 그는 특히 본인에게 1882년의 조약이 아직도 유효하다거나, 혹은 그 제1조 ── 그는 이 제1조가 우호조항이라고 설명했다 ── 를 재확인시켜 주는 성명이 워싱턴에서 발표될 수 있을지에 대한 확인을 요청했다.

본인은 오늘 오후에 재차 이 대통령을 만날 예정이며, 그가 곧 성명을 발표하기를 기대한다.…

이승만은 앞에서 본 대로 독립운동기간 내내 미국인들에게 1882년의 조미수호통상조약 제1조에 규정된 거중조정(good offices)의 의무를 실행해 줄 것을 요구해 왔다. 이승만은 4월14일에 무초에게 보낸 편지에서도 다시금 1882년 조약의 재확인을 요구했다.[10)]

이러한 이승만의 주장에 대해 애치슨은 이 조약에 대한 지금까지의 국무부의 공식 태도와는 달리 유연한 반응을 보였다. 애치슨은 무초에게 "국무부는 1882년 조약의 조항들은 일본정부와 대한민국 정부 사이에 1904년부터 1910년까지 맺어진 일련의 협정들 때문에 적용 불가능하며 따라서 그 조약은 더 이상 유효하지 않다는 입장을 취해왔음을 명심하기 바란다"라고 통보하면서도, "귀관의 판단에 따라 미국이 1882년 조약의 제1조(우호조항)에 선언된 원칙들을 고수하고 있다는 점을 그에게 통보

---

10) Rhee to Muccio, Apr. 14, 1949, *FRUS 1949*, vol.Ⅶ., p.991.

해도 좋다"는 등의 타협적 대안들을 제시한 것이다.[11]

이승만은 마침내 5월7일에 미군철수 문제에 대하여 한미간에 협의가 이루어지고 있음을 밝히는 특별성명을 발표했다.

> 지금 대한민국과 합중국 정부대표자들이 수개월 이내로 어느 날짜를 정하여 미군이 한국에서 철퇴할 것을 협의하는 중에 있다. 유엔한국위원단에 이 협의 진행을 알게 하였으며 유엔위원단의 자문과 협조가 이 진행에 많은 도움이 될 것을 각오하는 바이다. 그러나 이 협의가 미국의 한국에 대한 책임이나 관계를 조금이라도 감소시키는 의도는 아니며 도리어 민국의 안전과 행복을 위하여 경제, 군사, 기술, 기타 모든 원조를 강화하는 것이요, 따라서 미 군사사절단은 여전히 계속하여 우리 국방군을 발전시키고 확장하기에 모든 장교들을 빌려줄 것이다. 이 협의는 유엔총회의 결의문 제조항에 충분히 순응해서 진행되는 바이다.[12]

이승만이 특별성명을 발표했다는 보고를 받은 미 국무부 극동국장 버터워스(Walton Butterworth)가 그의 비망록에 무초 대사가 이승만을 설득하는 데 성공하여 미군병력의 조기철수 발표에 대한 주도권을 쥐게 되었다면서 "나는 이것을 큰 승리로 간주한다"라고 적은 것은 미국정부가 이승만의 동의를 얻는 데 얼마나 고심했는지를 짐작하게 한다.[13] 그러한 상황에서 무초는 초대 주한미국대사로 임명되어 4월20일에는 정부수립 이후 처음으로 정중한 신임장 봉정행사가 거행되었다.[14]

이승만은 4월16일에 열린 제41회 국무회의에서 미국 군사원조의 제1

---

11) Acheson to Muccio, Apr. 15, 1949, *FRUS 1949*, vol.Ⅶ., p.992.
12) 《東亞日報》 1949년4월19일자, 「美軍撤退時期를 協議」.
13) Memorandum by Butterworth, Apr. 18, 1949, *FRUS 1949*, vol.Ⅶ., pp.992~993.
14) 《朝鮮日報》 1949년4월21일자, 「무大使信任狀을 捧呈」.

착으로 최단시일 안에 M-1 소총 5,000정이 인도된다고 말하고, 이 무기들의 접수 보관위원으로 내무, 외무, 국방 세 장관을 지명했다.[15)]

3

미군철수에 관한 한미 양국간의 교섭이 진행되고 있다는 이승만의 특별성명에 자극된 일반 국민의 동요는 우려했던 것보다 더 심각했다. 때마침 5월4일 새벽에 개성지구 38도선에서 남북한 군인들 사이에 무력 충돌이 벌어지고,[16)] 강원도에서는 춘천과 홍천에 주둔하는 두 대대 병력이 월북했다.[17)]

이승만은 연일 국무총리와 관계 장관들을 대동하고 무초와 로버츠 장군 등과 함께 미군철수에 따른 대비책을 협의했다.

5월2일에는 미군철수 뒤에 한국에 남을 미 군사고문단 문제를 검토하는 회의가 열렸는데, 무초는 이 회의 내용을 자세히 기술해 놓았다. 무초는 먼저 주한 미 군사고문단의 규모와 앞으로의 계획이 적힌 문서를 이승만에게 전했고, 이승만은 그 문서를 큰 소리로 읽었다. 무초는 로버츠에게 군사고문단의 증강에 대해 어떤 작업이 이루어지고 있는지 설명할 것을 부탁했다. 로버츠는 군사고문단 병력은 최대 500명의 장교와 사병으

비밀리에 추진중인 미군철수 계획에 맹렬히 반대하는 이승만을 설득시키느라고 부심한 무초 초대 주한미국대사.

---

15) 『國務會議錄』, 1949년 제41회(1949.4.16.), p.263.
16) 《東亞日報》 1949년5월7일자, 「開城地區의 戰鬪經過」.
17) 《朝鮮日報》 1949년5월7일자, 「春川, 洪川에 部隊派遣」.

로 구성하도록 지시를 받았다고 말했다. 이때에 이승만은 그의 개인 비서 맥캔타이어(Mary McKentyre) 양을 불러 회의 내용을 기록하라고 지시했다. 로버츠는 주한 미 군사고문단의 최종 구성은 장교 250명과 동수의 사병으로 이루어질 것이라고 말했다. 그는 고문단의 장교와 사병은 현재의 주한미군 가운데서 최고 자격을 갖춘 장교와 사병을 선발할 것이라고 했다.

이어 그는 16명 내지 20명가량씩의 장교를 한국 육군의 각 여단에 배치할 것을 고려하고 있다고 말했다. 한국 육군의 가장 큰 취약점인 기술 용역을 제공하는 것이 목표이므로 보급, 병기, 통신 및 엔지니어링 서비스 분야에서 최고의 장교를 선발하기 위한 특별한 노력이 취해지고 있다고 말했다.

무초는 병기 분야 등의 발전에 대하여 대통령에게 자세히 설명할 것을 로버츠에게 제안했다. 로버츠는 지난 2월에 로얄(Royall) 육군장관이 방한했을 때에 이범석 총리가 그에게 전투장비와 군수품, 그리고 그 밖의 물품들에 대한 문서를 제출했다고 말했다.

이어 로버츠는 한국 육군의 훈련에 대한 일반적인 사항을 설명했다. 그는 육군의 훈련이 지난 3개월 동안 상당히 진척되었다고 말했다.

그러자 이승만은 "전국의 모든 젊은이들"의 훈련을 지원하도록 얼마간의 장교들을 할애하기를 희망했다. 이승만은 제주도와 그 밖의 지역을 한국 당국이 소탕하고 있는데 이 소탕작전이 끝나자마자 게릴라들이 다시 날뛰지 않을지 걱정이라고 말했다. 이승만은 국민이 협조하지 않으면 정부 단독으로는 지하에 숨어서 활동하는 공산당의 위협을 근절할 수 없다고 말하고, 그러므로 국민들 스스로 국가와 그들 자신의 생명을 방위하는 데 일정한 역할을 담당할 필요가 있다고 강조했다. 이런 점에서 국민회 운동의 주된 목적은 가능한 최대한의 안전과 평화와 질서를 실현하는 것이라고 이승만은 설명했다. 국민회 운동은 순수한 민족주의운동이라고 이승만은 강조했다. 이러한 이승만의 주장은 이 무렵 이승만이 가장 의존하고 있는 정치단체가 국민회였음을 말해 준다.

신성모(申性模) 장관이 한국 공군에 고문관이 파견되는지 물었다. 무초는 웨드마이어(Albert C. Wedemeyer) 장군에 따르면 현대의 공군은 매우 복합적인 기구이고 많은 복잡한 문제를 수반한다고 말했다. 무초는 국제적 돌발사태가 발발할 경우 미국 공군이 한국에 도달하는 데는 몇분이면 된다고 설명했다.[18] 그것은 한국정부의 공군창설 요구를 거부하는 말이었음은 말할 나위도 없다.

이승만은 이러한 협상에 만족할 수 없었다. 그는 5월8일에 공보처를 통하여 미국의 철군정책을 공개적으로 비판하는 다음과 같은 특별성명을 발표했다.

> 우리들은 미국 국민들이 남한을 미국 자체의 방위의 제1선에 해당한다고 생각하는지 아니하는지를 알고저 하는 바이다. 남한에 대하여 공격이 있으면 이것이 미국 국민 자신에 대한 공격과 동일하다고 미국은 판단하는가? 또 외부세력에 의한 공격이 있을 때에는 대한민국은 미국의 군사적 원조에 전적으로 의뢰할 수 있을 것인가? 이 문제는 현재 잔류하고 있는 미국 군대가 한국에 주둔하느냐 안하느냐의 단순한 문제보다 월등히 중요한 것이다. 대한민국은 우리 자신이 조성하지 않은 공산계열의 위협에 대항하여 우리들의 생명을 걸고 투쟁하고 있다.
>
> 일본이 항복할 당시에 한국에는 공산주의자는 하나도 없었다. 그러나 이 위협은 미소협정에 의하여 한국 중부를 분할한 데서 야기된 것이며, 미국은 공산당을 타협적 기지(基地) 위에서 대하고저 노력했기 때문에 남한에서 공산당들은 크게 힘을 얻고 강력해진 것이다. 침략자와 타협한다는 것은 이에 대항할 기회도 없이 우리들이 할 수도

---

18) Memorandum of Conversation by Muccio, May 2, 1949, *FRUS 1949*, vol.Ⅶ., pp. 1000~1002.

없고 하지도 않을 최후의 항복을 의미하는 것이다.

우리들은 북한 공산당이나 그들의 외국 군주에게 도전하려는 것은 아니며, 평화적 수단으로 남북을 통일하고저 하는 노력을 계속할 것이다. 그리고 우리들은 국민의 생명과 재산을 보호하는 데 책임을 져야 할 것이다. 공산당들이 38도선을 끊임없이 침범하고 우리들을 파괴하는 이때에 우리들은 가만히 앉아 반항도 하지 않고 우리를 해하려는 것을 허락할 수는 없는 것이다. 우리들은 그들이 남한을 침범하므로 말미암아 그들에게 다대한 손실을 주도록 하여야 할 것이며, 이 목적을 위하여는 자위에 필요한 적당한 무기를 충분히 공급받아야 할 것이다.[19]

이승만은 이러한 자신의 강경한 성명과 함께 공보처장 김동성(金東成)도 별도의 담화를 발표하게 했다. 김동성의 담화는 이승만의 성명보다 더 구체적인 비판이었다.

남한에 미 군정청이 설치되었던 3년 동안에 민족주의 한인지도자들은 공산주의를 공공연히 비난하는 것을 금지당했을 뿐 아니라 그 당시 이 박사 및 기타 지도자들의 방송 연설 원고는 전부 공산주의 비평 비난을 없애기 위하여 엄격한 검열을 받았던 것이다. 남한은 자위를 위한 군대를 설치할 권리를 금지당했고, 심지어 공산당의 조직과 선전을 방위하려는 모든 기도조차 금지되었던 것이다. 우리는 미국이 모든 문제를 해결할 것을 확신하고 미소간의 협정이 어떻게든지 낙착될 때까지 인내하여 기다릴 수밖에 없었던 것이다.

그런데 지금 와서 미국은 현재 잔류하고 있는 전 미군이 철퇴하는 것을 떳떳이 여기며 우리의 자위 태세의 준비가 다 되었느냐고 묻는

---

19) 《東亞日報》 1949년5월8일자, 「國土兩分은 美蘇責任」.

것이다. 우리가 알고저 하는 것은 우리나라를 반쪽으로 분열해 놓은 채 그대로 두고 심지어 남한의 우리 사회에까지 공산주의를 소개하여 질서를 문란케 해놓은 공산당의 위협으로부터 우리를 보호하기 위하여 무엇을 하여야 할 것이냐는 것이다. 미국은 우리들 자신이 혼자서, 아니 반쪽으로, 분열된 우리의 힘으로 해결하기에는 너무나 많은 문제를 남겨 놓았다.

미국은 공산당이 38도선을 침범하여 우리를 공격하여 온다면 우리를 원조하기 위하여 무엇을 할 것인가에 대한 우리들의 질문에 답변을 할 때까지는 잔류 주둔군을 철퇴하지도 못하며 철퇴하지도 않을 것이라고 믿는 바이다.[20]

주한 미대사관은 이승만의 격렬한 저항에 당황했다. 무초 대사는 이승만의 특별성명과 김동성의 담화문을 즉시 애치슨에게 타전하고 오후에는 로버츠 장군과 드럼라이트(Everett Drumwright) 공사와 함께 이승만을 방문하여 항의했다. 무초는 이승만의 성명이 한미간의 오해를 불러일으킬 소지가 있으며, 또한 미국 국민들을 향한 선동적인 신문캠페인은 이 시점에서 특히 위험하다고 주장했다. 왜냐하면 현재 미국정부가 한국에 대한 추가적인 경제적 및 군사적 지원문제를 고려중이기 때문이라는 것이었다. 무초는 미국은 어떤 개별 국가와도 상호방위조약을 체결한 적이 없음을 상기시키고, 현 단계에서 지속적인 여론 몰이는 혼란을 가중시킬 뿐이라고 말했다.

그러자 이승만은 자신의 특별성명이 자신의 허락없이 발표된 것이라고 한발 물러섰다. 그러나 그는 그 자신도 한국 국민에게 난처한 입장이며 미군철수 이후의 한국 방위에 대한 미국의 입장을 어느 정도 명확하게 이해할 필요가 있다고 주장했다. 이 문제에 대한 토의는 결론 없이 끝났

---

20) 《東亞日報》 1949년5월8일자, 「共産威脅除去策講究後에 撤退가 當然」.

다. 무초는 이승만에게 앞으로 언론 발표를 좀 더 신중히 해주기 바란다고 말했다.

협의는 최근의 38도선 사건들로 옮겨졌다. 무초는 이승만에게 한국군대가 공격적인 행동을 삼가게 해줄 것을 당부했다. 그러한 행동은 한국정부가 소련 블록 이외의 모든 나라와 현재 누리고 있는 우호관계를 위태롭게 할 수도 있기 때문이라는 것이었다. 이승만은 한국은 공격적 의도를 가지고 있지 않으며 개성에서도 선제공격을 하지 않았다고 말하고, 그러나 침략자에 대해서는 한치의 땅도 내어주지 않을 것이라고 단호하게 말했다. 이승만은 미국의 도움을 받든 어떻든 한국정부는 최후의 한 사람까지 공산당의 공격에 대항하여 싸울 것이라고 거듭 강조했다.[21)]

4

한편 애치슨은 무초의 보고전보를 받기도 전에 무초에게 타전할 훈령문을 작성했다. 애치슨은 무초에게 즉시 이승만을 만나 그의 특별성명과 그 성명에 첨부된 공보처장의 담화문에 미국정부가 깊은 관심을 표명했다고 알리고 다음과 같은 내용을 전하라고 훈령했다.

> 특별성명과 첨부된 담화문에 대해 미국정부가 매우 못마땅해한다고 알리라. 이처럼 언론 보도에 의지하여 미국정부를 강제로 움직이게 하려는 명백한 시도는 외교 관례의 중대한 위반일 뿐만 아니라 양국정부가 기초한 신뢰 관계와 상호 우호 정신에도 명백히 어긋나는 것이라고 그에게 말하라. 특히 불쾌한 부분은 남한이 현재 직면하고 있는 공산주의의 위협이 비록 고의적이지는 않았더라도 미국의 점령 정책의 직접적인 결과라는 결론이다. 이 불행한 발언은 대한민국에 불리

---

21) Muccio to Acheson, May 9, 1949, *FRUS 1949*, vol.Ⅶ., p.1013.

한 영향으로 되돌아 갈 수 있고 현재까지 대한민국이 요청한 경제, 군사적 지원 조건에 불이익을 초래할 수 있음을 이 대통령에게 명확히 이해시키라.

후자와 관련하여 귀관이 원한다면 이 회견을 이용하여 현재 미국의 군사 원조에 대한 거대한 세계적 요구에 비추어 원조에 대한 그의 총 요구량 중 일부분 이상을 우리가 제공할 수 있다고 생각하는 것은 스스로를 기만하는 것이 될 것이라고 이승만에게 강조해도 좋다. 또한 상기 언급된 것과 같은 분별없는 성명과 비현실적이고 비합리적인 요구는 그의 주장을 강화시키기보다는 약화시키는 경향이 있음을 강조하라. 참고로, 군사지원과 병력 철수 문제에 관한 상세한 토의 내용은 조만간 전송할 것이다.[22]

이어 5월11일에는 극동국장 버터워스가 주미대사 장면과 유엔특사 겸 대미교섭특사로 미국에 가있는 조병옥(趙炳玉)을 불러 이승만의 성명에 대한 워싱턴의 미국정부 반응은 “정말로 매우 비우호적”이라면서 훌닦아 세웠다. 조병옥은 미군철수가 임박한 데다가 중국사태의 변화로 한국 국민들이 불안해하고 있어서 미국이 한국을 저버리지 않겠다는 공식적인 보장을 미국으로부터 받아야겠다고 생각한 것이라고 변명했다. 조병옥은 그 보장 방법으로 생각한 것이 아마 1882년 조약의 재확인이었을 것이라고 덧붙였다.[23]

무초는 5월11일에 다시 이승만을 방문하고 애치슨의 훈령 내용을 전달했다. 이승만은 전반적으로 무초의 설명을 이의 없이 받아들였다. 그는 “나는 지금 시련을 맞고 있다. 나의 성명에 대한 일반의 반응이 어떨지, 한국 국민들이 얼마나 우려할 것인지를 알지 못했다”라고 말하고, 이어 공

22) Acheson to Muccio, May 9, 1949, *FRUS 1949*, vol.Ⅶ., p.1014.
23) Memorandum of Conversation by Butterworth, May 11, 1949, *FRUS 1949*, vol.Ⅶ., pp.1019~1021.

산당의 침투행위에 대하여 이야기했다. 그는 이어 자기가 보기에 미국의 정책은 평화를 추구하는 것이지만 세계의 모든 지역에 걸친 확고한 일관성이 없어 보인다고 말했다. 이승만은 “이러한 모든 요소들 때문에 한국 국민들에게 평화와 안전에 대한 인식을 심어주기가 어렵다”라고 주장했다. 그는 “미국정부를 강제하려 한 것은 잘못이었던 것 같다”라고 일단 유감을 표명하면서도, “그러나 미국 국민들에게 한국의 입장을 분명하게 표명하는 것이 잘못이었다고는 생각하지 않는다”라고 강변했다.[24] 그는 미국국민들의 여론에 호소하여 미국정부를 움직이려고 시도했던 것이다.

그런데 이 회견에서도 무초는 주한미군의 철수 작전이 6월30일에 완료될 것이라는 계획을 이승만에게 밝히지 않았다.

이승만이 요구하는 한국군 증강 조치가 실행되지 않은 가운데 미군 철수 작전은 계획대로 추진되었다. 철수 완료 1개월 전인 5월31일 시점의 상황을 무초는 애치슨에게 다음과 같이 보고했다.

> (1) 2,200명에 가까운 미군이 5월28일과 5월30일에 인천을 떠남으로써 6월30일까지 주한미군의 철수 완료를 선도하는 발걸음이 시작되었다. 주한미군 사령관은 선적하기로 한 육군 장비의 60%가 인천을 떠난 것으로 추정했다.
>
> (2) 병력의 철수에 따라 본인의 예상을 훨씬 능가하는 아우성과 공포가 야기되었다. 한국정부의 고위층에 퍼져있던 위기감이 일반 대중에게까지 확산되어 패닉의 단계로 넘어가는 것 같다. 그 책임은 미국 병력의 주둔을 목표로 한국정부가 조장한 선전, 최근의 한국군과 해군 소해정의 월북 및 중국(국민당 정부)의 패퇴 등에 있다.
>
> (3) 이곳의 불확실한 상황을 감안할 때에 우리는 위험한 몇주간을 맞이하게 될 것이다. 철수가 완료된 시점이 그 가운데 가장 나쁜 시기일

24) Muccio to Acheson, May 12, 1949, *FRUS 1949*, vol.Ⅶ., pp.1021~1022.

것이다.

(4) 그러므로 본인은 우리가 한국정부와 대중의 신뢰를 증진시키기 위하여 이 기간 동안에 할 수 있는 모든 것을 해야 한다고 생각한다. 본인은 미국정부 대표가 병력 철수 완료일을 발표하지 말고, 실질적인 철군 활동에 대한 언급을 피할 것을 제안한다. 긍정적인 조치로 본인은 다음과 같은 방안을 제안한다.

(ㄱ) 주한 미 군사고문단 및 미국의 지속적 지원에 대한 일반적 보장에 관한 조기 신문 발표.

(ㄴ) 실현단계에 접어든 경제협조처(ECA) 원조의 완전 공개.

(ㄷ) 해안경비대의 경비정과 항공기에 대한 한국의 최소한의 요구를 만족시키기 위한 지속적인 노력.

(ㄹ) 풀브라이트 협정을 위한 협상 시작 발표.

(ㅁ) 병력 철수 완료 직후의 미 해군의 방문.[25)]

이렇게 하여 1945년9월에 한국에 진주한 7만명가량의 미육군 제24군단 병력은 군사고문단 500명을 남기고 1949년6월29일에 모두 한국을 떠났다.[26)] 주한 미 군사고문단 설치에 관한 한국정부와 미국정부 사이의 협정은 1950년1월26일에 체결되었으나 1949년7월1일로 소급하여 효력을 갖는 것으로 양해되었다.[27)]

---

25) Muccio to Acheson, May 31, 1949, *FRUS 1949*, vol.Ⅶ, pp.1035~1036.

26) 이원덕, 「주한미군철수에 관한 연구: 1947~1949의 경우를 중심으로」, 1987, 서울大學校 석사학위논문; 曺二鉉, 「1948~1949年駐韓美軍의 철수와 駐韓美軍軍事顧問團(KMAG)의 활동」, 《韓國史論》 35, 서울大學校國史學科, 1996, 참조.

27) 외무부, 『대한민국조약집』 제1권, pp.49~55.

2. 일민주의의 "네가지 평등"

1

반민특위 활동과 미군철수 문제로 온 나라가 어런더런한 속에서 이승만은 그 대응방안으로 반공체제 구축 작업을 강화했다. 그러기 위하여 무엇보다도 시급히 필요한 것은 확고한 이론 무장을 위한 교재였다. 1948년11월에 창당한 대한국민당은 이승만의 일민주의를 당시(黨是)로 표방했고, 대한국민당의 일부와 한국민주당이 합당하여 결성한 민주국민당(민국당)도 일민주의를 실천한다고 선언했으나, 정작 일민주의가 어떤 것인지는 정리된 이론이 없었다. 그리하여 이승만은 경황없는 속에서도 일민주의 본질과 가치를 설명하는 작업을 서둘렀다. 그렇게 집필된 것이 『일민주의(一民主義)』라는 팸플릿이었다. 이승만의 정치이념이 온축된 『일민주의』의 내용은 1949년4월20일 저녁에 「일민주의 정신과 민족운동」이라는 제목으로 서울중앙방송국의 방송을 통하여 발표되었다. 다음과 같은 서두는 이승만의 일민주의가 절박한 공산주의 비판 이론으로 구상되었음을 말해 준다.

> 세계 모든 나라의 대소강약을 물론하고 민주주의를 지키려는 자는 현재 생존의 위기를 당하지 않은 나라나 민족이 없는 터이니, 이 이유는 즉 공산당 문제입니다. 공산주의는 본래 빈천한 사람들을 부귀한 사람들과 동등으로 살게 만들자는 주의라 할 것인데, 이 주의가 러시아에서 크게 발전된 이유는 러시아 제정(帝政)시대에 전제정치가 세계에서 가장 심하였던 것이므로 맑스주의를 흡수한 레닌(Vladimir I. Lenin)의 대혁명이 성공되어 러시아 황실을 다 전멸시켜 세계에 참혹한 공산혁명의 역사를 이루게 된 것입니다. 당초에 레닌이 혁명운동을 시작할 적에 제일 유력한 슬로건이 농민에게 땅을 주고 주린 자에

게 밥을 주며 공산당에게 권리를 주라고 한 것입니다. 이 슬로건으로 러시아 대중의 심리를 인도하여 러시아 대혁명이 성공된 후에는 공산당이 정권을 잡고 앉아서, 농민에게 땅을 주고 주권자에게 밥을 준다는 것은 다 잊어버리고 공산당 세력만을 확대시키기로 작정하고 병력을 강화하여, 세계를 정복할 주의를 가지고 국제공산당 총본부를 만들어 대대적으로 선전한 대지가 모든 나라의 민심을 선동하여 계급전쟁을 붙이게 한 것입니다.

이렇게 러시아혁명의 경위를 설명한 이승만은 자신이 모스크바에서 경험했던 일을 보기로 들면서 소련의 실상을 구체적으로 설명했다. 1933년에 국제연맹 회의가 열리는 제네바에 갔던 이승만이 시베리아의 한인지도자들을 만날 목적으로 모스크바까지 갔다가 입국을 거부당했던 것은 앞에서 본 바와 같다.

빈민들은 부민(富民)을 타도해야 산다, 무식자는 유식계급을 몰락시켜야 산다, 상놈은 양반을 없애야 산다, 노동자는 재벌가를 정복해야 산다, 농민은 지주를 박멸하여야 산다, 이러한 것으로 언론과 서류를 세계에 전파하고 세포조직을 아니 둔 곳이 없게 되었으니, 영미 등 부강한 나라나 폴란드와 헝가리 같은 빈약한 나라에까지 그 세력이 뿌리를 박게 되어, 사람마다 생각하기를 러시아공산혁명으로 나라도 부강하고 백성들은 풍족하게 자유로 살 수 있는 극락세계로 알 만큼 된 것입니다. 그러나 그 내용을 보면 러시아의 민중같이 빈곤하고 압박받는 인민은 더 없을 것이니, 내가 13년 전 모스크바에 있을 때에 여관 사무원인 독일인이 나의 방에 들어와서 비밀히 말하기를 매달 미화 8원씩 받아 가지고 일을 보라 하니 살 수 없는 것을 간신히 지낸다 하며 자기의 길을 열어서 미국으로 가게 하여 달라고 간청하는 것을 들었으며, 기차에서 미국인 몇 사람이 처음에는 아무 말도 없이 서로 얼굴만 바라보고 있다가 기차가 러시아 국경을 넘어온 뒤에는 이 사람들이 비로소 숨을 쉬고 그 중 한 사람이 말하기를 러시아 내지에 있던 곳을 몰래 들어갔다가 길가에서 기진하여서 쓰러져 죽은 사람을 보았는데 이렇게 굶어 죽는 사람들이 종종 있다 하니, 이것이 오늘 공산당 사람들이 자랑하는 러시아 극락지의 실정입니다. 러시아 사람들이 외국인이라면 신문기자뿐만 아니라 유람객까지도 내지에 들어가지 못하게 막는 것이 이러한 이유입니다. 그러므로 소련 공산주의라는 것을 이만 내세우고 사람을 속여 잘 산다는 욕심을 이용하여 공산당원을 만들어 저희 나라나 저희 친척을 버리고 세계 각국을 공산화해서 모든 사람을 이 선전에 빠지게 하는 것입니다. 공산 군벌세력으로 전세계를 저의 통치하에 넣자는 것인데, 영미 각국 사람들이 이런 내용을 알고서도 민중들이 다 개명해서 그 선전에 속지 않으리라는 신념을 가지고 방임하여온 까닭에 그 세력이 양성되어 동맹파업과 파괴분열운동이 점점 강경히 추진되므로 이 이상 더 방임한다면 민주주의는 막론하고 자유나 독립까지도 다 없어지고 소련의 한 부속국이 되고 말 것을 각오하였으므로 지금은 법률로 탄압하며 교육으로 금지하며 전쟁준비로 모든 민주국들이 단합해서 공동보호를 주장하다가 전쟁이라도 일어나는 경우에는 주저치 않고 용진하려는 결심이 되고 있으니, 거짓 선전에 빠져서 남의 부속품인 노예가 되거나 공산당과 싸워서 민주국의 자유 복락을 누리게 되거나 이 두가지 중 한가지를 택해야만 될 것이니, 이 외에 다른 것은 없을 것입니다.

이승만은 해방 뒤에 "합작이니 연합이니" 하는 구속 아래에서 반공운동을 마음대로 못하는 동안 공산주의 세력을 길렀다고 미 군정부를 비판했다.

우리는 이 틈에 끼어서 해방 후 처음 양년간은 반공운동을 마음대로 못하고 합작이니 연합이니 하는 등 구속하에서 공산세력을 길러서 화근을 양성하여 왔으니, 이것은 미국이 그때의 공산의 위험을 충분히 이해하지 못하고 협의적 정책으로 해결되기를 바랐던 연고입니다. 그러나 지금은 미국이 충분한 각오로 우리의 입장이 옳다는 것을 인정하여 절대로 우리 정책을 지지하기에 이르렀으므로 우리의 앞길이 점점 밝아지고 남북통일의 길이 점차로 열려 가는 중입니다.

그러므로 나라마다 각각 저희를 위해서 싸우는 것같이 우리도 우리를 위해서 공산당과 싸우는 것이니, 이 싸움이 아직은 사상적 싸움이므로 이 정도가 변해서 군사적 싸움이 될 때까지는 사상으로 사상을 대항하는 싸움이 되고 있으니, 민주주의로 공산주의를 대항하는 것은 사상이 너무 평범해서 이론상 치밀한 조리에 들어서는 공산주의의 선전을 대항하기 어려울 것이므로 일민주의하에서 4대 정강을 정하여 한 정당을 세워 일변으로는 공산화를 배격하며 일변으로는 민주주의의 영구한 토대를 삼기로 한 것이니, 이 네가지 정강이 다음과 같습니다.

이승만의 「4대 정강」이란 루스벨트(Franklin D. Roosevelt) 대통령이 1941년에 민주주의의 원칙으로 제시한 "네가지 자유"를 연상시키는 "네가지 평등"이었다. 이승만은 젊었을 때부터 평민주의 내지 평등주의를 강조했다. 그는 일찍이 공산주의를 이론적으로 비판한 「공산당의 당부당」이라는 글에서도 공산주의가 "인민의 평등주의를 주장하는 것은 정당한 이론"이라고 평가했다.

이승만은 "네가지 평등"이 일민주의의 핵심 개념임을 다음과 같은 논리로 설명했다. 첫째는 신분이나 계급 차별의 철폐, 곧 기독교의 천부인권설에 입각한 인권의 평등이었다.

(1)은 문벌을 벽파해서 반상(班常)의 구별을 없이함으로 등급이

나 계급은 물론하고 동등의 복리와 동등의 권리를 누리게 하자는 것이니, 이것은 고래로 유전하던 바 왕후장상[王候將相: 제왕, 제후, 장수, 재상]은 대대로 왕후장상이 되고 평민, 상인(常人)은 대대로 하천한 대우를 달게 여기며 자유평등의 인권과 정권을 누리지 못한 습관을 일체 제재해서 한 나라 한 법률 밑에서 한 민족으로 합동 단결하여 영원한 복리를 다 같이 누리자는 의도인 것이므로, 미국 사람들이 유럽 군주정체 압박하에서 따로 떨어져서 민주주의를 표방할 적에 하나님이 모든 사람은 다 동등으로 창조했다는 그 사상을 토대로 삼아 민주정체를 건설한 기본적 정강으로 이 기본적 주의를 우리가 흡수해야만 과연 우리 민주주의의 만년 기초가 확고히 잡힐 것입니다.

둘째는 이익분배의 평등이었다. 이승만은 당면 과제인 농지개혁의 원칙도 이 개념으로 설명했다.

(2)는 빈부가 동등으로 구별없이 천조(天造)한 물질을 발전시켜 모든 복리를 누리며 동등 권리를 가져서, 부요한 자는 대대로 부요한 생활을 하고 빈천한 자는 대대로 노동과 사역에 복종하여 노예나 우마같은 대우를 받던 폐단을 없이함으로 다 같은 복리를 누리자는 것이니, 부자가 재산 세력만 믿고 근로로만 생활하는 동포를 학대하는 폐단을 막으며, 노동자가 재정가를 미워하는 태도를 가지지 말고 평균한 이익을 누리도록 합동 진행해서 서로 도우며 보호하기를 힘쓰자는 것이니, 정부에서 이를 주장하는 관계로 지주들은 토지를 (정부에) 팔고 정부에서는 그 토지를 농민들에게 유상으로 분배하여 그 소출로 대금을 갚은 후에는 다 각각 제 소유로 만들게 할 것이며, 지주는 그 대가로 공장이나 혹은 다른 장구 이익을 도모할 것이니, 이 공업시대에 재산을 토지에만 넣지 말고 그 자본을 다른 공업에 사용하면 개인이나 국가경제에 크게 이익될 것이요, 공업과 상업상으로도 큰

재정가가 될 수 있을 것이니, 이것이 곧 경제의 세가지 기본되는 토지와 자본과 노동이 합작해서 서로 평균이익을 누리자는 유일한 계획일 것입니다.

셋째는 남녀평등이었다.

(3)은 남녀동등을 주장하는 것이니, 이것이 민주주의의 한 큰 정강입니다. 상고 전제시대에는 남자가 여성을 구박해서 차별이 심하였으므로 어떤 나라에서는 심지어 말도 하대하고 권리도 없이 하인이나 심부름꾼처럼 부려먹게 된 것입니다. 우리나라에서는 자초로 이와 같이 심하게 구별은 아니하였으나 다소간 차별적 습관이 있어서 완전한 동등권을 누리지 못하고 있는 터인데, 자래로 우리 여성들이 각 방면으로 남성만 못지않은 자격을 증명한 사람이 여러 분이요, 또는 민족운동 역사로 보아도 열렬한 애국 성심이나 총명 지혜가 누구만 못지않은 자격과 기능을 표명하여 온 것이니, 이때에 우리가 민주주의 정신으로 일제히 해방해서 구습을 버리고 공정한 신식을 채택하여 전 민족의 반수가 되는 여성과 함께 세계 무대에 경쟁 전진하는 것이 일민주의의 가장 요점이 될 것이므로 이것이 또한 정강이 되는 것입니다.

넷째는 지역평등이었다. 이승만은 지역주의의 폐단을 가장 강조해서 설명했다. 그는 임진왜란도 조선시대의 심한 지역주의에서 기인한 것이었다고 역설했다.

(4)는 지방 구별을 삭제해서 남북이니 경향이니 하는 차별적 습관을 버리고 다 한 동족, 한 백성으로 사오천년 유전(遺傳)하여 온 통일정신을 발휘해서 한 마음 한 뜻으로 국가의 행복을 도모하며 서로 도와주고 함께 제휴하여 전 민족이 한 덩어리가 되면 세계 각국을 대할

적에 남들이 우리의 단결과 합동심에 감복하여 경애하기에 이르도록 만들자는 결심이니, 이 주의를 중요시하지 못한 관계로 오백년래 당쟁당론으로 차별과 분열을 이루고 따라서 투쟁을 일삼게 된다면 우리는 앞길이 심히 참담할 것입니다.

이조시대에 이 싸움으로 전국이 자상잔멸(自傷殘滅)하는 화근이 아니었다면 임진왜란이 생길 수도 없었을 것이요 생겼어도 많은 피해를 당하지 않았을 것입니다. 이 소위 사화(士禍)와 편색(偏色)이라는 당쟁으로 서로 결단을 낸 것이니, 지금은 더욱이 각국이 섞여서 사는 시대이므로 우리가 우리의 친구도 있지만 친구 아닌 사람들과도 다 혼잡하여 사는 형편이니만큼 이런 분쟁으로 서로 싸우고 있으면 좋은 기회는 다 잃어버릴 뿐 아니라 공동한 복리의 근원은 하나도 발전 못하고 필경은 우리나라와 우리 이익을 빼앗으려는 다른 나라가 어부의 공(功)을 앉아서 거두게 될 것이니, 이것은 누구나 생각지 않을 수 없는 일입니다. 그러므로 어떤 개인이나 어떤 단체에서 지방열을 고취하거나 자기들끼리만 이익이나 권리를 도모하자는 의도가 있으면 어디 사람을 물론하고 전국 민중이 다 합동적으로 성토해서 그런 의사가 어디서든지 서지 못하게 해야 될 것이며, 오직 서로 믿고 서로 추존[推尊: 받들어 존경함]함으로써 3천만의 공동이익을 도모해야 할 것이니, 이것이 또 4대 정강 중 긴요한 조건입니다.

이승만은 이 일민주의에 입각한 정당을 만들 계획이었으나, 당분간 중지하고 일민주의 사상운동에 주력하겠다고 다음과 같이 말했다.

먼저 말한 바와 같이 이 네가지 정강을 합하여 일민주의로 삼아 이 주의로써 한 정당을 만들어 그 정당의 힘으로 「4개 정강」을 실시해 보자는 계획이었으나, 이 주의가 표명된 후 아직도 이 주의에 대해서는 많은 활동이 보이지 아니하며, 다만 정당이라는 조직만 중요시해서 각종 명의로 단체를 조직하며 조직된 단체는 그 기본되는 주의는 막론하고 당파적 사상이 견고해서 서로 시의와 투쟁을 먼저 일삼나니, 그러므로 우리는 정당주의를 아직 정지하고 이 주의만을 발전시켜서 모든 동포가 일민주의를 철저히 이해하고 이것을 실천함으로 우리 3천만의 행복을 같이 도모하자는 정신과 결심만 확고히 서게 되면 일변으로 공산분자들의 거짓 선전에 파동을 받지 않을 것이요 일변으로는 민주주의의 토대가 사람 마음속에 박혀 있을 것이니, 동양에서 우리나라가 모범적 민주주의의 보루가 될 것입니다.[28)]

『일민주의개술』 표지.

이 연설문은 뒷날 『일민주의개술(一民主義槪述)』(1953)이라는 팸플릿으로 만들어져 전국적으로 보급되었는데, 이승만은 팸플릿 앞부분에 수록된 「개술」에서 다음과 같이 썼다.

나는 일민주의를 제창한다. 이로써 신흥 국가의 국시(國是)를 명시하고저 한다. 우리는 본디 오랜 역사를 가진 단일한 민족으로서 언제나 하나요 둘이 아니다. 이 하나인 우리 민족은 무엇이고 하나이어야 한다.…

---

28) 《自由新聞》 1949년4월22일 및 23일자, 「「一民主義」와 民族運動」.

이 "일민"이라는 두 글자는 나의 오십년 운동의 출발이요 또 귀추이다. 적이 물러가면 국토는 온전히 우리의 국토이어야 할 것이 아니냐. 세상 일이 소료[所料: 미루어 생각한 바]와 어그러진다 하기로서니 지금 38선문제같이 내 흉억[胸臆: 가슴속, 속생각]을 아프게 하는 것은 없다. 하나인 우리가 갈라진 채 벌써 몇해냐? 앞으로는 국제의 공의가 있으니 순리적 해결이 있으리라고 바라는 바이나 우리로서는 급히 자결, 자합, 자일하기에 있는 힘을 다 들여야 한다.…

우리 민족은 하나다. 국토도 하나요 생활에도 하나요 대우에도 하나요 정치상 문화상 무엇에고 하나다. 하나가 미처 되지 못한 바 있으면 하나를 만들어야 하고, 하나를 만드는 데에 장애가 있으면 이를 제거하여야 한다. 누구든지 독자의 일념이 일어날 때에 하나에 위반되는 바 있거던 곧 버려라. 이 일념에서 민족이 깨어진다. 행여 분열을 가지고 일체에 더하려 말라.

알라! 헤어지면 죽고 뭉치면 산다. 나누어지는 데서 죽고 일(一)에서 산다.[29]

이승만의 평생 동지인 재미 목사 윤병구(尹炳求)는 『일민주의개술』의 서문에서 "이 대통령이 제창한 일민주의는 해외에서 수십년간 조국광복을 위하여 분투한 산 체험에서 나온 민족이념"이라면서 국민들에게 보급시켜 일민주의를 모르는 사람이 없게 만들고 또 그것을 실천하여 부강한 국가를 만들어야 할 것이라고 썼다.[30] 윤병구는 이승만의 초청으로 1949년3월13일에 귀국했는데, 이승만은 그를 국무회의에 소개시키고,[31] 외무부와 공보처 두 부처의 고문이라는 특별한 직책을 맡겼다.

그런데 윤병구는 어처구니없게도 귀국한 지 석달 만에 급사했다. 윤

29) 李承晩, 『一民主義概述』, 一民主義普及會總本部, 1954, pp.3~8.
30) 尹炳求, 「序文」, 『一民主義概述』, p.1.
31) 『國務會議錄』, 1949년 제32회(1949.3.18.), p.205.

병구는 6월20일 아침에 과로로 쓰러져 그대로 세상을 떠났다.[32] 윤병구의 죽음은 그렇지 않아도 억분과 불안감을 삭이느라 속을 끓이는 이승만을 여간 당황스럽게 하지 않았다.

2

이승만은 4월22일에 자신의 초청으로 한국을 방문한 올리버와 윌리엄스(Jay Jerom Williams) 등과 함께 지방시찰을 떠났다. 이날 서울운동장에서는 반공체제의 대표적인 조직의 하나인 대한민국 중앙학도호국단 결성식이 거행되었다. 결성식에는 대학생과 중등학교 생도 4만명이 참가하여 성황을 이루었다. 국회의장 신익희, 대법원장 김병로(金炳魯)와 학도호국단에 직접 관여하게 될 국무총리 이범석(李範奭), 국방부 장관 신성모, 문교부 장관 안호상(安浩相), 그리고 고려대학교 교주인 민국당의 김성수(金性洙) 등이 참석했다.

이날 발표된 임원진에는 정부의 고위 책임자들이 두루 망라되었다. 총재는 이승만이고 부총재는 이 국무총리, 단장은 안 문교부 장관, 그리고 부단장은 문교부 차관, 내무부 차관, 국방부 차관과 고려대학교 총장 현상윤(玄相允)이었다.

단장으로 추대된 안호상은 "제군은 우리 조국을 영원히 보전하지 않으면 안될 의무가 있다. 우리가 우리의 조국을 방위함은 단지 우리 자신을 위함일 뿐 아니라 또한 중국, 만주 등지의 우방을 방위하는 것이며 나아가서는 민주주의와 세계를 방위하는 것이 되는 것이다. 제군은 제군의 귀중한 땀과 피를 우리 고국을 위해서 흘려주기 바란다"라는 요지의 취임사를 했다.

이범석은 훈시에서 "우리는 전 역량과 힘을 합하여 부강한 나라를 만

---

32) 《서울신문》 1949년6월22일자, 「尹炳求翁急逝」.

들기에 힘써야 한다"고 말하고, "지금 여기에는 제1선도, 제2선도 없음을 알아야 될 것이며, 여러분이 씩씩하게 나가고 안나감은 이 민족, 이 국가의 운명일 것이다"라고 역설했다.

신익희는 "우리 대한민국은 방금 일대 위기에 처해 있다"라고 전제하고, "여러분은 오늘 결성되는 이 호국단을 통하여 외세에 아부하여 나라를 팔아먹으려는 자와 자기 일개인의 영리만 위하여 사는 자들과 싸워야 한다"라는 축사를 했다.

이어 학생을 대표하여 서울 문리대생 남상진(南相晉)군의 선서문 낭독이 있었다.

◇ 선서

우리 조국의 현재 당면하고 있는 역사적 과업인 국토통일을 달성하고 우리 민족의 영원한 기초를 닦기 위하여 국가의 핵심이요 민족의 전위됨을 자각하고 사명감에 불타는 우리 전국 300만 학도는 한마음으로써 강철같이 단결하여 국가의 원수이시고 우리의 총재이신 이 대통령 각하와 부총재이신 이 국무총리 각하 및 우리의 단장이신 안 문교부 장관 각하 앞에서 엄숙히 다음과 같이 선서한다.

1. 우리 학도는 화랑도의 기백과 숭고한 3·1정신을 발휘하여 모든 반민족적 행동과 반국가적 사상을 철저히 쳐부수고 국토통일과 조국방위에 결사 헌신한다.

1. 우리 학도는 학원을 바로잡아 민족 문화 앙양을 위하여 분투 노력한다.

1. 우리 학도는 민족적 양심을 굳게 갖고 자주독립의 정신 밑에서 민족도덕의 재건 향상을 위하여 솔선 매진한다.

선서문 낭독에 이어 내무장관 김효석(金孝錫)과 김성수의 대한민국 만세와 학도호국단 만세 3창으로 결성식을 끝내고, 결성식에 참가한 학

생전원은 시가행진을 했다.[33]

그런데 이날의 결성식에서는 선서문이나 그 밖의 어디에서도 일민주의에 대한 언급이 없었다. 그것은 이승만의 일민주의에 대한 연설 방송이 있고 이틀밖에 되지 않는 시점이기 때문이었을 것이다. 일민주의는 1년 뒤인 1950년4월22일의 학도호국단 결성 1주년 기념식에서는 "우리 호국학도는 일민주의 지도 원리 밑에 학원의 자유와 민족 문화의 향상을 위하여 전진한다"라는 문장으로 나타났다.[34]

학도호국단은 민족청년단의 이데올로그였다가 초대 문교부 장관이 된 안호상의 주동으로 결성되었다. 1948년12월에 「학도호국단 조직 및 지도요령」이 제정되고,[35] 이에 따라 1949년1월 말까지 각 학교 학도호국단, 2월 말까지 시군 학도호국단, 3월 말까지 서울특별시 및 각도 학도호국단이 결성되었다. 각 대학 학도호국단은 중앙학도호국단 직속으로 4월20일까지 조직을 완료했는데, 조직에 앞서 각 대학 학도호국단 중견인물 200명은 4월1일부터 열흘 동안 육군사관학교에서 제1기 학도반 특별훈련을 받았다.[36]

학도호국단 단장이 된 문교부 장관 안호상.

학도호국단은 5월부터 정식으로 기능을 발휘하기 시작했다. 문교부의 관할 안에 학도호국단 본부가 설치되어 학생활동과 군사훈련반을 지도했다. 그리고 9월28일에는 대통

33) 《東亞日報》 1949년4월23일자, 「祖國防衛에 學徒總蹶起!」.
34) 《自由新聞》 1950년4월23일자, 「民主保壘인 祖國死守」.
35) 중앙학도호국단, 『학도호국단10년지』, 1959, pp.75~76; 鮮于基聖, 『韓國青年運動史』, p.828.
36) 중앙학도호국단, 위의 책, p.89; 康晉和 編, 『大韓民國建國十年誌』, 建國紀念事業會, 1956, p.315.

령령 제186호로 「대한민국 학도호국단 규정」이 공포되어 모든 학생활동은 학도호국단의 조직을 통해서만 가능하게 되었다. 그것은 다른 학생조직의 존재를 불법화한 것이었다.[37] 이로써 학도호국단 결성 이후로는 학원을 거점으로 한 공산당 활동이 한국정치에 영향력을 끼칠만한 것이 될 수 없게 되었다.

학도호국단은 유사시에 대비한 군사훈련 이외에도 공산당에 반대하는 시위운동에 동원될 수 있는 태세에 있었다. 그들은 국민회와 대한청년단과 긴밀한 협력관계를 유지했다.[38]

또한 6월5일에는 시공관에서 남로당 탈당 전향자들을 계몽 지도하기 위한 기관으로 내무부 장관 김효석을 총재, 법무부 차관, 내무부 차관, 대검찰청 차장 세 사람을 부총재, 그리고 서울시 경찰국장 김태선(金泰善)을 이사장으로 하는 국민보도연맹이 결성되었다.[39]

37) 『大韓民國建國十年誌』, p.315.

38) 李昊宰, 『韓國外交政策의 理想과 現實: 李承晩外交와 美國政策의 反省(제6판)』, 法文社, 2000, pp.332~334.

39) 《東亞日報》 1949년6월6일자, 「保導聯盟을 結成」.

3. 스탈린에게도 보고된 국회프락치사건

1

제3회 국회(임시회)의 개회를 사흘 앞둔 1949년5월18일에 자신이 미래의 한국대통령이라고 호언하던 전북 익산 출신의 이문원(李文源) 의원과 강원도 정선 출신의 최태규(崔泰奎) 의원이 국가보안법 위반 혐의로 서울시 경찰국에 검거되었다. 이어 5월20일에는 경남 고성출신의 이구수(李龜洙) 의원도 검거되었다. 그것은 사위스러운 국회프락치사건의 발단이었다. 임시국회 개회에 앞서 가진 기자회견에서 이승만은 세 국회의원의 구속에 대하여 "무슨 특별한 범법 사실이 있었겠지"라고 말하고, "지금 국내에는 공산당들이 각계에 침입하고 있어서 그들로 인하여 우리 생명 재산은 물론 우리의 자유도 박탈당하고 노예의 길을 걸을 수밖에 없는 현상이니, 지금 국군, 경찰, 정부를 막론하고 범법자가 있으면 처단해야 할 것이다"하고 단호하게 말했다.[40] 이처럼 이승만은 공산당이 국회안에도 잠입하고 있다고 공언했다.

이승만은 이튿날 국회 개원식에 나가서도 반공을 강조하는 치사를 했다. 그는 지금 세계는 공산주의와 민주주의가 피생아사[彼生我死: 네가 살면 내가 죽음]의 형세로 투쟁하고 있다고 다음과 같이 주장했다.

"세계가 두 종류의 사상으로 공산주의와 민주주의의 두 진영이 대립하여 피생아사의 형세로 투쟁하고 있는 중입니다. 공산주의자들은 무엇을 바라며 무엇을 믿었든지 저희 나라도, 저희 국가도, 저희 생명도 다 바치고 공산화해서 남의 속국과 노예가 되기를 감심(甘心)하는 분자들이므로 우리는 우리나라와 우리 가정과 또 우리 자유를 보장해서 다 같이 잘살자는 목적으로 우리의 목숨이라도 희생해서 민주주의를 세우기로

---

40) 《朝鮮日報》 1949년5월21일자, 「韓委의 心理만은 理解」.

결심한 사람들입니다. 우리가 민주주의를 유지할 수 있으면 우리가 자유로 살 수 있고 우리 자손까지도 자유로 잘살 수 있을 것이지만 공산주의에 정복을 당한다면 우리는 적어도 몇십년 동안은 이러한 희망조차 다 없어지는 것입니다. 그러므로 온 세계가 다 적색화할지라도 우리로는 끗끗이 싸워서 죽어도 자유민으로 죽고 살아도 자유민으로 살겠다는 결심뿐인 것을 세계에 한번 표명해야 우리가 죽어도 산 백성일 것이요 살아도 영광스러운 생명이 될 것입니다. 따라서 우리가 믿는 바는 모든 세계가 다 남에게 속아서 공산주의의 압박을 감수할지라도 모든 민주국들이 다 자유와 독립을 희생하고 공산화해서 살려고 아니할 것이므로 언제든지 결국은 민주주의가 승리를 차지하고 말 것이니, 이것을 알고 믿는 우리로서는 조금도 주저나 의뢰하지 말고 공산분자들과 함께 섞여서 살 수 없다는 것을 깨닫고 맹세해야 될 것입니다.…"

그러고는 제주도와 여수순천반란사건 뒤에 우리 민족이 그것을 확실히 깨달아 관민과 군경이 합해서 반란분자들은 지하공작으로 발붙일 곳 없이 하려는 결심이라고 말하고, "정부내 국회내부터 이 결심을 확실히 각오하고 이것을 지켜나가지 못하는 분이 있다면 다시 경성(警醒)해야 될 것입니다"라고 직설적으로 경고했다.[41)]

그러나 이러한 말속에 담긴 이승만의 결연한 각오를 짐작하는 사람은 없었다.

이튿날 국회 본회의가 개회되자마자 전남 무안 출신의 민주국민당 소속 김용현(金用鉉) 의원 외 49명의 소장파 의원들의 긴급동의로 세 국회의원에 대한 석방요구결의안이 제출되었다. 결의안은 이틀에 걸친 격론 끝에 재석의원 184명 가운데 가 88표, 부 95표, 기권 1표로 부결되었다.[42)]

부결은 되었으나 결의안에 찬성한 의원이 88명에 이른다는 사실을

---

41) 『制憲國會速記錄(5)』, 제3회 開會式(1949.5.21.), p.3.
42) 『制憲國會速記錄(5)』, 제3회 제2호 (1949.5.24.), p.41.

두고 국민계몽회라는 단체가 5월31일에 파고다공원에서 그 결의안에 찬성한 의원 88명도 공산당이라면서 성토하는 연설회가 열렸는데, 유성갑(柳聖甲), 김웅진(金雄鎭), 김옥주(金沃周), 노일환(盧鎰煥) 네 의원이 집회현장을 살펴보러 갔다가 언쟁 끝에 유성갑이 전치 3주의 봉변을 당했다.[43)]

6월2일에 열린 국회 제10차 본회의는 지방자치단체들의 기부금 강징, 국군 월북, 국회의원 체포, 국회의원 구타 등에 대한 논란 끝에 노일환 의원이 제안한 국무총리 이하 각부 장관 총사퇴 결의안을 두차례의 표결 끝에 재석 144명 가운데 가 82표, 부 61표, 기권 1표로 가결했다.[44)] 이러한 결의는 물론 대통령중심제 국가에서는 법적 구속력이 없는 정치공세에 지나지 않는 것이었다.

한편 파고다공원에서 88의원 성토대회를 열었던 군중 200여명은 6월3일에는 남대문 2가에 있는 반민특위 정문 앞까지 가서 "반민특위 안의 공산당분자를 숙청하라"하는 구호를 외치면서 사무실 진입을 시도하는 등 소란을 피워 한때 교통이 마비되는 혼잡을 빚었다.[45)]

격분한 반민특위는 6월4일에 서울시 경찰국 사찰과장 최운하(崔雲霞)와 종로경찰서 사찰주임 조응선(趙應善)을 시위군중 동원과 배후조종 혐의로 검거하고 계몽협회 회장 김정한(金正翰)과 동원부장 김정배(金正培), 정보부장 조용철(趙龍哲) 등을 체포하여 수감했다.[46)]

최운하는 6월5일이 좌익청년단체인 조선민주애국청년동맹(민애청)의 창립기념일이었으므로 경찰의 비상경계 태세를 지휘하고 있었다.[47)] 반민특위의 처사에 분개한 경찰은 바로 이에 항의하는 집단행동에 나섰다. 서울시 경찰국 관하의 사찰과 계원들은 6월5일에 회의를 열고 자기들의 신

43) 《京鄉新聞》 1949년6월2일자, 「釋放要求88議員을 赤色視?」.
44) 『制憲國會速記錄(5)』, 제3회 제10호(1949.6.2.), p.212.
45) 《朝鮮中央日報》 1949년6월5일자, 「特委妨害示威」.
46) 《朝鮮中央日報》 1949년6월7일자, 「崔雲霞査察課長逮捕」.
47) 《東亞日報》 1949년6월8일자, 「特別事件波紋至大」.

분을 보장해 주지 못하는 정부를 신뢰하고 일을 할 수 없다면서 440명이 사표를 제출한 것이었다.[48]

이튿날 이른 아침부터 경찰이 행동을 개시했다. 6월6일 오전 8시반부터 서울시 중부서장 윤기병(尹箕炳)의 지휘 아래 서울시 경찰국 경찰대 40명은 반민특위 사무실을 습격하여 특경대원 20명을 무장해제하는 동시에 이들을 검거하고 반민특위 관계자들의 권총 16정과 서류를 압수했다.[49] 소란 통에 현장에 갔던 검찰총장 권승렬(權承烈)이 경찰관에게 몸수색을 당하고 소지했던 권총을 압수당하는 해프닝이 벌어지기도 했으나, 출동 경찰은 두시간 만에 철수했다.

이어 서울시 경찰국의 과서대교장(課署隊校長)들은 이날 오후 6시에 회의를 열고 (1) 반민특위 간부 쇄신 (2) 반민특경대 해산 (3) 금후 경찰관에 대한 신분 보장 (4) 위의 요구 조건이 48시간 내에 관철되지 못할 때에는 총퇴진을 단행한다는 결의문을 채택하고 그것을 이승만에게 전달했다.[50] 서울시 경찰국 경찰관 9,000명도 6월7일에 이들에 동조하는 결의문을 발표했고,[51] 철도경찰대 본대 사찰과원 일동도 공동보조를 취한다는 격문을 발표했다.[52]

이승만은 경찰관들이 요구한 시한인 6월8일 오후 3시 무렵에 서울시장 이기붕(李起鵬)을 통하여 "곧 선처하겠다. 안심하고 조금도 동요 말고 치안확보에 일심전력하여 주기 바란다"는 회답을 김태선 경찰국장에게 보냈다.[53]

이기붕은 전임 서울시장 윤보선(尹潽善)이 6월6일에 임영신(任永信)의 후임으로 상공부 장관에 임명됨에 따라 그 후임으로 임명되었다. 같은

---

48) 《朝鮮中央日報》 1949년6월7일자, 「查察課員總辭表」.
49) 《聯合新聞》 1949년6월7일자, 「數十名의 武裝警察 特委本部를 包圍 武器書類等을 押收」.
50) 《朝鮮中央日報》 1949년6월8일자, 「身分保障을 建議」.
51) 《聯合新聞》 1949년6월9일자, 「九千警官들 繼續鬪爭을 決議」.
52) 《聯合新聞》 1949년6월9일자, 「鐵警도 共同步調」.
53) 《聯合新聞》 1949년6월10일자, 「警察動搖一段落」.

날 검찰총장 권승렬은 국회의원 보궐선거에 출마하기 위해 사임한 이인(李仁)의 후임으로 법무부 장관에 임명되었다.54)

2

반민특위에 의하여 마포형무소에 수감되었던 최운하와 조응선은 6월 6일 오후에 석방되었다.55)

6월6일에 열린 국회 제13차 본회의는 저물도록 반민특위 특경대 해산 문제를 두고 격론을 벌였다.

오전 회의가 끝난 뒤에 국회의장단 세 사람과 내무치안위원장 나용균(羅容均), 외무국방위원장 지대형[池大亨: 이청천]이 이승만을 방문하여 사태를 보고하고 국회에 출석할 것을 요청하자 이승만은 특경대 해산은 국무회의에서 의결된 것은 아니지만 자신이 명령한 것이며, 국회의 요청에 응하고 싶으나 건강이 좋지 않아 참석하지 못하겠다고 국회 출석을 거부했다.56)

내무부 차관 장경근(張暻根)도 사건 전말을 보고하면서 특경대의 해산이 "상부의 명령"에 따른 것이라고 다음과 같이 말했다.

"본래 특경은 내무부에서 정식 발령한 경관이 아님에도 불구하고 특위에서는 경위(警衛)니 경감(警監)이니 하는 명칭을 붙여 경찰 행동을 감행하고 있으므로 정부로서는 누차 해산을 종용한 바 있으나 종시 듣지 않고 경찰권의 불법행사를 하므로 오늘 아침 해산시킨 것인데, 상부의 명령에 의하여 질서정연하게 아무 피해 없이 임무를 수행한 것이다. 그리고 압수한 문서는 특위 관계 외의 것은 곧 반환할 것이며 자동차도 경찰에

---

54) 《朝鮮日報》 1949년6월7일자, 「內閣一部更迭」.

55) 《東亞日報》 1949년6월8일자, 「崔雲霞釋放」.

56) 『制憲國會速記錄(5)』, 제3회 제13호(1949.6.6.), pp.271~272; 《東亞日報》 1949년6월8일자, 「特委事件波紋至大」.

서 대여한 것 외에는 전부 반환하겠다."

국회는 논란 끝에 6월3일의 내각총사퇴결의를 조속히 실행할 것과 반민특위문제는 원상 회복하고 책임자는 문책할 것, 만약 정부에서 이에 응하지 않을 때에는 국회는 정부 제출 법안과 예산안 심의를 거부할 것이라는 다분히 감정적인 결의안을 재석의원 153명 가운데 찬성 89표, 반대 59표, 기권 3표로 가결했다.[57]

이승만은 이튿날 자신이 경찰에 반민특위 특경대를 해산시키라고 명령했다고 AP통신 기자에게 밝혔다.

"내가 특별경찰대를 해산시키라고 경찰에 명령한 것이다. 특위 습격이 있은 후 국회의원 대표단이 나를 찾아와서 특경대 해산을 연기하라고 요구했으나, 나는 그들에게 헌법은 다만 행정부만이 경찰권을 가지는 것을 용허하고 있기 때문에 특경대 해산을 명령한 것이라고 말했다. 특별경찰대는 지난주에 국립경찰의 노련한 형사인 최운하씨와 조응선씨를 체포했는데, 이 양인은 6일에 석방되었다. 현재 특위에 의한 체포 위협은 국립경찰에 중대한 영향을 미치고 있다. 나는 국회에 대하여 특위가 기소될 자의 비밀 명부를 작성할 것을 요청했다. 그 명부에 백명의 이름이 오르든 천명 혹은 만명의 이름이 오르든 간에 그것에는 상관하지 않는다. 다만 그들이 이와 같이 명부를 우리에게 제출해 주면 우리는 기소자를 전부 체포하여 한꺼번에 사태를 청결(淸決)할 것이다. 우리는 이때까지와 같이 그렇게 문제를 오래 끌 수는 없다."[58]

이승만은 이어 6월10일에 국회의장 신익희에게 편지를 보내어 특경대의 운영 실태를 지적하면서 하루바삐 문제를 해결하라고 촉구하고, 경찰이 특경대 해산명령을 집행하는 과정에서 과오를 범한 자가 있다면 조사하여 징벌하겠다고 통보했다.[59] 그러나 그것은 특경대를 원상회복시키라

---

57) 『制憲國會速記錄(5)』, 제3회 제13호(1949.6.6.), p.301.
58) 《東亞日報》 1949년6월8일자, 「李大統領特警解散理由言及」.
59) 《聯合新聞》 1949년6월12일자, 「特警解散은 不得已한 措置」.

는 국회의 결의를 거부함과 동시에 반민법을 헌법 원리에 맞게 개정할 것을 촉구한 것이었다.

6월20일에 국회가 폐회되자마자 국회프락치사건의 나머지 관련자들에 대한 검거 선풍이 불었다. 소장파의 좌장격인 부의장 김약수(金若水)를 포함하여 노일환, 김옥주, 김병회, 박윤원(朴允源), 강욱중(姜旭中), 황윤호(黃潤鎬) 7명의 의원에 대하여 국가보안법 위반 등의 혐의로 구속영장이 발부되고, 경찰은 헌병대와 협조하여 이들의 검거에 나서 6월22일 오후까지 모두 체포했다.[60] 5월에 검거되어 조사를 받아오던 이문원, 최태규, 이구수 세 의원은 6월25일에 기소되었다.[61]

이때의 국회프락치사건의 개요를 서울지방검찰청의 공식 기록은 다음과 같이 기술했다.

> 반민특위가 발족되어 반민족행위자들의 검거가 본격화하자 박헌영(朴憲永)은 남로당의 도상익(都相益)이 국회 공작책이 되어 국회의원들을 포섭하여 남로당에 비밀 입당시킨 다음 국회활동을 통하여 합법투쟁을 전개하도록 지령했다. 도상익은 언론인 출신의 인텔리 남로당원 이삼혁(李三赫)에게 비밀공작조직을 편성하게 하여 국회의 소장파 의원들을 상대로 포섭공작을 벌였다. 2월 초순 무렵에 노일환을 포섭한 이삼혁은 다시 변호사 오관(吳寬)을 통하여 하사복(河四福)이라는 가명으로 이문원을 포섭하여 이들 두 의원을 남로당에 입당시켰다. 이삼혁은 국회 부의장 김약수를 포함한 10여명의 국회의원들을 포섭했고, 이들의 국회교란책동은 더욱 가열해졌다.
>
> 3월 중순 무렵에 서울시 경찰국으로부터 이들의 동태를 보고 받은 검찰은 정보부의 부장 검사 장재갑(張在甲), 검사 오제도(吳制道), 경

60) 《朝鮮中央日報》 1949년6월23일자, 「七國會議員에 今狀, 昨日午後까지 全部逮捕」.
61) 《自由新聞》 1949년6월29일자, 「三議員全部起訴」.

찰국 사찰과장 최운하를 중심으로 한 특별사찰반을 편성하여 은밀하게 내사활동을 시작했다. 검찰은 자수한 남로당원 전우겸(全禹謙)의 진술을 받아 이문원, 이구수 등의 범법 내용 일부를 밝혀내고 이문원, 이구수, 최태규를 구속했다.

수사가 계속되고 있던 6월10일에 광주리 장수로 가장하고 월북하려던 남로당 특수공작원 정재한(鄭在漢) 여인이 개성에서 체포되었는데, 그녀는 음부에 비밀 보고문을 숨기고 있었다. 암호해독 결과 이 보고문은 남로당 특수조직부에서 박헌영에게 보내는 국회공작보고서였다. 정재한의 집에서 남로당의 국회공작에 관한 지령문과 보고문을 압수함으로써 조직의 실태와 범행내용을 파악한 검찰은 6월21일부터 다시 검거를 시작하여 노일환, 김옥주, 강욱중, 박윤원, 황윤호, 김약수, 서용길(徐容吉), 신성균(申性均), 배중혁(裵重爀), 김병회 등 국회의원과 변호사 오관을 구속하고 8월16일까지 국가보안법위반죄로 구속기소했다.

이 사건의 재판은 15회에 걸친 공판 끝에 1950년3월14일에 서울지방법원에서 피고인 모두에게 유죄판결이 선고되었다. 노일환, 이문원은 징역 10년, 김약수, 박윤원은 징역 8년, 김옥주, 강욱중, 황윤호, 김병회는 징역 6년, 나머지 피고인들은 징역 3년이 선고되었다. 사건은 공소되어 서울 고등법원에 계속(繫屬)되었는데, 6·25전쟁으로 피고인들은 서용길 이외에는 모두 월북하거나 납북되었다.[62]

3

이승만은 6월28일에 올리버에게 "비밀"이라고 표시한 긴 편지로 국회프락치사건에 관한 내용을 써 보냈다.

---

62) 서울地方檢察廳, 『서울地方檢察史』, 서울地方檢察廳, 1985, pp.113~114.

그들은 한국정부와 국회 사이의 마찰에 대하여 과장하고 있습니다. 국회안의 몇몇 친공분자와 반미분자들은 한편으로는 한국독립당에, 다른 한편으로는 공산당 조직인 남로당에 연결되어 있습니다. 이들은 정부의 입장을 약화시키는 일이라면 무엇이든지 하겠다고 별러왔습니다. 하지만 그들은 성공하지 못할 것입니다. 왜냐하면 비록 그들이 이따금 자기네 결의안을 지지하도록 국회안의 몇몇 의원들에게 영향을 미칠 수 있다고 하더라도 전 국민이 정부를 굳게 뒤받치고 있고 정부가 국민들의 의사를 조정하고 있기 때문입니다.

로버츠 장군은 친공적인 국회의원 세 사람이 체포된 것은 대통령의 명령에 따른 것이었다고 주장합니다. 사실은 의심할 수 없이 명백한 범죄의 증거가 드러났어요. 법원이 영장을 발부하고, 경찰이 그들을 체포한 것입니다.

최근에 박헌영의 비서가 어떤 여성과 38도선을 넘다가 개성에서 붙잡혔습니다. 그 여성은 비밀 통신문을 숨겨가지고 가던 참이었어요. 그들이 붙잡혀 그 문서가 발견되고 그들은 체포되었습니다.

현재 철저한 조사가 진행중인데, 다른 국회의원들이 관련되었을 가능성이 큽니다. 신익희 의장은 어제 나더러 이들 공산주의자들을 모두 제명할 것이라고 말했습니다. 그들은 이 사람들이 그토록 나쁜 인간들이라고는 생각하지 않았던 것이지요. 신익희는 그들의 체포 소식이 전해지자 정부는 즉각 그 증거를 제시해야 한다고 말하고, 그렇지 않으면 국회가 조용하지 못할 것이라고 말한 사람의 하나입니다.…[63]

국회프락치사건 연루자들이 남로당뿐만 아니라 한독당과도 연결되어 있었다고 한 대목이 눈길을 끈다.

---

63) Robert T. Oliver, *op. cit.*, pp.231~232.

정재한의 집에서 발견된 남로당의 국회공작에 대한 지령문이란 5월23일에 검찰총장 권승렬이 국회 보고에서 밝힌 것이었다. 그것은 (1) 외국군을 완전히 철수시킬 것 (2) 남북의 정치범을 석방할 것 (3) 남북정당 사회단체대표로서 남북정치회의를 구성할 것 (4) 남북정치회의는 일반, 평등, 직접, 비밀의 4대원칙에 입각한 선거 규칙을 작성하여 최고입법기구를 구성할 것 (5) 최고입법기관은 헌법을 제정하고 중앙정부를 수립할 것 (6) 반민족행위를 처단할 것 (7) 조국방위군을 재편성할 것이었다.[64)]

이러한 주장은 부분적으로 프락치사건에 관련되어 유죄판결을 받은 위의 국회의원들의 주장과 일치하는 것이었다.

국회프락치사건은 사건 당시부터 조작 아니냐는 주장이 제기되었다.[65)] 그러나 러시아 정부가 1993년에 한국정부에 제공한 한국전쟁 관련 구소련 극비 군사외교 문서에는 국회프락치사건의 실상에 관한 중요한 기밀보고서가 포함되어 있어서 눈길을 끈다. 그것은 1949년4월에 북한 주재 소련대사가 된 슈티코프(Terentii F. Shtykov)가 스탈린(Joseph Stalin)에게 보낸 「남북 조선의 정치경제 상황 개요. 1949년9월15일」이라는 비밀보고서이다. 이 보고서의 다음과 같은 기술은 분명히 남로당 프락치들의 활동을 설명한 것이었다.

> 노동당은 남조선의 국회의원들 중 일부를 자신들의 편으로 끌어들이는 사업을 조직했습니다. 노동당의 지령에 따라 이들 국회위원들은 국회 안에서 남조선에서 시행되는 미국 정책 및 남조선 정부 당국의 권위를 무너뜨리기 위해 여러 요구 사항을 제기하고 있습니다.
>
> 남조선에서의 미군철수를 내용으로 하는 62명의 의원들이 작성한 청원서, 정부 불신임 결의 제의, 모든 장관들의 사임 요구 등이 바로 위

64) 『制憲國會速記錄(5)』, 제3회 제1호(1949.5.23.), pp.23~24.

65) 남시욱, 『한국진보세력연구』, 청미디어, 2009, p.127.

와 같은 목적에 따라 실행된 예라 할 것입니다. 이러한 요구는 국회 다수의 지지를 얻었습니다. 또한 법률안 심의 시 이들은 법률안의 반민족적 성격을 폭로하고 그 내용을 수정하도록 노력하고 있습니다.…[66]

슈티코프는 또 이 보고서에서 남조선로동당은 1948년 말에는 당원이 90만명에서 24만명으로 줄었고, 1949년에는 정치적으로 확고하지 못한 당원들의 탈퇴와 로동당 등록당원에 대한 탄압으로 그 수가 더욱 감소했다고 기술했다.[67] 이러한 보고는 위기감을 느낀 남로당 수뇌부가 각계에 프락치를 침투시켜 세력을 만회하려고 시도한 동기를 짐작하게 한다.

국회프락치사건 수사 과정에서 경찰과 법조계에 잠입해 있는 남로당 프락치들이 검거된 것도 그러한 보기였다. 서울지방검찰청 차장 검사 김영재(金寧在)도 1947년부터 남로당에 입당하여 활동해 온 사실이 밝혀졌다. 법조계 프락치사건은 1949년12월부터 본격적으로 수사가 진행되어 김진홍(金振弘), 김두식(金斗植) 등 검사 6명과 양규봉(楊圭鳳), 백석황(白錫璜) 등 변호사 8명이 검거되었다.[68]

이 무렵의 일련의 공산주의 프락치 활동 가운데 가장 특이한 것은 무역상 행세를 하면서 《조선중앙일보(朝鮮中央日報)》와 《우리신문》 발행에 관여하는 등 종횡으로 활동하던 수수께끼의 인물 성시백(成始伯)이 남로당과는 관계없이 움직이는 방대한 조직의 활동이었다. '북로당 남반부정치위원회'라는 이 조직은 김일성의 직접 지령에 따라 활동하는 것으로 알려졌다. 성시백은 포섭한 인사들을 1950년5월30일에 실시되는 제2대 국회의원 선거를 통하여 국회의원으로 당선시킨 뒤 합법 투쟁을 전개

---

66) 「조선민주주의인민공화국 주재 소련대사가 소련 내각회의 의장에게 보낸 보고. 남북조선의 정치경제상황 개요, 1949년9월15일」, 전현수·기광서 역, 『한국전쟁, 문서와 자료, 1950~53년』, 국사편찬위원회, 2006, p.36.

67) 위의 책, p.35.

68) 서울地方檢察廳, 앞의 책, p.115; 김대현, 「국가보안법 제정배경과 법조프락치사건」, 延世大學校 석사학위논문, 2012년 참조.

하라는 김일성의 지령을 받고 있었다고 한다. 성시백은 1950년5월15일에 체포되었는데, 이때에 검거된 인원은 모두 112명이나 되었다. 이들의 직업도 정당원, 공무원, 상인, 교원, 외국공관 직원, 회사원 등 다양했다.[69] 북한은 평양에 '애국렬사릉'을 조성할 때에 그곳에 성시백의 묘도 만들어 놓았다.

북한의 로동당 기관지 《로동신문》은 매우 이례적으로 1997년5월26일자 2면 전체를 성시백에 대한 특집 기사로 채웠는데, 이 기사는 1949년의 국회프락치사건이 성시백의 공작에 따른 것이었다고 다음과 같이 적어 놓았다.

> 성시백 동지는 1948년 가을부터 괴뢰 '국회' 공작에 힘을 넣었다. 괴뢰 '국회'안에는 각양각색의 분파들이 있었다. 성시백 동지는 이러

1997년 5월 26일 (월요일) 로 동 신 문 [2]

민족의 령수를 받들어 용감하게 싸운 통일혁명렬사

신념과 절개를 목숨바쳐 지킨 성시백동지의 결사적인 투쟁을 두고

인생의 뜻깊은 새 출발

혁명가의 신념과 영생의 삶

《나는 김일성장군님의 특사다》

성시백 특집기사가 실린 《로동신문》의 1997년5월26일자.

69) 서울地方檢察廳, 앞의 책, pp.117~118; 吳制道, 『追擊者의 證言』, 希望出版社, 1969, pp.258~266.

> 한 분파와 그들간의 싸움을 이용하여 우선 '국회'안에 민족적 감정과 반미의식을 가지고 있는 '국회의원'들로 진지를 구축하고 여기에 다른 '국회의원'들까지 포섭하여 반미 반괴뢰 세력을 형성하기 위한 공작을 대담하게 벌여나갔다. 그리하여 '국회 부의장'과 수십명의 '국회의원'들을 쟁취 포섭하는 데 성공한 성시백 동지는 그들로 하여금 '국회' 연단에서 '외군철퇴요청안'과 '남북화평통일안'을 발표케 함으로써 미제와 남조선 괴뢰도당을 수세와 궁지에 몰아넣고 남조선인민들에게 필승의 신념을 안겨주었다.…[70]

《로동신문》이 뒤늦게 이러한 특집기사를 만들어 실은 동기도 박헌영 등 남로당의 역사를 지우기 위한 역사개작의 일환이었는지는 알 수 없다.

국회프락치사건 수사에 크게 공헌한[71] 서울시 경찰국 수사과 중앙 분실장 김호익(金昊翊) 경감은 수사가 마무리되고 있던 1949년8월12일에 남로당의 서울 총책 김삼룡(金三龍)의 하수인에 의하여 살해되었다.[72]

국회프락치사건은 국회 세력판도를 크게 바꾸어 놓았다. 전성기를 구가하던 소장파 그룹은 몰락의 위기에 처하게 되어 각자 보신책에 급급하게 된 한편, 민국당은 원내 제1당의 지위를 확보하게 되었다.[73]

70) 《로동신문》 1997년5월26일자, 「민족의 령수를 받들어 용감하게 싸운 통일혁명렬사」.

71) 金昊翊, 『國際間諜事件: 金昊翊搜査日記』, 三八社, 1949, 참조.

72) 《東亞日報》 1949년8월14일자, 「金昊翊警監被殺 白晝執務室에서」.

73) 國會事務處, 『國會史 制憲國會·第二代國會·第三代國會』, pp.132~133.

4. 반민특위의 해산

1

7월1일의 제4회 국회(임시회)의 개회식에 참석한 이승만은 치사를 통하여 국회가 시급히 처리해 주어야 할 몇가지 법안을 설명했는데, 그 가운데는 「반민족행위처벌법」의 개정 문제도 포함되어 있었다. 이승만은 평소의 지론을 다음과 같이 되풀이했다.

"반민법에 대해서는 내가 자초로 여러분에게 권고한 것이 무슨 행정당국의 지위나 세력을 고집한 것이 아니요 오직 입법부의 권위를 보호하여 이 반민법 문제를 속히 해결 삭제하려는 것이 행정부 유일한 의도였으니, 입법부에서도 조금이라도 이의 없을 것을 믿는 바입니다. 그러므로 조사위원들은 조사만 해서 등록하야 몇백명, 몇천명 혹은 몇만명이라도 다 명단을 만들어 행정부에 넘기면 행정부에서는 각인의 유무죄를 묻지 않고 다 명록에 따라 잡아가두고 입법부에서 정한 특별검찰부와 특별재판부에 넘겨서 법대로 처결할 것이라고 공언한 것이니, 그대로 속히 진행해서 몇주일 안에 이 명록을 만들어 오도록 여러분이 다 분투노력하시기 바라는 바입니다."

그러고는 이어 위협조의 말을 서슴지 않았다. 이승만은 이제 그만큼 느긋해진 것이었다.

"만일 이를 빙자해가지고 여전히 법외의 일을 계속 진행해서 민심이 선동되며 여론이 파동되어 반민법이 자연 무력하게 된다면 국회의 위신과 민국의 손해가 막대한 것이므로 이에 대해서 국회의원 여러분이 속히 협조진행하시기를 부탁합니다. 만일 이대로 또 몇주일을 끌어나간다면 행정부에서는 그저 방임할 수 없으므로 조사위원을 따로 내어서라도 즉시 이 반민법을 집행할 것입니다. 이것은 국회를 위협하는 말로 듣지 마시고 오직 긴급한 국사를 처리해야만 될 필요를 깨닫는 책임심으로 하는 것뿐입니다.

정부에서는 국회를 존중히 하는 본의로 이때까지 인내하고 기다려온 것이니, 국회에서 이것을 양해하는 본의로 정부의 의를 너무 소홀히 생각지 마시고 하루바삐 이 법안을 통과하셔서 중대문제가 속히 처결되도록 해주시기를 바랍니다.…"[74]

국회는 7월6일 회의에서 반민법 제29조에 규정된 1950년6월20일까지의 공소시효 기간을 1949년8월 말일까지로 단축하는 반민법 개정안을 재석의원 136명 가운데 가 74표, 부 9표로 가결했다.[75] 그러자 위원장 김상덕을 비롯한 조사특별위원들은 이튿날 일제히 사표를 제출했다.

국회는 7월7일 회의에서 이들의 사표를 수리하고 이인(李仁: 서울 민국당), 조중현(趙重顯: 경기 신정회), 송필만(宋必滿: 충북 민국당), 유진홍(兪鎭洪: 충남 민국당), 김상덕(경북 민국당), 조규갑(曺奎甲: 경남 동성회), 진직현(晉直鉉: 전북 국민회), 조국현(曺國鉉: 전남 민국당), 이종순(李鍾淳: 강원 일민구락부), 김경배(金庚培: 황해-제주)의 10의원을 새로 반민조사특위위원으로 선정했다.[76] 그러나 이인, 조규갑, 김상덕, 조국현 4명은 다시 사직서를 제출했고,[77] 국회는 김상덕을 제외한 세 사람의 사표는 반려했다.

반민조사특위는 우여곡절 끝에 7월14일에 회합을 갖고 이인을 위원장, 송필만을 부위원장으로 선출하여 위원사퇴문제는 일단락되고 활동을 재개하게 되었다.[78] 이인은 장면(張勉)의 주미대사 부임으로 공석이 된 서울 종로(을)구에서 3월30일에 실시된 보궐선거에서 장택상(張澤相)을 누르고 당선된[79] 뒤 6월에 법무부 장관을 사임했다. 그는 7월15일에 다음

---

74) 『制憲國會速記錄(6)』, 제4회 開會式(1949.7.1.), p.4.
75) 『制憲國會速記錄(6)』, 제4회 제3호(1949.7.6.), p.40.
76) 『制憲國會速記錄(6)』, 제4회 제4호(1949.7.7.), p.52.
77) 『制憲國會速記錄(6)』, 제4회 제8호(1949.7.12.), pp.105~106.
78) 『制憲國會速記錄(6)』, 제4회 제11호(1949.7.15.), pp.177.
79) 大韓民國選擧史編纂委員會, 『歷代國會議員選擧狀況』, p.64.

국회의원 보궐선거에 당선되어 후반기 반민특위 위원장을 맡은 이인.

과 같은 성명을 발표했다.

> 긴급한 현단계에 있어 일신상의 사정만으로 고사할 수 없는 난경이 있으므로 위원장에 취임하였다. 그간 반민법의 개정으로 도피하거나 조사 불가능한 지역에 거주함으로 공소시효를 중단하게 되는 자는 차치하고 그 이외에 대하여서라도 철저히 조사할 시간적 여유가 없게 되었음과 또 내외정세가 미묘 긴박함에 직면하였음과 아울러 이북 실지 회복이 미완된 현단계에 있어 반민법을 남북 양지에 공동한 균형적 운영을 못하게 됨이 유감이다. 그러나 이상 모든 정세를 고려하여 비록 제약된 기간일지라도 전 기능을 경주하여 죄질에 중점을 두고 신속공정하게 처단할 방침이므로 일반은 많은 협조가 있기를 바라며, 또 차제에 이 법에 해당하는 자들은 한시바삐 전비를 회오하고 자수하여 신성한 법의 재단을 받아 충실한 대한민국 국민으로 갱생하기를 바란다.[80)]

체제를 재정비한 반민특위는 활동의 첫 단계로 남한 전 지역 각 도지부에 신임조사위원들을 파견했다.

이승만의 신뢰를 받는 이인은 반민특위 운영에 적극적인 열의를 보였다. 공소기간이 얼마 남지 않은 8월에 들어서는 그는 반민특위 발족 이래 큰 숙제였던 국회안의 친일파 숙청문제를 도마 위에 올렸다. 8월14일

---

80) 《京鄕新聞》 1949년7월16일자, 「反特委員長에 李仁氏就任」.

에는 충남 서산 출신의 이종린(李鍾麟) 의원, 16일에는 경북 상주 출신의 한엄회(韓嚴回) 의원, 17일에는 전남 나주 출신의 이항발(李恒發) 의원과 충남 연기의 진헌식(陳憲植) 의원을 반민특위 본부로 소환하여 직접 신문했다.[81)]

그러나 이들의 조사를 마친 이인은 이종린, 진헌식, 한엄회, 이항발, 그리고 전북 전주 출신의 신성균(申性均) 의원 5명의 혐의사실을 일일이 언급하면서 다음과 같이 말했다.

"이상 5의원은 그 행위를 검토하고 정상을 작량(酌量)해서 일반적 표준에 의거해서 조사에 그치고 입건치 않기로 결정하였다. 이외에도 국회내에 반민 해당자가 있다고 하나 명확한 증거를 얻기 어려운 것도 있고, 또 그 행위 자체가 반민 행위로 조사 처단하는 일반적 수준보다 훨씬 떨어지는 미미한 것이기 때문에 선거민의 위신과 의사를 존중하는 견지에서 입건하지 않기로 하였다."[82)]

2

반민특위의 활동에 크고 작은 고충이 많았을 것은 짐작하고도 남음이 있다. 이인은 이승만과 얽힌 흥미로운 에피소드를 그의 회고록에 적어 놓았다. 이승만은 이인에게 구황실의 사가 종손인 이기용(李埼鎔)을 석방해 줄 것을 요망했다. 흥선대원군의 조카이자 갑신정변 때에 영의정을 지낸 이재원(李載元)의 아들인 이기용은 한일합병 때에 자작(子爵) 작위를 받았고, 1945년에는 일본 제국의회 귀족원 의원으로 임명되었다. 그는 반민특위 재판에서 징역 2년6개월에 재산 2분의 1 몰수의 선고를 받고 구속중이었다. 또한 심리에 회부된 노덕술(盧德述)을 석방하라고 거듭

81) 《自由新聞》 1949년8월18일자, 「國會反民者摘發」.
82) 《京鄉新聞》 1949년8월27일자, 「國會內엔 反民該當者없다」.

요구했다. 두 사람 다 그냥 석방하기는 어려웠다.

하루는 이승만이 이인에게 반민특위 재판부장을 맡고 있는 대법원장 김병로(金炳魯)와 함께 국무회의에 참석해 달라고 청했다. 이인은 보나마나 반민특위에 관한 일일 것이라고 생각하고 국무회의에 나갔다. 그런데 이승만은 누구를 석방하라는 말을 하던 때와는 딴판의 말을 했다.

"처벌할 자를 처벌 않고 있다는데 이럴 수가 있소?"

"재판에 회부된 사람은 모두 처리가 되었습니다."

이승만의 말을 받아 김병로가 대답했다. 그러나 이인은 이승만이 무엇을 지적하는 것인지 얼른 알아차렸다.

"더러 빠진 것도 있을 것입니다. 알아서 조사하겠습니다."

이때는 반민특위가 악질을 제외한 정부, 국회, 군경 및 교직자에 대해서는 잠시 검거를 누그러뜨리고 있었다. 국회의 반민행위 혐의자를 이인이 직접 문초한 것은 이런 일이 있은 다음이었다.[83)]

이인은 반민족행위처벌법의 공소시효가 끝나는 8월31일에 다음과 같은 담화를 발표했는데, 그것은 국민들의 큰 관심과 기대 속에서 출범한 반민특위의 활동을 흐지부지 끝내는 이유와 고충을 짐작하게 하는 것이었다.

> 반민족행위처벌법 제정 당시 공소시효 기간을 2년으로 한 것은 공정히 처벌하기 위하여 조사할 시간을 넉넉히 한 것이나 그동안 사무를 진행한 경험을 통해서 시일을 단축할 수 있음을 깨닫고 법을 개정해서 작 8월31일로 공소기간을 끝맺게 되었다.…
>
> 반민특위 사업에 대한 견해는 사람에 따라 달라서 일방에서는 용두사미로 그친다고 비난의 소리도 높고 다른 한편에서는 시기도 아니요 너무 세밀히 한다고 불만을 말하는 이도 있다. 그러나 가장 심했

---

83) 李仁, 『半世紀의 證言』, pp.214~215.

던 자만 처단하고 나머지는 관대히 하는 것이 인정을 펴고 인심을 수습하는 도리가 되는 것이다. 사람을 벌하려는 것이 아니요 반민족 정신인 죄를 징계하는 것이 목적이니, 이 정도의 처단으로 족히 이일징백(以一懲百)의 효과를 거두어서 민족정기를 바로잡을 수 있으리라고 생각한다. 더욱 38선이 그대로 있고 시국이 혼란하고 인재가 부족한 이때에 반민족행위 처단을 지나치게 하는 것은 도저히 민족과 국가를 위해서가 되지 못한다는 것을 생각하지 않을 수 없다.

이인은 이러한 견지에서 교육자와 공무원에 대해서는 특별한 배려를 했다고 말하고, 그 이유를 다음과 같이 설명했다.

교육자의 반민족행위는 그 영향이 더욱 크므로 그 죄과도 더욱 크다고 해야 할 것이다. 그러나 왜정하 그 욕스러운 교육이나마 전폐할 수 없어서 부득이 과오를 범한 것으로 인정하고 금후 그들이 후진의 교육을 위하여 진심으로 공헌할 것을 기대해서 그 죄과는 거의 불문에 부쳤으니 당사자들은 깊이 자성하기 바란다. 또 공무원 중에 투서, 고발, 조사보고 등을 받은 자가 있으나 이것은 각기 소속장관의 처리에 맡기고 본위원회에서는 송치치 않기로 하였다. 원래 공직에서 반민자를 제거하여 달라는 것이 민중의 여론의 일면이다. 그러나 그들이 해방 후 오늘날까지 대한민국을 위하여 충성을 다한 공을 생각하고 금후 더욱 속죄의 길을 열어주려는 뜻으로 그렇게 한 것이니, 당사자들은 각자가 자서자계해서 국가에 누를 끼침이 없도록 하고 더욱 충성을 다하기를 바란다.

끝으로 부연할 것은 박춘금(朴春琴) 외 4인에 대한 체포 교섭은 목하 박 외무부 장관과 맥아더 원수 사이에 진행중에 있으니 근일 중

그 결과를 알게 될 것이다.[84]

박춘금은 일본에 도피해 있었다.

반민특위는 공소기간이 끝나고 닷새 뒤인 9월5일 10시에 중앙청 제1회의실에서 특위위원과 조사부 간부 및 도지부 책임자 연석회의를 열었다. 연석회의에서는 국회의장 신익희의 훈시와 대법원장 김병로, 국무총리 이범석, 내무부 장관 김효석, 법무부 장관 권승렬의 치사가 있었다. 이 연석회의를 끝으로 반민특위의 공식적인 활동은 모두 끝났다. 연석회의가 끝나고 오후 4시에 이승만은 참가자들을 경무대로 초청하여 다과회를 베풀며 노고를 위로했고, 이어 오후 5시에는 신익희가 삼청동 관저로 일행을 초청하여 만찬을 베풀었다.[85]

10월5일에 개정된 반민족행위처벌법이 공포됨에 따라 반민특위조사부, 특별검찰부, 특별재판부는 폐지되고 앞으로 친일파에 대한 수사와 기소는 대검찰청 검찰관이 행하고, 기소된 사건의 재판은 대법원에서 하게 되었다. 그리고 12월2일에는 대법원의 업무를 담당할 기관의 설치를 위한 「반민족행위재판기관 임시조직법」이 제정되었다.[86]

「반민족행위처벌법 등 폐지에 관한 법률」은 6·25전쟁 중인 1951년2월3일의 국회에서 가결되어 2월14일에 공포되었다.[87]

반민족행위처벌법이 제정된 뒤 폐지될 때까지의 친일파의 처벌 상황을 보면, 반민특위조사부는 688명을 조사하여 그 가운데 599명의 혐의자를 특별검찰부로 송치했고, 특별재판부는 송치된 599명 가운데 293명을 기소하고 306명을 불기소처분했다. 기소된 293명 가운데 특별재판부의 판결을 받은 사람은 78명이었다. 그리하여 임시특별부의 판결을 받은

84) 《京鄕新聞》 1949년9월1일자, 「「以一懲百」 成果얻었다」.
85) 《서울신문》 1949년9월7일자, 「大統領 · 申議長特委關係者를 招請」.
86) 『制憲國會速記錄(7)』, 제5회 제56호(1949.12.2.), pp.1377~1378.
87) 《東亞日報》 1951년2월16일자, 「反民法廢政」.

1명을 합쳐 79명이 유죄판결을 받았다. 그러나 이들 가운데 실형을 선고 받은 사람은 10명뿐이었다.[88)]

반민특위의 후반기에 위원장을 맡았던 이인 자신도 "반민특위는 … 한마디로 해서 용두사미였다"라고 회고했다.[89)]

---

88) 허종, 『반민특위의 조직과 활동』, 선인, 2003, p.234.
89) 李仁, 앞의 책, p.215.

107장

"이 박사 덕분에 쌀밥 먹게 되었다"

1. 농지개혁법안이 만들어지기까지
2. 석달이나 걸린 국회심의
3. 특별열차에서 잠자며 지방순시

1. 농지개혁법안이 만들어지기까지

1

1950년에 실시된 농지개혁은 한국사회가 봉건적 신분사회에서 근대적 시민사회로 전환하는 역사적인 사업이었다. 그리고 그 사업의 기초설계자이자 실행의 견인차 역할을 한 인물이 다름 아닌 대통령 이승만이었다는 사실은 특기할만하다. 농지개혁을 시작할 당시의 농림부 장관 윤영선(尹永善)은 "춘경기(春耕期)가 촉박했으므로 추진상 불소한 곤란이 있었으나 만난을 배제하고 단행하라는 대통령 각하의 유시를 받들어 정부로서는 최선을 다하여 실행 단계에 돌입하게 된 것이다"라고 기술했다.[1)]

토지개혁은 이승만의 젊은 시절부터 견지해온 정치이념인 평민주의를 구현하는 핵심과제였다. 앞에서 본대로 이승만이 1946년2월에 민주의원 의장으로서 발표한 「과도정부당면정책 33항」은 일본인이나 반역자들의 재산은 전부 몰수하여 국유로 할 것과 모든 몰수한 토지는 농민에게 분배할 것을 천명했는데, 이 「당면정책」은 그대로 민주의원의 「임시정책대강」으로 채택되었다.

그리고 1948년3월에 미 군정부가 5·10선거를 앞두고 급작스럽게 귀속농지[일본인들이 소유했던 농지]를 그 소작인들에게 불하하자 이승만은 3월20일에 올리버(Robert T. Oliver)에게 보낸 편지에서 그것은 머지않아 수립될 한국정부가 할 일이라고 크게 반발하면서, "우리 정부가 수립되면 토지개혁법이 제일 먼저 제정될 것"이라고 자신의 결심을 토로했던 것은 앞에서 본 대로이다.

또한 국무총리의 국회인준에 이어 재무, 법무, 농림, 교통 4부의 장관

---

1) 尹永善, 『農地改革과 나의 할 일(農地改革指針)』, 慧星社出版部, 1950, p.4.

초대 농림부 장관 조봉암.

인사를 발표한 직후인 8월4일에 올리버에게 보낸 편지에서는 "한국 공산주의자"인 조봉암(曺奉岩)을 농림부 장관으로 임명한 것은 "농민들을 장악하기 위해서"라고 솔직하게 속내를 드러내 보이기도 했다.

국회의 요청에 따라 1948년9월30일에는 국회에서 이승만의 시정연설이 있었다. 국무총리 이범석(李範奭)이 대독한 이 연설에서 이승만은 헌법 조항에 따라 「토지개혁법」을 제정하여 시행하겠다고 다음과 같이 말했다.

"민생문제 해결에 있어서 항상 나의 가슴을 아프게 하는 것은 농민과 노동자의 생활향상의 염원이니, 정부는 농민과 노동자의 생활향상을 위하여 시급한 대책이 있을 것입니다. 전자에 있어서는 헌법의 조항에 의거하여 앞으로 토지개혁법이 제정 시행될 것이니, 토지개혁의 기본목표는 전제적, 자본제적 토지제도의 모순을 제거하여 농가 경제의 자주성을 부여함으로써 토지생산력의 증강과 농촌문화의 발전 기여에 지향될 것인 고로, 먼저 소작제도를 철폐하여 경자유기전(耕者有其田)의 원칙을 확립할 것이나, 농민대중의 원하는 바에 의하여 정부는 균등한 농지를 적당한 가격 또는 현물 보상의 방식으로써 농민에게 분배할 것입니다.…"[2)]

이승만은 정부수립 선포식이 끝나자마자 「농지개혁법」의 제정을 다그쳤다. 그리하여 농림부 직제가 공포되기도 전인 1948년9월7일에 농지개혁법기초위원회가 발족했는데, 위원장은 농림부 장관 조봉암, 부위원

2) 『制憲國會速記錄(2)』, 제1회 제78호(1948.9.30.), p.394.

장은 기획처장 이순탁(李順鐸)과 농림부 차관 강정택(姜鋌澤), 그리고 위원은 갓 발령받은 농림부 농지국장 강진국(姜辰國)과 지정과장 윤택중(尹澤重), 분배과장 배기철(裵基澈), 사정과장 안창수(安昌洙) 세 담당과장들이었다.[3)]

법안기초에 착수는 했으나 참고자료도 미흡하고 각종 통계도 신빙성이 희박하여 필요한 자료를 농촌으로부터 직접 수집해야 할 형편이었다. 「농지개혁법」 초안을 기초했던 강진국은 "농촌 부락의 머슴방이 농지개혁법안 기초의 산실이었다.… 민국정부 수립 후에도 좌익분자가 농촌지대에 많이 묻혀있다고 짐작했던 까닭에 중앙 관리가 왔다면 경계하고 함구하리라는 예감에서 신문기자를 가장했다"라고 썼다.[4)]

농림부가 자료수집으로 시일을 끌자 1949년 봄갈이까지에는 농지개혁을 실시한다고 공언하고 있던 이승만은 1948년11월 중순에 조봉암을 불러 불호령을 내렸다. 이승만이 격노한 것은 농지개혁 계획이 늦어지면서 신문지상에 지주와 소작인 사이의 분쟁이 보도되고 있었기 때문이었다.

농림부의 「농지개혁법」 시안은 이렇게 쫓기는 상황 속에서 11월19일과 20일 이틀 동안 강진국의 집에서 강진국과 세 담당 과장이 꼬박 이틀 밤을 새워 만들었다. 이 시안을 다시 강진국과 차관 강정택이 머리를 맞대고 한 이틀 재검토했다. 초안을 들고 가서 조봉암에게 보고하자 조봉암은 내용을 읽어보지도 않고 "소작인이 잘된다지만 지주도 살아야 할 것 아니오"하고 말했다고 한다.[5)]

이렇게 성안된 농림부 초안은 11월22일과 23일 이틀 동안 긴급 소집된 각도농업경제과장회의에 상정되었다. 지방의 행정실정 경험이 많은 이들의 초안에 대한 검토와 비판을 받는 공청회인 동시에 중앙정부가 농지

---

3) 金聖昊 外, 『農地改革史硏究』, 韓國農村經濟硏究院, 1989, p.455.
4) 姜辰國, 「헐뜯긴 「農地改革法」 草案」, 《新東亞》 1965년10월호, 東亞日報社, p.190.
5) 姜辰國 증언, 《中央日報》 1982년4월23일자, 「中央廳(16): 農地改革②」.

개혁에 대한 구체적인 태도를 밝혀 범국민적인 여론과 비판을 받아보겠다는 취지에서 소집된 회의였다.[6] 그뿐만 아니라 정부가 농지개혁을 서두르고 있다는 것을 알림으로써 좌익의 선전공세를 막고 소작인들을 괴롭히고 있는 지주들의 농지방매를 중단시키겠다는 의도도 있었을 것이다.

11월24일자 신문들은 농림부의 「농지개혁법」 시안 전문을 크게 보도하고 사설로 그 실시를 촉구했다.[7]

2

이승만은 12월4일에 서울중앙방송국을 통하여 「토지개혁문제」라는 제목으로 라디오 연설을 했다. 이 방송은 해방이후에 가장 큰 국민적 쟁점인 농지개혁에 대한 이승만의 구상을 종합하여 밝힌 것이어서 자세히 검토해 볼 가치가 있다.

"이 단계에 제일 중대히 여기는 문제는 두가지입니다. 첫째로 잃은 독립을 찾아서 우리 강토를 회복하자는 것이요, 둘째는 강토를 회복해 가지고 참주인들에게 내어 맡기자는 것입니다. 천하에 주인 없는 물건은 없는 것이니, 나라마다 다 각각 제 강토가 있어서 그 강토의 주인노릇을 하는 것입니다."

이렇게 서두를 꺼낸 이승만은 이어 지금은 다행히 천우신조로 우선 이남이라도 우리가 국권을 회복해서 국회를 세우고 정부를 조직해 놓았으니 우리가 다시 이 나라의 참주인 노릇을 하게 되었다고 말하고, 지금까지의 인간 불평등의 기원을 토지제도의 모순점을 들어 설명했다.

"그러나 이것은 국제상 관계만을 말하는 것이요, 국내 정형으로 말하면 이 나라 토지를 아직도 근본 주인이 다 차지하게 된 것은 아닙니다. 원

---

6) 姜辰國, 앞의 글, p.191.

7) 《서울신문》 1948년11월24일자, 「完成된 農地改革法草案」; 《東亞日報》 1948년11월24일자, 「每戶當三町步以下」; 《朝鮮日報》 1948년11월25일자, 「社說: 農地改革을 推進하라」.

래 하나님이 세상을 창조하실 적에 양반과 상놈을 구별하거나 부자와 빈민을 인(印)쳐서 낸 것이 아닙니다. 모든 사람이 다 동등으로 천연적 복리를 누리게 한 것인데, 그 중에서 지혜도 있고 능력도 있는 사람들이 모든 재원을 욕심껏 점령하여 사유물을 만들어 자자손손이 유전해서 필경은 몇몇 사람의 소유물로 인정을 받게 된 고로, 인군 된 이는 그 나라가 다 자기 사유물이라 하였으며 세가(勢家)와 부자들은 광전옥토(廣田沃土)를 다 자기들의 물건으로 만들었으므로, 대다수 민중은 남의 세상에 부쳐서 남을 위하여 사는 것으로 알게 되었나니, 그 결과를 보면 실상 그 나라 주인 되는 대중인민은 거의 소유권을 다 잃어버리고 몇몇 사람들이 주인이 되어 복리를 독점하게 된 것입니다. 이 중에서 몇천년을 지내오고 보니 이것이 자연 법이 되고 습관이 되어서 천지에 떳떳한 이치로 알기에 이른 것입니다. 그래서 부자는 대대로 부자요 양반은 대대로 양반으로 지냈으니, 이와 같이 불공평하고 부조리한 일은 다시없을 것입니다. 지금 우리가 주장하는 민주정체의 주의는 반상(班常)이라 귀천이라 하는 등분이 다 없고 모든 인민이 평등 자유로 천연한 복리를 다 같이 누리게 하는 것입니다. 이 주장을 세우기 위하여 그 근본적 병통을 먼저 교정하여야만 모든 폐단이 차서로 바로 잡힐 것이므로, 토지개혁법이 유일한 근본적 해결책이라는 것입니다."

이승만은 이처럼 민주정치의 기본 이념인 평등주의를 구현하는 "유일한 근본적 해결책"은 토지개혁이라고 강조했다.

이승만은 자신이 1946년2월에 발표한 「과도정부당면정책」에서 토지개혁 문제를 제의함에 따라 그것이 우리나라 경제정책의 가장 중요한 과제가 되었다고 말하고, "토지분배에 대한 계획도 상당한 법안이 구성되고 있으므로" 조만간 국회에 제출될 것이라고 말했다. 그는 「농지개혁법」의 뼈대를 다음과 같이 설명했다.

"우리나라에 소위 국유지라는 농토와 적산토지를 합하여 다 민유지로 분배시킬 것인데, 땅 없는 농민들에게 넉넉히 나누어서 작농하게 하되 그 땅을 그저 내주는 것이 아니고 적당한 가격을 정하여 매년 얼마씩 정부에 보상하기로 약조를 정하고 팔게 할지니, 보상하는 조리와 몇해 만에 다 갚는다는 등 세절목은 다 국법으로 정하게 될 것이니, 미리 말할 수 없으나 대체로 말하자면 농민이 그 땅에서 자농하여 묵히는 땅이 없고 그 소출미곡으로 가족의 1년 계량(計糧)을 제하고는 여유를 팔아서 돈으로 바치거나 미곡을 대신하여 몇해 만에 다 완납한 후에는 정부에서 문서를 주어서 영구히 농민의 사유지로 만들 것이니, 이것이 즉 우리 정부에서 주장하는 토지개혁책의 요점이요 모든 농민은 이대로 되기를 바라며 또한 노력할 것입니다."

이승만은 이어 대지주 소유토지의 처리 문제를 다음과 같이 설명했다.

"다소간 문제되는 것은 소위 대지주의 소속인 큰 농지에 관한 것입니다. 이 대지주들로 말하면 혹은 몇대 조상적부터 유전하여 내려오는 소유지도 있고 또 혹은 돈을 주고 사서 차지한 토지도 있는 것이니, 이상에 말한바 공공한 천연적 재원을 부자들이 사유로 만들었다는 것은 몇천년 전에 시작이 잘못되었다는 말이요 중간에 와서 무슨 방식으로든지 소유권을 가지게 된 것은 누구나 인정치 않을 수 없는 것이니, 이 대지주들의 땅을 무조건하고 몰수한다는 것은 법리도 아니요 공의도 아닐 것이므로 이 지주들의 소유권은 인정할 뿐만 아니라 국법으로 보호하는 것이 민주주의의 피할 수 없는 사실입니다. 그러나 이 지주들의 소유권만 존중히 여겨서 그냥 방임할 수는 없을 것이니, 이 지주들이 각각 자기 소유지를 자기가 경작하지 못하고 농민을 시켜서 경작케 하여 소출을 지주에게 바쳐서 지주는 일 아니하고 편안히 앉아서 대대로 부유히 살게 되며 혹 심한 자는 도조[賭租: 남의 농지를 부치고 그 세로 해마다 내는 곡식]를 높여서 경작인이 먹고 살 것도 부족하게 만들어서 평생 노력한 것이 간신히 생명이나 부지하고 남 잘살게만 만들어 주고 있으니, 그 결과를 해석하여 보면 즉 노예나 우마의 생명과 별로 다를 것이 없게 되니, 이것은 경제발전에만 손해가 아니라 인류상 도의에 크게 위반되는 것입니다. 이것은 우리나라뿐이 아니요 다른 나라에도 기왕에는 다 이와 같은 제도가 있었으며, 어떤 나라에서는 이보다 더 심하게 해서 소작인은 그 가족과 육축까지 그 토지에 속해서 토지매매 할 적에 같이 끼워서 사고팔게 만들었던 것인데, 우리나라에서는 이와 같은 제도가 없었으나 고대에 문명이 진보되기 전에 다 동일한 폐단을 가졌던 것입니다."

이승만은 근대국가의 토지제도의 변화를, 특히 공산주의 국가의 토지제도의 모순점을 예리하게 지적했다.

"근대에 와서 민주정체가 생기며 이것이 다 삭제된 것인데, 어떤 민주정체하는 나라에서들은 아직도 토지분배를 실시치 못하여 대지주들이 넓은 땅을 가지고 있는 곳이 많으나, 이것은 그 나라의 토지가 넓고 사람이 적어서 이와 같이 하고도 넉넉히 살 수 있는 고로 아직 방임하고 지내는 것이며, 공산제도를 행하는 나라에서는 지주의 땅을 건몰[乾沒: 관청에서 몰수함]해서 소작인에게 나누어 준다 하나 실상은 농민에게 주는 것이 아니요 농민들에게 맡겨서 경작하게 하고 그 땅은 정부에서 차지하고 있으므로 그 실상을 말하자면 공산제도가 토지를 인민에게 분배하는 것이 아니라 정부에서 빼앗아서 정부가 대지주가 되고 농민들은 다 소작인으로 경작해서 정부에 바치기만 할 뿐이니, 부유한 대지주에게 세를 물고 얻어 경작하느니보다 정부의 땅을 얻어서 경작하는 것이 더욱 자유롭지 못하고 속박을 받는 것이니, 전에는 부호의 노예 되던 것이 지금은 정부의 노예가 된다면 경제상 이해에 무슨 차별이 있으며 농민생활에 아무 도움도 없을 것입니다."

이러한 문제점은 1946년3월에 전격적으로 실시한 북한의 토지개혁에서 그대로 드러나고 있었다. 북한의 「토지개혁법령」 제5조는 "몰수한 토지 전부는 농민에게 무상으로 영원히 양여한다"라고 선언하고는, 제10조는 "농민에게 분여된 토지는 매매치 못하며, 소작 주지 못하며, 저당하지 못한다"라고 못박고 있어서 분배받은 토지에 대한 권리는 소유권이 아니라 경작권에 지나지 않는 것임을 알 수 있다. 그러고도 또 1946년6월에 공포한 「북조선 현물세령」에 따라 농민들은 수확량의 25%를 농업현물세로 납부해야 했다.[8)]

이승만은 정부가 입안하고 있는 「농지개혁법」의 대강을 조근조근 설명하고 나서, 자본가를 없애야 된다는 공산주의자들의 주장을 이론적으로 반박했다.

“공산주의자들의 토지개혁책이라는 것이 우리와 같지 아니한 외에 또 한가지 우리와 같지 아니한 것은 소위 자본주의라는 문제입니다. 그 사람들의 말은 토지분배로 많은 경쟁력을 공평히 조정하기에 부족한 모든 금융과 각종 재산을 다 평균히 분배해서 자본가가 없게 만들어야 한다 하나니, 우리 주의는 이와 상반되는 것입니다. 우리는 자본가가 있어야 국내에 경제가 유통되어서 민중이 다 살 수 있다는 것입니다. 우리나라가 자고로 농업을 근본으로 삼아서 자족자급할 능력을 가졌지마는 지금은 인구가 해마다 증가되어 토지는 한정이 있으므로 그 땅의 소출만 가지고는 그 민중이 먹고 살 것이 부족합니다. 그러므로 공업을 숭상해서 생산력이 발전되어야 땅 속에 묻힌 재산을 파서 인류생활에 공헌할 것이요, 공업의 소출 물산으로 우리도 쓰고 또한 국외에 수출해서 남의 물건을 바꾸어다가 우리의 생활을 돕게 할 것이며, 기계공장을 시설해서 국중에 땅이 없이 농사 못하고 일없이 굶게 되는 사람들이 공장의 일을 얻어 생활하는 방도를 만들어 주어야 될 것이니, 그러므로 자본가를 다 없이 해다가 노동자만 살 수 있게 하자는 것은 우리가 찬성할 수 없는 것이니, 우선 예를 들어 말할지라도 자본이 없어서 기계공장이 문을 닫게 된다면 다수 실업자가 먼저 타격을 당할 것입니다. 그러므로 공산주의자들은 파공파업(罷工罷業) 등 행동으로 자본가와 충돌을 내며 농민으로 지주와 충돌을 내어서 모든 민중이 서로 싸우는 중에 정부가 모든 것을 차

---

8) 김성호, 「남북한의 농지개혁 비교연구」, 홍성찬 편, 『농지개혁연구』, 연세대학교출판부, 2001, p.254.

지하게 하는 폐단을 우리는 절대 포용치 아니하는 것이니, 세계 모든 재원의 세가지 근본되는 토지와 노동과 자본, 이 세가지가 서로 충돌을 내지 말고 피차 도와서 합류하여 나가는 중에서 모든 것이 화의로 진정되며 부강 정진해 나갈 수 있을 것이니, 우리는 농민이 지주를 질시하거나 노동자가 자본가를 원수로 여기거나 하여 서로 충돌하는 것을 피하고 서로 제휴 공헌하는 중에서 다 잘살 수 있기를 도모하자는 것입니다."

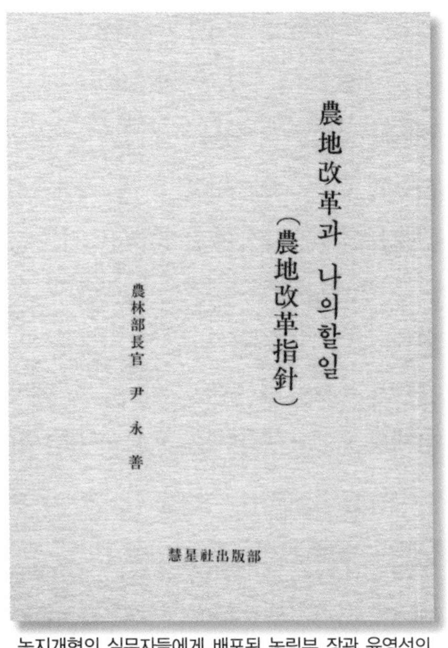

농지개혁의 실무자들에게 배포된 농림부 장관 윤영선의 《농지개혁지침》.

자본가를 없애야 한다는 공산주의이론의 부당성은 이승만이 일찍이 1920년대에 《태평양잡지》를 통하여 공산주의를 이론적으로 비판할 때부터 일관되게 강조해 온 내용이었다.

이승만의 이러한 공산주의 비판은 그가 「농지개혁법」 제정을 그토록 서둔 이유가 다분히 정치적인 판단에 따른 것이었음을 말해 준다. 농민들로 하여금 공산당의 집요한 선전공세에 현혹되지 않도록 하는 것이 가장 중요하고 시급했던 것이다. 그러한 사정은 농지개혁 당시의 농림장관 윤영선(尹永善)의 다음과 같은 증언으로도 짐작할 수 있다.

"대통령은 전쟁 수행으로 다른 일을 돌볼 틈이 없었지만 농지개혁만은 예외여서 기회있을 때마다 '공산당을 막으려면 농지개혁을 빨리 해야 해'라고 말했습니다. 대통령이 전쟁의 북새통 속에서도 개혁을 서두른 것은 농지개혁은 공산당만 할 수 있다는 선동을 봉쇄하여 영세소작인의 반공정신을 일깨우는 것, 피난 지주의 생계를 돕는 것, 그리고 군량미 조달의 뜻이 있었습니다."[9]

그렇게 하여 반공주의자들이 된 농민들이 이승만의 장기 집권을 가능케 한 지방의 이승만 지지층이 되었다.

이승만은 마지막으로 농지개혁과 관련하여 중요한 과제로 제기된 토지자본의 산업자본화 문제를 거론하면서 경제인들의 분발을 촉구했다.

"우리나라의 자본은 대부분이 토지에 있나니 지주들이 다 토지를 내어놓고 그 가격을 받아서 자본을 만들어야 공업에 착수할 수 있을 것이므로, 정부에서는 토지대가를 갚아 줄 것이 큰 문제가 되니, 이것은 정부와 국회에서 무슨 특별한 방법이 있어서 지금 지주들로 하여금 상당한 자본을 얻게 하는 것이 긴요한 문제이니, 이것은 많은 연구로 해결책이 생기기를 바라는 것입니다.

현금 우리나라의 재벌가로 지목받는 이가 많지마는 그 중에 민중의 호감을 가진 이가 많지 못하니, 이것은 왜정 시대에 친일자로 지목을 받은 이유일 것입니다. 그러나 지금은 우리 민국이 수립된 이후로 전 민족이 다 합심합력해서 앞으로 건설개량을 위주할 것이요, 왕사를 인연해서 앞에 나아갈 길을 장애한다면 이것이 우리의 기초적 대업에 불리할 것이므로, 전에 무슨 공작으로 재정을 모았든지 지금부터는 그 재정으로 민족생활 개량과 국가기초 건설에 공헌하여 공효가 나타나게 된다면 이것을 우리는 다 찬성할 것이니, 경제가들은 사리사욕에 사소한 이익을 도모하지 말고 국가 경제대책에 큰 경제가들이 되기를 힘써서 우리 민족 전체에 많은 복리를 증진하게 함으로써 민중의 추천을 받으며 국내 국외에 큰 경제가의 명예를 얻도록 하는 것이 공과 사에 실로 복될 일이므로, 우리 모든 경제가들이 이 기회를 크게 이용해서 세계 경제가들과 경쟁 전진하는 세력을 잡아서 세계 부강한 나라들의 재력과 물질을 교환하여다가

---

9) 尹永善 증언, 《中央日報》 1982년5월3일자, 「中央廳(16): 農地改革⑤」.

우리의 이익을 확대시키기를 목적하고 나가야 될 것입니다.…"10)

3

농지개혁이 기정사실이 되자 농촌 사회는 또다시 어런더런했다. 지주들의 농지방매 현상 때문이었다. 「농지개혁법」 초안을 검토하기 위하여 11월22일에 긴급소집된 각도농업경제과장회의에서도 토지방매 문제가 가장 심각한 문제로 논란되었다. 그리하여 농림부는 「농지개혁에 관한 임시조치법안」을 작성하여 의원입법으로 제정되도록 국회의원 91명의 서명을 얻어 국회에 제출했다. 법안의 내용은 3개조로 된 간단한 것이었다.

농지개혁에 관한 임시조치법

제1조 농지개혁을 원활히 실시하기 위하여 일반농지에 대하여 다음 처분 행위를 일체 금지한다.

1. 소작권의 이동
2. 소작권의 박탈

제2조 전조의 규정에 위반하는 자는 1년 이하의 징역 또는 10만원 이하의 벌금에 처한다.

부칙

제3조 본법은 공포일로부터 시행한다.

「농지개혁법」과 그 「시행세칙」이 제정되어 사업이 실시되려면 상당한 기간이 걸릴 것이므로 그동안의 토지방매를 금지하기 위해서는 이러한 조치가 필요했다.

이 법안은 12월7일에 국회에 제출되어 산업위원회에 회부되었다. 그러

---

10) 《서울신문》 1948년12월7일, 8일, 9일, 10일자, 「農地는 農民에게 返還」.

나 지주출신 위원들이 많은 산업위원회는 곧 「농지개혁법」이 제정될 텐데 임시조치법까지 제정할 필요가 있느냐면서 심의를 보류했다. 이때의 산업위원회는 38명의 위원 가운데 민주국민당 소속위원이 위원장 서상일(徐相日)을 포함하여 14명이었다.[11]

한편 농림부는 1949년1월4일부터 28일까지 춘천(春川)에서 시작하여 청주(淸州), 대전(大田), 대구(大邱), 부산(釜山), 전주(全州), 광주(光州)의 차례로 「농지개혁법」 초안에 대한 도별공청회를 개최했다.[12] 공청회의 반응은 뜨거웠다. 농림부는 공청회를 통하여 수집된 자료와 새 지식을 토대로 「농지개혁법」 초안을 손질한 다음 국무회의에 상정하기 위하여 1월24일에 기획처로 보내는 한편 국회 산업위원회 농림분과위원회의 요구에 따라 위원회에 비공식으로 제출했다.

국무회의는 농림부 초안을 기획처가 일부 수정한 「농지개혁법안」을 2월4일의 국무회의에서 의결했다. 이렇게 수정된 정부안은 통칭 기획처안으로 불렸다. 정부는 2월5일에 이 정부안을 정식으로 국회에 제출했다.

이승만은 악덕지주들의 농지방매 행위가 여간 괘씸하지 않았다. 그는 2월11일에 소작농민들을 상대로 악덕 지주들은 경찰에 고발하라는 담화를 발표했다.

> 각처의 보고를 듣건대 어떤 지주들이 소작인들을 꾀며 혹은 위협하여 농지를 사사로이 매매하려는 폐단이 있다 하니, 일반 농민들은 이러한 지주의 악질적인 의도가 표시될 때에는 조금이라도 믿지 말고 정부에서 공표되는 대로 정당히 조치되기만 기다려서 협잡 간배의 수단에 빠지지 않아야 할 것이니, 사실을 들어 관계기관에 신고할 수도

11) 國會事務處, 『制憲國會經過報告書』, 1986, p.55.
12) 《서울신문》 1948년12월29일자, 「農地改革法臨地檢討」.

있다. 만일 위협이 있으면 즉시 경찰에 알려서 보호를 받을 수 있으니, 두려워하지 말고 법대로 준행하여야 할 것이다. 만일 법을 무시하고 사사매매하는 일이 있다면 전부 무효로 돌아갈 것이므로 일반 농민들은 이에 주의하여야 할 것이다.[13]

그런데 바로 이 시점에 매우 사위스러운 일이 발생했다. 농림부 장관 조봉암이 감찰위원회의 고발에 따라 사임하게 된 것이었다. 감찰위원장 정인보(鄭寅普)는 1월31일에 "농림부 장관(조봉암)의 비행에 관한 통고"를 국회에 제출했는데, 비행의 내용은 양곡 매입을 원활하게 하기 위하여 설치한 양곡매입촉진위원회의 예산에서 농림부 장관의 관사수리비, 응접실 비품대, 출장비 등의 명목으로 합계 500만원가량을 유용하고, 예산에 책정되지 않은 문화영화를 제작하여 500만원을 부당 지출하고, 《농림일보(農林日報)》를 만들기 위하여 대한식량공사에서 700만원을 갹출하는 등 국유재산의 부당지출로 법령을 위반한 것 등이었다. 조봉암은 2월3일의 제21차 국회 본회의에서 진상을 해명했고, 국회는 2월4일에 조사위원회를 구성했다. 2월16일에 열린 제32차 본회의는 조사보고를 접수한 다음 "감찰위원회와 농림부의 양쪽 해석 중 어느 한쪽에 과오가 있다고 지적하기 어려우므로 그 법적 책임은 사직의 처단에 맡기고 국회는 이 이상 간섭하지 말자"는 윤병구(尹炳求) 의원의 동의를 표결에 부친 결과 재석의원 147명 가운데 가 100표, 부 10표로 가결했다.[14]

농림부의 독직사건과 관련하여 법무부 장관 이인(李仁)은 2월17일에 조봉암에 대한 구속 동의 요청서를 국회에 제출했다. 제안이유는 "별지와 같이 농림장관 조봉암 의원에 대한 용의사실은 그 혐의가 농후하므로 입건 수사코자 하며, 증거인멸의 우려가 있을 때에는 신체를

13) 《서울신문》 1949년2월12일자, 「農土强賣는 不法 惡質地主는 報告하라」.
14) 『國會史 制憲國會·第二代國會·第三代國會』, pp.117~120.

구속하기 위하여 국회의 승인을 얻고자 한다"라는 것이었다. 이 동의안은 토론 끝에 표결에 부쳐져 재석 152명 가운데 가 52표, 부 77표로 부결되었다.[15]

그러나 조봉암은 이승만의 권고로 2월21일에 사표를 제출했다.[16] 장관에 취임한 지 여섯달 남짓 만이었다.

조봉암은 불구속 상태에서 조사를 받고 1, 2, 3심 모두에서 무죄 판결을 받았다. 문제가 된 사실들에 대한 도의적 책임은 있으나 법적으로는 아무런 범죄가 성립되지 않는다는 것이었다.[17]

---

15) 위의 책, pp.116~117.
16) 《朝鮮日報》 1949년2월23일자, 「曺農林長官辭任應諾」.
17) 《朝鮮日報》 1949년11월12일자, 「曺奉岩氏等엔 無罪」.

2. 석달이나 걸린 국회심의

1

2월5일에 정부가 국회에 제출한 농지개혁법안은 산업위원회 농림분과위원회에 회부되었다. 이 무렵 농림분과위원회는 이훈구 의원이 1948년12월13일에 제출한 농지개혁법안을 중심으로 대한농민총연맹(농총)의 토지개혁법안, 수원농대 교수단의 사안 등을 검토하면서 산업위원회 독자의 농지개혁법안 작성작업을 진행하고 있었다. 그러나 산업위원회의 농지개혁법안이 본회의에 상정되기까지에는 정부안이 제출되고도 한달이 더 걸렸다. 산업위원회 위원들은 되도록 「농지개혁법」의 제정을 늦추려고 했기 때문이었다.

정부의 농지개혁법안이 국회에 제출되자 의원들은 다투어 법안의 본회의 상정을 촉구했다. 춘경기가 가까워 오고 있는데다 제2회 정기국회 회기말이 얼마 남지 않았기 때문이었다. 법제정의 필요성을 강조하는 이유도 가지가지였다. 충북 청주 출신의 무소속 박기운(朴己云) 의원은 다음과 같은 이색적인 주장을 했다.

"요전에 제헌시대에 (농지개혁을 규정한) 헌법 제18조[실제는 제86조]를 제정할 당시에 삼팔 이북의 김일성이가 어떠한 연회석에서 술을 먹고 있었습니다. 이 술을 먹고 있을 때에 헌법 제18조가 결정되자 술잔을 던지고서 한탄한 사실이 있었습니다. 이것이 어째서 그러냐, 만일에 남한에 토지개혁이 된다고 할 것 같으면 삼팔 이북의 공산당들이 자기네들만 토지개혁을 하고 남한에서는 토지개혁을 아니한다, 이렇게 생각했던 것이 그 사람네들이 헌법 18조의 제정을 보고서는 이제야 남한의 농민은 다 남한의 대한민국에 뺏기고 만다, 우리들이 이제껏 적화운동을 해왔던 것은 수포로 돌아가고 만다, 이래 가지고서는 주석에서 한탄한 사실이 있습니다.…"[18]

산업위원회가 마련한 농지개혁법안은 3월10일의 제2차 정기국회 제50차 회의에 상정되었다. 그런데 이날의 의사일정은 전남 진도 출신의 무소속 김병회(金秉會) 의원 등 70여명 의원들의 요구에 따라 앞에서 본 농지개혁에 관한 임시조치법안의 제1독회로 예정되어 있었는데, 경북 청송 출신의 김봉조(金鳳祚) 의원의 긴급동의로 의사일정을 변경하여 산업위원회의 농지개혁법안을 기습적으로 상정한 것이었다.[19] 1950년5월에 실제로 농지개혁사업을 시작할 때까지 논의된 농지개혁법안들의 내용은 다음 표와 같다.

농지개혁법안 비교

	농림부안 1948.11.22.	기획처안 (정부안) 1949.2.4.	산업위원회안 (국회안) 1949.3.10.	최초법률 1949.6.21.	개정법률 1950.3.22.
분배대상 농지	2정보 이상	3정보 이상	3정보 이상	3정보 이상	3정보 이상
보상지가	150%	200%	300%	150%	150%
보상방식과 내용	3년 거치 10년 균분 (연 20%) 기업자금 담보 활용	10년 균분 (연 20%) 기업자금 담보 활용	10년 균분 (연 300%) 지주 전업 알선	5년 균분 (연 30%) 지주 전업 알선	5년 균분 (연 30%) 지주 전업 알선과 기업자금 담보
상환지가	120%	200%	300%	125%	150%
상환방식과 내용	6년 균분 (연 20%) 정부지원 30%	10년 균분 (연 30%)	10년 균분 (연 30%)	5년 균분 (연 25%) 정부지원 25%	5년 균분 (연 30%)

농지개혁의 기본개념은 자경지 이상의 지주들의 농지를 정부가 매상하여 국유지로 만든 다음 그것을 소작인들에게 유상분배하는 것이었다.

18) 『制憲國會速記錄(3)』, 제2회 제31호(1949.2.15.), p.563.
19) 『制憲國會速記錄(3)』, 제2회 제50호(1949.3.10.), pp.879~880.

「농지개혁법」의 주요쟁점은 지주들의 분배대상농지의 상한선과 보상지가 및 보상방식, 소작인들의 상환지가와 상환 방식 등이었다. "보상"이란 매수하는 지주의 농지에 대하여 정부가 지불하는 대금을 말하며, "상환"이란 농지를 분배받는 농민이 정부에 납부하는 농지 대금을 말한다.

농림부안의 내용은 지가상환율은 평년작 생산고의 120%로 하고 매년 20%씩 6년 동안에 상환하게 한 것과 지주의 귀농을 인정하지 않는 것으로서, 농민들의 입장을 최대한으로 배려한 것이었다. 농민들도 이 안을 지지하고, 빨리 실시하기를 요망했다.

그러나 기획처안은 지가상환액을 200%로 하고 그것을 해마다 20%씩 10년 동안에 상환하게 하는 동시에 지주의 귀농을 인정하는 것이었다.

국회 산업위원회안은 농민들에게 가장 실망스러운 내용이었다. 보상지가는 농림부안의 두배인 300%이고, 그것을 해매다 30%씩 10년 동안 상환하게 하되, 자영을 인정하여 머슴을 두고 농사를 지을 수 있게 했다.[20]

「농지개혁법」을 본회의에 상정하면서 피력한 국회 산업위원회 위원장 서상일의 제안설명은 여러 가지를 의식하여 준비한 일장 연설이었다.

"여러분께서 이미 제정해서 방금 실시 중에 있는 반민법(反民法)은 정치적으로 이것은 한 합법적인 혁명운동인 것입니다. 이번에 상정되어서 심의하려고 하는 이 「농지개혁법」은 또한 경제적으로 합법적인 한 혁명운동이라고 할 수 있습니다.

여러분이 다 아시는 바와 같이 제2차 대전 이후 소련 관하에 있는 루마니아, 불가리아, 체코슬로바키아, 헝가리, 폴란드 등등에서 양면정책을 실시하였습니다. 그 하나는 산업의 국유화요 그 하나는 농지개혁이었던 것입니다. 그래서 그들은 사회주의 국가체제를 했다고 볼 수가 있습니다.

우리나라의 헌법은 … 정치적 각도로 보아서는 민주주의 민족국가를 건설하려는 정신이고 경제적으로 보아서는 민족사회주의국가를 건설하

20) 朱孝敏, 「農地改革을 싸고도는 國會內各派의 動向」, 《新天地》 1949년4월호, 서울신문사, p.17.

려고 하는 이념인 것입니다."

이처럼 그는 우리나라의 헌법이념이 '민족사회주의국가' 건설이라고 확언한 다음, 웬만한 산업체는 국유화될 것이라고 못박았다.

그러면서 서상일은 또 농지개혁이 산업진흥의 계기가 된다는 점을 다음과 같이 강조했다.

"그러나 이것은 자본주의가 어느 정도로 발육이 되어서 우리 한 사람으로부터 3천만이 다 전부 기업을 가져야 하고 우리나라 방방곡곡 전부가 산업이 발달되어야 합니다. 여기에 있어서 다만 독점자본은 부정하는 바입니다. 헌법 제84조는 독점자본을 부정하게 되어 있습니다. 그러면 이러한 의미로 보아서 우리들은 앞으로… 이 농지개혁을 계기로 해서, 말하자면 민족자본을 동원해서, 산업과 기업방면으로 동원해서 우리나라 방방곡곡의 한 사람으로부터 3천만까지 전부가 이 산업이 발달이 되어서, 기업이 완성이 되어서, 말하자면 밥나무에 밥이 나고 옷나무에 옷이 나도록 해서, 우리는 사회주의의 민족국가를 건설하고, 부호 만민 균등의 유토피아의 사회를 이루어 보자고 하는 것이 우리들이 이상하는 바이올시다.… 이러한 의미에서 이 「농지개혁법」은 유기적인 효과적 의의를 가졌다고 말하는 바이올시다.…"[21]

'민족사회주의'나 '사회주의의 민족국가'라는 말이 정확하게 어떤 이데올로기의 체제를 말하는 것인지 불분명한 것만큼이나 그가 주장하는 농지개혁의 핵심 사상이 어떤 것인지는 분명하지 않다. 서상일의 이러한 표현은 토지자본의 산업자본화가 필요한 단계라는 것을 강조한 것이었다.

국회가 긴급동의라는 편법을 써서 농지개혁에 관한 임시조치법안 심의를 뒤로 미루고 산업위원회가 별도로 마련한 농지개혁법안을 기습적으로 본회의에 상정하자 이승만은 몹시 불쾌했다. 그는 국회의장 신익희 앞으로 3월12일자로 된 친필 서명한 편지를 보냈다.

---

21) 『制憲國會速記錄(3)』, 제2회 제50호(1949.3.10.), pp.887~889.

현재 농지개혁법이 국회에 상정 토의 중에 있으므로 조만간 법령이 발포될 터이나, 이 법령이 발포되기 전에 우선 급한 것은 지주들이 소작인에게 농지매매라는 명목하에 강제로 토지를 매도하여 개혁법을 피하려는 폐단이 있으므로 이것을 속히 방지하지 못하면 법령이 발포된 후에라도 그 진행방법에 지장이 많을 터이므로, 이미 상정보류 중에 있는 농지개혁에 관한 임시조치법안을 속히 통과시켜 공포케 하시면 이러한 모든 폐단을 방지할 수 있을 것으로 사료하와 동법안이 속결되기를 앙망하나이다.

신익희가 이 편지를 낭독한 다음 김병회 의원이 의사일정을 변경하여 이 임시조치법안을 상정할 것을 다시 제의하여 동의가 성립되었다. 그러나 표결 결과는 재석 155명 가운데 가 55표, 부 22표로 과반수 미달이어서 부결되고 말았다.[22)]

2

이러한 국회의 동향에 대하여 대한농민총연맹(농총)이 반발하고 나서는 것은 당연했다. 2,500만 농민의 조직체임을 자처하는 농총은 3월14일에 「국회의원 제공에게 고함」이라는 성명서를 발표했는데, 그 내용은 산업위원회안을 관철시키려는 세력에 대한 적개심을 원색적으로 드러낸 것이었다.

성명서는 "지난 12일에 열렸던 제52차 국회 본회의를 통하여서 우리는 우리의 적을 뚜렷이 보았으며, 적은 얼마나 노회하고 교활하고 후안무치하고 이기적이며 배타적이요 자가의 탐욕을 위하여는 민족도 국가도 대의도 아무것도 없다는 것을 우리는 우리의 눈과 귀로 보고 들었노

22) 『制憲國會速記錄(4)』, 제2회 제52호(1949.3.12.), pp.23~26.

라"라고 선언하고, "민주주의의 기본과업인 토지개혁"을 의식적으로 지연시켰다고 규탄했다. 성명서는 이어 국회가 농총의 토지개혁안, 농림부안, 심지어는 기획처안까지도 묵살하고 "지주를 위한 산업위원회안을 한사코 통과시키려는 반민주적 행위에 대하여 우리 농총은 의분을 금할 수 없다"라고 질타하고, "더욱이 토지의 방매행위를 저지하려는 임시조치법에 대한 대통령의 서한을 묵살한 것"은 "대다수 농민동포의 적으로 자부자처한 행동"이라고 단정했다. 그러고는 "우리는 국회의 일거일동을 기록으로 수집하고 있으며, 이 엄연한 사실이 방방곡곡의 농민들에게 우리들의 입을 통하여 명명백백히 알려질 날이 올 것을 부언하여 둔다"하고 차기선거 때에 낙선운동을 벌이겠다고 으름장을 놓았다.[23)]

농총은 1947년8월31일에 결성된 우익진영의 대표적인 농민단체로서 대한노총 부위원장이었던 채규항(蔡奎恒)이 위원장이었다. 이승만은 농총의 결성식에 참석하여 "불같은 격려사"를 했었다.[24)] 이승만은 정부수립 과정에서 농총을 자신의 농촌기반으로 활용하고자 했다. 농총은 정치적으로는 전국 각처에서 좌익과 투쟁하는 과정에서 사망자 7명, 부상자 56명을 냈을 만큼 확실한 반공단체였지만, '민족공생주의'를 표방하면서 노동자 독재와 자본가 독재 모두를 반대하는 "공생공영의 균등사회"의 구현을 지향한다고 주장했다.[25)]

농지개혁법안에 대한 질의와 대체토론을 위한 제1독회가 시작되자 보상률과 상환율을 정부안보다도 1.5배나 더 많은 300%로 규정한 산업위원회안에 많은 의원들이 반발했다. 우선 법안의 상정 절차부터 시비가 되었다. 충남 아산 출신의 무소속 서용길(徐容吉) 의원은 산업위원회의 태도를 다음과 같이 비판했다.

"산업위원회가 정부의 국무위원회를 통과한 법률안을 묵살하려고 하

---

23) 《서울신문》 1949년3월15일자, 「農總서 國會案을 反對」; 朱孝敏, 앞의 글, p.18.
24) 蔡奎恒 編, 『勞農運動의 文獻(第一輯)』, 새글社, 1947, p.58.
25) 김성보, 「입법과 실행과정을 통해 본 남한 농지개혁의 성격」, 홍성찬 편, 앞의 책, pp.184~185.

는 그 권리를 누가 부여했던가. 국회법에 하지 못한다는 규정이 있지 않으니까 할 수 있지 않느냐, 이러한 괴벽한 답변을 할 수 있을지 모르지만 한 국가의 각의를 통과해서 나온 법안을 국회의 일개 상임위원회가 폐기하는 그러한 특권을 행사할 수 있는지 반성하시기 바라는 것입니다.… 만일에 국무회의를 통과한 이 법안을 이렇게 묵살하기 시작하면 국무회의를 얼른 해체해야 될 것입니다.…"

그러면서 그는 네다섯가지 법안을 한데 뭉쳐서 최상의 것으로 내놓았다는 이 법안은 농민을 위하여 토지개혁을 하는 것이 아니라 일부 대지주를 옹호하는 법안이라고 비판했다.[26)]

제1독회에서 가장 뜨거운 논쟁점이 된 것은 역시 지주에 대한 보상지가 300%문제였다. 그런데 서상일은 그것이 결코 많은 것이 아니라고 다음과 같이 주장했다.

"200만 농가에 대해서 토지를 분배하려면 한 집에 1정보도 돌아가지 않는다면 남은 호수는 다 실업자가 되지 않으면 안될 것이요, 따라서 도시에 있어서는 많은 기업과 산업을 발흥시키지 않으면 안될 것입니다. 그렇다면 도시에 있어서 산업체, 기업체를 많이 발흥시킨 뒤에 이 문제는 해결될 것이며 … 객관적으로 보아서 세계적으로 흐르는 기본 추향과 국제정세와 우리나라의 헌법이 지향하고 있는 국내 정세로도 우리로서는 이것을 당연히 하지 않으면 안될 실정에 처해 있는 것입니다. 그런 까닭으로 해서 현재 3정보로 균등히 나누어준다 하더라도 45만원밖에 되지 않는 돈을 가지고는 농가에서 아이들을 소학교에 보낼락 말락 할 것이요 중등학교까지는 도저히 불가능한 형편입니다. 그렇다고 해서 우리 3천만이 다 기대하고 있는 우리나라의 현하 조류라 하면 농민을 해방할 것이요 '경자유전'이라는 원칙 밑에서 우리 헌법 제86조에 규정되어 있는 바와 같은, 농지는 농민에게 분배하는 것이 좋다는 규정에 의해서 아니할

26) 『制憲國會速記錄(4)』, 제2회 제52호(1949.3.12.), pp.26~27.

수가 없어서 하는 것입니다. 이러한 의미에서 300%가 많다 적다는 말이 있습니다마는 이것은 결단코 지주에 있어서 300%는 많지 않다는 것을 고조(高調)하는 바이며, 이 300%라는 숫자에 나타나는 바와 같이 1평당 50, 60원에 지나지 않는다면 이것은 시가에 비싼 것이 아니고 산업자금에 전환시켜서 아무쪼록 도시의 기업과 산업을 많이 발흥시키자는 것입니다.… 그러고 정부에서도 적당한 시책이 있어야 할 것이며 농림당국으로서도 여기에 대한 심심한 관심을 가지고 있다는 것을 듣고 있습니다. 그러므로 정부 시책을 기다리는 이외 다른 방도가 없다고 생각합니다."[27]

그것은 농지개혁법안 제안설명에서 표명했듯이 서상일은 토지자본의 산업자본화를 '민족사회주의' 국가건설의 최대의 과제로 인식하고 있었음을 보여주는 발언이었다.

한편 소장파를 비롯한 무소속 의원과 비민국당 의원들은 산업위원회의 농지개혁법안은 농민을 위한 것이 아니라는 점을 지적하고 대폭 수정을 기도하는 동시에 공동태세를 구축하여 공동보조를 취하기로 했다. 소장파와 동성회(同成會), 이정회(以正會), 청구회(靑丘會) 소속의 60여 의원들은 3월15일 오후에 이정회관에서 연석회의를 열고 농지개혁법안에 대하여 기탄없는 의견 교환을 한 끝에 세가지 방안을 세워 공동행동을 취하기로 합의했다. 합의된 세가지 방안은 (1) 농지대금을 최고 100%로 유상 매상하여 무상 분배할 것, (2) 농지대금을 최고 100%로 유상 매상하여 유상 분배하되 상환 기한은 5년으로 균분할 것, (3) 농지대금은 최고 100%로 체감(遞減) 매상(대지주의 토지는 50% 정도로 매상)하여 120%로 유상 분배하되 5년간 균분할 것의 세가지였다.[28]

농지개혁법안에 대한 제1독회는 3월18일까지 계속되었다. 논쟁점은 보상지가 300% 문제를 비롯하여 소유 상한 3정보문제, 농지소유 자

---

27) 『制憲國會速記錄(4)』, 제2회 제52호(1949.3.12.), pp.36~37.
28) 《京鄕新聞》 1949년3월17일자, 「共同態勢를 構成」.

격, 분배대상 농지, 개혁 뒤의 농지제도, 지주옹호론에 대한 비판 등 다양했다. 산업위원회안에 대한 지지도 없지 않았으나 비판의 소리가 더 많았다.[29]

3

농지개혁법안의 축조심의를 위한 제2독회는 1948년도 예산안 심의 때문에 연기되어 4월1일에야 시작되었다. 그러나 제2독회의 진행도 순탄하지 못했다. 먼저 회의 벽두의 보고사항 순서 때에 국회가 3월17일에 정부로 이송한 「지방자치법」이 정부로부터 환부되어 왔다고 보고하자, 전남 광양 출신의 무소속 김옥주(金沃周) 의원이 농지개혁법안의 심의를 보류하고 「지방자치법」을 먼저 토의하자는 의사일정 변경동의를 하고 나섰다. 이 동의안의 의결에는 재석의원 3분의 2 이상의 출석이 필요했으므로 성원미달로 표결을 하지 못하고 농지개혁법안 제2독회를 시작했다. 그러자 이번에는 「농지개혁법」에 대한 명칭 변경 문제가 제기되어 논란이 벌어졌다. 경북 경주(을) 출신의 이석(李錫) 의원 외 12명으로부터 「농지개혁법」을 「농지제한법」으로 변경하자는 수정안과 경남 울산(을) 출신의 김수선(金壽善) 의원 외 17명으로부터 「농지법」으로 하자는 수정안이 제의된 것이었다. 그러나 조봉암 의원의 농지개혁의 의의를 강조하는 발언이 있은 뒤에 표결한 결과 재석 130명 가운데 가 103표, 부 4표로 원안인 「농지개혁법」이 그대로 가결되었다.[30]

농지개혁법안 제2조까지 심의가 끝났을 때에 의사일정 변경을 의결할 수 있는 3분의 2 이상의 성원이 되어 표결한 결과 재석 136명 가운데 가 87표, 부 2표로 가결되어, 농지개혁법안 심의는 또다시 1주일 뒤로 미루

29) 『制憲國會速記錄(4)』, 제2회 제57호(1949.3.18.), pp.119~120.
30) 『制憲國會速記錄(4)』, 제2회 제69호(1949.4.1.), pp.348~350.

어졌다.[31)]

4월7일에 속개된 제2독회는 농지개혁법안 제3조까지의 축조심의를 끝내고 강원도 평창 출신의 국민회 소속 황호현(黃虎鉉) 의원 외 11명이 제출한 수정안을 심의했다. 그것은 산업위원회에서 심의가 보류된 「농지개혁법」에 관한 임시조치법안의 내용을 「농지개혁법」에 포함시키자는 취지에서 제의된 것이었다. 황호현 의원 등은 농지개혁법 제4조로 "농지개혁을 원활히 하기 위하여 소작주는 농지를 자경할 수 없는 자의 농지와 본법이 규정하는 한도를 초과하는 부분의 농지는 소작권 이전 및 일체의 처분행위를 금지한다"라는 조항을 신설하자는 것이었다. 황호현 의원은 제안 설명에서 "이 조문이 통과된 뒤에 금년 추수기에 「농지개혁법」이 실시되지 않는다고 하더라도 이 조문을 가지고 소작권을 처분 못하게 된다면 명년에 가서 이것을 실행한다고 하더라도… 빈농에게 고통이 없으리라는 이런 이상하에서 이 조문을 넣지 않으면 안된다"라고 주장했다.

그러나 산업위원회안의 지지자들은 이 「농지개혁법」이 실행되면 필요없게 된다는 이유로 반대했다. 이 제의는 두차례나 표결을 실시한 끝에 결국 부결되었다.[32)]

지주들의 방매를 방지하기 위한 이 조항은 농림부 당국과 동조의원들의 꾸준한 설득 작업으로 「농지개혁법」이 국회를 통과하던 4월27일 회의의 마지막 순간에 이르러 부칙 제27조로 삽입되었다.[33)]

제2독회에서도 열띤 쟁점이 된 것은 토지소유 상한선, 매수대상 농지의 범위, 보상지가 등의 문제였다. 토지소유 상한선 3정보는 머슴 없이는 경작할 수 없는 규모였다. 그러므로 3정보 상한선은 머슴제도를 온존시킴으로써 봉건적 소작제도의 타파라는 농지개혁의 이념을 훼손시키는

31) 『制憲國會速記錄(4)』, 제2회 제69호(1949.4.1.), p.351.
32) 『制憲國會速記錄(4)』, 제2회 제73호(1949.4.7.), pp.444~447.
33) 『制憲國會速記錄(4)』, 제2회 제86호(1949.4.27.), p.717.

것이 될 수 있었다. 발언 의원들의 대부분은 소유상한선을 2정보로 줄일 것을 주장했다.

경남 함안 출신의 민족청년단 소속 강욱중(姜旭中) 의원은 "3정보가 두락으로 해서 대개 45두락입니다.… 이 3정보를 머슴 없이 영농할 수가 있다고 하는 것은 솔직히 말할 수가 없습니다. 그러므로 3정보를 2정보 정도로 줄이는 것이 좋다고 생각합니다. 토지개혁을 하는 데 있어서 머슴제도라는 것을 가장 불평등한 입장에서 가장 불리한 조건으로 해서는 안됩니다. (머슴은) 1년 열두달을 노동을 제공하고 그 외에다가 365일의 자유까지 제공해서 그야말로 눈물로서 이 계약을 체결하는 것입니다.… 그러므로 우리가 이 역사적인 토지개혁을 하는 데 있어서 머슴제도를 타파하자 하는 이것은 소작제도를 타파하는 것과 똑같은 것입니다"라고 주장했다.

오랜 토론 끝에 표결에 부쳐졌다. 표결방법도 표결로 결정했다. 무기명 투표로 하되 투표용지에는 "3정보" 또는 "2정보"만 쓰기로 했다. 투표 결과는 예상밖에도 재석 146명 가운데 3정보안 찬성표가 97표, 2정보안이 48표, 무효표 1표로 3정보안이 가결되었다. 2정보로 고치자는 수정안에 서명한 55명 가운데 7명이 이탈한 것이었다.[34)]

농지개혁법안 제6조 4항은 "공인하는 학교, 종교단체 및 후생기관 등의 소유로서 자경이내의 농지"는 매수 대상에서 제외한다고 규정했다. 이 조항 역시 뜨거운 감자였다. 국회의원들의 사상과 사회의식을 짐작하게 하는 그럴싸한 주장들이 속출했다.

경남 고성 출신의 무소속 이구수(李龜洙) 의원은 이준(李儁) 열사나 윤봉길(尹奉吉) 의사가 그처럼 의로운 일을 할 수 있었던 것도 공자(孔子)의 도(道)를 지켰기 때문이었다면서 향교(鄕校) 재산도 이 조항에 포함시켜야 한다고 주장했다.

---

34) 『制憲國會速記錄(4)』, 제2회 제79호(1949.4.19.), pp.554~563.

충남 공주(갑) 출신의 무소속 김명동(金明東) 의원은 다음과 같은 말로 이구수 의원의 말을 거들었다.

"우리는 이 「농지개혁법」을 제정하는 정신을 알아야 합니다.… 우리는 농민에게 농지를 분배해 놓지 않고서 공산당을 없애려고 해야 절대 안 됩니다. 더욱이 공산당을 배격하려고 하면 공자가 아니고서는 또 도무지 배격 못합니다.…

저는 단순히 공자만을 찾는 것이 아닙니다. 우리나라에 있어서 예수교라든지 불교라든지 천도교라든지 또… 이런 여러 종교가 활동하는 까닭에 아직까지 공산당이 요만큼밖에 나지 않은 것은 그 종교의 공이라고 아니 볼 수가 없습니다. 그러니까 우리는 그 종교의 땅을 인정하는 것이 즉 농민을 살리는 것이라고 보지 않을 수가 없는 것입니다.…"

그러나 이 수정안은 표결 결과 부결되었다.[35]

주목되는 사실은 법안 제6조 7호로 "분묘를 수호하기 위하여 종전부터 소작료를 징수하지 아니하는 기존의 위토(位土)로서 묘 매 1위에 2단보(段步) 이내의 농지"는 매수하지 않는다는 항목이 신설된 것이었다. 이 수정안은 경북 대구 달성 출신의 전도회(傳道會) 소속 김우식(金禹埴) 의원 외 무려 90명이 서명하여 제출한 것이었다. 김우식은 제안설명에서 "조선(祖先)의 분묘를 애호하게 하는 것이 정부와 민심이 이탈되는 것을 수습할 수 있는 절대 호자료가 될 것"이라고 주장했다.[36]

그러나 이 수정안에 대한 반론도 만만치 않았다. 울산(을) 출신 무소속 김수선(金壽善) 의원은 "과거에 돈푼이나 가지고 위토를 장만한 사람은 과거에 있는 위토를 가지고 조상을 잘 모시고 과거에 돈이 없어서 헐벗고 굶주린 농민들은 위토 한자리도 못가진 까닭에 대대손손으로 조상을 위하지 말라는 말입니까? 그 사람들은 마음대로 불효자가 되란 말입

---

35) 『制憲國會速記錄(4)』, 제2회 제81호(1949.4.21.), pp.598~600.
36) 『制憲國會速記錄(4)』, 제2회 제81호(1949.4.21.), pp.602~603.

니까?"하고 반대했다.

위토문제는 많은 의원들의 찬반토론이 계속된 뒤에 표결에 부쳐져 재석의원 121명 가운데 가 78표, 부 11표로 위와 같은 수정안이 가결되었다.[37] 이러한 현상은 세계에서 유례를 찾아보기 어려운 한국인의 강한 씨족주의 내지 혈통주의를 반증하는 것이었다.

4월25일에 열린 제2회 정기국회 제84차 본회의는 긴장된 속에서 지주에 대한 보상률 문제를 심의했다. 보상률에 대해서는 200%, 150%, 125%, 120%, 100%의 다섯개 수정안이 제안되었다. 300%의 산업위원회안까지 합치면 모두 여섯가지의 다른 보상률안이 제안된 것이었다.

회의는 먼저 표결방법을 두고 논란을 벌인 끝에 표결 방법도 표결에 부쳐져, 가장 적은 율부터 차례로 기립표결로 결정하는 방법이 채택되었다. 표결방법이 결정되자 회의장은 2층 방청석까지 물을 끼얹은 듯이 조용했다. 먼저 100%안은 재석 152명 가운데 가 48표, 부 11표로 부결되었다. 이어 120%안도 부결되고, 125%안도 부결되었다.

마침내 150%안을 투표한 결과 가 83표, 부 3표로 가결되었다. 이러한 표결 결과는 3월15일에 이정회관에서 있었던 이정회, 동성회, 청구회 소속 의원 60여명의 연석회의에서 결의한 행동통일이 이루어진 것을 의미했다. 부표에 일어선 산업위원장 서상일과 김준연(金俊淵), 홍희종(洪憙鍾) 세 사람은 민국당 소속 의원들이었다.[38]

150%안이 가결되는 순간 의사당 안에는 박수소리가 터져나왔다. 특별한 경우가 아니고는 의사당 안에서는 박수가 금지되어 있었으나, 이날의 박수는 자연발생적이었다. 150%안의 가결은 농림부안이 되살아난 것이기도 했다. 농업분과위원들로부터 "당신 빨갱이 아니냐"는 욕설까지 들었던 농림부안 기초자 강진국은 사무실로 돌아와서 온종일 흥분하여

---

37) 『制憲國會速記錄(4)』, 제2회 제82호(1949.4.22.), pp.620~622.
38) 『制憲國會速記錄(4)』, 제2회 제84호(1949.4.25.), pp.667~674.

울었다고 한다.[39)]

그런데 그 강진국의 술회에 따르면, 300%로 되어있던 산업위원회안이 제2독회에서 큰 반발없이 150%로 수정된 데에는 김성수(金性洙)의 막후 설득이 작용했기 때문이었다. 강진국은 보상지가율 문제가 국회에서 심의되기 직전인 4월17일부터 3회에 걸쳐《동아일보》에「농지개혁과 지주대책」이라는 글을 기고했는데,[40)] 그 내용은 농지를 매수당하는 지주들을 광산이라든가 적산기업[敵產企業: 전 일본인 소유기업] 불하 등에 우선적으로 참여시켜야 한다는 것이었다. 그것은 농지개혁의 뜻은 지주의 토지자본을 산업자본으로 바꾸어 근대산업 발전에 기여하도록 해야 한다는 것이었다. 그런데 이 글을 읽은 김성수가 "농림부 생각이 이렇다면 나쁠 것이 없지 않느냐. 한민당(민국당)도 농지개혁에 협조해야 할 것이 아니냐"하고 서상일 등이 참석한 간부회의에서 말했다는 것이다. 강진국은 이 이야기를 전남 나주(을) 출신의 민국당 소속 김상호(金尙浩) 의원으로부터 들었다고 했다.[41)]

농지개혁법안 가운데 가장 중요한 관심사인 지주의 지가보상 조항이 결정되자 제2독회는 일사천리로 진행되었다. 이때까지 90여명의 의원들이 수정안을 제출해 놓고 있었는데, 일체의 토론을 생략하고 가부만 묻는 "비상한 편법"을 썼다. 국회 회기가 닷새밖에 남지 않았기 때문이었다. 농지개혁법안은 세상없어도 국회 회기 안에 통과시켜야 했다. 그리하여 4월26일과 27일 이틀 동안에 법안 제7조 2항부터 부칙 제28조까지의 제2독회를 모두 마치고, 제3독회는 생략했다. 이렇게 하여 전문 6장 28조의 역사적인「농지개혁법」은 정부안이 제출된 지 84일 만에, 그리고 산업위원회안이 본회의에 상정된 지 49일 만에 국회를 통과했다.

---

39) 姜辰國, 앞의 글, p.197.
40) 姜辰國,「農地改革과 地主對策」,《東亞日報》1949년4월17,18,19일자.
41) 姜辰國 증언, 東亞日報社 編,『秘話 第一共和國(1)』, 弘宇出版社, 1975, pp.346~347.

3. 특별열차에서 잠자며 지방순시

1

국회의 농지개혁법안 심의가 제자리걸음을 하고 있던 1949년4월22일부터 이승만은 특별열차편으로 삼남지방을 순시했다. 이승만의 지방순시는 유명한 정읍(井邑) 발언이 있었던 1946년 봄의 지방순시 이래 3년 만이었다. 삼남지방 순시에 앞서 4월9일에는 제주도를 당일로 다녀왔다.[42] 프란체스카와 교통부 장관 허정(許政), 공보처장 김동성(金東成), 참모총장 채병덕(蔡秉德), 그리고 내무부 치안국장 이호(李澔)가 동행했다. 일행 가운데는 올리버와 구미위원부에서 이승만의 외로운 독립운동을 도왔던 윌리엄스(Jay Jerom Williams)도 포함되어 이채를 띠었다. 두 사람은 이승만의 초청으로 방한했다.

이승만의 지방순시에 대하여 국무총리 이범석은 "대통령은 각 지방의 민정을 시찰하기 위하여 22일 상오 9시30분 서울역발 특별열차로 출발하였다. 대통령은 정부 수립 직후부터 각 지방을 순시할 생각이 오래지만 건국 초기에 실로 대외대내로 정무 다난하여 출발을 못하였던 것이다. 지방 실정 시찰 및 각종 건설 실정과 특히 이재지구의 동포에 대한 위문과 구제 등에 많은 관심을 가지고 출발한 만큼 국민 여러분은 대통령의 말을 명심하여 국책에 적극 협력하여 주기 바란다"라는 담화를 발표했다.[43]

공보처장 김동성은 "특히 이번 대통령 남한순시에 관민에게 부탁하고자 하는 바는 대통령을 뵈옵게 되는 감격으로 환영회를 베푼다거나 선물을 드리는 분이 없지 않을 줄 아나 이는 도리어 대통령의 심금을 어지럽히는 일이 되므로 절대로 금하는 바이다. 그리고 일정에 없는 면회는 일

---

42) 《東亞日報》 1949년4월12일자, 「動亂은 거이 鎭定」.
43) 《朝鮮日報》 1949년4월23일자, 「民情 行政視察次 李大統領昨日登程」.

체 금할 터이므로 명심하여 주기 바란다"라는 담화를 발표했다.[44]

특별열차가 지나가는 크고 작은 역마다 이승만의 모습을 보려고 몰려든 사람들로 인성만성했다. 이승만은 만면에 미소를 띠며 일일이 답례를 하고 오후 1시쯤에 대전역에 도착했다. 역 앞 광장에서 열린 환영대회에서 이승만은 1시간20분가량 "정부시책에 대한 합심과 공산주의 문제에 대한 궐기를 호소하는" 연설을 했다.[45]

이승만의 특별열차는 오후 6시에 대구역에 도착했다. 역 앞 광장에서 열린 환영식에서 이승만은 6시15분부터 한시간가량 "3천만 동포가 한마음 한뜻으로 단결만 하면 외국이 우리 한국을 넘볼 수 없을 것이고 행복스럽게 살 수 있다"라는 요지의 연설을 했다.[46]

이승만의 지방순시의 가장 큰 목적은 자기의 정책에 대하여 국민들에게 직접 설득하는 일이었다. 그리하여 큰 도시의 광장에 운집한 민중 앞에서뿐만 아니라 작은 간이역에 모인 농민들을 만나기 위하여 열차를 세우고 10분에서 30분가량 그들과 이야기를 나누기도 했다. 그러한 연설여행은 1948년 가을의 미국대통령 선거에서 예상을 뒤엎고 공화당의 거물 후보 듀이(Thomas E. Dewey) 뉴욕주 지사를 누르고 승리한 트루먼(Harry S. Truman) 대통령의 선거 유세 방법이었는데, 이때의 이승만의 순시 여행은 트루먼의 선거 유세 방법을 본뜬 것이었던 것 같다. 동행했던 올리버는 이승만이 서울을 출발하여 대구까지 가는 동안 연설을 열한 번 했고, 다음날은 열번, 셋째 날은 다섯번 했다고 적어 놓았다.[47]

이승만 일행은 22일 저녁은 대구역의 특별열차 안에서 자고, 이튿날 아침 8시40분에 대구를 출발하여 9시30분쯤에 영천(永川)에 도착했다. 영천에서는 한시간가량 연설을 했는데, 요지는 "잃었던 물건을 찾으면

---

44) 《京鄕新聞》 1949년4월23일자, 「私的面會拒絕 公報處長談話發表」.
45) 《京鄕新聞》 1949년4월24일자, 「倭警宣傳是正」.
46) 《朝鮮日報》 1949년4월24일자, 「『團結만 하면 幸福히 살수있다』」.
47) Robert T. Oliver, *Syngman Rhee: The Man Behind the Myth*, p.279.

그 물건의 귀함을 더욱 느끼게 되는 것이니, 우리도 잃었던 주권을 다시 찾았으니 이를 더욱 귀히 아끼고 관민 일치하여 사랑해야 되겠다"라는 것이었다.[48)]

오전 10시에 영천을 출발한 특별열차는 정오 무렵에 신라의 고도 경주에 도착했다. 그러나 그곳에서도 시간 여유가 없었다. 특별열차는 오후 3시에 경주를 출발하여 오후 7시에 부산에 도착했다. 부산에서는 철도호텔에 묵었다.

이승만은 이튿날 오전 10시에 철도호텔에서 기자회견을 가졌는데, 이 자리에서 그는 38선의 철폐와 군대 강화의 필요성에 대하여 다음과 같이 말했다.

"남북통일 방법으로서 유엔을 비롯한 우방들의 원조에도 기대하지만 그보다도 우리 한인들 자신의 힘과 지혜로 국토통일을 기하지 않으면 안 될 것이다. 우리의 염원인 38선의 철폐는 불원한 시일에 이루어질 것인데, 여기에는 이남동포들과 애족애국의 정신에 불타는 이북동포의 힘이 절대한 공헌을 하게 될 것이다. 그러나 우리 군대의 강화를 강조하는 것은 38선이 압록강, 두만강선으로 밀려나간 후에 공산군에 대해서 국경을 방비하기 위한 것이다.…"[49)]

뒤이어 열린 환영대회에서 이승만은 1시간 반에 걸쳐 치안확보, 산업진흥, 산림보호 등의 필요성을 강조하고, 부산항을 자유항으로 개방할 것을 고려중이라고 새로운 정책구상을 밝히기도 했다.[50)]

환영대회에서 연설을 마친 이승만은 부산까지 마중 나온 손원일(孫元一) 제독의 안내를 받으며 오후 2시에 운남호(雲南號) 편으로 부산을 떠나서 마산을 거쳐 오후 7시에 진해(鎭海) 해군기지에 도착했다. 이날 오전에 서울에서 신임 임병직(林炳稷) 외무부 장관이 항공편으로 부산에

---

48) 《京鄉新聞》 1949년4월25일자, 「永川서도 訓示」.
49) 《東亞日報》 1949년4월26일자, 「自力으로 國土統一 三八線撤廢는 時日問題」.
50) 《京鄉新聞》 1949년4월25일자, 「李大統領釜山歡迎大會서 演說」.

도착하여 합류했다. 진해에는 이승만보다 앞서 자동차편으로 먼저 도착한 10여명의 기자들이 대기하고 있었는데, 이승만은 도착하자마자 기지 사령관 관저에서 기자회견을 가졌다. 그런데 이날의 이승만의 말은 38선 문제에 대하여 전날의 기자회견을 한결 구체적으로 언급한 것이어서 눈길을 끈다.

"통일을 위해서 나는 이북 자체의 애국적 요소에 기대하는 것이다. 이북 공산군도 그 대부분이 강제적으로 끌려나가고 있으므로 그들이 이북 동포들과 함께 통일을 위해서 일어날 것으로 믿는 바이며, 그것을 위해서는 남한의 안정화가 필요하다. 그러면 나는 남한 국군이 북벌해서 통일하게 된다는 것 같은 남북 충돌 사태는 없으리라고 생각하며, 현재 고려되고 있는 국군 강화는 남북통일 후 만주의 중공군에 대비하기 위한 것이다."[51]

진해에서는 기지사령관 관저에서 이틀 동안 유숙하면서 해병대와 주정(舟艇)분열식을 사열하고 기지실황을 시찰한 다음 낚시를 하면서 휴식했다.[52]

4월26일 아침 8시에 진해를 떠난 이승만은 한산섬[閑山島], 통영(統營) 등 이순신 장군의 유적지를 둘러보았다. 진해를 출발하기에 앞서 이승만은 진해 해군병원을 찾아 부상병들을 위문하며 금일봉을 하사하고, 사관생도들에게 쌀 100석을 증여했다. 그리고 통영에서는 충렬사를 참배하고 사당 뜰 앞에 소나무 한그루를 기념으로 심었다.[53]

오후 7시에 여순반란사건의 시발지였던 여수에 도착했다. 부두에는 이승만을 환영하기 위하여 몰려든 군중으로 인산인해를 이루었다. 이승만 일행은 환영대회에 참석한 다음 저녁에는 특별열차 안에서 자고, 27일 아침에 여수를 떠나 남원(南原)으로 갔다.[54]

---

51) 《京鄕新聞》 1949년4월29일자, 「北伐않고 南北平和統一」.
52) Robert T. Oliver, *op. cit.*, p.280.
53) 《朝鮮日報》 1949년4월30일자, 「27日부터 湖南에」.
54) 《東亞日報》 1949년4월28일자, 「麗水서 全州向發」.

남원에서는 지리산지구 전투사령부가 주최하는 군경민합동 환영대회에 참석하고 지리산전투사령부의 폭도섬멸 전리품전시회를 관람했다. 전시품 가운데는 각종 무기를 비롯하여 폭동을 주동한 홍순석(洪淳錫), 김지회(金智會) 등의 머리를 알코올병에 담가 놓은 끔찍한 것도 있었다. 그리고 시인 유진오(兪鎭五), 김지회의 아내 조경순(趙庚順, 20), 청계초등학교 4학년생 박철(朴哲, 12) 등 남로당의 이른바 정치지도원과 문화공작 대장 등이 체포되어 있는 것도 보았다. 진압 전투에 공훈이 큰 제3연대 전몰 장병의 유골 42구도 안치되어 있었다.[55]

4월27일 오후 5시반에 남원을 떠난 이승만 일행은 연도에서 환영하는 군중의 환호를 받으며 오후 7시에 전주에 도착했다. 이승만이 전주에 가는 것을 탐지한 불순분자들은 이를 방해하려고 전주 남쪽 2킬로미터 지점에 있는 전선 일부를 절단하였으나 1시간 뒤에 완전히 복구되었다.[56]

4월28일 아침에 전주를 출발한 특별열차는 이리(裡里), 정읍 등지를 거쳐 오후 2시반에 광주에 도착했다. 광주역에 도착한 이승만은 숨 돌릴 사이도 없이 자동차로 광주서중학교(光州西中學校) 교정에서 개최된 환영대회에 참석하여 한시간에 걸쳐 반란민과 악전고투하는 사람들을 간곡히 위로하며 격려하는 한편 국군 강화와 산업재건, 그리고 남북통일의 전망에 대해 연설했다.

"3년 전에 내가 이곳에 왔을 그때와 지금과를 비하여 본다면 모든 부면에 있어서 비약하고 있다. 이것은 오로지 여러분들의 단결력이 가져온 결과이다. 이제는 우리 힘으로 능히 우리 치안을 감당해 갈 수 있게 되었으므로 2~3개월 내에 미군을 물러가게 하기 위하여 협의중에 있다. 따라서 우리는 국군을 상비병 10만, 예비병 20만 정도로 강화시키지 않으면

55) 《東亞日報》 1949년4월29일자, 「南原에서 戰利品을 視察」.
56) 《東亞日報》 1949년4월29일자, 「沿路電線一部切斷」.

아니되겠다."

이승만은 국군을 강화시키는 목적은 북한의 애국동포들이 공산집단을 숙청하고 38선을 압록강과 두만강으로 밀어낼 터이므로 국군을 압록강과 두만강 국경에 배치하여 공산군의 침범을 막기 위해서라고 호언했다. 그것은 여순반란사건으로 고통받은 전라도민들에 대한 대중선동가 이승만의 과장된 장담이었다.

"이것은 북벌을 할 계획이 아니라 이북에 있는 애국동포들이 불원한 시일에 제나라 제민족을 타국에 팔아먹는 분자를 숙청하여 38선을 압록강과 두만강으로 밀어낼 터이므로 우리는 군대를 압록강과 두만강의 국경에 배치하여 공산군의 침범을 막자는 것이다. 이렇게 하면 무혈통일을 달성할 수 있는 것이다. 그리고 세계대세는 공산당을 무찌르지 않고는 민주주의를 발전시킬 수 없다는 공론이 돌고 있다. 따라서 민주진영과 공산당 사이의 싸움도 머지않아서 벌어지게 될 것이다. 우리는 먼저 육해공군을 강화시키는 한편 국민회, 대한청년단, 부인회 등의 세포조직을 공고히 하여 아직도 공산주의를 꿈꾸는 사람들을 눈물로 권면해서 회개시킬 것이며, 그래도 듣지 않는 사람이 있다면 저희들의 조국으로 내쫓기라도 해야 할 것이다. 극락세계라고 선전하는 그들의 조국 소련은 왜 외국사람의 여행조차 허락지 않고 비밀을 지키는가? 우리 삼천만이 한데 뭉쳐 조국없는 설움을 다시 되풀이하지 않게 해야 하겠다."[57]

이승만의 지방순회는 대성공이었다. 올리버는 기자들의 추산으로는 이승만의 순시여행 동안 그의 연설을 들은 국민은 300~400만명에 이르렀다고 썼다.[58] 순시기간 내내 이승만을 수행한 채병덕은 200만명쯤 된다고 했다.[59] 또한《동아일보》는 "이번 대통령이 여행한 곳은 아직도 무장폭도가 출몰하는 곳이라 사고발생에 퍽 염려하였으나 차츰 안정되어

---

57)《東亞日報》1949년4월30일자, 「年內로 統一成就」.

58) Robert T. Oliver, *op. cit.*, p.280.

59)《朝鮮日報》1949년4월30일자, 「熱狂的으로 歡迎, 李大統領隨行마친 蔡總長談」.

가는 민심과 아울러 군경의 열성적인 경호로써 아무 사고 없이 예정된 순서로 각지를 방문 중에 있는데, 지방민의 환영열은 서울에 있는 인사들의 상상 이상의 것으로 남한 일대는 환호 일색에 넘쳤다"라고 보도했다.[60]

4월29일 아침 6시40분에 이리를 출발하여 귀경길에 오른 이승만은 낮 12시에 수원(水原)에 도착했다. 신성모(申性模) 국방부 장관, 임영신(任永信) 상공부 장관, 윤보선(尹潽善) 서울시장, 그리고 구자옥(具滋玉) 경기도 지사 등이 이곳까지 마중 나와 있었다. 이승만은 역 앞에 나와 있는 군중에게 간단한 인사말을 하고 서울로 향했다.[61]

특별열차가 서울역에 도착한 것은 오후 1시. 부통령 이시영(李始榮)을 비롯하여 국회의장 신익희, 국무총리 이범석 등이 플랫폼까지 나와서 이승만을 맞이했다.[62]

2

1948년12월20일에 개회했던 제2회 국회(정기국회)는 1949년4월30일에 폐회했다. 국회 폐회식에 참석한 이승만은 치사에서 국회가 「농지개혁법」을 제정한 것을 무엇보다도 높이 치하했다.

"그동안에 토지개혁법안을 통과하신 것은 전 민족이 다 환영할 것입니다. 일반에서는 늘 우려하기를 토지개혁을 한다고 하지만 토지개혁이 못되리라는 염려를 가졌던 사람들이 지방이나 경향에 없지 않았던 것입니다. 그런데 여러분이 밤을 새워가면서 애를 쓰고서 통과해 놓으니까 많은 사람들이 우려를 가지지 않게 되었습니다. 공산분자가 전국을 파괴하려고 할 때에 제일 많은 민중의 힘을 얻어가지고 하는 것이 농토개혁문제입니다. 이것이 만일 통과 못되었으면 그 사람들이 서로 말이 있을

---

60) 《東亞日報》 1949년4월29일자, 「李大統領 光州에 오늘 午後엔 歸京豫定」.
61) 《東亞日報》 1949년4월30일자, 「各高官들이 水原까지 出迎」.
62) 《東亞日報》 1949년4월30일자, 「週餘의 旅程도 平安히 李大統領昨日歸京」.

것이고 파동도 다소간 있었을지 모르겠습니다. 그런데 여러분이 다 밤을 새워가면서 통과해 주셔서 민간이 안심이 잘된 것은 여러분께 감사하는 바입니다.…"

그러면서 이승만은 농지를 내놓는 지주들에 대한 위로의 말도 잊지 않았다.

"물론 토지 주는 데 대해서 우리가 지주들이 좀 억울하지 않도록 해야 하겠다는 그런 생각을 가졌던 것입니다. 내가 서울에 있었으면 그동안에 여러분에게 다시 말씀이라도 해서 지주들에게 과히 서운하게 하지 말라는 말을 했을는지 모르는데, 나 보기까지에는 과히 그렇게 한쪽에 치우치지 않고 그만치 통과된 것을 여러분께 치하합니다."[63]

국회는 5월2일에 전문 6장 28조 부칙으로 된 「농지개혁법」을 정부에 이송했다. 그러나 늑장을 부리다가 회기말에 벼락치기로 국회를 통과한 「농지개혁법」은 그대로 시행할 수 없는 모순된 점이 있었다. 이를테면 과수원, 종묘포, 뽕밭 등 다년생식물 재배농지에 대하여 제8조 제4호 규정에서는 소유한도를 3정보로 하고 그 이상은 매수하기로 했으나, 제6조 제2항의 규정에서는 다년생식물 재배농지는 무제한으로 소유할 수 있게 규정한 것, 제7조 제5호 규정에 영세 농민이나 소지주에게 그 농지대가의 30%와 25%를 국가가 보조하기로 되어 있지만 정부 재정형편상 이러한 보조액을 확보할 수 없다는 것, 농지개혁에 관한 임시조치법 대신에 신설한 부칙 28조는 이 법이 국회를 통과한 날로부터 효력을 발생한다고 했는데 이는 헌법에 위배된다는 것 등이었다.

정부는 5월9일에 국무회의를 열고 「농지개혁법」을 국회에 환송하기로 의결했다. 그러나 국회가 폐회중이었으므로 법제처의 의견에 따라 "소멸통고" 형식으로 거부권을 행사하기로 했다. 그리하여 정부는 5월16일에 「농지개혁법」을 "소멸통고" 형식으로 국회에 환송했고, 국무총리 이

---

63) 『制憲國會速記錄(4)』, 제2회 閉會式(1949.4.30.), p.832.

범석은 5월18일에 국회가 이송한 「농지개혁법」의 일부 규정은 사실상 시행이 곤란하므로 그것의 수정을 위해 환송하는 것이며 정부는 추호도 이 법의 폐기 또는 실시 지연을 의도한 바 없으므로 국민은 이점 오해없기 바란다는 담화를 발표했다.[64)]

그러나 5월21일에 개회한 제3회 임시국회는 6월6일에 이 문제를 상정하여 격렬한 논란을 벌인 끝에 6월15일 회의에서 “농지개혁법에 대한 정부의 소멸통고는 위법의 조치이므로 농지개혁법은 헌법 제40조 제4항에 의하여 법률로서 확정된 것을 정부에 회송할 것”을 의결했다.[65)] 이렇게 하여 국회는 「농지개혁법」을 원심대로 정부에 재이송했고, 정부는 그것을 6월21일에 법률 제31호로 공포할 수밖에 없었다.

7월1일에 제3회 임시국회가 개회되자 이승만은 치사를 통하여 「농지개혁법」의 개정을 요구했다.

“농지개혁법안이 통과된 것은 여러분의 많은 노력으로 된 것이니만치 깊이 다행으로 여기는 바입니다. 그러나 정부에서 다소 주저하는 점은 지주에게 포상할 금액을 정부에서 많이 부담하게 되니, 농민들에게 후하게 해주는 것은 우리가 다 합의하는 바이지만 지주들의 장래 생활방도와 또는 정부에서 많은 부담을 가지게 된다는 것은 한가지 어려운 문제이므로 정부에서 약간 개정안을 제출한 것이 있으니, 이에 대해서 다소 참조한 후에 최후 결정이 속히 되기를 바라는 바입니다.”[66)]

이어 정부는 7월7일에 바로 농지개혁법 개정안을 국회에 제출했다. 그러나 그 개정안이 국회를 통과한 것은 반년도 더 지난 1950년2월2일이었다.

개정된 「농지개혁법」의 시행령이 공포된 것은 3월25일이었다. 그렇지만 정부의 농지개혁 준비 작업은 그보다 앞서 실시되었다. 정부는 우선 정확한 농촌실태를 조사하는 한편 초년도의 농지개혁 사업비로 5억200

64) 농지개혁사편찬위원회 편, 『농지개혁사(상권)』, 농림부농지국, 1970, p.447.
65) 『制憲國會速記錄(5)』, 제3회 제17호(1949.6.17.), pp.367~376.
66) 『制憲國會速記錄(6)』, 제4회 開會式(1949.7.1.), p.3.

만원을 책정한 1949년도 추가경정예산안을 12월1일에 국회에 제출했다. 요구한 예산안의 국회심의가 늦어지자 이승만은 국회의장 신익희에게 심의를 독려하는 편지를 보냈다.[67]

한편 이승만은 1950년1월11일과 3월27일에 비서실을 통하여 농림부 장관에게 농지개혁의 조기 실시를 촉구하는 강력한 지시를 내렸다. 윤영선이 말한 "만난을 배제하고 단행하라는 대통령 각하의 유시"는 이 지시를 지칭하는 말이었던 것 같다.[68]

1950년12월에 피난지 부산에서 개회된 제10회 국회(정기회)에서 박만원(朴晩元) 의원 외 23인이 제출한 농지개혁 실시 상황에 관한 서면 질문에 대해 농림부는 1950년4월15일에 농지개혁이 완료되었다고 답변했다.[69] 어떤 단계의 상황을 두고 농지개혁이 완료되었다고 했는지는 확실하지 않으나 농지의 소유권 이전등기가 완료된 것을 뜻하는 것은 아니었다. 당시의 농림부 장관 윤영선의 『농지개혁과 나의 할 일(농지개혁지침)』에는 소작인들에게 농지분배 예정통지서를 4월10일까지 교부하기로 했다고 했는데,[70] 이 농지분배 예정통지서 배부를 4월15일까지 완료했다는 말일 개연성이 크다.

한국농지개혁사 연구의 대표적 노작인 『농지개혁사연구』(한국농촌경제연구원, 1989)의 수석 연구위원이었던 김성호(金聖昊)는 이 연구를 위하여 전국 도처의 농민들과 인터뷰를 하고 다녔는데, 대부분의 노농(老農)들로부터 "이 박사 덕분에 쌀밥을 먹게 되었다"는 말을 들었다고 썼다.[71]

---

67) 『制憲國會速記錄(6)』, 제6회 제9호(1950.1.19.), p.160.

68) 정부기록보존소 소장, 『李承晩大統領秘書室文書』, 정병준, 「한국농지개혁 재검토」, 《역사비평》 2003년 겨울호, 역사비평사, 2003 참조.

69) 『國會史 制憲國會·第二代國會·第三代國會』, pp.507~508.

70) 尹永善, 앞의 책, p.4.

71) 김성호, 앞의 글, 홍성찬 편, 앞의 책, p.268.

108장

경교장의 총성

1. 조국통일민주주의전선 결성대회 파문
2. "김구 암살은 안두희 단독범행 아니다"

1. 조국통일민주주의전선 결성대회 파문

1

1949년5월17일의 평양방송은 주한미군의 철수와 반민특위 운영에 대한 논란 등으로 수선스러운 정국에 또 하나의 큰 파문을 일으켰다. 방송 내용은 남한의 제정당 사회단체로부터 '조국통일민주주의전선(조국전선)'을 결성하기 위한 남북지도자회담을 평양에서 개최하자고 제의한 데 대하여 북한은 이를 수락하고 조속한 시일 안에 그것을 실행하고자 한다는 것이었다. 5월18일 오전에 이 방송의 의도를 검토한 주한미대사관은 어떤 두 한국지도자가 이 제의에 찬동하는지를 극히 주목하고 있다는 이야기가 보도되기도 했는데, 두 지도자란 말할 나위도 없이 김구와 김규식(金奎植)을 지칭하는 말이었다.

그러나 두 사람의 태도는 냉담했다. 두 사람은 5월18일 밤까지 이에 대해 가타부타 언급하기를 거부했다.

이 문제를 토의하기 위한 한국독립당 중앙상무위원회가 5월18일 오후 3시부터 장시간에 걸쳐 열렸는데, 회의에 앞서 한 최고 간부는 "조국통일전선은 남북 좌익의 조국전선을 의미할 뿐이지 민족통일전선을 의미할 수는 없다"라고 잘라 말했다. 또한 김규식 측근의 한 간부는 "북한은 타협을 부정하는 집단이다. 그들은 그들의 이익이 될 때에만 타협을 제시한다"라고 비판했다.[1)]

한독당은 5월19일에 평양방송을 반박하는 담화를 발표했다.

> 평양방송이 전하는 소위 조국통일민주주의전선은 신형태의 '민전(민주주의민족전선)'을 의미하는 것이다. 해주의 "남북협상"과 같은

---

1) 《東亞日報》 1949년5월20일자, 「南北協商說에 兩金氏는 冷靜」.

방식의 "남북협상"은 아무 의의가 없는 것이다. 남의 좌익과 북의 좌익이 협상한다는 것은 좌익에 관한 문제이다. 우리는 미소의 협조로 절대 자유 분위기가 조성된 위에서 남북의 정당 사회단체 대표들이 서울에 회합하여 민주주의 방식에 의하여 남북화평통일에 대한 협의를 하여야 한다는 것을 거듭 강조하는 바이다.[2)]

그것은 김구가 이 무렵에 되풀이하여 주장해 온 평화통일 방안이었다.

항간에는 북한으로부터 유엔위원단을 통하여 홍콩(香港)에서 김규식과 회담할 것을 제의해 왔다는 이야기도 유포되었으나, 김규식은 모르는 사실이라고 부인했다. 그러면서 두 김은 이러한 일방적인 이른바 조국통일전선 결성은 제1차 남북협상과 흡사하다고 하여 무르춤한 입장을 보였다.[3)]

김규식과 북한인사와의 홍콩회담설은 유엔한국위원단이 북한과의 접촉 장소를 홍콩으로 정하고 3월19일에 김일성(金日成)에게 초청편지를 보낸 사실이 와전된 것이었다.[4)] 이 편지에 대해 김일성은 이 시점까지도 아무런 반응이 없었다.[5)]

유엔위원단이 김일성에게 초청편지를 보낸 사실에 대한 이런저런 추측이 난무하자 외무부 장관 임병직(林炳稷)은 5월19일에 내외기자 회견을 열고, 유엔위원단이 북한공산당 대표와 교섭하려는 의도를 밝힐 것을 공개적으로 요구하는 메시지를 발표했다. 임병직은 한국정부는 이러한 교섭을 통하여 유엔위원단이 무엇을 성취하려고 희망하는지에 대하여 위원단이 명백한 성명을 해주기 바란다면서 다음과 같이 경고했다.

---

2) 《朝鮮日報》 1949년5월20일자, 「美蘇協調下 서울서 會合」; 《東亞日報》 1949년5월20일자, 「新版民戰을 劃策」.

3) 《朝鮮日報》 1949년5월20일자, 「北韓의 南北提議說에 兩金氏側冷談」.

4) 《京鄕新聞》 1949년5월16일자, 「金日成을 最初로 招請」.

5) 《京鄕新聞》 1949년5월21일자, 「北政權認定아니다」.

만일 귀단에서 북한 소련괴뢰들과의 회동의 결과로 남북이 통일이 된다는 것을 말한다면 우리는 이런 제안을 면밀히 검토하겠습니다. 무슨 방법을 귀단에서 추구하고 있는지, 무슨 결과에 유도될는지 알지 않고는 협력하려는 우리의 입장은 더욱 곤란해질 것입니다.

먼저도 말한 바와 같이 남북의 재통일의 방해는 북한 인민이 아니라 (그들에게) 복종을 명하는 소련인들입니다. 소련 주인들이야말로 귀하들이 교섭하여야 할 정말 대상자들입니다.…[6]

그것은 유엔한국위원단의 북한당국자들과의 접촉시도 자체를 못마땅해하는 정부의 입장을 다시 한번 강력히 천명한 것이었다.

유엔위원단은 5월20일에 제30차 전체회의를 열고, 「공보」 제17호를 통하여 김일성에게 보낸 편지를 공개하면서 김일성과의 연락은 입북문제를 교섭하기 위한 것이었다고 해명했다.[7]

조국전선의 결성을 제안한 남한의 정당 사회단체는 남조선로동당(남로당), 민주독립당, 조선인민공화당, 근로인민당, 남조선청우당, 사회민주당, 남조선민주여성동맹, 조선노동조합전국평의회(전평)의 8개 단체였다. 이들은 5월14일에 북조선민족전선 중앙위원회 앞으로 "단일한 '조국통일민주주의전선'을 결성하고 미군철퇴와 조국의 통일을 위한 투쟁에 더욱 조직적으로 일체 협력할 것"을 제안하는 편지를 보냈다. 이처럼 이 제안은 남북한의 민족전선을 통합하는 형식으로 제안된 것이었으나, 실제로는 남로당과 북로당을 통합하여 조선로동당을 결성하기 위한 절차였다. 그것은 북조선민주주의민족통일전선이 결성되고 나서 북조선공산당과 신민당이 통합할 때와 같은 절차였다.[8]

남한 정당 사회단체들의 편지는 이승만을 "인민의 원수요 매국노 친

6) 《東亞日報》 1949년5월20일자, 「接觸說事實與否밝히라」.
7) 《京鄕新聞》 1949년5월21일자, 「金日成과 連絡은 事實」.
8) 서동만, 『북조선 사회주의체제 성립사 1945~1961』, 선인, 2005, pp.236~237.

일파"라고 규정하고, "토의중에 있는 소위 한미군사협정은 민족상잔의 내란을 일으키고 조선인민들을 더욱 포악하게 살육하는 데 목적"이 있으며, 「농지개혁법」은 "지주와 고리대금업자들의 이익을 옹호하고 인민을 기만할 목적"으로 제정했다고 주장했다.[9)]

북한은 이틀 뒤에 회답을 보내왔다. 북조선민족전선 중앙위원회는 5월16일에 남한단체들의 제의에 동의하는 편지를 보내면서, 준비위원회 제1차 회의를 5월25일에 평양에서 소집할 것을 제의했다. 그리고 5월18일에는 남한의 민족전선 중앙위원회가 조국전선의 결성을 지지하는 성명서를 발표했다.[10)]

5월25일에 모란봉 회의실에서 열린 조국전선 결성준비위원회 제1차 회의에는 남북한의 51개 정당 사회단체 대표 68명이 참석한 것으로 발표되었다. 이날 회의에서 경과보고는 박헌영(朴憲永)이 했다.

회의는 조국전선결성준비위원회 지도부로 위원장에 북로당 위원장 김두봉(金枓奉), 부위원장에 남로당 위원장 허헌(許憲) 등 4명을 선정하고, 결성대회준비를 위한 계획서를 작성하여 6월 초에 열릴 준비위원회 제2차 회의에 제출할 것을 준비위원회 지도부에 위임했다.

준비위원회 제2차 회의는 6월7일에 같은 장소에서 열렸는데, 이날 회의에는 조국전선에 가맹을 신청한 53개 정당 사회단체 대표가 참석했다. 회의는 준비위원회 지도부의 경과보고를 접수하고 이어 조국전선결성대회계획안을 심의 채택했다.[11)]

2

조국전선결성 제1차준비위원회가 끝난 시점에서 주목되는 것은 슈

---

9) 『北韓關係史料集 Ⅵ (1945~1949)』, pp.292~295.
10) 위의 책, p.311.
11) 같은 책, pp.311~312.

티코프(Terentii F. Shtykov)의 행동이었다. 그는 북한정권 수립 뒤에는 초대 북한주재 소련대사로서 여전히 북한의 정치에 깊숙이 개입하고 있었다.

슈티코프는 5월31일에 김일성과 박헌영을 만나 조국전선의 결성대회가 발표할 선언서를 검토했다. 이 자리에서 "평화적 통일방책"으로 남북한을 통한 통일적 입법기관 선거를 동시에 실시하는 방안이 제기되었다. 그것은 (1) 조국의 평화적 통일을 위하는 민주주의제정당사회단체의 대표들로 선거지도위원회를 구성하여 (2) 1949년9월에 총선거를 실시하고 (3) 총선거의 결과로 수립된 최고입법기관은 조선공화국의 헌법을 채택하고 그 헌법에 기초한 정부를 구성하며, 정부는 현존하는 남북의 두 정부로부터 정권을 접수한다는 것이었다. 그리고 친일파는 선거권을 박탈하며, 남북의 경찰은 선거지도위원회의 직접 관할 아래 두되 친일파 경찰 및 헌병은 제대시키고, 제주도 인민항쟁과 남조선유격운동 탄압에 참가한 경찰대는 해산시킨다고 했다.[12] 슈티코프는 이러한 사실을 6월5일에 모스크바로 타전하고, 김일성과 박헌영은 총선거를 실시하면 남북한 모두 좌익이 승리한다고 말했다면서, 지시를 요청했다.

9월에 남북한에 걸친 통일선거를 실시하자는 제의에 대한 모스크바의 허가는 조국전선 결성대회 하루 전인 6월24일에 신임 외무상 비신스키(Andrey Y. Vyshinsky)의 전보로 전해졌다.[13]

5월31일에 유엔위원단과 만나서 통일문제에 대한 자신의 의견을 구체적으로 피력한 이후로 침묵하던 김구는 한독당의 제7회 전국대표자대회가 다가오자 6월10일에 기자회견을 가졌다. 그러나 그 내용은 핵심을 비켜가는 선문답이었다.

문. "각료 총퇴진을 결의한 국회는 6월6일에 돌발한 반민특위 사건

---

12) 같은 책, pp.220~221.
13) 和田春樹, 『朝鮮戰爭全史』, 岩波書店, 2002, pp.52~53.

을 계기로 그 결의가 실현되지 않을 경우에는 일체의 법안 심의를 거부할 것을 결의했는데, 이에 대한 선생의 견해는?"

답. "무슨 일이든 이지(理智)와 성의로써 임한다면 해결의 방도가 있을 것이다."

문. "AP통신은 트루먼 대통령이 대한원조로 1억5,000만불의 인준을 국회에 요청했다는데, 선생의 소감 여하?"

답. "원조라는 형식보다도 실제의 효과가 어떤 것인지 음미할 필요가 있다."

문. "선생은 유엔위원단의 업무에 아직도 무엇을 기대하는가?"

답. "유엔위원단의 업무 방침이 무엇인지 속히 발표되기를 기대한다."

문. "선생의 주장인 남북 사인(私人)회담은 그 뒤에 얼마만한 진전이 있는가?"

답. "아직 없다. 나는 이에 대하여 유엔위원단의 협조를 요청했던 것이다."

문. "일본정부는 자국의 어장 구역 팽창 책동으로 맥아더 라인의 확대를 맥아더 사령부에 건의했다는데?"

답. "모든 한인들은 우리의 생존권을 또다시 침해하는 것이라고 일치하게 반대하고 있다."

문. "미국과 영국은 중공이 장차 '신정부'를 선포하면 승인을 시사한 바 있었는데, 이에 대한 견해와 한국에 대한 영향 여하?"

답. "모든 국제관계에서 언제나 사실상의 정권을 상대로 한다는 것은 변치 못할 일이다."

문. "국회에서는 각파 간에 개헌론이 대두되고 있는데…?"

답. "글쎄, 대한민국의 현 헌법에 모순이 있다고 지적하는 사람들이 있는 모양이다."[14)]

---

14) 《朝鮮日報》 1949년6월11일자, 「時局問題에 金九氏問答」.

그것은 한독당의 전국대표자대회를 앞두고 큰 결단을 구상하면서 말을 아끼는 듯한 느낌을 주는 기자회견이었다.

한독당의 제7회 전국대표자대회는 6월13일부터 사흘 동안 종로 YMCA 회관 강당에서 개최되었다. 김구는 6월13일의 예비회의에서 다음과 같은 개회사를 했다.

"이 대회에는 2대 의안의 하나로서 민족진영 대동단결안이 제출되고 있는데, 최근 북에서는 좌(左)의 통일운동이 진행되고 있다 함에 비추어 남의 민족진영의 단결은 긴급한 문제이다. 그러나 원칙 없는 단결은 힘을 낼 수 없는 것이다. 우리 당의 이념과 정책을 전면적으로 말살시키려는 세력과의 무조건 단결은 곤란한 일이다. 오직 조국의 이익과 안전을 위하여 호양의 정신으로서 타협하고서 공동 노력한다는 원칙 위에서 단결의 역량은 생길 수 있는 것이다. 본당은 조국의 화평통일의 방법을 협의하기 위하여 남북지도자회담을 개최할 것을 주장한 바 있으나 이것을 추진하는 절차로서도 먼저 남은 남대로 북은 북대로서의 이에 대한 일치한 의견과 주장이 성립되어야만 한다. 남은 곧 우를 말함이며 북은 곧 좌를 말하는 것이다. 우리는 먼저 조국의 화평을 지향하고 민주주의의 자유발전을 위하여 투쟁하려는 개인과 단체 간의 더욱 긴밀한 단결을 촉진시켜야 할 것이다."[15)]

6월14일에 열린 이틀째 회의는 조직부장 김학규(金學奎)의 사회로 진행되었다. 김규복(金奎福)의 국내정세 보고, 엄도해(嚴道海)의 국제정세 보고, 이병수(李炳壽)의 집행위원회 공작 보고, 기성도(奇成道)의 감찰위원회 공작 보고 및 지방보고가 있은 다음 이들 보고에 대한 토론이 있었다. 이날 오후 회의는「당헌 및 당책」의 개정안을 채택했다.

6월15일의 회의는 먼저「선언문」과 미소 양국 원수와 맥아더 장군 및 남북 동포와 제정당 사회단체 등에 보내는 메시지를 채택한 다음 중앙집

---

15) 《朝鮮日報》 1949년6월15일자,「團結이 緊急」.

행위원과 감찰위원의 선출이 있었다. 중앙위원은 200명 가운데 160명만 선출하고 감찰위원은 30명 가운데 20명만 선출했는데, 나머지 자리는 앞으로 있을 민족진영의 대동단결 때를 고려하여 남겨 두기로 결정했다.

6월16일에는 중앙집행위원회와 감찰위원회의 연석회의를 열고 위원장 김구, 부위원장 조완구(趙琬九)를 비롯한 상임위원 선출이 있었다.

3

6월15일에 채택된 「선언문」의 요지는 다음과 같았다. 그것은 김구가 암살되기 11일 전인 이 시점의 한독당 인사들의 국제정치와 한반도 분단에 대한 인식을 여실히 보여준다. 성명서는 먼저 제2차 대전 이후의 국제정치 상황을 비판적으로 천명했다.

> 동아시아, 인도네시아, 발칸 등지에서는 민족자결을 위한 강렬한 반제투쟁이 전개되고 있다. 유엔기구는 3차까지 회의를 거듭하고 있으나 전 세계에서 전개되고 있는 이러한 모순과 대립과 전쟁이 그대로 집중적으로 표현되고 있을 따름이며 아무런 문제도 실질적으로 해결하지 못하고 있다. 이상과 같은 국제적 환경은 우리 조국에도 그대로 축소 반영되고 있다. 국토의 양단은 경제의 파탄과 동족상잔을 초래하여 인민으로 하여금 생사의 벽두에서 방황케 하고 있으며, 친일파 민족반역자들의 발호와 봉건세력의 잔존은 새로운 민주주의의 자유발전을 방해하고 민족정기를 말살하려는 것이다.

「선언문」은 조국통일을 위한 투쟁을 약소민족들의 반제투쟁과 연대하여 전개하겠다고 말하고, 유엔위원단에 대해서는 외군철퇴와 남북평화통일을 위하여 노력하는 한 협조하겠다고 말했다.

우리는 억압과 침략을 위한 어떠한 기도도 이를 결사 반대할 것이며 전세계 평화를 애호하는 인민과 더불어 영구한 세계평화의 확보를 위하여 투쟁할 것이다. 우리는 세계 제약소민족의 생존권을 위협하고 자결권을 유린하려는 낡은 제국주의세력의 침략정책을 배격하고, 당면한 역사적 과업의 최고 목표인 양단된 조국의 통일을 위하여 최대의 열의를 경주하며 투쟁할 것이다.

우리의 투쟁은 항상 민주주의적 합법적 수단과 방법에 의하여 통행될 것이며, 먼저 세계적으로 보장되고 있는 민주주의의 기본 원칙인 언론, 집회, 결사의 진정한 자유가 확보되어야 할 것을 요구하며, 언론비판의 자유는 민주주의 사회발전의 필수조건임을 지적한다.

우리는 외군철퇴와 남북화평통일을 위하여 노력하는 한 유엔한국위원단에 대하여 협조적 태도를 취할 것이다. 그러나 유엔 한위는 한국문제 해결의 완전 주체가 되지는 못하는 것이다.…[16]

한독당의 전국대표자대회를 마치자 김구는 다시 칩거에 들어갔다. 당면한 관심사는 평양에서 6월25일부터 열릴 것이라고 하는 조국전선 결성대회문제였을 것이다. 6월23일에 경교장을 방문한 기자에게 김구는 다음과 같이 말했다.

문. "미군군사고문단 설치문제에 대하여 국내 정계는 찬부 양론이 있는데 이에 대한 선생의 견해는?"

답. "북한의 봉쇄정책으로 인하여 이북의 사태를 확인치 못하는 까닭에 모든 문제의 해결은 곤란에 봉착하게 된다."

문. "4상회담 개막에 대한 소감은?"

답. "미소 양국이 피차에 국제문제를 평화적으로 해결하려는 노력이 현저하다고 본다."

---

16) 《朝鮮中央日報》 1949년6월17일자, 「韓獨全國大會 宣言文等採擇」.

문. "선생이 영도하는 한독당은 차기 선거에 출마할 의사는 없는가?"

답. "이 문제는 그 당시에 가보아야 할 일이다."[17]

김구의 이러한 말은 이 무렵에는 김구나 한독당 인사들이 다가오는 2대국회의원 선거에 참여하는 문제를 진지하게 검토하고 있었음을 짐작하게 한다.

조국전선 결성대회는 6월25일에 모란봉 회의실에서 개막되었다. 대회에는 남북한의 71개 정당 사회단체 대표 704명이 참가한 것으로 발표되었다. 참가 정당 이름에는 한독당과 민족자주연맹도 들어 있었다. 최고인민회의 의장 김두봉은 개회사에서 "오늘 이 대회는 정견과 견해가 상이한 전국의 애국적 정당 사회단체들이 미 제국주의의 식민지예속화정책과 이승만 괴뢰 '정부'의 배족적 망국정책을 타도 분쇄하고 국토안정과 조국의 통일 독립을 쟁취하기 위하여 얼마나 굳게 단결되었는가를 또다시 한번 시위할 것"이라고 주장했다.

이날 회의의 핵심적인 의사는 남로당 위원장 허헌의 「현하 국내의 정치정세와 우리의 임무」에 대한 보고였다. 그리고 그 보고 가운데 가장 눈길을 끄는 대목은 김구와 김규식에 대한 비판이었다.

"김구와 김규식 양씨는 작년 남북 제정당 사회단체 연석회의에서 자기들의 손으로 서명한 모든 결의를 한가지도 실천하지 아니하였습니다. 그들은 전 조선인민들이 참가하여 일어난 5·10망국단독선거 파탄투쟁을 가만히 앉아서 방관하였습니다. 그들은 전 조선인민들의 일치한 갈망인 미군철퇴를 위하여 아무런 투쟁도 하지 아니하였습니다. 인민과 조국의 이익을 위하여 한가지의 유익한 사업도 하지 아니하였습니다. 이승만 매국정권이 조작된 후 이 매국정권을 반대하는 아무런 투쟁도 하지 아니하였습니다. 김구, 김규식 양씨가 이승만을 반대하는 것은 이승만 매국정권을 반대하는 것이 아니라 이승만이가 틀어쥐고 있는 그 정권을 자기들

---

17) 《서울신문》 1949년6월24일자, 「美蘇妥協顯著」.

의 것으로 탈취하기 위하여 반대하는 것입니다. 그들은 정권과 지위를 위한 야욕에만 눈이 어두운 반동진영의 비속한 무리들 속에 전락되었습니다. 실제에 있어서 김구씨와 김규식씨는 조선발전의 길에 관한 문제에 자기의 태도를 밝히지 않습니다.”

그러면서 허헌은 6월16일에 한독당 전국대표자대회가 발표한 「선언」도 다음과 같이 비판했다.

“이 점에 대하여 한국독립당의 마지막 대회의 선언이 증명하고 있습니다. 조선통일에 대한 문제에 있어 동선언에 평화통일을 말하고 있으나 그것은 미 제국주의에 봉사하는 도구로서 이미 자체 폭로된 또한 조선예속화의 미국계획 실시를 음폐하는 평풍의 역할을 노는 국련위원단 지도 밑에서 실현되어야 한다고 주장하고 있으며, 동시에 동선언에서 조국통일에 대한 아무러한 구체적 계획도 내놓지 않았습니다.”[18]

허헌은 이승만에 대해서는 더욱 혹독하게 매도했다. 그는 다음과 같은 말로 긴 ‘보고’를 마무리했다.

“반인민적 리승만 도당은 미국인들의 총검에 의하여 조국 남반부에서 인민들에게 미증유의 폭력과 테러정책을 실시하고 있습니다. 그들은 그들의 형편이 확실치 못함을 느끼고서 동족상쟁의 내란을 계획하고, 우리나라의 민주기지인 북조선에 대한 침공, 즉 ‘북벌’을 공공연히 말하고 있습니다. 전 조선인민들은 신속한 조국통일과 민주화를 일일이 천추같이 갈망하고 있습니다. 인민들은 평화통일을 희망하고 있습니다. 만약 매국노 리승만 도당이 이것을 방해하는 때에는 인민들을 그것을 자기들의 길에서 소탕하여 버릴 것입니다.”[19]

일요일인 6월26일에는 조국전선 결성대회는 휴회하고, 북로당의 중앙위원회가 열렸다. 김일성이 모스크바로부터 승인된 남북총선거안을 제의

---

18) 『北韓關係史料集 Ⅵ(1945~1949)』, pp.232~233.
19) 위의 책, p.247.

하자 회의는 낭패한 분위기였다. 그러나 결국은 전원 일치로 이「선언서」를 결성대회에 제안하기로 결정했다. 이날 저녁때에 열린 주요 정당 사회단체대표자 회의에서도 김일성의 제안에 대한 반응은 북로당 중앙위원회 회의의 그것과 거의 같았다. 일부 참가자는 남한에서 자유선거를 실시하기는 불가능하다고 말했고, 또 다른 참가자는 공화국정부가 이승만정부를 합법적인 정부로 인정하는 것이 되지 않느냐고 물었다. 그러나 이 회의에서도 결국 김일성의 설명으로 제안은 그대로 받아들여졌다.[20)]

4

이날 서울에서는 김구가 현역 육군소위 안두희(安斗熙)에 의하여 암살되는 충격적인 사건이 발생했다.

조국전선 결성대회 이틀째 회의는 예정대로 6월27일에 모란봉 회의실에서 열렸다. 이날의 회의는 김구와 신뢰관계를 유지해온 부수상 홍명희(洪命憙)의 사회로 진행되었는데, 홍명희는 김구의 절명을 다음과 같이 애도했다.

"김구씨는 일생을 두고 조국 독립을 위하여 분투한 분입니다. 비록 그가 민주주의적 자주 독립 방향에 대하여는 반민주주의적, 철저하지 못한 견해가 있었으나 … 미군주둔을 반대하고 조국의 평화통일을 주장하는 인사였습니다. 이러한 분이 이승만 도당의 손에 조난당한 것은 비분할 뿐입니다.…"[21)]

이날 회의의 중요의사는 조국전선의「강령」채택, 대회「선언서」채택, 조국전선 중앙위원 선거 등이었는데, 가장 눈길을 모은 것은 "강령 보고

---

20) 和田春樹, 앞의 책, p.57; 森善宣,「朝鮮勞動黨の結成と金日成」,《國際政治》134, 日本國際政治學會, 2003, pp.141~142.

21) 《로동신문》 1949년6월28일자, 都珍淳,「1949년 김구의 '마지막 노선'에 대한 검토」,『于松趙東杰先生停年紀念論叢Ⅱ 韓國民族運動史硏究』, p.983에서 재인용.

에 대한 토론" 시간에 가장 먼저 토론에 나선 '한국독립당 열성자 대표'라는 김세련의 연설 내용이었다.

그는 먼저 김구의 조난 소식을 듣고 "한독당 당원인 나로서는 남다른 심회를 억제할 수 없습니다"라고 전제하고, 김구의 살해자는 이승만이라고 다음과 같이 단언했다.

"김구 선생은 누가 죽였겠습니까? 이것은 아주 명백합니다. 식민지학살자 미 제국주의자들과 매국노 이승만임은 추호도 의심할 여지조차 없습니다. 우리 국토의 남반부를 영구 분할하여 식민지화하려고 기도하는 미 제국주의자들과 또 미국의 무기를 얻어 동족상잔을 감행하는 리승만 매국도당은 저희들의 반인민적 정책과 음모에 무조건 복종하지 않는 사람은 그 누구를 불문하고 처치하여 버리는 것입니다.…"

이승만에 대한 비난을 중언부언한 이 '한독당 열성자 대표'는 김구에 대해서도 이승만 세력과 투쟁하는 대신에 타협하려 했다고 다음과 같이 비판했다.

"우리 당수 김구 선생에게 확실히 잘못이 있습니다. 그는 항상 독립과 통일을 주장하면서도 미국인들과 리승만 도배에 미련을 가지고 그들과 투쟁하는 대신에 타협하려고 한 것이 곧 잘못입니다. 자기가 참가한 작년 연석회의 방향으로 어김없이 나가야 했을 것입니다. 그러나 김구 선생은 그러지 못했습니다. 독립과 예속, 민주발전과 반동 암흑, 구국과 매국, 통일과 분열, 오직 이러한 두 갈래의 길이 있을 뿐이며, 조선민족의 양심의 일편이라도 있다면 그 누구나 전자의 길을 취할 것입니다. 제3의 길은 절대로 있을 수 없습니다. 주저도 방황도 준순(逡巡)도 인제는 있을 수 없으며 또 있어서도 안되겠습니다. 우리 한국독립당 앞에는 다른 길은 있을 수 없습니다. 김구 선생의 조난으로 이것은 더욱 명백해졌습니다. 미군철퇴를 실현시켜 조국통일을 완성함으로써 남반부 인민을 구출하는 길이 있을 뿐입니다. 또한 우리들 한독당원들은 자기의 당수의 원수이며 인민학살자인 매국노 리승만을 결코 용서치 않을 것입니다."[22]

'한국독립당 열성자 대표' 김세련이 누구이며 그가 어떻게 맨 먼저 토론 발언을 했는지는 알 수 없다. 아무튼 비통하게 타계한 김구에 대한 이러한 폄훼는 이 시점의 북한공산주의자들의 김구에 대한 인식을 그대로 드러내 보인 것이었다.

22) 『北韓關係史料集 Ⅵ(1945~1949)』, pp.276~279.

2. "김구 암살은 안두희 단독범행 아니다"

1

김구는 6월26일 오후 12시40분 조금 지나 경교장 2층 거실에서 포병사령부 소위 안두희의 흉탄 4발을 맞고 절명했다. 김구의 암살에 대해서는 사건 당시부터 그 배후에 대한 강력한 의혹이 제기되어 왔으나 아직도 완벽하게 규명되었다고는 할 수 없다. 수사기록이나 공판기록도 보존되어 있지 않다. 정부기관의 기록으로는 사건이 있고 40년이나 지나서야 구성된 국회법률사법위원회 백범암살진상조사 소위원회(위원장 강신옥: 姜信玉)가 1993년5월부터 3년 동안의 조사 끝에 발표한 『백범김구선생암살진상조사보고서』[23]가 유일하다. 그러나 이 『조사보고서』로 김구암살사건의 진상, 특히 사건의 배후와 관련된 진상이 완전히 규명된 것은 아니다. 『조사보고서』는 「맺음말」을 다음과 같이 기술했다.

> 백범암살사건은 안두희에 의한 우발적 단독범행이 아니라 면밀하게 준비 모의되고 조직적으로 역할 분담된 정권적 차원의 범죄였다. 안두희는 그 거대한 조직과 역할에서 암살자에 지나지 않았다.…
>
> 백범암살에서 가장 큰 쟁점은 역시 이승만과 미국의 관련성이다. 이승만 대통령의 경우 정권적 차원의 범죄라는 차원에서 우선 도덕적 책임이 있다. 또한 사건 뒤처리에서 개입한 것이 확인된다. 다만 암살사건에 대한 사건 개입과 지시는 불투명한 편이다.[24]

『조사보고서』에 따르면 김구암살계획이 본격적으로 추진된 것은

---

23) 『白凡金九全集(12) 暗殺』, 1999, pp.430~450.
24) 『白凡金九先生暗殺眞相調査報告書』, 위의 책, p.450.

1948년 말에서 1949년 초였다. 백범암살계획은 안두희를 포함한 서북청년단의 일부 단원들이 한독당에 가입하면서 구체화되었다. 한독당 조직부장 김학규(金學奎)는 서북청년단 태평로 지부로 가서 서북청년단원 10여명의 입당식을 거행하기도 했다. 안두희는 김학규에게 접근하여 1949년4월14일자의 한독당 당원증을 발급받았다. 당원증에는 군복을 입은 사진을 붙이고 '비(秘)'자 도장을 받아, 뒷날 재판정에서 한독당 비밀당원의 증거물로 제시되었다.

범행을 지휘한 인물은 포병사령관 장은산(張銀山) 중령이었다. 김구의 암살은 6월 하순에 이르러 세차례에 걸쳐서 시도되었다. 첫번째는 국회프락치사건의 2차 검거가 진행중인 6월23일 밤에 실행되었다. 정치브로커 김지웅(金志雄) 휘하의 서북청년단원들인 홍종만(洪鍾萬), 한국용(韓國用), 이춘익(李春翼), 독고녹식(獨孤綠植), 한봉수(韓鳳洙), 정익태(鄭益泰)와 포병사령부의 초급장교들인 안두희, 오병순(吳炳順), 한경일, 강창걸 10명이 경교장에 숨어있는 국회부의장 김약수(金若水)를 체포한다는 구실로 경교장을 습격하여 김구를 살해한다는 계획이었다. 이 계획은 실패하고 김약수는 6월25일 새벽에 운니동에서 체포되었다.[25]

두번째 시도는 이틀 뒤인 6월25일에 진행되었다. 암살을 지휘하기 위해 서울대학병원에 입원해 있는 장은산은 김지웅, 안두희, 홍종만을 불러 김구가 6월25일에 공주에서 있을 건국실천원 양성소 10기 개교식에 참석하기로 되어 있으니까 중간 지점인 수원 병점고개에서 기다리고 있다가 살해하라고 지시했다. 그러나 김구의 공주행은 전날 밤에 공주경찰서에 의하여 행사가 갑자기 취소되는 바람에 중지되었다. 오전 6시쯤에 전화를 받은 김구는 "이제는 내 발마저 묶어 놓으려는 것인가?"하고 불쾌해했다. 이 무렵 이승만과 정부관계자들은 김구가 각 지방에 건국실천원 양성소를 개설하고 다니는 것을 반정부 캠페인이라고 위험시하고

25) 『調査報告書』, 같은 책, p.440.

있었다.

김구는 4월 하순에 군산과 옥구에서 개최된 군당부결성대회에 갔다가 귀경길에 전주에 들렀는데, 전주 시민들은 집을 비우고 총동원 되다시피 하여 김구를 환영했다. 전주 극장에서 열린 환영회에서 김구는 "정부는 관제품 공산당을 만들지 말라!", "공산당 토벌한다 합시고 양민을 살해하지 말라"하고 정부를 비판했고, 청중은 미친듯이 "옳소! 옳소!"를 연발했다.[26] 정부 당국자들은 김구의 이러한 행보를 못마땅하게 생각했다.

이날 공주행이 취소되자 김구는 오전 11시 무렵에 고향 친지들인 윤예학(尹禮學) 목사와 이병찬(李秉讚) 그리고 정릉에서 한의원을 하는 위병식(魏秉植) 등과 함께 한강으로 나가 뱃놀이를 했다. 공주행이 취소되어 울적한 김구의 심기를 위로하려는 친지들의 배려에서였다. 차일을 친 배를 전세내어 오후 서너시까지 점심도 배에서 간단히 들면서 뱃놀이를 했다. 이날 따라 김구는 손문(孫文)의 무덤을 비롯하여 중국의 유명한 무덤 이야기를 많이 했다.[27] 이렇게 하여 김구의 생명이 하루 연장되었다.

이날 밤에 임시정부와 만주에서 활동한 김승학(金承學)과 김구암살계획을 들은 대광중학교 교감 박동엽(朴東燁)이 함께 경교장을 방문하여 김구에게 이날 있었던 일을 말해 주었다. 그러나 김구는 그런 이야기를 자주 듣는다면서 대수롭지 않게 받아 넘겼다. 그러자 두 사람은 아래층으로 내려와 김구의 아들 김신(金信)에게 조심해야 한다는 말을 거듭 일렀다. [28]

한편 그날 저녁에 장은산은 다시 안두희를 불렀다. 장은산은 안두희에게 단독범행을 지시했다. 장은산의 "쌀쌀한 명령"에 안두희는 "그저 하겠시다"하고 대답했다. 장은산은 입원실 문을 나서는 안두희의 손을 잡

---

26) 김학규, 「백범선생님을 추모하면서」, 같은 책, p.311.
27) 선우진 지음, 최기영 엮음, 『백범선생과 함께한 나날들』, pp.211~212.
28) 위의 책, p.217.

고 장개석 정부의 특별 테러단체인 남의사(藍衣社)의 사칙(社則)과 행동 관례를 언급하면서 "만약에 일이 실패하게 되면 너두 갈 수 있다"하고 협박했다.[29]

2

사위스러운 6월26일의 아침이 밝았다. 안두희는 오전 10시에 집을 나와서 11시쯤에 경교장 앞 자연장 다방에 들렀다. 다방은 처음에는 조용했으나 11시가 지나면서 헌병들이 많이 들어와 떠들썩했다. 안두희는 아주 천연스러운 태도로 경교장으로 들어갔다. 일요일은 김구의 휴식을 고려하여 방문객을 별로 받지 않았기 때문에 경교장은 고즈넉했다.

아들 김신은 유엔위원단의 옹진지구 시찰을 수행하기 위하여 새벽같이 떠나고 없었다. 김구는 자신이 개설한 염리동 창암학교의 책임을 맡고 있는 여교원 강영희(姜永喜)를 불러 학교일을 이야기하고 있었다. 비서실에서는 선우진(鮮于鎭), 이국태(李國泰), 이풍식(李豊植) 세 비서가 한담을 나누고 있었다.

안두희는 김학규의 소개로 몇차례 경교장을 방문했었다. 포탄 탄피로 화분을 만들어 가지고 간 적도 있었다. 선우진이 김구가 손님과 면담 중이라고 하자 안두희는 비서실에서 면담이 끝나기를 기다렸다. 안두희는 45구경 권총을 차고 있었지만, 아무도 그것을 눈여겨보지는 않았다.

12시쯤에 김구가 잘 아는 강홍모(姜弘模) 헌병 대위가 경교장에 들렀다. 그는 문산에서 오늘 길이라고 말하고, 차에 기름이 떨어졌다면서 기름을 좀 넣어달라고 했다. 이국태 비서가 강 대위와 함께 창고로 가서 기름을 넣어 주었다. 강 대위는 이왕 왔으니까 잠시 김구에게 인사를 하고

---

29) 『調査報告書』, p.440.

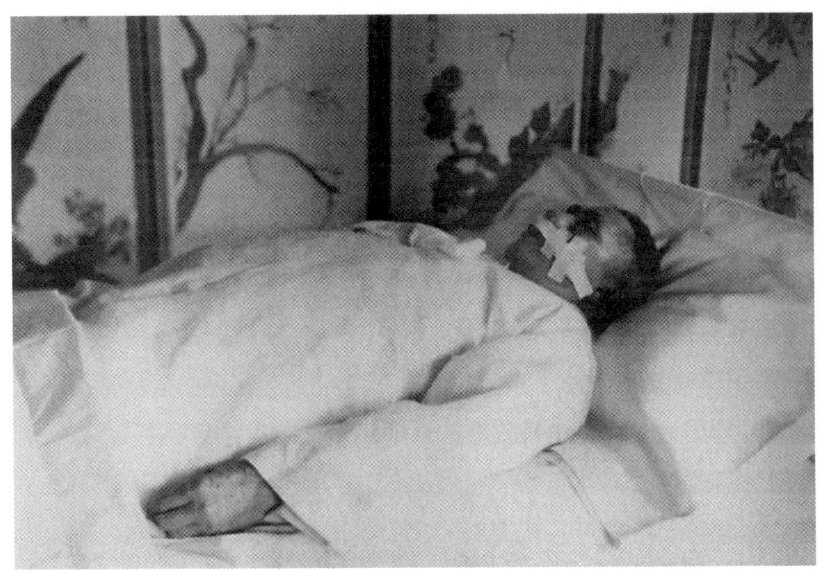

피격 직후의 김구.

가겠다고 말하고 안두희에게 양해를 구했다.

창암학교 여교원이 돌아간 뒤 안두희는 강 대위에게 먼저 김구를 뵈라고 했다. 10분가량 뒤에 강 대위가 2층에서 내려오자 선우진이 안두희를 안내했다. 선우진은 김구의 점심을 준비하느라고 바로 지하의 식당으로 내려갔다. 식모 아주머니가 만둣국이 다 되어간다고 말하는 순간 갑자기 위층에서 떠들썩한 소리가 났다. 선우진이 급하게 위층으로 뛰어 올라가자 안두희가 손에 권총을 든 채 고개를 숙이고 2층에서 내려왔다. 안두희는 권총을 계단에 철커덕 떨어뜨리면서 말했다.

"선생님을 내가 죽였다."

머리와 가슴과 하복부에 모두 4발의 총탄을 맞은 김구는 말 한마디 하지 못하고 절명했다.

격분한 비서들이 의자로 안두희를 때려눕히고 후려 갈겼다. 이때에 갑자기 군작업복을 입은 괴청년 서너명이 나타나서 비서들을 제지하면서 안두희를 일으켜 데리고 나가려고 했다. 마침 경교장의 연락을 받은 서대문경찰서 형사주임 강용주(姜龍珠) 경위가 헐레벌떡 달려와서 안두희의 손에 수갑을 채우려고 했다. 그러자 괴청년 서너명이 더 나타나서 형사주임을 막았다. 이들은 경찰이 어떻게 군인을 연행할 수 있느냐고 윽박지르면서 안두희를 데리고 나가 문밖에 있던 스리쿼터에 싣고 서둘러 사라졌다. 이 모든 것이 몇분도 걸리지 않은 순식간의 일이었다.[30] 안두희는 헌병사령부로 옮겨져 치료를 받았다.

헌병사령부는 이날 오후 2시에 김구의 암살사실을 짤막하게 발표했는데, 헌병사령부 부사령관 전봉덕(田鳳德)은 "범인은 현장에서 즉시로 체포되어 곧 헌병사령부에 수감중이며 범인이 현장에서 받은 상처로 말미암아 의식이 회복되기를 기다려 그 소속과 그 배후관계를 엄중 조사할 것이나, 현재 판명된 정도로는 다만 범인 단독행위인 듯싶다"라고 말했다.[31]

전봉덕은 본격적인 수사를 시작하기도 전에 범행이 단독범인 것 같다고 말함으로써 배후관계에 대한 일반국민들의 의혹을 잠재우려고 했지만, 그것이 오히려 의혹만 더욱 증폭시켰을 것으로 짐작된다.

이때의 서울지방검찰청 검사장이었던 최대교(崔大敎)의 증언은 시사하는 점이 크다. 최대교는 이날 일요일인데도 검찰청에 들렀다가 서대문경찰서장으로부터 김구의 암살사건 소식을 듣고 곧 당직 검사인 이원희(李元熙) 부장검사와 함께 서대문경찰서로 가서 이하성(李夏成) 서장을 대동하고 경교장으로 갔다. 그러나 현장을 지휘하던 헌병사령부 순찰과장 김병삼(金炳三) 대위는 최대교도 못들어가게 했다. 최대교는 헌병이 폭력으로 경교장에 못들어가게 했다고 상부에 보고하겠다고 으름장을 놓고서야 현장검증을 할 수 있었다.

최대교는 권승렬(權承烈) 법무장관에게 연락하여 함께 이범석(李範

---

30) 같은 책, pp.212~215.

31) 《東亞日報》 1949년6월27일자, 「金九氏被襲絕命」 및 「犯人의 單獨行爲인듯」.

奭) 국무총리 집으로 달려갔다. 그러나 대문에는 "수렵중"이라는 안내문이 붙어 있었다. 꿩사냥을 갔다는 것이었다. 두 사람은 의아스러운 생각을 하면서 신성모(申性模) 국방장관 집으로 갔다. 아프다면서 누워있던 신성모는 김구가 암살되었다는 말을 듣자마자 벌떡 일어나 "이제 진정한 민주주의가 되겠군!"하고 말했다. 세 사람이 함께 경무대로 갔으나 이승만 역시 낚시하러 가고 없었다.[32] 신성모는 그 길로 경교장으로 갔다.

경교장에는 오후 1시가 지나자 조완구, 조소앙, 김창숙(金昌淑), 오세창(吳世昌), 안재홍(安在鴻) 등 지도자들이 달려왔다. 국무위원 가운데서는 신성모가 제일 먼저 조문을 간 것이었다. 그런데 신성모가 나타나자 깐깐한 성품의 조완구가 신성모의 멱살을 잡으며 소리쳤다.

"이 놈, 네가 여기에 왜 왔느냐. 네 놈이 부하를 시켜 백범을 죽이고 무엇이 모자라서 또 여기에 왔느냐!"[33]

조완구의 이러한 행동은 1949년 초부터 심심찮게 나돌던 김구암살 소문이 이 무렵에는 이미 공공연한 비밀이 되고 있었음을 말해 준다.

3

이승만은 이날 저녁 9시가 넘어서 서울중앙방송국 방송을 통하여 다음과 같은 애도 방송을 했다.

"백범(白凡) 김구 선생이 오늘 암살을 당하신 보도를 들은 나로는 놀랍고 담한[膽寒: 매우 놀라서 두려움]해서 말이 잘 아니나옵니다. 범인이 잡혔다 하니 무슨 주의로 이런 일을 행하였으며 이것이 개인행동인지 연루자가 있는지를 엄밀히 조사해서 일일이 공표하고 범인은 법대로 처벌할 것입니다.

---

32) 《中央日報》 1992년4월15일자, 「暗殺듣고 "이제 민주주의"」.
33) 선우진 지음, 최기영 엮음, 앞의 책, p.216.

한인들이 어찌해서 이런 만행을 범하는지 과연 통탄할 일입니다. 공사간에 원혐[怨嫌: 원망하고 미워함]이 있거나 억울한 일을 당하였으면 끝까지 법리적으로 해결하는 것이 개명한 사람이 행할 바이어늘 하물며 이로운 사람을 살해하고 어찌 그 백성이 개명한 사람의 대우를 받을 수 있으리오. 백범 선생이 살해당한 것으로 우리나라와 우리 민족에게 얼마나 손해를 주게 된 것을 통분하야 마지아니합니다.

지금 민주정부가 성립된 지 1년이 다 못되었어도 우리 우방들이 많이 도와서 민주주의가 잘 발전되는 것과 관민합작으로 치안을 잘 유지하여 나가는 것을 칭찬하며, 미국에서는 트루먼 대통령 이하 여러 당국이 우리에 대한 경제원조로 1억5,000만불을 국회에 요청하야 며칠 안으로 통과되기를 기다리고 있으며, 우리 한인들만 합심합력하야 잘해 나아가면 다 같이 행복을 누리게 될 것인데, 어찌해서 이런 불법행동을 행하여 저의 목숨에 해롭고 나라와 민족에게 누를 끼치게 하는지 생각할수록 통탄할 일

경교장으로 몰려드는 조문객 인파.

입니다."

이승만은 이어 김구와 자신의 오랜 협력관계를 언급하면서 어공어사(於公於私)에 원통한 눈물을 금하기 어렵다고 다음과 같이 말했다.

"나와 백범 선생 사이의 사분으로 말하면 호형호제하고 의리는 실로 사생을 같이하자는 결심이 있던 터이며, 임시정부 주석으로 내가 절대 지지하였고 그 후 임시정부가 귀국한 때에 나는 무조건하고 지지하여 온 것입니다. 중간에 와서 정치상 관찰의 약간 차이로 말미암아 정계에 다소 의아하는 점이 없지 아니해서 우리 두 사람이 양편으로 시비를 듣고 있었으나 내가 믿고 바라기는 백범 선생이 조만간에 나의 주장하는 것이 아무 사심이 아니요, 민국 대계에 유일한 방침으로 각오될 날이 있을 것을 믿고 있었으며, 근자에 와서는 이런 희망이 점점 표면에 나타난 것을 보고 나는 마음에 기뻐하는 중인데, 졸지에 이런 일이 생기고 보니 어공어사에 원통한 눈물을 금하기 어려웁니다.

해내, 해외에서 백범 김구 주석을 사모하는 모든 동포는 한 줄기 뜨거운 눈물로 그분의 죽음을 조상하며 따라서 그분이 평생 애국애족하는 대의를 본받아 그 사업을 계속 완수하기를 결심하기로 다 같이 맹세하기 바랍니다."[34)]

주한 미국대사 무초(John J. Muccio)는 6월27일에 김구의 암살사건을 본국정부에 보고하고, 이승만의 방송내용도 따로 번역해서 송부했다. 무초는 보고에서 "장례식에서 소란이 있을지 모르나 정부가 그러한 상황에 충분히 대처할 능력이 있다고 믿는다"라고 덧붙였다.[35)]

6월27일 오전에 경무대에서 열린 제61회 국무회의는 김구의 장례문제만 논의했는데, 이승만은 김구의 장례를 국장(國葬)으로 하고 재무부 장관, 사회부 장관, 보건부 장관이 대표로 장소와 시간 등에 관하여 경교장

34) 《朝鮮日報》 1949년6월28일자, 「於公於私에 痛恨至極 愛國大義를 繼承하자」.
35) Muccio to Acheson, Jun. 27, 1949, *FRUS 1949*, vol.Ⅶ., pp.1045~1046.

전국에서 전무후무한 인파가 몰려든 김구의 국민장.

치상회(治喪會)와 상의하라고 지시했다. 그리고 저격범의 처벌은 단시일 안에 완료하고 진상을 조속히 발표하기로 의결했다.[36] 그러나 한독당이 국장이라는 격식을 완강히 사양함에 따라 김규식의 타협안으로 국민장으로 타협되었다.[37] 그리하여 6월28일에 열린 제62회 국무회의는 이승만의 지시로 장례위원회에 600만원을 예비비에서 지출할 것 등 김구의 국민장에 따르는 몇가지 구체적인 사항을 의결했다.[38]

안두희는 6월27일 아침에 특무대로 이송되었는데, 육군본부 보도과는 이날 아침 9시에 김구암살사건에 대한 발표를 했다가 취소하고 거의 똑같은 내용을 다시 발표하는 당황스러운 모습을 보였다.

일생을 조국독립운동을 위하여 분투하신 김구 선생께서 불의의

---

36) 『國務會議錄』, 1949년 제61회(1949.6.27.), p.391.
37) 김학규, 「백범선생님을 추모하면서」, 『白凡金九全集(12)』, pp.339~341.
38) 『國務會議錄』, 1949년 제62회(1949.6.28.), p.393.

흉변을 당하게 된 것은 국가적으로나 민족적으로 큰 손실이요, 군으로서는 충심으로 애도의 뜻을 표하는 바이다. 그 진상에 관하여서는 목하 엄중 취조 중에 있으나, 지금까지 판명된 것은 대략 다음과 같다.

(1) 안두희는 한독당 당원으로 김구씨의 가장 신뢰하는 측근자인 것.

(2) 안 소위는 누누이 김구씨와 상봉하여 직접 지도를 받던 자인 것.

(3) 당일은 인사차 김구씨를 만나러 갔다가 언론쟁투가 되어 격분한 결과 순간적으로 살의를 발생한 것.

그 외의 상황은 아직 문초 중이므로 추후 상세한 것을 발표하겠다.[39]

한편 헌병사령부는 6월27일 저녁 무렵에 경교장에 있는 한독당 조직부장 김학규를 검거하여 중부서에 유치했다. 김학규는 안두희를 한독당에 가입시키고, 김구에게 안두희를 면담하도록 요청해서 몇차례 면담시킨 일이 있으므로 그 관계를 조사해 보기 위해서라는 것이었다.[40]

이어 6월28일에는 육군총참모장 채병덕(蔡秉德) 소장이 안두희의 범행이 개인행동이고 군과는 관계가 없음을 강조하는 담화를 발표했다.

이번 김구 선생 저격범인에 대하여는 범인이 군인인 점에서 헌병이 취급하게 된 것이며, 일부 조사 결과 이번 범행이 하등 군내에는 관련성이 없는 것이 판명되었다… (군인이) 정치에 간섭을 한다거나 관여한다는 것은 절대로 있을 수 없는 일이요, 더욱이 군인으로서 정당에 정식 혹은 비밀을 논할 것 없이 당원으로 입당하였다는 자체부터가 절대적으로 용허치 못하는 것이다.

이번 범행의 동기가 확실히 개인적 행동이고 결코 군과는 아무 관

39) 《京鄕新聞》 1949년6월28일자, 「金九氏狙擊犯 安斗熙少尉判明」.

40) 《京鄕新聞》 1949년6월29일자, 「金學奎氏拘禁」.

련이 없다는 것을 거듭 말하며… 군은 오직 국가와 민족을 위하여 충성으로써 국방의 만전을 기하며 악질 공산도배들을 하루바삐 완전히 소탕하여 남북이 격리되지 않는 완전된 국토 위에 대한민국의 빛나는 기초를 세우는 데 전력을 다할 것뿐이다.[41]

김구의 암살을 이승만이 어떻게 인식하고 있었는가는 6월28일에 올리버(Robert T. Oliver)에게 보낸 비밀 비망록에 자세히 표명되어 있다. 이 비망록은 국회프락치사건 등을 포함한 당면 문제들을 설명한 것이었다. 김구의 암살사건에 대해서는 다음과 같이 썼다.

가장 충격적인 것은 김구의 암살이었습니다. 그는 남북협상을 주장하면서 남한 각 도에 걸쳐서 이전의 임시정부를 확고히 지지할 그룹들을 조직하여 내년6월의 국회의원 선거에서 자기 지지자들을 당선시키기 위하여 준비하느라고 반정부 선동을 하는 것으로 알려져 왔습니다. 국민들 사이에는 그의 비애국적인 성명이나 행동을 비난하는 강한 감정이 조성되어 있었습니다. 그러나 그의 피살 뉴스가 전해지자 온 국민이 충격에 빠졌습니다.

암살자는 김구가 신뢰하는 육군장교이고 자주 방문하여 비밀회담을 했었다는 사실이 발표되자 모든 의혹이 사라졌습니다. 그는 또한 한국독립당에서 전략적 입장에 있는 사람 가운데 하나라는 것도 알려졌습니다.

이승만은 암살하던 날의 정황을 나름대로 자세히 설명하고 나서 다음과 같이 덧붙였다.

(범인이) 충분히 건강이 회복되면 그의 동기와 또 그의 배후자가

---

41) 《朝鮮日報》 1949년6월29일자, 「犯行은 個人行動」.

있다면 그 사람도 밝혀내게 될 것입니다. 철저한 조사가 이루어져야 하므로 이러한 사실들을 어느 것도 인용하지 말아주시오. 조사가 끝나면 그들이 이 불행한 사건의 전모를 보고하게 될 것입니다.[42)]

이승만은 이어 6월30일에는 외국기자들을 위한 성명을 발표했는데, 성명 발표의 직접적인 동기는 AP통신이 김구의 암살사건을 계기로 마치 한국에 위험한 사태가 잇달아 발생하고 있는 듯한 보도를 했기 때문이었다.[43)] 이승만은 이 성명에서 김구의 암살사건의 원인을 당내 노선투쟁 때문이었다고 설명하고 있어서 눈길을 끈다.

그리고 김구씨를 살해한 동기에 관하여서도 공표하고 싶은데, 그것은 발표할 만한 때가 되면 반드시 공표될 것이다. 그러나 지금 이때에 모든 사실을 일반 앞에 공개해 놓는다는 것은 나의 생각으로는 그 생애를 조국독립에 바친 한국의 한 애국자에 대한 추억에 불리한 것이 아닐까 생각된다. 우리의 법정에서 용의 깊게 검토될 이들 사실은 김구씨의 살해가 순수히 여하한 행동노선이 조국을 위하여 가장 유리할 것인가에 관한 당내 의견차이의 직접적 결과임을 표시한 것이다. 그리고 이러한 의견불합치는 결코 당 자체 밖에는 알려진 일이 없으며, 김구씨의 추종자가 동 논쟁을 결말짓고자 취한 격렬한 수단은 우리 전국에 비애를 초래하였다고 말할 수 있는 것이다.…[44)]

---

42) Rhee to Oliver, Jun. 28, 1949, Robert T. Oliver, *Syngman Rhee and American Involvement in Korea*, pp.232~233.

43) 《朝鮮日報》 1949년6월29일자, 「金九氏狙擊事件 AP通信報道」.

44) 《東亞日報》 1949년7월2일자, 「國內엔 危機없다」.

4

7월1일부터 제4회 국회(임시회)가 열렸는데, 개회식에 참석한 이승만은 치사의 서두에서 김구에 대한 간단한 조사를 했다.

"내 말을 시작하기 전에 국회와 정부와 전 민족이 다같이 놀라하며 슬픔을 당한 백범 김구 선생의 살해사건에 대하야 우리가 서로 조사(弔辭)하는 뜻과 위로하는 말을 한마디 아니할 수 없는 터입니다. 원래 암살이라는 것은 개명한 나라 사람들의 극히 꺼리는 바입니다. 우리가 개명한 사람으로 이런 일이 있었다는 것은 우리가 다 크게 수치롭게 여기는 바이며, 더욱이 국가의 특수한 지도자요 애국자로서 우리가 다같이 숭배하는 김구 선생이 이런 일을 당한 것은 우리가 더욱이 얼굴을 들기 어려운 것입니다. 이러한 국가의 변을 인연하야 우리가 일체로 애통하는 중에서 우리 민족의 단결심이 더욱 공고해서 민국 기초를 건설하는 데 더욱 많은 공헌이 된다면 이는 김 주석의 평생 나라를 위해서 공헌하자는 목적이 완수되는 것입니다.

정부와 국민이 합해서 국민장을 거행함으로 마지막 영생송사(迎生送死)의 전송을 하는 데 유감 없기를 바랍니다."[45]

같은 날 신임 헌병사령관 전봉덕과 서울시경찰국장 김태선(金泰善)은 공동명의로 포고문을 발표했다. 포고문은 38선일대와 남한 각지의 공산당의 무장반란, 남로당 국회의원 체포, 김구 급서 등으로 국내는 비상 정세에 처해 있다고 말하고, "국가와 민족을 지키는 군경이 건재함에 신뢰하고, 항간에 유포되는 조언비어(造言飛語)와 사실을 왜곡하여 정치적 야욕으로 모략 선동함에 부화뇌동하여 경거망동하지 말지며 생업에 일층 전력을 다하고 군경에게 절대적인 협력을 바란다"라고 당

---

45) 『制憲國會速記錄(6)』, 제4회 開會式(1949.7.1.), p.2.

부했다.[46)]

중국군 헌병대령 출신으로서 중국에 있을 때부터 김구를 받들었던 전임 헌병사령관 장흥(張興) 대령은 어이없게도 사건이 발생한 이튿날 일선 사단장으로 전출되었다.

김구의 영결식은 7월5일 오후에 서울운동장에서 전무후무한 많은 인파가 참가한 가운데 장중한 분위기 속에서 거행되었다.

육군본부 보도과가 7월20일에 발표한 장문의 안두희 수사결과 발표는 국민들을 다시 한번 놀라게 했다. 발표의 요지는 다음과 같았다.

안두희는 한독당에 입당한 뒤에 여섯번 김구를 만났다. 안두희는 다음과 같은 내용의 지도를 받으면서 한독당과 김구의 사상 및 정치노선에 대하여 점차 회의를 느꼈다. 그것은 (1) 5·10선거에 의한 대한민국 정부 수립 부인, (2) 평화통일의 이름 아래 공산당과의 제휴 기도, 한독당 중요 간부에 북로당원 포섭, (3) 남북정치협상에 의한 연립정부 수립 기도, (4) 미군철퇴를 주장하고, 철퇴 뒤에는 군사고문단 설치 절대 반대, (5) 미국의 대한경제원조 반대, (6) 북한정책의 합리성은 찬양, (7) 남한 정부의 혁명가에 대한 박대를 공격, (8) 남한에서 조만간 일대 쿠데타(소위 의거) 단행 예언이었다고 했다. 그리하여 안두희는 탈당을 의도했으나 탈당한 뒤의 테러의 위험성을 우려하여 고민하다가 김구의 진의를 타진하기 위하여 범행 당일 경교장을 방문했다.

이날 김구는 안두희에게 대포의 성능에 대하여 자세히 물었고, 안두희가 영등포 포병대에서 경무대나 중앙청을 향하여 정확히 조준할 수 있다고 대답하자 김구가 만열[滿悅: 만족하여 기뻐함]하는 것을 보고 김구의 노선이 대한민국을 전복하려는 공산당의 노선과 완전히 일치하는 것을 확인하고 논쟁 끝에 사살하게 되었다.[47)]

---

46) 《朝鮮日報》 1949년7월3일자, 「軍警을 信賴하라」.

47) 《朝鮮日報》 1949년7월21일자, 「金九先生殺害事件眞相」; 《東亞日報》 1949년7월21일자, 「先生의 政治路線에 懷疑心 품고 犯行」.

이러한 수사발표는 사건 모의자들의 김구에 대한 적의를 노골적으로 드러내 보이는 것이었다.

안두희는 8월3일부터 6일까지 고등군법회의의 재판을 받았다. 그의 죄명은 국방경비법 제43조 군인의 정당 가입 금지 위반과 김구 살해였다. 종신형을 선고받은 안두희는 육군형무소에서 수감생활을 하다가 6·25전쟁으로 서울이 점령되기 직전인 6월27일에 석방되어 육군에 복귀했다. ■

참고문헌

1. 연대기, 정부기록, 지방지, 신문, 잡지 등

國史編纂委員會 編,『大韓民國史資料集(1) UN韓國委員團關係文書Ⅰ』, 國史編纂委員會, 1987.

———————,『大韓民國史資料集(28) 李承晩關聯書翰資料集1』, 1996.

———————,『大韓民國史資料集(42) UN의 한국문제처리에 관한 美국무부문서Ⅴ』, 1998.

———————,『北韓關係史料集Ⅵ(1945~1949)』, 國史編纂委員會, 1988.

———————,『北韓關係史料集ⅩⅧ(1946~1953)』, 1994.

———————,『北韓關係史料集28』, 1997.

———————,『北韓關係史料集32』, 1999.

———————,『資料·大韓國史(7)』, 國史編纂委員會, 1974.

전현수 편역,『소련군정문서, 남조선정세보고서 1946~1947』, 국사편찬위원회, 2003.

——— 역주,『쉬띄꼬프일기 1946~1948』, 국사편찬위원회, 2004.

전현수·기광서 번역,『한국전쟁, 문서와 자료, 1950~53년』, 국사편찬위원회, 2006.

전현수 편역,『레베제프일기 1945~1948』, 나모커뮤니케이션, 2007.

國家記錄院 所藏,『國務會議錄』(제14회~제61회), 1949년.

———————, 大法院裁判文, 1950년 제10회 刑上 1950.4.18.

國土統一院 編,『朝鮮勞動黨大會資料集(第一輯)』, 國土統一院, 1980.

國土統一院調査硏究室 編,『北韓最高人民會議資料集 (第1輯)』, 國土統一院, 1988.

농지개혁사편찬위원회 편,『농지개혁사(상권)』, 농림부농지국, 1970.

문교부,『문교행정개황』, 문교부조사계획과, 1947.

國會圖書館立法調査局,『1948年度國際聯合韓國臨時委員團報告書 第一部 第一卷』, 國會圖書館, 1965.

國會事務處 編,『國會史 制憲國會·第二代國會·第三代國會』, 國會事務處, 1971.

―――――,『制憲國會經過報告書』, 國會事務處, 1986.

南朝鮮過渡立法議院議會局,『南朝鮮過渡立法議院速記錄(3)』, 驪江出版社, 1984.

―――――,『南朝鮮過渡立法議院速記錄(4)』, 1984.

―――――,『南朝鮮過渡立法議院速記錄(5)』, 1984.

國會事務處,『制憲國會速記錄(1)』, 大韓民國國會, 1987.

―――――,『制憲國會速記錄(2)』, 1987.

―――――,『制憲國會速記錄(3)』, 1987.

―――――,『制憲國會速記錄(4)』, 1987.

―――――,『制憲國會速記錄(5)』, 1987.

―――――,『制憲國會速記錄(6)』, 1987.

大韓民國選擧史編纂委員會,『歷代國會議員選擧狀況』, 中央選擧管理委員會, 1971.

―――――,『大韓民國選擧史 第一輯』, 1973.

―――――,『大韓民國政黨史 第一輯』, 1973.

―――――,『大韓民國選擧史 第1輯』, 1993.

서울地方檢察廳 編,『서울地方檢察史』, 서울地方檢察廳, 1985.

외무부,『대한민국조약집』 제1권, 외무부정무국, 1957.

戰史編纂委員會,『韓國戰爭史(1) 解放과 建軍〈1945~1950.6〉』, 國防部戰史編纂委員會, 1968.

鄭容郁·李吉相 編,『解放前後美國의 對韓政策史資料集(10)』, 다락방, 1995.

鄭容郁 編,『解放直後政治社會史資料集(一)』, 다락방, 1994.

蔡奎恒 編,『勞農運動의 文獻(第一輯)』, 새글社, 1947.

國際新聞社出版部 譯,『UN朝鮮委員團報告書』, 國際新聞社出版部, 1949.
東亞日報社 編,『秘話 第一共和國(1)』, 弘宇出版社, 1975.
『全朝鮮諸政黨社會團體代表者連席會議報告文及決定書』, 김남식 외 엮음,『韓國現代史資料叢書(13) 1945~1948』, 돌베개, 1986.
정리근,『력사적인 4월남북련석회의』, 과학백과사전종합출판사, 1988.
『解放後四年間의 國內外重要日誌』, 國史編纂委員會 編,『北韓關係史料集Ⅶ』, 國史編纂委員會, 1989.
중앙학도호국단 편,『학도호국단10년지』, 중앙학도호국단, 1959.
『軍政廳官報』.
U. S. Department of State, *Foreign Relations of the United States 1947*, vol. Ⅵ., 1972.
——————, *Foreign Relations of the United States 1948*, vol. Ⅵ., 1974.
——————, *Foreign Relations of the United States 1949*, vol. Ⅶ., (Part 2), 1976.
——————, *United States Policy Regarding Korea, 1834–1950*, 翰林大學校아시아文化硏究所, 1987.
한철호 역,『미국의 대한정책 1834~1950』, 翰林大學校아시아文化硏究所, 1998.
G-2 Weekly Summary, USAFIK.
G-2 Periodic Report, USAFIK.
CIC Weekly Information Bulletin.
Department of State, *Korea 1945 to 1948*, Greenwood Press, 1969.

《京鄕新聞》《工業新聞》《노력인민》《로동신문》《大同新聞》《독립신문》《東亞日報》《새한민보》《서울신문》《世界日報》《聯合新聞》《우리新聞》《自由新聞》《朝鮮人民報》《朝鮮日報》《朝鮮中央日報》《中央日報》《平和日報》《漢城日報》

2. 개인자료, 문집, 회고록, 전기 등

雩南李承晩文書編纂委員會 編,『梨花莊所藏 雩南李承晩文書 東文篇(十五) 建國期文書 3』, 中央日報社 · 延世大學校現代韓國學硏究所, 1998.
雩南實錄編纂會 編,『雩南實錄(1945~1948)』, 悅話堂, 1976.
公報處 編,『大統領李承晩博士談話集(第一輯)』, 公報處, 1953.
李承晩,『一民主義』, 1949.
———,『一民主義槪述』, 一民主義普及會總本部, 1954.
리승만,「政府樹立聲明」, 1947,『雩南李承晩文書 東文篇(十五) 建國期文書 3』, 中央日報社延 · 世大學校現代韓國學硏究所, 1998.
———,「토지개혁문제」, 서울중앙방송국 라디오연설, 1948년12월4일.
金在明,「李承晩의 政敵 崔能鎭의 비극」,《政經文化》1983년10월호, 京鄕新聞社, 1983.
Robert T. Oliver, *Syngman Rhee: The Man Behind the Myth*, Dodd Mead and Company, 1960.
———, *Syngman Rhee and American Involvement in Korea, 1942-1960*, Panmun Book Company LTD, 1978.
白凡金九先生全集編纂委員會 編,『白凡金九全集(8)』, 대한매일신보사, 1999.
———,『白凡金九全集(12) 暗殺』, 1999.
金 九,「三千萬同胞에게 泣告함」, 1948년2월10일.
김학규,「백범선생님을 추모하면서」, 白凡金九先生全集編纂委員會 編,『白凡金九全集(12)』, 1999.
선우진 지음, 최기영 엮음,『백범선생과 함께한 나날들』, 푸른역사, 2008.
嚴恒燮 編,『金九主席最近言論集』, 三一出版社, 1948.
吳蘇白,『人間金九(上)』, 國際文藝社, 1949.
姜辰國,「農地改革과 地主對策」,《東亞日報》1949년4월17~19일자.
———,「헐뜯긴「農地改革法」草案」,《新東亞》1965년10월호.
姜辰國 證言,「中央廳(16) 農地改革②」,《中央日報》1982년4월23일자.
康晉和 編,『大韓民國建國十年誌』, 建國紀念事業會, 1956.
김민희,『쓰여지지 않은 역사』, 대동, 1993.

김용식, 『새벽의 약속: 김용식 외교 33년』, 김영사, 1993.
金永上, 「憲法을 싸고도는 國會風景」, 《新天地》 1948년7월호.
金俊淵, 『나의 길』, 弘宇出版社, 1966.
金昊翊, 『國際間諜事件: 金昊翊搜査日記』, 三八社, 1949.
南坡朴贊翊傳記刊行委員會, 『南坡 朴贊翊傳記』, 乙酉文化社, 1989.
매헌윤봉길의사기념사업회 편, 『매헌윤봉길전집(7)』, 매헌윤봉길의사기념사업회, 2012.
毛允淑, 『回想의 窓가에서』, 河西出版社, 1980.
———, 『웃는 별과 함께 온 生涯』, 『嶺雲毛允淑全集(9)』, 智炤林, 1979.
文鳳濟, 「남기고 싶은 이야기들(679): 西北青年會(30)」, 《중앙일보》 1973년2월8일자.
朴 洸 編, 『陣痛의 記錄』, 平和圖書株式會社, 1948.
박병엽 구술, 윤영구 · 정창현 엮음, 『조선민주주의인민공화국의 탄생』, 선인, 2010.
朴憲永, 「人民들에게 告함」, 《노력인민》 1948년4월12일자.
裵恩希, 『나는 왜 싸웠나』, 一韓圖書, 1955.
白斗鎭, 『白斗鎭回顧錄』, 大韓公論社, 1975.
徐光云, 『黃溫順: 天聲을 받들어 九十年』, 해돋이, 1992.
宋南憲, 「金九 · 金奎植은 왜 38線을 넘었나」, 《新東亞》 1983년9월호.
심지연, 『송남헌 회고록: 김규식과 함께한 길』, 한울, 2000.
———, 『역사는 남북을 묻지 않는다: 노촌 이구영 선생의 팔십년 이야기』, 소나무, 2001.
安在鴻選集刊行委員會 編, 『民世安在鴻選集 2』, 知識産業社, 1983.
梁又正 編, 『李承晩大統領獨立路線의 勝利』, 獨立精神普及會出版部, 1949.
吳制道, 『追擊者의 證言』, 希望出版社, 1969.
俞鎭午, 『憲法起草回顧錄』, 一潮閣, 1980.
尹錫五, 「景武臺四季 麻浦莊①~③」, 『남기고 싶은 이야기들』, 中央日報 · 東洋放送, 1977.
尹永善, 『農地改革과 나의 할 일(農地改革指針)』, 慧星社出版部, 1950.
尹永善 證言, 「中央廳(16) 農地改革⑤」, 《中央日報》 1982년5월3일자.
尹宇景, 『晩省錄』, 서울프레스, 1992.
윤치영, 「나의 이력서(45)」, 《한국일보》 1981년9월12일자.

———,「나의 이력서(56)」,《한국일보》 1981년9월26일자.

———,『東山回顧錄 尹致暎의 20世紀』, 삼성출판사, 1991.

이경남,『분단시대의 청년운동(하)』, 삼성문화개발, 1989.

이수웅 옮김,『이승만 한시선』, 배재대학교출판부, 2007.

李允榮,『白史 李允榮回顧錄』, 史草, 1984.

李 仁,『愛山餘滴(第1輯)』, 世文社, 1971.

———,『半世紀의 證言』, 明知大學出版部, 1974.

이정박헌영전집편집위원회 편,『이정박헌영전집(7)』, 역사비평사, 2004.

仁村紀念會,『仁村 金性洙』, 仁村紀念會, 1976.

李鍾求,「大韓民國憲法이 制定되기까지」,《新東亞》 1965년8월호.

張炳惠,『常綠의 自由魂: 滄浪張澤相一代記』, 滄浪張澤相記念事業會, 1992.

曺圭河·李庚文·姜聲才,『南北의 對話』, 고려원, 1987.

趙炳玉,『나의 回顧錄』, 敎民社, 1959.

———,『特使유엔紀行』, 德興書林, 1959.

朱孝敏,「農地改革을 싸고도는 國會內閣派의 動向」,《新天地》 1949년4월호.

鄭一亨,『유엔의 成立과 業績』, 國際聯合韓國協會, 1952.

———,『오직 한 길로』, 新進文化社, 1970.

許 政,『내일을 위한 證言 許政回顧錄』, 샘터, 1979.

Albert C. Wedemeyer, *Wedemeyer Reports!*, Henry Holt & Company, 1958.

K. P. S. Menon, *Many Worlds Revisited*, Bharatiya Vidya Bhavan, 1981.

Yoon Sook Mo, ed., *Speeches of Dr. Menon*, Mun Hwa Dang, 1948.

高峻石,『朝鮮 1945-1950: 革命史への證言』, 社會評論社, 1985.

任文桓,『日本帝國と大韓民國に仕えた官僚の回想』, 草思社, 2011.

3. 연구논저 – 단행본

김광운,『북한정치사연구 I: 건당·건국·건군의 역사』, 선인, 2003.

김남식, 『南勞黨硏究』, 돌베개, 1984.

金聖昊 外, 『農地改革史硏究』, 韓國農村經濟硏究院, 1989.

김수용, 『건국과 헌법: 헌법논의를 통해 본 대한민국 건국사』, 景仁文化社, 2008.

김학준, 『북한의 역사 제2권』, 서울대학교출판부, 2008.

남시욱, 『한국진보세력연구』, 청미디어, 2009.

도진순, 『한국민족주의와 남북관계』, 서울대학교출판부, 1997.

朴 實, 『增補 韓國外交秘史: 外交의 人脈·內幕·葛藤』, 井湖出版社, 1980.

박찬표, 『한국의 국가형성과 민주주의』, 후마니타스, 2007.

서동만, 『북조선 사회주의체제 성립사 1945~1961』, 선인, 2005.

서중석, 『우사 김규식 생애와 사상② 남북협상』, 한울, 2000.

———, 『배반당한 한국민족주의』, 성균관대학교출판부, 2004.

鮮于基聖, 『韓國靑年運動史』, 錦文社, 1973.

孫世一, 『李承晩과 金九』, 一潮閣, 1970.

宋南憲, 『解放三十年史①』, 成文閣, 1976.

———, 『解放三年史(Ⅱ) 1945-1948』, 까치, 1985.

신복룡, 『한국분단사연구 1943~1953』, 한울, 2001.

심지연, 『人民黨硏究』, 경남대학교 극동문제연구소, 1991.

양동안, 『대한민국건국사』, 현음사, 2001.

俞鎭午, 『新稿 憲法解義』, 一潮閣, 1949.

이강수, 『반민특위연구』, 나남출판, 2003.

李庭植, 『金奎植의 生涯』, 新丘文化社, 1974.

———, 『여운형: 시대와 사상을 초월한 융화주의자』, 서울대학교출판부, 2008.

李昊宰, 『韓國外交政策의 理想과 現實: 李承晩外交와 美國政策의 反省(제6판)』, 法文社, 2000.

전상인, 『고개숙인 수정주의』, 전통과 현대, 2001.

정병준, 『몽양 여운형 평전』, 한울, 1995.

———, 『우남 이승만 연구: 한국근대국가의 형성과 우파의 길』, 역사비평사, 2005.

정용욱, 『해방전후 미국의 대한정책』, 서울대학교출판부, 2004.
趙庸中, 『美軍政下의 韓國政治現場』, 나남, 1990.
중앙일보특별취재반, 『秘錄 · 조선민주주의인민공화국(하)』, 中央日報社, 1993.
차상철, 『해방전후 미국의 한반도 정책』, 지식산업사, 1991.
———, 『한미동맹 50년』, 생각의 나무, 2004.
韓泰淵, 『憲法學』, 陽文社, 1955.
허 종, 『반민특위의 조직과 활동』, 선인, 2003.
후지이 다케시, 『파시즘과 제3세계주의 사이에서: 족청계의 형성과 몰락을 통해 본 해방8년사』, 역사비평사, 2012.
E. A. J. Johnson, *American Imperialism in the Image of Peer Gynt*, University of Minnesota Press, 1971.
John Gunther, *The Riddle of MacArthur*, Harper & Brothers, 1951.
Leland M. Goodrich, *Korea: A Study of U. S. Policy in the United Nations*, Council on Foreign Relations, 1956.
櫻井浩, 『韓國農地改革の再檢討』, アジア經濟研究所, 1976.
和田春樹, 『朝鮮戰爭全史』, 岩波書店, 2002.

4. 연구논저 – 논문

김대현, 「국가보안법 제정배경과 법조프락치사건」, 延世大學校 석사학위논문, 2012.
김성보, 「입법과 실행과정을 통해 본 남한 농지개혁의 성격」, 홍성찬 편, 『농지개혁연구』, 연세대학교출판부, 2001.
김성호, 「남북한의 농지개혁 비교연구」, 홍성찬 편, 『농지개혁연구』, 연세대학교출판부, 2001.
김수자, 「대한국민당 결성과정과 그 성격 1948~1950」, 《梨花史學研究》 제31집, 梨花史學研究所, 2004.
都珍淳, 「1949년 김구의 '마지막 노선'에 대한 검토」, 于松趙東杰先生停年紀念論叢刊行委員會 編, 『于松趙東杰先生停年紀念論叢Ⅱ 韓國民族運動史研究』, 나남출판, 1997.

申柄湜, 「韓國의 土地改革에 관한 政治經濟的研究」, 서울大學校 박사학위논문, 1992.
柳永益, 「李承晩國會議長과 大韓民國憲法制定」, 《歷史學報》 189집, 歷史學會, 2006.
尹慶燮, 「1948年 北韓憲法의 制定背景과 그 成立」, 成均館大學校 석사학위논문, 1995.
이원덕, 「주한미군철수에 관한 연구: 1947~1949의 경우를 중심으로」, 서울大學校 석사학위논문, 1987.
이영록, 「제헌국회의 헌법 및 정부조직법기초위원회에 관한 사실 연구」, 《法史學研究》 25호, 민속원, 2002.
정병준, 「한국농지개혁 재검토」, 《역사비평》 2003년 겨울호, 역사비평사, 2003.
曺二鉉, 「1948~1949年駐韓美軍의 철수와 駐韓美軍軍事顧問團(KMAG)의 활동」, 《韓國史論》 35, 서울大學校國史學科, 1996.
Andrei Lankov, "Soviet Politburo Decisions and the Emergence of North Korean State, 1946-1948", 『광복60년과 한반도』, 한국정치학회, 2005.
森善宣, 「朝鮮勞働黨の結成と金日成」, 《國際政治》 134, 日本國際政治學會, 2003.
小此木政夫, 「米國の朝鮮政策 一九四七~四九: 米軍撤退の決定を中心に」, 《法學研究》 第54券 第3号, 慶應義塾大學法學研究會, 1981.

찾아보기

ㅁ

ㅂ

ㅅ

ㅇ

ㅈ

ㅊ